陈兴良刑法学
CHEN XINGLIANG CRIMINAL LAW

国家出版基金项目

● 陈兴良 /著

刑法研究（第一卷）
刑法绪论 I

Research on Criminal Law

中国人民大学出版社
·北京·

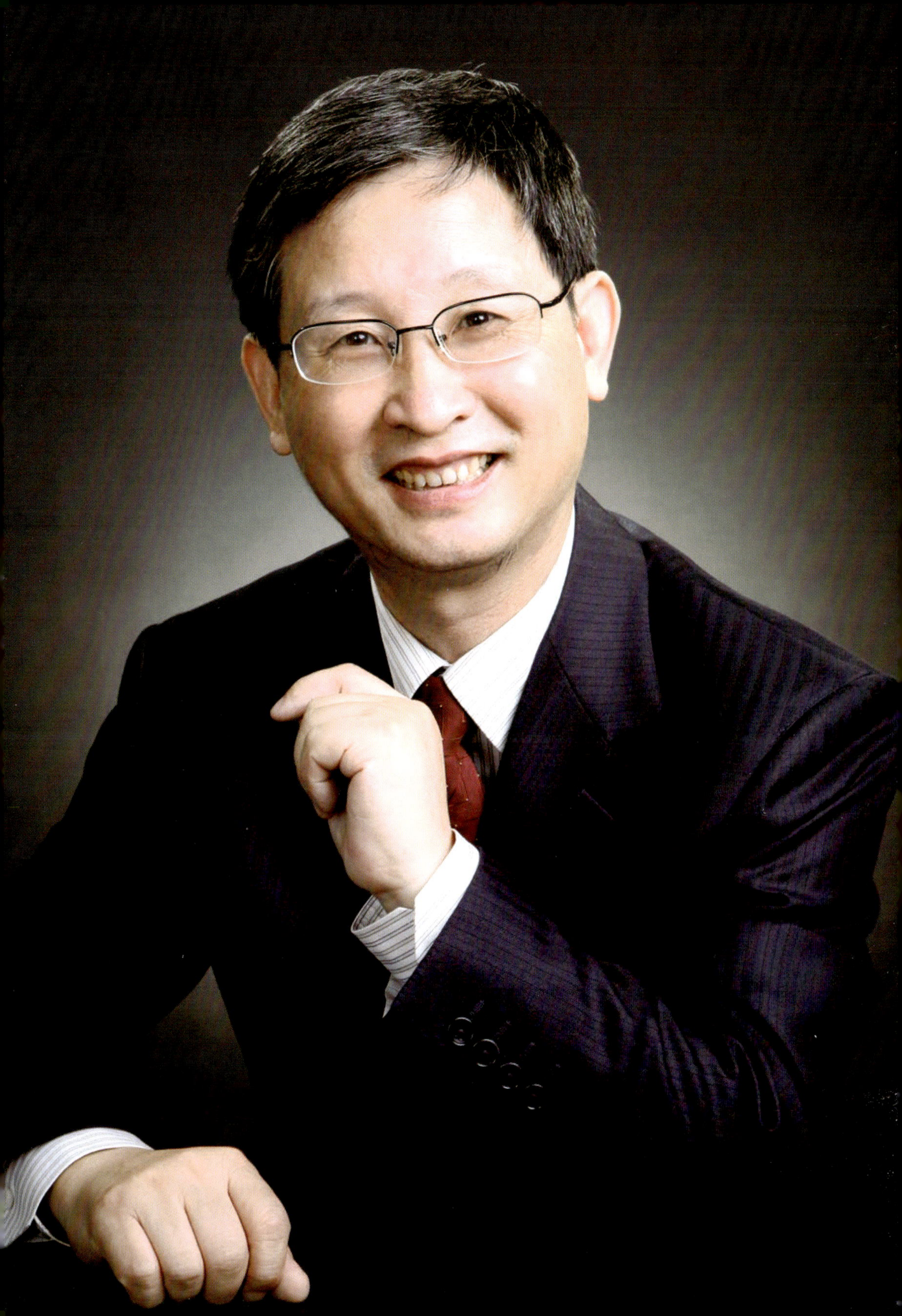

总　序

　　一个人开始对自己的学术生涯进行总结的时候，也就是学术创造力衰竭的时候。"陈兴良刑法学"这一作品集就是对我的刑法学研究生涯的一个总结，因此也是我的学术创造力衰竭的明证。

　　刑法学研究是我毕生从事的事业。与刑法学的结缘，始于1978年，这年2月我以77级学生的身份入读北京大学法律学系。1978年被称为中国改革开放的元年，这一年12月召开的中国共产党第十一届三中全会确定了改革开放的方针。至于说到法制的恢复重建，是以1979年7月1日刑法等7部法律通过为标志的。从1949年到1979年，在这30年的时间里我国是没有刑法，也没有民法的，更不要说行政法。1979年刑法是社会主义中国的第一部刑法，从1950年开始起草，共计33稿，至1979年仓促颁布。这部刑法的起草经历了我国与苏联的政治蜜月期，虽然此后我国与苏联在政治上决裂，但刑法仍然保留了明显的苏俄痕迹。同时，从1950年代成长起来的我国刑法学家，基本上都是接受苏俄刑法学的学术训练，他们在荒废了20年以后回到大学重新执教，恢复的是苏俄刑法学的学术传统，我们是他们的第一批正规学生。1979年7月1日通过的刑法，生效日期是1980年1月1日。而根据课程安排，我们这个年级从1979年9月开始学

习刑法这门课程。也就是说，我们是在刑法尚未生效的时候开始学习刑法的，课程一直延续到1980年7月。一年时间，学完了刑法的总则与分则。对于刑法，我们只是粗略地掌握了法条，对其中的法理则不知其然，更不用说知其所以然。至于司法实务，更是因为刑法刚开始实施，许多罪名还没有实际案例的发生，所以不甚了然。大学期间，我国学术百废待兴，刚从"文化大革命"中走出来，受到摧残最为严重的法学学科几乎是一片废墟，我们经历了这个过程。现在很难想象，我们在整个大学四年时间里，每一门课程都没有正式的教科书，我们是在没有教科书的情况下完成学业的。也正是如此，我们阅读了大量非法学的书籍，基于本人的兴趣，我更是阅读了当时在图书馆所能借阅的大量哲学著作，主要是西方17世纪以来的，包括英国、法国、德国的哲学著作，对康德、黑格尔的德国古典哲学尤其着迷。因为原来就有一定的马克思主义哲学的基础，所以我对于马克思主义来源之一的德国古典哲学理解起来较为容易。这段阅读经历，在一定程度上培养了我的哲学气质，也对我此后的刑法研究产生了重大影响，我在1980年代后期至1990年代初期的刑法哲学研究，就是这段读书经历的衍生物。我在1981年年底完成的学士论文题目是《论犯罪的本质》，这就是一个具有本体论性质的题目。从这个题目也可以看出当时我的学术偏好。但这篇论文很不成功，只是重复了马克思主义关于犯罪的阶级性等政治话语，缺乏应有的学术性。因此，论文的成绩是良好而没有达到优秀。我的本科刑法考试成绩也只是良好，当时我的兴趣并不在刑法，后来只是因为一个偶然的原因才走上刑法的学术道路。

在我1982年2月大学毕业的时候，正是社会需要人才的时候，我们班级的大部分同学被分配到最高人民法院、最高人民检察院和中央机关，也有部分同学回到各省的高级法院和检察院，还有部分同学到各个高校担任教师，从事学术研究。而我们这些较为年轻的同学则考上了硕士研究生，继续在大学学习。我考上了中国人民大学法律系（从1988年开始改称法学院）研究生，师从我国著名的刑法学家高铭暄教授和王作富教授，开始了我的刑法学习生涯。

1982年2月，我从北京大学来到中国人民大学。中国人民大学成为我接受法学教育的第二所大学。正是在这里，我接受了最为经典的带有明显苏俄痕迹的

刑法学的学术训练。我的硕士论文是王作富教授指导的，题目是《论我国刑法中的正当防卫》，这是一篇贴近司法实务的论文，也是我最初的论文写作。该文答辩时是4万字，后来扩充到20余万字，于1987年以《正当防卫论》为书名在中国人民大学出版社出版，成为我的第一部个人专著。到1988年3月获得法学博士学位的时候，我娴熟地掌握了已经在中国本土化的苏俄刑法学，这成为我的刑法学的学术底色。

1984年12月，我在硕士毕业的时候就已经办理了在中国人民大学法律系留校任教的手续，因此博士学位相当于是在职攻读。当然，当时课时量较少，没有影响博士阶段的学习。1988年3月博士论文答辩获得通过，论文是高铭暄教授指导的，题目是《共同犯罪论》，有28万字。这是我第一次完成篇幅较大的论文。博士论文虽然以我国刑法关于共同犯罪的规定为基本线索，但汲取了民国时期所著、所译的作品，例如较多的是日本20世纪30、40年代的作品，试图将这些学术观点嫁接到我国刑法关于共同犯罪的理论当中。其中，以正犯与共犯二元区分为中心的理论模型就被我用来塑造我国刑法中的共同犯罪的理论形象。后来，我的博士论文被扩充到50余万字，于1992年在中国社会科学出版社出版。以上在硕士论文和博士论文基础上修改而成的两部著作，是我早期学习以苏俄刑法学为基础的刑法知识的产物，由此奠定了我的学术根基。

从1984年开始，我在中国人民大学法学院任教，从事刑法的学术研究。在中国人民大学法学院，我完成了从助教到教授的教职晋升：1984年12月任助教、1987年12月任讲师、1989年9月任副教授、1993年6月任教授、1994年任博士生导师。及至1998年1月，我回到母校——北京大学法学院任教。在大学担任教职，培养学生当然是主业。但对于研究型大学的教师来说，学术研究也是其使命之所在、声誉之所系。因此，我将相当的精力投入刑法的学术研究，见证了我国刑事法治的演进过程，也参与了我国刑法学术的发展进程。在我自己看来，我在提升我国刑法研究的学术水平与拓展我国刑法研究的理论疆域这两方面作出了努力，有所贡献。我的研究领域主要在以下五个面向：

（一）刑法哲学

1992年由中国政法大学出版社出版的《刑法哲学》一书，可以说是当时篇

幅最大的一部刑法著作，也是我的成名作，这一年我35岁，距离大学本科毕业正好10年。《刑法哲学》一书可以说是我对过去10年学习与研究刑法的总结之作，完成了我对以苏俄刑法学为源头的我国刑法学的理论提升与反思，并且确定了我进一步研究的学术方向。这是我国整个法学界第一部采用哲学方法研究部门法的著作，因而受到瞩目。在《刑法哲学》的基础上，我于1996年在中国方正出版社出版了《刑法的人性基础》一书，并于1998年在中国人民大学出版社出版了《刑法的价值构造》一书。以上三部著作构成了我的刑法哲学研究三部曲，成为我的刑法学术研究的一个独特面向。

我的刑法哲学研究是在一种十分独特的学术生态环境下进行的，也是我在极度贫乏的我国刑法学中试图突破，寻求前途的一种学术能力。如前所述，当我在1980年代中期进入刑法学术界的时候，我国刑法理论还是苏俄刑法学的"拷贝"，当然也结合刚刚颁布的我国刑法进行了一些阐述。但从总体上来说，我国当时的刑法理论是十分肤浅的，这对于正处于知识饥渴阶段的我来说，是很不解渴的。1988年当我获得博士学位的时候，现有的刑法知识我已经完全掌握了。当时我国学术尚未对外开放，在一个自闭的学术环境中，我基于对拘泥于法条的低水平解释的刑法理论现状的不满，以为刑法理论的出路在于从刑法解释学提升为刑法哲学。因此，在刑法哲学的名义下，我对现有的刑法知识进行了体系化的整理，并试图探索我国刑法学的出路。在刑法哲学的三部曲中，《刑法哲学》一书是在对苏俄刑法知识的系统化叙述的基础上，以罪刑关系为中心建构了一个刑法学的理论体系，可以看作是对苏俄刑法知识的哲理化改造。如果说，《刑法哲学》一书还是以叙述刑法本身的知识为主的，那么，《刑法的人性基础》与《刑法的价值构造》两书则是对刑法的形而上的研究，实际上可以归属于法理学著作而非刑法学著作。这是在学术境况晦暗不明的情况下，从哲学以及其他学科汲取知识，寻求刑法学的突破的一种努力。刑法哲学的研究从1990年持续到1996年，这是我从33岁到38岁这样一段生命中的黄金季节。尽管刑法哲学的研究给我带来了较高的声誉，但这只是我进入真正的刑法学研究的学术训练期。正是刑法哲学的研究使我能够把握刑法的精神与哲理，从思想的高度鸟瞰刑法学术。

(二) 刑法教义学

1997年我国完成了一次大规模的刑法修订，从这时起，我将学术目光转向刑法条文本身。1997年3月，我在40岁的时候于中国人民公安大学出版社出版了《刑法疏议》一书，这是一部以法条为中心的注释性的刑法著作，是我从刑法哲学向刑法解释学的回归。《刑法疏议》一书中的"疏议"一词，是一个特定的用语，不仅仅具有解释的意思，而且具有疏通的含义。我国唐代有一部著名的著作，称为《唐律疏议》，流传千古，被认为是我国古代最为重要的律学著作。《刑法疏议》这个书名就带有明显的模仿《唐律疏议》的色彩，这也表明我试图从我国古代律学中汲取有益的知识。我国古代的律学，是一门专门的学问。律学与现在的法学还是有所不同的，法学是清末从国外移植的学术，主要是从日本，以及通过日本而吸收德国的刑法知识。因为该书是对刑法条文的逐条注释，随着时间的推移，该书的内容很快就过时了。该书成为我的著作中唯一一部没有修订再版的著作，这次也同样没有收入"陈兴良刑法学"作品集。

2001年我在商务印书馆出版了《本体刑法学》一书，这是继《刑法疏议》之后又一部关注刑法本身的著作。但《本体刑法学》完全不同于《刑法疏议》：后者是逐条逐句地注释刑法条文的著作；前者则是没有一个刑法条文，而以刑法法理为阐述客体的著作。《本体刑法学》是《刑法疏议》的后续之作，力图完成从法条到法理的提炼与升华。《本体刑法学》这个书名中的"本体"一词来自康德哲学，具有物自体之义。我将法条视为物之表象，把法理看作是隐藏在法条背后的物自体。因此，《本体刑法学》是纯粹的刑法之法理的叙述之作。这里应该指出，在整个1980年代我国刑法学还是在一种与世隔绝的状态下进行学术研究的。只是从1990年代初开始，随着我国对外开放，与国外的学术交流也随之展开。尤其是英美、德日的刑法学译著在我国的出版，为我国刑法学者打开了一扇学术之窗。从刑法的对外学术交流来看，最初是与日本的交流，后来是与德国的交流，这些都在相当程度上为我国的刑法学研究提供了学术资源。刑法学界开始对我国传统的刑法学进行反思，由此开启了我国当代的刑法知识的转型之路。

2003年我在中国政法大学出版社出版了《规范刑法学》一书，这是我的第

一本刑法教科书，或者也可以称为刑法体系书。该书以我国的刑法条文为中心线索，完整地展开对刑法总论和刑法各论的知识铺陈，以适应课堂教学的需要。该书到目前已经出版了第三版，篇幅也做了较大规模的扩充。《规范刑法学》对于刑法总则的法理阐述是较为简单的，其重点是对刑法分则的分析。我国刑法是一部所谓统一的刑法典，所有罪名都规定在一部刑法之中，有近500个罪名，其他法律中都不能设立罪名。《规范刑法学》对这些罪名逐个进行了构成要件的分析。对于重点罪名分析得尤为详细，这对于正确把握这些犯罪的法律特征，具有一定的参考价值。除了刑法规定以外，我国还存在司法解释制度，即最高人民法院和最高人民检察院可以就审判与检察中涉及的法律适用问题作出解释。这种解释本身就有法律效力，可以在判决书中援引。自从刑法实施以来，最高人民法院和最高人民检察院作出了大量的司法解释，这种解释实际上成为一种准法律规范。《规范刑法学》一书中所称的"规范"，不仅包括刑法规定，而且包括司法解释。因此，《规范刑法学》尽可能地将司法解释融合到法理叙述当中，并且随着司法解释的不断颁布该书也不断进行修订。

2010年我在中国人民大学出版社出版了《教义刑法学》一书，这是一部以三阶层的犯罪论体系为中心线索，并对比四要件的犯罪论体系，系统地叙述德日刑法知识的著作。该书所称的教义刑法学，是指教义学的刑法学。该书以教义或曰信条（Dogma）为核心意念，以三阶层的犯罪论体系为逻辑框架，在相当的深度与广度上，体系性地叙述了刑法教义的基本原理，充分展示了以教义学为内容的刑法学的学术魅力。该书对三阶层的犯罪论体系和四要件的犯罪构成理论进行了比较研究，是对三阶层的犯罪论体系的本土化的知识转换，为引入三阶层的犯罪论体系清理地基创造条件。该书是我为推动我国当代刑法知识的转型，以德日刑法知识取代以苏俄刑法学为底色的刑法知识所做的一种学术努力。

（三）刑事法治

1998年对于我来说又是人生道路上的一个转折点，这一年1月我回到了母校——北京大学法学院任教。与此同时，从1997年到1999年我在北京市海淀区人民检察院兼职担任副检察长，这段挂职经历使我进一步了解司法实务工作，尤

其是对于我国刑事诉讼程序的实际运作情况有了切身的了解，这对于我此后进行的刑事法治研究具有重要助益。这也在一定程度上使我的学术视野超出刑法学，建立了刑事一体化，即整体刑法学的观念，从而开阔了理论视域。2007年我在中国人民大学出版社出版的《刑事法治论》一书，就是这一方向的努力成果。这是一部面向法治现实之作，而且是以刑事司法实际运作为结构，贯穿了刑事司法体制改革的中心线索。该书讨论了刑事法治的一般性原理，基于刑事法治的理念，我对警察权、检察权、辩护权和审判权都进行了法理探究：寻求这些权力（利）的理性基础，描述这些权力（利）的运作机理，探讨这些权力（利）的科学设置。同时，我还对劳动教养和社区矫正这两种制度进行了研究。尤其是劳动教养，它是中国独特的一种带有一定的保安处分性质的制度。但由于保安处分的决定权被公安机关所独占，其被滥用日甚一日。我在该部分内容中明确提出了分解劳动教养，使其司法化的改革设想。

刑事法治，是我在过去20多年时间里始终关注的一个现实问题，也是基于对我国的社会现状所进行的刑事法的理论思考，为推进这个领域的法治建设所做的一份学术贡献。尽管现实与理想之间存在巨大的差距，这种差距难免使我们失望，但学术努力仍然是值得的。我国目前正处在一个法治国家建设的关键时刻，既需要改革的勇气，也需要改革的思想。

（四）刑法知识论

2000年我在《法学研究》第1期发表了《社会危害性理论：一个反思性检讨》一文，这是我对深受苏俄影响的我国刑法学反思的开始。社会危害性是苏俄刑法学中的一个核心概念，被认为是犯罪的本质特征。正是在社会危害性的基础之上，建构了苏俄刑法学的理论体系。我国刑法学也承继了社会危害性理论，以及在此基础上的四要件的犯罪构成体系，由此形成我国刑法学的基本理论框架。对社会危害性理论的批判，成为我对苏俄刑法学的学术清算的切入口。2006年我在《政法论坛》第5期发表《刑法知识的去苏俄化》一文，明确地提出了去除苏俄刑法知识的命题，从知识社会学的角度展开对苏俄刑法学的批判，并对我国刑法知识的走向进行了探讨。其结论反映在我发表在《法学研究》2011年第6

期的《刑法知识的教义学化》一文当中，这就是吸收德日刑法知识，建构我国的刑法教义学知识体系。在这当中，完成从苏俄的四要件到德日的三阶层的转变，可以说是当务之急。当然，我国的知识转型并没有完成，四要件的犯罪构成体系仍然占据着通说的地位，但三阶层的犯罪论体系已经开始普及，走向课堂，走向司法。围绕着以上问题的思考，我于2012年在中国人民大学出版社出版了《刑法的知识转型（学术史）》和《刑法的知识转型（方法论）》两书，为10年来我对我国刑法知识的研究画上了一个句号。刑法知识论的研究，使我从具体的刑法规范与刑法法理中抽身而出，反躬面向刑法学的方法论与学术史。这是一个刑法学的元科学问题，也是我的刑法学研究的最终归宿。

（五）判例刑法学

在我的刑法研究中还有一个独特的领域，这就是判例刑法学。我国传统的刑法学研究都是以刑法的法条为中心的，这与我国存在司法解释制度但没有判例制度具有一定的关联性。然而，判例对于法律适用的重要性是不言而喻的。因此，深入的刑法学研究必然会把理论的触须伸向判例。前些年，我国虽然没有判例制度，但最高人民法院公报以及最高人民法院刑事审判庭出版的案例选编等司法实际素材，为刑法的判例研究提供了可能性。我在法学院一直为刑法专业的硕士生开设案例刑法研究的课程，作为刑法总论与刑法各论学习的补充，受到学生的欢迎。在这种情况下，我以最高人民法院刑事审判庭出版的有关案例为素材，进行判例刑法学的研究，于2009年在中国人民大学出版社出版了《判例刑法学》（上下卷）一书。该书从案例切入，展开法理叙述，将案例分析与法理研究融为一体，成为刑法学研究的一个新面向。

2010年中国正式建立了判例制度，这是一种具有中国特色的判例制度，称为案例指导制度。这种判例制度完全不同于德日国家的判例制度，它是以最高人民法院不定期颁布指导性案例的方式运行的。最高人民法院颁布的指导性案例在下级法院审判过程中具有参照的效力。这里的参照，既非具有完全的拘束力，又不是完全没有拘束力，而是具有较弱的拘束力。这些指导性案例虽不能在判决书中援引，但判决与指导性案例存在冲突的，可以作为上诉的理由。尽管这一案例

指导制度仍然具有较强的行政性，它是以颁布的方式呈现的，而不是在审判过程中自发形成的规则秩序；但它毕竟是一种新的规则提供方式，对于我国司法实践具有重要的意义。判例制度的关键功用在于通过具体判例形成具有可操作性的司法裁判规则，因此，对于裁判规则的提炼是一项重要的工作。我作为首席专家，从2010年开始承担了《中国案例指导制度》的国家社科重大项目，并于2013年年初在北京大学出版社出版了《人民法院刑事指导案例裁判要旨通纂》（上下卷）一书。该书在对既有的刑事指导案例进行遴选的基础上，提炼出对于刑事审判具有指导意义的裁判要旨，并对裁判要旨进行了法理阐述，以此为司法机关提供参考。

刑法学属于部门法学，它与公民权利具有密切的联系。因此，刑法学者不仅是一个法条主义者，更应该是一个社会思想家；既要有对于国家法治的理想，又要有对于公民社会的憧憬；既要有对于被害人的关爱之情，又要有对于被告人的悲悯之心。

罪刑法定主义是我所认知的刑法学的核心命题：它是刑法的出发点，同时也是刑法的归宿。在我的刑法理论研究中，罪刑法定主义占据着极为重要的位置。中国1979年刑法并没有规定罪刑法定原则，反而在刑法中规定了类推制度。及至1997年刑法修订，废弃了类推制度，规定了罪刑法定原则，由此而使中国刑法走上了罪刑法定之路。在我国刑法规定罪刑法定原则的前后，我先后撰文对罪刑法定主义进行了法理上的深入探讨。这些论文编入《罪刑法定主义》一书，由中国法制出版社于2010年出版。在该书的封底，我写了这样一句题记，表达了我对罪刑法定主义的认知："罪刑法定主义：正义之所归，法理之所至。"罪刑法定主义应当成为刑法的一种思维方式，并且贯穿于整个刑法体系。我国刑法虽然规定了罪刑法定原则，但这只是一个开端，还会经历一段罪刑法定司法化的艰难进程。在相当一个时期，我国刑法学者还要为实现罪刑法定原则而奋斗。

整体刑法学的研究也是值得提倡的。李斯特提出了整体刑法学的命题，这对于今天我国的刑法学研究仍然具有指导意义。北京大学法学院教授、我的前辈学者储槐植教授提出了刑事一体化的思想，追求刑法的内在结构合理（横向协调）

与刑法运行前后制约（纵向协调）。作为一种方法论，刑事一体化强调各种刑法关系的深度融合。应该说，整体刑法学与刑事一体化都是从系统论的角度看待刑法，反对孤立地研究刑法，提倡把刑法置于整个法律体系与社会关系中进行分析。对于这样一种刑法研究的方法论，我是十分赞同的。因为刑法本身的研究领域是较为狭窄的，必须拓宽刑法的研究领域，并且加深刑法的研究层次。对于刑法，应当以教义学为中心而展开。如果说，刑法教义学是在刑法之中研究刑法，那么，还需要在刑法之上研究刑法的刑法哲学、在刑法之外研究刑法的刑法社会学、在刑法之下研究刑法的判例刑法学，等等。除了对刑法的学理研究以外，刑法学者还应当关注社会现实，关注国家法治建设。只有这样，才能使刑法学不仅是一种法教义学，而且具有经世致用的功效。

刑法是具有国别的，刑法效力是具有国界的；然而，刑法知识与刑法理论是具有普世性的，是可以跨越国界的。因此，我始终认为我国刑法学应当融入世界刑法学的知识体系中去，而不是游离于世界刑法学之外。在这种情况下，我国应当向德、日、英、美等法治发达国家学习先进的刑法理论。相对而言，由于历史的原因，我国借鉴的是大陆法系的法律制度，包括法律技术与思维方法。因此，吸收与汲取德日刑法知识是更为便利的。从 1980 年代以来中国刑法学演进的路径来看，其也是在学术上的对外开放当中发展起来的。最初是引进日本的刑法知识，后来是引进德国的刑法知识；开始是以引进刑法总论知识为主，后来逐渐引进刑法各论知识；从翻译出版刑法体系书（教科书），到后来翻译出版刑法学专著，经历了一个发展过程。这些来自德日的刑法知识对于中国刑法学的发展起到了重要的促进作用，推动了我国刑法学的发展。我国学者将这些舶来的刑法知识用于解决中国刑事立法与刑事司法中的问题，其实践功能也是十分明显的。可以说，我国刑法学正在融入德日刑法知识的体系之中。

"陈兴良刑法学"作品集将对已经出版的个人著作进行修订整理，陆续出版。我的著作初期散落在各个出版社，首先要对各个出版社的编辑在我的著作出版过程中付出的辛勤劳动，表示衷心感谢。自 2006 年起，我的著作列入中国人民大学出版社的"中国当代法学家文库"，出版了 20 余种。现在，我的个人专著以

"陈兴良刑法学"的名义修订出版，作为本人学术生涯的一个总结。对于中国人民大学出版社的编辑在我的著作出版过程中的敬业、细致和认真的职业精神，表示敬意。30年来以学术为旨归，以写作为志业，虽劳人筋骨，伤人心志，亦执着以求，守职不废。这对于一个学者来说，当然是本分。然此盈彼亏，心思用于学问多，则亏欠家人亦多。因此，对于夫人蒋莺女士长久以来对我的理解与襄助，深表谢意。

自从1987年我在中国人民大学出版社出版第一本个人专著《正当防卫论》以来，正好30年过去了。这30年是我学术研究的黄金时节，在此期间，出版了数十种个人专著，主编了数十种著作以及两种连续出版物，即《刑事法评论》（40卷）和《刑事法判解》（9卷），发表了数百篇论文。收入"陈兴良刑法学"的，是我在这30年间出版的个人专著，共计以下14种，分为18卷（册），计一千余万字：

1. 《刑法哲学》
2. 《刑法的人性基础》
3. 《刑法的价值构造》
4. 《刑法的知识转型（方法论）》
5. 《刑法的知识转型（学术史）》
6. 《刑事法治论》
7. 《正当防卫论》
8. 《共同犯罪论》
9. 《刑法适用总论》（上卷）
10. 《刑法适用总论》（下卷）
11. 《规范刑法学》（上册）
12. 《规范刑法学》（下册）
13. 《判例刑法学》（上卷）
14. 《判例刑法学》（下卷）
15. 《本体刑法学》

16.《教义刑法学》

17.《口授刑法学》（上册）

18.《口授刑法学》（下册）

  学术是一个逐渐累积的过程，每个人都只是一门学科所形成的知识链中的一个节点。我作为从20世纪80年代开始登上我国刑法学术舞台的学者，学术生命能够延续到21世纪20年代，正好伴随着我国刑事法治的恢复重建和刑法学科的起死回生，以及刑法知识的整合转型，何其幸也。"陈兴良刑法学"所收入的这些作品在刑法学术史上，都只不过是"匆匆过客"。这些作品的当下学术意义日渐消解，而其学术史的意义日渐增加，总有一天，它们会成为刑法学术博物馆中的古董摆设，这就是历史的宿命。

  在"陈兴良刑法学"作品集的编辑过程中，总有一种"人书俱老"的感叹。我知道，这里的"书"并不是一般意义上的书，而是指书法的"书"。但在与"人"的对应意义上，无论对这里的"书"作何种理解都不重要，而对"俱老"的意识和体悟才是最为真实和深刻的。对于一个写作者来说，还有什么比亲笔所写的书，伴随着自己一天天老去，更令人激动的呢？

  最后，我还要感谢中国人民大学出版社对我的厚爱。如前所述，我的第一本专著《正当防卫论》就是1987年在中国人民大学出版社出版的。从2006年开始人大出版社将"陈兴良刑法研究系列"纳入"中国当代法学家文库"，这次又专门为我出版"陈兴良刑法学"作品集。我还要感谢北京冠衡刑辩研究院院长刘卫东律师为作品集的出版慷慨解囊，提供资助。作为我指导的法律硕士，刘卫东在律师从业生涯中践行法治，成为业界翘楚。为师者，我感到十分荣幸。

  是为序。

陈兴良
谨识于北京海淀锦秋知春寓所
2017年9月1日

《刑法研究》序言

《刑法研究》文集是我于2017年在中国人民大学出版社编辑出版的"陈兴良刑法学"系列丛书的续编。《刑法研究》文集分为13卷，全部收录了我从1984年到2020年跨度长达36年期间所发表的全部论文和其他作品。可以说，《刑法研究》是我的刑法研究论文之集大成者。

我的论文发表始于1984年，其中第一篇论文是发表在《法学杂志》1984年第1期的《论我国刑法中的间接正犯》。此后，写作成为我的科研活动的主要途径，论文成为我的学术成果的基本载体。在我出版的专著中，只有个别专著是从一开始就确定按照专著的形式进行写作的，其他专著都脱胎于论文。换言之，在进行论文写作的时候，并没有创作专著的计划。只是在论文累积到一定程度，才按照专著的格式和体例进行创作。从最初发表5 000字左右较短的论文，到后来发表数万字较长的论文；从开始发表学术论文，到后来发表随笔等其他类型的作品，经历了一个逐渐的演变过程。每年发表论文的数量也从少到多，逐年增加。例如1984年只发表论文2篇，而2010年发表论文14篇，目前每年发表论文稳定在5篇左右。在长达36年写作生涯中，共计发表论文400余篇。此前，我分别出版了4部论文集，共计350余万字。这4部论文集就是：（1）《当代中国刑

法新理念》；（2）《当代中国刑法新视界》；（3）《当代中国刑法新境遇》；（4）《当代中国刑法新径路》。在这4部论文集中，《当代中国刑法新理念》收入1984年至1994年之间发表的论文，中国政法大学出版社1996年第1版，中国人民大学出版社2007年第2版。《当代中国刑法新视界》收入1995年至1997年之间发表的论文，中国政法大学出版社1999年第1版，中国人民大学出版社2007年第2版。《当代中国刑法新境遇》收入1998年至2001年之间发表的论文，中国政法大学出版社2002年第1版，中国人民大学出版社2007年第2版。《当代中国刑法新径路》收入2002年至2005年之间发表的论文，中国人民大学出版社2007年版。以上4部论文集具有编年史的性质，将某个期间的论文全部编入文集，全方位地呈现了我的学术成果。从2005年至今（2019年）的论文则没有再编辑出版，而是出版了专题论文集、自选论文集和代表作论文集。例如《刑法理念导读》（法律出版社2003年第1版，中国检察出版社2008年第2版）、《死刑备忘录》（武汉大学出版社2006年版）、《罪刑法定主义》（中国法制出版社2010年版）、《走向哲学的刑法学》（法律出版社1999年第1版、法律出版社2008年第2版、北京大学出版社2018年第3版）、《走向规范的刑法学》（法律出版社2008年第1版、北京大学出版社2018年第2版）、《走向教义的刑法学》（北京大学出版社2018年版）、《刑法学的编年史：我的法学研究之路》（法律出版社2019年版）等。这次编辑的《刑法研究》是在接续前述4部论文集的基础上，将2006年至2020年之间我所发表的论文全部编入，共计13卷。鉴于从1984年到2020年的时间跨度，本次编辑的《刑法研究》，按照刑法学体系的内在逻辑，对各个时期发表的论文进行统一排列，而不是延续前述4部论文集的方式，按照一定的时间段对论文进行编排。这种按照刑法学体系的内在逻辑进行编排的方法，可以完整地展现我在刑法学各个领域的学术成果，因而得以更为直观地呈现论文的逻辑关系。同时，在同一主题上，对不同时期的论文按照发表顺序进行排列，既照顾了时间的延续关系，还能够客观真实地反映我对某些学术论题在理论观点和研究深度这两个方面的发展变化。在这个意义上说，《刑法研究》是我的刑法学术地图，因而具有不同于著作系列作品的特殊蕴涵。

论文是学术成果的基本载体，而且论文随写随发表，体现作者的一得之见或者一时之见。相对于需要较深的学术积累和较长的写作时间的专著来说，论文写作还是较为容易的。因此，论文写作在我的学术研究生涯中占据着十分重要的位置。论文受到其篇幅的限制，只能就某个专题进行较为深入的论述。因此，就学术研究的广度和深度这两个方面的要求而言，论文是更侧重于深度而非广度。一般来说，论文是就本学科的某个知识点进行深度挖掘，将理论研究引向深入的一种学术文体。正是每年发表的大量学术论文，推进了学科理论的演进和学术观点的深化。就此而言，论文的学术功能是不言而喻的。然而，论文并不是单纯写作的产物，而是对某个问题深入研究的结果，是科研成果的呈现。因此，只有经过研究以后，形成作者个人的独到见解，才能进入写作阶段。如果完全没有研究，则所谓写作只能是"无米之炊"，而所谓论文也只能是"无病呻吟"。因此，论文写作的前提是对学科领域的知识把握和观点创新。

　　论文主题可能只涉及某个学科领域，但真正写好论文需要对学科的整体认知和宏观把控。论文写作力求避免就事论事，而应当以大格局审视小题目，只有这样才能得之于心而应之于手。对于刑法学的研究也是如此。刑法具有不同的面向，因而对刑法研究也可以采用不同方法。通常来说，刑法首先是一种规则，司法活动通过适用刑法规范而认定犯罪。因此，从司法角度对刑法进行规范研究是首要使命。这个面向，就是刑法教义学的视角，这是一种司法论语境的刑法研究，它是刑法理论的主体内容。当然，对刑法规范的研究，涉及法律解释和逻辑推理等各种方法，这就需要刑法学者具有语言学和逻辑学的功力。正如德国著名刑法学家考夫曼所说：刑法学者应当是实践着的语言学家，同时也应当是实践着的逻辑学家。因此，对于刑法教义学来说，除对刑法教义学的话语体系和知识命题的深刻理解和系统掌握以外，还需要具有扎实的语言学和逻辑学的基础，否则，就难以对刑法规范进行准确和正确的诠释和推演。除此以外，刑法研究还涉及法哲学以及社科知识，进行刑法的哲学研究和刑法的社科研究。刑法并不只是立法者创制的规范，它还是社会生活的某个局部或者人类精神的某个侧面，因此，在对刑法进行研究的时候就应当将刑法嵌入社会生活，作为社会现象和精神现象进行把握。只有这样，才能揭示隐藏在规范背后的社会内容和精神实质。因此，收入本书的论文基本上是我在刑法教义学和刑法哲学以及刑法社科研究等领域取得的学术成果。将这些属于不同层面和不同品格的刑法论文编辑在同一个刑法学体系之中，足以体现刑法理论的丰富性和刑法知识的层次性。

编入《刑法研究》中的论文具有较长的时间跨度。在此期间，刑法和司法解释发生了重大变化。例如从1979年刑法到1997年刑法，此后又陆续颁布了10个《刑法修正案》，刑法规范不仅大为扩容，而且先后更迭。此外，刑法理论也发生了重大演进，尤其是随着德日刑法教义学的引入，我国的犯罪论体系正在发生知识转型，对刑法理论产生了极大的影响。在这种情况下，刑法理论的历史年代感深刻地烙印在论文上。编入《刑法研究》的论文都是在当时历史条件和法律语境中的产物，因此，保持其原貌和原状是我的处理方式。这可能会给读者的阅读带来一定的违和感，但考虑到这是36年之间发表的论文，就会把这种违和感转化为历史感。

《刑法研究》分为13卷，各卷对论文按照一定的专题连续编排，专题则根据刑法学体系的逻辑关系进行排列，形成以下基本框架。

第一编　刑法绪论

一、刑法理念

二、刑事法治

三、刑事政策

四、刑法立法

五、刑法原则

六、刑法人物

七、刑法随笔

第二编　刑法理论

一、刑法哲学

二、刑法教义学

三、刑法知识论

四、判例刑法学

第三编　刑法总论

一、犯罪概论

二、犯罪论体系

三、构成要件

四、违法性

五、有责性

六、未完成罪

七、共同犯罪

八、单位犯罪

九、竞合论

十、刑罚概论

十一、刑罚体系

十二、刑罚适用

第四编　刑法各论

一、刑法各论概述

二、公共安全犯罪

三、经济秩序犯罪

四、侵犯人身犯罪

五、侵犯财产犯罪

六、社会秩序犯罪

七、贪污贿赂犯罪

以上内容共分为四编，这就是刑法绪论、刑法理论、刑法总论和刑法各论。

第一编刑法绪论是关于刑法的整体性反思。在德日刑法教科书中，开宗明义，一般都有绪论性的论述。例如，德国著名刑法学家李斯特的《德国刑法教科书》一书，在其绪论中，对刑法的概念、功能、历史和渊源等进行了论述。李斯

特明确地将犯罪界定为法益侵害行为，而把刑法界定为保护法益的法律[1]，从而奠定了李斯特刑法学的底色。而日本著名刑法学家大塚仁的《刑法概说（总论）》一书，在其绪论中，对刑法概念、刑法历史和刑罚规范等进行了论述。大塚仁鲜明地指出："关于成为刑法对象的人，应当扬弃至今处于古典学派刑法学根底的作为抽象理性人的犯罪人观和近代学派刑法学所把握的作为具体宿命人的犯罪人观，应该认识到犯罪人是具有作为相对自由主体的人格性的具体的、个别的存在。"[2] 由此确立了大塚仁人格刑法学的基本立场。刑法是由犯罪和刑罚这两个要素构成的，因而刑法学主要是对犯罪和刑罚的研究。但在研究犯罪和刑罚之前，首先要对刑法本身进行反思。这是刑法绪论的主要功能。绪论分为以下部分。

（1）刑法理念。在我的刑法理论研究中，大量内容涉及刑法理念问题。尤其是随着我国从计划经济到市场经济的体制转变，刑法理念，包括立法理念和司法理念都随之而发生重大变化。对刑法理念的深入探索成为我国转型刑法学的特点之一。

（2）刑事法治。刑事法治是刑事法学科对我国宪法确立建设法治国家的治国策略的理论回应，它是指刑事法领域的法治。刑事法治包含了刑法的法治。因此，刑事法治成为我国刑法研究的一个重要主题。收入文集的论文，反映了刑事法治的各个侧面，例如法治理念、司法改革和规范配置等。这些论文的主题，有些已经超出狭义的刑法学的范畴，而涉足刑事诉讼和刑事证据等领域。基于刑事一体化的理念，将这些论文编入我的《刑法研究》，也是一种尝试。

（3）刑事政策。刑事政策是刑法的灵魂，对于刑法立法与刑法司法具有重要的指导意义。在刑事法中，刑事政策是独立于刑法教义学的一个研究领域。我虽然没有对刑事政策的专门研究，但还是十分关注刑事政策，尤其是对"严打"刑事政策和宽严相济刑事政策都有所涉猎，发表了若干论文，并且主编了相关专

---

[1] 参见［德］李斯特：《德国刑法教科书》（修订版），徐久生译，北京，8、10页，法律出版社，2006。

[2] ［日］大塚仁：《刑法概说（总论）》，冯军译，北京，62页，中国人民大学出版社，2003。

著。将这些论文编辑以后，形成《刑法研究》的一个专题，以此反映我在刑事政策领域的研究成果。

（4）刑法立法。从1979年刑法到1997年刑法，在不到20年时间里，我国经历了两次刑法立法。虽然1979年的刑法立法，我并不是参与者，但我参加了1997年刑法修订的全过程。因而，在这个时期的刑法研究中，刑法立法是一个不能绕开的主题。即使是1997年刑法修订以后，我国对刑法采取了修正案的方式进行修改，刑法的立法走向始终是我国刑法学者所关注的问题。围绕着刑法立法，我发表了大量论文。刑法立法的指导思想等宏观问题，刑法立法的体例安排等细节问题，这些都是我的写作题材。至于个罪的立法论的论文，则没有被列入本专题，而是编排在个罪的相关专题之中。

（5）刑法原则。我国刑法原则存在一个从理论叙述到法律规定的演变过程。在1979年刑法中并没有刑法原则的规定，但在刑法教科书中都有对刑法基本原则的阐述。及至1997年刑法明确规定了罪刑法定原则、罪刑均衡原则和罪刑平等原则。可以说，刑法原则是我国刑法规范的价值内容，尤其是罪刑法定原则对于理解我国刑法规范具有重要指导意义。因此，刑法原则是我国刑法整体性考察的不可或缺的一个视角。我对刑法原则，尤其是罪刑法定原则进行了全方位、多视角的理论研究。从刑法修改中对罪刑法定原则立法化的论证，到刑法确立罪刑法定原则以后对罪刑法定原则司法化的论述，都是我的刑法基本立场的理论底色。

（6）刑法人物。刑法人物是刑法研究中附带的成果，对于理解不同刑法人物的刑法思想具有一定的价值。在《刑法的启蒙》（北京大学出版社2018年第3版）中，我描述了西方刑法学史上的10位刑法人物。其中《基因的奴隶：龙勃罗梭论》曾经以论文的形式在刊物上发表，其他9篇则并未发表。我还曾经出版过一本7万字的小册子，书名是《遗传与犯罪》（群众出版社1992年版）。该书就是描写龙勃罗梭的，上文正是在该书基础上改写而成的。此外，我还创作了学术印象系列的刑法人物作品，王作富教授、马克昌教授和储槐植教授成为这个系列的主角。此外，还有关于周振想教授、邱兴隆教授的回忆作品，以及以我本人

的学术经历为线索而展开的自传性作品：《一个刑法学人的心路历程》，该文是对我本人截至 1999 年的学术经历的总结和回顾。对于 2000 年以来这段时间的学术经历，一直想补写，但也因为各种原因未能如愿。上述作品涉及对刑法人物的刻画，以及对这些刑法人物的刑法思想和学术成就的评述，具有一定的可读性。本来曾经有意出版一部《刑法的知识转型［人物志］》，与已经出版的《刑法的知识转型［方法论］》（中国人民大学出版社 2017 年第 2 版）和《刑法的知识转型［学术史］》（中国人民大学出版社 2017 年第 2 版）形成系列。但这个愿望未能实现，现在将这些已经完成的人物描述作品编辑出版，也算是对自己的一个交代。

（7）刑法随笔。刑法随笔是我发表的一些短文，信手拈来，不像学术论文那样经过深思熟虑，因而，随笔更具有可读性。例如，《法律图书的历史演变——以个人感受为线索》一文，是应北京大学出版社蒋浩副主编之邀，在 2015 年北京大学法律图书大会上发表的讲演。记得大会在下午召开，上午只用了半天时间匆忙完成该文。该文在《北京大学法律评论》（第 16 卷第 1 辑，北京大学出版社 2015 年版）发表以后，又曾经以《法律图书的私人记忆和公共叙事》为题，在微信公众号上流传。现在看来，这个不知谁起的标题，比原标题更具有吸引力。在刑法随笔中，《法律在何处》也是自我感觉良好的一文。该文的写作灵感来自宋福祥故意杀人案，该案的判决书在对案件事实进行描述的时候，采用了对话体：（妻）李霞："三天两天吵，活着还不如死了。"（夫）宋福祥："那你就死去。"在该案中，李霞已经上吊自杀。李霞的话显然是宋福祥复述的，因此，死无对证。在这种情况下，如何还原案件事实，这是引起我深思的一个问题。我联想到德国著名学者拉伦茨的命题——"作为陈述的案件事实"，由此生发出感慨和议论，写就本篇随笔。

第二编刑法理论是关于刑法法理的体系性建构。刑法理论是以刑法为对象进行研究而形成的知识形态，刑法理论并不是一个单一的和封闭的体系，它具有层次性与类型性。其中，对刑法的价值论和方法论的研究占据着重要地位，成为刑法理论的核心与基础。从 1979 年刑法颁布，我国刑法立法和刑法司法开始恢复重建，我国刑法学亦随之而成长。在这个过程中，我们会更多地关注刑法基础理

论的建构，因而形成刑法理论的专门研究领域。

（1）刑法哲学。刑法哲学是对刑法的形而上的研究，因而属于刑法理论的题中之义。刑法哲学本来应当是刑法知识发展和累积到一定程度的产物，具有对刑法理论的提升功能。20世纪90年代末期，我国刑法学科重建不久，在刑法知识还处于一种较为闭塞的状态下，我就开始了刑法哲学的探究，出版了我的第一部重要著作《刑法哲学》（中国政法大学出版社1992年版）。在该书写作过程中，我陆续发表了刑法哲学的相关论文，形成我的第一个学术发表高潮，这些论文是我学术成长过程中留下的厚重印记。

（2）刑法教义学。从刑法哲学向刑法教义学的转向，是从2000年开始的，以我的《本体刑法学》（商务印书馆2001年版）一书的出版为标志，直到2010年我的《教义刑法学》（中国人民大学出版社2010年版）一书出版。刑法教义学主要是一种方法论，我最初发表的《刑法教义学方法论》（载《法学研究》2005年第2期）一文，就是从方法论意义上展开刑法教义学论述的。这个时期发表的论文，围绕着刑法教义学进行了初步的介绍和建构，表现为一种理论自觉。

（3）刑法知识论。刑法知识论是以批判为特征的，为刑法知识转型提供动力。从刑法哲学到刑法教义学的转变，不仅涉及方法论，而且涉及知识论。因而，刑法知识论具有突破传统刑法理论框架桎梏的功能。我国传统刑法学是在模仿苏俄刑法学的基础上形成的，虽然对我国刑法学的理论发展起到了推动作用，但苏俄刑法学本身具有历史和逻辑的局限性。在这种情况下，我国刑法知识的去苏俄化就成为当务之急。我在2000年发表了《社会危害性理论：一个反思性检讨》（载《法学研究》2000年第1期）一文，开启了对传统刑法学的反思之路。这些论文的共同特点是反思性和批判性，以"破"为主，为刑法理论开辟道路。

（4）判例刑法学。判例刑法学是以司法案例为素材的刑法理论研究。如果说，刑法教义学主要以法规范为研究对象，那么，判例刑法学则以司法案例，尤其是裁判理由为主要研究对象。通过对裁判理由的考察，揭示刑法知识在司法实践中采用的状况，对刑法理论与司法实务之间的理论偏离进行考察，由此形成判例刑法学知识类型。收入本专题的是关于判例刑法学的方法论的论述，至于对刑

法案例具体研究的论文，散在于刑法总论和刑法各论的相关部分。

第三编刑法总论是关于犯罪论与刑罚论的理论叙述。犯罪是刑法学的核心范畴，也是研究的主要内容。犯罪概念论和犯罪构成论是犯罪论的基本内容。在刑法知识转型中，对犯罪构成论，即犯罪论体系带来重大影响，因而成为刑法理论研究的主要知识增长点。在这些领域，我予以了长期的关注，因而它们是刑法研究重心。刑罚论是关于刑罚概念和刑罚制度的理论叙述。在德日刑法教义学中，一般都以犯罪论为内容，刑罚论只是简单提及，刑罚理论往往作为刑事政策或者刑罚学单独进行论述。而我国教义学则将犯罪论和刑罚论并重，共同作为刑法学理论的内容。当然，犯罪论因为更具有理论性而成为刑法教义学的主体内容。刑罚论虽然也可以发展成为刑罚教义学，却在重要性上不如犯罪论。我对刑罚论进行深入探讨，发表论文涉及刑罚原理、刑罚体系和刑罚适用等内容。

（1）犯罪概论。我国刑法对犯罪概念作了明确规定，包括但书规定，由此形成具有我国特色的犯罪概念论。犯罪的形式概念和实质概念以及形式与实质相统一的犯罪概念，在这些问题上曾经长期存在争议。以犯罪概念为中心而展开的刑法理论叙述，始终是刑法学者的学术兴趣之所在。我对犯罪概念的研究经历了从法定概念到实体概念的转变，因而将犯罪学等事实学科的内容纳入研究视野。

（2）犯罪论体系。犯罪论体系是我国刑法学术争鸣的主战场，围绕着三阶层和四要件的犯罪论体系，我国刑法学者进行了尖锐而深入的争论。这场争论在一定程度上推动了我国刑法中的犯罪论体系的研究，因而具有积极意义。我最初接受的是四要件的教育，然而在德日刑法学传入我国以后，三阶层的犯罪论体系的逻辑合理性对我具有极大的吸引力。在这种情况下，我成为三阶层的犯罪论体系的积极倡导者。因而，在三阶层与四要件的这次理论争论中，我当然是站在三阶层的立场对四要件进行了批判。收入文集的关于犯罪论体系的论文在很大程度上反映了我对三阶层的理解和对四要件的解构，是我国犯罪论体系研究的组成部分。

（3）构成要件。构成要件是三阶层犯罪论体系的核心概念，处于第一阶层，因而具有重要意义。对构成要件的正确理解，例如区分构成要件和犯罪构成，都

是构成要件理论研究的主要课题。此外，对主体、行为、结果、客体、因果关系等构成要件要素的深入讨论，对于形成构成要件理论来说是必不可少的内容。我从贝林的构成要件概念出发，对构成要件从概念到要素进行了研究，发表了重要论文，成为推动三阶层犯罪论体系在我国生根发芽的学术努力之一部分。

（4）违法性。在三阶层犯罪论体系中，违法性阶层主要讨论违法阻却事由。我国刑法规定了正当防卫和紧急避险这两种违法阻却事由，其中更为重要的是正当防卫。从1984年开始，正当防卫就作为硕士论文的选题进入我的研究视野。长期以来，我跟踪正当防卫制度在我国的演变，目睹了立法上对正当防卫的宽松规定，包括设立无过当防卫制度等，而在司法实践中正当防卫制度却被搁置，成为僵尸条款。直到近些年来，随着于欢辱母案、于海明反杀案、赵宇见义勇为案等案件进入公众视野，引起社会广泛关注，正当防卫逐渐被唤醒。我对正当防卫的研究论文经历了我国正当防卫制度演变的全过程，因此，我关于正当防卫的论文也跨越了以上各个阶段，并且直面司法实践，推动正当防卫的司法适用。

（5）有责性。我国刑法是以实质的故意和过失概念对行为人进行主观归责的，因此，在四要件的犯罪论体系主导下，刑法责任论是以故意与过失为中心展开的。在三阶层的犯罪论体系中，心理事实与主观归责相分离，责任论才具有独立于故意与过失的内容。我对刑法中责任的研究，同样经历了从故意与过失为主的论述到心理要素与责任要素分离的阐述这样一个关注重心的演变。以责任主义为主要内容的有责性理论，在很大程度上改变了我国刑法中的犯罪主观要件的构成，在这个过程中，我的论文显示了这种话语论述的转变。

（6）未完成罪。我国刑法中的预备、未遂和中止，在刑法理论上称为未完成罪。未完成罪这个概念在一定程度上是对英美刑法inchoate的拷贝[1]，因为在德日刑法中一般只处罚未遂犯，不处罚预备犯，而中止犯则被涵括在未遂犯的概念之中。在这种情况下，德日刑法学单设未遂犯一章包含上述相关内容。而我国刑法不仅规定了未遂犯，而且规定了预备犯和中止犯。因此，如何概括这三种犯罪

---

[1] 参见［美］乔治·佛莱切:《反思刑法》，邓子滨译，96页，北京，华夏出版社，2008。

形态就成为一个难题。在我看来,源于英美刑法的未完成罪不失为一个可取的概念。在未完成罪中,研究重点还是未遂犯与不能犯。应该说,我对未完成罪没有系统研究,而只是偶尔涉猎。

(7)共同犯罪。共同犯罪是我的研究重点,最初发表的论文都集中在这个领域。这是因为我的博士论文的主题就是共同犯罪,因而共同犯罪成为我始终关注的一个论题。我国刑法关于共同犯罪的规定具有独特性,不同于德日刑法典的规定。在这种情况下,如何运用德日共犯教义学原理,解释我国刑法关于共同犯罪的规定,这是一个难题。我力图引入共犯与正犯的二元制理论,塑造我国刑法中的共同犯罪的法律形象。因此,对共同犯罪从历史与逻辑两个方面进行了较为深入的研究,发表了较多的论文,成为我的刑法总论的学术自留地。

(8)单位犯罪。大多数国家刑法都是以个人为模型的,只有极个别国家规定了法人犯罪。而我国刑法经历了一场重大争议之后,在刑法中正式确立了法人犯罪,将之与自然人犯罪相对应。当然,我国刑法中的法人犯罪称为单位犯罪,单位这个概念在我国社会生活中广泛采用,具有比法人更宽的外延。单位犯罪并不是我的研究重点,因此在该领域发表的论文较少。

(9)竞合论。刑法中的竞合与罪数这两个问题具有极大的关联性,可以说,从罪数论到竞合论的演变,是我国刑法学界走过的学术道路。我较早对法条竞合进行了理论研究,试图将德日刑法教义学中的法条竞合理论引入我国,以此处理我国刑法分则条文之间十分复杂的交叉和竞合关系。我国学者结合刑法规定对竞合论所作的研究,充分体现了我国刑法学的特色。例如,转化犯和包容犯这些概念都是德日刑法教义学所没有而属于我国学者的独创,这对于张扬我国刑法理论具有标志意义。

(10)刑罚概论。刑法是关于刑罚概念、目的和功能等刑罚一般理论的叙述。在某种意义上可以说,刑罚原理是刑罚哲学的重要组成部分。我国关于刑罚目的,存在报应主义和功利主义之争,这也是在刑罚问题上的基本分歧,由此形成不同的刑法学派。我最早提出了刑罚目的二元论,虽然具有折中的性质,却也不失为一种解决之道。

（11）刑罚体系。刑罚体系具有法律规定和理论建构这两套话语体系：法律规定的刑罚体系是以各国刑法为根据的，通常区分为主刑和附加刑。而理论建构的刑罚体系是按照一定的标准对刑法所规定的刑罚体系进行分类而形成的，例如生命刑、自由刑、财产刑和资格刑等。对刑罚体系的研究不能局限于对刑法规定的刑罚体系的解释，而是应当利用刑罚体系的理论话语进行论述。我所发表的论文，尝试将刑罚体系的理论话语用于对我国刑法规定的刑罚体系的阐述，因而结合了法律性和理论性这两个向度。

（12）刑罚适用。我国刑法除了对刑罚体系的规定，还规定了各种量刑制度和行刑制度，这些刑罚制度的规定为司法机关正确量刑和行刑提供了法律根据。因而，刑罚适用就成为刑罚论的研究重点。我较早对刑法中的情节进行了研究，提出了情节犯和情节加重犯的概念。在此基础上，对量刑情节进行了论述，这对于司法机关的刑罚适用活动具有一定的参考价值。

第四编刑法各论是关于刑法个罪的研究。刑法分为总则与分则，相应地，刑法理论也分为总论与各论。这里的各论就是以刑法分则规定的个罪为研究对象的，也称为分论。我国刑法分则规定数百个罪名，这些罪名大多数属于备而不用或者偶尔发生的，只有极少数罪名是常见多发且疑难复杂的。刑法学者所关注的只能是这极少数罪名，我所研究的也属于此类罪名。

（1）刑法各论概述。刑法各论除受刑法总论的原理制约以外，其本身还存在一般理论。例如，对刑法分则体系、罪名、法定刑等问题的论述，就属于刑法各论的一般理论。我对这些问题的研究集中在刑法各论的理论建构等论题。

（2）公共安全犯罪。危害公共安全犯罪属于我国刑法分则第二章规定的罪名。因为公共安全对社会的重要性，随着危险驾驶罪的设立，社会公众对于危害公共安全犯罪的关注度有所提升。我对危害公共安全犯罪的研究涉猎不多，主要集中在以其他方法危害公共安全罪这个口袋罪，因为其适用在一定程度上关系到罪刑法定原则，因而引起我的兴趣。

（3）经济秩序犯罪。经济秩序犯罪属于我国刑法分则第三章规定的罪名，也就是通常所称的经济犯罪。经济犯罪是刑法研究的重点，我早在20世纪90年代

初期就对经济犯罪与经济刑法进行了专门研究，出版了系列丛书。①收入文集的部分论文，就是这个系列研究的学术成果。此外，还有些论文是近年来对经济犯罪进行案例研究的产物，都与司法实践之间存在密切联系。

（4）侵犯人身犯罪。侵犯人身犯罪属于我国刑法分则第四章规定的罪名。侵犯人身犯罪是多发常见的，也是刑法理论关注的重点。我对侵犯人身犯罪进行了一定程度的研究，主要涉及故意杀人罪、强奸罪等重点罪名。

（5）侵犯财产犯罪。侵犯财产犯罪属于我国刑法分则第五章规定的罪名。随着我国经济体制改革，财产性质发生了重大改变，侵犯财产犯罪的类型和罪质也随着变化，引起我国刑法学者的重视。我在侵犯财产犯罪的研究中，引入德日刑法教义学的原理，以财产犯罪的分类为工具，对侵犯财产犯罪进行教义学的分析。

（6）社会秩序犯罪。社会秩序犯罪属于我国刑法分则第六章规定的罪名。其罪名数量之多，仅次于经济犯罪。社会秩序犯罪属于与其他国家差异较大的罪名，例如寻衅滋事罪和聚众斗殴罪等，都是具有我国特点的罪名。这些罪名的刑法教义学形象的塑造存在一定困难，因而在司法认定中存在较大的争议。对此，我采用构成要件理论进行论述，并且结合相关案例进行分析，意图使对刑法个罪的研究具有一定的教义学色彩。

（7）贪污贿赂犯罪。贪污贿赂犯罪属于我国刑法分则第八章规定的罪名。因为贪污贿赂犯罪具有职务犯罪和财产犯罪的双重属性，在反腐倡廉的背景下，贪污贿赂犯罪始终是刑法理论研究的重点领域。我对贪污罪、受贿罪和挪用公款罪也进行了较多的研究，尤其是对受贿罪的关注持续多年，对受贿罪的各个构成要件都发表了相关论文。

随着年龄的增长，论文写作的速度下降，发表数量也越来越少。在这种情况下，即使将来还有论文，也十分容易编辑到《刑法研究》各卷当中去。因此，现

---

① 参见陈兴良主编：《经济犯罪学》《经济刑法学（总论）》《经济刑法学（各论）》《经济犯罪疑难案例研究》，北京，中国社会科学出版社，1990。

在编辑文集的时间已经成熟。《刑法研究》收录了我过去36年发表的论文,将散在于各种刊物的数百篇论文汇集为文集,就如同无数颗小树成长为一片森林,无数滴水珠汇流成海洋,完成了从微小到浩大的嬗变。

《刑法研究》的编辑出版,受到中国人民大学出版社的大力支持,各位责任编辑为文集的出版付出了辛勤的劳动,对此深表谢意。收入的论文,除1984年至2005年已经编辑成论文集以外,2006年至2020年的论文散落在各种刊物中,为此,我的硕士研究生吴琪帮助我收集论文,并且转换为电子版,为《刑法研究》的编辑提供了便利,对此表示谢意。

是为序。

陈兴良

谨识于海南三亚领海寓所

2020年1月26日初稿

2020年12月11日改定

总　目　录

第一卷　刑法绪论Ⅰ

第一编　刑法绪论
　　一、刑法理念
　　二、刑事法治

第二卷　刑法绪论Ⅱ

　　二、刑事法治（续）
　　三、刑事政策
　　四、刑法立法

第三卷　刑法绪论Ⅲ

　　四、刑法立法（续）
　　五、刑法原则
　　六、刑法人物
　　七、刑法随笔

第四卷　刑法理论 Ⅰ

第二编　刑法理论
　　一、刑法哲学
　　二、刑法教义学
　　三、刑法知识论

第五卷　刑法理论 Ⅱ

　　三、刑法知识论（续）
　　四、判例刑法学

第六卷　刑法总论 Ⅰ

第三编　刑法总论
　　一、犯罪概论
　　二、犯罪论体系
　　三、构成要件

第七卷　刑法总论 Ⅱ

　　三、构成要件（续）
　　四、违法性

第八卷　刑法总论 Ⅲ

　　四、违法性（续）
　　五、有责性
　　六、未完成罪

第九卷　刑法总论Ⅳ

七、共同犯罪
八、单位犯罪
九、竞合论

第十卷　刑法总论Ⅴ

十、刑罚概论
十一、刑罚体系
十二、刑罚适用

第十一卷　刑法各论Ⅰ

第四编　刑法各论
一、概述
二、公共安全犯罪
三、经济秩序犯罪

第十二卷　刑法各论Ⅱ

四、侵犯人身犯罪
五、侵犯财产犯罪
六、社会秩序犯罪

第十三卷　刑法各论Ⅲ

六、社会秩序犯罪（续）
七、贪污贿赂犯罪

本卷目录

第一编　刑法绪论

一、刑法理念 ··· 2
　法律多元：理念、价值及其当代意义——尤其从刑事角度的思考 ··········· 3
　刑法的人性基础 ··· 20
　刑法的价值构造 ··· 33
　刑法价值序说 ··· 46
　刑法公正论 ··· 51
　刑事立法公正论 ··· 88
　刑事司法公正论 ··· 102
　刑法人道论 ··· 112
　刑法谦抑的价值蕴含 ··· 142
　刑法谦抑的法理考察 ··· 172
　刑法机能二元论 ··· 204
　刑法机能的展开 ··· 225
　刑法机能的话语转换——刑法目的论的一种探讨路径 ····················· 237
　论人权及其刑法保障 ··· 255

1

刑法的社会保护机能及其理论基础 ………………………………… 296
"风险刑法"与刑法风险：双重视角的考察 ……………………… 311
风险刑法理论的法教义学批判 ……………………………………… 322
当代中国的刑法理念 ………………………………………………… 358
面向21世纪的刑事司法理念 ………………………………………… 385

二、刑事法治 400

刑事法治的理念建构 ………………………………………………… 401
中国刑事司法制度：理念、规范、体制之考察 …………………… 428
中国刑事司法的考察——以刘涌案和佘祥林案为标本 …………… 447
刑事程序的宪政基础 ………………………………………………… 465
诉讼结构的重塑与司法体制的改革 ………………………………… 485
限权与分权：刑事法治视野中的警察权 …………………………… 491
从"法官之上的法官"到"法官之前的法官"
　　——刑事法治视野中的检察权 ………………………………… 517
为辩护权辩护：刑事法治视野中的辩护权 ………………………… 541
刑法定罪思维模式的评析与司法解释创制方式的反思
　　——以窨井盖司法解释为视角 ………………………………… 582

第一编

刑法绪论

一、刑法理念

法律多元：理念、价值及其当代意义

——尤其从刑事角度的思考

法律文本主义（规范主义）的基本观点是将"法律"界定为以国家名义制定并颁行的确认权利义务关系且在本质上具有强制性的规范总和。这一命题从静态层面考察无疑是正确的，因为"'法律'，按尽可能直接的意义——可以说是最低限度的意义而言，是文字表明的不容置疑的事实"①。但是，从法律作为社会存在和运作规则这一法社会学的话语系统中进行分析，可以发现，法律不仅仅只是表现为集团意志的规范：在一个主权国家范围内，除了国家法律起着作用以外，还有一些"行动中"的但却"看不见"的规则实质上在发挥着法律的规制、评断、保障等机能，其性质与国家法律几无二致。这些多元规则的存在，肢解、干预甚至在一定程度上冲击着国家法律，使国家政治统治权变形或旁落。有鉴于此，我们有必要将这些多元规则乃至整个国家法律的存在视作法律多元化现象并将其纳入法社会学视野进行全面、深入的分析，以探寻法律的真谛。

一

西方国家学者们对什么样的集体才有权制定法律并将其加诸社会成员的问题

---

① ［英］鲍桑葵：《关于国家的哲学理论》，252页，北京，商务印书馆，1995。

历来见仁见智、莫衷一是。一元论学派认为，只有是唯一种类的群体（或称政治群体）即国家才有资格制定法律规则，这一观点为政治学者和绝大多数法学家所赞同；与之相反，由一些社会学家、哲学家和为数甚少的法学家组成的多元说学派则公开宣称：任何一个具有某种坚固基础的群体都可以为自己——而且这样做——制定行为准则。"这些准则可以超越简单的规则范围而成为真正的法律条文。"① 多元说者还特别强调说，在一个国家内，除了由政权强加的法律规则外，还存在着某些具有法律性质的规定，或至少是具有一定法律效力的规定。这些并非从总体的社会组织权限中产生的法律规则过去存在，现在仍然存在着，这些规则既有超国家法（包括宗教法和国际组织制定的法），也包括亚国家法即低于国家的集团制定的法。②

从西方法学史考察，坚持法律多元论调的学者也不乏其人。古典法社会学家迪尔凯姆（Emile Durkheim，1858—1917）、埃利（Eugen Ehrkich，1862—1922）、韦伯（Max Webber，1864—1920）都异口同声地反对将法规视为国家立法的唯一产物，认为应从本身、组织化社会和人们社会行为中去探寻法的真谛。他们在承认法特有的强制性的基础上从不同侧面将法的定义非国家化。③ 其中，尤以韦伯为最。韦伯认为，法律强制力由国家垄断，但是，在某一个国度里，由国家垄断行使强制力而制定的"国家法"（State law）并不是唯一的法律，譬如宗教法虽不由国家行使强制力，但仍然是法律即超国家法（Extra-state law）。韦伯试图从社会学角度通过论述只要存在有效的强制性手段（物理的或心理的）就有法律规则和法律秩序这一命题来将法律概念非国家化。④

对法律概念非国家化或法律类型多重化的深层次探讨是在法律多元主义研究中发展起来的。法律多元主义这一概念始于法律人类学的研究，特别是西方学者在对非洲和南美洲等殖民地或前殖民地的部落居民以及当地文化和法律现象进行

---

① ［法］亨利·莱维·布律尔：《法律社会学》，22页，上海，上海人民出版社，1987。
② 参见［法］亨利·莱维·布律尔：《法律社会学》，22～25页，上海，上海人民出版社，1987。
③ 参见张乃根：《西方法哲学史纲》，242页，北京，中国政法大学出版社，1993。
④ 参见张乃根：《西方法哲学史纲》，234页，北京，中国政法大学出版社，1993。

调查以后产生的。有的人类学者甚至对原始人群中社会的法与次群体的法律制度的关系,进行了明确的阐述。①学者们对法律多元化的界定是,两种或更多种的法律制度在同一社会中共存的一种状况。当然,法律多元主义现象并不只存在于近代殖民地社会,许多其他社会甚至现代西方发达的资本主义社会(如英、美、法等国)中也普遍地存在着这一现象。因为这些国家自有其历史,有外来影响,有社会变革和法律变革,有文化的断裂和更新,更有阶级社会。诸多复杂因素致使这些发达国家内存在着社会多元现象。②这种社会的合理多元对人们的法律观念、在各个社会阶层和次群体中实际发生作用的规范性秩序以及国家法律的运作产生了深刻影响。③对此,一位美国学者明确提出,由于法律制度这一概念非常广泛,可以说,每个社会在法律上都是多元的,而不论其有无殖民地的历史。④这一论断应当说是中肯的。

19 世纪的历史法学派的著名观点是,一个民族的法乃是该民族以往历史和精神的产物,一如其语言和习惯。⑤中国历史和传统所特有的关于社会秩序的观念在 19 世纪以前一直独立封闭地发展着,自成体系,几乎不受外来影响。近代中国虽然经历了半殖民地半封建社会,但并未完全被殖民地化,西方国家的法律观并未直接和完全地移植过来,中国历史的独特历程使我们的文化特质和法律特质都得以保留。新中国成立以后,我国在一个强大的中央政府之下长期保持了政治经济体制的高度统一,那么,在现代中国是否存在法律多元现象呢?对此存在理论聚讼。但有学者坚持认为,在我国法律多元化问题是存在的,而且在对外开

---

① 参见[美]E. A. 霍贝尔:《初民的法律》,157 页以下,北京,中国社会科学出版社,1993。
② 参见苏力:《法律规避与法律多元》,载《中外法学》,1993(6)。
③ 西方许多哲学家、社会学家都把现代社会视为一个合理的、价值多元的社会。美国著名哲学家约翰·罗尔斯就提出现代多元社会的三特征理论:一是广泛的宗教哲学道德理论的歧异并非一个暂时的历史状态,而是一个持久的特征;二是对一种广泛的宗教哲学道德理论的持续共识不能通过国家力量来坚持;三是一个稳定、有保障的民主政权,必须得到其政治上活跃的公民的一种实质性多数的自愿和自由的支持(转引自何怀宏:《寻求共识》,载《读书》,1996(6))。罗尔斯对社会多元尤其是宗教、哲学和道德理论的多元化分析对于深化我们的法律多元化思考大有裨益。
④ 转引自苏力:《法律规避和法律多元》,载《中外法学》,1983(6)。
⑤ 转引自梁治平:《法辩》,载《中国社会科学》,1986(4)。

放和建立社会主义市场经济体制过程中这种现象还可能发展。① 我们赞成这种说法。因而我们现在就面临了这样一种情况："必须把多元看作一种正常和持久的条件，而不是例外和反常。"② 而法律多元现象的存在无非向人们传达了这样一个信息：在某一特定的社会形态中法律应当始终是处于运动状态的，除了国家法律以外，还有一些规则包括习惯、宗族法规范、法学家的理论、法官信念作为一个整体而从本体说意义上具有法律性质，发挥着法律功能，并与国家法律相对峙，影响着国家法律的实施及效力。因此，法多元化直观地表现为国家的与非国家的两套法律制度（观念、规范及相应制度设施）和法律秩序并存及互动的关系：站在立场一方的始终是国家法律，与之对应的是其他借以维持特定社会秩序、化解社会冲突的一系列规则，虽然这些规则似乎显得杂乱无章，但有一点于他们而言是共同的：都在特定时空条件下，在不同程度上借用了或模仿着国家法律的术语、标志、符号形式和执行机构，运行在占统治地位的国家法律阴影之下；它们潜于社会内部并作为一种背景力量起着作用，甚至成为人们社会生活的一种"正常"方式，人们习以为常便对其毫无感知。

二

虽然当今世界的几乎所有国家都存在法律多元化现象，但其具体表现形式却殊有不同。一般认为，美国法的渊源有基本渊源和次要渊源之分。其基本渊源（basic sources）有：(1) 美国宪法；(2) 源于英国并在美国各州得到了不同程度发展的普通法；(3) 各州的制定法；(4) 联邦的制定法。次要渊源是：(1) 法院的判决；(2) 立法者和法官的社会信念。很显然，上述法律渊源中，基本渊源乃至次要渊源中的法院判决，都是以国家名义作出的，属于政治国家法律的范畴，而法官和立法者的社会信念则完全可以被排除到这一范畴之外，我们认为，它实

---

① 参见苏力：《法律规避与法律多元》，载《中外法学》，1993 (6)。
② 何怀宏：《寻求共识》，载《读书》，1996 (6)。

质上就属于我们讲的法律多元化中的一元,虽然它的强制性作用不如国家法律那么明显,但是,立法者和法官的社会信念的影响作用无疑也是重要的,能够影响国家法律的未来趋势。而在美国,学者们认为,除了先例规则、成文法律以外,"情理"可以被视作法律,它在理论上起着补充作用,在实践中甚至发挥着首要作用,因为英国法学家长期以来试图摆脱对先例过分依赖的危险,而倾向于维持科克的"情理是法的生命,普通法的确不是别的,而只是情理"这一格言。[①] 而在我们看来,在法官用"情理"处理各类案件时,它实质上也就成了多元法律中的一元。

综合英美法系国家和大陆法系国家进行分析,我们认为,国家的法律无疑应当是多元法中的一元,而某些习惯、规则或准则在当被用来实现社会控制时便成为多元法中的另一元或多元,成为法律多元化的外在表现形式。下面试对这些具体的多元化现象略加分析。

(一) 民间法规范体系

包括习惯法规则和宗族法规范。习惯法经常地向法律演化,马克斯·韦伯就曾经指出:应当看到"法律、惯例与习惯同属一种规范变为另一种规范时,难以觉察的连续统一体(contiuum)"[②]。所以,从社会学的观点来看,从习惯到惯例,或从惯例到法律的演变过程是模糊不清的。但是在习惯→惯例→法律的演进未实现以前,习惯或惯例仍然在独自起着作用,因因相袭的习惯法规范严重冲击着甚至可以毫无讳言地说是击退了国家法律。人们之所以愿意采用习惯来调整、规范自身行为而不是国家法律,自然有其深刻的背景和多方面的权衡,绝不可用"落后、愚昧、法盲"之类词汇简单地贬斥之。即使是在国家权力强烈渗入的刑法领域,人们愿意不将犯罪交付国家审判也自有其计较。对此,哈特有过深刻的论述,他说:"刑法及其制裁与我们的命令模式中以威胁为后盾的普遍命令之间,至少存在着惊人的相似之处。这种普遍命令与侵权法之间也存在着某种类似之处

[①] 参见[法]勒内·达维德:《当代主要法律体系》,365页,上海,上海译文出版社,1986。

[②] Max webber, On Law in Economy and Society, p.20. 转引自张乃根:《西方法哲学史纲》,234页,北京,中国政法大学出版社,1993。

（尽管存在着许多重要区别），侵权法的主要目的是为因他人的行为而遭受损害的个人提供补偿。"① 因此，依习惯或惯例观念，人们至少认为犯罪与侵权行为有些类似，对事实上的犯罪一般可以给予财产处罚即可。但是无论如何，这种习惯或惯例在事实上确立了这样一道以威胁为后盾的带有普遍性、强制性的刑法命令，不能有越轨行为（如偷盗），触犯这些规矩都要受到处罚。从这个意义上讲，特定时、空条件下的习惯或惯例就是法律多元化的表现之一。

宗族法中很多都是实质上延续很久的习惯法，由于宗族法在世界法文化范围内不具有典型意义，以及它的特殊性，所以我们把它与习惯法分开来研究。关于宗族法在平息纷争、规范人类行为方面所起的不可估量的作用，梁任公先生在《中国文化史》"乡治"一章中对宗族法在惩治犯罪方面的功能作了精彩的描绘。② 在梁先生所描述的秩序井然的小社会里，族规、家规禁止族人擅自诉讼，人们习惯上也很少直接讼于官府。这种依靠族规来对犯罪施以相应处罚的做法，在当今世界的某些国家并未消踪灭迹，只是这些宗族法规范的调整范围更小，施行的方式更为收敛和更加隐蔽而已。但是，宗族法规范依然存在并在一定程度上抗拒国家法律或销蚀着国家法律的作用当是一个不争的事实。

（二）群众或个体社会生活实践中自行遵奉的规范

美国法人类学家、耶鲁大学教授波士斯认为，在每个社会中都有一些组成该社会所必要的次群体（subgroups），如家庭、世系、社区和政治联盟这样一些社会单元，每个次群体都有自己的法律体系，它是由该次群体的权威所作的法律裁决的原则之总体所构成，这些次群体法律优先调整其成员的行为并进行社会控制。波氏独创性地引进了"法律层次"（Legal Level）的概念，认为它是同一类型的次群体的法律体系之总和，所有的个人一般都同时属于许多次群体，因而必

---

① ［英］哈特：《法律的概念》，29 页，北京，中国大百科全书出版社，1996。
② "……子弟犯法，如聚赌斗殴之类，小者上祠堂申斥，大者在神龛前跪领鞭扑，再大者停胙一季，或一年，更大者革胙……犯盗窃罪者缚其人游行全乡，群儿共噪辱之，名曰'游刑'……有奸淫案发生，则取全乡人所豢之豕悉行刺杀，将豕肉分配于全乡人，而犯罪之家偿豕价，名曰'倒猪'。凡曾犯倒猪者，永远革胙。"（转引自梁漱溟：《中国文化要义》，277 页，上海，学林出版社，1987。）

须服从于不同的法律体系的要求。① 作为次群体的社会单元的存在及所建立的规则体系使他们不依靠国家法律而自行对民间争议进行认定与处理成为可能。而另一方面，他们的社会生活实践尤其是法律实践又反过来完善和强化了其规则体系，这使群体规则体系呈发展态势。有时被某一群体在相当长时期自行遵奉的规则还可能被立法者采纳而成为国家法律，因为"一项法律的真正制定者，不是立法者个人，而是群体……法令制定者的个人想法可以认为是可忽视的因素"②。因此，群体生活实践所创造的规则不仅存在，而且和国家法律之间还有着无法理清的关系。

个体对法律生活的亲自体验使他对国家法律有了切身感受，也形成了他自己对法律的理解和信念，这些见解有时甚至完全拒绝国家法律的引导，这些由对法律的强烈内心信念而形成的规则对于身临其境的个体而言就是法律多元化的外化形式之一。对此，我国学者曾在考察民间广泛存在着的"私了"现象以后作过精辟的论述，"私了"作为一种解决纠纷的手段在犯罪（如强奸）行为发生后，在民间被民众不止一次地采纳。由于"私了"的这种普遍性和规范作用，使其至少在功能上与公安司法机关所代表的国家刑法是相似的。学者还进一步分析道，其实，在当事人之间私下了断某一是犯罪的刑事纠争时并非没有国家法律，国家刑法显然自始至终都是存在的，否则被害人不会以"去报案"等理由要挟犯罪人，犯罪人也不可能产生恐惧而试图寻求"私了"。而正是在国家刑法存在且又为当事人双方所共知这一现实下，国家法律被当事人自己的法律观击败了，非国家的当事人自己创制和选择的针对个案的"规范"得到了当事人的自觉追求和服从，当事人都试图寻求非国家规范的保护而规避国家法律。③

应当说，以个体际遇为基础建构且存于其心中、不受国家法律所指引的法律观不仅滋生和蔓延于普通民众之中，而且在极其奉公守法的人心中也会产生。法

---

① 此点可参见[美]E. A. 霍贝尔：《初民的法律》，校者前言，第四部分，北京，中国社会科学出版社，1993。
② [法]亨利·莱维·布律尔：《法律社会学》，71页，上海，上海人民出版社，1987。
③ 参见苏力：《法律规避和法律多元》，载《中外法学》，1993（6）。

学家、哲学家甚至伦理学家都饶有兴趣地从不同侧面研究这样一个案例：苏格拉底由于传播对诸神不敬的学问，被控有腐化雅典青年之罪。他因此被判以饮鸩而死，这时他的朋友和学生克里托来看他，告诉他"越狱"的事情已经全部安排妥当，并提出各种理由来说服苏格拉底出逃。但是，苏格拉底却反问道，对一个被控有罪的人而言，这样做正当吗？① 可见，苏格拉底对国家法律是十分尊崇的。他还进一步论证说，法律不能遭到漠视和践踏；一个人既已默认了法律，就应受到法律的约束。但是，令人惊讶的是，即便是如此一个信仰国家法律的圣贤也有自己独特的对法律的看法："另一方面苏格拉底还表达了与一个人对国家负有责任的观点略相抵触的第二层思想。他愿意留下来接受审判，但是如果法庭确认他有罪并且禁止他从事哲学活动（在指挥者眼里，他从事哲学活动就是引诱青年），那么他将不服从这一判决。"② 显而易见，他认为如果一项法律决定不是正义的就不应该得到支持。苏格拉底此时已经在内心形成了一套对自己行为怎么认定（自己应是无罪者）的具有法律性质的理念。虽然这一理念是针对个案的，但由于它隐于有某种特殊个体际遇者的内心，它时时冲击着国家法律，使人们的国家法律的信仰被削弱，国家法律在此时遭到了挑战和怀疑。由个体际遇形成的法律理念的能量看起来似乎很小，但当个体之间对国家法律某些条款的怀疑甚至憎恶达成共识时，国家法律的普遍推行便受到潜意识的抵制，相应条款的修改和废除必然在所难免。

（三）由法学家掌握和倡导的理论和规则

法学家以各种不同的方式对法律施加着影响，这在英美法系国家被认识得较为清楚，人们甚至认为在美国法学家身上占支配地位的思想状态比制度上的因素更为重要。③ 法学家对法律施加影响的基本轨迹是：某一行为出现但成文法典没有规定，该行为是合法还是违法，法学家可以凭借自己的理论进行阐释进而影响司法实践；某一行为是遭受成文法典严重谴责的，但该相应条文显然不合时代精

---

① 参见［美］戈尔丁：《法律哲学》，1页，北京，三联书店，1987。
② ［美］汤姆·L. 彼彻姆：《哲学的伦理学》，388页，北京，中国社会科学出版社，1992。
③ 参见［法］勒内·达维德：《当代主要法律体系》，389页，上海，上海译文出版社，1984。

神而失去公正性，法学家可以通过学理的解释而劝导立法机关修改或废除法律条文。虽然法学家的上述作用有一定间接性和不显著性，但他们毕竟在确定着一些不同于国家法律的规则，而且这些规则与国家法律并非毫无瓜葛。

必须看到，法学家倡导或确立的法律规则可能符合法律精神，与国家法律有内在契合性；也可能完全扭曲了国家法律，背离国家立法原意，使国家政治统治权旁落。很有说服力的一个例子是：《十二铜表法》的一条规定禁止家长三次出卖自己的儿子，否则就丧失父权，这一规定的目的在于惩罚随意卖儿罪。然而，社会发展到一定时期，人们感到有必要让儿子获得合法自由权，而根据罗马法，只要父亲在世，儿子是无法获得这样的权利的。后来，罗马的初期法学家想到了一个巧妙的办法，即曲解上述规则，既然父亲三次出卖自己的儿子就丧失父权，那么要想赋予儿子以自主权，就假装三次将儿子卖给一位朋友，然后由朋友赋予其自由。在这里，受人们尊重的法律条文没有被改动一个字，但通过法学家的巧妙解释达到了与其原意基本相反的目的。① 这个例子告诉我们：请注意法学家，他们所信奉的法律观念和对人类行为的引导或许都与政治国家的法律观和法律条文有所区别。

（四）司法规则

黑格尔认为，法律是国家现存制度中的一个部分，它最终要依靠意志维护某种类型的生活。因此，不能按照法律条文把法律看作最高的和绝对的规则，也不能把它看作孤立状态的某种东西，更不要忘了法律的"活的精神"并赋予法律一种不真实的绝对性。② 而要维护法律的活的精神，就离不开法官、检察官、律师，更离不开由这些主体所启动和展开的司法活动。在这些司法行为中，法官的作用最应该为我们所重视。法官的作用在西方自由法学派论者中被强调到了极致，比如欧金·埃利希就认为，法官仅靠国家制定的成文法规则是不够的。每一种制定出来的规则，从本性上说是不完整的；一当它被制定出来，就已经过时

---

① 参见［法］亨利·莱维·布律尔：《法律社会学》，72 页，上海，上海人民出版社，1987。
② 参见［英］鲍桑葵：《关于国家的哲学理论》，253～254 页，北京，商务印书馆，1995。

了，因此，他认为法官应当采用自由的判决方式断案，即不根据成文法规而是根据法官自由发现的法律，这种方法发挥了法官个人的巨大的创造力因素。[1] 我们认为，这种论调潜藏着司法擅断的危险性，但是，我们不能由此而否定法官裁量行为的积极作用。法官的司法裁量行为是一个法的吸纳过程，是一个事实识别过程，更是一个法律规定与案件事实融合的过程，因此，司法裁量在本质上是法律的适用过程。当法官处于案件必须处理但法律无规定或法条语焉不详这样的两难窘境时，自由裁量权的运用就是必不可少的。有时法官甚至是在创造着规则。西方学者为此明确指出，在判决之内容永不能由既存实体法规范所完全决定这一意义上，法官也始终是一个立法者。[2] 这些由法官创制的规则就是法律多元化的具体表现之一，它在某些情况下成为与国家法律并行不悖的社会治理机制的有机组成部分。

三

通过上述分析我们不难发现，作为多元法律之一元的国家法律同与之相对应的非国家规范的确存在重大差异，主要表现在：（1）国家法是以国家名义作出的，具有可感性，是在"明处"的；而非国家规范则容于我们的习惯行为乃至日常生活中，是"看不见的"，处于暗处。（2）国家法律的强制力大，是"刚性"的。而非国家规范虽然也具有一定的强制性，但相对而言，它比国家法律柔和，因而它有时比国家法律更受人青睐。（3）国家法律随着政权更迭、治国方略的更改而变化，具有短暂性，有时甚至是速变的。非国家规范上下沿袭、潜移默化，具有长久性和渐变性。（4）国家法律的调整范围是有限的。经验事实业已表明大量的违法、犯罪行为并未交给国家处理，而由当事人或民众自己确定规则私下了断。"私了"和"犯罪黑数"的广泛存在和人所共知便是明证。

由此顺理成章的问题是：法律多元化现象为什么会产生？非国家规范为何甚

---

[1] 参见沈宗灵：《现代西方法理学》，276 页以下，北京，北京大学出版社，1992。
[2] 参见[奥] 凯尔森：《法与国家的一般理论》，165 页，北京，中国大百科全书出版社，1996。

至可以在现代国家里也与国家法律针锋相对、并行不悖？对这些问题的追根溯源有助于我们更深层次地掌握法律多元化问题。

（1）国家法律之不足。马克思主义经典作家认为，法律乃是具有普遍性、确定性的行为规范。这是对法律的技术性特征的科学描述。[①] 但是，针对人性弱点设计的法律在给社会带来安全、效率等价值的同时，也使其付出了具有不合目的性、不周延性、模糊性和滞后性的代价，而法律的这些局限性是由对人的不信任和对人的不得不利用的二律背反造成的。[②] 国家法律的上述局限性使非国家规范以弥补国家法律局限性的理由堂而皇之地出现。

（2）经验主义法观念。古希腊自然法思想认为，自然法体现的是自然理性，人只能发现法律而不能创造法律，人定法是按自然法制定的，它体现了人的理性。近代启蒙学者甚至宣称，法是理性的一种表现，法借助于权威性的理性宣言而实现正义，即人们之间的理想关系。[③] 这种理性主义哲学观念长期以来为统治者所推崇，政治国家天然地和理性主义有着某种亲和性，自觉或不自觉地把哈耶克所竭力批判的建构理性主义奉为国家立法的哲学根基，而建构理性主义存在着这样一种妄想：确有某个（些）人能够掌握所有的相关知识；而且，根据这种巨细无遗的知识，可以通过设计、建构一个理想的社会秩序，就像柏拉图设计的理想国那样。[④] 但是，立法史无情地揭示了这样一个真理，完全以理性主义为指导来建构国家法律体系，虽说不上失败，但绝对谈不上成功。

作为多元法律中之一元的非国家规范的产生则更多地仰赖于经验主义哲学。经验主义法观念把法看作是人类经验的表现，是经验的条理化。习惯法是在人类漫长生活中累积起来的，是人类法经验的积淀与结晶，因而经验主义法观念重视习惯法。历史法学派的创始人、德国法学家萨维尼就对经验主义法观念推崇备至，认为法的最始来源不是立法，而是习惯，只有在人民中活着的法才是唯一合理的法；习惯法是最有生命力的，其地位远远超过立法；只有习惯法最容易达到

[①] 参见徐国栋：《民法基本原则解释》，134页，北京，中国政法大学出版社，1992。
[②] 参见徐国栋：《民法基本原则解释》，134页，北京，中国政法大学出版社，1992。
[③] 参见[美]庞德：《法律史解释》，110页，北京，华夏出版社，1989。
[④] 参见[美]霍伊：《自由主义政治哲学》，3页，北京，三联书店，1992。

法律规范的固定性和明确性。① 不止是习惯法，而且宗族法、群体实践或个体际遇中感知的规则以及法官处理个案中创制的各种规则，都与经验主义息息相关。

（3）对国家权力运用正当性的不同程度的怀疑。权力可能为"恶"的观念在过去或当代都广有影响，也是思想家们考察立法史时脑中挥之不去的阴影。这里的权力和恶应当从两个层面作广义的理解：在第一个层面上，权力至少"不善"，人们会认为寻求国家法律保护旷日费时，得不偿失，有悖效益观念；在深层次上，国家权力可能主动作"恶"——对当事人的实质权益损害很大，如个别司法人员的枉法裁判。人们对由立法权确立的国家权力可能为"恶"的深刻忧虑和对自身权利的终极关注都可能导致多元法律悄无声息地产生。

在对法律多元化现象产生的原因作出探寻之后，再对其进行价值评判，我们认为是很有必要的。让我们先对国家法律和非国家规范的价值构造作一番分析：

法律作为一种社会控制手段，乃是人类社会化过程中的一种反自然选择。虽然人类一次又一次地对法律的部分内容或全部内容加以否定，却总也无法消除法律形式相对持久的完备与法律内容对人类根本要求相对无法满足的不和谐。② 从根本上讲，国家法律应当追求公正与功利这一恒久价值，但是，无论我们如何设计、改革国家法律，都永远无法企及公正与功利完善结合这一终极目标。因为国家法律是统治集团意志的一种集中反映，而统治集团意志在本性上是功利性的，因而，不可能在国家刑法中形成公正与功利不偏不倚的对等局面。因此，国家法律必须在两难中作出艰难的选择：功利优先、兼顾公正，即以功利为基础，同时功利受公正制约。质言之，国家法律在本质上是价值偏一的选择：社会保护机能、一般正义的实现有时不得不以牺牲人权保障机能、个别正义为代价。

非国家规范的出现绝非偶然，虽然它也是价值偏一的选择，但其旨趣迥异于国家法律。人们对习惯的遵循、对国家法律权力适用正当性的怀疑和其所接受的经验主义哲学，都促使他们尽量去追求一种朴素的公正。尤其是在以习惯法规范对付违法行为或受害人试图寻求物质补偿时，人们所持的观念都是以极具原始性

---

① 参见陈兴良：《刑法的人性基础》，442页，北京，中国方正出版社，1996。
② 参见［美］博登海默：《法理学—法哲学及其方法》，1页，北京，华夏出版社，1987。

的报应为基本内容的。这种以报应为基础的公正观甚至可以说是原始报应或复仇观念的翻版。同时,依靠非国家规范解决纠纷,使涉入者对纠纷解决进程一清二楚,"人最相信的是自己",一旦发现解决纠纷的程序失却公正性或过于拖沓或于己严重不利,他可以要求更改程序、增加(减少)物质补偿。而国家法律权力的实现不仅有时是"暗箱"操作,而且涉讼者对案件的实质性处理不甚了了,心中无数,非国家规范的价值基点在于实现个别正义、灵活性和效益性,而这些价值有时是国家法律无暇顾及或无法顾及的。所以,从实质上看,价值构造的不同也是国家法律与非国家规范能在同一时空条件下相互较劲却能并驾齐驱的一个深层次原因。

在对国家法律和非国家规范的价值构造作出分析以后,我们可以对法律多元化的价值进行评断。

法律多元化的价值首先表现在社会冲突的多重平息功能。国家法律首当其冲地发挥着各类社会冲突的平息功能。但是,当某一纠纷发生,司法机关依职权尚未发现,被害人不知法或不愿、不敢去告诉时,这一纷争便成了现实的存在,行为人、被害人及其亲属心中都因为事件的发生而在心中投下了阴影,积蕴于被害人心中的仇恨更是一座随时都可能爆发的"活火山"。如果作恶者得不到任何一点哪怕是象征性的惩处,即"有恶不报",那么被害人就会寻找一切机会想方设法进行报复。但是,如果有一种规则或仪式惩处了作恶者(给予其羞辱、令其赔偿财产、从事劳动等),被害人受到创伤的心灵得到了抚慰,失衡心理可以被恢复,社会可能重新归于平静。那么,此时在解决社会冲突过程中起作用的便是多元刑法中的非国家规范,它所具备的社会缓冲剂的功能应当得到肯定。

法律多元化的另一重要价值是国家法律漏洞的填充功能。某一行为没有国家立法进行调整便会出现法律空当(或称为"法律真空"),非国家规范便会以"容不得阳光下有罪恶"这一冠冕堂皇的理由伺机填充这一法律空当。因为国家法律多根植于习惯、群体感知或个体际遇、法学家的理念以及法官的信念之中,而这些发自内心的法律同时表达了特定的文化选择和意向,它从总体上限制着法律(进而社会)的成长,规定着法律发展的方向。[①] 非国家规范填充国家法律漏洞

[①] 参见梁治平:《法律的文化解释》,54页,北京,三联书店,1994。

的方式很多，比如习惯法被用来处理纠纷或被国家法律吸纳、法学家对案件处理发表看法等。但是，典型的方式应当是：社会群体中的个体受到了法律机制不完善的条文的打击，于是产生了完善它、至少使其适应新的需要的想法。这样一来，该个体就成了力求表现出来的群体意愿的代言人和工具。[①] 个体的力量或许是弱小的，但是由于他的意愿代表了特定群体的心声，国家法律就无法始终对个体呼吁置若罔闻，除非统治阶级自愿放弃政治、经济统治权力。

  关于法律多元化价值问题的论述似乎给人这样一个印象：非国家规范是在干预、冲击着国家法律，甚至可能架空国家法律，动摇国家法律的根基，它的存在必然要导致公民对国家法律的怀疑、漠视甚或规避。事情的确可能是如此。因为非国家规范是一个利弊共生的复合物，而且在一个主权国范围内，倘欲使国家法律得到普遍认同和遵守，必须尽量排除非国家规范的干扰。但是，问题远不是这么简单。在所有当事人试图借助于非国家规范进行"私力救济"的"私了"安全中，非国家规范在其中似乎充当着劝诱当事人规避国家法律的角色，但实质上国家法律并未完全从纠纷解决过程中退却出来。如果没有国家法律以及它的规范性、强制性起作用，没有当事者双方对这种规范的存在的掌握和了解，施害者会主动请求"私了"就不可理喻或毫无可能。因此，没有国家法律震慑力和权威性的存在，讨价还价就不可能发生。可以看出，此时，国家法律仍然在起着作用，只不过这种作用是通过非国家规范发挥出来的。于是，便出现了实质上的两套法律规范性秩序相互冲突又不可分割的场景。尽管两种法律运行的功效和结果都完全不同，但两者竟然可以如此紧密地纠缠在一起，换言之，并不存在可以单独运作的非国家规范。从深层次上讲，非国家规范要充分实现其解决社会冲突的价值，使当事者的纠纷不通过国有"公权力"解决而其自行"私了"，其前提必然是双方对国家刑法都有一定的了解，由此施害者才不至于倾其所有来满足被害人的请求或一概否定被害人的合理要求；被害人也不至于漫天要价或廉价出让自己的控、申权利。于是极具戏剧性的情景便出现了：对国家法律的了解或掌握程度此时竟成了双方当事人确定"私了"合约的基础和改变自己讨价还价地位的"杀

[①] 参见〔法〕亨利·莱维·布律尔：《法律社会学》，43页，上海，上海人民出版社，1987。

手铐"。所以,在一定范围内,当他们越是小心翼翼地规避国家法律时,国家法律对实质处理的影响力越大,当事者双方的法律意识更易于得到强化。于是法律规避竟成了国家法律影响非国家规范的重要途径和形式之一。这是一个国家法律和非国家规范的辩证运动过程。① 因此,简单地说,非国家规范规避了国家刑法难免过于武断。对法律多元化问题的分析绝不能停留在事物表象的层面,浅尝辄止,否则根本无法解释法律多元化现象存在的合理根据等复杂问题。

四

长久以来,耳濡目染于国家法律中心主义观念,我们的思维逻辑形成了政治国家法律一元化主义,认为只有国家颁行的甚至是成文的法律、法规才是真正的法律,并且只将由国家及法庭、警察、监狱组成的系统视作唯一的法律秩序体系。这种思维定势在一定程度上阻碍了我们的关注视野,使我们无法认识到隐于国家法律背后的东西,也限制着我们对法律多元化、复杂性的探讨。但是,不可否认,在我国的确也存在着法律多元化现象,即除了政治国家颁布、执行的法律、法规和司法解释以外,还存在着一系列非国家规范,它的产生、存在与发展脉络大致符合我们前面探讨的内容。

如前所述,法律多元现象利弊共生,而政治国家出于保障国家权力在一国范围内顺畅行使的考虑无疑会把非国家规则的存在及与国家法律的平行发展视作影响法治纯洁度的异己物,欲去之而后快。但是,问题是消除法律多元化现象远比从人体上割下一个瘤子困难,因为非国家规范是运动着的,更是不易直接感知的。于是,对法律多元化进行抗制,消除其不利因素,便成了一个理论与实践都不得不直面的问题。关于法律多元化的抗制,我们认为至少应当解决以下问题:

(一)法律观念的变革

如前所述,非国家规范更多地根植于传统和习惯,因此,长久以来,由于特定的法律观和法律工具主义——将"法律"与法律条文、特定的法律制度等而为

---

① 参见苏力:《法律规避和法律多元》,载《中外法学》,1993(6)。

一的根深蒂固的影响，我们几乎忽略了非国家规范的存在。在此基础上，只是简单地把法制现代化看作是一种立法和法律制度的变革；以为法制变革（尤其是法典的制定和法条的增减）工作一旦启动，旧有的法律秩序就会自行消失殆尽，新的法律调控机制会很快确立。这种观念对中国社会实际潜行的规则的巨大力量以及在这种错综复杂形势下建立现代统一法制的艰巨性和长期性缺乏深刻观照，甚至可以说是熟视无睹。同时，基于这种前提认识，我们可能极易冲动地去斥责民众的愚昧和对法（当然指国家法律）的一无所知。实际上，在中国社会中特别是广大农村，许多带有浓厚传统文化色彩的民间法规范调整着各种矛盾，引导着社会生活。人们自然形成了一套确认什么是作恶、什么是犯罪的观念。比如，迄今为止，在民间人们依然把刑罚视为"维护和恢复包括社会在内的自然秩序之和谐的必要手段"①。因此，非国家规范在民间的被采纳，自有其深层次原因，由于它已成为人们生活的一部分，我们甚至感觉不到它是存在的，而是视之为天然的存在物。从法社会学角度认识到了非国家规范的存在及价值，我们没有理由再维持法律一元论观念。比较恰当的法律观应当是：在一个国家范围内，有一套隐于国家法律背后的其他规范与国家法律并驾齐驱，因此，中国法制的现代化绝不可能一蹴而就，更不是制定或修改几个法条的简单事情。

（二）立法视野的拓宽

无可否认，法典对于一个国家是极其重要的，制定一部较为完善的法典是统治阶级孜孜以求的目标。改革开放以后，我国制定了一系列法律法规，从总体来讲是成功的，但在体系结构、规范内容、立法技术上都存在一些缺陷。人们善意地将这些缺陷归咎于当时的历史条件和经验不足的限制。有人则对此持否定态度，认为立法的不尽如人意是由理论准备不足造成的，现有理论并未为法律的制定或修改提供强有力的支撑。或许上述观点都有一定的道理。但是，法律多元化的存在及缺陷未引起立法机关的重视是否也是造成现行法律不完善的原因之一呢？因此，国家在进行立法时，必须重视法律多元化问题。为此，一方面，国家立法必须对公民之个体权利给予密切关注。毋庸置疑，国家立法权是一种国家权

---

① 梁治平：《寻求自然秩序中的和谐》，228页，上海，上海人民出版社，1991。

力，而"国家权力的界限一般是不大清楚的……其伸缩性极大，而且具有扩张的性质和特征"①。由于国家立法权的扩张总是依靠侵蚀个人权利而实现的，因此，对国家的这种权力应当给予一定限制。国家立法权应当保持在一定范围内而不能过分涉入公民私权领域，不能成为民众竞相躲避的"恶法"。对此，古希腊思想家认为，人如果能绕开实质上是在促进另外一些人的利益而使自己受到损害的法律，那么他的行为便是值得的。② 如果一个国家的法律不准确界定权力与权利并保持二者的平衡态，到了公民都想绕开的时候，那么他们选择多元法律中的非国家规范解决社会冲突便是顺理成章的事情。

另一方面，也是最为重要的一点：应当努力拓宽立法视野。国家在法典制定或修改时必须花大力气研究已经现实地存在的法律多元化问题。这在今日之中国更具有极其重要的现实意义。随着社会主义市场经济目标模式的确立，原有的法律关系和法律秩序都在重新建构和形成，修订或新立很多法律法规都是社会主义法制建设的题中之意。在此过程中，我们应注意拓宽立法视野，尽量把应当考虑的方方面面（包括法律多元化现象）都关注到，把法律条文斟酌得更细一些，以保持法律的权威性和稳定性。这就要求我们要着力研究以下问题：哪些非国家的规范过去或现在潜行在我们的社会中并与国家法律分庭抗礼？在建立社会主义市场经济目标模式的新时期有哪些规范性秩序正在形成？原因是什么？条件是什么？前景是什么——是否可能造成国家立法、司法权的旁落？国家法律如何吸纳或取代一些民间法规范？如何规范法官司法行为？如何接纳法学家们的见解？国家法律为什么始终无法取代一些非国家规范？这当中主要是由于制度性因素所致，还是人为原因在作祟？一言以蔽之，国家立法既要吸纳非国家规范中的有用成分又必须消除其弊端，将多元法律的功能发挥限定在合理的范围内，避免国家法律在过长的时间、过宽的地域内被非国家规范所规避。

（本文与周光权合著，原载《现代法学》，1996（6））

---

① 张曙光：《个人权利和国家权力》，载《市场逻辑与国家观念》，5页，北京，三联书店，1995。
② 参见［美］博登海默：《法理学——法哲学及其方法》，5页，北京，华夏出版社，1987。

刑法的人性基础

人性，又称为人的本性，是人之为人的基本品性。刑法是以规制人的行为作为其内容的，任何一种刑法规范，只有建立在对人性的科学假设[①]的基础之上，其存在与适用才具有本质上的合理性。因此，刑法的本原性思考，必然将理论的触须伸向具有终极意义的人性问题。

一

在刑法理论上，历来存在理性人与经验人之说，并由此引发了刑事古典学派与刑事实证学派之间的学派之争。

理性人，是对人性的这样一种假设：任何一个人，都是基于意志自由选择自己行为的，因为人在本质上是自由的。人在意志自由的情况下选择了触犯刑律的行为，因而应对其行为的后果承担刑事责任。康德把刑法视为对人的理性的一种绝对命令，认为一个人能够按照自己的表述去行动的能力，就构成这个人的生

[①] "假设"这个词表示"给定"的意思。之所以称为人性的假设，参见［美］珀杜等：《西方社会学——人物、学派、思想》，4页，石家庄，河北人民出版社，1992。

命。而人按照自己的表述去行动的能力本身，包含着人的理性选择，这种理性选择的能力便构成意志。① 因此，人之所以为人，就在于人的理性使意志自由，道德自律，这是人对自身的感性存在的超越。黑格尔则认为，人是理性的动物，犯人也是意志自由而实施犯罪行为的，由此得出结论：刑罚既被包含着犯人自己的法，所以处罚他，正是尊敬他是理性的存在。② 由此可见，黑格尔的刑法理论是建立在对人的本性的理性假设基础之上的，是理性主义法律思想在刑法中的体现。贝卡里亚认为，人具有趋利避害的本能，刑法不可能改变这种本性，而只能利用这种本性，因势利导，阻止犯罪的发生。因此，贝卡里亚指出：促使我们追求安乐的力量类似重心力，它仅仅受限于它所遇到的阻力。这种力量的结果就是各种各样的人类行为的混合；如果它们互相冲突、互相侵犯，那么我称之为"政治约束"的刑罚就出来阻止恶果的产生，但它并不消灭冲突的原因，因为它是人的不可分割的感觉。③ 费尔巴哈同样把人设想为具有趋利避害的本性，根据功利原则选择并决定自己的行为，由此提出心理强制说。心理强制说意在通过刑法的颁布对公民起到威吓作用，而这种威吓作用之所以能够奏效，就是因为犯罪人具有理性判断能力。刑事古典学派关于理性人的假设，不仅适用于犯罪人，而且同样适用于立法者。立法者作为理性人，可以预先对一切犯罪行为作出完美的规定。因而，一般来说，刑事古典学派都是刑法典的热烈推崇者。贝卡里亚把立法者想象为一个自然科学家，认为采用多大的"阻力"才能抵消某一犯罪的"引力"，这是一个可以应用几何学的精确度来解决的问题。④ 由此出发，贝卡里亚竭力限制法官的权力，因为当一部法典业已厘定，就应逐字遵守，法官唯一的使命就是判定公民的行为是否符合成文法律。贝卡里亚将法官的工作设计为以下这样一个著名的法律推理三段论：法官对任何案件都应进行三段论式的逻辑推理。

---

① 参见［德］康德：《法的形而上学原理——权利的科学》，10页，北京，商务印书馆，1991。
② 参见［德］黑格尔：《法哲学原理》，103页，北京，商务印书馆，1961。
③ 参见［意］贝卡里亚：《论犯罪与刑罚》，68页，北京，中国大百科全书出版社，1993。
④ 参见黄风：《贝卡里亚及其刑法思想》，111页，北京，中国政法大学出版社，1987。

大前提是一般法律，小前提是行为是否符合法律，结论是自由或者刑罚。[①] 诚然，贝卡里亚严格限制法官司法裁量权的思想，包含着对封建司法擅断的刑法原则的反动，具有一定的历史进步意义。但它显然是以对人的理性能够预先规定一切犯罪行为并在刑法典中加以详尽规定的充分自信为前提与根据的。师承贝卡里亚的刑法思想，费尔巴哈首倡罪刑法定主义，认为刑法应当具备确定性与绝对性这双重属性。在《对实证主义刑法的原则和基本原理的修正》一书中，费尔巴哈提出了"哪里没有法律，哪里就没有对公民的处罚"这一著名论断。罪刑法定主义的要旨在于保障公民的权利不受非法侵犯，但其理论基础却是对立法者的理性假设，即刑法典能够毫无遗漏地规定各种犯罪行为从而为人们提供一张罪刑价目表。黑格尔作为理性主义者，在其刑法思想中同样洋溢着浓厚的理性色彩，他认为犯罪与刑罚在外在性状上虽然存在着显著的不等同，但是从它们的价值即侵害这种它们普遍的性质看来，彼此之间是可以比较的。由此黑格尔断言：寻求刑罚和犯罪接近于这种价值上的等同，是属于理智范围内的事。[②] 刑事古典学派对立法者的理性假设，直接影响了18世纪的刑事立法活动。1791年《法国刑法典（草案）》对各种犯罪都规定了具体的犯罪构成和绝对确定的法定刑，毫不允许法官有根据犯罪情节酌情科刑之余地。

经验人，是对人性的这样一种假设：任何一个人都是生活在社会中的，人的行为受各种社会的和自然的因素的制约与影响。人的行为，包括犯罪行为，从本质上来说是被决定的。刑法处罚犯罪者，并非基于意志自由，而是根据行为决定论。因而，刑事责任从其本性上来说，应该是社会责任。例如菲利指出：实证派犯罪学主张，犯罪人犯罪并非出于自愿；一个人要成为罪犯，就必须使自己永久地或暂时地置身于这样一种人的物质和精神状态，并生活在从内部和外部促使他走向犯罪的那种因果关系链条的环境中。[③] 归根到底，犯罪人之所以犯罪，是由一定的物质和精神的条件所决定的。人的经验性，就表现在犯罪意识与犯罪行为

---

① 参见［意］贝卡里亚：《论犯罪与刑罚》，12页，北京，中国大百科全书出版社，1993。
② 参见［德］黑格尔：《法哲学原理》，106页，北京，商务印书馆，1961。
③ 参见［意］菲利：《实证派犯罪学》，9～10页，北京，中国政法大学出版社，1987。

的被决定性。因此，相对于刑事古典学派的理性人是常态人而言，刑事实证学派的经验人在很大程度上是变态人。菲利曾经指出，古典派犯罪学认为，除了未成年人、聋哑人、醉酒者以及精神病人案件外，每个罪犯都是一个抽象的、正常的人。而且，在刑事古典学派看来，人之所以成为罪犯，是因为他要成为罪犯。菲利完全不同意这种观点，他认为：人之所以成为罪犯，并不是他要犯罪，而是由于他处于一定的物质和社会条件之下。罪恶的种子得以在这种条件下发芽、生长。因此，人类的不幸产生于上述因素的相互作用，一个变态人是一个不能适应其出生于其中的社会环境的人。变态人缺乏适应社会的能力，生理上呈现出退化特征，发展成被动型或主动型变态人，最后成为罪犯。① 在刑事实证学派中，龙勃罗梭更是提出天生犯罪人论，将犯罪人设想为具有某种遗传特征，在生理与心理上都与正常人有着根本区别的一种人。刑事实证学派关于经验人的假设，不仅适用于犯罪人，而且同样适用于立法者。菲利直言不讳地指出：实证理论大大降低了刑法典的实际意义。② 因为根据刑事实证学派关于经验人的假设，立法者的理性能力是有限的，不可能将犯罪人的人格特征及处遇措施在一部刑法典中预先加以规定。正如菲利指出，法律总是具有一定程度的粗糙和不足，因为它必须在基于过去的同时着眼未来，否则就不能预见未来可能发生的全部情况。现代社会变化之疾之大使刑法即使经常修改也赶不上它的速度。③ 打破了对刑法典的盲目迷信与崇拜，菲利主张将处置罪犯的权力向法官倾斜，赋予法官一定的自由裁量权，使之能够根据具体案情与犯人的人格特征对症下药，作出恰当的判决。在菲利看来，在刑法中，将法令适用到具体案件中去不是或不应当像在民法中那样，仅仅是一个法律的和抽象的逻辑问题。它必须从心理学角度把某个抽象的条例适用于活生生的人。因为刑事法官不能将自己与环境和社会生活割裂开来，成为一个在一定程度上有些机械性质的法律工具。每一个刑事判决对人的灵活鉴定都取

---

① 参见［意］菲利：《实证派犯罪学》，35～36 页，北京，中国政法大学出版社，1987。
② 参见［意］菲利：《犯罪社会学》，101 页，北京，中国人民公安大学出版社，1990。
③ 参见［意］菲利：《犯罪社会学》，125 页，北京，中国人民公安大学出版社，1990。

决于行为、行为人和对其起作用的社会情况等，而不取决于成文法。① 涉及法官权力与立法者权力之间的分析，培根曾经有过这样一句格言：留给法官的思考余地最小的法律是最好的法律，留给自己的独立判断余地最小的法官是最好的法官。菲利显然不同意这一观点，认为应当对法官与立法者之间的权力作如下的划分：刑法典应当限制在关于防卫和社会制裁方式以及每个重罪和轻罪的构成要素这样几个基本规则的范围之内，而法官则应当在科学的和实证的审判资料允许的范围内具有更大的自由，因此他可以运用人类学知识来审判他面前的被告。② 显然，菲利的这种观点也贯穿着经验人的假设。因为立法者面对的是一般的犯罪与抽象的罪犯，不可能在刑法典中事无巨细地规定各种事项，而法官接触具体案情与罪犯，可以作出个案的恰当处置。

综上所述，刑事古典学派与刑事实证学派在刑法的一系列重大问题上都存在根本的分歧，而这一切分歧盖源于它们对人性的不同假设：理性人与经验人。

二

理性人与经验人的对立，涉及哲学问题。因此，只有从哲学上才能得到根本的解决。

理性的观念，始于古希腊哲学。在古希腊，人类理性首先由外观自然，形成宇宙理性观，尔后反观人类及其生活自身，形成人本理性观。人本理性观最初在"人是万物的尺度"这一命题中得到体现，智者普罗泰戈拉提出的这一命题，表明人类主体精神意识到自身在宇宙中的地位，以及主体与认知对象之间的关系，从而开辟了走向理性主义的道路。古希腊著名哲学家柏拉图提出的"理念论"则进一步使人本理性观体系化。理念，是柏拉图哲学的起点和基础，是自然世界和人类世界的原型或本质。而所谓理性，则是理念形成的前提和根据。柏拉图认

---

① 参见［意］菲利：《犯罪社会学》，120页，北京，中国人民公安大学出版社，1990。
② 参见［意］菲利：《犯罪社会学》，121页，北京，中国人民公安大学出版社，1990。

为，人的精神或灵魂由三个部分组成，这就是理性、激情和欲望。在这三者中，理性是处于优先的指导地位，它控制激情和欲望，使人成为理性的人，追求知识、智慧、善与美，使人之精神灵魂不断升华；自然欲望，通过理性控制和指导，进入道德状态，使人知道公正、正义、善和恶；从道德状态再进至审美状态，美的理念使人产生对美的事物的向往，追求美。而对真、善、美的追求，皆出于理性使人之精神升华之结果。① 因此，理性被柏拉图认为是人的本性。人类理性通过罗马时代的历史变迁，发生了宗教化的转向，形成所谓宗教理性。宗教理性可以说是理性的异化和变体。宗教理性孕育着神秘主义；最终导致近代的人本理性的诞生。随着启蒙运动的兴起，欧洲进入了理性时代。17、18世纪的启蒙运动，就是以理性为号召的，用理性来扫除一切愚昧与无知，并对当时的社会制度及一切意识形态进行理性的反思。正如恩格斯指出："在法国为行将到来的革命启发过人们头脑那些伟大人物，本身都是非常革命的。他们不承认任何外界的权威，不管这种权威是什么样的。宗教、自然观、社会、国家制度，一切都受到了最无情的批判；一切都必须在理性的法庭面前为自己的存在作辩护或者放弃存在的权利。"② 在这种理性世界观的指导下，理性人就成为17、18世纪的人性假设。近代理性主义的开创人是法国著名哲学家笛卡儿。笛卡儿以清晰明白的观念作为其哲学的基础，认为理性是人的天赋，人所以异于禽兽，就在于人的理性禀赋。所以，只有从人的理性观念出发，从清晰明白的概念出发，才能获得正确知识。笛卡儿认为，人的这种理性观念或理性认识能力是天赋的，人人皆有的。那种正确地作判断和辨别真假的能力，实际上也就是我们称之为良知或理性的那种东西，是人人天然地均等的。③ 近代理性主义思潮渗透到各个知识领域。表现在政治上，是政治理性主义，即用理性观察、沉思人类社会及其政治制度，以及自觉自为的政治历史活动。正如美国哲学家梯利所说："近代精神是反抗中世纪

---

① 参见冯玉珍：《理性的悲哀与欢乐——理性非理性批判》，84页，北京，人民出版社，1993。
② 《马克思恩格斯选集》，2版，第3卷，719页，北京，人民出版社，1995。
③ 参见北京大学哲学系外国哲学史教研室编译：《十六—十八世纪西欧各国哲学》，135页，北京，商务印书馆，1961。

社会及其制度和思想的精神,也是在思想和行动的领域里人类理性的自我伸张。"① 政治理性主义设想的政治人（homo politicus）是理性人,其参加民主主要通过选举。而在选举上,任何选民都是理性选民,其投票行为都是理性投票行为。理性的投票行为是指选民对其所认识到的（或期待的）好处最大化的选择。换言之,行动者决定采取的任何行动必须使他或她所认识到的好处最大化,不然行动者就作出其他选择。因此,任何选民都肯定是理性。② 近代理性主义表现在经济上,是古典经济学派的自由放任主义。古典经济学派设想的经济人（homo economicus）也是理性人,例如英国著名经济学家亚当·斯密认为,人是理性的；追求个人经济利益,是人类一切活动的根本,是人的本能要求。经济人的这种利己本能形成一种不可抗拒的自然的经济力量,是无法加以限制的。因而,斯密在经济上主张自由放任,反对国家干预,主张用市场机制这只看不见的手调节社会经济。③ 近代理性主义表现在法律上,是自然法学派的自然法思想,自然法学派就是经受理性主义思潮洗礼的法学流派之一。自然法学派的代表人物之一的孟德斯鸠,明确地指出,法是由事物的性质产生出来的必然关系。孟德斯鸠斥责那种认为我们所看见的世界上的一切东西都是一种盲目的命运所产生出来的观点是极端荒谬的,而认为有一个根本理性存在着。法就是这个根本理性和各种存在物之间的关系,同时也是存在物彼此之间的关系。④ 自然法学派的另一代表人物洛克认为,人的自由和依照他自己的意志来行动的自由,是以他具有理性为基础的,理性能教导他了解他用以支配自己行动的法律,并使他知道对自由意志听从到什么程度。⑤ 理性的人之所以受法律支配,是因为法律是理性的体现。反过来说,也只有理性的人才能受法律约束。因此洛克指出：一个人不能受不是对他公布的法律的约束,而这个法律既是仅由理性公布或发表的,那么他如果还不能运

---

① [美] 梯利：《西方哲学史》,下册,148 页,北京,商务印书馆,1979。
② 参见 [美] 乔·萨托利：《民主新论》,117 页,北京,东方出版社,1993。
③ 参见胡平主编：《中国市场经济全书》,18 页,北京,华夏出版社,1993。
④ 参见 [法] 孟德斯鸠：《论法的精神》,上册,1 页,北京,商务印书馆,1961。
⑤ 参见 [英] 洛克：《政府论》,下篇,39 页,北京,商务印书馆,1964。

用理性，就不能说是受这个法律的约束。① 在这种强烈的理性观念的指导下，自然法学派掀起了强大的立法运动。自然法的倡导者们认为，仅用理性的力量，人们能够发现一个理想的法律体系。因此很自然，他们都力图系统地规划出各种各样的自然法的规则和原则，并将它们全部纳入一部法典之中。② 既然法典是理性的外在表现形式，因而法典总是完美无缺的。刑事古典学派就是以体现理性主义精神的自然法思想为其理论基础的，在这种情况下，刑事古典学派对人的本性的理性人的假设是十分自然的，也是自然法思想在刑法中的必然体现。

经验的观念，可以溯源到古希腊哲学。在古希腊哲学中，伴随着理性主义的兴起，经验主义随之发展，并且以非理性的形式表现出来。例如，在古希腊著名哲学家亚里士多德的学说中，具有理性与非理性同一的思想。亚里士多德认为，灵魂具有理性与非理性两个部分，人的内在本性具有理性非理性的矛盾。亚里士多德的伦理价值观，即使人以人的特有理性与动物划清了界限，使人成为理性人；然而又客观地看到了人从动物过渡而来的生物性和自然性。③ 进入中世纪以后，宗教神学利用理性建构其理论体系，形成宗教理性。但与此同时，宗教所特有的信仰主义又必然导致对人的理性的否定，从而迈向感觉主义。随着近代理性主义的复归，经验主义也开始流行。经验主义认为，没有与生俱来的真理；一切知识都发源于感官知觉或经验，因此，所谓必然的命题根本不是必然或绝对确实的，只能给人以或然的知识。④ 近代哲学中，经验主义哲学家首推培根。培根重视经验而轻视理性，他说：绝不能给理性加上翅膀，而毋宁挂上重的东西，使它不会跳跃和飞翔。⑤ 培根从经验主义出发，创立了归纳法，向理性主义的演绎法提出了挑战。归纳法以经验事实为基础，清除理性主义所带来的谬误，被培根认为是唯一科学的认识方法。在培根之后，法国著名哲学家孔德的实证主义的崛

---

① 参见［英］洛克：《政府论》，下篇，35页，北京，商务印书馆，1964。
② 参见［美］博登海默：《法理学—法哲学及其方法》，45页，北京，华夏出版社，1987。
③ 参见冯玉珍：《理性的悲哀与欢乐——理性非理性批判》，94页，北京，人民出版社，1993。
④ 参见［美］梯利：《西方哲学史》，下册，15页，北京，商务印书馆，1979。
⑤ 参见北京大学哲学系外国哲学史教研室编译：《十六—十八世纪西欧各国哲学》，44页，北京，商务印书馆，1961。

起，是对理性主义的进一步挑战。孔德提出"观察优于想象"的命题，抑制人的理性，具有明显的经验主义倾向。孔德认为，一切科学都必然是在被观察到的事实基础上发展而来的，观察与实验是人们探究一切事物和现象的根本手段，人们通过观察所获得的感性经验是认识的来源。① 此后，随着法国启蒙运动理想的破灭，理性主义的发展遇到了深刻的危机，这就为现代非理性主义哲学思潮的滥觞提供契机。现代非理性主义竭力地突出人作为主体的个别性和不可重复性，把人的心理因素中的非理性成分，如意志、情绪、直觉、本能等提到首位，并强调非理性的心理因素对人的认识活动和行为的决定作用。② 经验主义哲学反映在法学领域，就是与自然法思想相抗衡的实在法思想，它以对形成法律的力量的科学研究取代对法律的理想性质、意图和社会目的的理性探求。例如历史法学派的创始人萨维尼指出，在每个民族中，都逐渐形成了一些传统和习惯，而通过不断地运用这些传统和习惯，使它们逐渐地变成了法律规则，只要对这些传统和习惯进行认真的研究，我们就能发现法律的真正内容。③ 显然，萨维尼用"民族精神"这一概念取代自然法的理性概念，并以此解释法律的形成和内容。尤其是实证主义哲学引入法学，产生了实证主义法学。实证主义法学反对形而上学的思考方式和寻求终极原理的做法，反对法理学家试图超越现行法律制度的经验现实而去识别与阐述法律思想的任何企图。④ 刑事实证学派就是实证主义法学在刑法领域中的体现，它将人的本性设想为经验人，并以实证方法研究刑法问题，从而成为与刑事古典学派分庭抗礼的一个重要刑法学派。

　　理性人与经验人的对立，涉及对理性与经验这两个哲学范畴的理解。应该说，对这两个哲学范畴的界定是十分困难的，但也绝非不可能。理性，在柏拉图那里曾经与善、美和爱联结在一起，理性被认为是一种美德。⑤ 在这个意义上，理性可以说是理想人的本性。因此，犯罪人就不能被认为具有理性的人。亚里士

---

① 参见欧力同：《孔德及其实证主义》，48~49页，上海，上海社会科学院出版社，1987。
② 参见苏国勋：《理性化及其限制——韦伯思想引论》，45页，上海，上海人民出版社，1988。
③ 参见［美］博登海默：《法理学—法哲学及其方法》，82页，北京，华夏出版社，1987。
④ 参见［美］博登海默：《法理学—法哲学及其方法》，110页，北京，华夏出版社，1987。
⑤ 参见冯玉珍：《理性的悲哀与欢乐——理性非理性批判》，86页，北京，人民出版社，1993。

多德摒弃了柏拉图对理性的这种形而上学的解释,明确指出:纯粹理性并非美德和至善。① 从理性与非理性的统一上阐释人的本性,这不能不说是一大进步。及至现代理性主义,从本体论与认识论两个方面展开理性观,它既涉及对人的本性的理解,又涉及对世界认识的方法论。应该说,理性人的假设,包含着一定的真理性,它在一定程度上揭示了人与动物的分野,从而说明了人的本性。但人的理性不是天生的,而是来自社会生活,同样要受社会生活的限制。申言之,人的理性能力是极其有限的,无限制地夸大理性的作用,必然导致荒谬。事实上,人不仅具有理性,而且具有非理性的因素,例如激情、冲动等反映动物本能的内容。英国哲学家罗素曾经指出,人类的一切活动都发生于两个来源:冲动和愿望。冲动,是人类本性中偏重本能的部分,本能则是一切人与低级动物共有的生存和发展的需要。除了冲动之外,人的行为还受制于愿望。愿望是有意识的,它与人的理智相联系,表现为对一定的目的的追求。由冲动与愿望,罗素得出结论:人性是介乎于个人和社会之间的。因此,社会性和个人性是人性的两个基本因素,并认为这是伦理学的人性基础。② 经验,是指人对客观世界的感觉与知觉。经验主义否认人的认识的先验性,尤其是强调人的个体性及其个体认识之间的差异性,包含着一定的真理性认识。经验人的假设,摒弃抽象的人性,将人性奠基于社会现实基础之上,揭示人性的个别性,具有一定的科学性。但经验人的假设不承认人性中具有理性的因素,否定具有共同的人性或者说人性具有共同性,也是存在缺陷的。我认为,理性人与经验人不是截然对立的。人性中既具有理性的因素,又具有经验的因素,人性既具有共同性,又具有特殊性,这两者具有辩证统一性。只有这样,才能科学地揭示人的本性,并且为刑法奠定合理的人性基础。

三

根据对人性的理性与经验的二重性的理解,我们可以对刑事古典学派与刑事

---

① 参见冯玉珍:《理性的悲哀与欢乐——理性非理性批判》,93页,北京,人民出版社,1993。
② 参见[英]罗素:《伦理学和政治学中的人类社会》,30页,北京,中国社会科学出版社,1992。

实证学派作出科学评价，并为刑法理论的发展廓清地基。

犯罪人是理性人还是经验人，这个问题的意义并不仅在于对犯罪人的人性作出解释，而且在于为刑事责任以及刑罚功能提供理论根据。首先需要解决的一个问题是：犯罪人是否具有不同于一般人的人性？我的回答是否定的。犯罪人也是人，其人性与一般人具有同一性。既然犯罪人的人性与一般人并无二致，因此，人性的理性与经验的二重性的一般原理同样适用于犯罪人。犯罪人是具有理性的人，这种理性主要体现在其罪过上。在故意犯罪的情况下，犯罪人明知自己的行为会发生危害社会的结果，并且希望或者放任其发生；在过失犯罪的情况下，犯罪人应当预见到自己的行为可能发生危害社会的结果，因为疏忽大意而没有预见，或者已经预见而轻信能够避免，以致发生这种结果。在以上两种情况下，法对犯罪人都具有期待可能性，因而其行为具有可责难性，应当对自己的行为及其后果承担刑事责任。如果完全否认犯罪人的理性，也就很难从犯罪人自身找到对其行为谴责的合理根据。同样，也只有犯罪人的理性，才能说明刑罚预防功能发挥作用的心理机制。人的理性主要表现在对自己行为后果的预见以及对不利后果的避免上。刑罚之所以能够起到预防犯罪的作用，就在于犯罪人具有这种理性预见与理性选择能力。由于有罪必罚，犯罪人形成了犯罪与刑罚之间的因果观念，因而会畏惧刑罚而不再犯罪。社会上的不稳定分子，也会因为他人犯罪受到刑罚处罚，而畏惧本人受到刑罚处罚而不敢犯罪。可以想象，如果犯罪人或者其他人不具有这种理性认识能力，那么刑罚只能是对牛弹琴，不可能起到任何遏制犯罪的作用。但是，我们又不能将犯罪人的理性能力绝对化。事实上，由于个人的生活经历及生活环境的不同，其理性能力又具有很大的个体差异性。并且，由于具体犯罪情节不同，理性在犯罪中的作用也会有所不同。例如，在预谋犯罪的情况下，犯罪人是在充分的意志自由下实施犯罪的，其主观恶性要大一些。而在突发犯罪的情况下，犯罪人往往因受外部条件的刺激，在瞬间产生犯意并付诸实施，激情、义愤等非理性因素占重要地位，其主观恶性要小一些。如果在审理过程中，完全不考虑这些差异性，显然不是科学的态度。在刑罚上，将犯罪人的理性能力绝对化，必然导致对刑罚威慑力的极度夸张。事实上，由于犯罪人的理性能

力存在差别，刑罚对犯罪人的威慑力不是完全一样的。日本著名作家松本清张在小说《尊亲》中指出：刑罚是什么？一般认为这是对犯罪的报应。根据犯罪的程度决定刑罚的轻重，这是由国家行使的权力。但是，作为报应的刑罚之苦与罪犯的精神痛苦并不是一致的。然而，法官以刑法为准绳客观地量刑，而并不关心服刑者主观上痛苦的差异。法律是一视同仁的，它并不承认服刑者主观上痛苦的差别，同样，这是法律客观性的缺陷。[1] 这种法律客观性正是建立在对犯罪人的人性的理性假设基础之上的。只有承认犯罪人的人性具有经验性，对于刑罚的感受力有着个体差异性，才能真正实现刑罚个别化，以弥补法律客观性的缺陷。

立法者是理性人还是经验人，这个问题主要涉及刑事立法与刑事司法的分界，尤其是法官是否具有司法裁量权的问题。任何法律都是抽象的，立法的对象都是一般的而不是个别的。正如卢梭指出："法律的对象永远是普遍性的，我的意思是指法律只考虑臣民的共同以及抽象的行为，而绝不考虑个别的人以及个别的行为。"[2] 立法的这一特点决定了刑法典的制定主要应当考虑对一般犯罪的规定，而这里所谓一般犯罪，是对各种具体犯罪的抽象概括，用哲学语言来说，是犯罪的"共相"。同样，作为刑法典适用客体的犯罪人，也只能是一般犯罪人。当然，这并不排除在法律上对犯罪人加以分类，例如未成年犯罪人、累犯、惯犯等，并分别采取不同的刑事处遇措施。但这些类型的犯罪人相对于具体犯罪人而言，仍然具有类型化的抽象。在刑法典中对犯罪与犯罪人的抽象概括规定的特点表明，刑法典是建立在理性基础之上的，是对刑事法律活动一般规律的总结。否认人的理性能力，也就否认了一般立法，包括制定刑法典的可能性。但是，人的理性能力是有限度的，自然法学家的以下立法理论只是一种主观臆断：只要通过理性的努力，法学家们便能塑造出一部作为最高立法智慧而由法官机械地运用的完美无缺的法典。[3] 按照这一理论，存在所谓"法律的自动适用"，因而竭力贬低司法的作用，把司法活动视为机械地适用法律的过程，否认法官在司法活动中

---

[1] 参见［日］松本清张：《尊亲》，载《译林》，1993（4）。
[2] ［法］卢梭：《社会契约论》，2版，50页，北京，商务印书馆，1980。
[3] 参见［美］庞德：《法律史解释》，13页，北京，华夏出版社，1989。

的主观能动性。美国著名法学家庞德对此写道：19世纪的法学家曾试图从司法中排除人的因素。他们努力排除法律适用中所有的个体化因素。他们相信按严谨的逻辑机械地建立和实施的封闭的法规体系。在他们看来，在这一封闭的法规体系的起源和适用中承认人的创造性因素，在组构和确立这一封闭的法规体系的制度中承认人的创造性因素，是极不恰当的。[①] 但这种排除法律适用中的个体化因素的观点，只能导致法律教条主义，难以实现法律的社会效果。在刑事立法中，由于具有对事不对人的特点，因而法律规定是抽象的，但司法活动中的犯罪却是具体的。将抽象的法条适用于具体犯罪案件，法官可以发挥创造性的作用，以便使罪刑关系个别化，实现刑罚的最佳效果。不仅如此，而且现代刑事立法已经考虑到法典的局限性，因而在刑法典中存在大量的"空白规定"与"弹性条款"。例如刑法中的列举某些事项以后又作出"以及其他"的规定，是空白规定的适例。而刑法对具体犯罪的法定刑规定一定的幅度，这就是所谓相对确定的法定刑。在这一定幅度之内可由法官根据个案情节具体裁量，显然具有相当的弹性，可以说，立法者对于自身理性能力的冷静判断，授予司法机关更大的司法裁量权，这已经成为当代大陆法系向英美法系靠拢的一个重要标志。[②] 当然，司法裁量权应当是有一定限度的，否则会导致司法擅断，这里涉及刑法的保护机能与保障机能的价值选择，也应引起重视。

总上，我认为基于人的理性与经验二重性的原理，刑事古典学派与刑事实证学派由于对人性的偏颇理解，导致在刑法一系列重大问题上观点对立，并且都存在一定缺陷。只有在扬弃刑事古典学派与刑事实证学派的基础之上，将理性人与经验人统一起来，才能为刑法奠定科学的人性基础。

（本文原载《法学研究》，1994（4））

---

① 参见［美］庞德：《法律史解释》，123页，北京，华夏出版社，1989。
② 大陆法系更具有理性主义倾向，而英美法系则更具有经验主义特征，这里涉及大陆法系与英美法系区分的哲学基础，这显然已经超出本文论述的范围，留待将来再作研究。

刑法的价值构造

我国当前的刑法学研究,规范分析是主要方法,因而形成以刑法注释为主体的理论格局。不满于这种刑法理论研究的现状,我国刑法学界强调基本理论研究的呼声日益高涨。我认为,刑法的基本理论研究应该是对刑法的本原性思考,价值构造正是刑法的本原性问题之一,价值分析应该是规范分析的基础与归宿。本文拟就刑法的价值构造发表一己之见,以此作为刑法的价值分析的根据。

一

价值冲突是法存在的前提条件之一,法的功能就在于最大限度地防止在价值冲突中的价值丧失与耗损。在任何一个社会里,价值冲突是普遍存在着的,而最根本的价值冲突就是个人价值与社会价值的冲突。面临这样一种价值冲突,首先就存在一个价值选择问题。刑法同样面临这种价值选择,强调刑法的人权保障机能,在一定程度上意味着社会保护机能的弱化;突出刑法的社会保护机能,则在一定程度上意味着人权保障机能的弱化。刑事古典学派与刑事实证学派的对立,在一定意义上就表现为人权保障与社会保护的两个机能之争。从根本上来说,这

是一种刑法价值之争。

　　刑事古典学派是以自然法学为基础的，建立在个体人的认识之上。自然法思想认为，人是生而平等和独立的，个体人也可以说是自由人，它享有天赋人权。只是为了避免战争状态，个体人才放弃一部分自由，并且是尽可能少的自由，通过订立社会契约脱离自然状态组成社会。① 刑事古典学派的代表人物之一贝卡里亚完全接受了这种古典自然法思想，他指出：离群索居的人们被连续的战争状态弄得筋疲力尽，也无力享受那种由于朝不保夕而变得空有其名的自由，法律就是把这些人联合成社会的条件。人们牺牲一部分自由是为了平安无忧地享受剩下的那份自由。为了切身利益而牺牲的这一部分自由总合起来，就形成了一个国家的君权。君主就是这一部分自由的合法保存者和管理者。贝卡里亚认为，公民的自由的结晶形成惩罚权。惩罚权的存在是为了防止公民的自由受到私人的侵犯。但同时，它又是对国家权利的一种限制。如果刑罚超过了保护集体的公共利益这一需要，它本质上就是不公正的。② 由此可见，贝卡里亚认为刑罚权来自公民订立的社会契约，它是由公民所放弃或转让的自由组合而成，其目的在于保障公民的自由。基于这一认识，贝卡里亚得出以下三个结论：第一个结论是，只有法律才能为犯罪规定刑罚。只有代表根据社会契约而联合起来的整个社会的立法者才拥有这一权威。任何司法官员（他是社会的一部分）都不能自命公正地对该社会的另一成员科处刑罚。超越法律限度的刑罚就不再是一种正义的刑罚。因此，任何一个司法官员都不得以热忱或公共福利为借口，增加对犯罪公民的既定刑罚。这是对司法的限制，防止罪刑擅断侵犯公民的自由。第二个结论是，代表社会的君主只能制定约束一切成员的普遍性法律，但不能判定某个人是否触犯了社会契约。这是对立法的限制，厘清立法与司法界限：立法只能规定什么是犯罪，只有司法才能对某一公民的行为是否构成犯罪作出终极判决。第三个结论是，即使严酷的刑罚的确不是在直接与公共福利及预防犯罪的宗旨相对抗，但若只是徒劳无

---

① 参见〔英〕洛克：《政府论》，下篇，6、15页，北京，商务印书馆，1964。
② 参见〔意〕贝卡里亚：《论犯罪与刑罚》，8页，北京，中国大百科全书出版社，1993。

功而已，在这种情况下，它就不但违背了开明理性所萌发的善良美德——这种理性往往支配着幸福的人们，而不是一群限于怯懦与残忍的循环之中的奴隶；同时，严酷的刑罚也违背了公正和社会契约的本质。[①] 最能体现贝卡里亚思想的是这里的第三个结论：对严酷刑罚的断然否定，即使这种严酷的刑罚有助于促进公共福利及预防犯罪。因此，在社会价值与个人价值之间存在冲突的情况下，贝卡里亚毫不犹豫地选择了个人价值。

在刑事古典学派中，康德同样赞同自然法思想，但他从社会契约论中引出的不是具体国家，而是具有先验性质的目的国。康德的出发点是一种假设的没有任何法律保障的自然状态；在人类未成立国家之前，确实存在过个人对全体搏战的野蛮状态。康德认为，自然、人性与社会这三者间有着密切关系。自然用以发展人类固有才能的方法，是使人们在社会中互相敌对。这种敌对性，产生于人们都具有的一种非社会的社会性（The unsocial sociability of men）。所谓非社会的社会性，指的就是社会性（合群性）与反社会性（非群性）的混合体。康德指出：人有一种社会化的倾向，同时又有一种个体化的强烈倾向。正是这种社会化与个体化的对抗推动了社会的发展与人类的进步。为了社会的共存，相互隔绝的单个人，通过一种决定即契约，康德称之为原始契约，组成民族国家。康德认为，依据原始契约而建立的国家，应该有个人的自由。所谓自由，是每个人意志的自由与其他人的自由共存，也就是人各有自由而不侵犯别人的自由。由此可见，康德十分强调公民作为个人的自由与平等。康德指出：公民状态，纯粹作为立法状态看，先验地建筑在三个原则上：（1）社会中每个成员作为人，都是自由的；（2）社会中每个成员，作为臣民，同任何其他成员都是平等的；（3）共和政体的每个成员作为公民，都是独立的。[②] 由此出发，康德得出自然法的双重要求：国家应当根据理性的判断制定刑法，制定刑法是为了尊重人格，尊重人的尊严。同时，要求每个人对自己的行为负责。因此，当一个人侵犯了他人的自由和安全

---

① 参见［意］贝卡里亚：《论犯罪与刑罚》，11页，北京，中国大百科全书出版社，1993。
② 参见李泽厚：《批判哲学批判——康德述评》，320页，北京，人民出版社，1979。

时，就必然受到刑罚的惩治，这就是正义的原则。

作为刑事古典学派的代表人物之一，黑格尔否认国家是社会契约的产物的观点，认为国家是伦理观念的现实。但在法的解释上，黑格尔仍秉承了自然法的观念。黑格尔认为，法是自由意志的定在，即自由意志的体现。这种人人都享有的权利叫作抽象法。因为抽象法基于人的意志自由，所以法的命令是："成为一个人，并尊敬他人为人。"① 在一定意义上说，黑格尔的抽象法与自然法学派的自然法是很近似的或是它的修改或变种。② 正是从抽象法的命令出发，黑格尔指出：刑罚既包含着犯人自己的法，所以处罚他，正是尊敬他是理性的存在。如果不从犯人行为中去寻求刑罚的概念和尺度，他就得不到这种尊重。如果单单把犯人看作应使变成无害的有害动物，或者以儆戒和矫正为刑罚的目的，他就更得不到这种尊重。③ 应该说，黑格尔建立在"抽象地承认人的尊严"之上的刑法理论较之封建社会的野蛮法具有一定的进步意义。正如马克思评价的那样："毫无疑问，这种说法有些地方好像是正确的，因为黑格尔不是把罪犯看成是单纯的客体，即司法的奴隶，而是把罪犯提高到一个自由的、自我决定的人的地位。"④ 综上所述，刑事古典学派强调犯罪人的意志自由，主张刑法的人权保障机能。

刑事实证学派是以社会法学为基础的，建立在社会人的认识之上。社会法学思想渊源于法国社会学家迪尔凯姆（Emile Durkheim）。迪尔凯姆认为，作为社会的人，彼此之间存在着连带关系，他们不是孤立的个人。迪尔凯姆指出：人们之间存在着两种关系：第一是机械的连带关系。在这种关系中，像分子构成结晶体一样，个人被纳入整体之中。第二是有机的连带关系。在这种关系中，个人是社会有机体的一部分。既然个人是社会有机体的一部分，所以应对社会有机体的发展作出贡献，使社会有机体和谐统一，这是社会存在的基本条件。因此，社会法学主张从社会整体意义上理解个人，强调人的社会性。刑事实证学派的代表人

---

① ［德］黑格尔：《法哲学原理》，40页，北京，商务印书馆，1961。
② 参见王哲：《西方政治法律学说史》，358页，北京，北京大学出版社，1988。
③ 参见［德］黑格尔：《法哲学原理》，103页，北京，商务印书馆，1961。
④ 《马克思恩格斯全集》，第8卷，579页，北京，人民出版社，1961。

物之一菲利接受了社会法学的思想,重视从社会环境中去认识个人的犯罪行为。菲利指出:我们的任务是证明,有关社会对罪犯进行自卫的每一理论基础都必须是对罪犯的犯罪行为进行个人和社会两方面观察的结果。一句话,我们的任务是建立犯罪社会学。[1] 菲利所谓的犯罪社会学,就是从社会环境中寻找犯罪根源,强调社会对于个人的决定作用,认为犯罪的自然根源不仅存在于个人有机体中,而且在很大程度上存在于自然和社会环境之中,从而得出所谓犯罪饱和论,即每一个社会都有其应有的犯罪,这些犯罪的产生是由于自然及社会条件引起的,其质和量与每一个社会集体的发展相适应。菲利还引用艾米莉特的格言:"犯罪也有年终平衡,其增多与减少比国民经济的收支还带有规律性。"[2] 既然犯罪的原因存在于社会,犯罪的差额是由物质条件和社会条件决定的,因此菲利得出结论:如果我们不尽努力改良社会环境,仅凭对罪犯的矫正不足以防止其再犯。而通过改变最易改变的社会环境,立法者可以改变自然环境及人的生理和心理状况的影响,控制很大一部分犯罪,并减少相当一部分犯罪。同样,刑事社会学派的另一代表人物李斯特也提出了"最好的社会政策就是最好的刑事政策"的名言。李斯特主张目的刑的社会防卫论,强调刑罚个别化原则,认为适用刑罚要与个人情况相适应,要根据犯罪人的特性,即个人因素采取多元化的刑罚方法和处遇方法。李斯特认为,刑罚不是对犯罪行为的事后报复,也不是对其他人的恐吓,而是对那些"危险状态的体现者"采取的预防措施。应该说,刑事实证学派从社会方面而不仅仅是从个人方面寻求犯罪原因,主张通过改变社会环境预防犯罪等观点都具有一定的积极意义。但刑事实证学派在对犯罪人的处遇上,坚持社会责任论,过于强调刑法对社会的保护机能,从而在一定程度上忽视了刑法的人权保障机能。

综上所述,刑事古典学派与刑事实证学派基于对人的个体性与社会性的不同认识,从而产生了人权保障与社会保护的刑法机能之争。

---

[1] 参见[意]菲利:《犯罪社会学》,2页,北京,中国人民公安大学出版社,1990。
[2] [意]菲利:《实证派犯罪学》,43页,北京,中国政法大学出版社,1987。

二

个体人与社会人是刑事古典学派与刑事实证学派关于刑法价值之争的根源，为此有必要从哲学上厘清人的个体性与社会性的关系问题。

人的个体性与社会性的关系，实质上就是个人与社会的关系问题，这是一个政治哲学中永恒的话题。在古希腊，柏拉图强调人的社会性，认为社会生活是个人生活完善的手段，因此，不应当从人的个人生活中，而应当从人的政治生活和社会生活中去研究。在柏拉图那里，人的社会性就是人的政治生活和社会生活，其社会组织形式是国家。亚里士多德继承了柏拉图这一思想，并以命题的形式指出：人是合群的动物；人是社会的动物；人是政治性的动物。亚里士多德在把人定为政治动物的时候，是说（用我们当代语言表述）人是他那个特定社会整体的一部分，就是说，他深植于社会之中。反过来说，亚里士多德没有想到的是，被视为个人的人，在他自身的存在中突出地表现为一个私生活中的自我，而且他有权这样做。[1] 应当说，柏拉图、亚里士多德将个人寓于社会之中的这种观念，是当时希腊城邦生活的反映。对于希腊政治来说，将公共生活（社会性）与私生活（个体性）区分开来是闻所未闻的，甚至还会感到不可思议。但在古希腊也存在强调人的个体性的思想萌芽，这种思想来自德谟克利特的原子论。德谟克利特认为，世间的一切事物都是由原子构成的，原子永远是运动着的。原子有大有小，由于原子的大小、多少、次序、形状和位置等的不同组合和互相冲撞，就构成了万事万物。德谟克利特不仅用原子论解释自然，而且用来解释个人与社会。伊壁鸠鲁继承和发展了德谟克利特的原子论，以自己关于自生性、内部制约性、原子偏离直线运动的观点补充原子论。反映在对个人与社会的解释上，伊壁鸠鲁论证了人的伦理自律性，主张自由的人理智地遵循适应自然本性的生活目的。伊壁鸠鲁对于人的自由的解释，可以被理解为人应摆脱周围社会，摆脱一般人的意见。

---

[1] 参见［美］乔·萨托利：《民主新论》，288页，北京，东方出版社，1993。

由此可见，伊壁鸠鲁是一个坚定的个人主义者，这种伦理个人主义对后世的道德理论发生了巨大的影响，并直接导致所谓社会原子论。自从古希腊以后，在关于个人与社会的关系上，始终存在着个体主义与整体主义的尖锐对立。

个体主义（Individualism）这一概念包含着许多思想、观点和学说，它们的共同要素是都以"个人"为中心。作为一种社会学理论，个体主义又称为社会原子论。这种理论认为，社会由个体组成，旨在实现主要是为个人的目标，对个人及其权利予以优先权，这种权利存在于任何一种特定形式的社会生活之前。就个人与社会的关系而言，诚如哈耶克所言，个人主义告诉我们：仅就社会是自由的这一点而言，社会才比个人更伟大。就社会受控制或指导而言，它又受到控制和指导。① 总之，个体主义强调个人对于社会的优先地位，追求个人自由的价值。这种思想在17世纪肇始的自然法学派中得到充分体现。在自然法学派的思想中，个人自由是以某种形式的自然权利来表达的，而自然权利就是每个社会都应当保证其所有公民都享有的权利。自然权利的理论已经与一种现代个人主义的概念结合到了一起，即个人拥有一定的活动范围，在这个范围之内，他可以实现自己的意愿。不论是政府还是法律，都不得干涉这个领域。② 个体主义在当时的历史条件下对于唤醒人的理性意识，把人从专制制度的束缚中解放出来，具有一定的进步意义。

整体主义（Holism）是一种与个体主义相对立的学说，它给予社会整体以特有的地位，这些社会整体可以被视为有机体、文化整体、功能系统或决定性结构。作为一种伦理的和政治的学说，它把个人置于集体利益之下。整体主义以各种形式表现出来，尤其是孔德开创而后又被迪尔凯姆等人发挥光大的实证主义社会学理论。在孔德的学说中，居于核心地位的是一个脱颖而出的、普遍的"社会秩序"概念。这种秩序的实质是相互依存：艺术、科学、社会制度都合并为一个统一的整体。孔德认为，随着对于社会生活规律的揭示，人类预见和控制的能力

---

① 参见［奥］A. 哈耶克：《个人主义与经济秩序》，31页，北京，北京经济学院出版社，1991。
② 参见［英］彼得·斯坦、约翰·香德：《西方社会的法律价值》，184页，北京，中国人民公安大学出版社，1989。

将不断完善。由此可以得出结论,以实证科学为动力而推动的一种完善的社会体系将结束产生于陈腐知识的历史上的人类对抗。① 同样,迪尔凯姆反对大多数启蒙主义哲学家主张的原子论倾向,并将自己的社会学理论建立在维护社会秩序的研究上。迪尔凯姆强调社会现象是独立于个人的特殊现象,指出:"社会的"一词只有用来表示一种综合的现象,一种与已经形成的个体现象相脱离的现象,才有确定的意义。社会现象不同于个人现象的特殊性质在于:它们是存在于人们身体以外的行为方式、思维方式和感觉方式,同时通过一种强制力,施以每个个人。② 总之,整体主义重视社会对于个人的决定作用,追求社会秩序的价值。从社会秩序的价值中必然引申出强制与控制的概念。迪尔凯姆就用强制一词来定义社会现象,认为人们大多数的意念和倾向都不是他们自己造就的,而是来自外界,通过引导、影响、强迫而使人们自觉或不自觉地接受,这是无可争辩的事实。所以,用强制来定义社会现象,也正是出于这样一种认识。③ 美国学者罗斯也认为,社会秩序意味着根据一些规则来调节冲突,秩序是由社会对人们施加控制引起的。罗斯还把我们的社会秩序与蜂房或兽群的秩序相比较,认为前者是建造物,后者是生成物。④ 社会秩序既然是建造物,那就意味着对它的人为的控制因素。以上整体主义的社会理论对社会法学派产生了重大影响。例如,社会法学派的创始人庞德指出:文明是人类力量不断地更加完善的发展,是人类对外在的或物质自然界和对人类目前能加以控制的内在的或人类本性的最大限度的控制。社会控制就是这种控制的重要内容之一,社会控制主要是通过法律实现的,因此,法律的任务就在于实现社会控制。⑤ 整体主义作为个体主义的代替物,是19世纪以后适应资本主义生产进一步社会化的思想产物。

个体主义与整体主义的对立,奠基于对个人与社会之间关系的武断割裂。我

---

① 参见 [美] W.D. 珀杜等:《西方社会学——人物·学派·思想》,60页,石家庄,河北人民出版社,1992。
② 参见 [法] 迪尔凯姆:《社会学研究方法论》,5页,北京,华夏出版社,1988。
③ 参见 [法] 迪尔凯姆:《社会学研究方法论》,5页,北京,华夏出版社,1988。
④ 参见 [美] E.A. 罗斯:《社会控制》,2~4页,北京,华夏出版社,1989。
⑤ 参见 [美] 罗·庞德:《通过法律的社会控制——法律的任务》,9页,北京,商务印书馆,1984。

认为，个人与社会是辩证统一的，这就决定了个人自由价值与社会秩序价值的兼容性。个人部分不能当作既定因素。正如安东尼·吉登斯所表示的："个人所含内容不能被当作显而易见的东西。"我们自由的个性和能力，是在社会——经济环境中形成的。社会中的基本要素不是抽象的个人，而是社会的个人，他组成社会又被社会组织起来。用帕特里克·柏曼的话说，我们应该避免"在个人和社会之间的毫无结果的极化偏向"。强调个人或社会居于首要地位，都是错误的。①

确切地说，个人与社会的统一表现为个人选择与社会强制的统一。首先，个人具有自由性，这种自由是人作为类的一种内在本性，是理性赋予人的一种权利，这种本性或权利按其必然性来说，要求人们去追求和实现。因此，个人的一定限度的自由的存在，是人的本性所决定的，具有不可剥夺性。其次，社会具有秩序性，这种秩序是社会存在的根本前提和必要条件。社会秩序对于个人来说，具有不可否认的强制性。个人的选择是受社会制约的，离开一定的社会物质生活条件，个人的自由就只能是无本之木。因此，关键的问题是要在个人自由与社会秩序之间划定界限：在最大限度地使个人享有自由的条件下保护社会秩序的稳定；或者说，在社会秩序不受破坏的条件下使个人享有自由。这条界限体现的就是法律的最根本的价值：公正。公正是个人公正与社会公正的统一，它意味着在现存社会结构下所能提供的个人自由的最大化。

三

刑法的价值构造是以公正为基石的，刑法的公正性就表现在个人自由与社会秩序的统一，因而是刑法的人权保障机能与社会保护机能的统一。

刑法的人权保障机能以保障个人自由为内容，在这个意义上可以说刑法是公民自由的大宪章。刑法对个人自由的保障主要体现在立法与司法两个方面。从立法上来说，刑事立法是要为个人的自由选择界定范围，提供一定的行为模式。因

---

① 参见［英］G. M. 霍奇逊：《现代制度主义经济学宣言》，83页，北京，北京大学出版社，1993。

此，应当尽可能地为个人的自由选择留下充分的活动可能性空间。英国学者密尔指出：公民自由或社会自由要探讨社会所能合法施用于个人的权力的性质和限度。那么，这种限度是什么呢？密尔认为，个人的自由必须制约在这样一个界限上，就是必须不使自己成为他人的妨碍。因此，密尔所谓自由的核心有两个基本原则：（1）个人的行为只要不涉及他人的利害，个人就有完全行动的自由，不必向社会负责，其他人不得对这个人的行为进行干涉，至多只能忠告、规劝或避而不理。（2）只有当个人的行为危害到他人利益时，个人才应当接受社会的或法律的惩罚。密尔明确指出：任何人的行为，只有涉及他人的那部分才须对社会负责，在仅涉及本人的那部分，他的独立性在权利上是绝对的。[①] 因此，密尔把人的行为分为涉己性行为与涉他性行为，涉己性行为应当属于绝对自由的范围，只有涉他性行为危及他人及社会利益，法律才能予以制裁。在这个意义上，刑法具有对个人自由的保障机能，同时也是对权力的一种限制，即行使保护犯罪行为者的权利及利益，避免因国家权力的滥用而使其受害。

对司法有关者来说，刑法作为一种制裁的规范是妥当的，这就意味着当一定的条件具备时，才可命令实施科刑；而当其条件不具备时，就禁止科刑。虽然刑法是为处罚人而设立的规范，但国家没有刑法而要科以刑罚，照样可行。从这一点看，可以说刑法是无用的，是一种为不处罚人而设立的规范。人们之所以把刑法称为犯人的大宪章，其原因就在于此。[②] 从司法上来说，刑事司法是根据一定的刑罚法令，对犯罪者科以刑罚。一个人的行为危及他人或社会利益并触犯刑律，就构成了犯罪。犯罪人应当受到刑罚处罚，这是完全正当的，是社会对犯罪人的一种报应。但是，犯罪人虽然其行为构成了犯罪，他的权利并没有完全丧失，要求在法律的范围内受到公正的处罚是被告人的合法权利。所以，刑法的人权保障机能，在很大程度上就是对被告人的合法权利的保障。正是在这个意义上，刑法也可以视为被告人的大宪章。被告人的权利之所以还要受到法律的保

---

① 参见［英］密尔：《论自由》，3、59、10页，北京，商务印书馆，1982。
② 参见［日］西原春夫：《刑法的根基与哲学》，33页，上海，上海三联书店，1991。

障，是因为被告人不是单纯的司法客体，他因犯罪行为而与国家形成了一种刑事法律关系。在这一刑事法律关系中，国家具有惩治犯罪的权利，被告人具有接受法律惩治的义务，同时被告人享有不受非法制裁的权利。更为重要的是，被告人也是一定社会中的个人，是由公民转化而来的。对一个人的非法制裁，潜藏着对社会上的其他公民非法侵害的可能性。为此，刑法对被告人的合法权利的保障不仅是必要的，而且是一个社会法治状况的基本标志，具有十分重大的意义。

  刑法的社会保护机能以维护社会秩序为己任。社会虽然是由个人构成的，但又绝不是个人的简单相加。社会具有自身的存在根据与发展规律，它是个人自由实现的客观环境。个人虽然享有广泛而充分的自由，但这种自由是有限度的，一旦危及社会生存条件，必然为社会所不允许，因而会受到法律制裁。刑法所保护的社会秩序，是指被犯罪行为所侵害的社会关系。这种社会关系对于社会的生存与发展具有十分重大的关系，因而有必要动用刑法加以保护。刑法所保护的社会关系，涉及三种利益，这就是国家利益、社会利益与个人利益。国家利益与社会利益具有公共的性质，关系到每一个公民的生存，因而刑法加以保护是十分必要的。那么，个人利益为什么也属于社会性质的利益而需要刑法加以保护呢？这是因为这种个人利益是法律赋予的，它所涉及的虽然是个人之间的关系，但危及的是整个社会的秩序。因此，诸如杀人、强奸、抢劫、盗窃这样一些侵犯公民人身或者财产权利的行为也规定为犯罪并受到刑罚制裁。为保护社会秩序，必然会对个人自由的范围加以限制。这种限制，从个人角度出发考察，未必就是合理的；但从社会意义上观察，又是必要的。在这个意义上可以说为保护社会秩序，个人自由有所限制，这是一种必要的、也是不得已的丧失。但在条件许可的情况下，又应当尽可能地扩大个人自由的范围。例如，日本刑法学家西原春夫曾经讨论过淫秽物品的违法性问题。对此存在两种观点：第一种观点认为发行、销售以及公开陈列淫秽的书刊和画册的行为，因其违反性的道义秩序，是违法的，构成犯罪。理由是：一旦性道义秩序败坏，不仅最终损害了妇女、幼儿和少年的利益，而且会导致精神颓废，使整个社会秩序变得松散，进而使国民的各种利益受到侵害。第二种观点认为，如果把淫秽物品给不想看的人看，或给性方面未成熟的幼

儿和少年看，显然是侵害了其利益的。因此，刑法上对此的取缔是合理的。但是，对于不会因看淫秽物品而特别受影响的人来说，想看时给其看，又有什么利益侵害呢？把这种情况也一概地作为处罚的对象，是赋予脱离个人利益的道义以独立地位，如果说道义是为了国民的利益，在利益尚未侵害之时而认为其违反道义即违法，则是不恰当的。① 应该说，第二种观点不是没有一点道理，但在不能各得其所的条件下，一概禁止只能是唯一的选择，尽管这在一定程度上限制了某些公民的自由。从这里也可以看出，社会秩序首先是一个管理的问题，刑法只是维护社会秩序的最后手段，不是唯一甚至不是主要的手段。随着社会管理水平的提高，刑法手段将退居其次，因而个人自由的范围也会逐渐扩大。

刑法的人权保障机能与社会保护机能从根本上来说是统一的，这主要表现在：有效的人权保障对于社会秩序的稳定发展是必不可少的条件。因为社会秩序不是静态而是动态地存在的，个人自由的充分享受，可以发挥人的主观能动性，促进社会的进步。一个束缚个人自由的社会，万马齐喑，毫无生气，就不会有创造力，最终必然导致社会的混乱。同样，有效的社会保护对于个人自由的不受侵犯是不可或缺的条件。因为个人自由的行使需要一定法律规则的引导与规范，尤其是在个人自由发生冲突的情况，更需要一定的凌驾于个人之上的社会力量加以裁决。如果没有一定的社会秩序，个人各行其是，互相侵犯，最终也会导致个人自由的丧失。当然，刑法的人权保障机能与社会保护机能的统一性只是一种理论上的应然性。在现实社会生活中，两者不可避免地会存在冲突。为此，需要从现实的社会物质生活条件出发，对两者加以协调，使之发挥最优的刑法功能，实现刑法的最大限度的公正。

我国当前处于一个经济转轨的重大历史转变时期，刑法面临新的价值选择与构造。应该说，中国的传统法文化是以秩序为最高的法律价值。在古代社会，法是为保障礼的实现采用的一种刑罚措施。而礼则表现为按照亲尊关系的原则建立起来的等级秩序，使每个人在社会中都按照各自的名分享有一定的权利和义务，

---

① 参见［日］西原春夫：《刑法的根基与哲学》，47页，上海，上海三联书店，1991。

各安本分。法的目的就在于保障这种秩序不受侵犯。因此，秩序便成为传统中国的法律价值。① 在这个意义上说，中国传统法律是一种以社会为本位的法律。这种法律传统根深蒂固，影响深远。因此，长期以来我国充分强调的是社会利益，而在一定程度上忽视或者漠视个人利益，反映在刑法观念中，就是过于强调刑法的社会保护机能，而未将人权保障机能放在一个同等重要的应有的位置上。在市场经济观念日益深入人心的今天，个人的自由与权利逐渐受到重视与强调。在法理上，通过反思社会本位的中国传统法文化，权利本位的法观念的呼唤正得到日益强大的回应与反响。在这种情况下，刑法的价值构造应当顺应时代潮流的发展，调整刑法的人权保障机能与社会保护机能之间的关系与比重，刑法机能从社会保护机能向人权保障机能倾斜，加重刑法的人权蕴含。只有这样，才能在刑法中科学地界定个人与社会的关系，避免不适当地限制个人自由，以赋予个人最大限度的活力。总之，刑法应当通过人权保障机能与社会保护机能的协调，追求个人自由与社会秩序的刑法价值，最终实现刑法的公正价值，这就是刑法的价值构造。

（本文原载《法学研究》，1995（6））

---

① 参见陈晓枫主编：《中国法律文化研究》，218页，郑州，河南人民出版社，1993。

刑法价值序说

刑法的价值构造是我所塑造的一个刑法的理想国，它立足于揭示刑法的应然性。以往我们的刑法理论，重视的是刑法的实然性，这种实然性往往是以实用性为前提的。因此，刑法理论满足于阐述法条之实然，而对其所以然则不甚了然，对其应然性则更是了无所然。这样，刑法学沦为一种注释学，只能成为某种立法或者司法的附庸。这主要表现在：刑法学尾随立法与司法，毫无独立的理论品格，丧失了社会批判功能。在这种情况下，引起我关注的是这样一个问题：刑法学何以成为一门科学。这个问题的回答是困难的，因为对于科学本身就存在着各式各样的理解。然而，这个问题的思考又是重要的，因为它关乎刑法作为一门学科的安身立命之本。不能说对这个问题我已经有了圆满回答，本书在一定程度上试图回答这个问题，但也许是十分肤浅的。至少我想，刑法学之科学性的一个重要标志，就在于基于其实然性而对其应然性的一种描述。它表明这种刑法理论是源于实然而又高于实然，是对刑法的理论审视，是对刑法的本源思考，是对刑法的终极关怀。

刑法的应然性，实质上就是一个价值问题。刑法的考察，是在刑法实然性的基础上，对刑法应然性的回答。刑法学作为一种独立学科，也是作为一门科学的

诞生，正是以对刑法的应然性的关注为标志的。在历史上，意大利著名刑法学家贝卡里亚是刑法学的始祖，他的刑法学说的特点就在于不以任何实在法为基础，也就是说，它不是根据现存刑法的体系和原则去探求它的精神并系统地注释其条文。贝卡里亚的刑法学说基本上可以分为两部分：一部分是刑法哲学，它根据哲学原理探讨并解释什么是犯罪，什么是刑罚，人为什么犯罪，社会为什么需要刑罚等刑法范畴的基本概念和问题，这种哲学解释由于综合了大量人类认识的新发现，因而比纯粹的法律解释要深刻得多。另一部分是刑事政策，它根据对基本刑法概念和问题的哲学探讨和解释提出犯罪控制的法律对策，比如，根据对刑法本质的哲学认识，提出为发挥其效能在立法和司法中所应当遵循的规则。① 正因为如此，我们才将贝卡里亚那本仅6万字的论文式专著《论犯罪与刑罚》奉为刑法学的经典。这本书的思想容量与其篇幅是远远不成比例的，它之所以成为刑法学的经典，就因为它触及了刑法的一些本源性问题，尤其是刑法价值问题，从而使刑法学成其为一门科学。

刑法的应然性并不是主观臆想，它是以实然性为前提的。因此，它要求我们对刑法的现实性具有更为热切的关注。刑法是一种社会现象，它是以社会为基础的。因此，对刑法的应然性的考察，应当将刑法置于广阔的社会文化背景之中，而不是仅仅对刑法条文进行分析。在这个意义上，可以说刑法的应然性考察实际上意味着对社会的应然性的思考。所以，真正的刑法学家，不是一个只关心刑法条文的拜占庭式的经院哲学家，而首先应当是一个具有对社会的终极关怀的思想家。在本书中，我对刑法价值的考察，也不仅仅局限于刑法本身，而是从社会本体论的意义上引申出个人与社会这样一个具有终极意义的问题，在此基础上解决刑法价值问题，从而使对刑法价值的思考成为对社会本源的思考。

刑法的应然性，使得刑法理论更具永恒性。在哲学上，永恒与暂时的区分是相对的，在学术上也是如此。自然科学相对于社会科学，更具永恒性，这也正是自然科学比社会科学更具科学性的一个象征。在这个意义上，我们可以说永恒性

---

① 参见黄风：《贝卡里亚及其刑法思想》，36页，北京，中国政法大学出版社，1987。

是科学性的题中应有之义，尽管这种永恒本身也是相对的。因此，对于学术的永恒性的追求实际上也就是对学术的科学性的追求。科学性要求某种理论命题是对相当范围内的现实事物的客观规律的揭示与概括，它不因具体事物的变动而变化，具有在一定时空范围内的普遍适用性，这也就是一种永恒性。刑法往往也是如此。刑法领域中的犯罪与刑罚现象是十分复杂的，法律条文也是形形色色的，刑法理论所关注的应当是犯罪与刑罚的一般规律，这样就舍弃了大量个案特征，而是对现实问题的一种理论归纳。这种理论的生命力来自现实，但它又具有超现实的永恒性。因此，刑法理论所揭示的是支配着刑法之表象的"道"。形而上学谓之"道"，这种"道"是不易变动的东西，是刑法条文的灵魂与精髓。只有得刑法之"道"，刑法学才不至于尾随立法与司法。而恰恰相反，刑法条文应当服从以"道"为内容的刑法原理与刑法精神。这样，刑法学家就掌握了一种批判实在法的武器，就可以在精神上具有自立的根基，而不至于唯法是从、唯权是命。在这个意义上，刑法理论才具有相对的稳定性乃至于永恒性，不会因一部法律的修改，甚至一个司法解释的发布，就使我们积数年之研究心血而写成的一本本刑法教科书顷刻之间变成废纸。

刑法的应然性，使刑法的思考成为法的思考，从而使刑法理论升华为刑法哲学，乃至于法哲学。法是相通的，这里主要是指基本精神相通。而刑法的应然性，使我们更加关注刑法的内在精神，因而能够突破刑法的桎梏，走向法的广阔天地。以往我们的刑法理论，过于局限在对刑法条文、甚至个案的具体考察，虽然具有专业性，但却缺乏学术性与思想性。我越来越感到，刑法理论不能封闭在狭小的刑法范围之内，而应当具有开放性。从《刑法哲学》到《刑法的人性基础》，再到现在这本《刑法的价值构造》，我总结本人刑法研究的轨迹，归纳为一句话：从刑法的法理探究到法理的刑法探究。刑法的法理探究，是指刑法的本体性思考，以探究刑法的一般原理为己任，基本上属于刑法的法理学，或曰理论刑法学。《刑法哲学》可以归为此类，我称之为实在法意义上的刑法哲学。而法理的刑法探究，则是指以刑法为出发点，通过探究刑法命题而在更深层次上与更广范围内触及法哲学的基本原理。从《刑法的人性基础》到《刑法的价值构造》，

虽然仍然以刑法为研究对象,但实际上已经超出刑法范围,探究的是一般法理问题。刑法只不过是这种法理探究的一个独特的视角和一种必要的例证。在这个意义上,这种刑法学也是一定程度上的法理学,它的影响可能会超出刑法学。我把这种刑法理论称之为自然法意义上的刑法哲学。例如,在本书中,我探讨的是刑法价值问题,但实际上是以刑法价值为出发点探讨法的价值问题。因为刑法只不过是法的一种表现形式而已,通过对刑法价值的深度探讨,难道不正是有助于我们对法的价值的深入理解么?我曾经对法理极具兴趣,一个偶然的原因使我置身刑法学界,从探讨一些极为细琐的刑法问题开始了我的学术生涯,以至于使我自己感到一种从抽象到具体的精神堕落。我不为所动,始终保持着对刑法的极浓兴趣;但也不为所惑,清醒地认识到刑法只是我的暂栖处,我的最终志向应当是回归法理学。现在,我终于找到了一个契合点,既可以充分利用我的刑法专长,又可以满足我对法哲学的强烈冲动。这就是法理的刑法探究,这也将是我今后学术研究的更高追求。我不可能完全脱离刑法去研究法理,但可以通过刑法去研究法理,这才是我之所长。不仅如此,我还可以专门研究刑法,这是我的专业特点。因此,我把自己的研究分为两个领域:刑法的法理探究——刑法的法理学与法理的刑法探究——法理的刑法学。

刑法的价值问题,可以说是刑法哲学的重要内容。在《刑法哲学》一书中,我对刑法的价值内容作了探讨,提出了公正、谦抑、人道这三大现代刑法的价值目标,并认为这是构成刑法的三个支点,也是刑法哲学应当贯穿的三条红线。可以说,当时的探讨是十分肤浅的。不说理论深度,只是从篇幅上来说,也仅有不足五千言。而在本书中,我以将近五十万言的篇幅来探讨刑法价值问题,无论在理论的深度还是广度上,都远远超出了以往。因此,本书是《刑法哲学》一书所开始的刑法理论探索的继续,这本书的起点正好是那本书的终点,它也是继《刑法的人性基础》之后的刑法哲学第三部。在本书中,刑法价值的问题的探讨被分成四个层次:(1)刑法价值的背景论,这就是第一章与第二章,分别揭示刑事古典学派的价值构造与刑事实证学派的价值构造。这两个学派分别体现了个人本位和社会本位的两种价值构造,这也正是两大刑法学派对立之所在。正是从两大刑

法学派的价值冲突中，引申出刑法价值问题的主题。（2）刑法价值的本体论，这是第三、四、五章，主要是从刑法机能出发，通过个体与整体、个人与社会等哲学社会问题的探讨，提出刑法机能的二元论，这就是刑法的人权保障机能与社会保护机能的双重构造，从而确立刑法价值观。（3）刑法价值的目标论，这是第六、七、八章。如果说刑法机能是刑法自身所拥有的价值，那么，刑法价值目标，诸如公正、谦抑、人道，就是刑法所追求的价值。本书以较大的篇幅对刑法的三大价值目标作了理论考察。（4）刑法价值的原则论，这是第九章与第十章，分别是罪刑法定的价值分析和罪刑均衡的价值分析。罪刑法定与罪刑均衡是刑法的两大基本原则，它们都与刑法价值具有密切关系。因而，本书对罪刑法定与罪刑均衡从价值的角度进行了理论探究。本书力图建构一个历史与逻辑相统一的理论体系，并将有关内容作出妥当的安排，使理论趣味与理论表达相协调。

　　意大利著名刑法学者加罗法洛在论及如何确定犯罪概念时指出：为了获得犯罪这个概念，我们必须改变方法，即我们必须放弃事实分析而进行情感分析。[①]加罗法洛这里所说的情感指的是道德感，通过情感分析得出的结论是犯罪就在于其行为侵犯了某种共同的道德情感，尽管我们可以对加罗法洛的这种观点提出异议，但其研究方法却值得借鉴。我们从中得到的启迪在于：刑法不仅可以有一种分析方法，例如事实分析或者法条分析，还可以有其他各种分析方法，包括加罗法洛的情感分析。应该说，价值分析也是一种重要的分析方法。从刑法的价值分析中，我们可以得出结论：刑法是一种不得已的恶。用之得当，个人与社会两受其益；用之不当，个人与社会两受其害。因此，对于刑法之可能的扩张和滥用，必须保持足够的警惕。不得已的恶只能不得已而用之，此乃用刑之道也。

（本文原载《法学》，1996（10））

[①] 参见［意］加罗法洛：《犯罪学》，21页，北京，中国大百科全书出版社，1996。

刑法公正论

公正性，是刑法的首要价值。刑法涉及公民的生命予夺，因而公正性更是它的生命，更值得我们重视。本文立足于价值哲学的公正观，对刑法的公正性进行法理探讨。

公正，又称为正义，源出于拉丁语 Justitia，系由 Jus 一词发展而来。从词源学上说，它具有正当、平等的含义。美国学者罗尔斯指出：正义是社会制度的首要价值，正如真理是思想体系的首要价值一样，一种理论，无论它多么精致和简洁，只要它不真实，就必须加以拒绝或修正；同样，某些法律和制度，不管它们如何有效率和有条理，只要它们不正义，就必须加以改造或废除。每个人都拥有一种基于正义的不可侵犯性，这种不可侵犯性即使以社会整体利益之名也不能逾越。因此，正义否认为了一些人分享更大利益而剥夺另一些人的自由是正当的，不承认许多人享受的较大利益能绰绰有余地补偿强加于少数人的牺牲。所以，在一个正义的社会里，平等的公民自由是确实的，由正义所保障的权利决不受制于政治的交易或社会利益的权衡。[1] 在此，罗尔斯充分强调了正义对于一个社会来

---

[1] 参见[美]约翰·罗尔斯著，何怀宏等译：《正义论》，1页以下，北京，中国社会科学出版社，1988。

说具有的重要意义。无疑，刑法是社会规则中的重要组成部分，刑法的正义性对于客观社会正义具有重要意义。

一、刑法的正当性

正当是指某一事物的存在具有合理的根据。因而，刑法的正当性涉及对刑法存在根据合理性的考察。正当是正义的首要意蕴，它引导我们对社会制度、法律制度，包括刑法制度的存在根基进行理性的反思。正如美国学者博登海默指出：正是正义概念，把我们的注意力集中到了作为规范大厦组成部分的规则、原则和标准的公正性与合理性之上。正义所关注的是法律规范与制度安排的内容，它对人类的影响，以及它们在人类幸福与文明建设中的价值。如果用最为广泛和最为一般的术语来谈论正义，人们就可能会说，正义所关注的是如何使一个群体的秩序或社会的制度适合于实现其基本目的和任务。如果我们并不是假装要提出一个全面的定义，那么我们就可能指出，满足了人的合理需要与要求，并与此同时促进生产进步和社会内聚性的程度——这是维持文明社会生活方式所必要的——就是正义的目标。[①] 以往的刑法理论，大多囿于对刑法规范的阐释，而将刑法的正当性问题置于他们研究的范围之外，这显然是刑法理论之流于肤浅的重要原因之一。毫无疑问，刑法的正当性应该是刑法哲学考察的最根本也是最重要的问题之一。

刑法存在的合理性，是指刑罚的发动具有正当合理的根据。关于刑法存在的合理性的论证，主要存在报应与预防两种理论，下面我们分别加以考察。

（一）报应与刑法的正当根据

英国学者哈特指出：在可想象出的刑罚制度的正当目的中，报应可以有其一席之地。这里所说的报应，我们将它简单地定义为对在道德中有罪过的罪犯施加

---

① 参见［美］博登海默：《法理学—法哲学及其方法》，238页，北京，华夏出版社，1987。

惩罚之苦。① 由此可见，报应对于论证刑法的正当性具有重要的意义。

根据报应论，刑法的正当性就在于对犯罪的一种回报。因此，按照报应论者的形象说法，罪犯对社会有一种"应偿付之债"，社会则因犯罪的恶行而向其"回索"。正是在这个意义上，杀人偿命与欠债还钱一样，被认为是公正之常理。按照英国著名法学家斯蒂芬的看法，刑法调整、制裁，并为报复欲望提供一种合法的满足；刑法支持报复欲望正如婚姻之于性欲的关系一样。② 因此，在报应论者看来，刑法作为报复的制度化，其合理性植根于人的道德情感，因而是不言而喻、无须证明的。中国古代的荀子则明确地说：这种报应观念不知所由来者也。应当注意，这里不是不去追究报应观念的由来，而是仅仅不必追究而已。

美国学者戈尔丁把报应论分为两种：最大限度论与最低限度论。由康德所表述的古典形式的报应论，坚持的是一种最大限度论的观点。这种观点认为，不仅罪行本身应受到惩罚，而且社会还有着对那些有罪和有过失的人施加惩罚的责任。这意味着，个人在一定条件下违反了法律，这种条件决定了他的违法行为或过失是应受谴责的——即他不具有正当性或免除惩罚的理由，这样，一个人就是应受到刑罚制裁的，而且社会有责任惩罚他，不应让一个罪犯逍遥法外。因此，最大限度论者坚持说，罪犯应当受到惩罚，不管犯罪是否因此而减少——哪怕推测说犯罪会由此而增加也罢！当代报应论则支持一种最低限度论的观点。这种观点仅仅坚持说，除非一个人有某种罪行和过失，否则就不应受到惩罚。应受处罚的罪行是刑罚在道德上的一个必要条件，一个人只有当他应受惩罚时才应受到惩罚。然而，某人应受惩罚的事实并不意味着他必得受惩罚。最低限度论者允许一个法官在特定的条件下部分或完全地使一个罪犯免受惩罚，例如当这样做不会被作为恢复名誉或被用作（特定的或一般的）威慑时，方可行之。③ 这两种报应论也可以称为绝对主义与相对主义。最大限度论是绝对主义，而最低限度论则是相对主义。无论是最大限度论还是最低限度论，报应论的基本意蕴在于：犯罪为一

---

① 参见 [英] 哈特著，王勇等译：《惩罚与责任》，9页，北京，华夏出版社，1989。
② 参见 [英] F. 斯蒂芬：《英国刑法概观》，2版，99页，伦敦，1890。
③ 参见 [美] 戈尔丁：《法律哲学》，165页以下，北京，三联书店，1987。

种最严重的罪恶，刑罚即为针对此种罪恶的报应，也即是对于犯罪的反应（Reaktio nauf das Verbrechen）。因此，报应可谓社会对于犯罪人为恶的反应，以刑罚来报应犯罪，用刑罚的痛苦来衡平犯罪的恶害，一方面可以实现正义的观念，另一方面则可以增强"伦理的力量"（Die sittlichen kraffe），用以形成社会大众的"法意识"（Rechtsbewusstsein），以建立法社会赖以为存的法秩序。① 因此，报应论具有强烈的伦理性，由此论证刑法的正当性。

报应思想（Der Vergeltungsgedanke）来源于原始社会的复仇或者曰报复的观念，但两者又有所不同。这种差别主要在于：复仇具有强烈的主观性，而报应具有一定的客观性。正如戈尔丁指出：复仇是一种发泄，非要使残暴的感情得到满足不可；而报应性刑罚则有一种可以推定的客观上限。更为主要的是，虽然复仇和刑罚，两者都可能包含有对作恶者的敌意，但是复仇的目的在于个人的满足，刑罚则至少部分地，也许是全部地表现在道德义愤。当然，两者都可能用之不当。但是报应论者在这里坚持的是，刑罚只应施加于有应受惩罚之罪的人，否则对受到这种罪行伤害的人太不公正了。尽管对恶劣行为作出反应时显然需要谨慎从事，对它的谴责性反应也还是能够与一种公认的道德态度联系起来的。② 正因为报应具有一定的客观性，因而它具有一定的节制性。因为报应兼指以恶报恶与以善报善。以恶害报以恶害是谓报应，以善果报以善行也为报应。因此，报应中的恶与恶，善与善务必成对等相称的关系。所以，报应是有节制的，有一定的限度，但是报复则常是放纵而漫无节制的。因此之故，报复者与被报复者并不能因为报复行为而言归于好，建立彼此的和平关系，这也就是何以报复行为通常是连绵不断而难有终了之时的主要原因。当然偶然也会有漫无节制的刑罚，如集权政治下的刑事司法。但是这种情形毕竟是例外的情况，不足为据。因此，报应是一个"价值中介"（Wertneutral）或"价值自由"（Wertfrei）的用语，不容与报复一语相混淆。③ 在一定意义上可以说，复仇也是一种原始的未经理性过滤的报

---

① 参见林山田：《刑罚学》，2版，48页，台北，三民书局，1983。
② 参见［美］戈尔丁：《法律哲学》，172页以下，北京，三联书店，1987。
③ 参见林山田：《刑罚学》，2版，48页以下，台北，三民书局，1983。

复情感，虽然它孕育着报应的成分，但只是报应的粗俗形式，还不能视之为报应本身。

报应论在其发展过程中，还得到了宗教神学的哺育，这就是所谓神意报应的观念。神意报应是万事皆求诸神的古代社会中生产力低下、认识上愚昧无知的必然产物。神意报应的特点是以神意作为刑罚权的根据，由此论证刑法的正当性。在中国古代，尧、舜时代就有了"天罚"之说，如"天叙有典，勑我五典五惇哉"（《尚书·皋陶谟》）。至殷商时期，天罚思想更是得到了进一步的发挥。如夏启在讨伐有扈氏时宣称："今予惟恭行天之罚"（《尚书·甘誓》）。成汤攻打夏桀时也说："有夏多罪，天命殛之"（《尚书·汤誓》）。

神意报应的思想在西方中世纪发挥得更加淋漓尽致。例如圣安塞姆在《上帝可以化身为人》（Cur Dens Hono）一书中指出：上帝为了永恒的荣耀而创造了人。这种荣耀要求人将其意志服从上帝。不过，人却选择了不服从上帝的做法，并且这种不服从之罪孽通过遗传而给予了每个人。正义要求或者依据人的罪孽而对他加以惩罚，或者他应该因损害上帝荣耀的行为而进行补偿。就惩罚而言，任何惩罚都是不充分的；不管怎样，人必将丧失他所得以创造的荣耀，而这种结果将只能是再一次阻挠上帝的目的。说到补偿，人为上帝所做的任何事情都不具有足以恢复上帝荣耀的价值。因而，人不能够对他的罪孽进行救赎，虽然他应该这样做。而上帝却能够（因为他可以做任何事情），但是他又不应该这样做。由于只有上帝能够而只有人应该作出构成补偿的献祭，因此便必须由一位神—人（God—Man）来完成这一使命。这样，那位神—人，即耶稣基督便是必要的了。他能够并应该牺牲自己，从而偿付罪价，使人神和好，并使人的创造恢复其本来的目的。

圣安塞姆的理论为新的社会关系奠定了基础。基础是通过回答这样的问题奠定的，即为什么补偿与惩罚都是重要的。为什么仁慈的上帝不能够作为一项恩典而自动地宽恕人的罪孽。答案是如果这样做将使由于罪孽而扰乱的宇宙秩序得不到恢复，由此产生的混乱将造成正义的缺乏。宇宙的正当秩序、上帝的正义或公正要求价款得到偿付。圣安塞姆的正义（Justitia）标准实质上是道德标准而不是

法律标准。在和关于罪与补赎或犯罪与惩罚的一种神法的专门事项相关的意义上,圣安塞姆不是墨守法律的。对于他来说,如同他的前辈一样,正义(Jnstitia)是一个用来表示《圣经》术语的词,《圣经》术语是译作"公正性"(righteousness)的。圣安塞姆力图探究上帝的正义性的基本特征。

在西方11世纪之前和该世纪,一项犯罪一般并不作为直接针对政治秩序或针对一般社会的侵犯,而是认作直接针对受害人及其同类——他的亲属、他的本地社会或他的封建阶层——的侵犯行为,他也是针对上帝的一项侵犯行为——一项罪。对于这种侵犯行为的一种正常的社会回应便是受害人或他的亲属(或其他)集团的复仇。与此同时,在6世纪到11世纪之间的部落法、地方法和封建法,也都将更大的重心放在补偿、荣耀恢复以及和解方面,以作为对复仇的替代。此外,这段较早时期的王室法律和帝国法律也是建立在相似的概念基础之上的,并且大多数是由习惯法规则和程序组成的,这些规则和程序保护着王室和皇家成员以及处在它的保护之下的人们的权利。偶尔地,国王们也会颁布"法典",对习惯法予以重述和修订,但是整个说来,王室或皇家对于犯罪的管辖权是极其有限的。一种普遍适用的刑法相对缺乏——以及地方习惯的主导地位——只是强化了这样的事实,即犯罪在大多数情况下反被视为针对其他人的侵犯行为——同时也是针对上帝的侵犯行为——而不是针对某个包容广泛的政治单位(无论是国家还是教会)的侵犯行为。圣安塞姆认为,惩罚(不只是一项悔罪性补偿)是由神的正义所要求的,它并非针对原罪,或"自然之罪",而是针对由受过洗礼的基督徒所犯下的"本罪"(实际之罪)。在西方神学里,圣安塞姆及其后继者们所提出的主要的证明理由是正义的概念本身。正义要求每一项罪孽(犯罪)都要通过有期限的苦难而偿付;要求该苦难,亦即该刑罚与罪行相当;要求被违反的特定的法律得到恢复("复仇")。正如托马斯·阿奎那在圣安塞姆时代过去几乎两世纪之后所说,无论是刑事违法行为,还是民事违法行为,都需要对受害人付出赔偿;但是,因为与民事侵权相反,刑事犯罪是对法律本身的一项蔑视,所以不能仅仅作出赔偿,而必须科以刑罚,以作为违反法律的代价。

美国著名学者伯尔曼叙述了圣安塞姆救赎学说的法律含义,并将之视为西方

刑事法律的神学渊源。在此基础上，伯尔曼指出：这种学说通常被称为正义的"报应"理论，因为它基于这样的前提，那就是必须付出一份"贡献"，也就是一份代价，以"报偿"法律。历史地看，紧接着教皇革命，西方人便经历了一般报应（法律的报偿）取代具体报应（受害人荣誉的报偿）作为刑法的正当性基础的过程。[①] 伯尔曼这里所谓具体报应（受害人荣誉的报偿）指的就是复仇。由此可见，圣安塞姆的救赎学说为从复仇到报应的演变作出了卓越的贡献。尤其是救赎学说为报应观念增加了新内容：一方面，违反法律的罪人确实不仅仅是一个罪人，还是一个刑事罪犯，一个法律的破坏者，因此不仅要悔过，而且还要因为对法律的破坏而付出一份代价；但是在另一个方面，法律的破坏者，亦即刑事犯罪，也是一个罪人，他的罪过不只是由他破坏法律的事实构成，更重要的，是由他故意地选择作恶这样的事实所构成。这样，便存在着一种对于他的行为的道德（或更确切地说，是不道德）性质的着力强调，也就是对当他犯罪时心灵的罪过状态的强调。[②] 因此，神意报应虽然披上了一层神秘的面纱，但它并不是无稽之谈，而是在当时情况下刑法正当的有力证明。应当指出，神意报应的观念增强了犯罪人赎罪的思想，因而报应与赎罪（Sühne）往往相提并论。我国台湾地区学者林山田指出：报应与赎罪有一体的两面，报应通常又意味着赎罪；因之，报应与赎罪彼此之间也经常混淆不清。这不但在理论上，而且在司法实务上也同样存在着这种混合的现象。德国刑法学者萨尔（W. Saver）曾试以"不法"（Unerecht）对报应，"罪责"（Schuld）对赎罪而把报应与赎罪分开，而获得多数学者的赞同。事实上，报应与赎罪两者在基础上具有不同之处：报应系生自外力的强制，以此外力的强制，来确保法律不容破坏的权威，犯罪人系被迫而为，是被动而消极的。相反地，赎罪系犯罪人生自内心的一种伦理上的自我谴责，是行为人自己的一个伦理行为，用以求得其"伦理上的自由"（Sittliche Freiheit）。因此，

---

① 参见［美］伯尔曼著，贺卫方等译：《法律与革命——西方法律传统的形成》，212页以下，北京，中国大百科全书出版社，1993。
② 参见［美］伯尔曼著，贺卫方等译：《法律与革命——西方法律传统的形成》，223页，北京，中国大百科全书出版社，1993。

赎罪是单纯个人的自我表现，它只有在个人的伦理态度上达到一定高度时才会产生，不能经由法律命令的强迫而出现。并不是每个人都能达到这个伦理态度上的标准，有很多人唯有在他人的诱导之下，才会产生赎罪的心境，有些人则虽在他人诱导之下，依然未能达到这个伦理上的态度表现。因此，理想的刑罚，应能促成犯罪人赎罪感，在刑事矫治工作上务必促成受刑人的赎罪能力与赎罪的心理条件，使其真正出自内心地悔悟而得以改过自新，在此情况下，赎罪思想实际上也蕴含着教育思想。如此的报应，才能具有刑事政策上的意义。① 由此可见，现代刑法的报应与原始社会的复仇，不仅仅存在是否有节制这样一个量的区分上，而且还表现在内容上的区别：现代报应论意味着通过对犯罪人的主观罪过的否定的伦理与法律的评价，而使犯罪人产生负罪的道德感，唤起犯罪人的良知。在这个意义上，报应确有教育思想的蕴含在内。

神意报应虽然在西方刑法史上对于刑法根据的正当化起到了理论支撑的作用，但毕竟带有浓厚的宗教神秘色彩。在现代世俗社会，这种神意报应论已经没有市场。在近代西方刑法思想史上，是德国著名哲学家康德使报应论世俗化与哲理化，确立了道义报应论，成为报应理论的一个高峰。

道义报应论之报应，是一种道德义务的报应。换言之，道德义务是报应的根据，也是刑法正当性的根据。因此，道德义务是理解康德的道义报应论的关键。

义务（duty）源自拉丁语的债务和法语的责任一词，是指负有或应支付他人而又必须履行的一种法律上的不利条件。② 由此可见，义务与两个概念有关：债务和责任。债务是债务人对债权人所负的特定的给付义务，因此债务是一种特定的义务。从债务到义务，是从具体到抽象的转化过程。责任也与债务有一定的关联，指为债务不履行时所提供的一定财产的抵押（担保）。③ 由此可见，责任与一定债务之不履行有关，侧重于所处的一种道德上或者法律上的不利地位。从债务与责任当中引申出来的义务，具有应当实施一定行为之含义。道德义务是指道

---

① 参见林山田：《刑罚学》，2版，49页以下，台北，三民书局，1983。
② 参见《牛津法律大辞典》，276页，北京，光明日报出版社，1989。
③ 参见［日］我妻荣主编：《新法律学辞典》，560页，北京，中国政法大学出版社，1991。

德上的义务，是道德哲学中的一个重要概念。康德指出：义务是对任何这样一类行为的称呼：这类行为能够使任何人都受到一种责任的约束。因此，义务是一切责任的主要内容。义务，从与某一行为有关的角度看来，可能是一回事，但是，我们却可以根据不同的原因受这种义务所约束。①

根据康德的看法，义务是对行为的一种约束。那么，这种义务源于何处呢？这里涉及康德关于人的两重性的观点。康德认为，如同物具有两重性（现象与本体）一样，人亦具有两重性。即是说，作为万物之中的一种存在，人像物一样既有受知性之自然法则限制的一面，亦有不受限制的一面。前者是作为现象而存在的人，其行为举止无一不落入现象的范围，他不可能违反自然法则，因而是不自由的；但是另一方面他又有不受限制的一面，有能力自己规定自己的行为，在这个意义上，他又是自由的。但这种自由又不是人的任性，而表现在"人为自身立法"，即对道德法则的遵守。道德法则对人表现为"应该"如何的"定言命令"。康德认为，道德原则必定是定言命令，而这命令所颁布的，不多不少恰好是自律性。因此，自律性是道德唯一原则。② 这里的自律性（Automomie）就是理性自己向自己颁布命令。所以，当一个人遵从道德法则而行动时，他的行为并不出于任何外在的条件，而只是出于理性自身，亦即出于自身内在的必然性，这样的法则就是无条件的绝对命令。因此道德法则要求每一个有理性的人将其行动的主观准则同时能够上升或符合普遍立法原则，即要求每个人都出自理性自身的普遍法则而行动，因而道德法则是自律性法律。③

由此可见，康德否定了以往那种从人的本质以外的原因中引申出道德原则的他律的道德学，认为这种他律伦理学说，都没有真正找到道德的价值的根据，因而也都没有找到行为的普遍必然性的法则，没有揭示自由的规律。要找到行为普遍必然性的法则，找到道德价值的根据，只有从人的理性本质出发，承认理性存

---

① 参见［德］康德著，沈叔平译：《法的形而上学原理——权利的科学》，25页，北京，商务印书馆，1991。
② 参见［德］康德：《道德形而上学原理》，94页以下，上海，上海人民出版社，1986。
③ 参见张志伟：《康德的道德世界观》，127页，北京，中国人民大学出版社，1995。

在着作为目的本身的价值。因此,康德建立的是一种自律的道德学。根据这种伦理学说,人的道德义务既不是来自外部经验的世界,也不是来自社会法规和政治权威;不是来自人的自然要求,更不是来自上帝的意志。人的道德义务植根于人的理性本身。唯此才能得到道德义务的正当性的证明。康德认为,由于绝对命令表明去做某些行为是一种责任,绝对命令便是道德上的实践法则。但是,由于责任在这样一种法则中所表明的,不仅仅包含实践上的必要性,而且还表明确实的强迫性,所以,绝对命令就是法则,绝对命令表现为一种义务。凡是与义务相违背的行为叫作违犯。这种违背义务的行为就引起责任。从道德含义上看,责难是一种判断,任何人通过这个判断就宣布他是一种行为的作者,或者是一种行为的自由动机的承担者,这个行为于是被认为是他的道德表现或德行,并且受到法则的约束。因此,违反道德义务行为的责任及惩罚,是建立在人的意志自由基础之上的,这种惩罚具有道义根据。康德正是从道德义务的自律性与必然性中引申出报应的正当性。

正如美国学者戈尔丁指出:根据康德的理论,每个人都可以被迫——即被强迫——服从法律,但是每个人也都有一种服从法律的义务。这被康德看作是欠了他人的债。法律保障权利;我的自由受到限制是为了你的自由的缘故,而你的自由受到限制则是出于我的自由的缘故。所以,这种义务或债务是相互的。人们相互都有自己的权利,同时也互相都负有服从法律的义务。因此也应存在着相互强制的可能性,因为法律、正义和权利意味着与一种"使用强制的权威"同样的事情。然而,这并不意味着当个人的权利受到威胁时,他必然会被授权以使用强制。这种"分配性合法正义"的情形,即法律下的权利,只能在文明社会中才有;否则每个人都会成为自身事务的法官。只有按照法律构成的权威才可以实际上使用这种强制,这种权威大体是按照法律规则运行的。康德坚持说有一种道德义务进入到文明社会里,因为我们有一种用行动来证明正义和尊重权利的责任。[①] 正是基于这种道义的神圣不可违抗性,违反道义的犯罪才获得了道德罪过

---

① 参见[美]戈尔丁:《法律哲学》,178页以下,北京,三联书店,1987。

性，因而对于道德罪过的惩罚也就具有了刑法正当性。

康德的道义报应论确实为刑罚的内在正确性提供了理由。但是，由道义报应而产生的道义责任到底是一种道德责任还是一种法律责任？这里存在一个道德与法律的关系问题。世界上不存在道德刑法，人不能因为犯有道德过错而受到法律的惩罚。在这个意义上，康德确有将道德责任与法律责任混为一谈之嫌。但康德的道义报应论可以看成是一种对刑罚的道德论证，或者说是对刑罚公正性的道德论证。当然，道德与法律还是应当区别的，报应不仅应该是道义的，也应该是法律的。这种法律报应论为德国著名的哲学家黑格尔所主张，并成为报应理论的最极致的形态。

如果说康德的道义报应论是对刑法正当性的道德论证，那么，黑格尔的法律报应论则从法的辩证运动的视角论证了刑法的正当性。黑格尔的论证始于道德与法律的区分。在黑格尔看来，法和道德是存在明显区别的：在道德的东西中，即当我在自身中反思时，也有着两重性，善是我的目的，我应该按照这个理念来规定自己。善在我的决定中达到定在，我使善在我自身中实现。但是这种定在完全是内心的东西，人们对它不能加以任何强制。所以国家的法律不可能想要及到人的心意，因为在道德的领域中，我是对我本身存在的，在这里暴力是没有什么意义的。① 因此，只有法才具有强制性，道德则不具有这种强制性。正因为如此，法的正当性不能由道德来论证，而只能从法本身得以论证。黑格尔认为，法是自由意志的定在，首先表现为抽象法。"法"，德文为 Recht，具有法、权利、正当三个不同的意思。而抽象的权利是人人都一般地、自在地享有的权利。抽象法以禁令为基础，命令每个人均不得否定他人的人格。犯罪就是违反了这种禁令，侵犯了具体意义上的自由的定在，侵犯了作为法的法，也就是十足意义的否定的无限判断……这就是刑法的领域。② 因而，自由人所实施的作为暴力行为的犯罪就构成了第一种强制。而抽象法是强制法，这是第二种强制，对犯罪强制之刑罚强

---

① 参见［德］黑格尔：《法哲学原理》，97 页以下，北京，商务印书馆，1961。
② 参见［德］黑格尔：《法哲学原理》，98 页，北京，商务印书馆，1961。

制。按照黑格尔的说法，关于强制在它的概念中自己破坏自己这一点，在强制被强制所扬弃中获得其实在的表现。所以强制不仅是附条件的合法的，而且是必然的，它是作为扬弃第一种强制的第二种强制。① 因此，刑法的正当性来自法的自我实现，是作为自由之定在的法的自我辩证运动的必然结果。刑法的这种政治性不仅从法的辩证运动中得以证明，而且从具有意志自由的犯人的行为中得到支持。对此，黑格尔指出：加于犯人的侵害不但是自在地正义的，因为这种侵害同时是他自在地存在的意志，是他的自由的定在，是他的法，所以是正义的；不仅如此，而且它是在犯人自身中立定的法，也就是说，在他的达到了定在的意志中，在他的行为中立定的法。其实，他的行为，作为具有理性的人的行为，所包含的是：它是某种普遍物，同时通过这种行为，犯人定下了一条法律，他在他的行为中自为地承认它，因此他应该从属于它，像从属于自己的法一样。② 自在地正义与自为地正义，这就是黑格尔的法律报应论对刑法的正当性所提供的法理论证。

（二）预防与刑法的正当根据

预防理论完全不同于报应理论，它以刑法通过惩罚犯罪所追求的功利价值来论证刑法的正当性。预防理论中又可以分为威慑论与矫止论。威慑论，也就是把惩罚当作对犯罪或其他不道德行为的一种威慑，这种观念具有悠久的历史。美国学者戈尔丁指出：威慑论的最早表述是在柏拉图的《法律篇》（第六章第934节）中给出的："刑罚并不是对过去的报应，因为已经做了的事是不能再勾销的，它的实施是为了将来的缘故，它保证惩罚的个人和那些看到他受惩罚的人既可以学会彻底憎恶犯罪，还至少可以大大减少他们的旧习。"戈尔丁认为，这段话作为威慑论关于法律惩罚的正当性问题的集中表现，我们注意到这一理论具有目的论特征。惩罚本身不是一件好事，它是根据有可能带来的好结果（减少犯罪）而具有正当性的。这也就构成了正当性目标或目的，而惩罚则成了手段。③ 由此可

---

① 参见 [德] 黑格尔：《法哲学原理》，96页，北京，商务印书馆，1961。
② 参见 [德] 黑格尔：《法哲学原理》，103页，北京，商务印书馆，1961。
③ 参见 [美] 戈尔丁：《法律哲学》，141页，北京，三联书店，1987。

见，预防论的特点是以目的的正当性证明手段的正当性。

在19世纪后半叶，西方法学曾经出现目的法学，其代表人物是德国著名法学家耶林。在《法学的目的》（Der Zweckim Recht）一书中，耶林指出：目的，是所有"法"的创造者。在这个原理下，他分析了"目的法则""报偿""强制""伦理"等社会性运动的主要因素，从而建立了"目的法学"的基础。目的法学在一定程度上为预防论提供了法理根据。例如德国学者包尔生曾经把报应论归结为一种"溯往的"惩罚理论，认为以此论证惩罚的权力是不够的。由于惩罚的实施是因为已经犯下的罪行，可是这个因为不是真正的理由，只是惩罚的近因。理由应当从后果中去寻找，而后果不在过去而在将来之中：惩罚是为了使犯罪者将来不再犯罪而由国家当局施行在犯罪者身上的一种痛苦。在包尔生看来，"因为"与"为了"是完全不同的："因为"不足以论证刑法的正当性，只有"为了"才能论证刑法的正当性。正如包尔生指出：假如不是由于这个为了、那个因为也就不会推动他们按照上述的方式去行动。这里的"为了"，就是惩罚的目的，即预防犯罪。包尔生指出：目的论理论，已经被耶林在他的著作《法律目的论》（即《法学的目的》——引者注）中应用到整个法学领域，尤其是已经被弗·冯·李斯特在他的《刑法手册》中应用到刑法领域。这种理论一方面提请人们注意犯罪的原因，另一方面又让人们注意惩罚的效果；人们可以指望这种理论将在对付犯罪方面表现得更为成功。[①] 建立在目的理论之上的预防论，改变了报应论的因果机械性，强调惩罚的目的性，从更为广阔的社会背景去理解刑法的正当根据，使刑法具有一定的主观能动性。

如果说目的理论只是强调了刑法的目的，由此成为预防论对刑法正当性论证的一个方面，那么，功利主义强制刑法的效果，为预防论对刑法正当性的论证提供了更为有力的根据。美国学者戈尔丁指出：威慑论之正当性的最热忱的支持者曾是享乐主义的功利论者。享乐主义功利论是一种伦理学说，它认为（只有）快乐才是真正的好事，而（只有）痛苦才是真正的坏事。一个特定行为的正确与

[①] 参见［德］包尔生：《伦理学体系》，525页以下，北京，中国社会科学出版社，1988。

否——或者按照某种说法——一种行为类型的正确与否，取决于它倾向于维持或者增加该社会中快乐对痛苦的有利平衡。遭受痛苦的唯一正当理由是，若非如此，社会有更多的痛苦或更少的快乐。刑罚虽然本身是不愉快的，因而本质上是坏事，但只要它通过遏阻有害的（产生痛苦）行为而维持或增加了快乐对痛苦的有利平衡，它就可以是正当的。这就是古典的功利主义威慑理论。简而言之，个人受惩罚是为了社会的利（普遍幸福）。①

功利主义是否有效（能给人带来幸福、快乐、利益、好处就是有效，否则就是无效），作为衡量一种行为的是与非的准则，进而，作为衡量一种制度的好与坏的标准，最终成为公正性的根据。例如西季威克指出："公正"，休谟这样说，"对社会是有用的，这是无须去证明的"。他想详细证明的是"社会功利是公正的唯一起源"，这个起源的问题也是 J. S. 密尔关注的重要问题。然而在这里，我们所关心的与其说是公正情操从功利经验的产生过程，不如说是这个成熟的概念的功利主义基础。休谟所说的公正毋宁说是它所说的秩序（在它的最宽泛的意义上），即对于这样的一种纯粹法律的或习惯的现实规则体系的服从：它把社会不同成员结合为一个有机整体，抵制着恶毒及相反的有害冲动，分配着人们的相互冲突的欲望的不同对象，并要求着公认为应当的出于习惯的或出于契约的积极帮助。虽然柏拉图引述的那个革命的反论——"法律是为着统治者的利益的"——从来不缺乏合理的经验论据，但是秩序或守法习惯有利于社会幸福的一般性质却是——如休谟所说——明白而无须证明的。的确，这种习惯对于一个社会是如此重要，以致当具体的法律显然有害时，遵守它们也通常是有利于社会的，不利的仅仅是违法行为会使个人受到惩罚。然而，我们看到：常识有时要我们拒绝服从坏法律，因为"我们应当服从上帝而不是服从人"。常识还在特殊的紧急情况下允许我们违反一般地是好的规则，因为"必要性没有法"，而且"公众的利益高于法律"②（Salus prouli suprema lex）。

---

① 参见［美］戈尔丁：《法律哲学》，146 页，北京，三联书店，1987。
② ［德］亨利·西季威克：《伦理学方法》，452 页，北京，中国社会科学出版社，1993。

西季威克这里所说的常识，指的是人的利益感，即对某一事物或者行为的直观的价值判断，它构成公正性的重要内容。刑罚的适用必然会给人造成一定的痛苦，它之所以必要，就在于它能够避免更大的害处，包括预防犯罪。这里的预防犯罪可以分为一般预防与个别预防。贝卡里亚以强调一般预防著称，由此论证刑法的公正性。例如贝卡里亚指出：什么是刑罚的政治目的呢？是对其他人的威慑。当恶果已成为无可挽回的事实之后，只是为了不使他人产生犯罪不受惩罚的幻想，才能由政治社会对之科处刑罚。① 因此，在贝卡里亚看来，一般威慑是刑罚的政治目的，也就是对一个人科处刑罚的唯一正当根据。菲利以重视个别预防闻名，并由此论证刑法的正当性。应当指出，菲利所说的预防完全不同于贝卡里亚所说的预防。贝卡里亚所说的预防基本上可与威慑等同，也就是费尔巴哈所谓的心理强制。而菲利所说的预防基本上是矫正或者救治的同义语，并提出"预防比制裁好"的观点。由此出发，菲利主张对刑罚进行改革，将其改造为矫正罪犯的措施，甚至指出：为了预防犯罪，我们必须求助于我曾称之为"刑罚的替代措施"的那些措施，其所以能够防止犯罪的发展，因为它们深究了犯罪原因，并力求消除这些原因。② 因此，菲利将刑法的惩罚的正义转换为矫正的正义。尽管一般预防论（威慑论）与个别预防论（矫正论）关于刑法公正的标准有所不同，但从刑法的功利效果上证明刑法的正当性却是共同的。

（三）刑法正当根据：报应与预防的统一

报应与预防各执一词，分别自认为是刑法唯一的正当根据。对此，英国学者哈特颇不以为然。哈特指出：那种认为只存在一种可以据以回答有关刑罚之正当根据的所有问题的最高价值或目的（如：遏制、报应或改造）的观点，多多少少存在一定的错误。哈特认为，在我们谈论或思考刑罚的传统方式中，很可能存在某种由来已久的倾向，即将需要分别考虑的多重性问题过分简单化。要反对这一倾向，最需要的不是简单地承认，而是应该将作为对与刑罚的正当根据有关的某

---

① 参见［意］贝卡里亚著，黄风译：《论犯罪与刑罚》，131页，北京，中国大百科全书出版社，1993。
② 参见［意］菲利：《实证派犯罪学》，55页，北京，中国政法大学出版社，1987。

一单个问题的相关解答提出来;不是某一单个的价值或目的(遏制、报应、履行或任一其他价值),而是多种不同的价值或目的。所需要的是,应该认识到不同的原理(其中每一项都可称为一种"政治根据")在从道德上讲得通的任何说明中,不同程度地彼此相关。我们所寻求的是对诸如此类问题的解答:刑罚的一般措施的正当性由什么来证明?刑罚可以施加于何人?刑罚的分量应多重?在解决刑罚的这些问题或其他问题时,我们应该牢记,正如在其他绝大部分社会制度中一样,在刑罚制度中,对一个目的的追求可能受到不应错过的追求其他目的的机会的限制或可能提供这种机会。只有当我们对刑罚的这种复杂性有了这样的意识时,我们才能恰当地估计到整个刑罚制度已被关于人类心理的新信念所渗透的范围或它必须适应这些新信念的范围。[1] 因此,我认为刑法的正当性的根据应当是报应与预防的统一。如果仅从报应或仅从预防一个方面来论证刑法的正当性,都是跛足的。只有从报应与预防的统一上,才能全面而科学地揭示刑法的正当性根据。

美国学者彼彻姆曾经把义务论理论与效果论理论加以比较,指出:义务论者认为,当行为与相应的义务原则相符合时,该行为是正确的。义务论者坚持,过去履行的行为产生了现在的责任。义务论者受到这种推理的引导,从而强调行为的价值在于动机而不在于效果。义务论者深信,履行义务是符合法律要求或他人需要的事,而义务是根据可以应用的道德规则或道德要求来决定的。诺言之所以必须遵守,债务之所以必须清偿,是因为这些行为是人们的义务——而不是因为这些行为的效果。在义务论者看来,功利主义在作道德判断时没有对以往的事情给予足够的重视,因为功利主义推理主要应用于现在和将来,效果论者则根据内在价值和达到目的之手段的推理来构造道德生活。一个行为或一条规则,只要它能产生或导致最大的效果,它便是正确的。[2] 从这一对比中可以看出,作为报应论的理论基础的义务理论,是基于以往的行为推导出现在的义务和责任,是一种

---

[1] 参见[英]哈特:《惩罚与责任》,2页以下,北京,华夏出版社,1989。
[2] 参见[美]汤姆·L.彼彻姆:《哲学的伦理学》,161页以下,北京,中国社会科学出版社,1990。

回顾性的理论。在刑法中，这种理论强调犯罪的道德罪过和客观危害对于刑法正当性的决定意义。而作为预防论的理论基础的效果理论，也就是功利主义，则是根据一种行为所可能产生的效果来评价这一行为，是一种前瞻性的理论。在刑法中，这种理论强调对犯罪的惩罚不在于满足人的正义感，而在于这种惩罚能够带来预防犯罪发生的效果。应该说，这两种说法有各自的逻辑推理，似乎都能自圆其说。但是，对于刑法正当性的论证来说，两者又都存在片面性。

  对于报应论来说，根据既存的犯罪决定对这一犯罪的惩罚，无疑具有一定的真理性，它使刑法的正当根据建立在坚实的事实基础之上。但是，一种不考虑任何社会效果的刑法又在多大程度上具有科学性呢？尽管报应论也有一些社会效益，因为我们以制度化的复仇满足了犯罪行为受害者的愿望，从而减少了他们自己很可能要寻求的报复。但是，正如美国学者劳伦斯·泰勒指出：建立在报应论基础上的惩罚，其意义相当有限。它除了满足当代的杀戮欲，几乎再没有什么社会效益。报应既未改变犯罪人，也未阻止犯罪人或任何其他犯罪人将来可能进行的伤害。[①] 尽管这种指责有些言过其实，但还是一针见血地击中了报应论的要害。更有一位学者形象地说：报应论就像一个小孩被门槛碰疼了，然后用被门槛碰疼了的脚去踢门槛一样。用语未免尖刻，批评却有道理。总之，报应论为单纯地满足社会正义感而确立惩罚，不考虑刑法的社会效果，在很大程度上贬低了刑法的社会意义。

  对于预防论来说，威慑论把刑法的正当根据建立在刑法的威慑之上，矫正论则把刑法的正当根据建立在刑法的矫正性之上，意在通过刑法的适用获取预防犯罪的社会效果。但是，正如黑格尔所指出的那样：如果把犯罪及其扬弃（随后被确定为刑罚）视为仅仅是一般祸害，于是单单因为已有另一个祸害存在，所以要采用这一祸害，这种说法当然不能认为是合理的。关于祸害的这种性格，在有关刑罚的各种不同理论中，如预防说、警戒说、威吓说、矫正说等，都被假定为首要的东西；而刑罚所产生的东西，也同样肤浅地被规定为善。但是问题既不仅仅

[①] 参见［美］劳伦斯·泰勒：《遗传与犯罪》，7页以下，北京，群众出版社，1986。

在于恶，也不在于这个或那个善，而肯定地在于不法和正义。如果采取了上述肤浅的观点，就会把对正义的客观考察搁置一边，然而这正是在考察犯罪时首要和实体性的观点。黑格尔还针对费尔巴哈的心理强制说指出：威吓固然最终会激发人们，表明他们的自由以对抗威吓，然而威吓毕竟把正义摔在一旁。心理的强制仅仅跟犯罪在质和量上的差别有关，而与犯罪本身的本性无关，所以根据这种学说所制定的法典，就缺乏真正的基础。[①]

应该说，黑格尔的评论是极为深刻的。如果没有以报应为基础，单纯地从预防犯罪的功利目的出发，首先涉及的一个问题是：如果惩罚一个无辜者能够取得更大的社会效益，那么，在功利主义看来，这种惩罚是否具有正当性呢？麦克洛斯基在《对功利主义惩罚的评论》一文中考虑了这样的事例：假设一个小镇上的法官只有"诬陷"一个作为替罪羊的无辜者，才能阻止一场严重的骚乱。在骚乱中，成百上千的人将被杀死。在这种情况下，行动功利主义者通常能赞成对待此事的日常道德感情。他可能指出，法官的不诚实有可能被发现，其后果会削弱人们对共同体的法律程序的忠诚和尊重，这种效果甚至比成百上千的人痛苦地死去更坏。然而，麦克洛斯基马上指出，他能指出一种这些反对法官的行为的理由都不适应的事例。例如，可以想象这个法官有最充分的事实证明他这么做不会被发现。因此，反对法官这种行为的理由是不可靠的。类似于麦克洛斯基的某些人能够一直修改他的故事，其结果是迫使我们只好承认，如果功利主义是正确的，这个法官就必须诬陷无辜者。麦克洛斯基也令人信服地证明，准则功利主义也包含相似的结论，即一个非正义的惩罚体系比一个正义的惩罚体系更有效。[②]

功利主义者也许会以麦克洛斯基所说的这种非正义的效果只是一种逻辑的可能性而不是一种现实的可能性作为辩解。当然，这种辩解是苍白无力的。威慑论的这种非正义效果虽然只是一种逻辑可能性，但这种可能会罚及无辜的危险性却潜在于其他理论之中。至于矫正论，按照黑格尔的话来说，是把犯人看作应使变

---

① 参见［德］黑格尔：《法哲学原理》，101、102页，北京，商务印书馆，1961。
② 参见［澳］斯马特、［英］威廉斯：《功利主义：赞成与反对》，67页，北京，中国社会科学出版社，1992。

成无害的有害动物。那么，国家与社会，严格地说，是国家统治者或者社会中的某一部分人为什么有权去矫正犯人，犯人的理性尊严又何在？在这种矫正与被矫正的刑法模式中，如果把矫正者的价值观绝对化，并将其强加于一切与之相悖的人，由此作为控制社会的终极方案，那么，结局也将会是十分可怕而可悲的。哈耶克将那种由"超人"重新安排社会的思维方式称之为"工程师式的心态"（engineering type of mind）。这种"心态"来自一种"天真的理性主义"（naine rationalism），即认为人类社会完全可凭借某种理性的"蓝图"来建构、重组，因此又可称为"理性建构主义"（rationalistin consiructivism）。正是人类这种"致命的自负"，成为人类社会的祸源之一。[1] 如果刑法成为这种致命的自负的祭品，那么，后果更是不堪设想。而功利主义的预防论确实潜藏着这种危险，这已经不是逻辑上的可能性，甚至也不是现实的可能性，而是一种血淋淋的现实。例如，作为矫正论者，实证主义刑法学家菲利和加罗法洛在以后的生涯中都顺应了墨索里尼的法西斯统治制度。乔治·B.沃尔德指出：实证主义的总倾向是与极权主义相一致的，菲利在后半生赞同法西斯主义，显著表明了实证主义理论的用意之一，即它易于适应极权主义政府。他根据其研究，判断其同代人中犯罪的是些什么样的人；并根据其知识和科学洞察力，规定适当的治疗而无须得到受到这种诊断的人（即罪犯）的同意，在实证主义和无视民主舆论的政府官僚集中控制公民生活的政治现实之间，就社会中的权力控制公民生活的政治现实之间，就社会中的权力控制观念来说存在着明显的相似。美国犯罪学家理查德·昆尼、纪翰·威尔德曼也明确指出：龙勃罗梭的理论之所以得到承认的原因之一是，对个人劣等的强调支持了国家的政治建筑。实证主义和生物学的倾向利于国家找到加强对社会控制的借口。[2] 显然，矫正论本身所蕴含的某种特征是这种理论成为法西斯主义加强刑事镇压的工具的内在根源。

由于报应论和预防论都不足以独自对刑法的正当性作出完整的论证，因而一

---

[1] 参见雷颐：《警惕"真理"》，载《读书》，1995（12）。
[2] 参见［美］理查德·昆尼等：《新犯罪学》，53页，北京，中国国际广播出版社，1988。

体论应运而生。即使在报应论与预防论中,也出现了所谓变相报应论与修正功利(预防)论。由此表明,极端的报应论与极端的预防论已明显失势。一体论的特点是把报应论和预防论融为一体。因此,一体论最基本的立论就是:报应与预防都是刑法赖以存在的正当根据。一体论具有折中的性质,但这种折中又是必要的,它可以克服报应论和预防论各自的片面性,也能避免两者在论战中的两败俱伤。正如哈特指出:"正是由于对某个单一的社会目的的追求总是有其限制因素,我们的主要的社会制度才总是具有许多特点,而这些特点又只能理解为是某些部分的相矛盾的原理的折中。"[1]

尽管一体论都从报应与预防的统一上论证刑法的正当性,但由于理解的差别,在一体论内部又存在以下派系:

(1) 以美国学者帕克为代表的一体论者认为,刑罚具有报应与功利两方面的目的,这是从既存刑法规范所必然得出的结论。对杀人、抢劫、盗窃之类传统犯罪的惩罚,其根据在于它们严重违背了社会道德。刑罚之于此类犯罪,目的主要是表达社会谴责,道义报应是其渊源所在。而严格责任罪、非法停车罪等非传统犯罪,并未违背社会道德,即便违背了道德,道德罪过的程度也相当轻。刑罚之于它们,纯系出于社会功利观念的要求,即仅仅是因为社会试图阻止此类行为的发生,才用刑罚惩罚它们。因此,对此类犯罪的刑罚,不能从报应而只能从功利的角度寻找其根据。

(2) 以美国学者赫希为代表的一体论者认为,刑罚既蕴含有痛苦,也潜藏着谴责。刑罚给人以痛苦的属性产生于威吓的需要,其根据是预防犯罪,即以痛苦相威吓,使犯罪保持在可以容忍的范围内。而刑罚的谴责性则有着独立于预防犯罪之外的根据,它不是针对犯罪人将来的行为,而是针对其已经实施的犯罪本身,也就是说,无论犯罪是否具有道德罪过,它们至少是错误行为,而按照道德的要求,对于错误行为,必须予以谴责,刑罚的谴责性便由此而生。因此,刑罚的痛苦性以功利为根据,其谴责性则以报应为根据。

---

[1] [英]哈特:《惩罚与责任》,10页,北京,华夏出版社,1989。

（3）以英国学者哈特为代表的一体论者认为，刑罚的根据应视刑事活动的阶段性而定。刑事活动分为立法、裁判与行刑三个阶段，与此相适应，刑罚的根据也表现为三个方面。刑罚之在立法上的确定，即规定什么样的行为受刑罚以及应受多重的惩罚，主要取决于一般预防的需要，即是说，只有社会希望遏制其发生的行为才应受刑罚惩罚，而具体犯罪应受惩罚的分量，也以遏制其发生的实际需要为转移。在审判阶段，刑罚的裁量则以报应为根据，即只有对已犯罪的人才能适应刑罚，对具体犯罪人所处的刑罚的分量应该与其犯罪的严重性程度相适应。至于行刑阶段，占主导地位的是个别预防。对犯罪人是否实际执行已判处的刑罚，实际执行刑罚的方式以及实际执行的刑罚的分量，均应以个别预防为根据，即应与教育改善犯罪人的需要相适应。

（4）以日本学者福田平、大塚仁为代表的一体论者认为，刑罚之于刑法中存在，是出于报应的需要。对犯罪人执行刑罚则以教育改造犯罪人即个别预防为宗旨。至于刑罚的适用，实际上是起着过渡的作用。一方面，它是对于立法上根据报应而确立的刑罚的适用，而且只能适用于犯罪人，不能适用于具体的犯罪人，不能适用于无辜者，因而仍是以报应为基础；另一方面，刑罚又是适用于具体的犯罪人，它应该考虑教育改造犯罪人的需要，因此也是为个别预防提供前提条件。可见，审判上对刑罚的适用，奠基于报应与预防犯罪的共同需要。[①] 应该说，以上关于一体论的观点，都有一定的道理，尤其是哈特的阶段论。但这些一体论对于报应与预防的统一都不够彻底，因而缺乏理论上的贯穿性与透彻性。我认为，报应与预防作为刑法正当性的根据，植根于社会结构之中，任何脱离社会结构抽象地谈论报应与预防或者两者统一的观点，都是肤浅的。因此，只有从社会正义论出发，才能对刑法的正当性根据作出科学的论证。

美国学者罗尔斯指出：对我们来说，正义的主要问题是社会的基本结构，或准确地说，是社会主要制度分配基本权利和义务，决定由社会合作产生的利益之划分的方式。社会基本结构之所以是正义的主要问题，是因为它的影响十分深刻

---

① 参见邱兴隆、许章润：《刑罚学》，49页以下，北京，群众出版社，1988。

并自始至终。① 因此，对于正义问题，首先要从社会结构的角度出发加以考察。刑法属于社会制度的范畴，刑法的正当性是社会制度的正义性的重要内容。由社会正义的观点出发，我们认为报应与预防都应当是刑法的正当根据。报应是从原始社会复仇演化而来，复仇是个人行为，从对于侵害行为的报复这一点上来说，它区别于侵害行为，因而具有一定的正当性。但复仇既属个人行为，完全凭个人感情行事，缺乏客观标准，从而容易引起新的报复，形成世仇，这就是所谓"恶的无限性"，正义也就变成不义。此后出现的同态复仇，即以其人之道还治其人之身，形成一个客观标准，使复仇有所节制。但同态复仇仍然是个人行为，而且除人身伤害、财产损害等少数情况以外，同态性难以掌握。这样，就出现了由社会出面的和解、赔偿等制度，社会介入了个人之间的冲突，成为调停人。在国家权力扩大之后，个人不再具有复仇权，而由国家直接行使刑罚权。由于国家刑罚权在很大程度上来自于个人的复仇权，因此报应论就成为刑法正当性的重要根据。报应论把刑法视为一种社会复仇，是社会公正感的满足。在一个社会里，如果有罪可以不罚，无罪可以惩罚，那么，刑罚也就丧失了其正当性。从这个意义上说，报应是正当性题中应有之义：它既满足了被害人的复仇愿望，又将刑罚限制在犯罪人犯罪行为的范围之内，从而达到被害人与加害人之间的利益与心理上的平衡。在这中间，社会除了满足正义感以外，别无所求。报应虽然是刑法正当性的根据，但只有报应，刑法又成为一种复仇本能的反映，不能反映出刑法存在的社会价值，这种社会价值不仅仅是社会正义感的满足这样一种消极性的存在价值，而且是要使社会别有所获的积极价值。以功利主义为基础的预防论，从预防犯罪出发论证刑法存在的正当根据。在这种情况下，刑法的存在具有了积极意义，这就是它的目的性价值。预防论摆脱了报应论所具有的直觉性与情绪性，将刑法置于功利的天平之上，进行利弊权衡与苦乐计算，形成理性化的刑法制度。但是，如果预防论不受报应论的制约，就会走向完全从"目的证明手段"的非道德主义。这里就涉及报应与预防如何调和的问题。这也是刑法根据二元论所面临

---

① 参见 [美] 约翰·罗尔斯：《正义论》，5页，北京，中国社会科学出版社，1988。

的一个理论难题。

我国学者何怀宏曾经根据如何处"善"(道义)与"好"(目的)的关系,排列出以下观点:(1)彻底的道义论。正当独立于"好",支配着"善"。一个人的善性依赖于其行为的正当,一个行为的正当无须考虑它的结果、它的效益、它的内容、它的目标,而只需按其本性或准则是合乎某种标准,纯然出自某种动机,甚至"善"可以被看作唯一真正的"好",被看作唯一值得追求的价值,从而非道德的"好"甚至可以在最高尚者那里被取消。(2)温和的道义观。正当与"好"存在着某种关系,在实践中的正当行为需要考虑结果、效益,否则就很难说它是正当的,但是,正当并非依赖于"好",正当并非是达到"好"的目标的手段,它本身即为自在的目的,本身即自有价值、自有标准,"善"主要是由它决定的。"善"是一种最重要的"好",而且,定义"好"时不能脱离正当,它强调在伦理学的领域中,正当优于"好"。(3)温和的目的论。"好"确实不能完全脱离正当,但"好"还是更为根本、更为优先的,道德是为了人的,而非人为了道德。正当要参照"好"来确定,它常常是作为较次要的原则来活动。"善"是一种价值,但并非是一种最高价值,或者它只是最高的价值的一部分。温和的目的论以一种更广阔的眼光来观察道德,认为"好"优先于正当。(4)彻底的目标论。"好"完全独立于正当,支配着善和正当。正当纯粹是一种达到"好"的最大值的手段,甚至只是一种名义。在此意义上,"好"就包括了正当,"好"的东西总是正当的,它自身会自动给出正当的理由。"好"的目的可以证明一切手段。因此,也可以说"好"完全与正当无关,可以全然脱离正当。[①]

如果把报应论视为上述道义论,那么"善"就是其价值追求与正当根据;如果把预防论视为上述目的论,则"好"就是其价值追求与正当根据。极端报应论,例如康德的道义报应论,完全排斥刑法的功利性,将刑法立足于公正等,把功利与公正对立起来,存在一定的缺陷。同样,极端预防论,如菲利的矫正论,

---

[①] 参见何怀宏:《契约伦理与社会正义——罗尔斯正义论中的历史与理性》,148页以下,北京,中国人民大学出版社,1993。

完全否定刑法的道义性，将刑法立足于目的性，把道义与目标对立起来，也存在一定的缺陷。相对来说，黑格尔的法律报应说可以视为一种温和的报应论，他虽然力主刑法以报应为本，但摈弃了康德的极端报应论，主张罪与罪之间价值上的等同。贝卡里亚的一般预防论则可以视为一种温和的预防论，他虽追求刑法的功利目的，但同时又认为这种功利追求应当在一定程度上受到道德的限制。正因为黑格尔与贝卡里亚之间具有这种理论上的接近性，以至于美国学者戴维指出：在这一点上，我们可以看出，贝卡里亚与黑格尔是一致的，他们都认为，对各种具体犯罪可能施以不同的刑罚，是因为在社会条件不同的情况下，各种犯罪给社会造成的危害后果不同。① 由此出发，戴维得出结论：贝卡里亚始终将功利主义和报应主义冶于一炉，只不过更强调前者。② 我国学者黄风和谢勇也有类似观点。③ 应该说，这种观点看到了贝卡里亚刑法理论中的功利主义具有相对性，因而在一定程度上与报应论相通，这种判断是有一定根据的，它与刑事实证学派的预防论确实有所不同。但据此认为贝卡里亚是功利主义与报应主义的统一论者，似乎并不确切，从刑法正当性的论证上来说，贝卡里亚虽然提到正义，但在其看来，只有有益和必要的刑罚才是正义的，虽然这是一种功利标准而非报应尺度。

我认为，刑法的正当性根据是报应与预防的有机统一。确定某一行为是否犯罪，并非仅仅考虑报应的因素，同样要考虑功利的因素，即对这一行为惩罚是否能够预防这一行为的发生。例如，精神病人的危害行为，从报应的角度说，将之作为犯罪予以惩罚是不公正的；从功利的观点看，这种惩罚是无效的，不可能防止其发生。因此，从报应与预防的统一上看，都不能将这种行为作为犯罪予以惩罚。不仅如此，而且报应与预防还有互相制约的意义：预防追求刑法的功利性，可以得出惩罚无辜是正当的这种极端结论；但受到报应的节制，将刑罚限于罪犯是构成刑法之正当性的无条件的前提。因此，在发动刑罚的时候，面临着报应与

---

① 参见 [美] 戴维：《论贝卡里亚的刑法思想》，载《法学译丛》，1984 (5)。
② 参见 [美] 戴维：《切萨雷·贝卡里亚是功利主义还是报应主义》，载《法学译丛》，1985 (5)。
③ 参见黄风：《贝卡里亚及其刑法思想》，89页，北京，中国政法大学出版社，1987；谢勇：《犯罪学研究导论》，82页，长沙，湖南出版社，1992。

预防的双重考虑，也是双重限制，刑法的正当性也由此得以说明。

二、刑法的公平性

公平是正义的应有之义，美国学者罗尔斯将其正义论称之为"公平的正义"（justice as fairness）。所谓"公平的正义"，即意味着正义原则是在一种公平的原初状态中被一致同意的，或者说，是意味着社会合作条件是在公平的条件下为所有社会成员一致同意的，他们所达到的是公平的契约，所产生的也将是公平的结果，即条件公平、契约公平、结果公平。正义的原则是在公平的条件下产生的，它本身就是公平的契约，而它的实行将使社会趋向最大可能的公平。此即所谓"公平的正义"[①]。由此可见，在罗尔斯的正义论中，公平是核心。这种公平主要涉及在一个社会制度中，权利和义务分配的合理性。刑法的公平性，也与分配有关，这就是刑罚分配的合理性。因此，如果说，刑法的正当性是要解决刑罚发动的正义性问题，那么，刑法公平性就是要解决刑罚分配的正义性问题。前者是刑法的质的公正性，后者是刑法的量的公正性。

英国学者哈特曾经将刑罚权与所有权相比较，由此引申出刑罚的分配问题。哈特指出：在刑罚的概念与所有权的概念之间有着值得考虑的相似之处。就所有权而言，我们应该把所有权的定义问题，为什么以及在什么样的情况下它是一种应该维护的好制度的问题，与个人通过什么样的方式才能变得有资格获得财产以及应该允许他们获得多少财产的问题区分开来。我们可以将此称之为定义问题、总的正当目的问题以及分配问题。其中，分配问题又可细分为资格问题与分量问题。由此，哈特提出这样一个概念：分配中的报应，并以此与总目的中的报应相区别。总目的报应是指：刑罚制度的正当根据在于这样的事实，即当违法包含有道德罪过时，对罪犯所施加的痛苦本身便是一种有价值的东西。分配中的报应主

[①] 何怀宏：《契约伦理与社会正义——罗尔斯正义论中的历史与理性》，129页，北京，中国人民大学出版社，1993。

张,对刑法总目的的追求因服从要求刑罚只因某一犯罪而施加于某一罪犯的分配原则,而应受到限制或限定。因此,分配中的报应既不允许也不要求超出遏制或其他功利标准的需要而施加更严厉的惩罚。① 无疑,哈特所谓刑法总目的中的报应,是要解决刑罚发动的正当性问题,而分配中的报应则是要解决刑罚分配的公平性问题。

刑罚分配的公平性,首先涉及的是分配标准问题。我在《刑法哲学》一书中指出:在刑法中,存在两种公平:按照已然之罪确定刑罚,即报应,相当于按劳分配;按照未然之罪确定刑罚,即预防,相当于按需分配。② 那么,在刑罚的分析中,到底是按劳分配,还是按需分配呢?这确是一个重大问题,它只能在公平的基础上加以解决。

(一) 报应与刑法的公平标准

按劳分配是指按等量劳动领取等量产品。在按劳分配的社会结构中,劳动是前提。但这种劳动又是通过对财物的占有而获得收入的,因此涉及所有权问题。哈特在论及所有权观念时举出了洛克的经典解释。那么,洛克又是怎样解释的呢?洛克指出:土地和一切低等动物为一切人所共有,但是每人对他自己的人身享有一种所有权,除他以外任何人都没有这种权利。他的身体所从事的劳动和他的双手所进行的工作,我们可以说,是正当地属于他们。所以只要他使任何东西脱离自然所提供的和那个东西所处的状态,他就已经掺进了他的劳动,在这上面掺加他自己所有的某些东西,因而使它成为他的财产。既然是由他来使这件东西脱离自然所安排给它的一般状态,那么在这上面就由他的劳动加了一些东西,从而排斥了他人的共同权利。③ 根据洛克的观点,所有权来自劳动,正是劳动界定了本人与他人之间权利上的区分。因此,按照劳动分配财产,也就是根据权利取得这种财产,是合法的,也是唯一公正的。我们说刑罚按劳分配,指的是根据犯罪本身确定刑罚;犯多重的罪判多重的刑罚,重罪重判,轻罪轻判,刑罚的分

---

① 参见〔英〕哈特:《惩罚与责任》,3页以下,北京,华夏出版社,1989。
② 参见陈兴良:《刑法哲学》,4页,北京,中国政法大学出版社,1992。
③ 参见〔英〕洛克:《政府论》,下篇,19页,北京,商务印书馆,1964。

量以犯罪大小为转移。因此，实际上是把犯罪比喻为劳动，把刑罚权比喻为所有权。这种思想正是刑法中的报应论所坚持的正义观。

尽管报应论都主张按劳分配，但在分配的量上，又存在等量论与等价论之分。美国学者戈尔丁指出：报应论中的一个基本的分歧点是关于量刑，这也关系着刑罚体系中的判决政策。报应论者假定可以把错误行为和危害按照它们在道德上的严重性加以排列，也可以把刑罚按照它们的严厉程度加以排列。尽管他们接受了在刑罚与侵害行为之间有着道德相适应性这一概念，但是他们仍然对如何度量这种相应性意见不一。对此主要有两种观点：（1）刑罚的严厉程度等同于行为或危害的严重程度。例如施加于侵害人的损失应等同于受害人所遭受的损失。但这并不必然意味着侵害人应遭受完全同样的危害。（2）刑罚严厉程度的确定应参照已施行为或危害的可比较的严重性，而不是必然要在量上等同于后者。这意味着同样严重的侵害行为所受惩罚的严厉程度应量上相等，而不同严重性的侵害行为所受惩罚应在量上不等，较严重的侵害行为应受到较严厉的惩罚。①

戈尔丁所说报应论中的这种关于刑罚的量上的这种分歧，在康德与黑格尔那里表现得最为充分。康德主张等量报应，指出：任何一个人对人民当中的某个个别人所作的恶行，可以看作是他对自己作恶。因此，也可以这样说："如果你诽谤别人，你就是诽谤了自己；如果你偷了别人的东西，你就是偷了你自己的东西；如果你打了别人，你就是打了你自己；如果你杀了别人，你就杀了你自己。"康德认为这是报复的权利。②康德的这种报应论，就是戈尔丁所称的最大限度的报应论。根据康德的报应论，刑罚量的分配，决不应考虑威慑效果，而只能考虑正义问题。公正的量刑就是由于侵害行为的性质而应当的、值得的量。在康德看来公正的刑罚手段是相等：刑罚的严重性应当相等于侵害行为的道德严重性（表面上它是非法行为和侵害人当罚性程度两者的作用）。这符合于 lex tationis（以牙还牙）的"精神"。这种等量化观点的一个权威性论据，是诉诸关于普遍正义

---

① 参见 [美] 戈尔丁：《法律哲学》，167 页以下，北京，三联书店，1987。
② 参见 [德] 康德：《法的形而上学原理——权利与科学》，165 页，北京，商务印书馆，1991。

和世界的道德统治的古老观念。一个美德与幸福相结合的世界要比邪恶与幸福相结合的世界具有更高的价值。在一个公正完美的世界里，幸福会按照个人道德价值的精确比例加以分配。于是当一个人做了错事而造成道德上的过失时，他的价值就该与此相符，他的账目就该重新结算一下。也就是说，这时他就该受到与其过失等量的损害。对他的刑罚类似一种"否定性报酬"，即那种当他有功时有资格获得奖赏的反面。实际上，作恶者体验到痛苦或剥夺，这本身是好事。因为"贬低了和扣除了的邪恶"总比"成功了和胜利了的邪恶"要好些。当一个作恶者受到与他的行为的严重性等量的损害时，他所受到的刑罚就不仅对他来说是公正的，而且也恢复了其错误行为之前的道德平衡。[1] 由于康德的绝对道德义务论，使他得出了犯罪的侵害与刑罚的损害相等这样一个简单的刑法公平的公式。

黑格尔主张等价报应，不同意康德那种犯罪和刑罚之间量的等同性的主张，而主张犯罪和刑罚之间价值上的等同。[2] 黑格尔的这种报应就是戈尔丁所称的最小限度的报应论。应该说，无论是康德的等量论还是黑格尔的等价论，都没有很好地解决可操作的分配标准问题。康德的等量论，在"以眼还眼，以牙还牙"的场合，等同性十分明显。但不能排除黑格尔所说的行为人是个"独眼龙"或者满口牙齿都已脱落等情况。至于以窃还窃、以盗还盗，只是一种蹩脚的比喻而已，实际上是无法实施的。黑格尔等价论虽然提出犯罪的侵害与刑罚的损害是可以比较的，但并未具体论述两者如何比较，正如戈尔丁指出：我们应当用什么标准来度量一种违法行为的错误性呢？我们应当用什么标准来度量一个犯罪的当罚性呢？这些标准度量的是同一种东西吗？如果我们有必要的话应当怎样把他们结合起来？我们应当用什么标准来度量一种刑罚的严厉性，而且这些标准能与度量犯罪严重性的量级相比较呢？对这些问题的回答并非轻而易举。[3] 尽管如此，我们还是可以把报应论的刑罚分配原则归结为以下这样一句俗语："罪有应得。"也就是说，刑罚是其所实施的犯罪所"应当"得到的报偿。至于具体标准，则要在一

---

[1] 参见［美］戈尔丁：《法律哲学》，189 页以下，北京，三联书店，1987。
[2] 参见［德］黑格尔：《法哲学原理》，106 页，北京，商务印书馆，1961。
[3] 参见［美］戈尔丁：《法律哲学》，191 页以下，北京，三联书店，1987。

定的公平原则下得以解决。如果存在两个犯罪，那么对于较重的犯罪应当判处较重的刑罚；对于较轻的犯罪应当判处较轻的刑罚。这也就是所谓：重罪重判，轻罪轻判。只要做到这一点，就被认为大致地符合刑罚分配的公平原则。

报应论的刑罚分配原则，如前所述是按劳分配。这在一定意义上表明对于犯罪人的意志的尊重。对于犯罪人来说，犯多大的罪判多重的刑，也许是最公平合理的。但是报应论在分配刑罚的时候，只考虑犯罪人的道德罪过与侵害结果，而不顾及适用刑法的社会效果。因此，单纯地以报应作为刑罚分配的原则，只是一种形式上的公平。

（二）预防与刑法的公平标准

按需分配是指按照需要分配相应的产品。按需分配是以劳动成为人的自觉行为和财富的充分涌现为前提的，因而被设想为是理想中的共产主义社会的分配原则。在刑法中，如果把报应视为按劳分配，那么，预防就是按需分配。这里的按需分配，是指根据预防犯罪这样一种功利需要分配刑罚。由于预防论中有威慑论与矫正论之分，因此按需分配在这两种理论中具有不同的意蕴。

威慑论主张根据一般预防的需要分配刑罚。例如，贝卡里亚指出：一种正确的刑罚，它的强度只要足以阻止人们犯罪就够了。基于这一思路，贝卡里亚主张：犯罪对公共利益的危害越大，促使人们犯罪的力量越强，制止人们犯罪的手段就应该越强有力。这就需要刑罚与犯罪相对称。[①] 贝卡里亚这里所说的刑罚与犯罪相对称，即根据犯罪的危害性程度分配刑罚，并由此确立罪刑阶梯，与报应论确实存在着外在的相似性，这就难怪有些学者认为报应论是贝卡里亚刑法思想的理论基础之一。但是，如果我们仔细分析，就可以发现贝卡里亚的思想与报应论在本质上的区别。因为贝卡里亚是以通过刑罚威慑预防犯罪为其理论的逻辑起点，因此，在考虑刑罚分配的时候，需要多少分量的刑罚才能足以威慑犯罪就成为理论的出发点。由于在贝卡里亚看来，犯罪人是具有意志自由的理性人，受趋利避害的功利原则支配，因此，如果刑罚使犯罪人之所失大于犯罪之所得，犯罪

---

① 参见［意］贝卡里亚：《论犯罪与刑罚》，65页，北京，中国大百科全书出版社，1993。

人就会因为得不偿失而放弃犯罪。在这种情况下,刑罚分配的公式就被确立为:刑足制罪,即一种足以遏制犯罪的刑罚是公平的刑罚。因此,罪刑相均衡之刑,在报应论中是报应之刑,它的根据在于已然之罪;在预防论中是预防之刑,它的根据在于未然之罪。只是因为未然之罪是已然之罪的翻版,因此在确立刑罚的时候往往是根据已然之罪来衡量,但其价值意蕴根本不同于报应刑。报应论之刑罚分配完全受制于已然之罪,而威慑论则不然。贝卡里亚作为一种温和的预防论,基于人道性的考虑,反对残酷的刑罚,主张罪刑之间的均衡,边沁也是如此。按照边沁的原则,我们就应当用不多于也不少于必要限度的刑罚来预防一种侵害行为(且假定所说的侵害行为是可以有效预防的)。这就是边沁对罪刑相适应问题的解决办法,而不是采用任何报应论所谓"道德上适于"罪行严重性与应受谴责性。刑罚超过必要限度就是对犯罪人的残酷;刑罚达不到必要限度则是对未受到保护的公众的残酷,也是对已遭受的痛苦的浪费。边沁坚持要尽可能以"最低的代价"来预防犯罪这一向前看的目标。[1] 应该说,贝卡里亚和边沁这种有限度的威慑论还是在刑罚的分配上坚持了一定的公平性。但是,威慑论是以具有一个理性的与人道的立法者与统治者为前提的,否则,从威慑论中就会引申出严刑苛罚的必然结论。这就是说,以威慑犯罪的必要限度作为确立刑罚分配的标准,只要为威慑犯罪所必需的刑罚分量,都可以说是公平的。例如中国古代法家是功利主义者,在刑法上提出了"以刑去刑"这一充满功利意蕴的命题,具有预防犯罪的刑罚目的观。但商鞅由此引申出的结论是:"行罚重其轻者,轻其重者,轻者不至,重者不来,此谓以刑去刑,刑去事成"(《商君书·靳令》),进而提出"以杀去杀,虽杀可也;以刑去刑,虽重刑可也"的重刑主义主张。法家韩非还反驳当时儒家攻击法家"重刑伤民,轻刑可以止奸,何必于重刑哉"的论点,其理由是:"失以重止者未必以轻止也,以轻止者必以重止矣。"认为并非"重刑伤民",反而"轻刑伤民"。因为"令轻刑罚,民必易之。犯而不诛,是驱国而弃之也;犯而诛之是为民设陷也"。应该说,这是一种极端的威慑论,并且似是而非,成

---

[1] 参见[美]戈尔丁:《法律哲学》,151页,北京,三联书店,1987。

为重刑主义的口实。由此可见，脱离报应因素的制约，非道德化的威慑论潜藏着重刑化的危险。

矫正论主张根据个别预防的需要分配刑罚。这里所谓个别预防的需要，主要是指再犯可能性，亦即刑事实证学派所说的人身危险性。因此，矫正论之按需要分配刑罚也不同于威慑论。例如菲利主张，对于天生的或由于疾病引起犯罪的罪犯，不能随便把他们关上一个时期，而应当关到他们能适应正常的社会生活为止。① 在这种情况下，刑罚分配不仅不是根据已然之罪，也不是根据威慑的需要，而是根据矫正的需要，即把犯罪人关到矫正好为止，对于不能矫正的罪犯，则应予长期关押，由此提出不定期刑的思想。不定期刑是建立在矫正论基础之上的，矫正的核心是复归社会的理论。不定期刑复归社会思想清晰可鉴的结果，是复归社会哲学的逻辑展开。使罪犯复归社会是一种个别化的工作，是一个复杂的过程，正像对所有具体的犯罪很难有一个抽象普遍的刑罚公式一样，对犯人的思想改造、行为矫正更难有一个统一固定的进程或时刻表。人类科学至今还未达到准确预见个人思想改造所需时间的水平，或许这种精确对应的规律根本不存在。如果事先规定一个固定的刑期，就是不科学的、形而上学的。因此，为了使罪犯复归社会，达到保卫社会的目的，刑期不能预先确定，必须以实际改善为转移，决定何时矫正、何时释放。判断罪犯是否得到改善和改善程度，是一个涉及医学、心理学、行为科学和社会价值观等复杂的问题，需要与罪犯朝夕相处、熟悉情况的专家技术人员、社会工作者和行刑官员，依据对犯人科学的审核考察，综合个人和社会各方面的情况，具体地决定何时达到要求，可以复归社会，这就是刑罚上的不定期刑、不定期政策。② 由此可见，这种不定期刑最能体现矫正论的刑罚上的按需分配思想。通过矫正使罪犯复归，复归之日就是刑满之时。因此，不能事先确立一个固定的刑期，而是随用随取，用足为止。在这里，矫正论似乎完全破坏了罪与刑之间的均衡。实际上，矫正论认为再犯可能性是罪之本质，刑

---

① 参见［意］菲利：《实证派犯罪学》，51 页，北京，中国政法大学出版社，1987。
② 参见丁建祥：《论西方国家的不定期刑》，载《犯罪与刑罚新论》，468 页以下，北京，北京大学出版社，1991。

应当与之适应。因此,在再犯可能与矫正之刑这两者之间,我们仍然可以发现一种均衡关系。矫正论所主张的刑罚的按需分配,是一个充满想象力也是充满诱惑力的思想。但它的实现,和威慑论一样,首先要有一个仁慈而人道的立法者与司法者,他们完全出于公心地确定为复归社会所必要的刑罚;而且还必须有一套科学地测定再犯可能性的手段。在不具备这些条件的情况下,贸然采用这种矫正论,谁能够保证它不成为侵犯人权的借口呢?

(三)刑法的公平标准:报应与预防的统一

美国学者戈尔丁指出:在我看来,除最低限度的报应论以外,我们已经考虑的那些理论——功利主义、威慑论、最大限度的报应论,也都不能独自成立。我们需要某种多元化的刑罚理论,但是我们并不是指这样一种理论,例如说,这种理论只是认为:(1)功利主义——威慑论是对"为什么完全需要刑罚"的回答;(2)报应论仅仅是对"我们应当对谁施用刑罚"的某些回答;(3)对"在多大程度上施用刑罚"的某种报应论的(或功利主义——威慑论的)回答。我们需要一种更复杂的多元论。因为我认为,两种报应论的和威慑论的考虑都与所有这些论点有关。无论如何,尚没有人为多元论做过像边沁曾为提出古典威慑理论而做的那种细致的工作。一种在伦理上坚实一致的多元论是否有可能成立,这一前景仍然不清楚。[①] 我们充分理解戈尔丁对于报应与预防一体论所建立的悲观态度,毕竟报应论与预防论以及两种理论内部的对立与分歧由来已久,不是很快能够消弭的。但是,戈尔丁至少认为在刑罚分配上,即"在多大程度上施用刑罚",既不能单纯以报应为基础,也不能单纯以预防为根据。事实上,刑罚分配上纯然的按劳分配与纯然的按需分配都不足取。因此,一种公平的刑罚分配,应当是在报应所限定的范围内,依据威慑或者矫正的需要来予以分配。因此,总起来说,应当是以按劳分配为主、按需分配为辅。随着社会的进步与文明的发展,也许刑罚分配的标准会向按需分配倾斜,加重按需分配的分量。但在目前情况下,报应仍然是决定公平的一个不可或缺的重要因素。

---

① 参见[美]戈尔丁:《法律哲学》,201页,北京,三联书店,1987。

三、刑法的平等性

平等是一个十分复杂的概念，它有多义性的特点。尽管如此，平等与公正具有某种天然的联系，这是一个不争的事实。美国学者乔·萨托利指出：平等可以用非常实在的方法加以简单化的表述，但也可以用高度复杂而又无从捉摸的方法加以表述。一方面，平等表达了相同性概念；另一方面，平等又包含着公正。两个或更多的人或客体，只要在某些或所有方面处于同样的或相似的状态，那就可以说他们是平等的。不过公正也要求平等观念。像中世纪的作家们常做的那样，布鲁尼托·拉蒂尼直言不讳地说道："一如公正是个平等问题一样，不公正就是不平等；因而希望建立公正的人就在试图变不平等为平等。"布鲁尼托·拉蒂尼并没有提出什么新奇的思想，不过是在他自己置身的环境中重复了亚里士多德的说法："不公正即不平等，公正即平等。"[①] 我认为，刑法的公正性必然要求平等。这里的平等可以用下面这句格言表示："同样情况同样对待。"（Treat like cases alike）当然还可以补上："不同情况不同对待。"[②]（Treat different cases differently）因此，相同是平等应有之义。可以说，刑法的平等性是法律面前人人平等这一原则在刑法中的直接体现。

法律平等是对政治平等的一种确认，因此，不能离开政治社会结构谈论法律平等。在一个社会里，存在不同的阶级与阶层，在这一阶级或阶层内部也许通行平等原则，但对不同阶级或者不同阶层就实行不平等的差别原则。在这种情况下，平等总是有限的，只能是指一定阶级或者阶层内部的平等。而在不同的阶级或阶层之间则是不平等的，并且由法律公开确认这种不平等。例如，在古巴比伦社会中存在着奴隶主、自由民与奴隶的阶级差别，同时也存在着自由民内部等级差别，在法律面前当然不平等。在《汉谟拉比法典》中提到自由民的两个等级

---

① ［美］乔·萨托利：《民主新论》，340页，北京，东方出版社，1993。
② ［英］哈特：《法律的概念》，157页，北京，中国大百科全书出版社，1996。

是：阿维鲁和穆什钦努，前者是享有完全权利的自由民，后者是指失去公社社员身份在公社以外的人，他们或从王室、神庙领取份地，以纳贡者的身份同王室或神庙经济发生联系，或以手工业者身份为王室服务。根据《汉谟拉比法典》的规定，在同等的人之间，由于侵害人身致残，一般适用同态复仇主义，以牙还牙以眼还眼，或者采用赔偿金制。在不平等的人之间，造成伤亡，则视其身份高低，肇事者一方所受惩罚自然就有很大差别。如自由人打自由人之颊，则应赔银10舍客勒；如奴隶打自由人之子之颊，则割其一手。阿维鲁侵害了穆什钦努，与之相反情形致残程度相似，而惩处就不一样。① 因此，《汉谟拉比法典》维护的是古巴比伦社会的等级制，存在明显的法律上的不平等。

这种不平等在中国古代法律中也同样存在，并且具有宗法等级制的特点。中国古代刑法的不平等充分体现在"礼不下庶人，刑不上大夫"（《礼记·曲礼上》）这一原则之中。对于"礼不下庶人，刑不上大夫"，我国法学界存在不同理解。第一种观点认为，"礼不下庶人"主要指礼赋予各级贵族的权利，特别是世袭特权，平民和奴隶一律不得享受；"刑不上大夫"主要指刑罚的锋芒不是针对大夫以上贵族而指向广大劳动人民。当然，所谓"刑不上大夫"并不是说大夫一类贵族犯有严重危害宗法等级秩序的罪行概不用刑。但即便用刑，通常也能享受各种特殊照顾。因此，这种礼、刑的分野，充分说明西周实行的是一种公开不平等的特权法。② 第二种观点则认为，对"礼""刑"关系的理解，关键在于从行为规范体系的意义上认识"礼"与"刑"。"礼"即礼制行为规范体系，并有具体礼仪，它是适用于有完整血缘组织的氏族成员内部的法律规范；"刑"即"刑书"而并非"刑罚"，主要适用于无完整血缘组织的社会成员。因此，"礼不下庶人，刑不上大夫"是一个法律管辖原则，即两种独立的行为规范体系，分施于两类不同的社会成员。由于奴隶制社会奴隶主阶级维持着完整的宗法血缘组织，因此，"礼"主要规定奴隶主阶级的行为准则，而奴隶阶级的一部分，被"夷其宗庙"

---

① 参见由嵘主编：《外国法制史》，31页以下，北京，北京大学出版社，1996。
② 参见张国华：《中国法律思想史新编》，31页，北京，北京大学出版社，1991。

"焚其彝器",遂成为"刑书"的管辖对象。于是,"礼不下庶人,刑不上大夫",在奴隶制社会,又表现为阶级专政和等级制度。① 尽管以上两种理解不同,但"礼不庶人,刑不上大夫"体现了法律的不平等,这是一种共识。

到了春秋时期,商鞅提出了"壹刑"的主张,包含着法律平等的蕴含。商鞅指出:"所谓壹刑者,刑无等级,自卿相、将军以至大夫、庶人,有不从王令,犯国禁,乱上制者,罪死不赦"(《商君书·赏刑》)。后来,韩非更是指出了"法不阿贵""刑过不避大夫"(《韩非子·有度》)这样一些平等的思想。尽管如此,商鞅、韩非等人主张的平等还是具有局限性的,因为他们都把君主排除在法律范围之外,这种平等仍然具有封建等级色彩,是为君主专制服务的。因此,在整个封建法制中,从来没有实行真正的平等。例如,在中国封建社会存在良贱之等级上的区分。瞿同祖指出:历代立法都采用同一原则——良犯贱,其处分较常人相犯为轻;贱犯良,其处分则较常人为重。② 不仅如此,中国封建社会还形成法律特权,在刑法上就表现为八议制度。封建刑法中的八议,就是关于保护贵族官僚的特权而在他们违法犯罪时减免其刑罚的一种规定。《唐律疏议》曰:周礼云:"八辟丽邦法。"今之"八议",周之"八辟"也。礼云:"刑不上大夫。"犯法则在八议,轻重不在刑书也。其应议之人,或分液天潢,或宿侍旒扆,或多才多艺,或立事立功,简在帝心,动书王府,若犯死罪,议定奏裁,皆须取决宸衷,曹司不敢与夺。此谓重亲贤,敦故旧,尊宾贵,尚功能也。以此八议之人犯死罪,皆先奏请,议其所犯,故曰"八议"。由此可见,凡是八议之人犯死罪,一般的司法机关不能审理判决,皆须将其所犯的罪行及应议的理由奏明皇帝,由皇帝来决定处理的办法。因此,八议制度所包含的法律特权既有实体法上的,也有程序法上的,这明显是一种法律上的不平等。

平等的要求,在人类历史上始终存在,并成为社会进步的重要概念之一。近代启蒙运动更是将平等提高到与自由、人权相并列的重要地位,并从政治平等开始向法律平等转化。美国学者包尔生指出:平等的原则似乎表明它自己是最直

---

① 参见陈晓枫主编:《法律文化研究》,120页,郑州,河南人民出版社,1993。
② 参见瞿同祖:《中国法律与中国社会》,222页,北京,中华书局,1981。

接、最自然的原则：每一个人将作为一个人，每一个人的利益与所有其他人的利益同样重要。这就是自然权利的鼓吹者们用以对抗流行于17世纪和18世纪的成文的古历史的法律制度的原则。从各个个人的自然平等和假设出发，他们要求一切人平等权利。① 由此可见，平等曾经是启蒙时期用来反对封建专制的有力思想武器。例如法国著名启蒙思想家卢梭通过考察人类不平等的起源和基础，指出：我们可以断言，在自然状态中，不平等几乎是不存在的。由于人类能力的发展和人类智慧的进步，不平等才获得了它的力量并成长起来。由于私有制和法律的建立，不平等终于变得根深蒂固而成为合法。② 启蒙思想家对于不平等的专制制度都进行了猛烈的抨击。孟德斯鸠指出：在君主和专制的国家里，没有人渴慕平等。平等的观念根本就不进入人们的头脑里去。而在民主政治之下，真正的平等是国家的灵魂，尽管建立这种真正的平等十分困难。③ 在启蒙思想的影响下，贝卡里亚明确提出了刑法的平等性原则，指出："对于贵族和平民的刑罚应该是一致的。因为法律认为：所有臣民都平等地依存于它，任何名誉和财产上的差别要想成为合理的，就得把这种基于法律的先天平等作为前提。"贝卡里亚还批评了以下观点，即从教育上的差别以及一个富贵家庭将蒙受的耻辱来看，对贵族和平民处以同等的处罚，实际上是不平等的。对此，贝卡里亚回答说："量刑的标尺并不是犯罪的感受，而是他对社会的危害，一个人受到优待越多，他的犯罪行为造成的公共危害也就越大。刑罚的平等只能是表面的，实际上则是因人而异的。"④ 应该说，贝卡里亚关于刑法平等的思想是极为重要的。尤其难能可贵的是，贝卡里亚将平等的标准统一于犯罪的社会危害性，从而确立了平等的客观性。而且，贝卡里亚还认为平等是相对的，人们对相同的刑罚主观感受可能各异，但不能以此作为平等的标准。因而，在一定意义上说，刑罚只能实现形式上的平等。法国大革命胜利以后，1789年《人权宣告》第6条确立了"一切公民

---

① 参见［德］包尔生：《伦理学体系》，540页，北京，中国社会科学出版社，1988。
② 参见［法］卢梭：《论人类不平等的起源和基础》，145页，北京，商务印书馆，1962。
③ 参见［法］孟德斯鸠：《论法的精神》，上册，145页，北京，商务印书馆，1961。
④ ［意］贝卡里亚：《论犯罪与刑罚》，73页以下，北京，中国大百科全书出版社，1993。

在法律面前一律平等"的原则。为了贯彻这一原则，1790年1月21日在制宪议会的法令中宣布：犯罪和刑罚必须公平划一，不论犯罪者的等级身份如何，同属同一种犯罪，均处同一种刑罚。① 自此以后，刑法的平等性原则终于得以确立。

　　刑法的平等存在实体平等与程序平等之分。从正义观来看，大陆法系强调的是实体正义，英美法系更加注重的是程序正义。在平等问题上亦如此。如果说，大陆法系的平等更大程度上意味着实体平等，那么，英美法系则更大程度上体现为程序平等。当然，无论是实体平等还是程序平等，都是为了最终实现刑法的公正性。在我们看来，实体平等是实质性的，程序平等是形式性的，两者相比，前者更为根本。正如美国学者戈尔丁指出：程序正义似乎是一种次要的正义。因为除了遵从它们便能导致正义的裁决和结果这一点之外，无法设计出正义程序的标准或规则。如果实体法是不正义的，也就谈不上程序规则有多少公正性。② 当然，我们说实体平等高于程序平等并非实体平等轻于程序平等，更不是说可以离开程序平等获得实体平等，而是仅就两者关系相对而言的。应该说，程序具有独立的存在价值。在具有大陆法系传统的国家，重视程序平等是十分必要的。我国亦如此。

　　最后，应当指出，刑法的平等并不意味着否定任何差别。正如英国学者指出：一视同仁的原则必须有一些例外。区别对待首先是有利于那些有特殊需要的人的。在这种情况下，区别对待就成为补偿相对于其他社会阶层而言居于更有利地位的那些人的不利条件的手段。确实，如果社会公平原则包括物质财富的再分配和平等化，那么，就必须对具有特殊需要的人实行特殊对待。③ 在刑法中，法律面前人人平等并不是说对所有人都要判处相同的刑罚。事实上，根据某些特殊的人的身份，区别对待同样也是一种公正。例如，对于未成年人犯罪应当从轻处罚，对于公职人员犯罪应当从重处罚，这都已经成为各国刑法的共同原则。

（本文原载《法学研究》，1997（3））

---

① 参见由嵘主编：《外国法制史》，326页，北京，北京大学出版社，1996。
② 参见［美］戈尔丁：《法律哲学》，235页，北京，三联书店，1987。
③ 参见［英］彼得·斯坦、约翰·香德：《西方社会的法律价值》，85页，北京，中国人民公安大学出版社，1990。

刑事立法公正论

马克思指出:"如果认为在立法者偏私的情况下可以有公正的法官,那简直是愚蠢而不切实际的幻想!既然法律是自私自利的,那么大公无私的判决还有什么用处呢?法官只能一丝不苟地表达法律的自私自利,只能无所顾忌地运用它。在这种情况下,公正是判决的形式,但不是判决的内容。内容已被法律预先规定了。"① 由此可见,立法的公正性是司法公正的前提与基础,它对于实现刑法公正具有十分重要的意义。

一、一般公正的界定

刑事立法所确立的是一般公正。一般公正是指普遍的,对一切人适用的公正。在这个意义上可以说,刑事立法是将公正一般化。因为刑事立法是指有权的个人或由法律确认的国家权力机关制定、认可、修改或废止刑法规范的活动。由此可见,刑事立法面对的不是个别案件的处理,它具有对事不对人的特点,它以

---

① 《马克思恩格斯全集》,2版,第1卷,287页,北京,人民出版社,1995。

普遍的事物（包括犯罪与刑罚）作为调整对象，规定的是犯罪与刑罚的一般原则。因此，刑事立法的公正性主要就表现在确认一般公正。

（一）一般公正与立法平等

在刑事立法中，一般公正首先表现为定罪量刑不能以身份为转移，刑法应当一视同仁地保护各种权利。这就要求，尤其做到立法平等，这个问题涉及立法平等的争论。在我国法学界，关于立法平等问题曾经存在以下四种观点[①]：第一种观点认为，法有阶级性，因而决定了立法的不平等。这一主张是20世纪70年代末我国法学界发起的关于"法律面前人人平等"原则的理论探讨中，被大多数学者认同的观点。主张者认为，法律是阶级矛盾不可调和的产物，是统治阶级对被统治阶级实行专政的工具。法律只能体现统治阶级的意志，因此不仅不能规定所有国民在立法上平等，恰恰相反，阶级社会的法律，总是赋予不同阶级的人不平等的权利和义务。社会主义国家的法律是无产阶级专政的工具，因此它也不是平等的。总之，只要阶级差别没有消灭，就不存在立法平等。法律面前人人平等仅指法律适用上的平等。第二种观点认为，法律面前人人平等，既包含适用法律平等，也包含立法平等。但认为二者有一个严格的区别：在适用法律上是"人人"平等的，即任何公民在法律适用上一律平等，而立法上是"人民"一律平等。例如我国宪法规定各民族人民一律平等，我国实行的人民代表大会制，赋予了人民直接或间接参与立法活动的权利，这一立法平等是不包括阶级敌人在内的。第三种观点认为，法律面前人人平等原则的核心内容就是立法平等，适用法律的平等只是立法平等的延伸。立法平等是前提，没有立法上的平等，就谈不上法律适用上的真正平等。更有学者提出，进步人类追求的法律平等仅指立法平等，即法律内容的平等，不承认立法平等，就意味着从实质上排斥和否定了法律面前人人平等的原则。第四种观点认为，立法平等不排斥法律上的区别对待，立法上的倾斜性规定、比例性规定也是立法平等的内容。这一观点认为，立法平等包含两方面的内容：一方面是对公民的权利、义务的平等的法律规定；另一方面，立法上的

---

① 参见邵诚、刘作翔主编：《法与公平论》，71～73页，西安，西北大学出版社，1995。

合理的区别对待,一些合理的倾斜性规定,如对智力、体力等不平等的人分别作出不同规定,其目的不是扩大不平等,而是促进立法平等的实现,故而是立法平等不可或缺的内容,缺乏这一层次的内容,立法平等就容易流于平均主义。

我认为,以上关于立法平等的观点的分歧反映了我国法学界对立法平等问题的认识与理解存在一个逐渐提高的过程。时至今日,立法平等已经成为共识,在刑事立法中更是如此。在一个等级社会,身份(主要是指官民)是等级的象征,因而具有不同身份的人,在定罪量刑上存在明显的差别。自从等级制被消灭以后,实现了法律上的平等。因此,身份只是在对行为的社会危害性具有影响的情况下,才能成为影响定罪量刑的因素。当然,尽管取消了等级制,但等级观念在现实生活中还是存在,在刑事立法中如何体现法律面前人人平等的原则仍然是一个具有现实意义的问题。尤其中国是一个具有数千年历史等级传统的社会,因而真正做到立法平等更不容易。我国学者已经指出,在现行刑法中,存在着"身份差别",主要表现为官轻民重。比如,根据我国刑法规定,一个公职人员犯贪污罪,受案的法定起点很高,而一个普通公民犯盗窃等罪,受案法定起点则很低,似乎侵犯国家财产比侵犯私人财产受到的惩罚程度要轻得多,但我国却是一个贯以国家财产至上为其宗旨的国家,这里面存在着很大的悖论;再譬如,一个公职人员由于其渎职性犯罪给国家或集体、个人造成巨大的损失,但受到的惩罚却轻于一个一般公民一般性的犯罪,这反映出立法中存在着"官贵民贱"的封建因素。一个公平正义的法律,就应该消除这种由于身份差别而存在的立法上的不平等现象。[①] 这种现象的存在,确实在一定程度上影响了我国刑法的公正性,因而亟待消除。尤其是在市场经济条件下,商品经济的本性要求经济交往双方当事人社会地位平等,官民平等。正如马克思所说的那样,商品经济是"天生的平等派"。在这种情况下,市场经济的平等观必然要求在法律上得到体现。

刑事立法上的平等,不仅是官民平等,而且要求公私平等。公私平等是我国在从计划经济向市场经济过渡过程中提出的一个具有中国特色的问题。资本主义

---

① 参见刘作翔:《法律的理想与法制理论》,69页,西安,西北大学出版社,1995。

国家奉行私有财产神圣不可侵犯的原则，这体现了对私有制的法律保护。当然，这并不意味着资本主义国家的法律对其社会的公共财产不予保护。我国长期以来实行计划经济，计划经济体制是以一大二公为特征的，产权关系单纯，经济格局简单。概言之，公有制占绝对的主导地位。因此，刑法以保护国有和集体产权为己任。由于在计划经济体制下，其他经济成分所占的比重小得可怜，刑法并未予以必要的保护，甚至有的还在取缔之列。在我国刑法中，有破坏集体生产的罪名，而没有对破坏个体生产的行为治罪的条款；侵占公共财物的可以贪污论处，侵占私人财物的则无从定罪。在经济体制改革以后，我国的市场经济，以公有制包括全民所有制和集体所有制为主体，个体经济、私营经济、外资经济为补充，多种经济成分长期并存，共同发展。在这种情况下，市场经济中利益主体的多元化，必然要求刑法对各种经济成分予以平等的保护，这就是公私平等的问题。正如我国学者指出：所谓公私平等，是指刑法必须对国营经济、集体经济、合营经济、私营经济等各种性质不同的所有制形式给予平等保护，不能只强调公有制神圣不可侵犯，而忽视对私有制的法律保护。同时，刑法不仅要惩处自然人的犯罪行为，而且也要惩治单位和法人的犯罪行为。[1] 当然，刑法立法中的平等也并非等同于平均。在某些情况下，差别对待恰恰正是公正的必然要求。正如我国学者指出：法律的普遍性原则体现了公平正义，但这种普遍性并不否认在法律上也存在着一些特殊性。法律的任务并不是机械划一地要求人人平等才足以体现公平正义，对某些特殊的主体予以一些法律上的特殊救济，更能克服这种形式上的正义所存在的缺陷而接近实质上的正义。[2] 在刑事立法中，也存在这种区别对待以实现公正的情形，它并不是对平等的否定，而是为了实现实质上的平等。

(二) 一般公正与立法公平

应该说，立法平等只是刑事立法公正性的一个基本要求。从更深一个层次来说，刑事立法的公正性还要求立法公平。这里的立法公平，主要就是指罪刑的等

---

[1] 参见赵秉志、鲍遂献：《论刑法观念的更新和变革》，载《市场经济与刑法》，10页，北京，人民法院出版社，1994。

[2] 参见刘作翔：《法律的理想与法制理论》，69页，西安，西北大学出版社，1995。

价性。这里的等价性，涉及亚里士多德所说的矫正性的公正。亚里士多德指出：矫正性的公正，它生存于交往之中，或者是自愿的，或者是非自愿的。在交往中的公正是某种均等，而不公正是不均等，不过不是按照那种几何比例，而是按照算数比例。不论好人加害于坏人，还是坏人加害于好人，并无区别。不论是好人犯了通奸罪，还是坏人犯了通奸罪，也无区别。法律则一视同仁，所注意的只是造成损害的大小。到底谁做了不公正之事，谁受到不公正的待遇，谁害了人，谁受了害，由于这类不公正是不均等，所以裁判者就尽量让它均等。倘若是一个人打人，一个人被打，一个人杀人，一个人被杀，这样承受和行为之间就形成了不均等，于是就以惩罚使其均等，或者剥夺其利得。既然均等是多和少的中间，那么利得和损失的对立也就是多和少的对立。好处多坏处少就是利得，反之就是损失。它们的中间就是均等，我们说就是公正，所以矫正性的公正就是利得和损失中间。[①] 在此，亚里士多德论述的矫正性的公正，是指惩罚的公平性，这种公平就是在利得与损失之间的一种等价性。虽然亚里士多德的等价具有客观主义的意味，即强调的是客观上的损失，但其对矫正公正的论述仍然对于我们理解罪刑之间的等价性具有一定的参考价值。

我认为，罪刑等价，并非简单地指报应关系，而且是指报应与预防的统一。这里的报应与预防的统一，就是我在《刑法哲学》一书中确立的罪刑关系的二元论的基本原理。罪刑关系首先是报应关系，即犯罪的社会危害性程度是犯罪的客观危害程度与罪犯的主观恶性程度的有机统一。在对主观与客观诸因素进行全面分析的基础上，综合评价犯罪的社会危害性程度，并据此判处相应的刑罚，就是报应之刑。罪刑关系还是预防关系，即犯罪人的人身危险性程度是初犯可能与再犯可能的有机统一。在对影响一般人或犯罪人犯罪的诸相关因素进行全面分析的基础上，就人身危险性程度作出综合评价，并以此为基准来确定刑罚的分量，使刑罚的严厉性程度恰如其分地反映预防犯罪的需要，就是预防之刑。在考察罪刑等价性的时候，要从报应与预防相统一的原理出发，确立一种公平的罪刑关系。

---

① 参见［古希腊］亚里士多德：《尼各马可伦理学》，95～96页，北京，中国社会科学出版社，1990。

在刑事立法中，罪刑的等价性要求在规定各种犯罪与刑罚的时候，应当注意以报应为基础，同时考虑一般预防的需要，并在有关的量刑制度中规定体现犯罪人的人身危险性的从轻或者从重的情节，以便确定一种公平的罪刑关系。

不仅如此，而且这样一种公平的罪刑关系还应该反映普通公民的道德愿望，并与我国的社会生活实际相吻合。应该指出，在当前市场经济条件下，强调罪刑等价性具有重要意义。我国学者曾经将罪刑的等价性与刑罚的有效性相并列，认为这是市场经济刑法观的应有之义。指出：在商品经济中，存在着一条十分重要的规则，即等价交换规则。这一规则充斥在商品社会的每一经济领域之中。人的思想总是要受到其所处的社会经济状况的影响，因此等价交换规则也就必然在人们的思想上打下深深的烙印。使刑罚的严厉程度与犯罪行为的社会危害性挂起钩来，做到罪刑的等价性，正反映了经济领域中等价交换这一客观规则。这种罪刑关系的等价性一般表现在两个方面：一是作为犯罪加以处罚的行为必须是达到一定社会危害程度的行为，假如行为没有达到这一危害程度或根本不具备社会危害性，就不应对之施以刑罚；二是在对犯罪裁量刑罚时，应着眼于它的社会危害程度，一般来说，罪行越严重，所处的刑罚就应当越重，反之，则应当轻。在商品社会里，公正的概念一般是建立在等价的基础之上的。因此，按照行为的社会危害性来适用刑罚，坚持罪刑相适应原则，即罪刑的等价性原则，在当前是十分必要的。同时这些学者还认为，在坚持罪刑的等价性的同时，我们也不应忽视刑罚的有效性。坚持刑罚的有效性，也是商品经济的必然要求，因为在商品社会中，效益问题也是一个一切工作都必须要考虑的重要因素。在刑法的问题上树立效益的观念，主要就是指刑罚的运用会带来一定的客观效果，主要是能达到预防犯罪的效果。所以，我们在对罪犯定罪量刑的时候，也不应忽视罪犯的人身危险性，因为罪犯的人身危险性越大，就说明他再犯的可能性越大，对他的预防也就越困难，所以在量刑时可适当考虑从严，反之，则可适当考虑从宽。只有这样，才能有效地显示刑罚存在的价值。[①] 应该说，这种主张社会危害性与人身危险性相统

---

① 参见高铭暄、王勇：《社会主义商品经济与刑法观念的转变》，载《政法论坛》，1988（5）。

一的观点是完全正确的。但将罪刑等价性与刑罚效益性分而论之,主张一种外在的而非内在的统一,我不能苟同。在我们看来,罪刑等价性应当是建立在社会危害性基础之上的报应性与建立在人身危险性之上的预防性之间的统一。正是在这个意义上,我主张一种公正而具有效益的刑事立法的公平观。

(三)一般公正与立法正当

刑事立法的公正性,除立法平等与立法公平以外,更为重要的意蕴应当是指刑事制裁范围的合理性,这也就是立法的正当性问题,从根本上说,刑事立法是要为个人的自由选择界定范围,提供一定的行为模式。因此,应当尽可能地为个人的自由选择留下充分的活动可能性空间。与此同时,个人自由权利的行使,又应以不妨害他人自由为限,这里存在一个社会秩序的要求。为保护社会秩序,个人自由应当有所限制。刑事立法的公正性就表现为在个人自由与社会秩序之间划出一条界限:在最大限度地使个人享有自由的条件下保持社会秩序的稳定;或者说,在社会秩序不受破坏的条件下使个人享有自由。这条法律界限体现的就是法律的最根本的价值:公正。公正是个人公正与社会公正的统一,它意味着在现存社会结构下所能提供的个人自由的最大化。那么,从刑事立法的公正性出发,刑事制裁的范围应当如何界定呢?英国学者约翰·密尔指出:公民自由或社会自由要探讨社会所能合法施用于个人的权力的性质和限度。那么,这种限度是什么呢?密尔认为,个人自由必须制约在这样一个界限上,就是必须不使自己成为他人的妨碍。因此,密尔所谓自由的核心有两个基本原则:(1)个人的行为只要不涉及他人的利益,个人就有完全行动的自由,不必向社会负责,其他人不得对这个人的行为进行干涉,至多只能忠告、规劝或避而不理。(2)只有当个人的行为危害到他人利益时,个人才应当接受社会的或法律的惩罚。密尔明确指出:任何人的行为,只有当涉及他人的那部分才须对社会负责,在仅涉及本人的那部分,他的独立性在权利上是绝对的。[①] 因此,密尔把人的行为分为涉己性行为与涉他性行为。涉己性行为应当属于绝对自由的范围,只有涉他性行为危及他人及社会

---

① 参见〔英〕约翰·密尔:《论自由》,3、59、10页,北京,商务印书馆,1982。

利益，法律才能予以制裁。在这个意义上，刑法具有对个人自由权利的保障机能，同时也是对权力的一种限制，即保护犯罪行为者的权利及利益，避免因国家权力的滥用而使其受害。密尔的这一原则，在刑法理论上称为危害性原则。这一原则成为近代刑法的主要原则，在法国1789年的《人权宣言》中得以确立。《人权宣言》第5条规定："法律只有权禁止有害于社会的行动。凡未经法律禁止的一切行动，都不得受阻碍，并且任何人都不得被迫从事未经法律命令的行动。"

危害性原则成为刑法的正统理论，也成为评价刑事立法公正性的重要标准。哈伯特·帕克指出：在适用刑事制裁的限制准则中，应当包含"危害他人"这一规范用语。因为这种方法行之有效，能让人清楚地认识到一种特定的行为不受刑事制裁，并非仅仅和主要是因为该行为被认为作为非道德。奥维尔·斯奈德总是强调危害性是一种"事实"。阿尔本·伊塞列举了危害性原则的许多极端重要的作用，而作为首要的一条，就是危害性要件可以用来区别犯罪行为与纯粹的非道德行为。危害性要件作为一种明确的原则，如果运用得当，就可以限制国家处罚非道德的过错行为。[1]应该指出，以上观点都涉及危害性原则与道德的关系，认为在刑法中确立危害性原则，就在于防止国家处罚非道德的过错行为。因此，这种观点在一定程度上割裂了刑法与道德的关系。正是有鉴于此，美国学者胡萨克批评了危害性原则，指出：如果没有一种法益的清单——侵犯这些法益的行为就具有危害性，那么对刑法理论来说，危害性原则就既不具有描述性又不具有规定性的作用了。假若人们不能够区别危害性与无危害性行为，那么他们就不能对刑法只是禁止危害性行为的精确规定作出价值判断。胡萨克认为，判断某一行为是否具有危害性的理论依据是道德和政治的理论。只有道德原因才有望于解释为什么对某些法益的侵犯应被看作是具有危害性，进而提出：刑法理论除了把实际道德与政治哲学相结合外别无选择。强调自由重要性的道德与政治哲学，阐述了为刑事责任的基本需要所尊重的权利的重要意义。这些权利很可能在自由主义的框

---

[1] 参见［美］道格拉斯·N. 胡萨克：《刑法哲学》，227页，北京，中国人民公安大学出版社，1994。

架中受到最为谨慎的保护。正如这里所理解的一样，自由主义表达了道德与政治传统，我相信，依靠这样一种传统来熔炼修正的刑法理论是最有发展前提的。[①] 应该指出：胡萨克把刑法与道德和政治统一起来，认为在考察危害性的时候又能离开道德与政治的分析，这无疑是正确的。事实上，一种法律的公正，同时也应当具有道德上与政治上的公正性。就刑事立法而言，刑事制裁的范围之界定是否公正，不仅取决于刑法，而且还在很大程度上取决于道德的传统与政治的构造。

二、一般公正的实现

一般公正立法的实现，是刑事立法的首要使命，这个问题涉及刑事立法的一些基本原则问题，值得认真研究。

（一）一般公正与立法及时

刑事立法，包括刑法的废、改、立。因此，立法及时，是指应当根据犯罪情势的变化与社会生活的发展，及时地废止、修改或者创立刑法规范。我国学者薛祀光曾经论及法律的公平与确定这两种必要的性质及关系，认为在法理上，法律具有两种必要的性质：一般是公平，一种是确定。这两种性质是处在互相否定的地位。因为法律既然要人们遵守就不能不具有相当程度的永久性，朝令暮改，不但使法律失去自己的威信，同时使人民无从遵守。承认法律的存在，谁都不能不承认法律确定这一性质。但是社会是前进的——或许可以说是后退，总不是立而不动的，法律公布得太长久，为维护它的确定性起见，就完全，或是大部分失去他的公平性。确定性可能说是公平性的确定性，若是法律失去它的公平性，那么确定性也就完全没有价值了。法典为打开公平性这一条路起见，必然要变更。[②] 应该说，这里对法律的公正与确定之间关系的论述是极为精辟的。法的本性要求

---

① 参见［美］道格拉斯·N. 胡萨克：《刑法哲学》，230、242页，北京，中国人民公安大学出版社，1994。

② 参见薛祀光：《中国法系的特征及其将来》，载《社会科学论丛》，1928（4）。

它具有稳定性,也就是所谓确定,刑法更是如此。因为刑法涉及对公民的生杀予夺,因而必然要求刑法具有一定程度的稳定性。只有这样,刑法才有可能实现其公正性。否则,律令任意变动,人民不知所措,刑法也就丧失了公正性。但是,刑法的稳定性又是相对的,并不意味着一成不变。因为,行为的社会危害性是处在变化之中的,这种变化是由社会关系与社会生活的变动所决定的。社会危害性的变化可以表现为两种形式:一是社会危害性有无的变化。某种行为会因社会生活的变化由没有社会危害性变为具有社会危害性,某种行为也会因社会生活的变化由具有社会危害性变为没有社会危害性。二是社会危害性大小的变化。某种行为会因社会生活的变化由社会危害性较小变为较大;某种行为会因社会生活的变化由社会危害性较大变为较小。为了适应社会生活,保护社会关系,随着社会危害性的变化,立法者应当及时地对此作出反应。这种反应表现为三种形式:一是废。当某种行为由具有社会危害性变为没有社会危害性或者危害轻微不必处以刑罚的时候,应当改变对其的评价,废除原来的法律规定。二是改。当某种行为由具有较小的社会危害性变为社会危害性较大的时候,或者某种行为由具有较大的社会危害性变为社会危害性较小的时候,应当在法律上修改对某一行为的社会危害性的评价。三是立。当某种行为由没有社会危害性变为具有社会危害性,而且应当受到刑罚处罚的时候,就要及时对该行为的社会危害性作出评价,通过立法将其规定为犯罪。因此,如果行为的社会危害性已经随着社会生活的变动而发生了变化,但刑事立法却未能随之作出相应修改,那么,刑法虽然保持了它的稳定性,但却在一定程度上丧失了它的公正性。这是在刑事立法中应当尽力避免的,它对于实现刑事立法的公正性具有重要意义。

  我国当前处在一个社会转型与经济转轨的特定历史时期。这个时期由于社会结构变化而引发社会解组。根据社会学原理,一个常态或无解组现象的社会是组织严密、结合有序的,它的各个组成部门之间的关系是协调的、和谐的,但当社会面临转型时,由于社会结构失去了平衡,某些部分甚至丧失了功能。此时,表现为社会的凝聚力和团结精神衰减,传统的风俗习惯与舆论的控制作用降低,旧的规范和价值观念遭到了破坏,而新的规范又未建立起来。这就是社会结构变化

引发的社会解组。①这种社会解组表现在法律上，就是出现所谓综合性的失范效应。这里所谓失范（Anmie）就是一种社会规范缺乏、含混，或者社会规范变化多端以致不能为社会成员提供指导的社会情境。在这种社会情境之下，出现了大量的失范行为。失范行为在很大程度上就是由于立法滞后而引起的，从而导致理与法之间的冲突。在这种情况下，一个不容回避的矛盾就摆在了我们面前，这就是刑法典的稳定性与犯罪现象的多变性之间的矛盾。我国学者赵国强指出：刑法典的稳定性与犯罪现象的复杂多变性是一个无法调和的矛盾，它们之间的冲突反映了一种历史的必然，只不过发生冲突的时间或冲突的程度不同罢了。当一部刑法典刚颁布施行时，它总是基本适合当时的社会关系。然而随着社会关系的发展以及由此引起的犯罪现象的变化，刑法典因受其稳定性的制约，则必然会逐步落后于社会变革的步伐，从而形成刑法典与社会关系之间的落后反差。这种落后反差与社会变革的速度是成正比的：速度越快，反差越大；速度越慢，反差越小。②正是这一矛盾决定了刑法典的稳定只是相对的，刑法的修改补充是保持其公正性的必由之路。

而且，这一矛盾还引起我们对刑事立法方式的思考。从诸法合体到诸法分立这是立法进步的表现。在大陆法系各个国家，刑法典都成为基本法典之一。但这种法典型的法律形式存在一定的僵硬性，修改起来受到诸多限制。一般来说，不到万不得已，不会轻易修改，尤其是全面修改。但随着社会的政治、经济的发展与变化，各种经济、行政法规日益增加，经济、行政的违法犯罪活动也日趋复杂化，往往超出刑法规定的范围。在这种情况下，对于严重的危害行为不作为犯罪处理，又必然影响刑法的公正性。因此，为维护刑法典的稳定性，又使严重的危害行为依法得以追究，就有必要在刑法典之外颁布单行刑法和附属刑法。单行刑法与附属刑法的立法程序相对简单，法律形式也较为灵活，尤其是附属刑法，直接依附于经济、行政法律而存在，可在制定经济、行政法律时对于违反该法情节

---

① 参见陆学艺、景天魁主编：《转型中的中国社会》，274页，哈尔滨，黑龙江人民出版社，1994。
② 参见赵国强：《刑事立法导论》，201页，北京，中国政法大学出版社，1993。

严重的行为一并规定为犯罪并予以一定的刑罚处罚，由此可收到事半功倍之效。由于单行刑法与附属刑法具有这种灵活便利的特点，并可弥补刑法典之不足，保持刑法的公正性，因而为大陆法系各国所普遍采用。我国当前处于剧烈的社会变动时期，要想在相当长的时间内刑法典的稳定性与公平性兼而得之是十分困难的，因此更有必要采用单行刑法与附属刑法的立法方式。从我国刑事立法的实际状况来看，单行刑法的立法较为科学；而附属刑法的立法，由于采用大量类推立法的方式，因而存在一定的问题，主要是缺乏可操作性。因此，我认为应当改进各种刑事立法方式，协调刑法典与单行刑法和附属刑法诸种立法之间的关系，使我国刑法在具有公正性的前提下，尽可能地保持相对的稳定性。

（二）一般公正与立法的协调

立法协调主要是指刑法内容的和谐一致，这也是一般公正的基本要求。任何法律体系，都具内在逻辑性。这种内在逻辑性对于法来说，不仅仅是一种形式上的要求，而且是法的内在生命。在刑法中，由于涉及对于各种犯罪的规定与处理，从公正的意义上来说，相同的行为应该得到相同的处理，不应该存在明显的矛盾与疏漏。

刑法的协调，主要是指犯罪之间的刑罚协调。对于社会危害性基本上相同的犯罪，在刑罚处罚上也应当大致相同，不应存在太大的出入。应该指出，刑事立法的协调，对于实现一般公正具有重要意义。在我国刑事立法中，犯罪之间的刑罚协调始终是一个没有得到很好解决的问题。例如，在现行刑法中，往往把两个社会危害性极不相同，甚至差别很大的犯罪规定在同一条文之中，处以相同之刑，从而使罪刑失调。此外，在通过单行刑法或者附属刑法对刑法有关条文进行修改、补充的时候，缺乏刑法协调的观念，往往是改正了小的不协调，引起大的不协调。因此，为了实现一般公正，当立法者根据实际情况，对刑法典某个部分或某个方面进行修改与完善时，必须注意不能破坏刑法典内部原有的协调关系，不能使修正后的内容与刑法典的其他规定相冲突或与被补充的内容本身相抵触。否则，即使表面上解决了某个实际问题，但与此同时也会人为地制造不少新的矛盾。这些矛盾不仅有损于刑法典的科学合理性，而且往往直接成为定罪量刑的障

碍，影响刑法典的正确实施。因此，充分认识立法内容，即修正内容的协调性原则，对刑法典修正完善的有效性和合理性具有极其重要的现实意义。① 由此可见，立法协调不仅仅是一个立法技术与法体形式问题，而且关系到刑法一般公正的实现。

（三）一般公正与立法民主

立法民主对于在刑事立法中实现一般公正极为重要。它不仅是立法程序的民主，而且包括立法内容的民主。在封建专制政体中，刑事立法是君主的特权，刑法体例也在很大程度上是君主所发布的令、敕、诏等，根本谈不上立法民主。随着启蒙运动的兴起、西方民主制度的建立，刑事立法权由君主立法变为议会立法，其立法程序也日益法制化与民主化。我国是一个人民民主的国家，立法民主更是我国政体的必然要求。尤其是在当前市场经济的条件下，民主与法制进一步得以加强，民主法制化与法制民主化成为一种必然的趋势。在这种情况下，刑事立法的民主化问题，就成为一个十分重要的问题。我国学者指出：我国刑事法制建设的民主性问题，主要存在于刑事法律规范特别是刑法的具体内容之中，但因其始于刑事规范之制定，而又最终表露在刑事法律规范的实施过程之中，因而对这三个方面都有认真加以检讨之必要。② 应该说，对刑事法律的民主性的这一理解是十分全面而完整的，但在这三者中，刑事立法的民主性居于十分重要的地位。因为刑法规范是刑事立法的结果，而刑事司法又是刑事立法的继续。因此，刑事立法的民主性是刑法规范的民主性与刑事司法的民主性的前提和基础。

刑事立法的民主性，包括立法内容的民主性与立法过程的民主性这样互相依存的两个方面。立法内容的民主性，主要是指刑法的制定必须体现最广大人民群众的意志和利益，而不受一时形势的左右和个人的意志的影响。当前市场经济与廉政建设是两个人民群众十分关心的热点问题，因而在刑法中应当有所反映与有所体现。市场经济的发展，对于促进生产力的迅速发展和提高人民的生活水平具

---

① 参见赵国强：《刑事立法导论》，219页，北京，中国政法大学出版社，1993。
② 参见肖常伦、刘鹏：《进一步增强刑事法制建设的民主性》，载《改革开放与刑法发展》，22页，北京，中国检察出版社，1993。

有重要意义。我国刑事立法应该在惩治经济犯罪、保持市场经济秩序方面有所作为。廉政建设是一个关系到国家政权的生死存亡的重大问题,惩腐倡廉是人民群众的迫切愿望。因此,刑事立法应该进一步强化关于职务犯罪的法律规定,为惩治腐败、维护国家政权提供法律武器。如果刑事立法脱离现实,脱离人民的呼声,这样制定出来的刑法不仅缺乏民主性,同样也缺乏公正性。立法过程的民主性,主要是指刑事立法应当公开透明,在更为广泛的范围内听取人民群众的意见与建议,防止与避免闭门立法。因为刑法是一部十分重要的法律,它对人的域内效力及于全体公民,要求得到全体公民的一致遵守。这就要求在立法时尽可能合理地反映人民群众的利益和需要,为广大群众了解、接受。而立法又只能在一定范围内进行,由此产生一个问题,即立法者如何了解人民群众的愿望,正确地把握社会的客观需要,以使法律适应社会发展和进步的要求。当法律不能通过全体公民公决的方式产生时,立法者在法律的拟制阶段就应在尽可能大的范围内让人们了解立法意图,充分表达意见。[①] 因此,立法过程的民主性不仅仅是一个程序的问题,它对于保证立法内容的民主性具有十分重要的意义。

(本文原载《法制现代化研究》,第2卷,南京,南京师范大学出版社,1996)

[①] 参见肖常伦、刘鹏:《进一步增加刑事法制建设的民主性》,载《改革开放与刑法发展》,23页,北京,中国检察出版社,1993。

刑事司法公正论

一

刑事司法所确立的是个别公正。个别公正是指在一般公正的指引下，对个别人、个别案件处理的公正。在这个意义上可以说，刑事司法是将公正个别化。

在刑事法律活动中，个别公正之所以重要，主要是因为刑事立法所确立的一般公正由于法律规范本身的局限性，在适用于个别案件的时候，这种一般公正并不能"天然地"转化为个别公正，而有待于能动的刑事司法活动。法律无法以一种完美无缺的公平方法来适用于一切情况。因此，法律的公正总是存在缺憾的。在这种情况下，刑事司法显得尤为重要，因为它具有个案处理的特点，能够在一定程度上弥补法律规范的确定性、概括性和抽象性所可能损及的某些公正。在这个意义上，个别公正可以说是一种"衡平"的公正。

英国学者梅因曾经考察过衡平概念的起源及在实现个别公正中的意义，指出：一般认为 Aquitas 就是希腊文 ἰσότης，即平均或按比例分配的原则。数或量的平均分配无疑是和我们对公正的理解密切地交织在一起的。梅因认为古希腊的

衡平与古罗马的衡平之间存在重大差别：前者表示在公民中间平等施行民事法律，纵使公民这一个阶级的人数是非常有限的；后者的含义是把民事法律以外的一种法律适用于不一定要由公民组成的一个阶级。因此，梅因倾向于从另外一个角度来探求罗马"衡平"的胚种。拉丁文"æquus"比希腊文"ἴσος"更明确地带有平准的意思。在现代的人看来，把一个过程描述为"平准"的过程，而同时把这个过程称为"变例的纠正"，也不能认为完全是一回事，虽然两者的含义确切地来讲是一样的。当"衡平"一经被理解为具有希腊理论的含义时，从希腊平均（ἰσóτης）观念所发生的各种联想，便开始环绕在衡平的周围。[①] 在此，梅因对古希腊的衡平与古罗马的衡平进行了比较，认为古希腊的衡平主要是立法上的平均分配；而古罗马的衡平则更侧重于司法上的变例纠正，具有补充立法不足之意蕴。

现代英美法系中的衡平法，主要来自古罗马法的传统，它是对普通法的一种补充。例如，德国学者 K. 茨威格特、H. 克茨在论及衡平法的起源时指出：到14世纪末，皇家法院的法律创造力渐趋衰落。这些法院的诉讼程序在许多方面都过于原始和充满形式主义，可适用的法律变得太僵硬和残缺不全；败诉往往只由于技术上的错误，或者因为证人受贿、诉讼程序的捉弄及对手的政治影响，这些情况变得很清楚了。因此，早在14世纪，由于以上原因之一在皇家法院败诉的当事人或未能获得合适令状的当事人，就向国王提出请求，请求国王命令对方根据道德和良心的要求行事，如果普通法的严格规则并不如此要求的话。国王常常把这种请求交托给他的最高行政官员即大法官代为处理。因为大法官负责签发令状，他通晓普通法及其救济手段；并且作为"国王良心的守护人"和高级僧侣，大法官被认为最适合确定特殊案件的请愿者是不应获得所期望的"上帝之爱"和仁慈的恩典。最终，这类请愿书便直接交给大法官，大法官通过判决发展起来一套复杂的特别规则，这就是自15世纪至今一直称作"衡平法"的规则。[②]

---

① 参见［英］梅因：《古代法》，34～35页，北京，商务印书馆，1959。
② 参见［德］K. 茨威格特、H. 克茨：《比较法总论》，343页，贵阳，贵州人民出版社，1992。

因此，衡平法是在普通法僵硬、粗糙的情况下，如果适用这种普通法会出现明显不公，因而以衡平法纠正之。由此可见，衡平法与普通法并不是矛盾的，前者不能废除或取代后者，而只是有效地缓解普通法规则以利于个别公正的实现。正是在这个意义上，可以把普通法与衡平法看作是法典与法典补充条款之间的关系、正文与注释之间的关系。① 因此，在英美法系国家，由存在普通法与衡平法的双重法律体系的保证，更加强化了司法救济职能，个别公正就被置于十分重要的地位。

在大陆法系国家，由成文法的特点所决定，司法具有相对的机械活动的特征，它是以成文法为大前提的一种司法逻辑推理。如果大前提是正确的，小前提——法官应当查明的案件事实真实可靠，那么，结论——也就是司法判决也必定是公正的，这种公正性依赖于演绎法来加以保障。因此，在18世纪的大陆法系国家，由于重立法而轻司法，一般公正得以一再强调，个别公正则似乎是从一般公正中引申出来的必然结果。在这种情况下，人们致力于塑造一部作为最高立法智慧而由法官机械地运用的完美无缺的法典，忽视了司法在实现公正中的重要作用。及至19世纪以后，这种情况才开始有所改观。正如法国学者勒内·达维德指出：我们越来越公开地承认学说与判例在法的形成与发展中所起的重要作用，任何法学家不会再认为只有立法机关制定的条文对于了解法才是重要的。就是在罪刑法定原则似乎足以说明这一认识的刑法问题上，为了量刑与规定刑罚的实施而赋予法官或行政部门越来越广泛的权力，事实上在很大程度上使法重新受司法人员所信奉的主张的支配。② 在这种情况下，司法的能动性得以强调，这对于实现个别公正具有重大的意义。表现在刑法领域中，罪刑法定主义从绝对向相对转变。当然，罪刑法定仍然是不可动摇的，尤其是刑法关系到生杀予夺，基于人权保障的思想，以罪刑法定限制司法权是必要的。但如果坚持罪刑法定主义，由于刑法滞后于社会生活，不利于个别公正的实现，能否突破法律的观念，这就成为一个引人注目的问题。尤其是当前我国正处于转型时期，这个矛盾更为突

---

① 参见［德］K. 茨威格特、H. 克茨：《比较法总论》，348页，贵阳，贵州人民出版社，1992。
② 参见［法］勒内·达维德：《当代主要法律体系》，63页，上海，上海译文出版社，1984。

出，主要表现在经济犯罪的认定标准上法与理的冲突。随着市场经济的推行，我国的经济关系发生了剧烈的变动，经济秩序在一定程度上无序化，因而如何划分经济活动中罪与非罪的界限就成为一个棘手的问题。我认为，犯罪的认定，包括经济犯罪的认定，当然应当坚持法律标准。但在当前之所以提出生产力标准等其他标准，主要是由于立法的严重滞后造成的。我国现行刑法是在经济体制改革之前制定的，是建立在以集中统一为特征的计划经济的基础之上的，因而它所建立的在经济活动中区分罪与非罪的界限的标准已经不适应当前市场经济的发展。为此，通过修改刑法使之适应市场经济发展的需要已经迫在眉睫。随着经济市场化取向的确立，经济活动越来越受到市场规则的支配。在这种情况下，决定罪与非罪界限的行为的社会危害性发生了巨大的变动。在以高度集中为特征的僵化的计划经济体制下，任何个人的经济行为都被认为是非法的，并予以打击。例如，经济交易中的居间中介行为，被认为是投机倒把的表现形式之一，被视为大逆不道而严加取缔。但是，随着市场经济的发展，商品流通日益为人们所重视，而居间中介等行为在促进商品流通中起着重要作用，居间经纪人也大量出现。这些人在市场上穿针引线，传递商品信息，促成商品交易，同时领取一定的佣金。因此，对这些行为刑法不应打击而应当保护。但由于刑事立法严重滞后，就出现了法与理的矛盾：合法不合理，合理不合法。司法机关面对这样一种两难抉择，到底是依法还是依理，十分为难。因而生产力标准作为法律标准的补充得以提出。

　　不可否认，法律标准与生产力标准在某些情况下存在一定的矛盾。依法应以犯罪论处，但这一法律是过时的，至少是不合时宜的。从生产力标准来看，某一行为不仅无罪而且有功。例如回扣问题，现行法律是确然禁止收受回扣的，否则，以受贿罪论处。但在现实经济生活中，收受回扣的现象十分复杂。回扣是商品经济条件下特有的一种现象，它既有让利性，又具有劳务报酬性，同时还隐含着或赤裸裸地表现为贿赂性。因此，对收受回扣的情况也要区别对待，一律以犯罪论处并不合理，不会产生良好的社会效果。当然，我也反对完全撇开法律标准，以生产力标准取而代之。尤其是对于新出现的经济危害行为，法律没有明文规定，且无法适用类推。在这种情况下，若直接以生产力为认定犯罪的标准，将

之入罪，则完全否定了罪刑法定主义，这将是十分危险的。对此，我曾经表示过这样一种观点：以牺牲法律的价值来换取个案的公正处理，到底是得不偿失还是利大于弊，其结论现在下也许还为时过早。如果我们细心地观察对经济犯罪疑案的讨论，就会发现这么一个有趣的现象：对于有罪还是无罪的讨论大多超越了法律，而求助于对社会有利还是有害这样一个社会政治的价值判断。当我们庆幸对某一个案依社会政治的价值标准作出正确判断的时候，我们是否想过：这实际上是以否定法律的权威为代价的呢？法律虚无的思想正是在这种氛围中弥漫开来。如果在这种法律虚无的背后，隐藏着的是自然法的观念，那么，仍不失为一件幸事。但是，用抽象的理性正义之类的东西来判断具体行为的是非，总不是上策。更何况，生产力标准是一种宏观的标准，并且十分抽象，难以把握。每个法官对生产力标准在理解上的出入，就可能导致对具体案件认定上的失当，这难道不是显而易见的道理吗？因此，我们既要反对法律教条主义，也要反对法律虚无主义。应当根据现实社会的客观需要，使法律适用有利于一般公正的实现，使个案的处理有利于个别公正的实现。因此，必须在总体上坚持犯罪构成作为经济犯罪的认定标准，在法与理冲突的情况下，以生产力标准作为适当的与必要的补充。并且，对于生产力标准也不能由法官个别任意解释，而应当由最高司法机关作出统一的规定，使之表现为具有可操作性的具体法律规则，以便于一体遵循。当然，更为重要的是要及时修改刑法，使之满足现实社会生活的需要，使法与理一致、犯罪构成标准与生产力标准统一。

总之，个别公正是司法活动的最高追求，但又不能完全脱离立法活动。立法所确立的一般公正，对于司法活动具有引导意义。在特殊场合，甚至会因为一般公正而不得不牺牲个别公正。正如法国学者达维德指出：特殊场合下的某种不公平，可能是全社会公正秩序的必要代价；罗马日耳曼法系中衡平法与法一直合为一体，人们从不感到在这个法系里有必要用独立的衡平法院或法规来矫正法律解决的体制，这是这个法系的法律概念的灵活性的特点。[①] 由此可见，一般公正与

---

① 参见［法］勒内·达维德：《当代主要法律体系》，142页，上海，上海译文出版社，1984。

个别公正的冲突是在所难免的,关键是如何将这种冲突限制在尽可能小的范围之内。在一定意义上说,一般公正与个别公正的关系,实质上就是立法与司法的关系。因此,在界定个别公正,探讨刑事司法的公正性的时候,应当立足于立法与司法的协调。

二

个别公正的司法实现,较之一般公正的立法实现更为复杂。因为立法的任务是制定刑法典,因而主要通过法典体现一般公正。而司法的内容却是个案处理,由于个案的特殊性,一般公正能否转化为个别公正,有赖于能动而有效的司法活动。因此,只有从司法活动的机制出发,才能对个别公正的实现作出科学的分析。

(一) 个别公正与司法判例

德国学者曾经把英美法系的法律思想方法称为"个案思维"(Konkretes Fall-Denken),并与大陆法系的"抽象思维"相比较,认为大陆法系的特征是倾向于法律规范的抽象化,即倾向于将全部法律领域作为充分组织条理化的体系看待,并且最后完全按照这种法律结构的思想方法行事。在大陆法系,就制度进行抽象思维;而在英美则进行具体的个案思维,即就"权利与义务"关系的一种思维。前者,长期以来存在着体系完整无缺性的观念;而后者,则是从判决到判决进行摸索。前者有一种对科学体系的偏爱;而后者则对于一切简单的概括抱有深刻的怀疑。前者用概念进行推理活动,常常带着危险踽踽独行;而后者则进行形象化的直观,如此等等。[①] 大陆法系与英美法系虽然存在抽象思维与个案思维的差别,但这两种思维又并非截然可分的。司法判例,可以说是个案思维的产物。它在两大法系都具有重要意义,尽管在重要程度与性质上存在一定的差别。司法判例,为个别公正提供了具有可比性的范例,更加有助于个别公正的实现。

---

① 参见 [德] K. 茨威格特、H. 克茨:《比较法总论》,132~133 页,贵阳,贵州人民出版社,1992。

在英美法系国家，由于实行判例法，从司法判例直接引申出法律规则，这种法律规则又成为此后司法裁判的准据。因此，英美法系国家个别公正的实现在很大程度上有赖于司法判例的类比作用。而在大陆法系国家，由于实行成文法，法律规则是通过立法程序在法典中预先加以规定的，它对于司法裁判具有直接的指引性。因此，大陆法系国家个案处理必须遵循法条，从法条所确立的一般公正中通过演绎推理引申出个别公正。尽管如此，判例在大陆法系国家对于个别公正的实现仍然具有不可忽视的作用。这种作用主要体现在通过具有权威性的判例，使抽象的法条规则化，以便适用于个别的案件。当然，在大陆法系国家，判例与法律是不可相提并论的，两者的差别在于：（1）在一定的体系之内两者的相对重要性：判例是在立法者为法确立的框框之内活动，而立法者活动的目的正是确立这些框框。由于这个事实，判例法的影响是有限的。（2）判例确立的"法律规范"没有立法者确立的法律规范那样的威力，判例的完全改变永远是可能的，法官并无说明其理由的义务。这种完全改变无关紧要：它既不威胁法的各种框框，也不影响法的原则本身。判例的规范只是因为法官们——每个法官——认为它好才继续存在与被应用。[①] 在大陆法系国家，由于判例的效力低于法律规范，因此，判例只能在一定的限度内发生作用。但这一点丝毫也不能影响司法判例在个别公正实现过程中的重要意义。

（二）个别公正与司法解释

法具有概括性与抽象性的特点，这对于保持法典的普遍适用性与相对稳定性是十分必要的。但是，这种十分概括与抽象的法律规范适用于具体案件的时候，就需要经过解释，主要是司法解释。正如法国学者达维德指出：法律的实施以解释过程为前提，其重要性如今已由学说强调指出。在罗马、日耳曼法系各国，作者们提出了各种各样的方法，从严格注释的解释到自由法（Freie Recht）学派的理论，中间经过德国耶林与里克的利益法学（Irteressenjurispruclenz）和法国热

---

① 参见［法］勒内·达维德：《当代主要法律体系》，127页，上海，上海译文出版社，1984。

尼为自由的科学研究提出的主张。① 尽管关于法律解释可以有各种各样的理论，如何更为有效地实现个别公正，始终是司法解释的价值追求，它制约着司法解释的正确进行。

在考察个别公正与司法解释之间关系的时候，摆在我们面前的一个重大问题是在进行司法解释的时候，如何在罪刑法定的框架内更大限度地实现个别公正。对于这个问题，古希腊哲学家亚里士多德就有过十分精辟的论述，至今对我们都有所启发。亚里士多德主张法治，认为法治优于人治。然而，亚里士多德意识到了这样一个事实，即在司法时，可能会出现这样的情形：法律规则的一般性和刚性可能会在个别案件中导致困难。因为法律始终是一种一般性的陈述，但也存在着为一般性的陈述所不能包括的情形。为此，亚里士多德提出用衡平（epieikeia）的方法来解决这样的困难。他将衡平原则定义为："当法律因其太原则而不能解决具体问题时对法律进行的一种补正。"法律所考虑的是多数案件，亦即典型的和一般的情形，但法律对特殊的情况都无法加以说明；在独特的案件中法律常常不能做到公正。如果出现了这种情况，法官就可以背离法律的字面含义，并像立法者所可能会对该问题作出的处理——如果该立法者已预见到可能发生这种独特情况——那样审理案件。② 在此，亚里士多德就提出了以司法解释衡平法律的一般性与僵硬性可能对公正造成的损害，从而完成从立法确立的一般公正，通过司法解释的指引，转化为司法适用中的个别公正。

司法解释在实现个别公正中的具体途径，涉及以下几种情况，值得专门研究：（1）一般条款。一般条款通常是指法典中的原则性规定，这种条款可以适用于法典的全部内容或局部内容，对于法典适用有指导意义。由于一般条款的内容具有高度的概括性，当它适用于具体案件的时候，应当尽可能地考虑个案处理的公正性，从而充分发挥一般条款的作用。因此，对于一般条款的司法解释应当在立法意蕴与司法效用之间寻求平衡点，也就是要在顾全一般公正的情况下，尽量

---

① 参见［法］勒内·达维德：《当代主要法律体系》，109 页，上海，上海译文出版社，1984。
② 参见［美］博登海默：《法理学—法哲学及其方法》，11 页，北京，华夏出版社，1987。

地照顾个别公正。(2) 空白条款。空白条款是指立法者以框架式立法为司法解释留下充分余地的法律条款,这种条款的空白往往需要通过司法解释来填充。对于空白条款的司法解释,应当以个别公正为指导,作出有利于实现个别公正的司法解释。(3) 条文冲突。在法典的条文之间,难免存在矛盾与抵触。在这种情况下,司法解释应当以个别公正为标准进行选择,从而消除条文冲突。(4) 法律漏洞。在某些情况下,法律对于某一特定事项可能未作规定,从而出现所谓法律漏洞。由于在刑法中实行罪刑法定主义,因而对于法无明文规定的行为不得予以定罪,故这里不存在法律漏洞的填补问题。但在某些法律适用的具体问题上,当条文不明确或无规定时,根据法国著名学者热尼的观点,法官应不受法律注释方法的固有限制,并可以考虑每一个问题的全部社会和经济关联,从而寻求最公正的结论。① 热尼据此认为:事实上法官始终都在立法。这种观点虽然有其过激之处,但在存在法律漏洞的情况下,法官应当而且必须依照个别公正的要求加以填补,以便于法律的正确适用。

(三) 个别公正与司法裁量

司法裁量是法官适用法条于个别案件的过程,是司法活动的重要内容。在司法裁量中,如何在法律条文的范围内,更大限度地实现个别公正,是一个重大的理论问题。美国学者埃尔曼指出:至少从亚里士多德开始,如何根据正义的考虑减轻现行法律可能带来的严酷与不公正,就已成为法律理论与实践所面临的一个问题了。埃尔曼认为,在那种审判程序的性质属于马克斯·韦伯所谓的"卡迪司法"("Khadi Justice")的制度中,这样的对立关系根本不会出现,因为裁决并非由一种正规的合理性法律来决定,而是根据能适当考虑平等的伦理的、宗教的或政治的前提而确定。但是,即使是在司法程序合理化的国家,单纯法律能否成为将冲突予以令人满意地解决的足够渊源也总是一个难以回避的问题。为此,英国创造了作为一个独立的法律渊源的衡平法。② 但在大陆法系国家,这种法律规

---

① 参见 [美] 格伦顿、戈登、奥萨魁:《比较法律传统》,81页,北京,中国政法大学出版社,1993。
② 参见 [美] 埃尔曼:《比较法律文化》,59~60页,北京,三联书店,1990。

范的僵硬性与现实生活的流动性之间的矛盾，主要通过司法裁量加以消弭。为此，在适用法律的时候，不仅仅是机械地照搬法条，而且要考虑个别公正的因素。当然，刑事司法的自由裁量受到罪刑法定的严格限制，因为哪里存在不受限制的自由裁量权，哪里便没有法律制度，也就没有了人的自由可言。但是，即使是包罗万象的刑法典也难以预见和详细规定可以列入法律规范之内的各种行为。在这种情况下，法官的司法裁量仍然是必不可少的。在一个法治国家里，存在一个如何处理法律与权力的关系问题。对此，美国学者埃尔曼指出了法律与权力之间的辩证关系：法律永远是部分原则加部分权力。如果法律要完成其目标便必须以权力为支持，但是不受制约的权力却极易由于其反复无常而漠视正义与安全的要求，这种反复无常使得法律无法衡量不同人行为的法律后果。[①] 如果说，刑事立法是确立原则，那么，刑事司法就是自由裁量权之行使。只有通过司法裁量，才能实现个别公正之价值。

(本文原载《中国人民大学学报》，1997（1））

---

① 参见［美］埃尔曼：《比较法律文化》，59～60页，北京，三联书店，1990。

刑法人道论

刑法曾经以一种血淋淋的残酷形象存在过。尽管现代社会刑罚已经宽缓了，但只要刑法存在一天，它给罪犯带来的就只能是痛苦。问题仅仅在于：如何把这种痛苦控制在人的尊严所能接受的限度之内，这就是刑法的人道性。随着人类文明的发展，人道性越来越成为现代刑法追求的价值目标。

人道一词往往出现在人道主义这一概念之中。人道主义（humanism）作为一种思想体系，本来是以古希腊和古罗马学术思想为基础的关于人的知识体系。在文艺复兴时期，人道主义得以传播，启蒙时期人道主义进一步成为资产阶级最重要的社会价值观念之一。因此，人道主义是一种以人为中心和目的，关于人性、人的价值和尊严、人的现实生活和幸福、人的解放的学说。当人道一词单独使用时，具有人性的含义，与兽道、非人是相对立的。刑法的人道性，立足于人性。而人性的基本要求乃指人类基于良知而在其行为中表现出的善良与仁爱的态度与做法，即把任何一个人都作为人类看待。[1] 因此刑法的人道性是指刑法的制定与适用都应当与人的本性相符合，尽可能地宽缓。在现代法治社会，人道性乃

---

[1] 参见赵秉志等：《中国刑法的适用与完善》，334页，北京，法律出版社，1989。

是刑法不可或缺的价值意蕴。

一、刑法的宽容性

宽容（来源于拉丁文 tolerare），指容许别人有行动和判断的自由，对不同于自己或传统观点的见解的耐心公正的容忍。[①] 在这里，宽容不是个人的一种品性，而是一种政治制度的特性。美国作家房龙甚至以宽容为书名写出了一部人类思想的发展史。在房龙看来，人类思想史无非就是一部为宽容而斗争的历史。在一定意义上，同样也可以这样来形容刑法的发展史：古代刑法曾经是那么的严酷，成为专制的工具；而现代刑法则在很大程度上获得了宽容性，这是人道主义在刑法中的表现。刑法的宽容性，不仅仅是一个刑罚轻重的问题，更是一个刑法在调整社会与个人关系的时候应当把握的准则。因此，刑法的宽容性只不过是社会宽容性的确认。在这个意义上，刑法宽容性的考察应当立足于社会。

（一）刑法与政治宽容

公元前 399 年的一天，雅典一个由 501 名法官组成的法庭正在开庭审判，被告是年届七十的古希腊哲学家苏格拉底。起诉书的大意是这样的：苏格拉底的违犯法律在于他不尊敬城邦所尊敬的诸神而且还引进了新的神；他的违法还在于他败坏了青年。[②] 在法庭上，苏格拉底争辩说：世界上谁也无权命令别人信仰什么，或剥夺别人随心所欲思考的权利。人只要具有自己的道德和信念，即使没有朋友的赞同，没有金钱、妻室和家道，也会成功。但是如果不彻底研究问题的来龙去脉，任何人都休想得出正确结论，因此必须拥有讨论所有问题的充分自由，必须完全不受官方的干涉。结果，苏格拉底被判处死刑。关于这场审判，我国学者梁治平从法律角度作了如下评价：在西方法律史上，希腊法是我们所见最早的世俗法律制度，而且，它很早就摆脱了附在它身上的种种形式主义特征，变成一

[①] 参见〔美〕房龙：《宽容》，13页，北京，三联书店，1985。
[②] 参见〔古希腊〕色诺芬：《回忆苏格拉底》，1页，北京，商务印书馆，1984。

种灵活和富有弹性的制度。不幸的是,它始终没能与政治保持相当的距离。在民主的雅典,它成为捍卫民主最有力的武器,但同时也是公众舆论的工具。有6 000人之众的陪审法庭乃是雅典民主的表征,也是它最坚固的堡垒。它确实很好地保卫了民主,但是牺牲了法律。① 在这个意义上说,苏格拉底之死与其说是民主的悲剧,不如说是法律的悲剧。但是,难道雅典民主就没有责任吗?从苏格拉底的自我辩护中,我们听到的是宽容的呼唤,但当时雅典城邦缺少的正是这种宽容的氛围。房龙尖锐地指出:在法庭对苏格拉底的臭名昭著的死刑判决中,希腊人不容异说的偏见最后发展到了无以复加的程度。② 因此,政治宽容决定刑法的宽容。

法国著名启蒙思想家孟德斯鸠把政体分为三种:专制政体、君主政体和共和政体。在这三种政体中,政治和法律的性质都是不同的,因此宽容程度也完全有别。在这里,我们只对专制政体和共和政体两种情况下的刑法与政治宽容的关系进行研究。

孟德斯鸠指出:专制政体的原则是恐怖。一个宽和的政府可以随意放宽它的动力,而不致发生危险。它是依据它的法律甚至它的力量,去维护自己的。但是在专制政体之下,当君主有一瞬间没有举起他的手臂的时候,当他对那些居首要地位的人们不能要消灭就立即消灭的时候,那一切便都完了,因为这种政府的动力——恐怖——已不再存在,所以人民不再有保护者了。在专制的国家里,绝无所谓调节、限制、和解、条件、等值、商谈、谏诤这些东西;完全没有相等的或更好的东西可以向人建议;人就是一个生物服从另一个发出意志的生物罢了。在那里,人们不得把坏的遭遇归咎于命运之无常,也不得表示对将来厄运的畏惧。在那里,人的命运和牲畜一样,就是本能、服从与惩罚。③ 在这种情况下,不知宽容为何物,唯一适宜的就是严峻的刑罚。这种严峻的刑罚不仅表现在刑罚的残忍无道上,而且追究人的思想倾向。例如,中国封建社会存在腹诽罪。所谓腹诽

---

① 参见梁治平:《法辨——中国法的过去、现在与未来》,162页,贵阳,贵州人民出版社,1992。
② 参见[美]房龙:《宽容》,38页,北京,三联书店,1985。
③ 参见[法]孟德斯鸠:《论法的精神》,上册,26页,北京,商务印书馆,1961。

就是对政治法令有不同看法而心怀不满。《史记·魏其武安侯列传》："魏其、灌夫日夜招聚天下豪杰壮士与论议，腹诽而心谤。"据《汉书·食货志》载：御史大夫张汤与大农令颜异有隙，张汤奏称颜异"见令不便，不入言而腹诽，论死。自是后有腹诽之法比"。西方中世纪也有这种惩罚思想的案例。例如孟德斯鸠在《论法的精神》一书中记载：马尔西亚斯做梦他割断了狄欧尼西乌斯的咽喉。狄欧尼西乌斯因此把他处死，说他如果白天不这样想夜里就不会做这样的梦。对此，孟德斯鸠指出："这是大暴政，因为即使他曾经这样想，他并没有实际行动过。法律的责任只是惩罚外部的行动。"① 因此，在专制社会里，帝王的意志必须绝对服从，根本不存在个人的思想自由。为了维护这种独裁统治，只能依赖残酷的刑罚进行恫吓。

共和政体是一种民主的政体，在民主政体下，政治是宽和的。因此，刑法也较为宽容。孟德斯鸠指出：在政治宽和的国家，爱国、知耻、畏惧责难，都是约束的力量，能够防止多犯罪。对恶劣行为最大的惩罚就是被认定为有罪。因此，民事上的法律可以较容易地纠正这种行为，不需要许多大的强力。在这些国家里，一个良好的立法者关心预防犯罪，多于惩罚犯罪，注意激励良好的风俗，多于施用刑罚。② 因此，共和政体与专制政体相比较，前者比后者更为宽容。因为前者是多数人的统治，而后者是个别人的统治。美国学者乔·萨托利指出：多数一词的社会含义，就是托克维尔和约翰·斯图亚特·穆勒所称的"多数专制"的含义。使托克维尔以及后来的穆勒感到担忧的是一种精神专制的危险，即一种绝对而令人窒息的社会顺从的危险。这里重要的不再是多数与少数的关系本身，而是它对个人的影响。于是焦点转向社会同个人的关系，对立存在于多数与个人自由之间，或多数与（个人的）思想独立之间。多数原则给原来纯属事实的情况增加了一个合法性因素、一种权力，这个事实是，社会顺从是存在的，而且它会付出代价，也会走向极端。③ 应当说，这里提出的多数专制或者社会专制的思想是

---

① [法]孟德斯鸠：《论法的精神》，上册，197页，北京，商务印书馆，1961。
② 参见[法]孟德斯鸠：《论法的精神》，上册，83页，北京，商务印书馆，1961。
③ 参见[美]乔·萨托利：《民主新论》，138～139页，北京，东方出版社，1993。

十分重要，也是在共和政体下必须防止的，而防止的途径只能是法律，即法律不仅保护多数人的权利，同样保护少数人的权利。发生在古希腊雅典苏格拉底被处死的悲剧，可以说就是多数专制的悲剧，在这个意义上也可以说是民主的悲剧。当然，从法律未能有效地保障少数人的民主权利这个意义上说，又何尝不是法律的悲剧呢？及至今日，民主的思想已经深入人心，民主制度也更加完善，因而刑法的宽容也就势所必然。例如，在刑法中已经取消思想犯，对待政治犯的态度更为宽容了。因为，刑法的宽容性表明：思想问题不能用法律来解决，政治问题也只能在法律的范围内解决。这样，政治宽容就转化为刑法宽容。

（二）刑法与宗教宽容

美国学者伯尔曼指出：任何一个社会，即便是最文明的社会，也有对超验价值的信仰，也信奉终极目的和关于神圣事物的共同观念；同样，即便是在最原始的社会，也会有社会秩序的组织与程序，有分配权利、义务的既定方式和关于正义的共同观念。社会生活的这方面处于对立之中，宗教之预言的和神秘的一面与法律之组织的和合理的一面正相矛盾。但它们又相互依存，互为条件。[①] 在此，伯尔曼正确地指出了法律与宗教的关系。在历史上，刑法和宗教也曾结下不解之缘。在某一个时期，刑法成为推行的工具，由于宗教的偏见而使刑法变得十分残酷。基督教史上的异端裁判所就是一个典型。

异端是相对于正统而言的。在公元1054年基督教东西两派教会大分裂以后的五百年中，在天主教会里，所谓异端的一个明显特征就是否认教皇的权威。罗马教皇莫诺森三世为了加强镇压异端的力量，于公元1215年召开第四次拉特兰宗教会议，颁布了《教皇敕令》，该敕令第1条内容就是针对异端教派对教会的抨击，重申了教义信条。这份《教皇敕令》第3条规定："已判处异端的分子应交世俗政府，严加刑罚，没收其财产。如有世俗领主不遵照教会要求，清除领主辖区的异端，应由大主教予以革除教籍处分。如该领主在一年内不悔改补过，应立即报告教皇，由教皇宣布解除其侍臣效忠誓约，然后把他的土地转赠给其他公

[①] 参见［美］伯尔曼：《法律与宗教》，65页，北京，三联书店，1991。

教徒。凡参加镇压异端的公教徒享受同赴圣地的十字军骑士相等的特殊和赦罪规定。"该敕令第 7 条还规定："每一个大主教和主教在所辖的教区内，对凡有异端活动的牧区，应每年至少一次，或者亲自，或者派可靠人员前往巡视。主教在巡视的牧区内，应命令当地教徒宣誓，任何人知悉异端分子活动以及有越主教徒常规定活动者，均应立即向主教报告。主教应传讯被告，被告如提不出证据，证人证明其认罪，或有前科再犯罪者，应立即按教会法规定以惩罚。"因此，这份《教皇敕令》拉开了异端裁判的序幕。

为了镇压异端，公元 1220 年，英诺森三世的继任者，当时的罗马教皇洪诺留三世召开土鲁斯宗教会议，会议作出决定，由多明我修会和方济各修会主持异端裁判所（Inquisition）。罗马教皇洪诺留三世去世以后，教皇格列高里九世继位。公元 1233 年，教皇格列高里九世发布通谕，规定：地方主教要全力协助教皇审判异端的宗教裁判所。此后，在罗马教会各统辖地区普遍成立了异端裁判区，交给多明我修会和方济各修会的修士管辖。依照公元 1252 年罗马教皇英诺森四世的手谕，凡被控告为异端者，将受到严刑拷打，秘密审讯，监狱就设在修道院里。被控人被关进暗牢后，往往先监禁几年，然后才提出审讯。异端裁判所制定了严格的审讯条例：(1) 在法庭上，被控告人不能知悉控告人和见证人的姓名。(2) 任何人（包括罪犯）都可以充当控告人和见证人。有两个人作证，控告即可成立。证人如撤回证词，作异端同谋犯处理。(3) 被控告人如不承认犯有异端罪行，可反复用刑讯问，不仅要他承认自己的罪行，而且还要检举同伙和可疑分子。(4) 一切有利于被控告人的证词都不能成立。任何从事有利被控告人的活动，都要予以最严厉的惩罚。(5) 任何人对被控告人给予法律援助或为他请求减刑，即予革除教籍。(6) 被控告人可以不经审判便予以处死；凡承认犯有异端罪行表示悔改者，量刑处以鞭笞、监禁以及终身监禁等处罚。(7) 被控告人认罪后，如又翻供否认，即不再审讯，予以火刑。(8) 被判异端者，没收全部财产。自异端裁判所建立以后，凡被控犯有异端罪名者，绝难幸免。于是，凡是谴责神职人员者，不遵守教会节期、星期五吃肉、星期日做工者，不信仰教会七项圣事者，都被认为犯有异端罪名。在托马斯·阿奎那所著的《神学大全》中有这样一

段话:"凡犯有异端罪行者,不仅应该革除教籍,还应处死,从世上清除。伪造钱币犯是为了维持肉体生命,而异端活动腐蚀信仰,毁灭灵魂,性质比伪造钱币远为严重。世俗君主对伪造钱币犯判处应得的死刑,对异端分子就更有充足理由判处死刑。"当时,异端裁判所之酷烈,闻者色变,其残酷表现为甚至连死者都不放过。根据公元14世纪的一个异端裁判法官记载,在任职期间,曾对89个死人判处异端罪行,没收其遗产,他的后裔因而受罚,殃及第三代。[①]可以说,由宗教偏见带来的异端裁判,给中世纪的历史写下了黑暗和恐怖的一章。

这种宗教迫害一直延续到16世纪,德国学者斯·茨威格在《异端的权利》一书中,为我们描绘了加尔文与卡斯特利奥之间发生的一场被茨威格称为宗教宽容对不宽容、自主对监护、人道对盲信、个性对机械一致、良心对暴力的斗争。1538年9月13日,加尔文攫取了日内瓦的权力,开始了宗教的独裁统治。加尔文制定了对人类的冲动和欲强加以苛刻控制的教规,进行以暴力和恐怖为特征的统治。为了建立这种宗教秩序和教规,日内瓦这个城市付出了可怕的代价。日内瓦过去从来不知道有这么多死刑、刑罚、拉肢酷刑和流放,而现在加尔文以上帝的名义统治该地就这样干了。以至于茨威格指出,加尔文激进的宗教不宽容,在道德上比罗伯斯庇尔的政治不宽容更为残酷。卡斯特利奥,一个人道主义的神学家向加尔文发起了论战。卡斯特利奥以不带偏见的逻辑性,明晰地、无可辩驳地发表了他的论点。争论的问题是:对纯粹思想上触犯的异端是否应加以迫害、处死。卡斯特利奥写了《论异端》一书,茨威格称之为宗教宽容的宣言。茨威格指出:只要卡斯特利奥写了这本书的序,只要他写了一页,他的名字就将垂于人类的历史。在该书中,卡斯特利奥质问道:"异端这一术语真正的含义是什么?"卡斯特利奥回答如下:"我不相信所有名为异端的是真正的异端。这一称号在今天已变得如此荒谬、如此可怖、具有如此耻辱的气氛,以至于如果有人要去掉他的一个私仇,他发现最容易的方法就是控告这人是异端。一旦其他人听到这可怕的

[①] 参见张绥:《中世纪"上帝"的文化——中世纪基督教会史》,126~132页,杭州,浙江人民出版社,1987。

名字，他们就吓得魂飞魄散，掩耳不迭，就会盲目地不仅对被说成是异端的，而且对那些胆敢为他讲一句好话的人进行攻击。"卡斯特利奥对异端一词作了深刻的探讨，认为：任何人，若承认了基督教真理的基本原理，但未能以某种方式取悦于已确立的权威，就被称为异端。因此，异端不是一个绝对的而是一个相对的概念。对一个天主教徒来说，一个加文派教徒当然是一个异端；对等地，对一个加尔文派教徒来说，一个再洗礼派教徒当然也是一个异端。一个人在法国是作为真正的信徒，而在日内瓦却是一个异端。反之亦然。凡在一个国家里将成为一个处火刑的罪犯，而在他的邻邦就被推戴成为烈士。有鉴于在一个城市或一个地区，他们把你称为真正的信徒，而在另一个城市或毗邻的地区，他们蔑视你为一个异端，因此，凡有人希望不被干扰地生活，他必须有像城市和乡村那么多的信仰和宗教。由此，卡斯特利奥得出了他最后的和最大胆的公式："当我思考什么是真正的异端时，就只能发现一个标准：我们在那些和我们观点不同的人们的眼里都是异端。"茨威格指出：这看来简单之极，几乎陈腐又如此显而易见。但是要说得如此坦率，在那些日子里就需要巨大的道德上的勇气。这一公式的重要性是：在整个时代，领导人们（无论是红衣主教还是教士，天主教徒还是路德教徒）追猎异端是荒谬的，是由于错觉所造成的。成千上万的人受到迫害，被非法判处死刑，被绞杀、溺毙、烧死。没有和解的精神，就不可能有真正的人道。只有当我们大家都抑制住自己的不宽容时，才能和平相处。在获得信仰的统一前，我们即使时时意见相左，至少也要做到共同了解，彼此相爱，和平相处。只有一件事能把人类从野蛮主义中拯救出来——宗教宽容。① 这种宗教宽容的呼唤在当时的历史背景下是多么可贵但却又是多么微弱。在黑暗的年代里，宗教偏见战胜了宗教宽容。因此，作为宗教的奴婢，刑法以血和火铸造成了历史。

　　随着启蒙思想的勃兴，在自由的感召下，宗教宽容也成为历史之必然，尽管它是许多人的鲜血换来的。这种宗教自由应该在法律上得到确认，对此孟德斯鸠指出：如果一国的法律认为应该容忍好几种宗教的话，那么法律也就必须要求这

---

① 参见［法］斯·茨威格：《异端的权利》，167~169页，北京，三联书店，1980。

些宗教彼此互相容忍。一切受到压制的宗教，自己必将成为压制异教的宗教。这是一条原则。因为当一种宗教侥幸而脱离了压迫的时候，它就要立即攻击曾经压迫它的宗教——不是作为宗教，而是作为暴政来攻击。① 在现代社会，宗教作为一种信仰虽然仍然存在，但由于政教的分离，宗教已经不再能够支配政治。而且，由于宗教自由的确立，宽容已经使各种宗教和平共处，信教与不信教都纯属个人的选择，不再受到法律的强制，更不会受到刑法的干涉。孟德斯鸠指出：对于宗教，应避免使用刑法。刑法让人们畏惧，这是真的，但是宗教也有引起人们畏惧的刑法，因此，一种畏惧就被另一种畏惧消灭掉。居于这两种不同的畏惧之间，人们的心灵就变得残酷了。② 因此，宗教宽容使得刑法的强制变得多余，由于宗教偏见而带来的刑法残酷也就只能成为在历史教科书上才能看到的陈迹。

（三）刑法与道德宽容

刑法与道德共同起源于原始社会的习惯，这种习惯又来自原始人的禁忌。禁忌（Taboo）这个词出自波利尼西亚语，其含义除了"神圣"之外，还有"不纯洁、危险、被禁的、不吉"等意思。因此，禁忌的人或物能唤起人们的敬畏感和恐怖感。关于禁忌，弗洛伊德指出：应该看到禁忌中有一般立法（可说是不成文法）的最初的最大形态。禁忌存在于世界各地，显然约束着（或约束过）一切人。因此，禁忌是人类服从的最古老的立法，但在这里没有立法者，它们是产生于人类心理底层的必然之物。这些法不需要执行者，没有必要设置强制措施来让人遵守禁忌，所有人都相信违反禁忌必然遭遇到不幸。③ 这种禁忌之所以无须强制，是因为它以原始人的神灵畏惧为基础。随着社会的发展，刑法与道德分离，然而这是一个逐渐发展过程。

中国春秋战国时期曾经存在儒家与法家的争论，儒家重视道德的反省作用，而法家则强调刑法的威慑功能。及至西汉初年，儒法合流，内儒外法，开始了中国法律的儒家化的历史进程。其中，最有影响的是汉武帝时治公羊学的名儒董仲

---

① 参见［法］孟德斯鸠：《论法的精神》，下册，166页，北京，商务印书馆，1961。
② 参见［法］孟德斯鸠：《论法的精神》，下册，167页，北京，商务印书馆，1961。
③ 参见［法］布鲁诺·赖德尔：《死刑的文化史》，15页，北京，三联书店，1992。

舒的春秋决狱。春秋决狱是指遇到义理伦常而法律无明文规定，或虽有明文却有碍纲常的疑难案件时，则引用儒家经典中所记载的古老判例或某项司法原则对案件作出裁决。这实际上等于确认儒家经义具有高于现行法律的特殊地位，从而为儒学向司法领域的渗透打开一条通道。[①] 例如，春秋决狱中有"论心定罪"之例，《春秋繁露·精华》："春秋之听狱也，必本其事而原其志。志邪者不待成，首恶者罪特重，本直者其论轻。"后来在《盐铁论·刑法》中又发展为"春秋之治狱，论心定罪，志善而违于法者免，志恶而合于法者诛"。这里强调人的主观动机，只有主观上的恶意并无客观上的行为，亦应予刑罚制裁。在这种情况下，刑法就成为推行儒家道德的工具。

我国学者梁治平指出：不论法律中的道德原则实际上能够被贯彻到什么程度，只要是全面地以法律去执行道德，道德所蒙受的损害就必定是致命的。因为以法律去执行道德，其结果不但是道德的外在化，而且是道德的法律化。这种外在化、法律化了的道德，不但不是道德，而且是反道德的了。从形式上看，这类规范因为附加了刑罚而具有法律的特征，但是着眼于内容，它所要求的实际是人心而非行为。它以刑罚的手段强迫人们行善，结果只能是取消了善行。因为它靠着强暴力量的威胁，取消了人们选择恶的自由。[②] 这种道德法律化，损害的不仅仅是道德，而且是法律。因为它抹杀了道德与法律的分野，因而既无正常的道德又无正当的法律。

我们进一步考察这种道德法律化的现象，就会发现它是以道德的不宽容为特征的。道德作为日常生活的伦常准则，在社会中发挥着一定的作用，但这种作用的实现只要依赖于人的道德自觉，而不是外力强制。孔子曾言："道（导）之以政，齐之以刑，民免而无耻；道之以德，齐之以礼，有耻且格。"这就是说：用政令和刑罚手段治理人民，尽管可使人不敢犯罪，但并不懂得犯罪可耻；如果用道德感化并加强礼教，老百姓就会感到犯罪可耻而愿顺从。由此可见，在道德与

[①] 参见武树臣等：《中国传统法律文化》，382页，北京，北京大学出版社，1984。
[②] 参见梁治平：《寻求自然秩序中的和谐——中国传统法律文化研究》，250页，上海，上海人民出版社，1991。

法律这两种手段中，孔子更主张德治，仅仅在纠之以法民免而无耻这个意义上，孔子反对法治。其实，孔子也并不反对用刑，只是认为刑罚只能作为辅助性的统治手段。孔子的这一思想，往往被概括为"德主刑辅"。但汉初董仲舒等人在儒法合流的思想背景下，德刑并举，表现为"礼之所去，刑之所取；失礼入刑，相为表里"。这样，德刑合一，德治即是刑治。当道德以刑罚推行的时候，刑之泛化也就成为必然之事。

及至近代，道德与刑法的区分才得以明确。刑法虽然应当以道德为基础，但刑法与道德作为两种性质不同的行为规范，其社会功能是有所不同的，两者不能混同。贝卡里亚指出：神明启迪、自然法则和社会的人拟协约，这三者是产生调整人类行为的道德原则和政治原则的源泉。就其目标的主导地位来说，前者与后二者是不可比拟的。然而，这三者同样都在开创世俗生活的幸福。研究后者的关系并不等于把前二者置之度外。宗教、自然、政治，这是善与恶的三大类别。这三者绝不应相互对立。然而，并不是由一者所得出的所有结论和义务，也同样由其他二者那里得出。并非启迪所要求的一切，自然法同样要求；也并非自然法所要求的一切，纯社会法也同样要求。不过，把产生于人类契约即人们确认或默许的公约的东西分离出来，倒是极为重要的。因为，它的力量足以在不肩负上天特别使命的情况下，正当地调整人与人之间的关系。[①] 在此，贝卡里亚正确地界定了宗教、道德与刑法的关系。宗教、道德与法律具有各自的管辖范围，它们不但在性质和内容上不同，而且还各自担负着不同的任务，宗教和道德的任务只是根据行为内在的善或恶来确定正义与非正义的界限，而人定法的任务则是确定政治上的正义与非正义的关系，即行为同社会的利害关系。[②] 当然，法律与道德分离，并非两者毫无关系。在某些领域，例如情感等，只能由道德来调整，毫无刑法介入之余地。在其他领域，道德与刑法共同调整，往往是先由道德调整，只有当行为的社会危害超过一定的程度时，才进入刑法调整的范围。随着道德的宽

---

① 参见［意］贝卡里亚：《论犯罪与刑罚》，2～3页，北京，中国大百科全书出版社，1993。
② 参见黄风：《贝卡里亚及其刑法思想》，64页，北京，中国政法大学出版社，1987。

容，人际关系的自由空间的扩大，道德的外在强制性逐渐减少，个人自由选择的余地越来越大。在这种情况下，刑法走向更为人道不仅可能，而且必然。

　　制裁，曾经是道德与法律不可或缺的基本内容。数千年来，无数哲人所思考、所争论的也无非就是制裁的正当根据以及制裁的公平分配。然而，没有一个人怀疑过制裁本身是否必要。法国学者居友第一个思考了这个问题，在《无义务无制裁的道德概论》一书中，居友描述了他所构想的一种既无义务又无制裁的道德，同样也引起我们对法律制裁的思考。居友指出：促使我们欲求制裁的情感在一定程度上是不道德的。像其他许多情感一样，它具有一种非常合理的原则，但却被错误地运用了。所以，在人的本能与科学的道德理论之间存在某种对立。我们将表明，这种对立是暂时的，本能最终会与科学真理协调一致。为此，我们将试图比前面更深入地分析那种在生活于社会当中的人中发现的对制裁的心理需求。我们要大略地描述一下这种需求的起源，看看它如何首先通过一种自然而又合理的本能而产生，然后又如何随着人类进化过程的不断发展而越来越多地趋于约束和限制其自身。[①]

　　根据居友的看法，行善是出于自身之故；德性与任何物质的和外在的责任或制裁无关；义务只依赖于它自身的刺激和动力；道德是从它自己的萌芽中成长起来的。这种信念是从生命自身的扩张和发展中感悟到的。这种新的信念摆脱了那些常常使低级的道德或宗教观念注定归于无效的羁绊和锁链，它所展示的前景表明：我们有可能实现这样一种理想，人类能最大限度地发挥其力量和智能，而成为明智、健康和强壮的种类。这样，道德便被看成是一种自然的和内在的求善力量，它通过自身充沛的活动而转变成行为。它是自然界中一种丰富的力量，因此，道德行为者的生命与他同类的生命是融合在一起的。在这里，我们所看到的不是具有约束力的外在法则。我们所发现的是一种道德力量，它训练有素且不断增长，与无上命令和绝对法则相比它能更成功地抑制住恶的趋势。这一前景是诱人的，居友关于追述一种无义务无制裁的新道德的观点确实不同凡响。当这种无

[①] 参见［法］居友：《无义务无制裁的道德概论》，170～171页，北京，中国社会科学出版社，1994。

须外在强制的道德成为社会现实的时候,连道德本身的制裁都没有必要,当然也就更加没有必要以刑法作为推行道德的工具。到那时候,一种更为人道的刑法将成为现实,正如居友所描述:监狱里已允许有更好的空气和光线,铁窗不再过多地把囚犯同阳光分开。这象征性地描绘出了刑事正义的理想,它可以用这样一个科学的公式来表示:用个人痛苦的最小值来得到社会防卫的最大值。[①] 因而,谦抑的刑罚也是人道的。在此,我们看到了刑法的谦抑性与刑法的人道性之间的内在同一性。当然,居友只是给我们提供了一幅理想道德与理想社会的蓝图,其真正实现还有待于人类的共同努力。

二、刑法的轻缓性

意大利著名刑法学家贝卡里亚指出:纵观历史,目睹由那些自命不凡、冷酷无情的智者所设计和实施的野蛮而无益的酷刑,谁能不触目惊心呢?目睹帮助少数人、欺压多数人的法律有意使或容忍成千上万的人陷于不幸,从而使他们绝望地返到原始的自然状态,谁能不毛骨悚然呢?目睹某些具有同样感官,因而也具有同样欲望的人在戏弄狂热的群众,他们采用刻意设置的手续和漫长残酷的刑讯,指控不幸的人们忠实于自己的原则,就把他们指为罪犯,谁能不浑身发抖呢?[②] 贝卡里亚站在人道主义立场上,对历史上的严刑酷罚所作的猛烈抨击,使人为之怦然心动。人类文明是一个生生不息的进化发展过程,刑法作为一种社会法律制度,也是随着人类社会的发展而从野蛮到文明不断发展。在长达数千年的刑法史中,刑法之进化的最明显的趋势就是刑法的轻缓化。毫无疑问,轻缓性是与残酷性相对立的,它是刑法的人道性的题中应有之义。

追溯到刑法的起源,刑法就是以每个毛孔都沾满鲜血的恐怖形象问世的。关于中国刑法的起源,存在各种说法,其中最为可信者当是刑(法)起于兵说。中

---

① 参见 [法] 居友:《无义务无制裁的道德概论》,176~177 页,北京,中国社会科学出版社,1994。
② 参见 [意] 贝卡里亚:《论犯罪与刑罚》,42 页,北京,中国大百科全书出版社,1993。

国古代不仅法与刑不分，而且兵与刑不分。关于这种兵刑合一的观念，我国著名学者钱钟书先生曾经作过以下考证："故教笞不可废于家，刑罚不可捐于国，诛伐不可偃于天下。"《考证》谓语本《吕氏春秋·荡兵》篇。按兵与刑乃一事之内外异用，其为暴力则同。故《商君书·修权》篇曰："刑者武也。"又《画策》篇曰："内行刀锯，外用甲兵。"《荀子·正论》篇以"武王伐有商诛纣"为"刑罚之例"。"刑罚"之施于天下者，即"诛伐"也；"诛伐"之施于家、国者，即"刑罚"也。《国语·鲁语》文仲曰："大刑用甲兵，其次用斧钺；中刑用刀锯，其次用钻笮；薄刑用鞭扑，以威民也。故大者陈之原野，小者致之市朝。"《晋语》六范文子曰："君人者，刑其民成，而后振武于外，是以内和而外威。今吾司寇之刀锯日弊，而斧钺不行，内犹有不刑，而况外乎？夫战，刑也，刑之过也。过由大，而怨由细，故以惠诛怨，以忍去过。细无怨而大不过，而后可以武，刑外之不服者。"《尉缭子·开官》篇曰："刑以伐之。"兵之于刑，二而一也。杜佑《通典》以兵制附刑后，盖本此意。杜牧《樊川文集》卷一○《孙子注序》亦云："兵者，刑也。刑者，政事也。为夫子之徒，实仲由、冉有之事也。不知自何代何人，分为二道，曰文、武。"[1] 由此可见，兵刑之分只是内外之别，两者都以赤裸的暴力而著称。

中国古代奴隶社会的刑罚种类虽然曾经十分繁杂，但逐渐归之为五刑——五种基本的法定刑种：墨、劓、剕、宫、大辟。墨刑是五刑中最轻刑，故列于首。根据郑玄的解释："墨，黥也，先刻其面，以墨窒之，言刻额为疮，以墨塞疮孔，令变色也。"作为一种肉刑，墨刑虽轻，但额上留下刻痕并涂之以墨，使受刑人留下永久性痕迹，以示耻辱。由此可见，墨刑不但使人肉体痛苦，而且伴之以精神上的折磨。劓刑，割鼻之刑，主要适用于奸宄资攘伤人者。劓刑毁人面部器官，使人五官不全，痛苦甚于墨刑。剕刑，断足之刑。《释诂》云："剕，刖也。"根据郑玄的解释，"刖，断足也"。春秋时期，断足之刑被广泛适用，由于足是人的重要肢体，断足不仅使受刑人当时遭受痛苦，而且影响此后的生活劳动能力，因而重于劓刑。宫刑，根据孔安国的解释："宫，淫刑也，男子割势，妇人幽闭，

---

[1] 钱钟书：《管锥编》，第1册，285页，北京，中华书局，1979。

次死之刑。"宫刑主要适用于男女不以义交者即性犯罪。宫刑使人丧失生殖能力，并且受刑之苦令人难以忍受，所以其残酷性仅次于死刑。大辟，就是死刑。郑玄云："死是罪之大者，故谓死刑为大辟。"大辟适用于降叛、贼寇、劫略、夺攘、矫虚、群饮、慢犯以及杀亲、弑君、杀王之亲等严重犯罪。以上五刑，大辟是生命刑，其他四种都属于切断肢体和剖裂肌肤的肉体刑。五刑的比例，根据《吕刑》所说，五刑之罚三千条：墨刑一千条，劓刑一千条，剕刑五百条，宫刑三百条，大辟二百条。由此可见，中国古代奴隶社会的五刑是由生命刑与肉体刑构成的，刑罚十分残酷。

不仅中国古代刑法十分残酷，外国也是如此。古希腊刑法在西方刑法中具有典型性，尤其是德拉古法更是以残酷闻名于世。雅典城都开始适用习惯法，公元前621年氏族贵族授权执政官德拉古制定成文法。德拉古制定的法典广泛地采用重刑，犯盗窃、纵火、杀人等罪都要处死，连一个人懒惰、盗窃蔬菜和水果也与杀人、渎神等罪同罚，处以死刑；甚至某物倒塌压死人，物主也要被惩罚。当时有人曾经质问："为什么对大多数犯罪都采用死刑？"德拉古答道："轻罪理当处死，至于更大后果，还找不到比处死刑更重的刑罚。"[1] 无怪乎后人称德拉古法律不是用墨水写的，而是用血写的。亚里士多德对此评价说："除了以课罪从重、处刑严峻著名外，德拉古法律没有值得提示的特点。"[2] 此外，古巴比伦的《汉谟拉比法典》也确认适用残酷的刑法，法典列举了死刑、体刑、烙印、罚金、驱逐等。古巴比伦刑法中适用死刑的范围非常广泛，而且处死刑的方式极其残酷，有溺死、烧死、刺死、绞死等。应该指出，古代社会刑法之所以残酷，主要是由于当时生产方式的原始性决定了人的劳动价值的低下性，在这种生产力尚不发达的社会实行专制主义以维持社会的生存，因而必然广泛地采用残酷的刑罚。

在世界刑法发展史上，两次影响深远的刑法改革极大地促进了刑罚轻缓化：一次是发生在中国古代的废除肉刑运动，另一次是发生在西方近代的废除死刑

---

[1] 《普鲁塔克人传记诗选》，25页，北京，商务印书馆，1962。
[2] ［古希腊］亚里士多德：《政治学》，108页，北京，商务印书馆，1965。

运动。

（一）中国古代的废除肉刑运动

中国古代刑罚轻缓化的进程始于汉文帝期间废除肉体刑。汉文帝十三年（公元前167年），齐太仓令淳于公有罪当行，诏狱逮系长安，淳于公无男，有五女。当行会逮，骂其女曰："生子不生男，缓急非有益也！"其少女缇萦自伤悲泣，乃随父至长安上书，曰："妾父为吏，齐中皆称其廉平，今坐法当刑。妾伤夫死者不可复生，刑者不可复属，虽后欲改过自新，其道亡由也，妾愿没入为官婢，以赎父刑罪，使得自新。"书奏天子，天子怜悲其意，遂下令曰："制诏御史：朕闻有虞氏之时，画衣冠、异章服以为僇，而民弗犯，何治之至也！今法有肉刑三，而奸不止，其咎何在？非乃朕德之薄，而教不明欤！吾甚自愧。故夫训德不纯而愚民陷焉。诗曰：'恺弟君子，民之父母。'今人有过，教未施而刑已加焉，或欲改行为善，而道亡繇至，朕甚怜之。夫刑至断肢体、刻肌肤，终身不息，何其刑之痛苦而不德也，岂称为民父母之意哉！其除肉刑，有以易之。"根据汉文帝的诏令，丞相张苍、御史大夫冯敬等议定法律，决定废除肉刑，代之以其他刑罚，具体是：当黥者，髡钳为城旦舂；当劓者，笞三百；当斩趾者，笞五百；当斩右趾者，弃市。由此可见，废除肉刑，既有改重为轻，也有改轻为重。改轻为重的是斩右趾，罪不至死，现改为死刑。即使是改重为轻，也名轻实重。例如笞三百以上，往往笞未毕而人已死。因此，后汉时班固讥评曰："是后外有轻刑之名，内实杀人，斩右趾者又当死，斩左趾者笞五百，当劓者笞三百，率多死。"以至于景常即位以下，立即下诏承人："加笞与重罪无异，幸而不死，不可为人。"其定律："笞五百曰三百，笞三百曰二百。"不久再下诏："加笞者，或至死而笞未毕，朕甚怜之。其减笞三百曰二百，笞二百曰一百。"又曰："箠者所以教之也，其定箠令。"由丞相刘舍、御史大夫卫绾奏请："笞者，箠长五尺，其本大一寸，其竹也，末薄半寸，皆平其节。当笞者笞臀，毋得更人，毕一罪乃更人。"自此以后，笞者始得全。汉文帝开始的废除肉刑，经过汉景帝的发展完善，使中国古代刑罚出现了轻缓化的趋势。除了当时的社会背景外，废除肉刑之所以能够实行，还与当时社会对人的价值的认识提高有关。

由于废除肉刑是一个前所未有的创举，而且开始时代替肉刑的措施不得体，因此从东汉开始不断发生主张恢复和反对恢复肉刑的争论。①

第一次争论发生在东汉初光武帝建武十四年（公元38年）。当时群臣上言，认为古者肉刑严重，则人畏法令；今定律轻薄，故奸宄不胜，因而提出直增科禁，以防其源，当时恢复肉刑的主要理由是班固所说"死刑既重，而生刑又轻，民易犯之"。班固认为：废除肉刑，将斩右趾升格为死刑，过重。因为废除死刑的用意"本欲以全民"，现在"轻而入于大辟"，是"以死罔民，失本惠矣，故死者岁以万数，刑重之所致也"。与此同时，生刑又太轻"至乎穿窬之盗，忿怒伤人，男女淫佚，吏为奸藏，若此之恶，髡钳之罚又不足以惩也。故刑者岁以十万数，民既不畏，又曾不耻，刑轻之所生也"。总之缺乏介乎死刑与生刑之间的中间刑，以至于轻重悬殊。因此，班固建议将"于古当生，今触死者"（指折右趾）和"伤人与盗，吏受赃枉法，男女淫乱"等复用肉刑。在汉光武帝诏令群臣集议是否恢复肉刑的时候，主张恢复者人数众多，但光禄勋杜林援引孔子"道之以政，齐之以刑，民免而无耻；道之以德，齐之以礼，有耻且格"的话极力反对。光武帝采纳了杜林的意见，因而没有恢复肉刑。

第二次争议发生在东汉末年汉献帝时。当时"天下将乱，百姓有土崩之势，刑罚不足以惩恶"。在这种情况上，郑玄、陈纪、荀悦、仲长统等名儒都基于"治乱世用重典"的传统观念，主张恢复肉刑。荀悦在《申鉴·时事》中认为："古者人民盛焉，今也至寡，整众以威，抚寡以宽，道也。复刑，非务必也，生刑而极死者，复之可也。自古肉刑之除也，斩右趾者死也，惟复肉刑，是谓生死而息民。"仲长统在《昌言·损益篇》中以"肉刑之废，轻重无品"，缺乏"中刑"以惩"中罪"为由，主张全面恢复肉刑。但因天下大乱，无暇及此，都未能实现。此后不久由曹操辅政，尚书令荀彧向百官征求对肉刑的看法，多数人主张恢复，唯独孔融反对。孔融宣称："纣斮朝涉之胫，天下谓之无道。"认为肉刑也

---

① 参见张国华：《中国法律思想史新编》，188~194页，北京，北京大学出版社，1991；[日]西田太一郎：《中国刑法史研究》，191~203页，北京，北京大学出版社，1985。

是无道暴行。而且"被刑之人，虑不念生，志在思死，类多趋恶，莫复归正"，往往"为世大患"。所以肉刑不仅不能防止犯罪，反而绝人改恶为善之路。像孙膑、司马迁等皆才智之士，一旦受刑"没世不齿"，不能充分发挥其才智，应当引以为戒。孔融反对恢复肉刑的意见，终于被接受。

第三次是魏文帝曹丕即位后，太傅钟繇再次提出恢复肉刑的主张，参加争论的多达百余人。钟繇认为当时人口锐减，当斩右趾者如不弃市而复肉刑，可"岁生三千人"，何况这些人"虽断其足，犹任生育"。由此可见，钟繇是从增殖人口的角度提出恢复肉刑的主张。陈群要求全面恢复肉刑，认为"若用古刑，是淫者下蚕室，盗者刖其足，则永无淫放穿窬之奸矣"。司徒王朗虽同意钟繇改变斩右趾升格为死刑的主张，但反对恢复肉刑。王朗提出一种新办法，即"可倍其居作（劳役）之岁数。内有以生易死不訾之恩，外无以刵易钛骇耳之声"。在当时的历史条件下，王朗的办法可以说是找到了一种较为理想的肉刑的替代刑，对于后来的刑罚发展具有重要意义。

第四次争论是在魏末正始年间（240—248），李胜、夏侯玄等又展开了争论。夏侯玄批评了班固在《汉书·刑法志》中的论点，引用孔子之言"既富且教"和"苟子之不欲，虽赏之不窃"，认为如此这样，"何用断截乎"？否则，"若饥寒流沟壑，虽大辟不能制也，而况肉刑哉"？因此，夏侯玄坚决反对肉刑，认为"伤人不改纵暴滋多，杀之可也；杀之而能悔改，则岂须肉刑而后止哉"？所以，"断截之政，末流之所云耳"。

从东汉到魏末，虽然不断出现肉刑废复之争，但肉刑基本上没有恢复。在《魏律》和后来的《晋律》中，都无死刑的规定。及至《唐律》，确立了笞、杖、徒、流、死的封建社会五刑。从肉刑的废复争论可以看到，废复双方涉及观点的对立主要表现在对刑罚目的的认识上。恢复肉刑论者强调肉刑可以作为防止重新犯罪的手段，具有了特别预防的作用；而且还可以对世人起到威慑、警诫的一般预防作用，所以竭力主张恢复之。例如西晋律学家刘颂认为："圣王制肉刑，远有深理。亡者刖足，无所用复亡。盗者截手，无所用复盗。淫者割其势，理亦如之。除恶塞源，莫善于此，非徒然也。此等已刑之后，便各归家，父母妻子，共

129

相养恤,不流离于涂路。有今之困,创愈可役,上准古制,随宜业作,虽已刑残,不为虚弃,而所患都塞,不生育繁阜之道自若也。"因此,刘颂建议"宜取死刑之轻,限及三犯逃亡淫盗,悉以肉刑代之"。在这种情况下,罪犯"残体为戮,终身作诫。人见其痛,畏而不犯,必数倍于今。且为恶者随发被刑,去其为恶之具,此为诸已刑者皆良士也,岂与全其为奸之手足,而蹴居必死之穷地同哉"。而肉刑废除论者则认为施行肉刑不便于引导教育犯罪人弃恶从善。例如夏侯玄认为:"圣贤之治世也,能使民迁善而自新。故易曰:小惩而大戒。陷夫死者,不戒者也;能惩戒,则无刻截,刻截则不得反善矣。"

日本学者西田太一郎认为:从肉刑最终在原则上没有被恢复的结果看,中国古代刑罚思想中的这种强烈教育主义倾向是不能忽视的。[1] 应该说,这一看法是可取的。当然,肉刑恢复论之所以一再嚣张,与废除肉刑以后死刑与髡钳刑之间轻重悬殊缺乏过渡的中间刑也有关系。可以说,正是在这场争论中,徒刑作为肉刑的代替刑逐渐被法律认可,直到《唐律》确定为正式刑种。

在肉刑废复的争论中,也涉及以肉刑毁伤肢体的残酷性的看法,废除论者指责肉刑残酷,有损于仁政德化。但由于肉刑废除以后,有改轻为重的,因而恢复论者主张恢复肉刑,倒是改重为轻。在这一点上,废除论者的理由并不充分,恢复论者则振振有词。这里,涉及肉刑与死刑之间的关系。毫无疑问,死刑是比肉刑更为残酷的一种刑罚,但中国历史上从来没有过死刑存废之争。因此,关于肉刑存废之争就具有一定的局限性。当然,肉刑具有不同于死刑的特点,死刑是一死百了,人死不再复生。而肉刑则断手截足毁伤肢体,留下终身痕迹。而且,适用肉刑的往往是轻罪,且广泛适用,因而废除肉刑的主张更能引起人们的同情与响应。尽管肉刑的废复十分曲折,争论长达百年,但肉刑的废除总归是使中国古代刑法由野蛮残酷趋向于轻缓。对此,怎么评价也不为过分。

(二) 西方近代的废除死刑运动

死刑是一种古老的刑罚,它起源于史前时代。德国学者布鲁诺·赖德尔指

---

[1] 参见 [日] 西田太一郎:《中国刑法史研究》,191~203 页,北京,北京大学出版社,1985。

出：要想充分了解死刑的本质，即它扎根于不合理的领域里的情况，有必要更为彻底地研究一下人类的意识形态问题。实际上，需求死刑的呼声，即需求杀死同胞也不受罚的合法杀人的呼声产生在古代人类社会里。赖德尔认为，泛灵论是死刑产生的人类意识的原始形态。原始时代的人类抱有的世界形象是由泛灵论刻印出来的。泛灵论认为，世界万物皆为活物或注有灵魂之物，灵魂之物是命运之力。这种力量可以让人不幸或死亡，这种力量产生恶灵和诸神。原始时代的人类相信灵魂不灭。肉体死后灵魂变成恶灵并追踪生存者要把他拉往冥界，因此，死者的灵魂和命运之力合为一体。操作命运之力的方法之一是禁忌的体系。这是由无数的禁忌组成的禁欲行为，并企图以此来讨命运之力的好。反过来，一旦违反禁忌，命运之力发怒，将造成无限的恐怖。命运之力给违禁者或整个社会带来极大不幸，以示惩罚。所以，社会必须把违禁者永远隔离或放逐。从这一前提出发，就无论如何得需要死刑了。死刑是从血亲复仇和活人祭祀演化而来。[①]

应该说，赖德尔的这一说法是有一定道理的，死刑的起源与古代人类的愚昧有着一定的关系。但死刑一旦产生，就成为统治阶级维护统治的一种工具，因而被广泛地适用。中国西周时期制定的吕刑，五刑之律共三千条，其中死刑达二百条之多。根据《睡虎地秦墓竹简》提供的资料，秦律中的死刑有四种：（1）戮，指处死之前，先予刑辱，然后斩首；（2）弃市，指杀之于市，与众弃之；（3）磔，指裂其肢体而杀之；（4）定杀，指抛入水中淹死或生埋。秦朝的死刑，除上述竹简所载之外，见诸史籍的还有夷三族、枭首、车裂、腰斩、肢解、凿颠、抽胁、镬烹、具五刑等。这些死刑，有些是法定的常刑，有些则是法外用刑。及至《唐律》，死刑立法定型后，分绞、斩二等。在英国中世纪，死刑滥用同样十分严重。中世纪的英国，诺曼人征服后，由于盎格鲁·撒克逊法和诺曼法同时并存，广泛采用死刑，其执行方式有分尸、焚刑、车裂等。特别是对反叛者，几乎无例外地处死刑。例如，英国爱德华三世时的法律规定，冒犯王后、国王的未婚长女、国王的长子或继承人之妻者，一律应处绞刑。按威廉一世的森林法，杀死国王林地

---

① 参见 [德] 布鲁诺·赖德尔：《死刑的文化史》，119页，北京，三联书店，1992。

上的一只鹿就要处以残害肢体刑，后继诸王更进一步处以死刑。根据英国著名法学家布莱克斯通在18世纪60年代的保守估计，当时英国仅规定死刑的成文法便达一百六十多部，而每部成文法中又规定了数种乃至数十种死罪，更不用说普通法上的死罪数量了。对于英国刑法的残酷性，恩格斯指出："谁都知道，英国的刑法典在欧洲是最森严的。就野蛮来说，早在1810年它就已经毫不亚于加洛林纳法典了：焚烧、轮辗、砍四块，从活人身上挖出内脏等等曾是惯用的几种刑罚。不错，从那时起最令人愤慨的酷刑固然已经废止，但刑法中仍然原封不动地保留了大量野蛮的和卑劣的酷刑，处死刑的有七种罪（杀人、叛国、强奸、兽奸、鸡奸、破门入盗、暴力行劫、纵火杀人）；而以前应用范围广泛得多的死刑，也只是到1837年才限制在这几个方面。"① 死刑适用的广泛性在中世纪德国的《加洛林纳刑法典》中表现得也极为明显。根据《加洛林纳刑法典》，就连在池塘捕鱼和堕胎也要处死刑，而且死刑的执行方法十分残忍，包括火烧、车裂、四马分尸、尖物刺死等。

历史长河潮涨潮落。死刑在长达数千年的历史发展过程中，虽也有盛衰之分，但始终是刑罚体系的支柱；并且其合理性从未引起人们的怀疑。直到近代，启蒙思想和人道精神成为时代的最强者，自由、平等、博爱以口号的形式宣告理性曙光的升起。在这种情况下，死刑成为反思的对象。意大利刑法学家首次明确地提出了废除死刑的观点。贝卡里亚的思想基础是社会契约论，它在启蒙时代的国家学说中有着重要影响。贝卡里亚认为，签订社会契约时，个人委以国家尽量少的权利——能够维护国家存在即可。委以的权利中不包括死刑的权力，因而国家没有权力判处公民死刑。由贝卡里亚发起的死刑存废之争在欧洲思想界产生了广泛的影响。尽管死刑存废之争涉及许多问题，但总而言之可以归结为人道主义与功利主义之争。死刑废除论者从人道主义出发，认为人的生命权利是天赋的，这一权利是任何人也不能剥夺的；天赋的生命是神圣不可侵犯的。因此，人的生命只能自然结束，而不能人为地加以剥夺。在任何社会中，灭绝人类的生命是残

---

① 《马克思恩格斯全集》，第1卷，701页，北京，人民出版社，1956。

酷的、不人道的，是绝不能允许的。任何人的生命权利都应该得到承认，都应该受到尊重。不管以什么形式剥夺人的生命，即使是一个罪犯的生命，也应该被看作是不人道的，应当受到谴责。因此，在基于人道主义的死刑废除论者看来，死刑是如此野蛮和残酷，对违反人道主义的死刑这种刑罚方式深恶痛绝，必欲废之而后快。死刑存置论者则从功利主义出发，认为死刑具有对潜在犯罪人的威慑力，这种威慑力是其他任何刑罚所不能比拟的。因为死刑所剥夺的是人的生命，而人的生命只有一次，乐生畏死乃人之常情。正是由于死刑的存在，犯罪分子才不能不有所顾忌，尽量不犯死罪。死刑存废的人道与功利之争，双方各执一词。尽管没有达成共识，但这种争论本身已经动摇了死刑的神圣性，因而在世界范围内掀起了一场废除死刑的运动，尽管这场运动经历了十分曲折的发展过程。

近代西方的废除死刑运动发轫于18世纪下半叶。德国学者布鲁诺·赖德尔指出：当围绕死刑问题的思想争论开始大量出现在自由思想家们的著作中时，人道主义反倒在欧洲文化人认为是半亚洲的未开发的专制国家的俄国取得了初步胜利，彼得大帝的女儿叶利扎维塔女皇早在贝卡里亚的著作问世二十多年前，即在1741年即位之时宣布了在她的治世下不执行死刑。她信守这个许诺，并在1753年第二次训令中强调这一点，决定性地废除了死刑。女皇治世20年后于1761年去世，这20年是近代欧洲最大的国家最早一段长期没处死刑的时期。全世界为这个极为大胆的实验而瞠目，惊异该国的一般犯罪没有像所有人预计的那样增加。因为在当时，极为优秀杰出的人都受到威吓说的束缚，认为如果没有死刑的威吓作用，社会将因杀人成风而崩溃的说法是被证明了的事实。在彼得三世和叶卡捷琳娜二世统治期间，俄国执行的死刑也很少。可能是受人道主义和启蒙主义精神的影响，叶卡捷琳娜二世于1766年发布行政改革和制定新法的诏令，其中说："社会处于正常状态时处死国民既无益也无必要。"[①] 这个时期，可以说是废除死刑的试验期，还只是个别国家在一定时期内对废除死刑的尝试。除俄国以外，1780年至1790年，德国皇帝约瑟夫二世也受启蒙主义的贝卡里亚的思想的

---

① ［法］布鲁诺·赖德尔：《死刑的文化史》，160页，北京，三联书店，1992。

影响，于 1786 年宣布在他的统治下的奥地利各邦废除死刑。

但是，随着法国大革命的到来，激烈的社会冲突使废除死刑运动停止甚至倒退。最为典型的是法国大革命时期雅各宾派的领袖之一罗伯斯庇尔，在 1789 年革命胜利初期，罗伯斯庇尔猛烈地抨击死刑，认为从人道和正义的观点看来，死刑只不过是整个民族进行隆重的谋杀行为而已。因此，死刑是非常不公正的，社会无权来规定死刑。必须承认，社会的幸福不是与死刑相关联的，因为不具有自由民族的善良风俗的社会，在社会上废除死刑的时候犯罪仍将继续存在。必须相信，居住在法国土地上的温和的、善良的民族，一定会以人道主义来对待犯罪的人，并将同意这一看法，即经验和理智会容许人们来批准其关于废除死刑的建议所依靠的原则。[①] 后来，随着革命的深入发展，罗伯斯庇尔改变了废除死刑的观点。在 1792 年年底审判路易十六的时候，罗伯斯庇尔坚持要求议会立即审判国王，处以死罪。1793 年 1 月 21 日，路易十六上了断头台。从此，法国大革命进入了一个恐怖的时代：红色恐怖和白色恐怖都利用死刑来达到各自的目的。在这期间，断头台的任务越来越繁忙。挤满监狱的犯人大都要处死，断头台疲于应付。罗伯斯庇尔的得力助手圣·鞠斯特叹道："坟墓的人满为患超过监狱。"国民议会把司空见惯的断头台处刑称为"血的弥撒"，于是处刑台便成了"祖国的祭坛"。那一时期，不断有成批的贵族和平民被视为新秩序的敌人，而被塞上马车送往刑场。死囚的鲜血流进处刑台下的坑里。血多得已不往下渗，在表面凝固并很快发出恶臭，殃及四方。7 月 28 日，轮到罗伯斯庇尔本人被判决了。基于对他的惧怕，许多不同观点的反对派都团结起来，成功地夺取了独裁者的权利并把他和同伙一网打尽，然后用囚车把他们送上断头台。罗伯斯庇尔遭囚禁时，下巴受着伤，头上打着绷带。执门吏扯开绷带时疼得他叫起来。这是他发出的最后的声音，而群众在刑场上狂欢乱舞庆祝独裁者的死亡。德国学者布鲁诺·赖德尔指出：这一特殊的、无比残虐的时代一方面打着启蒙的旗帜，赞颂着理性女性，另一方面却陶醉在血泊之中。无论怎么说，醉心杀人都不是基于理性，来自正确的

---

① 参见 [法] 罗伯斯庇尔：《革命法制和审判》，68～74 页，北京，商务印书馆，1965。

判断。① 确实，罗伯斯庇尔之死是具有戏剧性的。正是在红色恐怖中，死刑如同罗伯斯庇尔所说的那样，成为整个民族进行的隆重的谋杀行为。

世界性废除死刑的第一个高潮出现在 19 世纪中叶至 20 世纪初期。这个时期，废除死刑的国家开始增加到两位数。1848 年，圣马力诺共和国废除了死刑（1858 年对特定重罪恢复死刑）；1849 年，委内瑞拉对政治犯罪废除死刑，1863 年对所有犯罪废除死刑；1852 年，葡萄牙对政治犯罪废除死刑，1867 年对普通犯罪废除死刑，1911 年对所有犯罪废除死刑；1848 年，瑞士对政治犯罪废除死刑，1874 年对普通犯罪废除死刑；1889 年，意大利全面废除死刑；1890 年，巴西刑法废除死刑，1891 年宪法废除死刑；1907 年，乌拉圭废除死刑；1902 年，挪威对政治犯罪废除死刑；1851 年，厄瓜多尔对政治犯罪废除死刑，1887 年对除杀父母以外的犯罪废除死刑，1909 年对所有的犯罪废除死刑；1886 年，哥伦比亚宪法废除了死刑，1910 年议会又专门通过法案废除死刑；1877 年，哥斯达黎加对一切犯罪废除了死刑，1882 年又在宪法中予以确认。但随着社会矛盾的激发，尤其是第一次世界大战的爆发，废除死刑运动出现了停滞和倒退。原来已经在法律上废除死刑的 11 个国家和地区中，除了圣马力诺、哥斯达黎加、厄瓜多尔、乌拉圭、哥伦比亚等 5 个国家以外，其他 6 国由于种种原因又相继恢复死刑或重新开始执行死刑。由此可见，废除死刑不是一帆风顺的，它在曲折中发展。

世界性废除死刑的第二次高潮出现在 20 世纪 70 年代以后。这段时间，废除死刑的国家和地区成倍增加。尤其是 1989 年 12 月 15 日，第 44 届联合国大会以 59 票赞成、26 票反对、48 票弃权，通过了废除死刑的国际公约，进一步推动了废除死刑运动的发展。该公约通过后，1990 年就有 7 个国家和地区废除死刑。很多学者认为，这个记录不仅空前，将来恐怕也难再现。② 到目前为止，废除死刑的国家共 85 个，在全球 180 个国家占 47%；保留死刑的国家共 95 个，占

---

① 参见［法］布鲁诺·赖德尔：《死刑的文化史》，122 页，北京，三联书店，1992。
② 参见胡云腾：《死刑通论》，76 页，北京，中国政法大学出版社，1995。

53％。即使在保留死刑的国家，死刑的适用也受到严格的限制。

肉刑已经成为历史陈迹，死刑也正在逐步消亡，刑罚在人道主义精神的感召下走向轻缓化，这是一个历史的发展潮流。尽管就现在短时间内还不可能废除死刑，但应当严格限制死刑的适用，使刑罚逐渐向轻缓的方向发展，这是当代刑法追求的一个价值目标。

三、刑法的道义性

刑法的人道性要求刑法的制定与适用都要符合一定的道义要求，以此限制与匡正刑法，使刑法与人性相一致。在这个意义上说，只有合乎道义的刑法才具有人道性。

刑法的道义性，首先涉及对刑法性质的认识。在古代社会，神权法的观念曾经支配着政治和法律。苏联学者涅尔谢相茨曾经对神权法观点的起源作了精辟的论述：现存秩序起源于神的观点，是我们这里所研究的伦理观点、社会政治观点和法律观点的古代神话的主题。一定的神话观点认定相应的（现有的）秩序，它既是该秩序产生的基础及存在和永不变更的理由，又是该秩序发挥作用的思想依据和准则。因此，神话在原始社会中起着使社会准则合法化的作用。神话关于世间秩序起源于神的论据，也为关于权利、法律、政权等性质的更为具体的观念奠定了基础。在宗教神话观念阶段，权利和法律还未分离出来成为单独的规范，只是作为宗教神话所赞同的个人、社会与国家生活秩序的不可分割的方面而存在。在这个时期的法律中，神话的、宗教的、道德的、社会政治的诸种因素紧密地交织在一起，而整个立法则全部来自神的本源。按照神话的观念，世界的法律秩序是世界的、宇宙的秩序的组成部分，个别人对规则、礼仪、法律作任何违犯，都会使天地间的和谐受到损害，并且孕育着世界性的灾难。由此也就产生了关于人类行为的十分详尽的规定，出现了众多的宗教伦理的禁忌和对违禁行为（不管是世间还是阴间）的严厉惩罚。既然现在的秩序和法律是来源于神并且不可侵犯，

所以破坏它们就被看作是对神的挑衅。① 立法者以神的名义制定法律并将这种法律付诸实施。例如，古巴比伦《汉谟拉比法典》序言宣称："安努那克之王，至大之安努，与决定国运之天地主宰恩利尔，授予埃亚之长子马都克以统治全人类之权，表彰之于伊极之中以其庄严之名正教诏，使之成为万方最强大者，并在其中建立一个其根基与天地共始终的不朽王国。"在这种神权法思想的支配下，犯罪被视为违反神意的行为，对犯罪的惩罚是替天行罚。因此，刑罚被赋予了某种神圣性，统治者往往在神的名义下进行残酷的刑事镇压。在西方中世纪，刑罚作为爱的法律来理解，被认为是神的委托。为了贯彻这样的思想，就要符合神的意思，刑罚越严峻越妥当，结果是法律滋彰、刑罚苛酷。② 及至近代，随着启蒙运动的兴起，刑罚被世俗化，在理论与人性的基础上重新建构刑罚理论。在这种情况下，刑罚从被认为是一种善转变为被认为是一种恶。

刑罚是一种恶的观念建立在对刑罚痛苦性认识基础之上。在古代社会，刑罚的痛苦性虽然客观存在，但由于人们关注的是惩罚的正当性，因而对刑罚对受刑人所造成的巨大痛苦往往忽视。基于这种情况，把刑罚当作一种爱，而没有把刑罚理解为一种会给人造成痛苦的恶。近代自然法的创始人格老秀斯第一次明确指出：惩罚是由于邪恶行为而招致的一种痛苦。基于此，格老秀斯进一步认为：法律规定的惩罚不是为了私人的利益，而是为了公共的利益；一部分靠有害的强制，一部分靠榜样的效力。综上所述，我们可以认为，惩罚一个罪犯，特别是处以死刑，对于一个基督教徒的心灵是何等不安，哪怕为了自己的利益，或者是为了公共的利益。③ 在此，格老秀斯把刑罚视为一种有害的强制，看到了刑罚的有害性，并表现出对犯人的一定的人道主义的思想。这一思想在英国自然法学家霍布斯那里得到更为明确地说明：惩罚就是公共当局认为某人做或不做某事是违法行为、并为了使人们的意志因此更好地服从起见而施加的痛苦。④

---

① 参见[苏]涅尔谢相茨：《古希腊政治学说》，7～8页，北京，商务印书馆，1991。
② 参见[日]庄子邦雄：《刑罚制度的基础理论》，载《国外法学》，1979 (3)、(4)。
③ 参见《西方法律思想史资料选编》，158～159页，北京，北京大学出版社，1983。
④ 参见[英]霍布斯：《利维坦》，241页，北京，商务印书馆，1985。

上述两位学者重点还是在于论证刑罚的痛苦性。英国著名法学家边沁从功利主义哲学出发，得出了刑罚是一种恶的结论。边沁指出：如果刑罚之恶超过罪行之恶，立法者就是制造更大的痛苦而不是防止痛苦，是以较大恶之代价来消除较小之恶。在边沁看来，这是一种昂贵之刑，属于不应适用之刑。边沁认为，应观察这样两种情况——一种代表罪行之恶，另一种代表刑罚之恶。下列之恶是每种刑罚所具有的：第一，强制之恶，它根据受禁止事物有权享用的快乐程度向案犯适用或多或少的痛苦。第二，刑罚所产生之苦，当刑罚被实际执行时皆如此。第三，恐惧之恶，那些已经违反法律或害怕随之而来的指控者必然遭受此种痛苦。第四，错误控告之恶，这种恶专属于刑法，而且尤其是那些含糊不清之刑法及虚假之罪。人们的普遍憎恨经常使受到指控或责难的犯罪嫌疑人及被告人处于一种可怕的形势下。第五，衍化之恶，发生在受到法律制裁者之父母或朋友身上。边沁认为，上述是立法者在规定刑罚时应该时刻注意的恶或代价。[1]

既然刑罚是一种恶，那么，它又为什么会存在呢？在边沁看来，刑罚之恶存在的必要性就在于其功利性；可是任何惩罚都是伤害，所有的惩罚都是罪恶。根据功利原理，如果惩罚被认为确有必要，那仅仅是认为它可以起到保证排除更大的罪恶。[2] 正是在这个意义上，刑罚毋宁可以说是一种必要的恶。对此，日本学者西原春夫曾经指出：本来，人是不能对人进行裁判的，但是，人不对人进行裁判而产生的非正义，与人对人进行裁判而产生的非正义，两者相比较，显然是前者要严重得多。所以，人类自古以来就心甘情愿地忍受、容许并肯定人对人进行裁判所产生的非正义，直至今日。人对人进行裁判的制度，就这个意义而言，只是一种"必要的恶性"。为对人进行裁判的结果所科以的刑罚，同样也只是一种必要的恶。[3] 正是基于刑法是一种必要的恶的认识，使得我们更加关注刑法的合理性与正当性，更要求刑法具有道义性。如果放任刑法之恶，使之从必要之恶变成不必要之恶甚至过分之恶与滥用之恶，则刑法的道义性也就丧失殆尽矣。

---

[1] 参见［英］边沁：《立法理论——刑法典原理》，67页，北京，中国人民公安大学出版社，1993。
[2] 参见《西方法律思想史资料选编》，493～494页，北京，北京大学出版社，1983。
[3] 参见［日］西原春夫：《刑法的根基与哲学》，2～3页，上海，上海三联书店，1991。

立足于刑罚是一种必要的恶的信念，残酷的刑罚因其不具有道义性而应废止。因为不考虑方法的残酷刑罚会破坏社会的道德基础，会给社会造成严重的损害。[1] 因此，以下违背刑法道义性的做法不应存在：

（1）株连。株连是族诛与连坐的泛指。族诛起源于夏代，《尚书·甘誓》记载夏代存在所谓"孥戮"即戮杀本人以外还戮及其子或妻女。《尚书·汤誓》还记载了商代也有"孥戮"，即所谓罪人以族。公元前746年，秦国正式将族诛确认为刑罚，见诸《史记·秦本纪》："文公二十年，法初有三族之罪。"连坐晚于族诛，战国时期，商鞅在秦国变法，"令民为什伍，而相牧（纠）司（伺）连坐。不告奸者腰斩，告奸者与斩敌首者同赏，匿奸者与降敌同罚"（《史记·商君列传》）。在整个中国封建社会，株连一直存在。株连的实质是罪及无辜，表明了刑法的残酷性。中国古代社会之所以存在株连，与宗法观念具有密切联系。宗法是指以血缘为纽带调整家族内部关系，维护家长、族长的统治地位和世袭特权的行为规范，它起源于氏族社会末期父亲家长制的传统习惯。根据这种宗法制度，具有一定血缘关系的家庭成员之间具有某种权利和义务关系，尤其是家长、族长具有一定的对内统治权，因而对家族成员的犯罪行为负有连带责任。对此，孟德斯鸠曾经指出：在中国，子女犯罪，父亲是受处罚的。秘鲁也有同样的习惯。这个习惯是从专制思想产生的。如果说，在中国子罪父坐是因为大自然建立了父权，法律并加以增益，而父亲却没有使用他的权力，所以才受到处罚，这种说法是没有多少意义的。子罪父坐这一事实说明"荣誉"在中国是不存在的。在我们的国家，父亲因儿女被判罪，和儿女因父亲被判罪所感到的羞耻，就是严厉的刑罚，严厉得像在中国的死刑一样。[2] 孟德斯鸠正确地指出了株连是专制制度的产物，专制政体的原则是恐怖，因而株连体现了统治的恐怖性。君主政体的原则是荣誉，荣誉推动着政治机体的各个部分，而这种荣誉在专制政体中是无足轻重的。随着专制统治的加强，株连范围不仅限于血缘关系，而且扩及邻里、同僚。这种

---

[1] 参见［苏］马格里—沙赫马托夫：《刑事责任与刑罚》，356页，北京，法律出版社，1984。
[2] 参见［法］孟德斯鸠：《论法的精神》，上册，94～95页，北京，商务印书馆，1961。

一人犯罪刑及无辜的株连制度，使得在专制统治下人人自危，可说是一种缺乏道义性的制度。

（2）刑讯。刑讯是指在审讯过程中，使用暴力手段逼取口供，作为定罪依据的一种方法。古代世界各国都盛行极其野蛮的刑讯制度，成为司法黑暗的重要象征。我国刑讯始于奴隶制时代，盛行于秦汉。例如，《史记·李斯列传》记载，赵高在制造李斯及其子李由的谋反案时，曾对李斯"榜掠千余，不胜痛，自诬服"。此后，刑讯逐步规范化，加以适当限制。例如北魏规定：年满50岁以上的人不得刑讯；体弱的人可以减轻；拷打数量和刑具都有定制。唐代还规定对非法刑讯的官吏要加惩处。尽管如此，非法刑讯仍然层出不穷，合法刑讯反而成为例外。刑的本意是要获取犯罪的口供，使有罪者受到法律的惩处。但其结果却使无辜者遭受非人的折磨，刑讯成为制造冤假错案的工具，正如西汉路温舒所言："夫人情安则乐生，痛则思死，棰楚之下，何求而不得？"（《汉书·路温舒传》）

应该指出，刑讯制度的存在，与专制统治以恐怖为原则有关以外，还与审判诉讼制度有关。中国古代实行纠问式审判，口供足以定案，有罪推定等，都成为实行刑讯的法律基础。及至近代，随着人道主义思想的广泛流传，刑讯的野蛮性越来越为人不耻。贝卡里亚曾经对刑讯作了十分猛烈的抨击，指出：在痉挛和痛苦中讲真话并不那么自由，就像从前不依靠作弊而避免烈火与沸水的结局并不那么容易一样。我们意志的一切活动永远是同作为意志源泉的感受印象的强度相对称的，而且每个人的感觉都是有限的。因而，痛苦的影响可以增加到这种地步：它占据了人的整个感觉，给受折磨者留下的唯一自由只是选择眼前摆脱惩罚最短的捷径，这时候，犯人的这种回答是必然的，就像在火与水的考验中所出现的情况一样。有感性的无辜者以为认了罪就可以不再受折磨，因而称自己为罪犯。罪犯与无辜者间的任何差别，都被意图查明差别的同一方式所消灭了。这种方法能保证使强壮的罪犯获得释放，并使软弱的无辜者被定罪处罚。每一个人的气质和算计都随着本人体质和感觉差异而各不相同，刑讯的结局正体现着个人气质和算计状况。因此，一位数学家大概会比一位法官把这个问题解决得更好：他根据一个无辜者筋骨的承受力和皮肉的敏感度，计算出会使他认罪的痛苦量。刑讯必然

造成这样一种奇怪的后果：无辜者处于比罪犯更坏的境地。尽管二者都受到折磨，前者却是进退维谷：他或者承认犯罪，接受惩罚，或者在受刑讯后，被宣布无罪。但罪犯的情况则对自己有利，当他强忍痛苦而最终被无罪释放时，他就把较重的刑罚改变成较轻的刑罚。所以，无辜者只有倒霉，罪犯则能占便宜。[①] 刑讯使审问成为一种变相的刑罚，本来应该是在定罪以后予以的惩罚却提前到定罪之前，而且往往使无辜者遭受这种非人的折磨。刑讯之有悖于道义性，是显而易见的，当今已为各国司法制度所不取。

（本文原载《湘江法律评论》，第 1 卷，长沙，湖南人民出版社，1996）

---

① 参见［意］贝卡里亚：《论犯罪与刑罚》，32～33 页，北京，中国大百科全书出版社，1993。

刑法谦抑的价值蕴含

对刑法（这里主要是指刑罚）的迷信，是各种政治上迷信中最根深蒂固之一种。如果说，在智识未开的古代社会，这种观念还有一定市场的话，在当今文明社会，刑法迷信应当在破除之列。德国著名学者耶林指出："刑罚如两刃之剑，用之不得其当，则国家与个人两受其害。"基于这种对刑法功能二重性的科学认识，谦抑性就成为现代刑法追求的价值目标。

谦抑，是指缩减或者压缩。刑法的谦抑性，是指立法者应当力求以最小的支出——少用甚至不用刑罚（而用其他刑罚替代措施），获取最大的社会效益——有效地预防和控制犯罪。因此，刑法的谦抑性具有限制机能，在现代法治社会，这是刑法应有的价值意蕴。

一、刑法的紧缩性

纵观人类文明史，从人治到法治是历史发展的必然趋势，法制在现代社会生活中所起的作用越来越大。德国学者韦伯曾经把历史发展分为三种统治类型先后出现的过程：其一是卡里斯马型统治，这是一种前理性时代的社会现象，是一种

最不稳固、非常态（extraordinary）的统治形式。其二是传统型统治，这种统治的合法性来自自称的、同时也为他人相信的历代相传的神圣规则的权力。其三是法理型统治，指现代社会的统治形式，它与卡里斯马型和传统型的人治社会不同，在现代社会中法律具有至高无上的地位，这是一种以法律为依据进行治理的社会。法律规定是基于有利权衡或价值合理性（或两者兼而有之）经由协议或强制来建立的，它要求这种统治类型的组织成员——通常包括居住在一定领土范围上的所有人，他们的社会关系、社会行动的方式，要受这一组织的管辖——都要服从其权力。法律实体基本上是由一些抽象的规则组成的首尾一贯体系，通常是人们有意制定的。依法实施行政管理就是将这些抽象规则运用实际事例；行政管理过程旨在制约组织在法律规定的界限内理性地追求利益并遵守形式化的原则。[①] 韦伯所说的法理型统治的社会，就是现代法治社会。这种社会的最大特点就是法的无所不在、至高无上，形成非人格化的法律关系。但是，在这样一个法律扩张的社会里，我们却看到一种与之极不协调的现象，这就是刑法的紧缩。如果我们更为深刻地看待这个问题，那么我们就会发现一个语义学的问题：法（包括法规、法典、法律体系及其法观念）的非刑化嬗变。在这一嬗变过程中，法越来越丧失刑法的以暴力为后盾的强制性，因而增加了它的涵括面，成为社会关系的纽带。

英国学者梅因通过考察古代法，得出这样一个结论：法典愈古老，它的刑事立法就愈详细、愈完备。这一结论建立在以下事实的基础之上："条顿法典"（Teutoric Codes）包括我们盎格鲁—撒克逊的法典在内，是流传到我们手里的唯一的古代世俗法律，关于它原来的规模我们可以形成一个明确的概念。虽然罗马和希腊法典的现存片段足以证明它们的一般性质，但残存的数量不多，还不够使我们十分确切地知道它们到底有多大的篇幅以及各个部分相互的比重。但大体而论，所有已知的古代法的搜集都有一个共同的特点使它们和成熟的法律学制度显然不同。最显著的差别在于刑法和民法所占的比重。在日耳曼法典中，民事部分

---

① 参见苏国勋：《理性化及其限制——韦伯思想引论》，194～202 页，上海，上海人民出版社，1988。

的法律比刑事部分范围要狭小得多。德累科法典科处血刑的传统，似乎表明它也有同样的特点。① 应该说，这一特点在中国古代法中更为明显。如果说，西方古代法仅是法典中刑民比例上的差别，而且这种差别从《十二铜表法》开始就已经改变，古罗马法号称私法文化，可见民法的分量已经远远超过刑法。但中国古代法中，愈是往前追溯，法与刑越是接近。在中国古代法的源头，简直是法与刑合一，因而法起源于刑，这是一种典型的公法文化。

我国学者梁治平曾经对中西法律文化中法的字义加以辨析与比较，拉丁语汇中表示法的词汇是 Jus 和 Lex。Jus 的基本含义有二：一为法，一为权利。lex 原意是指罗马王政时期国王制定的法律和共和国时期各立法机构通过的法律。一般说来，Lex 具体而确定，得用于纯粹司法领域，可以指任何一项立法。相反 Jus 只具有抽象的性质。古代文献中，至少有两个非常重要的字可训为法。一个是刑，一个是律。刑、法、法、律可以互训。如《尔雅·释诂》："刑，法也"，"律，法也。"《说文》："法，刑也。"《唐律疏议·名例》："法，亦律也。"古字内涵丰富，常与其他词互训、转注，以至于辗转生义。又由于时代变迁，字的形、音、义也会有种种不同。所以，这里所注意的主要是刑、法、律三个词的一般关系，特别是其中的内在逻辑。从时间顺序上看，我们今天称之为古代法的，在三代是刑，在春秋战国是法，秦汉以后则主要是律。从三者之间关系来看，它们之间没有如 Jus 和 Lex 那样的分层，更不含有权利、正义的意蕴。不过，三者并非平列而无偏重。应该说，三者的核心乃是刑。②

由此可见，在中西法律文化之间，存在重大差别。就以法而言，西方的法主要是指正义与权利，而中国的法则主要是指刑。如梁治平所言，中国法的发展经历了"刑—法—律"这样一个发展过程，夏、商、周三代，均以刑著称，因而有所谓禹刑、汤刑、吕刑以及九刑、五刑、刑书等称谓。这里的"刑"字，是"到"的假借，是指割咽喉，就是杀的意思。《吕氏春秋·乐律》注："刑，杀

---

① 参见［英］梅因：《古代法》，207 页，北京，商务印书馆，1959。
② 参见梁治平：《法辨——中国法的过去、现在与未来》，59～63 页，贵阳，贵州人民出版社，1992。

也。"《韩非子·二柄》:"杀戮之谓刑。"这都是以刑为杀,即以死刑作为"刑"的一种。① 在原始社会,虽然存在血亲复仇的暴力形式,但基本上还是以世代相传的习惯调整社会关系。进入阶级社会以后,由于社会矛盾激化,需要一种以公共权力为后盾的强制性治理形式,这就是法,而法最初就是以刑的方式出现的,即所谓"夏有乱政,而作禹刑;商有乱政,而作汤刑;周有乱政,而作九刑"(《左传·昭公六年》)。到春秋战国时期,以法代刑,法取代刑而出现,最著名的是李悝所著的《法经》,可见当时法已经成为一种正式的规范性文件的名称。梁治平先生在论及从"刑"到"法"的转变时指出,将《法经》篇目拿来与旧时的法律"体系"相对照,可以发现一个显著的差别。《周礼·司刑》注:"夏刑大辟二百,膑辟三百,宫辟五百,劓、墨各千。"这便是《唐律疏议》引《尚书大传》所说:"夏刑三千条。"值得注意的是,此三千之数分系于五个刑种之下,换句话说,这是以刑种为纲领的刑罚体系。这种情形在李悝的《法经》里面有了根本的改变。《法经》的头两篇"盗"和"贼"并非刑种的名称,而是概括性的罪名,刑罚的名称则放在"具法"里面。这里,按照刑名分类,以刑种为纲领的体系,转变成了依罪名分类,以罪名为纲领的体系。② 这就是中国法制史上著名的从"以刑统罪"到"以罪统刑",由此形成以罪名分类为标准建立起来的刑法体系的雏形。

应该说,这一转变的意义远远不限于刑法,其更重要的法哲学意义在于:"法"是一种衡量行为的恒常的尺度,与单纯以杀戮为内容的"刑"相比,"法"更接近于现代作为一种强制性的行为规范的法的意蕴。因为,如果说"刑"还只有杀戮的意思,而"法"已经有行为规范的蕴含。例如《淮南子》云:"法者,天下之度量,而人主之准绳也。"当然,在春秋时期,法还主要指量罪行之轻重,定科刑之尺度。我们看到,法正在逐渐脱离单纯的刑的意蕴,而向一般意义上的法转变。及至商鞅变法,改法为律,中国法制又为之一变。这里的"律",是从

---

① 参见宁汉林:《中国刑法通史》,第二分册,67页,沈阳,辽宁人民出版社,1986。
② 参见梁治平:《寻求自然秩序中的和谐——中国传统法律文化研究》,35页,上海,上海人民出版社,1991。

音乐名称借喻而来。《说文》云："律，均布也，从律声。""均布"是指古乐器中调解音律的工具，起着标准的作用，所谓"范天下之不一，而事于一"。《管子·七臣七主》云："律者，所以定分止争也。"《尔雅·释名》云："律，累也。累人心使不得放肆也。"因此，律要求人们的行为整齐划一，服从于既定的规范。在这意义上，正如《唐律疏议》所言："律之与法，义虽有殊，其义一也……皆可以诠量轻重也。"既然，法与律其义相同，改法为律意义何在呢？邱睿在《大学衍义补》中，说明如下："律之言，昉於《虞书》，盖度量衡，受法于律，积黍以盈，无锱铢爽，凡度之长短，衡之轻重，量之多寡，莫不于此取正。律以著法，所以裁制君情，断定诸罪，亦犹六律正度量衡也。故制刑之书，以律名焉。"邱睿对改法为律原因的解释并不十分清楚，以至于成为中国法制史上的一个令人费解的难题。我国学者梁治平认为，较为合理的解释是，商鞅改革法制意在将法律的主体部分以最正规的形式确定下来，而把它与另一些在效力、范围等方面不尽相同的法律形式区分开来。这种尝试虽然开始可能粗陋，但它满足了一种比较复杂的社会需求，因此为后人承袭和发展。[1] 这一说法大体上是正确的，但我们能否进一步推论，战国末期，随着社会生活的进一步复杂化，各种法律增加，尤其是法家倡言法制，因而法的内容更为丰富、形式更加多样。在这种情况下，法从刑中解脱出来，因而以律代法表示刑的内容，法则成为各种法律形式的总称，而且逐渐具有形而上的意义。就此而言，中国古代法一般是法令、法规的名称。而律则专指刑典而言，所谓律学即刑名之学，律学家就是刑法学家。[2]

随着社会关系的复杂化，法渗透到社会生活的各个方面，因而从单纯的刑法，扩展到其他法律内容。这个法律发展进程始于秦汉。我国学者指出：历来认为秦汉律仅仅是单一的刑律，这个传统观念已被新出土的秦简所打破。秦律不但包括有刑法、刑事诉讼法的内容，也包括有民法、民事诉讼法的内容，而且还有

---

[1] 参见梁治平：《寻求自然秩序中的和谐——中国传统法律文化研究》，37页，上海，上海人民出版社，1991。

[2] 参见张晋藩主编：《中国刑法史稿》，3页，北京，中国政法大学出版社，1991。

比较健全的行政法、经济法的内容。① 当然，违反这些法律的行为无不受到刑事处罚。这种情况在《唐律》中表现得更为明显，诸如亲属、婚姻、继承、物权、债权之类的民事关系统统被纳入刑罚体系中，即使是律以外的令、格、式等法律形式也因与律相配合而具有强制力。我国法学界一般认为，唐律是一部"以刑为主，诸法合体"的综合性的封建法典。虽然唐朝自开元时制定《唐六典》以后，行政法典与刑法典分立而成为独立的法典。但由于刑法典与行政法典的某些内容互相重复与渗透，再加上民事、婚姻、诉讼仍然作为刑法典的主要内容和构成部分，所以《唐六典》的出现并未改变《唐律》"以刑为主，诸法合体"的特点。这种民刑不分的法典结构形式完全符合封建统治阶级的利益。因为在封建法典中对涉及婚姻、继承以及钱债、田地、户籍等民事法律行为和违反行政法规的行为，对当事人的过错都一律采用刑法手段去解决，正可以满足封建统治者对被压迫者实行司法镇压的需要。② 与此相反的观点则认为，过去人们总将《唐律》看作是一部"诸法合体"的法典，但以现代法律科学对法律门类的划分来考察它，它只是规定了各种刑法原则，并规定了对各种犯罪认定为科刑的标准。因此《唐律》依照现代法律分类的标准来说，也不过仅仅是一部刑律，或称为刑法典。③

应该说，以上两种观点都有一定道理。前者是从法律调整对象来看的，它表明调整民事关系的法律内容明显增加。后者是就法律调整手段而言的，民事行为同样引起刑事责任。如果说这是一种"诸法合体"，那么它是内容上的合一，即以刑统民，民事法律尚栖身于刑事法律之中，正说明中国古代刑法发达，民法落后。显然，这种"诸法合体"与西方古代法律的"诸法合体"具有完全不同的性质。罗马的《十二铜表法》（公元前5世纪）是"诸法合体，民刑不分"类型的法典。古巴比伦的《汉谟拉比法典》（公元前18世纪）也是。我们这么说，是因为在这些法典里面，不但保存大量我们名义为民事法律关系的内容，如婚姻、继

---

① 参见栗劲：《秦律通论》，67页，济南，山东人民出版社，1985。
② 参见乔伟：《唐律研究》，45页，济南，山东人民出版社，1985。
③ 参见张晋藩主编：《中国刑法史稿》，222页，北京，中国政法大学出版社，1991。

承、收养、遗嘱、所有、占有以及买卖、借贷、租赁、合伙、委任、代理等各类契约，而且相应的规定可以被视为真正的民事法律条款。换句话说，在这方面的违法行为，未被视同犯罪，不致招来社会的惩罚，它带来当事人双方权利义务关系的变化，却不生刑法上的效果。① 因此，西方古代的"诸法合体"只是形式上的合体，在内容上民刑是分离的，它与中国古代的"诸法合体"不可混为一谈。因此，在一定意义上也可以说中国古代没有诸法只有刑法。如果我们深入地考察，就会发现这是由于中国古代特殊的文化类型所决定的。中国古代维持社会秩序的行为规范主要就是礼与法两端，并且礼与法、德与刑互为表里。这就是所谓"以礼入法"，由此产生了"出乎礼则入于刑"的结果。在这种情况下，不仅法依靠刑来维持，而且礼也依赖刑去推行。因此，刑成为一切违法（包括违礼）行为的制裁手段，因而一切违法（包括违礼）行为又无不归结为犯罪。现在颇为发达的民事制裁手段，在中国古代社会并不存在。由此可见，中国古代刑的观念极为发达以至于畸形，这种现象自然不限于《唐律》，而是直到清律例以前中国古代法的一般特征。尤其是宋朝，其法律直接名曰刑统，更表明其刑法的性质。

西方法制史上的诸法分立是法国大革命的产物。在13世纪以前的欧洲，各国严格意义上的法观念，即法是社会关系的主要调整器的观念十分淡薄。经过罗马法复兴，法学家从罗马人那里接受下来的社会应受法律规范调整的思想逐渐被各国所接受，统治阶级逐渐认识到，虽然宗教、道德和法都是巩固其统治所需要的，但毕竟法是最基本的，应该把宗教教义、道德规范和法律区别开来，赋予法以独立的地位和作用。这种统一的法观念的形成，极大地促进了立法的发展。经过启蒙运动的洗礼，法国在大革命胜利以后，开始了一个法典编纂的高潮。法国先后编纂了《宪法》《民法典》《民事诉讼法典》《刑法典》《刑事诉讼法典》和《商法典》等法典，由此标志着大陆法系的形成。随着法典编纂，刑法成为法律体系中的一个法律部门，仅限于制裁那些严重危害社会的犯罪行为，由此确立了刑法在现代法制社会中补充法的地位。

---

① 参见梁治平：《法意与人情》，99页，深圳，海天出版社，1992。

中国法制史上的诸法分立始于清末的法律改革。1848年以后，中国社会经济情况发生了重大变化。随着商品经济的发展，原来的诸法合体的法律结构体系已经不能适应社会的需要。例如，清末法律改革的代表人物沈家本认识到："窃维法律之损益，随乎世运之递迁，往昔律书体裁虽专属刑事，而军事、民事、商事以及诉讼等项错综其间。现在兵制既改，则军律已属陆军部之专责，民商及诉讼等律钦遵明谕特别编纂，则刑律之大凡自应专注于刑事之一部。推诸穷通久变之理，实今昔之不宜于袭也。"① 基于这一认识，沈家本主持修律时，基本上采用大陆法系的法律体系，将民事与刑事分开，而且将实体法和程序法分开，分别编纂了刑律、民律、刑事诉讼律及民事诉讼律等法典草案。应该指出，清末法律改革，实行民刑分立，这还仅仅是形式上的，泛刑思想在中国仍然大有市场。尽管如此，它还是一个良好的开端。随着社会的进一步发展，法在社会生活中的作用越来越重要。刑法，从中华法系中唯我独尊的地位逐渐贬低为与其他法律平起平坐的地位。这是大势之所趋，也是法制发展之必然。

尽管中西法律的文化类型有所不同，法律发达的道路存在区别；但从历史演变过程来看，可以看到一个共同的趋势，就是刑法在整个法律体系中所占比重的逐渐降低，表现为刑法的紧缩性。其根本原因在于社会与个人即权力与权利之间对应关系的变化。我国学者张中秋在分析中国古代法律的刑事化现象时指出：国家和社会集体对损害它的行为的态度总是明确的，会毫不含糊地予以报复和制裁，而能否实现报复和制裁，根本上则决定于国家力量的强弱。因此，一个社会的国家集权和观念愈发达，其刑事立法也必然发达。如一个社会的国家集权和观念发达到使个人独立存在的价值与利益变得无足轻重或基本丧失，国家代表了个人（个人完全消融在国家之中），侵犯私人权益就是侵犯国家利益、破坏社会秩序，那么，这个社会的全部法律必然表现为刑法和刑法化的法律。② 在现代社会，公民个人的权利与利益得以重视与强调，因而调整公民个人之间的权利义务

---

① 沈家本：《奏刑律分则草案告成由》。
② 参见张中秋：《中西法律文化比较研究》，96页，南京，南京大学出版社，1991。

关系的民法就逐渐发达起来,而刑法的作用仅限于维持社会必要的生存条件,这就是刑法紧缩的深刻原因。

二、刑法的补充性

如果说,刑法的紧缩性是通过对法的历史考察而得出的结论,那么,刑法的补充性则是基于对法的体系分析而得出的见解。刑法的补充性是刑法谦抑性的题中应有之义。日本刑法学家平野龙一指出:"即使刑法侵害或威胁了他人的生活利益,也不是必须直接动用刑法。可能的话,采取其他社会统制手段才是理想的。可以说,只有在其他社会统制手段不充分时,或者其他社会统制手段(如私刑)过于强烈、有代之以刑罚的必要时,才可以动用刑法。这叫刑法的补充性或者谦抑性。"① 因此,刑法的补充性涉及刑法和其他法律的关系。

(一) 刑法与侵权行为法

侵权行为法是有关侵权行为的定义、种类、对侵权行为制裁以及对侵权损害后果予以民事法律规范的总称。由此可见,侵权行为法是民法的组成部分。侵权行为法与刑法存在着互相消长的关系,在现代法律社会,侵权行为法的重要性日益显露,其适用范围逐渐拓宽,体现了现代法治的价值。考察刑法与侵权行为法的关系,我们可以看到侵权行为法在相当范围之内通过以反映交换和价值要求的损害赔偿的方法对公民权利予以保护,取代了在古代社会刑法所承担的功能,从而使刑法调整范围紧缩,使其成为补充法。

英国学者梅因在考察侵权和犯罪的早期史时指出:所有文明制度都一致同意在对国家、对社会所犯的罪行和对个人所犯的罪行之间,应该有所区别,这样区别的两类损害,就称为犯罪(Climina)和不法行为(Delicta)。在罗马法所承认的民事不法行为的开头有窃盗罪(Furtum)。我们在习惯上认为专属于犯罪的罪行被完全认为是不法行为,并且不仅是窃盗,甚至凌辱和强奸,也被法学专家把

---

① [日] 平野龙一:《刑法总论Ⅰ》,47页,东京,有斐阁,1972。

它们和扰害、文字诽谤及口头诽谤联系在一起。所有这一切都产生了"债"或是"法锁",并都可以用金钱支付以为补偿。因此,如果一种侵权行为或不法行为的标准是:被认为受到损害的是被损害的个人而不是"国家"则可断言,在法律学幼年时代,公民赖以保护使不受强暴或诈欺的,不是"犯罪法"而是"侵权行为法"①。根据梅因的观察,在古罗马法中,刑法是从侵权行为法中分离出来的,在中国古代,也许恰恰相反。但不管怎么说,刑法与侵权行为法具有血缘上的联系,这是一个不争的事实。我国学者在谈到侵权行为和犯罪行为的联系时指出:大多数国家的法律都经历了一个从侵权责任和刑事责任合一到逐渐分离的过程。根据许多国家的法律规定,某些违法行为(如因交通事故致人损害和死亡)既可以作为侵权行为,也可以作为刑事犯罪对待。在普通法国家,对于"非法侵害"(asault)、"殴打"(battery)、"侮辱"(libel)等行为,行为人可能仅被提起侵权之诉,也可能被作为犯罪而提起刑事诉讼。对于严重侵犯财产权和人身权的案件,行为人除承担刑事责任以外,可能还要根据刑事附带民事诉讼程序而赔偿损失。② 因此,在现代法治社会,刑法与侵权行为法互相依存,共同保障公民权利与社会秩序。

尽管刑法与侵权行为法具有共同的起源,但两者存在明显的区别。这种区别主要表现在功能上的不同:刑法更具有惩罚性,而侵权行为法则更具有补偿性。关于刑法的惩罚性,主要是指通过对犯罪行为实行正当的法律报应,从而恢复法律秩序,并防止犯罪的发生。不可否认,侵权行为法也具有一定的制裁性。因为侵权行为是分割他人财产权和人身权的行为,具有一定的社会危险性,因此应当受到法律的制裁。这种制裁是法律对漠视社会利益和他人利益、违背义务和公共行为准则的行为的谴责和惩戒,它意味着法律依据社会公认的价值准则和行为准则对某种侵权行为所作的否定性评价,也是矫正不法行为的重要措施。但对于侵权行为法来说,这种制裁性是附属的,而补偿性则是基本功能。侵权行为法的补

---

① [英]梅因:《古代法》,208~209 页,北京,商务印书馆,1959。
② 参见王利明主编:《民法·侵权行为法》,13~14 页,北京,中国人民大学出版社,1993。

偿性，是指在行为人实施侵权行为并致他人损害以后，行为人应向他人负赔偿责任，以赔偿受害人所受的损失。一般认为，赔偿包括三方面的内容，即对财产损失的赔偿、对因人身伤害和死亡所花费的费用的补偿、对精神损失的补偿。赔偿作为一种手段，旨在于使被侵害的权利得以补救或恢复。在民法中，对财产损害按实际损失作出补偿，实际上是一种等量劳动交换的反映。尤其是20世纪以来，随着科学技术的发展，各种事故和危害不断增长，为了能够对受害人提供足够的补偿，侵权行为法发生了急剧的变化，补偿性得以进一步强调。美国学者施瓦茨指出：对于侵权行为法的主要问题来说，法律的整个处理方法近来变动甚大。最重要的是，整个侵权行为法目的的变化中的概念。按传统的说法，侵权行为法的功能是，在一个人对由他造成的损害负有责任和没有责任的情况之间确定一条界限。主要目的在于调整参与诉讼的当事人彼此冲突的要求。在当代，更多地实现了比诉讼当事人的利益更多的利益。虽然当事人完全是私人诉讼人，但也可能涉及社会利益。于是，侵权行为法调整的不只是一种衡量与被告的利益相对抗的原告利益的过程。社会利益被列入考虑的范围，而且通常受到更多的重视。对私人诉讼人的利益是互相相对地加以平衡，而且是在考虑到所有最有利于公共利益的前提下才这样做的。从这一观点出发，在20世纪已经出现了侵权行为法不断深入的合法化。[①] 由此引起侵权行为法重大变化表现为责任保险和损失分担制度的形成。责任保险是指被保险人对他人造成损害并应负赔偿责任时，由保险人支付赔偿费的一种财产保险。责任保险制度可以使投保的侵权行为人的损失赔偿责任，转嫁给保险公司承担，而保险公司再将损失转嫁给千万户投保人。损失分担制度是指将损失加到许多人身上，由集体承担损失。责任保险和损失分担制度的形成，销蚀了侵权行为法的制裁性，而增强了其补偿性。

刑法与侵权行为法在功能上的这种差别，决定了刑法主要适用于那些主观恶性较深、客观危害较大的犯罪行为；而侵权行为法则主要适用于那些侵害公民人身和财产权利，其危害性又没有达到犯罪的严重程度，不需要加以刑罚制裁的行

---

① 参见［美］伯纳德·施瓦茨：《美国法律史》，289～290页，北京，中国政法大学出版社，1989。

为,通过赔偿损失以弥补受害人因侵权行为而遭受的物质上的与精神上的损失。应该说,犯罪行为与侵权行为之间并没有不可逾越的鸿沟,而只存在社会危害性程度上的区别。因此,刑法与侵权行为法调整的范围可以根据客观需要而互相消长。从刑法的谦抑性出发,就可以将某些轻微的犯罪行为予以非犯罪化,改由侵权行为法调整。

中国古代法制是以刑法为基本框架而建构起来的,刑法占据绝对的主导地位。因此,虽然也存在侵权行为法的内容,但大多淹没在刑法规范之中。及至今日,虽然刑民分立,但重刑轻民的观念仍然存在。所以,公民权利的保护主要依赖刑法,当某一侵权行为尚未构成犯罪,不能适用刑法时,就会出现法律保护不力的情况。因此,对公民权利的保护是不完整的。而且,由于侵权行为得不到有效制止,受害人的损失得不到补偿,往往发生大量"民转刑"案件,即由民事纠纷转化为刑事犯罪,不利于稳定社会秩序。在这种情况下,侵权行为法越来越受到有识之士的重视。我国学者王利明提出侵权行为法与刑法的综合调整的观点,指出:尽管刑法调整的社会关系的范围是极为广泛的,然而,刑法只有在侵权行为法的配合下,才能有效地调整社会关系。这具体表现在:(1)侵犯公民和法人的合法权益的行为,只有在情节严重并构成犯罪的情况下,才应受到刑罚的制裁。然而现实中大量的侵权损害是不可能进入刑法所调整的领域的,这些侵权损害关系只能由侵权行为法调整。如果不能依据侵权行为法很好地解决侵权纠纷,则不仅有可能导致许多侵权行为最终酿成犯罪,危及社会秩序的稳定,而且也使大量的侵权行为的受害人因难以寻求侵权赔偿的救济,而要求对加害人实施刑事制裁,从而有可能使本不应由刑法调整的关系归入刑法调整。(2)正确的定罪量刑是建立在罪与非罪的严格区别的基础上的,而此种区别在很大程度上不过是犯罪和侵权的区别。倘若缺乏侵权法律规范,则会模糊罪与非罪区分的标准。(3)侵犯财产权和人身权的行为,常常会导致规范竞合,也就是说,一个行为既构成犯罪又构成侵权。在发生规范竞合时,侵权责任和刑事责任是可以同时并用的。行为人承担民事责任不应影响他承担刑事责任,反之亦然。但是,如果不能发挥侵权行为法的作用,就会出现"打了不赔,赔了不打"的现象,很难正确处理规范

竞合的案件。① 应该说，以上分析是极为精辟的。可以预言，随着民主与法制的加强，公民的权利意识的觉醒，我国侵权行为法必将不断健全。在这种情况下，侵权行为法与刑法将会形成对公民权利的有效保障机制；侵权行为法承担权利保障的主要的和基本的使命，而刑法只是在侵权行为法不足以保障公民权利的情况下，起到补充保护的作用，成为权利保障的最后一道法律防线。

(二) 刑法与行政处罚法

行政处罚法是指关于行政机关及法律授权的组织科处行政处罚的统一、综合的法典。由此可见，行政处罚法是行政法的组成部分。

关于刑法与行政处罚法的关系，在学理上是一个十分复杂的问题，这里主要涉及一个概念——行政刑法（Verwaltungtarafrecht）。行政刑法概念的起源可以追溯到 18 世纪的德国，当时警察权力日渐增大，其活动范围也不断扩大，"警察犯"的概念开始出现，并和"刑事犯"相对应。按照德国学者的观点，刑事犯是对法益造成侵害的犯罪，而警察犯则是对法益造成危险的行为（虞犯）。19 世纪，德国法学基本上形成了"警察刑法"（Polizestrafgesetz）的概念。1813 年，德国刑法学家费尔巴哈在起草巴伐利亚州刑法典时，就将行为的实质内容分为"法律破坏"和"警察违反"两部分，认为前者应分为重罪和轻罪，规定在刑法中；后者为违警罪，宜规定在警察刑法中。此后，德国符腾堡州于 1839 年、黑森州于 1847 年、巴伐利亚州于 1861 年、巴登州于 1863 年都制定了"警察刑法典"（Polzeistracfgesetabuch）。因此，这一时期自成一体的"警察刑法典"可以说是行政刑法的最早立法例。但德国 1871 年刑法典并未采取这一主张，当时的立法者坚持认为，任何想区分行政犯罪与刑事犯罪的努力都是徒劳无益的。因此，他们仿效 1810 年《法国刑法典》，采重罪、轻罪与违警罪的三分法，把违警罪当作一种最轻微的罪行，规定在分则第 29 章（第 360 条至第 370 条）之中。依照该法的规定，违警罪的法律效果包括自由刑、罚金刑与拘役，均为刑事刑罚而非行政罚。因此，使那些在伦理上并没有重要性的违警行为，也划归于刑事不

---

① 参见王利明：《侵权行为法归责原则研究》，7~8 页，北京，中国政法大学出版社，1992。

法的领域。对于1871年《德国刑法典》把违警行为规定在刑法典中的立法例,一直遭受到不少学者的批判与反对。早在1902年召开的第26届德国法学者会议中,刑法学家李斯特提出的鉴定报告与卡尔提出的专论中就明确地认为违警罪系纯正的秩序违反行为,并且建议违警罪应从刑法典中提取出来,而特别为其制定一个独立的法典。其后至1911年由李斯特等人提出的刑法修改草案,即就违警罪章中之行为在质上的判断,而将涉及法益破坏与危险的行为,升格为重罪或轻罪,其余之违警罪则不再规定在刑法中。对于刑事不法与行政不法的区别问题作过深入的研究之后,德国刑法学家郭特希密特于1902年首次提出建立行政刑法的主张。郭特希密特的理论出发点乃在于司法与行政的并立,两者应该有其不同的目的与领域;司法的目的乃在于保护法益与人的意思领域,为达此一目的,其所采之手段是持续的宣示与法律的规定等,在这些宣示与规定之中,一定要具有强制力的刑法,作为达成司法目的的强制手段。郭氏把它称为"司法刑法"(Justizstrafrecht);相对地,行政的目的在于促进国家与社会的福利,其促进手段是行政作为,在此行政作为中同样需要具有强制力的法规,用以确保行政作为之畅行无阻,此即为行政刑法,它可当作一种"不纯正的刑法"(Pseudo Strafrecht)。称其为行政刑法乃自其外形上的观察所得,自其本质观之,则仍为行政的一部分,系属于行政法的领域。依据郭氏的见解,认为违反司法刑法的行为即为刑事不法,系一种"法律违反"(Rechtswidrigkeit);违反行政刑法的行为则为行政不法,系一种"行政违反"(Verwaltungswidrfekeit)。前者包含直接对于法益与法规的破坏,也即是同时含有一个实质与形式的要素(ein materielles formelles element);相对地,后者并不是一种结果的侵害,而是对于行政机关促进福利目标的疏忽,它本身并没有造成损害,只是使行政机关本所确定的行政目标不能达到预期的良好效果。因此,这种行政违反只具有形式上要素,它只是违反行政意思(即行政规章所揭示的意思)而应加处罚的行为。①

行政刑法的理论虽曾遭受多方面的批判与反对,但后来经过法学家尔富从法

---

① 参见林山田:《经济犯罪与经济刑法》,修订3版,114~115页,台北,三民书局,1981。

哲学的观点与法理的分析及政策的评价等方面加以发扬光大，并经刑法学家斯密特的补充，终于使行政刑法的思想转化为立法实践。1919 年，德国制定的《租税条例》规定秩序罚为租税违法行为的后果，并由租税主管官署依法处理。奥地利在 1925 年制定了《行政刑法典》。这种赋予行政机关行政罚权力的立法趋势，被纳粹滥用，大大削弱了司法的权限，造成了行政侵越司法权的局势。第二次世界大战以后，各国重新审度这种立法形式，赋予其法治内容，以限制行政权的扩张。日本将《违警罪即决条例》和《警察犯处罚条例》视为违宪，在 1949 年另行制定《轻犯罪法》，对于轻犯罪行为，警察只有取缔告发权，而处罚权归于法院。联邦德国在 1949 年制定《经济刑法典》，1952 年制定《秩序违反法》，并于 1954 年成立了刑法修改委员会，讨论将违警罪从刑法中分离出去。奥地利于 1950 年再行公布《行政刑法典》；同年，捷克斯洛伐克制定《行政刑法典》与《行政处罚程序法》；匈牙利也于 1955 年制定《行政刑法典》。这是第二次世界大战后行政刑法立法的第一次高潮。1974 年联邦德国修订《经济刑法典》，1975 年颁布新刑法，违警罪经过处理并入同年修改的《秩序违反法》中，成为行政刑法单独立法的典型。与此同时，罗马尼亚于 1968 年、波兰于 1971 年、葡萄牙于 1979 年、苏联于 1980 年、意大利于 1981 年、以色列于 1985 年都制定了规范行政刑法运作的框架法，这是第二次世界大战后行政刑法立法的第二次高潮。从以上行政刑法的理论与实践来看，行政刑法的发展始终与司法权与行政权的消长有关。由于行政刑法这一概念中使用了刑法一词，因而对行政刑法性质的正确界定就成为一个至关重要的问题。

关于行政刑法的性质，我国刑法学界存在以下观点：第一种观点认为，从行政刑法产生发展的过程以及国际学术界对行政刑法的理解，我们可以说，行政刑法其实是指国家为维护社会秩序、保护国家行政管理职能的实现而制定的有关行政惩戒的行政法律规范的总称。因此，行政刑法属于行政法的范畴。行政刑法是一个拼凑起来的概念，它所包含的"刑法"二字是借来的。[①] 第二种观点认为，

---

① 参见卢建平：《论行政刑法的性质》，载《改革开放与刑法发展》，113 页，北京，中国检察出版社，1993。

行政刑法就是关于行政犯罪及其刑事责任的法律。具体地说，就是掌握政权的统治阶级，为了维护正常的行政管理活动，规定哪些行为是行政犯罪，并追究刑事责任的法律。[①] 以上两种观点，第一种观点是行政说，第二种观点是刑事说。其实，两种说法只是争夺"行政刑法"这一术语的使用权而已，对于实质内容上并无区别。因为，行政法所称的"行政刑法"是指行政处罚法，而这些内容，刑事说也从来不认为属于刑法，它所说的"行政刑法"是指刑法中关于行政违法行为构成的犯罪及其处罚。在我国行政法学界，对于行政刑法一词涉及不多，一般使用行政处罚法这一概念。例如我国学者汪永清认为，关于行政处罚立法的名称，"行政处罚法"这一名称较好。理由是："它较准确地概括了行政处罚的主体、对象、范围，揭示了行政处罚的性质、特征及它与其他法律制裁的区别，更能全面地体现行政处罚的立法宗旨。"[②] 在我看来，发端于德国的所谓"行政刑法"，实际上是指行政处罚法，即行政刑法一词的专用权应属于行政处罚法，它是在行政法意义上使用的。如果在刑法的意义上使用行政刑法一词，确实存在一个违反国际学术界惯例的问题。但我认为，行政刑法一词容易产生歧义，还是以废弃不用为好。按照我国行政法学界的共识，称之为行政处罚法更为贴切。

在明辨行政刑法性质的基础上，我们有必要进一步探求刑法与行政处罚法之间的关系。这一课题不仅引起行政法学界的重视，而且还引起刑法学界的重视。国际刑法学协会第14次大会的中心议题之一便是"刑法与行政刑法的差异所提出的法律和实践的问题"。会议对刑法与行政刑法之间的差异和行政刑法适用的原则作了探讨，认为特定行为是根据刑法惩罚还是根据行政刑法予以制裁，应着重考虑以下几个因素，即行为所侵害之社会利益的重要性，对该社会利益威胁或损害的严重性，以及犯罪人罪过的种类与程度。刑法与行政刑法之差异，表现在制裁方法上，适用行政刑法，对制裁的种类和严厉程度应作限制，剥夺和限制个人自由不应该被作为主要制裁和执行措施，制裁的量不应该超过刑法所规定的最

---

① 参见张明楷主编：《行政刑法概论》，4页，北京，中国政法大学出版社，1991。
② 汪永清：《行政处罚运作原理》，34页，北京，中国政法大学出版社，1994。

高量。表现在诉讼程序上，在行政刑事诉讼中，对限制被告人的权利方面应适当放宽。①

我认为，正确地界定刑法与行政处罚法的关系，首先应当对行政处罚与刑罚处罚从法理上予以科学区分，以便为立法与司法提供理论依据。行政处罚，在大陆法系国家又称为行政罚（Verwaltungsstrafe），指对违反行政法上规定的义务，根据一般统治权给予的制裁。②质言之，行政罚是作为行政不法的法律后果而存在的。因此，行政罚有广义与狭义之分。广义上的行政罚包括对构成犯罪的行政违法行为（刑法理论上称为行政犯罪或行政犯）的行政刑罚与行政法上的处罚。狭义上的行政罚又称为秩序罚（Ordnungsstrafe），用以作为一种"加重的行政命令"，而以罚锾为手段，对于不遵守行政法规或不遵守行政义务者的一种警告。因此，行政罚或秩序罚显然有别于刑罚处罚。③在我国，行政处罚都是在狭义上使用的，认为行政处罚是指行政机关和法律授权的组织，基于行政管辖职权，对违反行政法律规范的公民、法人或其他组织所实施的行政惩戒，对实施惩戒的主体来说是一种制裁性行政行为，对承受惩戒的主体来说是一种惩罚性的行政法律责任。④刑罚处罚，在大陆法系国家又称为刑事罚（Kriminalstrafe），指对犯罪行为，作为法律上的效果加给行为者的制裁。⑤作为对行政犯罪的制裁手段，行政刑罚属于广义上的行政罚。因此，从行政处罚与刑罚处罚的关系上说，在行政刑罚这一点上，基于对行政罚的广义理解，就具有行政处罚与刑罚处罚的双重属性。从狭义的行政罚来说，行政处罚与刑罚处罚的分野应该是清楚的。由于我国对行政处罚通常采狭义理解，因此从行政处罚和刑罚处罚的概念中，可以合乎逻辑地引申出两者间形式上的差别。这种差别主要表现在行政处罚与刑罚处罚的种类上。我国行政法学界，一般依据行政处罚方式所作用的领域不同，将行政处罚

---

① 参见朝正：《国际刑法学协会第 14 届代表大会综述》，载《中国法学》，1990 (1)，111 页。
② 参见 [日] 我妻荣等：《新法律学辞典》，181 页，北京，中国政法大学出版社，1991。
③ 参见林山田：《刑罚学》，2 版，109 页，台北，商务印书馆，1983。
④ 参见杨解君：《秩序、权力与法律控制——行政处罚法研究》，36 页，成都，四川大学出版社，1995。
⑤ 参见 [日] 我妻荣等：《新法律学辞典》，230 页，北京，中国政法大学出版社，1991。

分为精神罚、财产罚、行为罚和人身罚。精神罚是一种影响名誉的行政法律责任承担方式。财产罚是要行政违法行为的实施人向国家行政管理部门承担一定的财产上的责任，用以惩罚其所从事的违法行为。行为罚是一种剥夺或限制行政违法行为实施人的特定的行为能力的处罚方法。人身罚是对进行了违法行为的相对人的人身自由加以限制，又称为自由罚。[1] 我国刑法对刑罚处罚的种类（简称刑种）作了具体规定，分为主刑与附加刑两类。在刑法理论上，一般根据刑罚所剥夺犯罪人权利的性质，将刑罚分为生命刑（死刑）、自由刑（剥夺或限制人身自由）、财产刑（剥夺一定的财产）和资格刑（剥夺一定的资格）。由此可见，从行政处罚与刑罚处罚的外在表现形式上看，两者的区别是明显的。但是，我们不能满足于行政处罚与刑罚处罚之间的形式上的差别，还应当进一步从两者的制裁对象着手，探求行政处罚与刑罚处罚在性质上的区别。行政处罚是对行政不法的制裁，而刑罚处罚则是对刑事不法（即犯罪，为与行政不法相对应，特使用刑事不法这一术语）的制裁。因而，正确区分行政不法与刑事不法就成为界定行政处罚与刑罚处罚关系的关键。

行政不法与刑事不法的区别问题，是刑法理论上一个聚讼不休的论题。主要存在以下三种观点[2]：一是量的差异理论，认为行政不法行为只是一种比犯罪行为具有较轻的损害性与危险性的不法行为，或是在行为方式上欠缺如犯罪行为的高度可责任的不法行为，行政犯或违警犯在事实上即是一种"轻微罪行"。质言之，行政不法与刑事不法之间只有量的区别，因而称为量的差异理论。二是质的差异理论，认为行政不法与刑事不法之间具有质的区别。其中，德国刑法学家郭特希密特提出的行政刑法理论认为，司法与行政有着根本的区别，为达到司法目的而采取的强制手段，称为司法刑法；为达到行政目的而采取的强制手段，称为行政刑法。违反司法刑法的行为即为刑事不法，违反行政刑法的行为则为行政不法。三是质量的差异理论，认为行政不法与刑事不法两者不但在行为的量上，而

---

[1] 参见任志宽等：《行政法律责任概论》，138～145页，北京，人民出版社，1990。
[2] 参见林山田：《经济犯罪与经济刑法》，修订3版，110～121页，台北，三民书局，1981。

且在行为的质上均有所不同。刑事不法行为在质上显然具有较深度的伦理非价内容与社会伦理的非难性，而且在量上具有较高度的损害性与社会危险性；相对地，行政不法行为在质上具有较低的伦理可责性，或者不具有社会伦理的非难内容，而且它在量上并不具有重大的损害性与社会危险性。

我认为，以上三种理论从质、量或者质与量的统一上界定了行政不法与刑事不法的区别，就论述的内容而言，质量的差异理论综合了量的差异理论与质的差异理论，因而较为全面完整。但是，不法行为无论是其质、其量还是其质量，都是由一定的政治社会内容所决定的，归根到底，是以行为的社会危害性为转移的。刑事不法，往往具有较为严重的社会危害性与伦理可责难性，而行政不法则虽然具有一定的社会危害性，但其严重性尚未达到犯罪的程度，并且具有较低或者不具有伦理的可谴责性。立法者只能选择那些对社会具有较大的社会危害性，危及社会根本生存条件的行为规定为犯罪，并予以刑罚处罚，以显示对刑事不法行为的严厉的否定评价；对于一般的行政不法行为，则予以行政处罚。应当指出，行政不法与刑事不法虽然存在社会危害性程度上的根本差别，但两者又有着不可分割的内在联系。这主要是指刑事不法中的行政犯，这种犯罪是一种禁止恶（mala prollibita），其恶性系源自法律的禁止规定，因而不同于身体恶（mala in se）的自然犯。因此，行政犯实际上是由行政不法化的刑事不法，它具有行政不法与刑事不法的双重属性。在这个意义上，我同意我国台湾地区学者林山田关于区别刑事不法与行政不法的三分法[①]：

甲 乙 丙

甲：刑事不法（纯正的犯罪行为）
乙：具有刑罚后果的行政不法（不纯正的行政不法行为）
丙：具有行政罚后果的行政不法（纯正的行政不法行为）

由上可知，违反行政法规的行为，只要其社会危害性达到一定的严重程度，

---

① 参见林山田：《经济犯罪与经济刑法》，修订3版，129页，台北，三民书局，1981。

立法者就将其规定为犯罪,予以一定的刑罚处罚。由此可见,行政处罚与刑罚处罚的区分只有相对的意义,这主要表现为行政不法与刑事不法之间的互相转化,因而导致行政处罚与刑罚处罚范围的互相消长。我认为,为防止刑罚的过分肥大,加强行政处罚法是十分必要的,应当使行政处罚在更大程度上作为一种刑法替代物来使用,从而实现刑法的补充性。

(三)刑事政策的一体化考察

法国著名学者卢梭指出:"刑法在根本上与其说是一种特别法,还不如说是其他一切法律的制裁力量。"① 这一名言,基本上正确地界定了刑法在法律体系中的地位。显然,刑法在法律体系中居于一种十分特殊的地位,它是其他一切法律的制裁力量。但这绝不意味着否定其他法律自身的制裁性,例如侵权行为法是民法制裁法,行政处罚法是行政法的制裁力量。应该说,侵权行为法、行政处罚法与刑法都属制裁法的范畴,它们共同形成法的制裁体系。法律制裁是国家强制措施,它表现为国家权力对非法行为的反应,目的在于防止违法和其他违法行为,消除这些行为所造成的后果。这种国家强制措施是要对违法者施加影响,因而反映了对非法行为、非法状况作出的特殊法律评价。苏联学者阿列克谢耶夫认为,根据法律制裁的特点,可以把法律制裁分为恢复权利性制裁(这种制裁是要消除由于非法行为造成的损害,恢复被侵犯的权利,保证义务的履行)和处罚性制裁(这种制裁是给违法者以法律上的处罚,给他加上新的负担——权利上的限制、承担特殊的义务)。② 应该说,对法律制裁的这种分类是正确的,在不同的法律制裁形式中,这两种制裁的比重是有所不同的。从法律制裁的历史考察,它存在一个分合的过程。在法律发展的初期,具有法律制裁一体化的特点,因而民事制裁、行政制裁与刑罚制裁是合为一体的,并且更多地以刑罚制裁的形式表现出来,中国古代法律这一特点表现得更为明显。随着社会进化与法律发达,诸法逐渐分立,法律制裁也开始分化,表现出轻重的一定层次性。由于违法行为是互

---

① [法]卢梭:《社会契约论》,63页,北京,商务印书馆,1962。
② 参见[苏联]C.C.阿列克谢耶夫:《法的一般理论》,上册,282页,北京,法律出版社,1988。

相联系的，因而在法律制裁上也应该予以一体化考虑，而这一重任主要应由刑法担当。

刑法进化的一个重要特征就是从单纯的惩罚到预防的发展。而且，预防观念本身也有一个重要的变化，就是从单纯依靠刑罚预防到采用多种措施进行社会预防。在这种情况下，刑事政策这个概念就应运而生。

刑事政策（Kriminalpolitik）一词起源于德国。一般认为，德国著名刑法学家费尔巴哈在其所著刑法学教科书中首先使用刑事政策一语，此后经李斯特等刑法学家推广逐渐得以流行。刑事政策有广义与狭义之分。就广义而言，刑事政策指国家以预防及镇压犯罪为目的所为的一切手段或方法。依广义说，刑事政策之防止犯罪目的不必是直接、积极的或主要的，而凡与犯罪之防止有间接或从属的目的之方法亦可属之。申言之，广义的刑事政策并不限于直接的以防止犯罪为目的之刑罚制度，而间接的与防止犯罪有关的各种社会政策，例如居住政策、教育政策、劳动政策（失业政策）及其他的保护政策等亦均包括在内。狭义之刑事政策，指国家以预防及镇压犯罪为目的，运用刑罚以及具有与刑罚类似作用之诸制度，对于犯罪人及有犯罪危险人所作用之刑事上的诸对策。在狭义说中，刑事政策之范围，不包括各种有关犯罪的社会政策在内，而仅限于直接的以防止为主要目的的刑事上之对策。唯所谓刑事上之对策，并不限于刑罚各制度，更包括具有与刑罚类似作用的诸制度，如各种保安处分、缓刑、假释、更生保护等制度亦包括在内。[①]

时至今日，刑事政策的概念越来越被人们所接受。当然，过于广义的刑事政策，例如像李斯特所言，"最好的社会政策亦即最好的刑事政策"，将一切社会政策均归于刑事政策，在理论上与实践中都难以把握。更为科学的理解应该是指一个国家的社会总政策中专门处理犯罪的那部分内容。按照法国学者拉塞杰的定义，刑事政策是一种社会的和法律的反犯罪战略，这种战略建立在一定理论基础

[①] 参见张甘妹：《刑事政策》，2~3页，台北，三民书局，1979。

之上，其宗旨是要解决在打击和预防广义的犯罪现象过程中所提出的各种问题。① 这一刑事政策的概念相对于广义说与狭义说而言，较为适中。

随着刑事政策概念的普遍推广，狭窄的刑法观念被突破了。换言之，出现了刑法刑事政策化的趋势。诚如意大利著名刑法学家菲利所言："我纠正一个一直被滥用的古老比喻，犯罪一直被比喻成是应当被刑法的堤围在中间的激流，否则，文明社会就会被这种激流所淹没。我不否认刑罚是围堵犯罪的堤坝，但我断言这些堤坝是没有多大的力量和效用的。每个国家都会从其长期令人悲痛的经历中发现，它们的刑罚之堤不能保护其免遭犯罪激流的淹没；而且，我们的统计资料表明，当犯罪的萌芽已经生成时，刑罚防止犯罪增长的力量特别弱。"② 在这种情况下，刑罚的惩罚性越来越为其预防性所取代，刑罚的预防性越来越为社会预防措施所取代。因此，犯罪预防的防线大大地向前推进了，进入刑事政策视野的不仅仅是刑法意义上的犯罪，而且包括民事不法与行政不法，甚至大量社会学意义上的越轨行为。正是在这种背景下，侵权行为法与行政处罚法被纳入刑事政策的考虑范围，成为反犯罪战略的重要组成部分。

基于刑事政策一体化的考虑，刑法与侵权行为法、行政处罚法共同构筑防范犯罪的法律堤坝。在这一堤坝中，刑法是最后一道防线。在犯罪预防中，不再是单纯地依赖刑法，而是与侵权行为法、行政处罚法互相协调，各显其能，以达到防范犯罪之目的。在这种情况下，侵权行为法与行政处罚法就成为刑法的替代，在更大程度与范围内，替代刑法而发挥其特有的抗制犯罪的作用。而刑法则成为防范犯罪之最后手段，只有在侵权行为法与行政处罚法不足以抗制犯罪的情况下，才动用刑法加以抗制。正是在这个意义上，刑法表现出其谦抑性，这就是其补充性。应该指出，刑法的补充性并不是指在抗制犯罪上居于次要地位。毫无疑问，刑法自然是抗制犯罪的主要法律手段。刑法的补充性只是指相对于侵权行为法与行政处罚法而言，刑法是抗制犯罪的最后手段。而且由于刑法代价的高昂，

---

① 参见［法］拉塞杰：《刑事政策学》，5页，巴黎，法国大学出版社，1989。
② ［意］菲利：《犯罪社会学》，98页，北京，中国人民公安大学出版社，1990。

故而不应轻易动用。

三、刑法的经济性

刑法的谦抑性必然要求刑法节俭，这里的节俭也就是所谓的经济。刑法的经济性是一个关系概念，并不是指一味地裁减刑法，而是指以最少的刑法资源投入，获取最大的刑法效益。因此，这里涉及刑法的经济分析（economic analysis of criminal law）。

经济分析法学是当今西方的一个重要法学流派，它以经济方法分析法律，使法学研究从以往的定性分析走向定量分析，大大地拓展了法学研究的广度与深度。经济分析法学的思想萌芽可以追溯到18世纪下半叶。当时意大利著名刑法学家贝卡里亚在《论犯罪和刑罚》一书中提出"刑罚与犯罪的均衡性"的原理时已包含了某种经济学的观点。[①] 这里的均衡性就是指对称（Proporzinne），即两物体之间的比例或比值相等。对称虽然是一个力学名词，但其中包含一定的数量关系，因而具有一定的经济意蕴。贝卡里亚认为，把对称性的比例关系适用于犯罪和刑罚，可以使刑罚成为犯罪的对应物，它的强度仅仅取决于犯罪的危害程度。这种比例关系的确立就好像为人们提供了一张犯罪的"价目表"，罪行越严重，犯罪人付出的代价就越高、越大。这样，人们想到这张"价目表"，就会自动放弃犯罪，尤其是严重犯罪的意念。[②] 当然，贝卡里亚并没有自觉地运用经济方法分析刑法，只是在分析刑法，尤其是确立刑事政策时，不自觉地契合了某些经济学原理。

法律的经济分析还可以追溯到英国著名哲学家边沁，边沁创立的功利主义被认为是经济分析法学的理论来源之一。美国学者贝克尔在阐述经济分析是一种统一的方法，适用于解释全部人类行为这一观点时就以边沁为例证，指出：边沁清

[①] 参见张乃根：《经济分析法学》，4页，上海，上海三联书店，1995。
[②] 参见黄风：《贝卡里亚及其刑法思想》，113页，北京，中国政法大学出版社，1987。

楚他的苦乐原则可以应用于全部人类行为。"大自然把人类置于两大主宰即快乐与痛苦的统治之下，是它们谕示我们该当如何及将做什么……它们主宰我们的行为、言论和思想"，这一苦乐原则据称适用于我们全部的行为、言论和思想而不限于货币决策、重复选择或非重要决策。边沁的确运用他的原理研究了极其广泛的人类行为，包括刑事处罚、监狱改革、立法、高利贷法、法律体系以及商品和劳务市场。[①] 例如，边沁在论述罪刑相称时提出刑罚之苦必然超过犯罪之利的规则，指出：在盎格鲁·撒克逊法中，对人之生命规定了一系列价目：杀死一个农民赔200先令，而杀死一个贵族的赔偿金是其6倍，杀死国王是其36倍。很明显这仅仅是金钱方面之相称性，作为道德相称性尚有很大缺陷。与犯罪之利相比，有时刑罚可能被漠视。当刑罚只能达到某一点，而罪行之利远远超过于此时，也会发生同样的缺陷。一些著名的学者试图构筑相反的规则。他们说，刑罚应伴随诱惑力而减少；诱惑力能减少过错；潜在的诱惑力越大，我们所得到的有关罪犯腐恶性的外在证据就越少。这可能是真实的，然而它并不违反前面讨论的规则：为预防一个犯罪，抑制动机的力量必须超过诱惑动机。作为一个恐惧物的刑罚必须超过作为诱惑物的罪行。[②] 显然，边沁以上对罪刑相称规则的分析中具有一定的经济学倾向。现在，经济分析法学广泛适用于各法学部门，刑法也不例外。

　　古典经济学是建立在经济人的假设之上的，这里的经济人就是理性人。例如英国著名的经济学家亚当·斯密认为，人是理性的，追求个人经济利益，是人类一切活动的根本，是人的本能要求。经济人的这种利己本能形成一种不可抗拒的自然的经济力量，是无法加以限制的。由此形成理性主义的行为观，而经济分析法学正是以此为基础的。在经济分析法学中，存在三个基本概念，这就是最大化、均衡和效率，它们无不以理性人假设为前提。最大化被看作是每个经济行为主体的目标：消费者的目标被假定为使效用达到最大，厂商则使利润达到最大，

---

① 参见［美］加里·S.贝克尔：《人类行为的经济分析》，11～12页，上海，上海三联书店，1993。
② 参见［英］边沁：《立法理论——刑法典原理》，68页，北京，中国人民公安大学出版社，1993。

政治家要使得票数达到最大,政府官员要使税收达到最大,慈善机构要使社会福利达到最大等。均衡是指每一方都同时达到最大目标而趋于持久存在的相互作用形式。效率指消费者之间或生产者之间的均衡。如果一个生产过程以最少的投入而生产出既定水平的产出,即厂商在生产过程中不能以更低的成本生产既定水平的产出,我们就说这个生产过程在生产上是有效率的。同样,要是一个生产过程可使既定的投入组合可得到的产出水平达到最大,该过程也是在生产上有效率的。与此相关的另一种效率是配置效率,它表示物品和劳务在众多消费者中的均衡分析。如果重新分配物品不可能使至少一个消费者境况更好(按他自己的估价),同时又不使另一个消费者境况更坏(同样按他自己的估价),那么我们就说物品在消费者中的特定分配是有配置效率的。这三个基本概念——最大化、均衡和效率——是解释理性行为,尤其是在包含许多不同人的互相牵制作用的市场这样的分散化的制度中的理性行为的基本概念。[①] 因此,当这种经济分析方法用于刑法的时候,也是以对犯罪人的理性——意志自由——假定为基础的。就此而言,刑法的经济分析与刑事古典学派的理论具有更多的相通之处。事实上,刑事实证学派已经证明,犯罪人并非完全是理性人,缺乏理性判断能力。例如,菲利指出:缺乏远见的人即使对最确定的自然后果也满不在乎,因此这种后果在保证他们不从事违反自然的危险行为上也失去了大部分效力。关于法律惩罚,即使撇开感情冲动,大家知道,罪犯——偶犯和其他罪犯——也与野蛮人和小孩一样,特别没有远见。这一弱点在缺乏教育的较低阶层中特别明显,而在犯罪中则完全是一种心理疾病的症状。[②] 因此,刑法的经济分析结论并非十分准确,是有局限性的。当然,作为对犯罪的一种宏观分析结论,对于制订刑事政策,仍然具有一定的参考价值。

刑法的经济分析首先在于建立犯罪行为的经济模式(the Economic Model)。这一模式来自美国学者贝克尔。贝克尔认为,罪犯们是要最大限度地实现他们自

---

① 参见[美]罗伯特·考特、托马斯·尤伦:《法和经济学》,22～25页,上海,上海三联书店,1991。
② 参见[意]菲利:《犯罪社会学》,76页,北京,中国人民公安大学出版社,1990。

身的利益（功利），而这种自身利益则受到他们在市场上或旨在别处所受到的各种限制（价格和收益）的影响。因而，做了一个罪犯的决心与做一名砌砖工人、木匠、甚至经济学家的决心，在原则上并无两样。人们所考虑的是每种选择的纯费用和纯收益，并据此作出他的决定。于是，如果我们要解释犯罪行为在时间和空间上的变化，我们就要考察这些限制因素的变化。这种研究的基本假定是：判断力是不多的，行为的变化能够用价值的变化来说明。之所以假定判断力是不变的，是因为其确实没有判断力变化的理论（即使是社会学也是如此）。而根据判断力是重复的这种论点所得到的解释，可以用来说明任何事物，所以它对科学研究是没有意义的。贝克尔提醒我们要注意那些影响犯罪行为的代价和收益的因素。这些因素包括：（1）时机的价值（the opportunity cost of time），即在一定时间内从事合法行为的机会有多少及其所获得的利润大小。（2）从事犯罪行为所获得的利润。（3）刑罚的代价。这样，我们就有了一个犯罪理论，犯罪率与时机的价值和刑罚的可能性、严重性成反比。[①] 因此，根据贝克尔的观点，当预期效用超过将时间和其他资源用于其他活动所带来的效用时，一个人才会去犯罪。一些人之所以成为罪犯，不在于他们的基本动机与别人有什么不同，而在于他们的利益较之成本存在的差异。因此，犯罪行为理论只是一般选择理论的扩展，用不着诉诸道德的颓废、心理机能的欠缺以及先天遗传等特殊范畴。由此，贝克尔得出结论：从更一般的经济意义上说，犯罪可以看作是一种重要活动或产业。[②] 因此，对犯罪行为完全适用经济分析方法。

在建立犯罪行为的经济模式的基础上，需要刑法进行成本分析。首先是犯罪成本，贝克尔认为，犯罪成本可以理解为犯罪所耗用的资源价值的估计值。这些价值是社会净损失的重要组成部分，但又并不完全等同于社会净值损失。譬如，凶杀的成本用受害者收入的损失来衡量，而没有包括社会赋予生命本身的价

---

① 参见［美］保罗·H.鲁宾：《犯罪经济学研究》，载《犯罪学概论》，89～91页，北京，中国政法大学出版社，1985。

② 参见［美］加里·S.贝克尔：《人类行为的经济分析》，57页，上海，上海三联书店，1993。

值。① 美国学者罗伯特·考特、托马斯·尤伦则进一步把犯罪成本分为直接成本与间接成本。直接成本是指物质上和精神上的损害、经济损失与财产的毁坏,以及犯罪行为的其他成本。间接成本是指那些防止犯罪的私人成本——比如,为了鉴别而给财产标上永久性记号的成本,或安装警报系统的成本——或为了弥补偷窃、贪污和欺诈等犯罪造成的损失而通过合理商业途径转嫁给客户的成本。②

犯罪成本的估算涉及对犯罪危害程度的认识,但由于犯罪成本既包括物质性的又包括精神性的,因而准确估算是十分困难的。尤其是精神性损害,很难予以量化。但是基于人类生活的一般经验,还是可以大体确定犯罪的成本,甚至可以把这种犯罪成本以一定的函数关系加以表达。例如,若发生了某种犯罪——以贪污罪为例,受害人将遭受的直接损失为 i,包括被诈取的钱财。另外,犯罪造成的社会直接损失为 d,包括潜在受害者的普遍防卫心理所产生的代价。犯罪引起的损害是两种直接成本的总和:(d+i)。因此,频率为 p 的犯罪的总危害等于 (d+i)·p(z),这里的 z 是制止犯罪的费用,包括警察、法院、检察官、监护官员、监狱等方面的所有开支。因此,犯罪的社会成本是犯罪的危害与制止犯罪的费用之和:社会成本=(d+i)·p(z)+z。犯罪不仅产生社会成本,而且还会有社会收益。犯罪人总是为获取一定的非法社会收益而不惜危害社会,从而产生一定的社会成本。应该指出,犯罪成本与犯罪的社会成本是不同的,犯罪成本仅指犯罪的直接与间接的危害,而犯罪的社会成本则还包括了制止犯罪的费用,这就是刑罚成本,或称之为刑事审判制度的运转成本。贝克尔指出:人类发明了一系列富于创造力的惩罚对付违法者。较为常见的有死刑、拷问、打烙印、罚款、监禁、放逐、活动与职业限制、剥夺公民权。各种惩罚的成本可以与它们的货币等价物或价值相对照,当然可以用罚款直接衡量。例如,监禁成本是违法者放弃的收入同消费与自由之限制的价值的贴现值之和,由于放弃的收入和监禁限制之价值因人而异,所以,甚至一定时期的监禁判决的成本之取值也不唯一:对于在狱

---

① 参见 [美] 加里·S. 贝克尔:《人类行为的经济分析》,60 页,上海,上海三联书店,1993。
② 参见 [美] 罗伯特·考特、托马斯·尤伦:《法和经济学》,755 页,上海,上海三联书店,1991。

外能够谋取较高报酬的违法者来说,这一成本一般更大一些;监禁判决的时间愈长,每个犯人付出的成本就愈大,因为放弃的收入及放弃的消费同判决时间长度正相关。① 由此可见,对于犯罪人来说,不仅有一定的社会收益,而且还会付出一定的社会代价。这种社会代价,对于犯罪人本身来说是其犯罪成本,即犯罪的风险。

美国学者波斯纳指出:刑罚社会是对罪行的要价,加重刑罚或增加判刑可能性将提高犯罪价格而减少犯罪。从经济角度看,法律救济的功能在于对违法者征收成本,因而违反合同而支付单纯的损害赔偿,就像因犯强奸罪而被监禁,区别仅在于就前一情况而论,它的威慑目的是有条件的,要威慑的仅是这样一些违反合同者:受害人的成本大于违反合同者的利益。就后一种威慑而论,社会并不限于威慑那些罪行:被害者的痛苦大于罪犯从其罪行中所获得的满足,这也就是说,对犯罪行为不能仅限于单纯的损害赔偿,为了对犯罪进行有效的威慑必须使犯罪活动的成本即社会对罪行的要价大于这种活动对他们来说的价值。②

如上所言,刑罚的适用是有一定成本的。刑罚作为对犯罪的惩治手段,需要一定的物质支撑:刑事体制(包括立法与司法)的运行需要投入大量的人力与物力,而刑事设施的维持更离不开一定的物质条件。例如监狱,就是国家权力(这里主要是指刑罚权)的一种物质体现。因此,刑罚抑制犯罪虽然可以产生积极的社会效益(这里暂且不谈刑罚的负面效果);但刑罚的这种社会效益的取得又不是无本万利的,需要一定社会成本的支出,这就存在一个刑罚资源的有效配置问题。刑罚是一种社会资源,这是刑法的经济分析所确立的一个基本理念。刑罚不仅是一种社会资源,而且这种社会资源是有限的,即具有稀缺性,因而应当有效使用。在古代社会,刑罚以杀戮为主。死刑虽然不需要付出很大的成本,但被杀害者众,这不能不说是人力资源的一种浪费。自从自由刑成为刑罚体系的中心以来,剥夺与限制自由的惩罚方式得以广泛推行,但自由刑需要较大的成本,尤其

---

① 参见[美]加里·S.贝克尔:《人类行为的经济分析》,67~68页,上海,上海三联书店,1993。
② 参见沈宗灵:《现代西方法理学》,406页,北京,北京大学出版社,1993。

是监狱的维持,给社会增加了负担。随着罚金的大量采用,刑罚成本得以降低,而且还可以说增加了国库收入,被认为是一种最经济的刑罚。但罚金刑只适用于较轻的犯罪,对于那些严重的犯罪人适用罚金,无异于放纵犯罪。因此,罚金刑的适用是有限的。任何一个国家的刑罚体系,都是由各种刑罚方式有机配置而成,以便发挥控制犯罪的最佳效果。由于每个国家控制犯罪的资源投入总是有限的,所以就要求以最小的刑罚成本支出最大限度地遏制犯罪。这样,就产生了一个刑罚效益最大化的问题。美国学者罗伯特·考特、托马斯·尤伦通对刑罚的经济分析指出:最优化的威慑效应并不是铲除所有的犯罪,因为这样做的代价很高,而且社会效益会不断降低。政策制定者需要对有限的资源加以配置,争取以最少的成本实现威慑目标,也就是说力求有效率地实现这一目标。由此可以说,在刑法中,我们的宗旨在使犯罪的直接和间接成本以及刑事审判制度的运转成本最小化。[①]

贝卡里亚指出:一种正确的刑罚,它的强度只要足以阻止人们犯罪就够了。[②] 这样一种刑罚,不仅是正确的,而且也是经济的。但问题是如何确定这种必要的刑罚的限度,经济分析方法为此提供了参考的标准。刑法的经济分析表明:犯罪的主要代价是刑罚方面的代价。在并非任何已实施犯罪的罪犯都能被抓获并被判刑这个意义上说,刑罚的代价是一个预测的代价。因而,刑罚的预测代价 $E=pf$。其中 p 是刑罚的确定性,f 是刑罚的严厉性。E 的增长会导致犯罪的减少,因为刑罚会威慑犯罪,这是由供求法则所决定的。供求法则揭示了市场交换中需求、供给与价格三者之间的内在联系。首先分析需求与价格之间的关系。需求是消费者在一定地点和时间内,根据不同价格愿意并能够购买的不等量产品的反映。价格是影响消费者需求的决定因素。在其他因素不变的情况下,一般而言,某商品的价格越高,消费者对该商品的需求越低,反之亦然。其次分析供给与价格的关系。供给是厂商在一定的地点和时间内,根据不同价格愿意并可以供

[①] 参见[美]罗伯特·考特、托马斯·尤伦:《法和经济学》,755 页,上海,上海三联书店,1991。
[②] 参见[意]贝卡里亚:《论犯罪与刑罚》,47 页,北京,中国大百科全书出版社,1993。

给销售的不等量的产品。一般而言，某种价格较高的商品将促使厂商向市场提供较多的这类商品，并将更多的厂商吸引到该商品的生产和销售领域，反之亦然。最后，综合分析需求、供给与价格三者关系。某商品的市场价格取决于需求曲线与供给曲线的交点，微观经济学称之为市场均衡或均衡价格。① 根据供求法则，某一商品的价格增长，人们对它的需要就会下降。这同样适用于犯罪。当然，犯罪的情况更为复杂。主要因为在 E＝pf 这一函数关系中，刑罚量 E 受刑罚的确定性（p）与刑罚的严厉性（f）这两个因素的影响。菲利指出：刑罚从其结果的不可避免性中产生全部威力。在刑罚中，尤其是在死刑中，刑罚的确定性比严厉性更有效，这是古典派犯罪学家取得并反复强调的几个实际的心理学研究结论之一。② 由此可见，刑罚的确定性对于控制犯罪来说是十分重要的。贝克尔曾经指出：在当今许多国家存在一种趋势，即对判定有罪者施行严厉的惩罚。同时，逮捕与定罪可能性取值很低。这种趋势的合乎情理的解释是：增加定罪可能性明显会占有公共资源和私人资源，表现为更多的警察、法官、陪审团，等等，因而，这种可能性经"补偿"后的减少会明显减少对付违法的支出。由于预期惩罚不变，在损害数量或惩罚成本方面都不会有"明显"的补偿性增长，结果显然是实施不断的政治压力，一方面保持警察及其他支出相对较少，另一方面，通过对罪犯的严厉惩罚加以补偿。③ 这种做法显然是不可取的。因此，应当尽可能地增加刑罚的确定性，实现刑罚确定性与严厉性的最优组合，从而提高刑罚的边际效益。

（本文原载《现代法学》，1996（3））

---

① 参见张乃根：《经济学分析法学》，28～31页，上海，上海三联书店，1995。
② 参见［意］菲利：《犯罪社会学》，76页，北京，中国人民公安大学出版社，1990。
③ 参见［美］加里·S.贝克尔：《人类行为的经济分析》，73页，上海，上海三联书店，1993。

刑法谦抑的法理考察

谦抑是刑法的重要价值之一，它体现了刑法的限制机能，因而具有重要的意义。应当指出，刑法的谦抑性是通过对犯罪范围的界定与对刑罚限度的界定体现出来的，因此，对刑法谦抑性的研究，不能仅限于理论分析，还应该对如何实现刑法谦抑问题进行考察。

（上）犯罪范围的谦抑性

犯罪范围的谦抑性是指罪之谦抑，即国家对社会生活的刑事干预是有限度的，应当尽可能科学地界定犯罪的范围。

一、罪之谦抑的理论说明

犯罪是由立法确认的，但这并不意味着立法者可以随心所欲地规定犯罪。归根到底，犯罪的性质是由不以立法者意志为转移的社会物质生活条件所决定的。

因此，立法者在确定犯罪范围的时候，应当从客观现实出发。

罪之谦抑首先涉及正当行为与不当行为的区分：正当行为应该受到奖赏，不当行为应当受到责难，只有不当行为才有确定为犯罪的可能性。英国学者亚当·斯密曾经从道德情感的角度论述了正当行为与不当行为的区分，指出：凡被视为感谢的对象，应得到酬谢。凡被视为憎恨的对象，应被责罚。因此，对于我们，有若干行为，可视为某种情绪的正当的对象，那种情绪当下直接地激起我们对别人酬谢图报，这样，那种行为，便是值得酬谢的行为。同样，有若干行为，作为一种情绪的对象，那种情绪也当下直接地激起我们去责罚别人危害别人，那么，那种行为便是应该予以责罚的行为。最直接地引起我们要对别人有所报答的心，是感激，而最直接地引起我们对人有所责罚的心，是愤恨。因此，在我们，引起人感激心情的行为，一定是应得到酬谢，而另一方面，引起人愤恨心情的行为，一定应被惩罚。酬谢，乃是补偿，是答谢，是以德报德；而惩罚，也是补偿，也是报答，只是方式有所不同，它乃是以牙还牙，以眼还眼。亚当·斯密认为，正当与否虽然是由普遍的伦理规则评判的，但这些规则建筑在经验上，建筑在我们的伦理能力或是非感之所赞许或不赞许的许多特殊事例的经验上。所以，我们同意或斥责某一特殊行为，原来并不在于合乎或反乎某些普遍规则。反之，普遍的规则的形成，自身却由于在经验中发现，所有某一类的行为，或者所有在某种情况下的行为，都被称许，或被反对。[①]

亚当·斯密将正当与否的认定归结为道德情感的判断，较之付诸神意或者宗教情感，是具有历史进步意义的。但人为什么会对某一种行为产生感激心，而对另一种行为产生愤恨心？亚当·斯密归之于人的道德经验。但这种道德经验又来源于何处呢？对此，亚当·斯密未作深究，更没有说明人为什么具有共同的道德情感。对这个问题作出更为科学解答的是功利主义，英国学者边沁就是以功利原则解决正当与否问题的典型代表。边沁认为，苦乐感情是人性或道德的基础。苦乐的精确计算，和道德上善恶的评价密切相关。最大多数人的最大幸福，就是一

---

① 参见周辅成编：《西方伦理学名著选辑》，下卷，185、197 页，北京，商务印书馆，1987。

切社会道德的标准，也是决定个人行为的方向。这个原则，就称之为功利原则。那么，什么是功利呢？边沁指出：所谓功利，意即指一种外物给当事者求福避祸的那种特性，由于这种特性，该外物就趋于产生福泽、利益、快乐、善和幸福（所有这些，在目前情况下，都是一回事），或者防止对利益攸关之事者的祸患：痛苦、恶或不幸（这些也都是一回事）。从而有一种行为，其增多社会幸福的趋向大于其任何减少社会幸福的趋向，我们就说这个行为是符合功利原则的，或者为简短起见，它就是符合功利的（意思是泛指社会而言）。当一个人所加予任何行为或任何设施的赞许或非难，取决于并相称于他所认为该行为或设施所具有之增加或减少社会幸福的趋势，或者换句话说，相称于它对功利律令的符合与否时，这个人就可以称为功利原则派。对于一种符合功利原则的行为，人总是可以说它是应当做的，或者至少可以说它不是不应做的。人也可以说，做这种事是做对了，至少不是做错了；这是件对的行为，至少不是一件不对的行为。只有这样解释，"应当""对"和"不对"以及其他类似的词语，才有意义，否则它们便没有什么意义了。①

在边沁看来，功利原则为判定行为的正当性提供了客观的标准。显然，相对于亚当·斯密的道德情感标准而言，边沁提出的功利标准更为可靠。从功利原则出发，边沁合乎逻辑地引申出评价行为正当与否的结果标准。为了判断行为的善恶和是否违犯法律，边沁把行为区分为六个方面：（1）行为本身；（2）客观条件；（3）行为意向；（4）伴随的意识；（5）行为动机；（6）一般习性。从行为活动来看，边沁把各种行为区分为积极的和消极的；外在的和内在的，即肉体和心灵的；及于人的行为与不及于人的行为；暂时的行为和持续的行为。那么，如何评价人的行为呢？边沁认为，一个行为是善是恶，只要考虑它的结果如何而定。其所以是善，是因为它能够引起愉快或排除痛苦；其所以是恶，是因为它能够引起痛苦或排除愉快。从同一个动机，以致任何动机都可以产生善的、恶的乃至无善无恶的行为。这就是说，行为的善恶主要是根据其结果进行评价，与行为的动

---

① 参见周辅成编：《西方伦理学名著选辑》，下卷，212～213页，北京，商务印书馆，1987。

机无关。因此，只有根据行为的结果才能确定行为的道德责任。一个人的行为无论抱有什么动机，只要结果不好，他就要对行为负有完全的道德责任，就应当受到道德上的谴责。[①] 显然，边沁的这种道德责任论对于确定罪过是有一定意义的，它使评价标准客观化，易于操作与认定。当然，边沁的功利主义也存在缺陷，它没有正确地揭示功利的社会内容。应该说，功利的内容是一定的社会利益，而这种利益是由社会物质生活条件所决定的。只有根据利益的标准，才能科学地区分正当行为与不当行为。而且，一定的社会利益是随着社会生活变化的，不存在永恒的利益。因此，正当与不当的区分也是相对的，它们的内容经常会发生变动。当然，在一定的历史时期，正当与不正当的界限又是相对稳定的，由此产生与该社会相适应的伦理原则与道德规范。

在区分正当行为与不当行为的基础上，我们可以说，只有不当行为才有可能进入法律谴责的视野。但在界定犯罪范围的时候，还存在一定程度上的区分。美国社会学家道格拉斯和瓦克斯勒在研究越轨行为时指出：可以把越轨规定为某一社会群体的成员判定是违反其准则或价值观念的任何思想、感受或行动。为了理解越轨的定义，想象有一只漏斗，上大下小，其中盛满了各种可能的定义，从上至下，定义的外延顺序缩小。这些呈漏斗形排列的定义分别是：（1）某种事物不对劲、陌生、奇特的感觉；（2）厌恶、反感的感觉；（3）某种事物违反准则或价值观念的感觉；（4）某种事物违反道德准则和道德价值的感觉；（5）某种事物违反准则或价值观念的判断；（6）某种事物违反道德准则或道德价值的判断；（7）某种事物违反正统道德轻罪法的判断；（8）某种事物违反正统道德重罪法的判断；（9）某种事物违反人类本性的判断；（10）某种事物绝对邪恶的判断。[②]

上述行为虽然都可以归于不当行为，但存在性质及程度上的区分。只有第七层次以后的行为，才有可能进入刑法调整的范围。根据美国学者帕克的观点，作

---

① 参见罗国杰、宋希仁：《西方伦理思想史》，下卷，374～377页，北京，中国人民大学出版社，1988。
② 参见［美］杰克·D. 道格拉斯、弗兰西斯·瓦克斯勒：《越轨社会学概论》，12页，石家庄，河北人民出版社，1987。

为犯罪予以处罚必须具备以下条件：（1）这种行为在大多数人看来，对社会的威胁是显著的，从社会的各重要部分来看是不能容忍的；（2）对这种行为科处刑罚符合刑罚的目的；（3）对这种行为进行控制不会导致禁止对社会有利的行为；（4）对这种行为能够进行公平的、无差别的处理；（5）对这种行为进行刑事诉讼上的处理时，不产生质与量的负担；（6）对这种行为的处理不存在代替刑罚的适当方法。[1] 因此，只有那些具有严重的社会危害性的不当行为才能规定为犯罪并处以刑罚。由于构成犯罪必然处以刑罚，刑法的特点在于用刑罚方法调整人的行为。因此，确定罪之范围，不能不考虑刑之特征。这就是说，只有当某一具有社会危害性的行为具有刑罚之无可避免性的情况下，才能确认为犯罪。一般来说，具有下列三种情况之一的，就说明不具备刑罚之无可避免性：

（1）无效果。所谓无效果，就是指对某一危害行为来说，即使规定为犯罪，并且处以刑罚，也不能达到预防与抗制之效果。例如边沁指出：对不知法者、非故意行为者、因错误判断或不可抗力而无辜干坏事者所适用之刑，都是无效的。儿童、弱智者等人虽然在某种程度上能被奖赏和威胁所影响，但他们缺乏足够的受刑罚禁止的未来意识。在他们的案件中，刑罚也是无效的。[2] 尽管边沁的上述论述中存在个别不准确之处，但他从适用刑罚是否有效这个角度对犯罪范围加以限制是完全正确的。

（2）可替代。所谓可替代，就是指对于某一危害行为来说，即使不运用刑罚手段，而动用其他社会的或者法律的手段，例如道德教育、民事或者行政制裁，也足以预防与抗制这一危害行为。以其他救治方法替代刑罚，这是刑事实证学派一再强调的一个观点。例如加罗伐洛指出：根据我们这一学派的观点，对许多轻微罪行，尤其是轻微侵犯人身罪，用赔偿被害人损失的有效手段来代替处以几天监禁的方法很有益。当赔偿损失不是像现在这样作为一种法律后果，一种可以根据民事诉讼规则主张的权利，而成为被告人的一种不能逃避的责任时，它便可以

---

[1] 参见张明楷：《刑法的基础观念》，145页，北京，中国检察出版社，1995。
[2] 参见［英］边沁：《立法理论——刑法典原理》，66页，北京，中国人民公安大学出版社，1993。

成为一种真正的刑罚替代措施。① 尤其是菲利明确提出了"刑罚的替代措施"的思想②，这些替代措施包括加罗伐洛所说的赔偿。

（3）太昂贵。所谓太昂贵，是指通过刑罚所得到的效益要小于其所产生的消极作用。适用刑罚本身要付出一定的代价，只有当这种代价可以换取抗制犯罪的更大效益时，才是经济的。否则，就会得不偿失。边沁明确地指出：存在两种恶——一种代表罪行之恶，另一种代表刑罚之恶。如果刑罚之恶超过罪行之恶，立法者就是制造更大的痛苦而不是防止痛苦，是以较大的恶之代价来消除较小之恶。③ 只有在以小恶免除大恶这个意义上，刑罚才具有存在的价值。

在无效果、可替代和太昂贵这三种情况下动用刑法，就是刑罚不具有无可避免性。因而，刑法应当谦抑。

二、罪之谦抑的国际潮流

1957年，英国公布了《关于同性恋和卖淫的沃尔芬登委员会报告》，由此引起了一场刑法和道德的争论，其主题是刑法能否强制推行道德。正是这场争论，拉开了国际上非犯罪化的序幕。

立法机构应当在什么程度上推行道德观念，这是一个广泛讨论的问题。在沃尔芬登委员会看来，刑法的作用在于："保护公共秩序和社会风化，保护公民免受侵犯的损害，提供充分的保护措施以反对盘剥和贿赂他人。特别要保护那些由于年轻、体弱、智能差、经验不足，或者由于人身上、职务上或经济上的特殊情况而处于从属地位，容易受损害的人们。除非社会有意地企图利用法律的作用把犯罪与堕落的范围等同起来，否则就必然存在一个只关系到个人道德和不道德的领域。简单地或直率地讲，这个领域不应该是法律所管辖的。"尽管同性恋行为受到现代社会道德的严厉谴责，沃尔芬登委员会还是建议通过一项立法，允许

---

① 参见［意］菲利：《犯罪社会学》，148页，北京，中国人民公安大学出版社，1990。
② 参见［意］菲利：《实证派犯罪学》，55页，北京，中国政法大学出版社，1987。
③ 参见［英］边沁：《立法理论——刑法典原理》，67页，北京，中国人民公安大学出版社，1993。

21岁以上的男子之间自愿地私下实施同性恋行为。① 一年之后，即1958年，在一次讲演中德夫林勋爵对上述看法提出了批评。德夫林的理论基础是这样一个概念，即社会是一个各种观念的集合，使社会结合成为一体的，是整套的习惯以及人们对相互关系中的行为方式所持的共同看法。如果社会的生存受到威胁，它有权进行自我防卫。社会有权使用法律来保持对其生存至关重要的普遍道德观念。如果确实发生了这种情况，那么，就不可能采用明确法律所不得干涉的道德努力范围这种办法来从理论上限制国家的立法权力。正和社会有权维护其政治制度以对抗叛逆、颠覆行为一样，它也有权保护其主要的道德观念不受破坏。在德夫林看来，镇压邪恶与镇压颠覆没有什么两样，都是法律的任务。德夫林并不认为一切与整个社会所持的道德相违背的信仰都会危及社会的生存。但是，其中的一部分具有这种威胁，因此法律不能置之不理。一种行为，是否对社会构成威胁，其标准是看社会上是否对它存在强烈的、普遍的谴责和憎恶感。这种情感是通过陪审团表达出来的。而陪审团被认为是由合理的——如果不用有理性的这个词的话——男女所组成的。当公共道德发生变化时，这种变化也要通过陪审团表达出来。所以，陪审团的裁决总是反映出公众在某个特定时期中的心理状态。

　　对于德夫林的上述观点，著名学者哈特和罗纳德·德沃金都提出了批评。哈特认为，社会中实在的、积极的道德观念，不应被用来当作衡量一切特殊行为的标准道德。维护社会道德现状的必要性是否足以抵消因法律强迫人们接受某种道德而造成的人类不幸，对此，哈特提出了疑问。哈特指责德夫林的观点是要使社会存在中某一个特定时期占统治地位的道德成为万世不变之物。哈特暗示，重要的问题并不是公共道德能否维护社会，而是特定的社会是否值得维护。判断这个问题的标准，在于社会能否保证其成员持有某种程度的普遍价值观念，例如个人自由、生命安全、防止蓄意伤害等。法律强制推行道德观念这个问题的逻辑推理不是造反，而是宗教。历史上有一段时期，基督教就是由法律来推行的。而现

---

① 参见［英］鲁珀特·克罗斯、菲利普·A. 琼斯：《英国刑法导论》，18～19页，北京，中国人民大学出版社，1991。

在，人们普遍认为，人的宗教信仰问题属于个人的事，不应当作为强制的对象。罗纳德·德沃金认为，基于流行的偏见、人为的憎恶以及理性化的信仰与得到主要价值观念支持的信仰之间存在一条界线。只有那些符合现存原则的情感，才能被作为强制其他人的基础。所以，不论德夫林的观点由于其合理的客观性而对反抗武断偏见的作用有多么吸引人，都会大大降低社会上流行的道德观念的效力。大部分人的道德信仰都只是部分地建立在他们自觉遵守的明确原则之上的。这些信仰基本上是各种社会力量的共同作用所致。就连那些笃信他们的人，对之也不过是似懂非懂。①

对于这场争论，美国学者胡萨克有一个十分深刻的评论，认为德夫林正确地提出了问题而又曲解了自己提出的问题。胡萨克指出，德夫林恐怕是一位糟糕的社会学家而不能算是一位刑法学家，因为他的信念完全建立在错误的基础之上。但胡萨克同时指出，有关德夫林的评论并没有成功地批驳他关于道德应由刑法赋予强制性的论点，而仅仅是批驳了德夫林有关这一论点的严重错误的解释。② 显然，从根本上解决刑法与道德之间的关系问题，也许要写一本《刑法的伦理使命》的专著，不可能在本书中详加探讨。不管怎么说，这场讨论以德夫林的失败而告终。英国于1967年通过了《性犯罪法》，该法确认了21岁以上的男子之间私下自愿发生的同性恋行为是合法的。1967年英国还通过了《堕胎罪法》，根据该法，如果妊娠是由一个已经注册的开业医生予以终止，并由这样的开业医生善意提出意见，则不构成堕胎罪，这实际上是使堕胎自由化。

除英国以外，其他国家也以各种形式开始非犯罪化的进程。联邦德国颁布新刑法典，取消了决斗、堕胎、通奸、男子间单纯的猥亵等罪名；瑞典等北欧国家通过修改《性犯罪法》缩小了卖淫和亲属相奸等罪的范围；美国通过颁布成文的刑法典取消了醉酒、色情书画、卖淫、通奸、自杀等一些传统的罪名。由此可见，关于非犯罪化的范围，世界各国的总趋势几乎总是表现在有关道德风化的各

---

① 参见［英］彼得·斯坦、约翰·香德：《西方社会的法律价值》，179～181页，北京，中国人民公安大学出版社，1990。
② 参见［美］道格拉斯·N.胡萨克：《刑法哲学》，226页，北京，中国人民公安大学出版社，1994。

种犯罪之中，如赌博、卖淫、同性恋、乱伦、吸食毒品、色情书画、公共场合醉酒、非正常性行为、公然猥亵。此外，还有通奸、自杀、堕胎、决斗等。这些行为大多属于无被害人犯罪（victimless-crimes）或自愿被害人犯罪（crimes with willing victim）。在这些行为中，传统意义上的犯罪人和被害人的关系是不存在的，实行行为的任何一方都是自愿的，都不把自己看成是被害人。因此，在现代社会，对这样的行为实行非犯罪化是必要的。[1] 非犯罪化还涉及违警罪向行政处罚法的转移。

从各国的非犯罪化途径来看，主要有以下几种情况：（1）把犯罪本身转为违反秩序。在这种情况下，不再适用刑罚，而是科处惩戒性罚金处分。例如，联邦德国对于所有有关轻罪的刑法，凡是未废止的，都转移到《秩序法》的有关规定中去。（2）采取起诉权宜主义的诉讼解决办法。也就是说，检察机关对于轻微的案件，经过一定程序，在一定条件下，规定一定的遵守义务，就可以在起诉之前结束案件。（3）法院在判定有罪之后，缓期举行关于宣判刑罚的审判。[2] 由此可见，非犯罪化成为世界刑法改革的发展潮流。

从刑法理论上来说，非犯罪化是指取消某些罪名，即排除某些行为应受刑罚惩处的性质。非犯罪化虽然是涉及犯罪范围的谦抑问题，但从根本上来说，它以对刑法性质及其功能的认识的重大变化为基础。非犯罪化的实践表明，刑法不再被视为支配的工具和日常使用的统治工具，而是把它看作只是在为了维护法律秩序不得已的情况下才采取的最后手段。

三、罪之谦抑的中国途径

在讨论罪之谦抑的中国途径时，首先有必要正确地评价非犯罪化的国际潮流。对此，我国刑法学界存在以下两种不同的认识：第一种观点认为，非犯罪化

---

[1] 参见黎宏、王龙：《论非犯罪化》，载《中南政法学院学报》，1991（2），68~69页。
[2] 参见［德］汉斯·海因里希·耶赛克：《世界性刑法改革运动概要》，载《法学译丛》，1981（1）。

是当今世界最流行法思潮之一。它一反传统的刑法观念,将西方现代功利主义哲学与刑事政策学结合起来,提出了一系列有独创的刑法思想,自问世之后便风行全球,对欧、美等国家的刑法革命以及原苏联、东欧等国家的刑法改革均产生了极大的影响。非犯罪化虽然是资产阶级为稳定其社会秩序而作出的一种迫不得已的选择,但它所提出的一系列观念在客观上是有其科学合理之处的,可以为我们所借鉴。在刑法修改中,应当开辟多种非犯罪化渠道,扩大非犯罪化的范围。①第二种观点则认为,我国有些同志,以英国 20 世纪 50 年代与 60 年代的非犯罪化现象以及西方国家有关非犯罪化的理论探讨为根据,说非犯罪化是世界刑法的改革动向或趋势,这是违背事实的。况且所谓的非犯罪化已成为历史,而不是西方国家的立法观点,将这种过时的思潮搬到中国来,是一种草率的态度。我国刑法是以惩办与宽大相结合的刑事政策为依据,根据我国的实际情况制定的,在限定处罚范围的意义上,已经很好地贯彻了谦抑性的原则,因此不主张在我国也实行非犯罪化。② 在这一讨论中,涉及以下几点问题值得我们重视:

(1) 是否存在非犯罪化的国际潮流?

与此相关的问题是:非犯罪化仅是一种思潮或同时是一种刑法改革的潮流?对于这个问题,我们持肯定的态度。非犯罪化当然首先是一种刑法思潮,同时也是一种刑法改革潮流。法国著名刑法学家安赛尔指出,一个多世纪以来,尤其是 20 世纪以来,刑罚惩罚的犯罪行为数量在不断增长。道德风俗的自由化和新的社会价值的出现促成了通奸罪的废除以及在很多国家里对自愿堕胎行为的不追究;避孕技术的发展也使避孕宣传这一在第一次世界大战以后的法国严受惩处的罪名失去了存在的必要;最后,是逐渐取消对互相自愿的成年人之间的同性恋行为的指控。性犯罪(或称为性行为)领域成了这一非犯罪化运动极为有利的领域之一。严格地说,非犯罪化运动,也即消除某一行为(或某一举止)中受到刑法惩罚行为的这一特性的改革运动,尽管它在目前是如此的必要,其范围是非常有

---

① 参见黎宏、王龙:《论非犯罪化》,载《中南政法学院学报》,1991 (2),68、72、74 页。
② 参见张明楷:《刑法的基础观念》,148、153 页,北京,中国检察出版社,1995。

限的。就社会和事物发展的现实状况而言,没有一个人会去认认真真地建议取消对抢夺、盗窃和诈骗等罪行的追究,但是现代刑事政策学运动要求限制刑法惩罚的范围。① 由此可见,安赛尔虽然认为非犯罪化的范围是有限的,但并不否认非犯罪化是一场刑法改革运动。日本著名刑法学家大塚仁指出,最近,提出了非犯罪化(decriminalization)的问题,认为不值得处罚的行为应当从刑法中消除。不言而喻,这本来是极妥当的主张,刑法具有所谓第二次的性质(sekundarenatur),其他法律能够解决的问题就不能在刑法中加以处罚,这应该说是原则。民事法规等能够完全处理的问题,就无须作为犯罪。非犯罪化的主张认识到这一点,可以说是有益的。比如说,在最近的联邦德国,受到这种主张的影响,将过去一直加以处罚的所谓非自然的猥亵行为等予以犯罪化。② 大塚仁虽然对没有被害人的犯罪,例如成人之间基于合意的同性恋、堕胎、卖春、麻药和吗啡等药物的施用、赌博等完全予以非犯罪化存在不同意见,但还是肯定非犯罪化运动的存在。德国著名刑法学家耶赛克更是从世界性刑法改革运动的意义上认识非犯罪化问题,指出:世界性刑法改革运动,可以说是自 20 世纪中叶以来关于怎样处理犯罪以及应该采取什么方法和手段来战胜犯罪问题,在思想上发生变化的具体表现。耶赛克认为,修改刑法一般总是带有国家特征的现象,以非常明显的个别形式出现。尽管如此,关于刑法改革运动仍然存在着可以说是显著的共同的动向。其中,非犯罪化就是这种动向之一。③ 以上情况表明,无论是英美法系国家还是大陆法系国家,非犯罪化的潮流是存在的,否认这一点是不客观的。

(2)非犯罪化的影响与作用如何?

应当指出,非犯罪化是一个十分复杂的问题。非犯罪化表现为一种刑法思潮、一种刑事政策、一种刑事实践这样三个层次。从刑法思潮转化为刑事实践是有一个过程的。换言之,非犯罪化作为刑法思潮影响大,而落实到刑事实践则收获小。从目前的情况来看,主要是作为一种刑事政策的重要内容得到了广泛的承

---

① 参见[法]马克·安赛尔:《新刑法理论》,90~91 页,香港,香港天地图书有限公司,1990。
② 参见[日]大塚仁:《犯罪论的基本问题》,14 页,北京,中国政法大学出版社,1993。
③ 参见[德]汉斯·海因里希·耶赛克:《世界性刑法改革运动概要》,载《法学译丛》,1981(1)。

认。而且，作为一种刑事实践，非犯罪化又可以分为取缔上的非犯罪化、司法上的非犯罪化和立法上的非犯罪化三个阶段。所谓取缔上的非犯罪化，是指该行为在刑法上仍被规定为犯罪，但国民及取缔当局已经不认为该行为是犯罪；司法上的非犯罪化是指裁判所改变判例，将原来作为犯罪处理的行为根据变更的判例不作为犯罪来处理；所谓立法上的非犯罪化是指明确废止某行为是犯罪的法律规范。非犯罪化的过程就是从取缔上的非犯罪化到立法上非犯罪化的过程。① 因此，不能简单地把非犯罪化理解为立法上取消了多少罪名，而是应该全面地认识非犯罪化的潮流。应当指出，非犯罪化是有限的，范围并没有我们想象的那么大，对此也应该有一个客观的评价。而且，在非犯罪化的同时，也不否定同时存在犯罪化的情况，非犯罪化与犯罪化是一种双向运动。在某一特定时期，甚至犯罪化占主导地位。例如，法国总检察长皮埃尔·特律什和海依尔·戴尔玛斯—马蒂教授在评论1994年法国新刑法典时指出：对某些特定情况，新刑法典扩大了惩治范围，因为，法院判例反映出以往的法律未加规定的缺项，正因为如此，新法典将诈骗罪扩大到"诈骗服务"；无论什么样的合同允许挪用财产，有关"滥用他人信任罪"的规定均予适用；最后，新刑法典中还出现了一些独立的新概念，例如恐怖活动罪，从1986年以来，这种犯罪只是作为一种加重情节加以规定，现在则成为一种特殊的犯罪。同样，"置他人于危险罪"这一概念，从犯罪的主观要件提出也符合独立犯罪的条件。我们可以看到，上述演变几乎始终表明刑法惩治的范围在扩大。因为废除惩处的情况很少。② 在其他西方国家也出现了这种情况，刑法改革处于一种停滞状态。但这并不能否认非犯罪化作为一种国际潮流的存在，因为它代表着刑法的发展方向。因此，不能简单地认为非犯罪化是一种过时的思潮。

（3）是否应当借鉴非犯罪化以及借鉴什么？

随着改革开放的进一步发展，中国刑法逐渐与国际接轨。当然，这是一个十

---

① 参见何鹏主编：《现代日本刑法专题研究》，219～220页，长春，吉林大学出版社，1994。
② 参见《法国刑法典》，5～6页，北京，中国人民公安大学出版社，1995。

分漫长艰难的过程。但作为一种趋势，无疑是应当肯定与推进的，在这种情况下，了解国际上的非犯罪化的理论与实践是十分必要的。由于中国长期以来存在刑法工具主义观念，对于刑法性质与功能的认识都还受到传统观念的束缚与影响。因而，非犯罪化的国际思潮对中国来说具有一定的借鉴性。这种借鉴主要表现在非犯罪化中提出的一系列刑法新观念，例如犯罪的相对性观念、刑法的不完整性观念、刑罚的经济性观念和刑法手段的最后性观念等。

在正确地评价非犯罪化的国际潮流的基础上，我们面临着这样一个亟待回答的问题：中国是否应当实行非犯罪化？基于中国的国情，我提出如下观点：就非犯罪化而言，中国现行刑法规定的犯罪，虽然有个别可以废除，但主要的问题还不是非犯罪化，而是犯罪化。尤其是经济犯罪，在经济体制改革以后伴生了大量的商品经济所特有的经济犯罪，而这些经济犯罪在现行刑法中都没有规定，因而当务之急是予以犯罪化。因此，非犯罪化在当今中国不成为一个问题，成为问题的倒是其反面：犯罪化。[①]

之所以提出这一观点，主要因为非犯罪化（de criminalization）是对过度犯罪化（overcriminalization）的矫正，因而它是以过度犯罪化为前提的，否则就没有必要实行非犯罪化。某些国家存在过度犯罪化，由此提出非犯罪化的要求。中国之所以不宜非犯罪化，首先是因为中国不存在过度犯罪化。这从中外犯罪观念的差异上，可以得到证明。我国由于存在着行政处罚与刑事处罚之分，大量违反行政管理法规的行为都属于行政处罚的范畴，诸如出售伪劣商品、使用虚假商业说明、违反专卖权的出售、无执照营业、伪造公司账目、在鲜奶中兑水等。而在英国这些都属于刑事犯罪的范畴，是制定法上的犯罪，有些还属于严格责任或代理责任的犯罪。尤其是有关交通方面的犯罪，更能说明问题。在我国这方面的犯罪只有一个罪名，即交通肇事罪，而英国则有上千个。根据我国刑法的规定，构成交通肇事罪在客观上必须具备三个要素：违反交通规则、发生交通事故和产生严重后果，三者缺一不可。而在英国，所有违反交通管理规章的行为都是犯罪，

---

① 参见陈兴良：《刑法哲学》，8页，北京，中国政法大学出版社，1992。

诸如驾驶未经保险的车辆、行车时未系安全带、驾车时血液中酒精含量超过法定标准、闯红灯、错方向、超速、超载等，无一不是犯罪。在我国这些都属于违反交通管理规章的行为，予以一定的行政处罚。我国由于存在行政处罚与刑事处罚的区别，一些犯罪，尤其财产犯罪的构成标准较高，从而就排除了某些罪名的存在。比如盗窃罪、欺诈罪、贪污罪等在我国都属于数额犯，当具备其他要件时，还必须同时侵犯财产数额较大才能构成犯罪。这就决定在我国很难存在诸如商店盗窃罪、入室盗窃罪、窃电罪、欺诈获取罪、虚假账目罪等独立的罪名，因为这些犯罪往往犯罪次数多，但每次未必数额很大。比如在超级市场盗窃一瓶酒、一盒烟或一副太阳镜等，在英国构成商店盗窃罪，而在我国则不成立盗窃罪，仅仅属于盗窃行为。因此，中国犯罪化的范围及程度远远不如西方国家。在这种情况下，中国没有实行非犯罪化的客观必要。不仅如此，而且中国当前正处于社会转型时期，随着经济体制改革不断深入，各种社会关系与经济关系剧烈变动，旧的体制基于历史的惯性作用尚在社会生活中存在影响，而新的体制则正孕育萌生，尚未成熟。而法律基于稳定性的需要，必须等待社会关系基本定型以后再作规范。在这种情况下，法律，包括刑法的滞后也就是不可避免的了。正如菲利所言：法律总是具有一定程度的粗糙和不足，因为它必须在基于过去的同时着眼未来，否则就不能预见未来可能发生的全部情况。现代社会变化之疾之大使刑法即使经常修改也赶不上它的速度。[①] 这种刑法的滞后性，包含着一些应予犯罪化的危害行为未能及时予以犯罪化。例如，在以往计划经济体制之下，经济犯罪主要是指违反计划的行为，因而十分单纯与稀少。在经济转轨以后，市场经济蓬勃发展，各种新型的经济关系应运而生，与此同时出现了以往计划经济时期所没有的形形色色的严重破坏经济秩序的危害行为，亟待予以犯罪化。因此，我国当前刑法面临的主要任务应该是犯罪化。

　　既然非犯罪化不能成为我国罪之谦抑的基本途径，那么，我国的罪之谦抑如何实现呢？我认为，虽然非犯罪化在我国目前不可能实行，但也并不是说我国目

[①] 参见［意］菲利：《犯罪社会学》，125页，北京，中国人民公安大学出版社，1990。

前不存在任何非犯罪化的问题。某些体现计划经济价值观念的犯罪,由于已经不适应市场经济的客观现实,因而应当予以非犯罪化。更为重要的是,在犯罪化的过程中,应当以刑法谦抑性的思想为指导,防止犯罪化的过分冲动,例如在我国刑法修改过程中,建议新增罪名近百个之多。在这些建议增设的罪名中,有些确实是应当犯罪化的,有些则没有必要犯罪化。在这种情况下,就提出了一个犯罪化的程度问题。这个问题小而言之是罪名的取舍问题,大而言之则是刑事干预度的问题。由于刑事手段具有特殊的严厉性,因此,刑事干预必须把握适度性。正如我国学者指出:刑法的"过度干预"与"无为沉默"均阻碍了社会经济的发展。为了使刑事介入点适当与适度,刑法干预应该遵循两个"边界原则":一是范围边界,指刑法对侵害社会公共利益的行为进行评判与处罚,公共利益原则是刑法评判与干预在程度上的界定点。二是程度边界,指刑法只在最后时刻,作为最后手段进行干预,最后手段原则是刑法评判与干预在程度上的界定点。[1] 这种观点表明我国学者在犯罪化过程中时刻保持对过度犯罪化的警惕。只有这样,才能实现我国刑法的谦抑性。

(下)刑罚限度的谦抑性

刑罚限度的谦抑性是指刑之谦抑,即国家刑罚的行使是有限度的,应当尽量使刑罚节俭,尤其是防止刑罚过剩与过度。

一、刑之谦抑的理论说明

刑罚是对犯罪的一种反应。起初,这种反应是本能的,因而也就谈不上刑之谦抑问题。随着人们对刑罚认识的理性化,便提出了自觉地限制刑罚的谦抑问

---

[1] 参见刘华:《刑法干预经济行为的"边界原则"》,载《政治与法律》,1995(2),26页。

题。因此，在某种意义上可以说，刑罚的进化历史就是刑之逐渐谦抑的过程。在古代社会，刑罚往往被滥用。当时，虽然也承认"衡平原理"为刑罚的原则。但承认这个原理的理由是复杂的，即：（1）认为是将被害人所受的同一危害加之于加害人的一种反射的本能活动；（2）认为是从感情上满足被害人的自尊心；（3）认为是社会感情的一种表现，即由于同一社会成员都享有平等的权利，所以使他人受痛苦的人也应使之尝到相同的痛苦；（4）认为是具有这样一种意义，即基于未开化社会中的神咒均衡的世界观，应当迅速地恢复由于犯罪而搅乱了的神咒均衡。衡平原理最简单的形式就是"以眼还眼，以牙还牙"的法则，即"同害刑"。但是在这种情况下，报复是对地位、性别、年龄相同的人实行的，为了不放过真正的犯人，所以在犯人未被弄死以前，往往形成反复进行的连锁报复。而且在（1）某一民族生来就残暴的情况下；和（2）由专制首领统治的持衡平的原理的情况下，而往往发生与犯罪轻重的程度相比，过于残酷的私人报复和社会性制裁。① 在这种情况下，刑罚虽然也受到"衡平原理"的限制，但由于盛行报应主义，因而刑罚不仅残酷，而且泛滥过度。

　　近代理性主义的勃兴，是刑罚走向谦抑的一个重要契机。德国学者韦伯曾经指出"合理性"（rationality）的概念。韦伯把社会行动分为两种类型：合理性行动和非理性行动。合理性又可以分为形式合理性和实质合理性。形式合理性具有事实的性质，它是关于不同事实的性质，关于不同事实之间的因果关系判断；实质合理性具有价值的性质，它是关于不同价值之间的逻辑关系判断。形式合理性主要被归结为手段和程序的可计算性，是一种客观的合理性；实质合理性则基本属于目的和后果的价值，是一种主观的合理性。形式合理性概念强调现代西方社会秩序的合理性是独特的和专有的。它把社会秩序的理性化即具有最大限度的可计算性视为目的；理性化或把一切变成可计算的本来不是真正的目的，而是一切一般化的工具即为达到既定的目的的有效手段，有助于对一切实质目的做有意图的追求。韦伯赋予最初表现在经济行为中的可计算性以合理性的普遍性含义，同

---

① 参见曾庆敏主编：《刑法》，175页，北京，知识出版社，1981。

时又把它视为现代西方社会生活中独具的一个本质特点。①

  刑罚作为对于犯罪的一种社会反应，它属于社会行动的范畴。在古代社会，受人的报复本能的制约，刑罚是一种非理性的社会行动。近代刑罚的理性化，始于意大利著名刑法学家贝卡里亚。贝卡里亚明确指出：刑罚应该是在既定条件下尽量轻微的。这可以看作是刑罚谦抑的思想萌芽。贝卡里亚将经典力学引入刑法研究，力图赋予刑罚一种可计算性，并建立所谓刑罚力学。贝卡里亚认为，从力学的观点来说，刑罚就是制造一种阻力，来抵消某一犯罪的引力。采用多大量的阻力才能抵消某一犯罪的引力，在贝卡里亚看来，这是一个可以应用几何的精确度来解决的问题。因此，精确地确定刑罚量是非常必要的。正如我国学者黄风指出：贝卡里亚不像以往一些刑法学家那样只满足于对刑罚的本质、目的和作用的抽象论理，他力图找到精确运用刑罚、发挥其最佳效益的规则。数学和物理学的素养，使贝卡里亚能从政治算术和刑罚力学的角度来探索这些规则。在贝卡里亚的思想中，刑罚不应当是随意冒估的，任何一个多一点或者少一点都会对等号后面的结果产生积极的或消极的影响。刑罚的效果还在很大程度上取决于它的适用程序和方式，就像一种力在不同的条件下会产生不同的作用一样。刑罚不应当依靠一些令人毛骨悚然的恐怖形象威吓人的心灵，而应当依靠自身的层次性、精确性、适时性和肯定性，去影响人们对利弊得失的计算，从而制止他们去实施于人于己均无益的犯罪。② 理性的刑罚不同于基于报复本能的刑罚，它受到人类理性的严格制约，罪刑之间的均衡性正是这种制约的最明显的体现。它使刑罚具有可计量的性质，从而为刑罚谦抑奠定了基础。

  在贝卡里亚之后，英国著名学者边沁通过大量的苦与乐的计算，指出某些特定行为的善或恶，并用这种方法列出了一个非常复杂的罪与刑的一览表。边沁认为，苦与乐通常产生于四个个别的来源。分别地看，可以把它们称作"自然的""政治的""道德的"和"宗教的"。出自这四种来源之一的苦与乐，既然都能给

---

① 参见苏国勋：《理性化及其限制——韦伯思想引论》，229 页，上海，上海人民出版社，1988。
② 参见黄风：《贝卡里亚及其刑法思想》，112 页，北京，中国政法大学出版社，1987。

任何的行为法律或行为规则以一种约束力，所以它们可以统称为制裁（sanctions）。因此，在边沁看来，制裁就是根据人们的行为善恶，给予一定的苦与乐。刑罚就是这样一种制裁，它属于政治制裁。边沁指出：假如苦或乐操纵在社会上某一特定的人或一群人的手里，这群人在相当于"审判官"的各种名义下，按照国家元首或最高统治权力的意志，为了施展苦乐这一具体目的而挑选出来的，那么这种苦乐就可以说是政治制裁。

边沁认为，作为制裁内容的苦乐的价值是可以计算的。因为，求乐和避苦是立法者所注意的目标，因此他应该了解苦乐的价值；苦乐是他工作时必用的手段，因此他也应该懂得它们的力量，即苦、乐的价值。边沁指出：单对一个人本身来说，单说一种苦或乐本身，则苦乐价值的大小是依照以下各个条件决定的：（1）它的强度（intensity）；（2）它的持久性（duration）；（3）它的确定性或不确定性（certainty or uncertainty）；（4）它的迫近性或遥远性（时间上的远近）（propinquity or remoteness）。如果为了估量任何产生苦乐的行为的趋势而研究苦乐的价值，那么，还有两个条件应该考虑进去。它们是：（5）继生性（fecundity），或苦乐之后随之产生同类感受的机会，也就是乐后之乐、苦后之苦。（6）纯度（是否纯粹）（purity），或者苦乐之后不产生相反感受的机会，也就是不产生乐后之苦、苦后之乐。对一些人来说，苦乐价值的大小，依照七个条件来决定，除前面的六个：（1）强度；（2）持久性；（3）确定性或不确定性；（4）迫近性或遥远性（时间上的）；（5）继生性；（6）纯度；再加上另外一个：（7）范围（extent），也就是苦或乐扩展所及的人数，或者换句话说，受苦乐影响的人数多少。边沁认为，这些条件是一种乐或一种苦中的价值因素或价值元。为了便于记忆这些构成整个伦理与立法之基础的要点，边沁曾作歌一首如下：

苦乐原有特征，

强、久、确、速、继、纯。

为私应求此快乐，

为公要推广此快乐；

避苦是你本分；

　　　　　如苦不可免，

　　　　　应该求减轻。

　　边沁指出，如果对任何足以影响社会利益的行为之总的趋势加以确切的计算，可照下述方式进行：作为起始，在那些其利益最直接受该行为影响的人群中，任选一人，然后计算下列各点：（1）计算看来是那行为所首先产生的第一明显快乐的价值。（2）计算看来是那行为首先产生的每一痛苦的价值。（3）计算看来是那行为在初次快乐以后所产生的每一快乐的价值，这构成初次快乐的继生和初次痛苦的不纯。（4）计算看来是那行为在初次痛苦以后产生的每一痛苦的价值，这构成初次痛苦的继生和初次快乐的不纯。（5）总计一面所有快乐的一切价值和另一面所有痛苦的一切价值，加以衡量。如果快乐的一边为主，就将使该行为对于该个人的利益总的说来有好趋势；如果痛苦的一边为重，该行为总的说来就有坏趋势。（6）计算有利害关系的人的数目，对其中每一个个人都重复以上计算。就该行为对每一个个人（如果其总趋势总的为好）所有的好趋势的大小，求表示这一好趋势的程度的人数的总和；在行为对之有总的坏趋势的那些个人方面，也同样进行总计。权衡两者轻重，如果乐的一边为重，就将使该行为对有关的个人总数或集体有好的总趋势；如果苦的一边为重，就将对同一集体有坏的总趋势。①

　　在边沁看来，这一苦乐计算公式（功利原则）同样适用于刑罚。根据功利原则的要求，刑罚应该具有量方面大小的可感受性、本身的平等性、可成比例性与罪行的相似性、示范性、经济性、改善性、受人欢迎等。② 显然，边沁的这些思想中包含着刑罚抑谦的价值蕴含。尤其是刑罚的可计量性的观点，使刑罚的运用趋于理性化与精确化，这也正是刑罚现代化的重要标志之一。不可否认，贝卡里亚与边沁关于刑罚力学的思想，带有简单化的倾向。因为刑法作为一种社会制裁手段，它取决于多种因素，例如传统、习俗、文化、同情等。将刑罚抽象为一种

---

① 参见周辅成编：《西方伦理学名著选辑》，下卷，226～228页，北京，商务印书馆，1987。

② 参见［英］边沁：《立法理论——刑法典原理》，83页，北京，中国人民公安大学出版社，1993。

可以按照某种公式计算确定的东西,未免过于简单化。然而,这种思想又具有历史进步性,它使刑罚摆脱愚昧与情绪的桎梏,第一次在理性的显微镜下表现出自身存在的正当性。

二、刑之谦抑的国际潮流

在国际上,随着非犯罪化的发展,同时出现了非刑罚化的国际潮流。非刑罚化,是指减轻法律规定的对某些犯罪的刑事处罚,这些行为仍被认为是犯罪,但对待这些犯罪的方法与原有的刑事惩罚是不同的,在非刑罚化思想的影响下,人们致力于组织对监禁的替代方法。① 因此,非刑罚化是当今世界各国实现刑之谦抑的基本途径。

非刑罚化的思想是刑罚观念的一次重大历史性嬗变。刑,在古代社会的主要表现形式是杀戮,即生命刑。及至近代,自由刑被广泛适用,成为生命刑的代替刑。在这种情况下,刑的主要表现形式是以监狱关押为特征的监禁。由于自由刑具有可分性、可计算性等明显的优点,因而受到刑事古典学派的青睐。例如菲利指出:古典派犯罪学用这种方式推导其称之为伟大进步的刑罚单位。中世纪时,刑罚差异很大。但到19世纪,古典派犯罪学极力反对羞辱刑、肉刑、财产刑、职业刑及死刑,主张监禁是唯一的刑罚,也是救治犯罪及犯罪人的唯一良药。即使在今天,仍然存在着禁止性措施与罚金,但整套刑罚武器大体上已变为监禁,因为罚金同样可以折抵为数日或数月的监禁。古典派犯罪学主张的理想刑罚方式是单独拘禁。②

进入现代以来,犯罪爆炸性地增加,尤其是累犯、惯犯大量出现。事实证明,采用以自由刑为中心的刑罚体系很难有效地遏制犯罪。在这种情况下,刑事实证学派提出了刑罚改革的设想,其中重要内容之一就是寻找刑罚替代物。菲利

---

① 参见[法]马克·安赛尔:《从社会防护运动角度看西方国家刑事政策的新发展》,载《中外法学》,1989(2),61页。

② 参见[意]菲利:《实证派犯罪学》,38页,北京,中国政法大学出版社,1987。

指出：对于任何一个犯罪，刑罚问题都不应当仅仅配给罪犯与其道德责任相应剂量的药，而应当被限定为根据实际情况（违反及其造成的损害）和罪犯个人情况（罪犯的人类学类型），视其是否被认为可以回归社会，确定是否有必要将罪犯永久、长期或短期地隔离，或者是否强制他严格赔偿他所造成的损失就足够了。[①]在这种情况下，为防止自由刑的适用带来不必要的损害，能不剥夺自由的，应尽量不采用剥夺自由的惩治方法，以争取最好的刑罚效果；因此，就在刑事政策上基于刑罚谦抑主义提出了非刑罚化的必然要求。

法国著名学者安赛尔曾论述刑事处罚从死刑到剥夺自由刑的历史进程，认为从19世纪初开始到20世纪末，剥夺自由刑成了最主要的刑事惩罚措施，成了与犯罪作斗争的最后手段（ultima ration）。它的痛苦性特征慢慢消失了；剥夺自由刑也不是一种为犯罪制造痛苦而强加于它的刑罚；相反，它的目的是保卫和平与公共安全。联合国倡导的"预防犯罪、治理罪犯"思潮在20世纪50年代曾显赫一时。这一思潮使联合国主持制定了"有关罪犯待遇的基本规则"。这一规则的基本精神是在承认罪犯各项权利的前提下使监狱制度更加人道化。人们认为，现代化的以使罪犯重新回归社会为目的的监狱能轻而易举地为改革以后的刑法（社会反应）制度所接受。但正是在这一时刻监禁刑遭到了最激烈的反对，而且是许多社会防卫运动拥护者的反对。安赛尔认为，在现代国家，监狱从理论上说只在客观上剥夺了罪犯的自由。但实际上，监狱已不成其为监狱了。监狱里种种限制、混杂的人群及它所内含的各种暴力使监狱成了一种真正的肉体惩罚。监狱不仅侵犯了罪犯的身体，而且扰乱了罪犯的精神。监狱导致人格异化，导致制度的本质败坏。而一旦人的本质变了，人就会陷入一种被动的服从状态。人就失去了对本身自由的意识和个人行动的愿望；或者人就会陷入一种不服从的反抗状态，不断地侵犯他人，进行暴力犯罪。监狱暴乱正是后一心理状态的集中写照。由此，安赛尔提出刑事政策的发展方向是从监狱到非刑法化。非刑法化，即非刑罚化，又称为非刑事化（la dépénalisaton）。非刑事化并不是要求取消某一现存

---

① 参见［意］菲利：《犯罪社会学》，141页，北京，中国人民公安大学出版社，1990。

的罪名，而相反，它是在承认法律认定某一罪名的前提下去减少（modérer），或者也可以说是在改变（moduler）刑罚的适用，最常见的是减轻刑罚的严酷性，也可以说是为了消除刑罚的刑法性（caractére pénal）。[①] 这里所谓消除刑罚的刑法性，就是指非刑罚化，又称非刑化。这里的刑，是指以监禁为主要形式的自由刑。因此，非刑罚化即指非监禁化。世界各国的非刑罚化，主要采取了以下几种途径：

1. 控制自由刑

在非刑罚化潮流中，应当尽力避免或减少自由刑的适用已经成为共识。因为对每个人来说，自由都是极宝贵的，失去自由是一种严重的惩罚，将带来极大痛苦。如果必须适用，也应尽量适用短的刑期。这既是为了保护个人自由，也是为了减少自由刑，尤其是剥夺自由刑的副作用，以最少的刑罚取得最大的效果。为此，一些国家对自由刑的适用提出了某些具体的要求。例如，英国要求法官在作出判决时，首先考虑可适用非监禁判决，只有回答是否定的，才能考虑监禁是否适当和必要。同时，对于初犯的监禁判决又提出了特别的条件：第一，法院必须确信没有其他合适方式处理被告，也就是说，只有监禁是适当的。为此，法官必须全面考虑罪犯的情况包括性格、身体条件、精神状态等。通常还要获得一份社会调查报告，作为判决参考。第二，在程序上，被告必须有律师代理，进行合法辩护，否则，不能适用监禁。又如，美国《模范刑法典》第7.01条规定：法院只有在考虑了罪犯的犯罪性质和情节、过去表现、个人性格以及其他情况，认为判处监禁是必要时才适用监禁。同时，需满足下列条件之一：（1）如果对被告处非监禁刑罚，他极有可能再犯罪，或（2）通过矫正处遇能给被告提供有效的帮助，或（3）更轻的判决与罪行严重性不相称。这三个条件，第一是从再犯可能性考虑，第二是从复归处遇考虑，第三是从相称性考虑。同时，为实际减少监禁适用，美国《模范刑法典》还规定了支持不适用监禁的理由，包括：（1）被告的罪行既未引起也不可能引起严重伤害；（2）被告的行为是非故意的；（3）被告处

---

① 参见［法］马克·安赛尔：《新刑法理论》，91页，香港，香港天地图书有限公司，1990。

在强烈挑衅下；(4) 虽然不能构成自我防卫，但被告的行为存在可以原谅的理由；(5) 受害人引诱或帮助了罪行；(6) 被告已经或将要赔偿受害人；(7) 过去历史记录良好；(8) 被告的罪行是情节或环境的结果，不可能再发生；(9) 被告的性格和态度表明不可能再犯罪；(10) 被告能对保护观察产生积极的反应；(11) 如处监禁，将对被告本人或其家庭产生极大痛苦。当存在上述所有因素或一些因素时，都可以不适用监禁。当然，最根本的还取决于罪行，这些因素只是支持不监禁的理由，而不是必须不监禁。① 通过以上立法的方式，使自由刑的适用受到控制。

2. 选择替代刑

为尽量避免自由刑的适用，各国还寻求各种替代刑，罚金就是一种最被推崇的刑罚。在这一点上，堪称典范的是《联邦德国刑法典》。该法典第 47 条规定："(科短期自由刑仅属例外情形) (1) 法院之科处不满 6 个月之自由刑，唯在依犯罪或犯罪人性格所具特别情况，堪认为科处自由刑对犯罪人之影响作用及法律秩序之维护确不可少时，始得为之。(2) 法律纵然未规定罚金刑，如法院对犯罪无须科处 6 个月或超过 6 个月之自由刑，而又无前项所定必须科处自由刑之情形者，法院得宣告罚金。法律所定自由刑之最低度较高时，则上述罚金之最低度可以原定自由刑之最低度为准，第一日罚金相当于一日自由刑，每 30 日罚金相当于一月自由刑。"这一规定被德国刑法学界称作"最后手段条款"。因为，如果法官认为罚金能达到改善与抑制罪犯的目的，这个条款就禁止他把被告人投入监狱。法官首先要考虑适用罚金刑，而短期自由刑的适用，仅作为例外。

为限制自由刑之适用，各国还选择新的制裁方法。德国著名学者耶赛克指出：在世界性刑法改革运动的过程，超出了传统的主刑范围，出现了新的制裁方法。它既不是自由刑，也不是罚金刑，而是试图利用其他办法来达到国家对犯罪产生感化的作用这个目的，采取对受害人进行补偿，与为公众而进行劳动这种积

---

① 参见李贵方：《自由刑比较研究》，190 页，长春，吉林人民出版社，1992。

极的社会效果结合起来的新制裁方法。①

这些制裁方法无疑是刑罚改革的发展方向,体现了刑罚的谦抑性。美国出现的制裁新方法是对某些罪犯处以劳动赔偿。所谓劳动赔偿,是指为改造罪犯,对罪犯科以有偿或无偿社会劳动的刑罚方法。有偿劳动的科处,一般要求罪犯将劳动所得用于偿还受害人。无偿劳动的科处,罪犯应得的报酬等于上缴社会或国库。劳动赔偿适用的犯罪范围包括:轻度违反交通规则、妨害治安、偷窃、伪造信用卡、酒后开车等。这种劳动赔偿的最大特点在于罪犯的人身自由不受剥夺,而是在社会上服刑。从这一角度看,它可以起一定的替代短期自由刑的作用。而且,劳动赔偿只要求罪犯付出劳动力,而不是像罚金那样支付金钱。所以,它具有平等性,无论对穷人还是富人都可以适用。当然,劳动结果与罚金刑具有许多相似乃至相同的特点,它们共同承担着替代短期自由刑的任务。英国出现的制裁新方法是社会服务(community service),它要求罪犯在缓刑监督官的监督下一年中完成40小时至120小时的无酬劳动。如果犯人犯有两罪,并且每罪所定刑罚都是社会服务,无酬劳动的期限可延长到240小时。这种服务活动一般由国家、教会、慈善团体等进行组织,地点可在医院、公共食堂、托儿所、敬老院或其他一些福利设施中。适用对象为18岁以上的罪犯,适用条件为不致危害社会治安,征得罪犯本人同意。违反条件者,可处以罚金50英镑,也可延长刑期至1年以上,或撤销社会服务,改处自由刑。在英国,社会服务也是被当作自由刑的一种替代刑。

3. 改革监禁刑

为了实现刑罚谦抑,对于那些判处自由刑的,也在刑罚执行上尽量实现非监禁化,这主要表现在缓刑的广泛适用。缓刑制度产生于19世纪末,盛行于20世纪。由于缓刑是对犯有轻微罪行,应被处以短期自由刑,但出于刑事政策的考虑暂不必执行其刑的罪犯。因此,它被作为替代短期自由刑的重要手段。除普通缓刑以外,英美还出现了一种作为刑罚方法的缓刑,称为"混合刑"(the mixed

---

① 参见［德］汉斯·海因里希·耶赛克:《世界性刑法改革运动概要》,载《法学译丛》,1981(1)。

sentence），指执行短期自由刑后再执行缓刑，缓刑之宣告同时由法院决定。这种混合刑与短期的自由刑结合起来适用，并且要求必须执行一段短期自由刑后再执行缓刑，是一种折中性的调和手段。缓刑的含义进一步放宽，不仅指将宣判有罪的人置于附有监视的自由状态之中进行考验的方法，而且指在审判前采取的有关措施，例如一般西方国家都实行的延缓起诉、美国的"转处"（diversion）制度等。美国的转处是指在很早就停止了逮捕—控告—执行这一程序，把罪犯分派到社会团体中去，经常是90天的短期安排，提供单独劝告方法的方案，培养情报传递者及寻找工作等。即使没有判处缓刑而被判处自由刑，也逐渐扩大监狱的开放化，避免使犯人与世隔绝。例如，美国推广一些使服自由刑的罪犯更接近社会的方法，逐步展开了非收容化（deinstitutionalization）运动。非收容化运动以运用开放型监狱为重要内容之一，指通过把一些罪犯转送到小社区居住待遇所或简单地依靠在社区中对罪犯实行缓刑与假释监督，而关掉一些大的传统监狱设备，又被称作分散化的形式之一。

非刑罚化的国际潮流在各国得以不同程度的发展。当然，这种发展是不平衡的，在个别国家由于犯罪情势的变化，甚至出现了倒退的现象。应该说，这种倒退只是个别的与暂时的。从总体上看，体现刑罚谦抑性的非刑罚化是刑罚改革的必然趋势。

三、刑之谦抑的中国途径

中国如何实现刑之谦抑，这是摆在我们面前的一个现实问题。在回答这个问题之前，首先必须澄清的一个问题是：国际上的非刑罚化是否适用于中国？我认为，非刑罚化并非中国当前面临的根本问题。中国的当务之急是削减死刑，逐渐实现轻刑化。至于非监禁化，则不是主要问题，考虑自由刑的替代措施也不是问题的主要方面。由于中国传统的重刑观念的影响，生命刑、自由刑才被认为是刑罚，财产刑、资格刑往往在思想上被排斥于刑罚概念之外的现象还十分严重。因此，应当提倡的是轻刑化而不是非刑罚化。

这里首先涉及一个对非刑罚化的理解问题。我国刑法学界在谈到非刑罚化这个概念时，有的学者认为是指对某些行为虽然构成犯罪但不采用刑罚处理，而采用非刑罚方法处理，即非刑罚化，或者原来有些传统刑罚，随着社会变化不再发生应有的作用而加以废除，也是非刑罚化之意。① 另有学者也明确指出，非刑罚化包括两方面的含义：一是将现行刑法规定的刑罚方法予以废除，使之不再作为刑罚方法；二是设置非刑罚处置方法以替代刑罚的适用。基于以上理解，认为关于非刑罚化的第一个方面的内容是拘役与管制的存废问题；关于非刑罚化的第二个方面的内容，涉及非刑罚处罚措施是否继续沿用和是否增设保安处分的问题。②

应该说，上述对于非刑罚化的理解是基本不准确的。关于非刑罚化，德国著名学者耶赛克有过一个经典的说明：非刑罚化是指采取将被宣判有罪的人置于附有监视的自由状态之中时行考验的方法，用自由刑或者部分罚金来代替原有刑罚的办法。几乎所有国家在修改刑法的时候，都采用了支配着缓刑制度的重大的法律政策观点。从一般预防和特别预防的角度看来，对于已经实施的犯罪行为，根据这种观点，不可能不使国家产生一定的反作用，但是，这种政策却对行为人宽免刑罚。其理由是为了尽量缩小刑罚带有的社会恶果，调动被判决有罪的人本身的积极性，规定对罪犯给予社会帮助。③ 由此可见，非刑罚化的实质内涵应该是非监禁化。如果不在这一确切含义下讨论非刑罚化问题，就会失去非刑罚化的特有内容而流于泛化，无法与国际刑法学界接轨；甚至会对非刑罚化产生误解，由此引发不必要的批评。例如我国有的学者把非刑罚化理解为对某些情节轻微的犯罪行为免予刑事处分，改用其他非刑罚的方法对犯罪人给予某种处分。由此认为，非刑罚化不涉及罪与非罪的界限，它所要解决的实质问题是在某种危害行为已构成犯罪的情况下，究竟有无必要适用刑罚。这样，以非监禁的刑罚方法，例

---

① 参见高格：《刑法思想与刑法修改完善》，载《刑法的修改与完善》，22页，北京，人民法院出版社，1995。
② 参见马克昌、李希慧：《完善刑法典的两个问题》，载《刑法的修改与完善》，41页，北京，人民法院出版社，1995。
③ 参见［德］汉斯·海因里希·耶赛克：《世界性刑法改革运动概要》，载《法学译丛》，1981（1）。

如缓刑或者其他新制裁方法替代监禁刑的非刑罚化的本来含义就会误解为有无必要适用刑罚这一非刑罚化的肤浅的字面含义。在此基础上认为，非刑罚化这一提法本身就欠科学性，它有悖于犯罪本质的基本理论，不利于维护社会秩序和刑法的严肃性，更不符合刑事立法的根本目的。① 应该说，对非刑罚化这一概念的否定是建立在对其内涵的误解之上的，殊不足取。由此可见，对某一学术观点或学术潮流的评价，应当以对它的正确理解为前提，这是学术研究的应取之道。

我主张中国当前之所以不宜实行以非监禁化为主要特征的非刑罚化，基本理由在于：中国当前尚不具备实行非刑罚化的条件。（1）社会条件不具备。刑罚是对犯罪的一种社会制裁，因而在不同社会，刑罚的表现形式是有所不同的。实行非刑罚化的主要是西方发达国家，在这些国家实行非刑罚化具备一定的社会条件。例如具有较为完善的法制，对犯罪的控制能力较强等。而中国是一个发展中国家，社会经济较为落后，法制也不够健全，因而缺乏非刑罚化的社会条件。（2）法律条件不具备。非刑罚化是处于法制发展的特定阶段的产物，在西方国家，刑罚体系正在发生从以自由刑为中心向以罚金刑为中心的转变，已经实现一定程度上的轻刑化，因而进一步提出了以非监禁化为主要特征的非刑罚化的问题。而中国的刑罚体系中自由刑还占据着十分重要的地位，甚至死刑还占有很大的比重，尚未实现轻刑化。在这种情况下，不具备非刑罚化的法律条件。（3）思想条件不具备。非刑罚化是建立在对犯罪的社会反应较为宽容的思想基础之上的，否则非刑罚化就难以被社会所接受。例如，耶赛克在谈到非刑罚化时指出：在这个问题上作为例外的是年轻的非洲各国。这些国家不适用通过考验的缓刑制度，因为宣判"没有刑罚"的"有罪"判决是一般公民不能接受的。另一方面，被宣判有罪的人也有可能因此产生认为自己有一半是无罪的错觉。② 应该说，中国也同样存在这种社会抵触，因而不具备非刑罚化的思想条件。尽管中国当前尚不具备实行非刑罚化的条件，但非刑罚化所体现出来的刑罚谦抑思想同样是值得

---

① 参见赵国强：《刑事立法论》，125页，北京，中国政法大学出版社，1993。
② 参见［德］汉斯·海因里希·耶赛克：《世界性刑法改革运动概要》，载《法学译丛》，1981（1）。

借鉴的，这主要表现为轻刑化的刑罚改革趋势。

在我国刑法学界，轻刑化与重刑化是争论较多的一个问题。我国1979年制定的刑法，基本上是一部较为轻缓的刑法。此后，随着社会变革的开展，犯罪形势发生了一定的变化，严重的刑事犯罪与经济犯罪大幅度地增长，大案要案居高不下，治安形势十分严峻。在这种情况下，立法者通过单行刑法与附属刑法的立法方式加重了刑罚。在刑法修改过程中，对刑罚应当如何进行调整？对此，我国刑法学界主要存在三种观点：

（1）轻刑化。这种观点认为，我国现行刑事法律体系存在重刑化的倾向，其突出表现是含有死刑、无期徒刑的条款过多，适用对象过宽，且多为选择刑种。同时，实际部门在刑种及量刑幅度的选择上偏重，依法判处死刑的人数较多。为此，有些学者认为刑罚应当向轻刑化方向发展，通过立法降低一些犯罪的法定刑幅度，从而达到整个刑事制裁体系的缓和化。其主要理由是：其一，轻刑化是历史发展的必然，也与我国国家性质、任务及文明发展的客观进程相一致。其二，轻刑化是商品经济的需要，它有利于创造一个适合社会主义商品经济发展的宽松环境。其三，轻刑化是社会主义民主的保障，从历史发展情况来看，重刑主义往往和专制主义是紧密联系的。其四，轻刑化是刑法科学化的要求，轻刑化的刑法就有可能促使人们在刑罚之外去寻找更多的科学方法，以便从根本上治理犯罪。[①]

（2）重刑化。这种观点认为，我国现行刑法中的刑罚体系并非重刑主义。为了适应同犯罪作斗争的需要，应当修改刑法，使刑罚更趋严厉。其主要理由是：其一，就总体而言，我国刑法规定的刑罚种类还不够严厉。主要表现在还有拘役、管制等轻刑；并且，这些轻刑可适用于刑法分则规定的大多数犯罪。其二，有些犯罪的法定刑偏低。其三，刑罚应当充分发挥其威慑功能，稳定我国目前的治安情况，遏止经济犯罪的增长势头，创造一个安定的社会环境。其四，轻刑化作为刑罚发展的总趋势不能取代在某个国家和某个特定时期根据需要适当加重刑

---

① 参见王勇：《轻刑化：中国刑法发展之路》，载《中国刑法的运用与完善》，323～329页，北京，法律出版社，1989。

罚，以适应同犯罪作斗争的需要。①

（3）适度化。这种观点认为，重刑化与轻刑化是两个极端，是片面的观点，是不符合我国的立法与司法实际的。任何国家的刑罚体系都是由性质不同、轻重不同的刑罚种类构成，因为犯罪是一种复杂的社会现象，有的罪行重，有的罪行轻，决定对付犯罪的刑罚手段也必须有重有轻，一个科学的刑罚体系不能没有重刑与轻刑。从司法实践看，对犯罪一定要区别对待，有针对性地判处轻重不同的刑罚。因此，作为刑事立法与司法的指导思想，应该是宽严相济、轻重适当，既防止重刑化，又防止轻刑化。②

由上可知，在刑法修改过程中，对于刑罚的发展方向上还存在较大的分歧。这个问题关系到如何实现刑罚谦抑，因而有必要加以探究。

刑罚适度化的观点，既反对轻刑化又反对重刑化，态度折中，貌似有理，其实质并非在同一基础上探讨问题。轻刑化与重刑化是指刑罚轻重的发展趋势，涉及的是刑罚的整体调整。因此，轻刑化与重刑化是对刑罚的一种动态分析。而刑罚适度化的观点是对刑罚的一种静态分析，指在一个已经确定的刑罚体系中，应该罪刑适度相当、区别对待。显然，刑罚适度化的观点是正确的，但它不能代替轻刑化与重刑化的讨论，更不能以此作为否定轻刑化与重刑化的理由。因为无论在轻刑化还是在重刑化的刑罚体系中，同样都存在一个刑罚适度问题。例如，在一个废除死刑的国家，其刑罚体系可以说是轻刑化的，最重之罪只能判处无期徒刑，依照罪行轻重分配刑罚，形成罪刑均衡的刑罚体系。在一个重刑化的刑罚体系中，只要不是对所有犯罪一律判处死刑，就同样存在一个罪刑均衡的问题。因此，轻刑化与重刑化是就刑罚的基准而言的，而刑罚适度化则是在这一基准给定的情况下某一刑罚体系内部的罪刑协调的问题，两者不能混为一谈。在这个意义上，如果有第三种折中观点的话，应该是认为现在刑罚已经轻重适宜，既没有必要向轻刑化调整，也没有必要向重刑化调整。但到目前为止，我们还没有发现这

---

① 参见赵秉志主编：《刑法修改研究综述》，163～164 页，北京，中国人民公安大学出版社，1990。
② 参见高格：《刑法思想与刑法修改完善》，载《刑法的修改与完善》，21～22 页，北京，人民法院出版社，1995。

种观点。因此,在这个问题上只存在轻刑化与重刑化两种观点的对峙。

"刑罚世轻世重",这是中国古代刑法的一条重要原则。所谓"治乱世用重典,治平世用轻典",说明世之治乱决定刑之轻重,刑应当与世相宜。正如韩非所言:"法与时转则治,治与世宜则有功。"① 毫无疑问,刑罚的轻重不是一成不变的,而是随着社会生活的发展而变化的,应当及时调整。关键问题在于如何把握社会生活的变化,这对于轻刑化还是重刑化具有决定性意义。我主张轻刑化的观点,主要理由如下:

(1) 政治生活的民主化是轻刑化的政治基础。德国著名启蒙学家孟德斯鸠曾经对政体的性质与刑罚的轻重之间的关系作了研究,指出:严峻的刑罚比较适宜于以恐怖为原则的专制政体,而不适宜于以荣誉和品德为动力的君主政体和共和政体。在政治宽和的国家,爱国、知耻、畏惧责难,都是约束的力量,能够防止许多犯罪。对恶劣行为最大的惩罚就是被认定为有罪。因此,民事上的法律可以比较容易地纠正这种行为,不需要多大的强力。在这些国家里,一个良好的立法者关心预防犯罪多于惩罚犯罪,注意激励良好的风俗多于施用刑罚。在专制国家里,人民是很悲惨的,所以人们畏惧死亡甚于爱惜其生活,因此,刑罚便要严酷些。在政治宽和的国家里,人们害怕丧失其生活甚于畏惧死亡,所以刑罚只要剥夺他们的生活就够了。② 由此可见,刑之轻重与政体的性质有着密切的联系。政治生活的民主化,是我国当前政治的主要发展趋势。政治民主是一种承认少数服从多数的国家政权,与专制制度的国家相对立,它承认人民主权原则。只有在专制国家,由于少数人掌握国家政权,因而需要用严酷的刑罚维持其统治,其重刑化是必然结果。而在民主国家,法律体现人民的意志,因而实行轻刑化是可能的。我国政治民主化的程度越来越高,这就为刑罚的轻缓提供了政治条件。

(2) 经济关系的市场化是轻刑化的经济基础。市场经济是一种按照市场经济规则自律调节的国民经济。在市场经济的条件下,一切经济生活都发生于市场

---

① 《韩非子·心度》。
② 参见〔法〕孟德斯鸠:《论法的精神》,上册,82~83页,北京,商务印书馆,1961。

上，市场是商品生产、流通、分配的自由场所，体现了市场经营者之间或经营者与消费者之间根据平等自愿原则而发生的经济关系。我国从计划经济向市场经济的转轨过程中，虽然由于市场经济的发展，各种新型的经济关系出现，刑事干预的范围有所扩大，但刑事干预的力度却应当有所节制。这里所谓刑事干预力度的节制，主要就是指轻刑化。只有轻缓化的刑罚，才能为市场经济的发展提供宽松的社会法制环境。

（3）刑事政策的科学化是轻刑化的法律基础。刑事政策是刑法的灵魂与核心，刑法是刑事政策的条文化与定型化。因此，刑事政策对于刑法的发展具有直接的指导意义。刑事政策总是基于一定的犯罪态势提出来的，并且应当根据社会发展与犯罪变化的实际情况，及时地进行调整，而不存在一成不变的刑事政策。我国当前抗制犯罪的主要刑事政策是20世纪80年代初提出的从快从重政策。应该说，这一刑事政策的提出有其特定的历史背景及其在当时历史条件下的合理性。依法从重从快政策的提出并实施，使我国刑法趋于重刑化，这对于维护当时的社会治安起到了一定的积极作用，使犯罪的发案率有所降低。但对于社会治安来说，刑事镇压毕竟只是治标的办法，而不能治本，即从根本上铲除犯罪产生的社会土壤。而且，在当时提出社会治安的根本好转这一目标，从现在来看也值得反思。事实上，社会治安应当争取的是一种动态的平衡。只要犯罪活动不造成社会动乱，社会变革与发展的活力仍然保持，社会治安就应当视为基本上正常。而根本好转缺乏量化的具体指标，同时不切实际，只是人们的一种主观愿望而已。实行依法从重从快的刑事政策已经十多年，现在应当从理论上反思这一刑事政策，并考虑刑事政策的适当调整。

首先，应当科学地认识我国当前的社会现状，正确地分析犯罪态势。随着我国经济体制的改革，市场经济的发展，我国社会进入一个转型期：这就是从传统的农业社会向现代的工业社会转变，这也就是现代化进程。现代化进程对于犯罪具有明显的影响，犯罪是现代化的最重要代价之一。在某种程度上说，我国当前犯罪的大量增加是体制转轨、社会转型的必要付出。犯罪的发展变化有其自身规律，并且不以人的意志为转移。刑罚虽然能够在一定程度上影响与制约犯罪的发

展态势,但不能指望通过严打可以从根本上消除犯罪对社会的消极影响。

其次,应当正确地认识刑罚的效果。实行从重从快主要还是依赖于刑罚威慑力以镇压犯罪。但刑罚虽然存在一定的威慑力,这种威慑力本身又是有限的,不能过分地迷信与依赖。基于以上对犯罪态势与刑罚效果的分析,我认为依法从重从快的刑事政策已经实行十多年,虽取得一定效果,但并未达到理想的抗制犯罪的社会效果,应予适当调整。这种调整的方向应当是在刑罚的轻缓上:通过切实有效的刑事法律活动,力求将犯罪控制在社会所能够容忍的限度之内。

最后应当指出,轻刑化是一个过程,一种趋势。在当前刑罚已经较重的情况下,不顾实际情况骤然大幅度地降低刑罚,可能会产生一些消极的后果。因此,应当逐渐实行轻刑化。而且,轻刑化是一个相对的概念,并且是同一定的犯罪态势相适应的。如果不顾客观实际地追求轻刑化,就必然使轻刑化归于无效,重刑化又会卷土重来。更为重要的是,轻刑化只是指刑罚基准的趋轻发展态势,它与刑罚的适度性并不矛盾。因此,在轻刑化的情况下,仍然应该坚持区别对待这一原则,根据犯罪的严重程度适当地分配刑罚,以实现立法与司法的罪刑均衡。

(本文原载《法治研究》,杭州,杭州大学出版社,1996)

刑法机能二元论

在任何一个社会，人权保障与社会保护都应当互相协调，从而在更大程度上实现刑法机能。本文旨在科学地界定刑法的人权保障机能与社会保护机能的基础上，对刑法的双重机能进行联结考察。

一

刑法，尤其是近代刑法，在人权保障方面发挥着重要的作用。马克思将法律（包括刑法）称为人民自由的圣经，就是极言法律，主要指刑法具有人权保障机能。在我国当前市场经济的社会条件下，刑法的人权保障机能更加引起人们的重视。

对刑法中人权及其人权保障机能的分析，始于刑法的特殊性。在法律体系中，刑法的限制性是最为明显的，它是其他法律的制裁力量。刑法涉及对公民的生杀予夺，其存在的必要性在于保护社会，使社会免遭犯罪的侵害。但这种刑罚权如果不加限制，任其扩张，又势必侵夺公民个人的自由权利。正是在刑法存在的这一特殊矛盾中，刑法中的人权保障的重要性才得以凸显并受到充分的重视。因此，人权保障的刑法意义主要体现在以下两个方面。

（一）刑法对被告人权利的保障

刑法中的人权首先是指被告人的实体权利（以下简称被告人权利）。被告人是指被指控为有罪的人，又叫犯罪嫌疑人。刑法中的人权保障，最表层的分析，涉及对被告人权利的保护。在这个意义上，可以把刑法称为犯人（应当是指被告人）的大宪章。在刑法中，存在着一种刑事法律关系或称刑法关系。这种刑事法律关系是犯罪人与国家之间的一种权利、义务关系，它以刑事责任的形式得以表现。从以有关机关为代表的国家这方面来看，这些权利和义务是：根据犯罪行为和犯罪人危害社会的程度对罪犯进行惩处，适用和执行刑罚，进行改造和再教育，以及保障判刑和服刑的法律措施。从犯罪人这方面来看，他们的权利和义务则是对于所实施的行为及由此产生的一切后果接受和承担刑罚或其他影响方法，同时有权要求严格按照刑法、刑事诉讼法和劳动改造规范的规定适用、确定和执行刑法影响方法。[①] 在这种刑事法律关系中，被指控为有罪的公民与国家司法机关之间存在的这种权利、义务关系表明：被告人尽管被指控为有罪，但并不因此而处于完全丧失权利简单地成为司法客体的地位，被告人的人权仍然受到法律的保障。这也正是现代法治区别于专制社会刑事制度的重要特征之一。在专制社会里，公民一旦被指控为有罪，便丧失了一切权利，处于被折磨和被刑讯的地位，甚至受到非人的待遇。在这种情况下，被告人就根本谈不上人权。例如，美国学者指出：18世纪刑法规定的刑罚是野蛮的，它允许实行刑讯逼供以获取犯罪事实和同案犯，对数百种罪行几乎都适用死刑。法律通常不公布，市民很难判断他们的行为是否违法。那种完全没有"正当的法律程序"的逮捕常常是随意和任性的。因此，美国学者认为，"不确定"是18世纪刑法最典型的特征。[②] 这里的"不确定"意味着被告人与国家之间的关系不受法律制约，被告人处于一种消极被动而无人权可言的地位。随着启蒙思想的传播和社会契约论的影响，个人与国家的关系，包括被告人与国家的关系重新在理性的观念下得到审视。社会契约的

---

① 参见［苏］巴格里·沙赫马托夫：《刑事责任与刑罚》，55~56页，北京，法律出版社，1984。
② 参见［美］理查德·霍金斯等：《美国监狱制度——刑罚与正义》，29页，北京，中国人民公安大学出版社，1991。

观念成为社会秩序的基础,并确认过分严厉和任意的刑法违反了社会契约。对破坏社会秩序的人适用刑罚是保护社会契约的需要。但是,公民也必须保护自己不受专制国家权力的侵犯。在这种情况下,被告人的权利开始受到人们的重视。尤其是随着罪刑法定与无罪推定原则的确立,被告人的权利(包括实体性权利与程序性权利)在法律上受到承认并予以保障。因此,刑法中的人权保障,首先就意味着对被告人权利的保障。对此,日本刑法学家西原春夫曾经指出:刑法还有保障机能,即行使保护犯罪行为者的权利及利益,避免因国家权力的滥用而使其受侵害的机能。对司法有关者来说,刑法作为一种制裁的规范是妥当的,这就意味着当一定的条件具备时,才可命令实施科刑;同时当其条件不具备时,就禁止科刑。虽然刑法是为处罚人而设立的规范,但国家没有刑法而要科以刑罚,照样可行。从这一点看,可以说刑法是无用的,是一种为不处罚人而设立的规范。人们之所以把刑法称为犯人的大宪章,其原因就在于此。[1]

(二) 刑法对一般人权利的保障

由上可知,被告人权利的保障是刑法的人权保障的题中应有之义,但如果把它视为刑法的人权保障的全部意蕴,那就大错特错了。可以说,刑法的人权保障的更深层次的含义在于对全体公民的个人权利的保障。正是在这个意义上,刑法不仅是犯人的大宪章,更是公民自由的大宪章。应该说,刑法是公民自由的大宪章这一思想是现代法治国家的刑法灵魂与精髓,也是现代刑法与以往专制刑法的最根本区别之一。在专制社会里,刑法被认为是驭民之术,其基本点在于用刑法来镇压反抗统治的行为,被认为是刀把子。在这种情况下,公民个人与国家的关系处于一种紧张的对立之中。统治阶级为了维护其社会统治,随意地可以限制乃至于剥夺公民的自由。因此,公民的自由范围是十分有限的,而国家权力,包括刑罚权却恶性地膨胀。例如,在宗教的统治下,欧洲大陆法系国家的刑法完全成了统治阶级禁锢人们思想、限制人的言论和行动自由、强制推行禁欲主义的工具。刑法规范制约着人们生活的各个细节,它同统治阶级的道德规范混淆在一

---

[1] 参见 [日] 西原春夫:《刑法的根基与哲学》,33页,上海,上海三联书店,1991。

起，没有一个确切的法定标准，人们可以根据占统治地位的道德信条来判定一个人是否有罪、罪轻还是罪重。① 在这种罪刑擅断的刑法制度下，公民的个人自由得不到保障，往往成为专制刑法的牺牲品。在17、18世纪的启蒙运动中，专制的刑法制度受到猛烈抨击，刑法机能从简单的镇压犯罪转换为对公民自由的保障，这是一个历史性的转变，由此展开了一场刑法改革运动。美国学者认为，在早期的刑法改革中，具有双重的内容，即使法律与刑罚具有更大的控制和预防犯罪的功能（防止一般公民受罪犯侵害）；保证国家权力在某种控制之下，并负有保护社会契约的义务（保护公民不受国王侵犯）。米歇尔·福科特认为：刑罚改革源于反抗专制权力的斗争和与犯罪作斗争二者之间的要求和对非法行为之可容忍度的交会点。② 可以说，在刑事古典学派所倡导的早期刑法改革运动中，公民个人权利的保障放到了首要的地位。罪刑法定就是这场刑法改革运动的产物，它以限制刑罚权、保障公民的人权为己任。因此，对于人权保障的刑法意义，只有从保障所有公民不受国家权力的非法侵害这一思想出发，才能得到昭示。唯此，才能对刑法的人权保障机能予以全面的把握。正如日本刑法学家庄子指出：刑法的人权保障机能由于保障的个人不同，实际机能有异，具有作为善良公民的大宪章和犯罪人的大宪章两种机能。只要公民没有实施刑法所规定的犯罪行为，就不能对该公民处以刑罚。在此意义上，刑法就是善良公民的大宪章。刑法作为犯罪人的大宪章，是指在行为人实施犯罪的情况下，保障罪犯免受刑法规范以外的不正当刑罚。③ 因此，刑法的人权保障机能体现的是刑法对公民个人（包括被告人和其他公民）的权利的有力保障。

---

① 参见黄风：《贝卡里亚及其刑法思想》，17页，北京，中国政法大学出版社，1987。
② 参见［美］理查德·霍金斯等：《美国监狱制度——刑罚与正义》，29、30页，北京，中国人民公安大学出版社，1991。
③ 参见［日］木村龟二主编：《刑法学词典》，9~10页，上海，上海翻译出版公司，1993。

二

社会保护作为刑法机能，在与人权保障相对应的意义上，是指通过惩罚犯罪对社会利益的保护。日本刑法学家庄子在论及刑法的保护机能时指出：刑法是基于国家维护其所建立的社会秩序的意志制定的，根据国家的意志，专门选择了那些有必要用刑罚制裁加以保护的法益。侵害或者威胁这种法益的行为就是犯罪，是科处刑罚的根据，刑法具有保护国家所关切的重大法益的功能。① 因此，刑法的社会保护机能，是刑法的性质所决定的，也是刑法存在的根基。社会保护的刑法机能，主要体现在以下三个方面：

（一）刑法对国家利益的保护

刑法自从它产生那一天起，就与国家结下了不解之缘。刑法不仅是国家制定的，而且它也主要被用于保护国家利益。因此，对国家利益的保护就成为刑法的重要机能之一。由于在一定的历史阶段，国家的存在有其客观必然性，而且国家本身也是由一定的物质生活条件所决定的。因而，对国家利益的保护，体现了刑法存在的客观价值。

刑法对国家利益的保护，主要通过惩治国事罪体现出来，国事罪就是指侵害国家利益的犯罪。在古巴比伦的《汉谟拉比法典》中，关于国事罪的规定极少，这与当时国家尚不发达有一定关系。在古希腊的雅典，各种犯罪以国事罪占主要地位，凡是背叛国家、欺骗民众、亵渎神祇或向民众大会提出非法决议的均属此类。在古罗马社会，出现了公犯和私犯的划分，其中公犯就是指侵害国家利益的犯罪。对于公犯，刑罚具有公共特点，即由国家科处刑罚（poena public），无论对它们是否提出公共诉讼。在中国古代，侵害国家利益的犯罪主要是危害封建统治的犯罪。因而，刑法对国家利益的保护，主要体现在对君主政权的保护上。例如，中国封建刑法中有"十恶"之罪的规定，这十条重罪都是关系到君主的权力

---

① 参见［日］木村龟二主编：《刑法学词典》，9~10页，上海，上海翻译出版公司，1993。

地位和封建政权的统治基础以及宗法伦理关系中的一些根本问题,涉及封建统治阶级的最高利益,所以封建刑法才把这些犯罪行为作为打击的重点,以维护君主专制制度和巩固封建社会的统治秩序。在"十恶"大罪中,谋反位列第一,指"谋危社稷"的犯罪,社稷是指封建专制政权。因此,谋反是典型的侵害封建国家的犯罪,封建刑法将其作为统治重点。在近代,意大利著名刑法学家贝卡里亚对侵害国家利益的犯罪作了论述。贝卡里亚所说的直接地毁伤社会或社会的代表的犯罪,实际上就是侵害国家利益的犯罪。这种犯罪最典型的是叛逆罪,贝卡里亚认为这是危害性较大,因而是最严重的犯罪。在贝卡里亚看来,一切犯罪,包括对私人的犯罪都是在侵犯社会,然而它们并非试图直接地毁灭社会。[1] 而侵害国家的犯罪则直接以社会为侵犯对象,这就是它和其他犯罪的区别。在现代社会,国家利益是指国家专属的法益。由于对犯罪的评价是以国家立法形式出现的,因而国家为维护自己的生存基础,必然将侵犯国家法益的行为宣布为犯罪。对国家法益的保护,是以限制个人自由为代价的。但在现代社会,国家是基本的社会组织,一切政治生活与经济生活都是在国家组织下进行的。因此,确保国家权力的安全行使,具有重要意义。

(二) 刑法对社会利益的保护

如前所述,在古罗马法中,只有公罪与私罪的区分,国家利益与社会利益没有明显分化,因而公罪包含了侵害国家利益的犯罪与侵害社会利益的犯罪。及至中世纪,社会公共利益逐渐与国家利益相分离,侵害社会利益的犯罪在犯罪中慢慢独立出来,刑法对社会利益的保护机能也得以凸显。例如,在12、13世纪法兰西王室刑法中,共谋破坏共同利益是可处以长期监禁的犯罪,它包括勾结商人或工匠图谋抬高物价,并对那些不加入者进行威胁的犯罪行为。[2] 到了西方近代,随着市民社会与政治国家的二元社会结构的建立,社会利益进一步与国家利益分离开来。意大利著名刑法学家贝卡里亚把侵害社会利益的犯罪称为与公共利

---

[1] 参见〔意〕贝卡里亚:《论犯罪与刑罚》,71页,北京,中国大百科全书出版社,1993。
[2] 参见〔美〕伯尔曼:《法律与革命——西方法律传统的形成》,576页,北京,中国大百科全书出版社,1993。

益要求每个公民应做和不应做的事情相违背的行为。具体地说，就是那些扰乱公共秩序和公民安宁的犯罪行为。例如，在被指定的进行贸易和公民来往的公共街道上喧闹和豪宴狂饮；向好奇的群众发表容易激起他们欲望的狂热说教等。① 在现代社会，社会利益是一种公共利益，它有别于国家利益和个人利益，但与国家利益和个人利益又具有密切的联系。以社会利益与国家利益的关系而言，维护社会秩序是国家的重要职能之一，没有稳定的社会秩序就不会有稳定的国家统治，因为国家统治建立在社会秩序的基础之上。就社会利益与个人利益的关系而论，社会利益能还原为个人利益。日本刑法学家西原春夫指出：社会利益脱离个人利益而成为单纯的利益，其方法与国家利益的情况有所不同。这里，社会性的道义秩序成为独立的保护利益，国民有遵守这种道义秩序的义务，因而违反该义务，也就被认为其中有违法性。依据上述观点，如发行、销售以及公开陈列淫秽的书刊和画册的行为，因其违反性的道义秩序，是违法的，构成犯罪。即使在密室给成人看黄色电影，也因有损于性的道义秩序而成为犯罪。② 因此，对社会利益的保护，也是刑法的重要机能。

（三）刑法对个人利益的保护

在任何社会，只要存在法律秩序，公民个人的生命自由、安全和财产等这样一些基本权利都是受保护的。在此，从直接意义上来说，刑法对个人利益的保护是指对被害人利益的保护，从间接意义上来说，对被害人利益的保护实际上也意味着对其他公民的利益的保护。因为，每一个公民都是潜在的被害人。那么，为什么说刑法的社会保护机能中包括对个人利益的保护呢？换言之，刑法对个人利益的保护为什么不属于人权保障机能？这个问题的回答，主要涉及社会保护与人权保障这两种刑法机能的区别：社会保护机能是通过对犯罪的惩治而实现的，因而属于刑法的积极机能或曰扩张机能；而人权保障机能是通过限制国家的刑罚权（包括立法权与司法权）而实现的，因而属于刑法的消极机能或曰限制机能。显

---

① 参见［意］贝卡里亚：《论犯罪与刑罚》，85页，北京，中国大百科全书出版社，1993。
② 参见［日］西原春夫：《刑法的根基与哲学》，46~47页，上海，上海三联书店，1991。

然，对被害人利益的保护是通过惩治犯罪而实现的，因而属于刑法的社会保护机能。

刑法对个人利益的保护，主要是通过惩治侵害个人利益的犯罪而实现的。侵害个人利益的犯罪，在古罗马法中称为私犯。因此，私犯（dedictum）是指侵害私人的财产或人身，被认为是对公共秩序影响不大的行为。私法的存在，与当时私刑的存在有着密切联系。私刑，即私人刑罚，这是一种报复刑，是原始社会同态复仇的遗俗。意大利学者朱塞佩·格罗索在论及私犯的产生时指出：我们所描述的针对故意杀人罪的刑法发展进程（为各非法行为规定带有报复色彩的刑罚）是从所谓"努玛法律"开始的，它在《十二铜表法》中得到充分发展；另一方面，《十二铜表法》保留着原始时期的痕迹（即表现为"献祭刑"的宗教刑罚的影响），在一些情况中还要求负有宗教义务的私人团体实施报复（比如在"努玛法律"规定的报复刑［paricidas estc］情况中）；但在另一些情况中，城邦执法官则予以干预。上述发展进程最后进入到另一种观念（这是一种独特的且平行发展的观念）的领域，这种观念在历史的发展中构成另一种独特的范畴，对这些私人犯罪的惩罚就是遗弃犯罪人，任凭被害人方面对之实行报复或占据。早期这种听任私人复仇的做法反映着侵害私人权利的那些犯罪行为的后果；从上述做法的残余中，德·维斯凯（De Visscher）敏锐地指出惩罚（Vindicta）与赔偿（noxa）之间的早期区别："惩罚"针对的是侵犯人身的犯罪，这种犯罪导致狭义的、可用罚金（poena）赎买的报复；"赔偿"针对的则是造成财产损害的犯罪，它使被害方有权占据犯罪人的躯体，后者可以通过支付罚金（damnum decidere）实行自赎。[①] 由此可见，在古罗马社会的早期，对个人利益的侵害只是被看作私人之间的关系，实行的是私刑。私犯作为一种犯罪，人们为个人而接受刑罚，在早期历史时代，这种刑罚导致以钱赎罪。私犯的概念，有关于诉讼和刑罚所具有的、私人的和债的特点，这些都是原始制度的残余，根据这种原始制度，犯罪是

[①] 参见［意］朱塞佩·格罗索：《罗马法史》，129～130页，北京，中国政法大学出版社，1994。

产生债的真正的和唯一的渊源。① 随着社会进步，私刑逐渐被禁止，国家刑罚权开始及于私犯，这表明了古罗马刑法对个人利益保护的加强。英国学者梅因具体论述了这一转变过程，指出：我们在习惯上认为专属于犯罪的罪行被完全认为是不法行为，并且不仅是窃盗，甚至凌辱和强盗，也被法学专家把它们和扰害、文字诽谤及口头诽谤联系在一起。所有这一切都产生了"债"或者法锁，并都可以用金钱支付以为补偿。直到后来，在一个不能确定的时期，法律开始注意到一种在"法学汇纂"中称为非常犯罪（crxmina eatraordinajia）的新的罪行时，它们才成为刑事上可以处罚的罪行。无疑的，有一类行为，罗马法律学理论是单纯地把它们看作不法行为的；但是社会的尊严心日益提高，反对对这些行为的犯罪者在给付金钱赔偿损失以外不加其他较重的刑罚，因此，如果被害人愿意时，准许把它们作为非常（extra ordinem）犯罪而起诉，即通过一种在某些方面和普通程序不同的救济方式而起诉。② 应该说，古罗马法早期将私犯视为私人之间的纠纷，国家不予干涉，体现了当时国家观念尚不发达。随着国家权力的扩张，私刑权受到限制乃至禁止，刑罚权以公刑权的形式表现出来，成为国家专属的权力。马克思指出：公众惩罚是罪行与国家理性的调和，因此，它是国家的权利，但这种权利国家不能转让给私人，正如同一个人不能将自己的良心让给别人一样。国家对犯人的任何权利，同时也就是犯人对国家的权利。任何中间环节的插入都不能将犯人对国家的关系变成对私人的关系。即便假定国家会放弃自己的权利，即自杀而亡，那么国家放弃自己义务将不仅仅是一种放任行为，而且是一种罪行。③ 马克思在这里所说的公众惩罚是国家的权利，就是指国家具有惩罚犯罪的权力，这就是刑罚权。刑罚权不能转让给私人，因此对于个人利益的侵害行为，也应由国家予以惩罚。

中国古代社会由于国家观念发达较早，因此对个人利益的侵害从一开始就视为对社会的侵害，由国家予以惩罚。例如，春秋时期李悝的《法经》，把"王者

---

① 参见［意］彼德罗·彭梵得：《罗马法教科书》，401页，北京，中国政法大学出版社，1992。
② 参见［英］梅因：《古代法》，208、222页，北京，商务印书馆，1959。
③ 参见《马克思恩格斯全集》，第1卷，169页，北京，人民出版社，1956。

之政莫急于盗贼"作为指导思想，并首列《盗律》《贼律》两篇。这里的"盗"指侵犯个人财产权利的犯罪，"贼"指侵犯个人人身权利的犯罪。因此，对于这种侵犯个人利益的犯罪能够从侵害王者之政这样一个高度去认识，充分表明中国古代刑法观念的早熟与发达。

西方中世纪早期，犯罪，这里主要是指侵害个人利益的犯罪行为，往往是作为侵权行为对待，由私人自己解决。例如在法兰克人的法律观念中，侵权行为和犯罪没有区别，一般说来，侵害个人利益者为侵权行为，侵害部落全体利益和侵害个人利益同时侵害全体利益者构成犯罪。侵权行为范围十分广泛，近代认为是犯罪的许多违法行为（如公开杀人），当时都只看作侵权。在法兰克王国基础上建立起来的法兰西王国，开始也还是把犯罪当作是侵害个人的行为，由私人进行报复，或科以赔偿金了事。随着封建制度的发展，封建国家开始认为犯罪是破坏社会秩序的行为，危害了国王和领主的安全。因此，对犯罪的惩罚不再是受害人的报复和赔偿要求，而是国家对犯罪行为的制裁。在英吉利也有这样一个转变时期。盎格鲁·撒克逊时期，还保留着古日耳曼人关于犯罪的观念，认为犯罪只是侵害被害人及其家庭的行为，是私人之间的事情，允许进行血亲复仇。盎格鲁·撒克逊后期，已经开始把犯罪看作是侵犯社会秩序的行为，而且应由国家进行惩罚。诺曼底人征服后，这种观念继续发展，1166年克拉灵顿诏令和1176年诺桑普敦诏令明确规定了重罪，即公共犯罪。英国学者塞西尔·特纳指出：随着时间的推移，数种因素的结合使人们认识到制订刑事责任新概念的必要性。诺曼底的国王们根据他们扩大控制范围和巩固其最高权力的决心，任命了许多第一流的官员以执行法律。这不仅导致了法律科学的发展，而且建立了管理审判的机构，它可以比先前更精确地评价刑事诉讼中的行为。财政上的考虑也间接地促进了分门别类地调查刑事控告的发展。由于国王的扩大权力的政策，把许多违法行为划归刑法领域，确立了根据法官的判断计算所需罚金数额的做法，以代替过去的固定赔偿金的制度。[①] 重罪的概念就是在这种情况下产生的，后来范围又不断扩大，

---

① 参见[英]塞西尔·特纳：《肯尼刑法原理》，10页，北京，华夏出版社，1989。

许多严重刑事犯罪,如叛逆、杀人、纵火、强奸、强盗及其他盗窃行为均属重罪之列。这样,重罪的性质已经从原先的公共犯罪,演变为也包括私人犯罪即侵害个人利益的犯罪。

及至近代,贝卡里亚将侵害个人利益的犯罪明确地在犯罪分类中突出起来,指出:有些犯罪从生命、财产或名誉上侵犯公民的个人安全,贝卡里亚把这种犯罪称为侵犯私人安全的犯罪。这些行为之所以被认为是犯罪,就在于:一切合理的社会都把保卫私人安全作为首要的宗旨,所以,对于侵犯每个公民所获得的安全权利的行为,不能不根据法律处以某种最引人注目的刑罚。① 更为引人注目的是,黑格尔从哲学的角度论述了侵害个人利益的犯罪行为所具有的社会危害性。黑格尔指出:因为在市民社会中所有权和人格都得到法律承认,并且有法律上的效力,所以犯罪不再是侵犯了主观的无限的东西,而是侵犯了普遍事物。因此产生了一种观点,把行为看成具有社会危险性。由于对社会成员中一人的侵害就是对全体的侵害,所以犯罪本性也起了变化,但这不是从犯罪的概念来说,而是从它的外部实存即侵害的方面来看的。现在,侵害行为不只是影响直接受害人的定在,而是牵涉到整个市民社会的观念和意识。② 应该说,黑格尔对于侵害个人利益犯罪的性质的认识,达到了相当深刻的程度。

在现代法中,侵害个人利益的犯罪越来越受到重视。例如,侵害国家利益的犯罪、侵害社会利益的犯罪与侵害个人利益的犯罪,自1810年《法国刑法典》开始,都是按照国家、社会与个人的顺序排列的,体现了对这三种利益重视程度上的差别。第二次世界大战以后,由于对刑法保护个人利益的重视和强调,有一些国家的刑法典把对于个人利益的犯罪放在了首位,例如瑞士刑法典、瑞典刑法典、巴西刑法典等。最引人注目的是1993年法国新刑法典,也一改旧刑法的排列顺序,将侵害个人利益的犯罪排到了首位。对此,法国学者予以了高度评价。例如皮埃尔·特律什和海依尔·戴尔玛斯—马蒂在为法国新刑法典在中国出版而

---

① 参见 [意] 贝卡里亚:《论犯罪与刑罚》,72页,北京,中国大百科全书出版社,1993。
② 参见 [德] 黑格尔:《法哲学原理》,228页,北京,商务印书馆,1961。

作的序中指出：一部新法典应当表达在特定的时期一个国家里公认的根本价值。这些根本价值要得到充分保护，不遵守这些价值就要受到惩罚。在这方面，指出以下情况是有很大意义的：1810 年的《法国刑法典》将危害公共权益之重罪、轻罪放在第一位；而新《法国刑法典》则将危害人身的犯罪放在优先规定地位，其中首要的是规定了反人类之重罪。① 显然，这不是一个简单的排列顺序变动的问题，而是关系到价值观念的转变。

三

刑法既具有人权保障机能，又具有社会保护机能，这两者的价值取向显然是有所不同的。那么，刑法的这两种机能能否统一起来以及在何种程度上协调起来，这是刑法的价值构造中的一个大课题。刑法的人权保障机能与社会保护机能存在着对立统一关系，这种对立统一关系正是建立在对个人与社会的科学理解之上的。

（一）人的二元性与刑法机能的双重性

人的二元性是指个体性与社会性。从本质上说，人是个体性与社会性的统一。由此出发，我们可以揭示刑法机能双重性的人性基础。

应该说，追究犯罪是国家权力（刑罚权）之行使。国家通过惩罚犯罪，维护社会生存条件，保护社会利益，这也正是国家存在之必要性的显现。但被国家作为犯罪人追究的被告人也是公民，是社会成员之一，因而被告人的权利也应该得到保障。因此，人所具有的个体性与社会性的二元性决定了刑法机能的双重构造。

公民个人的权利受到法律保护，而对于犯罪的惩罚正是这种法律保护的措施之一。所以，国家对犯罪的惩治不仅应当有利于保护具有社会性的个人，还应当有利于保障具有个体性的个人。这也是建立政治国家的目的之一，对于这一点，

---

① 参见《法国刑法典》，1 页，北京，中国人民公安大学出版社，1995。

自然法学家已经有过深刻的论述。例如，洛克就曾经指出，在自然状态下，人人均有惩罚犯罪的自然权利。洛克指出：为了约束所有的人不侵犯他人的权利、不互相伤害，使大家都遵守旨在维护和平和保卫全人类的自然法，自然法便在那种状态下交给每一个人去执行，使每个人都有权惩罚违反自然法的人，以制止违反自然性为度。罪犯在触犯自然法时，已是表明自己按照理性和公道之外的规则生活，而理性和公道的规则正是上帝为人类的相互安全所设置的人类行为的尺度，所以谁疏忽和破坏了保障人类不受损害和暴力的约束，谁就对于人类是危险的。这即是对全人类的侵犯，对自然法所规定的全人类和平和安全的侵犯，因此，人人基于他所享有的保障一般人类的权利，就有权制止或在必要时毁灭所有对他们有害的东西，就可以给触犯自然法的人以那种能促使其悔改的不幸遭遇，从而使他并通过他的榜样使其他人不敢再犯同样的毛病。在这种情况下并在这个根据上，人人都享有惩罚罪犯和充当自然法的执行人的权利。[①] 因此，在自然状态下，惩罚权在于个人，个人依靠自身保障自己的自然权利。可以说，在这种自然状态下，人权保障与社会保护是完全同一的。

既然如此，又为什么要建立政治国家呢？对此，存在两种说法。霍布斯认为，自然状态是一种个人与个人之间的战争状态，在这种状态下，每个人根据"自我保存"原则，只顾自己，不惜侵犯他人。为了避免这种恶果，人们通过订立契约，统一在一个人格之中，形成了国家。霍布斯指出：在建立国家以前，每一个人对每一事物都具有权力，并有权做他认为对保全自己有必要的任何事情；为了这一点，他可以征服、伤害或杀死任何人。这就是每一个国家所实行的惩罚权的根据。臣民并没有将这一权利赋予主权者；只是由于他们放弃了自己的这种权利之后，就加强了他的力量，根据他认为适合于保全全体臣民的方式来运用自己的这一权利。所以这一权利并不是赋予他，而是留下给他了，并且只留下给他一个人。同时除开自然法对他所设下的限制以外，留给他的这一权利就像在单纯

---

① 参见［英］洛克：《政府论》，下篇，7～8页，北京，商务印书馆，1961。

的自然状况和人人相互为战的状况下一样完整。① 因此，霍布斯认为国家的建立是为了结束战争状态，保护全体臣民。洛克虽然认为自然状态与战争状态存在明显区别，不能混为一谈，但还是认为，在自然状态中人们享有的权利不很稳定，有不断受到别人侵犯的危险，因而也会造成战争状态。洛克指出：不存在具有权力的共同裁判者的情况使人们都处于自然状态；不基于权利以强力加诸别人，不论有无共同裁制者，都造成一种战争状态。避免这种战争状态是人类组成社会和脱离自然状态的一个重要原因。因为如果人间有一种权威、一种权力，可以向其诉请救济，那么战争状态就不再继续存在，纠纷就可以由那个权力来裁决。②

由此可见，无论是霍布斯还是洛克，都认为结束自然状态建立政治国家，更有利于保护个人权利。但是，政治国家建立起来以后，它就成为一种独立于个人甚至凌驾于社会之上的政治力量，有可能异化为与个人相对立的暴政，这就是权力的异化。权力异化是指权力本体产生了与自身相对立的力量的情况，丧失了原来的质的规定性而异于本来意义上的权力。我国学者指出：权力是由其外在形式和内在本质构成。权力的外在形式无论在哪种历史条件和情况下，都可以表现为"意志—行动"关系中的命令服从关系。如果权力关系的内容符合权力的本质，那么权力就顺利运行，如果不符合这些本质，那么就丧失了原来的质的规定性而异于本来意义上的权力，这时，尽管权力在形式上仍以强制力、支配力、影响力的面貌出现，但权力的本质已发生了异变，已由此衍生出与原来的权力相矛盾和对立的力量。也就是说，权力发生异化时，"意志—行动"的命令服从关系的内容已倒了个，已改变其本质而在对象、功能、方向、作用等上面与原来的权力相逆。③ 刑罚权作为国家权力的重要表现形式，同样也会出现这种异化现象。刑罚权的存在，本来是为了维护社会秩序，保护每个公民的个人利益。但如果对刑罚权不加限制，它就会异化为压迫公民的工具。因为通过国家对犯罪的惩治，虽然

---

① 参见［英］霍布斯：《利维坦》，241～242 页，北京，商务印书馆，1985。
② 参见［英］洛克：《政府论》，下篇，15 页，北京，商务印书馆，1961。
③ 参见周振想主编：《权力的异化与遏制——渎职犯罪研究》，10～11 页，北京，中国物资出版社，1994。

可以保护社会（包括对国家、社会与个人利益的保护），但刑罚权的行使是以限制公民的自由为代价的，因而刑罚权的扩张与滥用，又必然使公民自由缩小，并有可能殃及无辜。为此，又有必要对国家刑罚权加以限制，就是不仅要使刑法具有社会保护的机能，而且要有人权保障的机能。因此，正是在个人权利这一点上，刑法的保障机能与保护机能才能得以统一。

不仅在公民个人权利的保护上，人权保障与社会保护这两种刑法机能具有对立统一性，而且在公共利益（包括国家利益与社会利益）的保护上，人权保障与社会保护这两种刑法机能也同样具有对立统一性。日本刑法学家西原春夫曾经对法律惩治杀人罪与不申报罪的情况作了比较：法律惩治杀人罪，可以说杀人的行为能预防，国民的生命能得到保护。国家本身并没有因杀人罪而受到保护，所以杀人罪的规定可以看作是纯粹为了保护国民的利益而行使了国家的刑法制定权。而且，刑法上禁止杀人，几乎不会使人感到自己的自由受到了限制。相反，如果没有杀人罪的规定，如果出现了自己不知何时会被人杀掉的状态，人们就会非常不安，因为生命是最为重要的利益。可以说，从杀人罪的规定中，国家未得到任何直接利益。而不申报罪，法律规定居住者一年的所得金额超过一定数额时，必须向税务署长提出规定的申报书。如果有人无正当理由，在应当提出申报期限内没有提出申报书，就要处以一定的刑罚。在犯不申报罪时，没有人心甘情愿地主动去申报，都是勉强申报（国家规定的适法行为）。因为谁都明白，申报了，就得上交相应的税款，而其对自己不利。从表面上看，国民因这条规定而受损失，国家得益。即使如此，是否国民单方面受到损失呢？其实不然。正因为有了这种制度，才可以征到税金，国家和地方自治体的财源才得到保证。应该看到，它反过来又与国民的利益紧密相连。因此，这当然是以税在实质上公平分担、预算分配合理为前提的。如果真是这样，认为只有国家受益的看法是片面的。精确计算一下预算对个人的分配以及公益费的分担，可以看出，其结果还是还给了国民。国家税收，结果是国民享受到利益。① 在此，西原春夫从个人利益与国家利益的

---

① 参见［日］西原春夫：《刑法的根基与哲学》，34～35页，上海，上海三联书店，1991。

一致性的意义上,论述了刑法无论是惩治侵害个人利益的犯罪还是侵害国家利益的犯罪,都是有利于社会的,具有同样的社会价值。当然,这一观点也只是建立在个人利益与国家利益相一致这样一个前提之上的。否则,这一观点就不能成立。

(二)社会的二元性与刑法机能的双重性

社会的二元性是指市民社会与政治国家的二元结构。现代社会是市民社会与政治国家的统一。由此出发,可以揭示刑法机能双重性的社会基础。

毫无疑问,刑法是一种社会现象,刑法机能的发挥不能离开一定的社会条件。在前资本主义社会,市民社会与政治国家并未分化,两者具有高度的同一性,没有明确的界限,政治国家就是市民社会,反之亦然。市民社会的每一个领域,都带有浓厚的政治性质,一切私人活动与事务都打上了鲜明的政治烙印。马克思曾经指出,中世纪的精神可以表述如下:市民社会的等级和政治意义上的等级是同一的,因为市民社会就是政治社会,因为市民社会的有机原则就是国家的原则。① 在这种社会结构中,刑法以保护国家利益、社会利益为己任,人权保障机能则完全受忽视。其结果是,为了保护国家利益,不惜采用严刑苛罚。例如,我国学者黄风认为,在罗马刑法中存在国家至上原则。根据这一原则,为了国家利益可以对任何有害行为包括具有侵害危险的行为处以严厉刑罚,个人没有任何权利值得国家尊重。除此以外,再无其他限制国家刑罚权的基本原则。刑法成为维护罗马皇帝专制统治的工具,含义模糊的叛逆罪(laesa majestas)成为刑事追究的重点,一切有损皇帝人身、尊严和权利的行为,都可以在此罪名下被处以极刑。在罗马共和国时期曾一度被限制使用的死刑,不但被广泛使用,而且不断翻新着花样,出现了砍头、烧死、钉十字架、绞刑、把人装进皮口袋投入海中、送进角斗场等残酷的执行方式,杖刑、鞭刑、裂肢等肉刑也成为普遍的刑种。东罗马帝国的皇帝查士丁尼在公元528年组织编纂的《查士丁尼法典》,把这些残酷而混乱的刑法加以汇集,形成了第47编和第48编,人们后来称它们为

---

① 参见《马克思恩格斯全集》,第1卷,334页。

"恐怖之编"[①]。因此,在罗马社会,刑法成为维护国家权力的专横工具。在中世纪,刑法不仅成为政治压迫的工具,而且成为宗教迫害的手段。在漫长和极端黑暗的欧洲中世纪封建社会中,愚昧和野蛮的刑法制度,以大主教的多米尼各派把持的"宗教裁判所"为顶点。黑格尔对此进行了深刻的批判,揭露了对于异教徒的残酷迫害。[②] 一直到法国大革命之前,欧洲大陆刑法制度尚以残暴而著称。对此,德国著名刑法学家冯·巴尔曾经指出:当我们研究旧制度的刑法并把它同罗马帝国后期和中世纪前期的刑法加以对照时,我们将会发现,文明的发展未给刑法带来任何进步——它实际上处于停滞状态,完全带有在这些时期中所具有的缺陷。刑罚是不平等的,它们不是根据犯罪的性质而是根据犯罪人的地位或等级而发生变化;刑罚的执行方式也是残酷和野蛮的,刑罚体系的基础是死刑和滥用的肢体刑;犯罪没有确切的定义;个人没有丝毫的安全保障足以避免国家在镇压犯罪时的过火行动。最后,愚昧、偏见和感情上的狂暴制造着臆想中的犯罪;刑法的适用范围扩展到了调整社会关系之外,甚至超越了对意识的统治。[③] 因此,在西方中世纪,刑法完全蜕化为国家的镇压工具。在使人不成其为人的专制社会里,刑法成为社会控制个人的唯一手段。

刑法的这种社会对个人的控制性,在中国封建社会表现得更为明显。我国学者张中秋指出:传统中国是一个国家权力和观念高度发达的社会,早在青铜时代这种情况就有了相当的发展,秦、汉以后更是有增无减,专制主义集权日趋加强,家国一体,融家于国的情形和观念可谓举世罕见。这种社会情形势必形成一切以国家利益和社会秩序的稳定为最高价值,也必然造成这种价值的无限扩散,以至于渗透到包括纯私人事务在内的一切领域。为此,以维护最高价值为目的的国法也只可能是废私的公法。废私立公就意味着国家使用强力来干涉私人事务,确保国家利益,并视一切行为都和国家有关,一切不法、侵权行为都是犯罪,这就奠定了一切法律刑法化、国家化的可能性,加上国家权力的强大,可能性遂转

[①] 黄风:《贝卡里亚及其刑法思想》,4~5页,北京,中国政法大学出版社,1987。
[②] 参见吕世伦:《黑格尔法律思想研究》,92页,北京,中国人民公安大学出版社,1989。
[③] 参见[德]冯·巴尔:《欧陆刑法史》,英译本,315页,波士顿,1916。

变成了现实。由此，张中秋揭示了刑法与国家的相关关系，指出：一个社会的国家集权和观念愈发达，其刑事立法也必然发达。如果一个社会的国家集权和观念发达到使个人独立存在的价值与利益变得无足轻重或基本丧失，国家代表了个人（个人完全消融在国家之中），侵犯私人权益就是侵犯国家利益、破坏社会秩序，那么，这个社会的全部法律必然表现为刑法和刑法化的法律。[①] 因此，在国家与社会合为一体的情况下，个人尚没有独立性，刑法机能只能是社会保护，追求社会整体的安全与稳定，而这又往往以牺牲个人为代价。

随着市民社会与国家的分化，形成二元的社会结构。在这种二元社会结构中，人的本质具有二重性，这就是市民与公民的对立。马克思指出：作为一个真正的市民，他处在双重的组织中，即处在官僚组织（这种官僚组织是彼岸国家的，即不触及市民及其独立活动的行政权在外表上和形式上的规定）和社会组织即市民社会的组织中。但是在后一种组织中，他是作为一个私人处在国家之外的；这种组织和政治国家本身没有关系。第一种组织是国家组织，它的物质总是由市民构成的。第二种组织是市民组织，它的物质并不是国家。在第一种组织中，国家对市民说来是形式的对立面，在第二种组织中，市民本身对国家来说是物质的对立面。[②] 国家是一个政治组织，人作为公民，过着政治生活，这种政治生活也被称为是一种类生活；而市民社会是一个经济组织，人作为市民，过着物质生活，这种物质生活也被称为是一种私人生活。由于社会分化为政治国家与市民社会这两个组成部分，人的社会生活也分为政治生活与物质生活这两种生活。按照马克思的观点，市民社会决定国家，物质生活决定政治生活。刑法是国家权力的体现，它属于政治国家的范畴，是一种公法。因此，刑法只能限于调整公共关系。这里的公共关系是指发生在政治社会中的个人与国家、个人与社会的关系。个人与个人之间的关系只有涉及社会时，才进入刑法的视野。而市民社会是一个私人领域，不属于刑法调整范围，只能是私法（这里主要是指民法）的调整

[①] 参见张中秋：《中西法律文化比较研究》，96、97 页，南京，南京大学出版社，1991。
[②] 参见《马克思恩格斯全集》，第 1 卷，340～341 页，北京，人民出版社，1956。

范围。孟德斯鸠指出：社会是应该加以维持的；作为社会的生活者，人类在治者与被治者的关系上是有法律的，这就是政治法。此外，人类在一切公民间的关系上也有法律，这就是民法。① 这里的政治法，就是指公法，包括刑法，它是治者与被治者之间的法律；而民法，指的是私法，是平等主体（公民，实际上应当指市民）之间的法律。人作为公民，生活在政治社会里，因而没有自由，受到国家权力的强制。人作为市民，生活在市民社会里，因而又有自由，这种自由是国家法律所不可侵夺的。因此，市民社会的存在，在一定程度上限制了政治国家的权力，从而也限定了刑法的调整范围。刑法由以往的无所不及，被从私人领域中驱逐出来，限定在调整公共关系，成为与私法相对立的公法的组成部分。因此，只有市民社会与政治国家二元分立的社会结构中，刑法才不至于单纯地成为保护社会的工具，而且也具有了人权保障的使命。

（三）法权的二元性与刑法机能的双重性

法权既包括权利，又包括权力，取其法律意义上的权之意也。因此，法权的二元性是指权利与权力的统一。由此出发，可以揭示刑法机能双重性的法律基础。

权利是个人所拥有的，马克思曾经揭示了资本主义社会中人权与公民权的二元对立。在他看来，公民权就是政治权利，是只有同别人一起才能行使的权利。正如马克思所说：这种权利的内容就是参加这个共同体，而且是参加政治共同体，参加国家。这些权利属于政治自由的范畴，属于公民权利的范畴。② 人权则不同于公民权，它无非是市民社会的成员的权利，即脱离了人的本质和共同体的利己主义的人的权利。③ 这种人权与公民权的二元对立，是以市民社会与政治国家的二元对立为前提的，并且是这种对立的必然结果。随着社会进步，人必将获得彻底解放。而要想真正使人得到解放，必须越出政治解放的狭隘框架，必须清除政治国家与市民社会之间的二元性。只有当公民在改造利己主义生活之后成为

---

① 参见［法］孟德斯鸠：《论法的精神》，上册，5页，北京，商务印书馆，1961。
② 参见《马克思恩格斯全集》，第1卷，436页，北京，人民出版社，1956。
③ 参见《马克思恩格斯全集》，第1卷，437页，北京，人民出版社，1956。

现实的人的时候，只有当现实的人在自己的经验的、具体的生活中成为政治的"类存在物"的时候，只有当政治国家作为人类本质异化的表现而被扬弃，并且社会将变成社会整体的时候，真正的人类解放才能实现。而人类解放的完成，同时意味着人权与公民权之间的一致性。[①] 这种情况只有在共产主义社会才能实现，而在社会主义社会，市民社会与政治国家的二元对立仍然存在，只是性质有所不同而已。[②] 因此，在社会主义社会，权利之分离为人权与公民权也是不可避免的。当然，随着法制的加强，人权不断地转化为公民权或者说以公民权的形式表现出来。从刑法的意义上来说，人权是基本的、不可侵犯的，而公民权是维护人权的基本手段。为了更好地防止本人的人格受到侵害，人们通过政治联合组成国家，国家享有刑罚权。由于刑罚权来自公民的授予，因此，它受制于权利。

刑罚权对于犯罪人来说虽然是一种外力的强制，但由于刑罚权来自权利，它是为了保护社会的生存条件，因而仍然包含着自律的性质。这里涉及对犯罪人的看法，我认为，犯罪人仍然是人。是一定社会的成员。理论上存在着这样一种观点：简单地把犯罪人视为敌人，将其从社会中分离出去。例如卢梭就曾经指出：对罪犯处以死刑，也可以用大致同样的观点来观察：正是为了不至于成为凶手的牺牲品，所以人们才同意，假如自己做了凶手的话，自己也得死。在这一社会条约里，人们所想的只是要保障自己的生命，而远不是要了结自己的生命；决不能设想缔约者的任何一个人，当初就预想着自己要被绞死的。而且，一个为非作恶的人，既然他攻击社会权利，于是便由于他的罪行而成为祖国的叛逆；他破坏了祖国的法律，所以就不再是国家的成员，他甚至于是在向国家开战。这时保全国家就和保全他自身不能相容，两者之中就有一个必须毁灭。对罪犯处以死刑，这与其说是把他当作公民，不如说把他当作敌人。起诉和判决就是他已经破坏了社会条约的证明和宣告，因此他就不再是国家的成员了。而且既然他至少也曾因为他的居留而自认为是国家的成员，所以就应该把他当作公约的破坏者而流放出

[①] 参见公丕祥：《市民社会与政治国家：社会主体权利的理论逻辑》，载《法制现代化研究》，第1卷，86页，南京，南京师范大学出版社，1995。

[②] 参见左羽、书生：《人权的基本内涵：人权与公民权》，载《中国法学》，1991（6），20页。

境，或者是当作一个公共敌人而处以死刑。因为，这样的一个敌人并不是一个道德人，而只是一个个人罢了；并且唯有这时候，战争的权利才能是杀死被征服者。① 在这里，卢梭以一种政治逻辑来对待犯罪人，并以战争的权利来论证国家所具有的死刑权。因为犯罪人是敌人，而对敌人，则具有处死的权力。我认为，卢梭的这种逻辑是危险的，因为犯罪人与社会是不可分离的，犯罪也不单是个人的问题，而且与社会有着不可分割的联系。简单地把犯罪人视为敌人，由此论证刑罚，尤其是死刑的合理性，就潜藏着这样一种危险性：只要将一个人宣布为敌人，那么其精神与肉体就可以任意处置，因为他已经不再是公民。按照这种逻辑推演下去，刑罚就会蜕化为政治镇压的工具，人权也就难以得到有效的保障。

在一个法治社会，国家权力受到公民权利的制约，保障人权应当是国家权力存在的根据。同时，公民权利的行使又受到法律的限制，是在一定范围内的自由。因而，权力与权利具有一种内在的关系。在刑法意义上，国家为了保护社会，就有必要设置刑罚，刑罚权就有存在的理由。但刑罚权又必须加以限制，否则就会侵犯人权。由于新中国成立以来实行计划经济，传统封建观念还具有一定的影响。因此，注重权力而轻视权利，注重社会而轻视个人。表现在刑法上，就是强调刑法的社会保护机能，而轻视刑法的人权保障机能，至少是未将人权保障机能放在一个同等重要的位置上。在市场经济体制下，个人的权利日益受到重视与保护，因此刑法机能应当从社会保护机能向人权保障机能倾斜，加重刑法的人权蕴含。这就是说，应当调整刑法的社会保护机能与人权保障机能之间的关系与比重，对人权保障机能予以适当的强调。只有这样，才能在刑法中科学地确定权力与权利的关系，避免权力侵夺权利。

（本文原载《法制与社会发展》，1997（4））

---

① 参见［法］卢梭：《社会契约论》，修订2版，46～47页，北京，商务印书馆，1980。

刑法机能的展开

刑法机能①，又称为刑法功能，是指刑法在其运行过程中产生的功效和作用。刑法机能可以分为规范机能与社会机能②，社会机能又有保护机能与保障机能之分。正确地理解刑法机能，对于揭示刑法的社会内容具有重要意义。

一、规范机能

刑法的规范机能③，又称为规律机能，是指通过刑法规范而发生的效用。在

---

① 刑法机能与刑法的机能主义是不同的，德国学者格吕恩特·雅科布斯认为，机能是一个系统——单独或者与其他事物共同——具有的功效（leistungen）。雅科布斯在此基础上提出刑法的机能意义（strafrechtlicger Funktionalismus），指的是这样一种理论，即刑法要达到的效果是对规范同一性的保护，对宪法和社会的保障。刑法机能主义注重对刑法机能的研究，并将刑法机能界定为保障规范的有效性，认为刑法用刑罚否定犯罪，促使人们对规范的承认和忠诚。参见［德］雅科布斯著，冯军译：《行为 责任 刑法——机能性描述》，101页，北京，中国政法大学出版社，1998。这一理论对于我们理解刑法机能具有一定的参考价值。

② 在法学理论上法律的作用可以分为规范作用和社会作用。其中规范作用是手段，社会作用是目的。两者之间具有手段与目的之间的关系。参见吴大英、沈宗灵主编：《中国社会主义法律基本理论》，62页，北京，法律出版社，1987。

③ 法律的规范机能通常分为指引、预测、评价三种。参见张文显主编：《法理学》，257页，北京，法律出版社，1997。

刑法理论上,一般将刑法的规范机能分为以下两种:

(一) 评价机能

刑法是对触犯刑事法构成犯罪的行为的一种否定的评价。因此,刑法的规范机能首先表现为评价机能。刑法是区分罪与非罪、此罪与彼罪、轻罪与重罪的界限的根本标准。它向公民提供了一张"罪刑价目表",凡列入罪刑价目表的行为,刑法都予否定评价。因此,刑法的评价机能使刑法具有一种行为尺度的功效。

刑法的评价功能具有一般评价与特殊评价之分。一般评价是指刑法为社会提供定罪量刑的总标准,这主要表现在刑法总则中,再者这种评价标准具有抽象性与概括性的特点,是一般评价标准。特殊评价标准是指对具体行为的评价,这主要表现在刑法分则中,这种评价标准具有具体性与个别性的特点,是特殊评价标准。

刑法的评价机能还具有应然评价与实然评价之分。应然评价是指立法上的评价,通过创制刑法规范,对不特定之主体具有预防作用。这种评价只有待具体犯罪行为发生时才可能落实到特定主体之身上,因而是一种应然评价。而实然评价是指司法上的评价,通过适用刑法规范,使应然评价转化为实然评价。

刑法上的评价机能是通过禁止性规范体现出来的。[①] 在刑法规范中,包含一定的行为模式,这种行为模式是为法律所禁止的。因而,刑法的评价,在其本质上是一种否定评价。

(二) 意思决定机能

如果说,刑法的评价机能主要是对刑法规定的犯罪行为的规范功能,那么,意思决定机能则是对公民行为的规范功能。国家通过颁布刑法,宣布罪刑关系,实际上就是告诫公民不应产生违法犯罪的意图,抑制违法犯罪的决定,这就是意思决定机能。由于意思决定机能是通过公民的意志选择决定的,因而刑法这种规范机能体现出刑法的教育性和威慑性。对于善良公民,刑法的意思决定机能是一

---

① 德国学者宾丁倡导规范论,从对实体法的构造的分析出发将刑罚法规和规范相区别,从规范之中寻求犯罪的本质,认为犯罪是违反规范,而不是违反刑罚规范的行为。参见马克昌主编:《近代西方刑法学说史略》,206页,北京,中国检察出版社,1996。在这个意义上,刑法的评价机能主要是指规范的禁止。

种教育，强化其守法意识。对于潜在犯罪人，刑法的意思决定机能是一种威慑，抑制其犯罪动机。

二、保障机能

刑法的保障机能是其社会机能的一种，指刑法对人权的保障作用。

（一）保障机能的内容

人权是一种个人权利，刑法中的人权是指被告人的权利。刑法中的保障机能通过限制国家刑罚权，尤其是限制司法权，保障被告人的权利。进而实现对一般人的权利的保障。在这个意义上说，刑法不仅是被告人的大宪章，而且也是公民自由的大宪章。刑法的保障机能表现在以下两个方面：

1. 刑法对被告人权利的保障

在被告人与国家及其司法机关的刑事法律关系中，尽管被告人被指控为有罪，但并不因此而处于完全丧失权利简单地成为司法客体的地位，被告人的人权仍然受到法律的保障。这也正是现代法治区别于专制社会刑事制度的重要特征之一。在专制社会里，公民一旦被指控为有罪，便丧失了一切权利，处于被折磨与被刑讯的地位，甚至受到非人的待遇，在这种情况下，被告人根本谈不上人权。随着启蒙思想的传播，社会契约论的影响，个人与国家的关系，包括被告人与国家的关系重新在理性的观念下被审视。社会契约的观念成为社会秩序的基础，并确认过分严厉和任意的想法违反了社会契约。在这种情况下，被告人的权利开始受到人们的重视。随着罪刑法定原则和无罪推定原则在刑法和刑事诉讼法中的确立，被告人的权利在法律上受到承认并予以保障。因此，刑法的保障机能的真谛就在于保障被告人的权利，避免因国家权力的滥用而使其受害。

2. 刑法对全体公民的个人权利的保障

刑法是公民自由的大宪章这一思想是现代法治国家的刑法的精神，也是现代刑法与以往专制刑法的最根本的区别之一。在专制社会里，刑法被认为是驭民之术，其基本点在于用刑法来镇压反抗统治的行为。在这种情况下，公民个人与国

家的关系处于一种紧张的对立之中。统治阶级为了维护其统治，可以随意地限制乃至于剥夺公民的自由，因此，公民个人的自由范围是十分有限的，而国家权力，包括刑罚权却恶性地膨胀。在这种罪刑擅断的刑法制度下，公民的个人自由得不到保障，往往成为专制刑法的牺牲品。在 17 世纪至 18 世纪的启蒙运动中，专制的刑法制度受到猛烈抨击，刑法机能从单纯地镇压犯罪转换为对公民自由的保障，这是一个历史性的转变，由此开展了一场刑法改革运动。可以说，在刑事古典学派所倡导的早期，刑法改革运动中，公民个人权利的保障放到了首要的地位。罪刑法定就是这场刑法改革运动的产物，它以限制刑罚权、保障公民的人权为己任。因此，对于人权保障的刑法意义，只有从保障所有公民不受国家权力的非法侵害这一思想出发，才能得以昭示。唯此，才能对刑法的人权保障机能予以全面的把握。

(二) 保障机能的根据

刑法的保障功能是以个体主义为理论工具，这种思想的中心是主张社会由个体构成，旨在实现主要是为了个人的目标，对个人及其权利予以优先权，认为这种权利存在于任何一种特定形式的社会生活之前。个体主义可以看作是一种社会本体论，这种学说在 17 世纪和 18 世纪曾经盛行于欧洲大陆，并成为启蒙思想，因而对刑事古典学派产生了重大影响。

刑事古典学派是以自然法学为基础的，建立在个体人的认识之上。自然思想认为，人是生而平等和独立的，个体人也可以说是自由人，它享有天赋人权。只是为了避免战争状态，个体人才放弃一部分自由，并且是尽可能少的自由，通过订立社会契约脱离自然状态组织社会[1]，贝卡里亚完全接受了这种古典法思想，

---

[1] 关于自然法的思想的发展，美国法理学家博登海默曾经把它分为三个阶段：第一阶段是文艺复兴和宗教改革后发生的从中世纪神学和封建主义中解放出来的过程，以格老秀斯、霍布斯等人为代表的自然思想。其理论的特点是认为，实施自然法的最终保证应当主要从统治者的智慧和自制中去发现。因此，这一阶段更倾向于安全。第二阶段约始于 1649 年英国的清教改革，这一阶段以经济、政治及哲学中的自由主义为标志。洛克和孟德斯鸠等人试图用分权的方法来保护个人的自然权利，反对政府对个人权利的非法侵犯。因此，这一阶段更注重的是个人自由。第三阶段的标志乃是强烈主张人民的主权和民主。这一阶段最杰出的代表人物是法国政治思想家让·雅克·卢梭。因此这一阶段的中心是民主。参见 [美] 博登海默：《法理学——法哲学及其方法》，37 页，北京，华夏出版社，1987。

认为公民个人自由的转让形成了国家的刑罚权，这种刑罚权的存在是为了防止公民的自由受到他人的侵害。同时它又是对国家权力的一种限制。如果刑罚超过了保护公共利益这一需要，它本质上就是不公正的。[①] 由此可见，贝卡里亚认为刑罚权来自公民订立的社会契约，它是由公民所放弃或者转让的自由组合而成，其目的在于保障公民的自由。贝卡里亚的这一思想成为刑事古典学派的基本价值取向，在近代刑事立法与刑事司法中产生了重大影响。总之，从强调与重视个体人的权利这一基本观点出发，刑事古典学派立足于刑法的人权保障机能，由此展开刑法的理论演绎。

三、保护机能

刑法的保护机能是其社会机能的一种，指刑法对社会的保护效用。

（一）保护机能的内容

社会是由个人构成的，但社会又不是个人的简单聚合，而有它的特殊结构与机制。因此社会保护主要是指刑法惩罚犯罪而实现对社会秩序的维护与控制。刑法的社会保护机能是刑法的社会性质所决定的，也是刑法存在的根基，刑法的保护机能表现在以下三个方面：

1. 刑法对国家利益的保护

刑法自从它产生的那一天起，就与国家结下了不解之缘。刑法不仅是国家制定，而且它也主要被用于保护国家利益。因此对国家利益的保护就成为刑法的重要机能之一。由于在一定的历史阶段，国家的存在有其客观必要性，而且国家本身也是由一定的物质生活条件所决定的。因而，对国家利益的保护，体现了刑法存在的客观价值。刑法作为国家意志的体现，它必然以强制手段保护国家利益。这里的国家利益，在不同的国体中具有不同的表现：在君主制，可能是君主个人利益。在共和国，则可能是全体公民的利益。无论如何，刑法都以保护国家

[①] 参见［意］贝卡里亚著，黄风译：《论犯罪与刑罚》，9页，北京，中国大百科全书出版社，1993。

利益为己任。在现代社会，国家利益是指国家专属的法益。由于对犯罪的评价是以国家立法形式出现的，因而国家为维护自己的生存基础，必然将侵犯国家法益的行为宣布为犯罪。对国家法益的保障，是以限制个人自由为代价的。但在现代社会，国家是基本的社会组织，一切政治生活与经济生活都是在国家组织下进行的。因此，确保国家权力的安全行使，具有重要意义。

2. 刑法对社会利益的保护

社会利益是随着社会进化与文明发展，从国家利益和个人利益中分化出来的一种特殊利益。在古罗马法中，只有公罪与私罪的区分，国家利益与社会利益没有明显分化。因而公罪包含了侵害国家利益的犯罪与侵害个人利益的犯罪。及至中世纪，社会公共利益逐渐与国家利益相分离，侵害社会利益的犯罪作为单独的一类犯罪得以独立，到了西方近代，随着市民社会与政治国家的二元社会结构的建立，社会利益进一步从国家利益中分离出来。在现代社会，社会利益是一种公共利益，它有别于国家利益和个人利益，但与国家利益和个人利益又有密切的联系。以社会利益与国家利益的关系而言，维护社会秩序是国家的重要职能之一，没有稳定的社会秩序，就不会有稳定的国家统治，因为国家统治建立在社会秩序的基础之上。就国家利益与个人利益的关系而论，社会利益能还原为个人利益，但又脱离个人利益而成为一种独立的利益。对于社会利益的保护在一定程度上也就是保护个人利益。因此，对社会利益的保护是刑法的重要机能。

3. 刑法对个人的利益的保护

在任何社会，只要存在法律秩序，公民个人的生命自由、安全和财产等这样一些基本权利都是受保护的。在此，从直接意义上来说，刑法对个人利益的保护是指对被害人利益的保护；从间接意义上来说，对被害人利益的保护实际上也意味着对其他公民利益的保护。因为，每一个公民都是潜在的被害人。那么，为什么说刑法的社会保护的机能中包含对个人利益的保护呢？换言之，刑法对个人利益的保护为什么不属于人权保障的机能？这个问题主要涉及社会保护与人权保障这两种刑法机能的区别：社会保护机能是通过对犯罪的惩治而实现的，因而属于刑法的积极机能或曰扩张机能；而人权保障机能是通过限制国家的刑罚权（包括

立法权与司法权）而实现的，因而属于刑法的消极机能或曰限制机能。显然，对被害人利益的保护是通过惩治犯罪实现的，因而属于刑法的社会保护机能。

（二）保护机能的根据

刑法的保护机能是以整体主义为其理论根据的。这种思想的中心点是主张社会虽然是由个人构成的，但这里的个人并非是无序、零散的社会，也绝不是无数个人的简单相加，社会有其自身的发展规律，它必然决定着人的行为。因此，社会对于个人来说，具有优先的地位。整体主义思想主要在19世纪下半叶以后流行于欧洲大陆，其中包含对启蒙运动与启蒙思想的一种反动与反思，它对于刑事实证学派具有重要影响。刑事实证学派是以社会法学为基础的，建立在社会人的认识之上，社会法学思想渊源于法国社会学家迪尔凯姆。迪尔凯姆认为，作为社会的人彼此之间存在着连带关系，他们不是孤立的个人。人们之间存在着两种关系：第一是机械的连带关系。在这种关系中像分子构成结晶体一样，个人被纳入整体之中。第二是有机的连带关系。在这种关系中，个人是社会有机体的一部分。既然个人是社会有机体的一部分，所以应对社会有机体的发展作出贡献，使社会有机体和谐统一。在这种情况下，迪尔凯姆指出了社会强制与控制的概念，认为人的欲望是无止境的，人的这种欲望应当受到社会的控制。社会强制地约束人的需求，并构成一种必要的，像有机体作用身体需求一样作用于精神需求的控制力。在协调运转的社会中，社会对个人倾向施加限制，使每个人都可以隐约地感受到实现个人志向的极大控制，从而就不再过分追求。这就是说，社会，或是作为整体，或是通过某一部分，或是直接或是间接地起着这种调节作用。[①] 总之，社会学派主张从社会整体意义上理解个人，强调人的社会性。刑事实证学派，尤其是其中的刑事社会学派，接受了社会法学的思想，重视从社会环境中去

[①] 迪尔凯姆用强制一词定义社会现象，认为人们大多数的意念和倾向都不是他们自己造成的，而是来自外界，通过引导、影响、强迫而使人们自觉或不自觉地接受，这是无可争辩的事实。所以，用强制来定义现象，也正是出于这样一种认识。进一步的论述参见［法］迪尔凯姆著，胡伟译：《社会学研究方法论》，5页，北京，华夏出版社，1988；［法］杜尔凯姆著，钟旭辉等译：《自杀论》，208页，杭州，浙江人民出版社，1988。

认识个人的犯罪行为,例如意大利刑法学家菲利[1],主张从社会环境中寻找犯罪根源,强调社会对于个人的决定作用,认为犯罪的自然根源不仅存在于个人有机体中,而且在很大程度上存在于自然和社会环境之中,从而得出所谓犯罪饱和论,即每一个社会都有其应有的犯罪,这些犯罪的产生是由于自然以及社会条件引起,其质和量与每一个社会集体的发展相适应。德国刑法学家李斯特[2],也提出了"最好的社会政策就是最好的刑事政策"的名言,主张以目的刑为核心的社会防卫论,强调刑罚个别化原则,认为适用刑罚要与个人犯罪情况相适应,要根据犯罪人的特征,即个人因素,采取多元化的刑罚方法,以及其他处置措施。总之,刑事实证学派在犯罪人的处遇上,坚持社会责任论,强调刑法对社会的保护机能。

四、刑法机能二元论

人权保障与社会保护的对立,来自个人与社会的对立。在任何一个社会,人权保障与社会保护都应当互相协调,从而在更大程度上实现社会机能。

(一) 刑法机能双重性的人性基础

人的本性是个体性与社会性的统一,由此可以揭示刑法机能双重性的人性基础。

应该说,追究犯罪是国家权力(刑罚权)之行使。国家通过惩罚犯罪,维护社会生存条件,维护社会利益,这又正是国家存在之必要性的显现。但被国家作为犯罪人追究的被告人也是公民,是社会成员之一,因而被告人的权利也应该得到保障。因此人所具有的个体性与社会性的二元性决定了刑法机能的双重构造。

公民个人的权利受到法律保护,而对于犯罪的惩罚正是这种法律保护的措施

---

[1] 菲利的思想参见 [意] 菲利著,郭建安译:《实证派犯罪学》,北京,中国政法大学出版社,1987;[意] 菲利著,郭建安译:《犯罪社会学》,北京,中国人民公安大学出版社,1990;陈兴良:《刑法的启蒙》,19页,北京,法律出版社,1998。
[2] 李斯特的思想参见陈兴良:《刑法的启蒙》,244页,北京,法律出版社,1998。

刑法机能的展开

之一。所以,国家对犯罪的惩治不仅应当有利于保护社会性的个人,还应当有利于保障具有个体性的个人,这也正是建立政治国家的原因之一。但是,政治国家建立起来以后,它就成为一种独立于个人,甚至凌驾于社会之上的政治力量,有可能异化为与个人相对立的暴政,这就是权力的异化,即权力本体产生了与自身相对立的力量的情况,丧失了原来的质的规定性而异于本来意义上的权力。刑罚权作为国家权力的重要表现形式,同样也会出现这种异化现象。刑罚权的存在,本来是为了维护社会秩序,保护每个公民的个人利益。但如果对刑罚权不加限制,它就会异化为压迫公民的工具。因为通过国家对犯罪的惩治,虽然不以保护社会作为唯一目的(包含对国家、社会与个人利益的保护),但刑罚权的行使是以限制公民的自由为代价的,因而刑罚权的扩张与滥用,又必然使公民的权利缩小,并有可能刑及无辜。为此又有必要对国家刑罚权加以限制,就是不仅要使刑法具有社会保护的功能,而且要具有人权保障的机能。[①] 因此,正是在个人权利这一点上,刑法的保障机能与保护机能才得以统一。不仅在公民个人权利的保护上,人权保障与社会保护这两种刑法机能具有对立统一性,而且在公共利益(包括国家利益与社会利益)的保护上,人权保障与社会保护这两种刑法机能也同样具有对立统一性。因为在个人利益与国家利益相一致的情况下,无论是惩治侵害个人利益的犯罪还是侵害国家利益的犯罪,都是有利于社会的,具有同样的社会价值。例如,税赋是国家的收入,征税是国家为保证财源而实施的职能行为。偷税行为表面上看是单纯地损害了国家利益,但就税收具有二次分配的性质,偷税必然使作为公民的个人利益受到损害这一点而言,惩治侵害国家利益的偷税犯

[①] 李斯特曾言:刑法是一把双刃剑,用之得当,则个人与社会两受其益;用之不当,则个人与社会两受其害。德国学者拉德布鲁赫则将这一命题归结为刑法的悖论性,指出:自从有刑法存在,国家代替受害人施行报复时开始,国家就承担着双重责任;正如国家在采取任何行为时,不仅要为社会利益反对犯罪者,也要保护犯罪人不受害人的报复。现在刑法同样不仅反对犯罪人,也保护犯罪人,它的目的不仅在于设立国家刑罚权利,同样也要限制这一权利,它不仅是可罚性的缘由,也是它的界限,因此表现出悖论性;刑法不仅要面对犯罪人保护国家,也要面对国家保护犯罪人。刑法不单面对犯罪人,也要面对检察官保护市民,成为公民反对司法专横和错误的大宪章(李斯特语)。参见[德]拉德布鲁赫著,米健、朱林译:《法学导论》,96 页,北京,中国大百科全书出版社,1997。

罪，同样是对公民个人权利的保障。

（二）刑法机能双重性的社会基础

现代社会是市民社会与政治国家的统一，从社会的二元性出发，可以揭示刑法机能双重性的社会基础。

刑法是一种社会现象，存在于一定的社会。因此，刑法机能的发挥不能离开一定的社会条件，在前资本主义社会，市民社会与政治国家并未分化，两者具有高度的同一性，没有明确的界限，政治国家就是市民社会，反之亦然。市民社会的每一个领域，都带有浓厚的政治性质，一切私人活动与事物都打上鲜明的政治烙印。在这种社会形态中，刑法以保护国家利益、社会利益为己任，人权保障机能则完全受忽视。其结果是，为了保护国家利益，不惜采用严刑苛罚。刑法完全退化为国家的镇压工具。在使人不成其为人的专制社会里，刑法成为社会控制的唯一手段。因此，在国家与社会合为一体的情况下，个人尚没有独立性，刑法机能只能是社会保护，追求社会整体的安全与稳定，而这又往往以牺牲个人利益为代价。随着市民社会与国家的分化，形成二元的社会结构。在这种二元社会结构中人的本质具有二重性，这就是市民与公民的对立。国家是一个政治组织，人作为公民，过着政治生活，这种政治生活也被称为一种类生活；而市民社会是一个经济组织，人作为市民，过着物质生活，这种物质生活也被称为一种私人生活。由于社会分化为政治国家与市民社会这两个组成部分，人的社会生活也分为政治生活和物质生活这两种生活。就这两者的关系而言，市民社会决定政治国家，物质生活决定政治生活。刑法是国家权力的体现，它属于政治国家的范畴，是一种公法。因此，刑法只能限于调整公共关系。这里的公共关系是指发生在政治社会中的个人与国家、个人与社会的关系。个人与个人之间的关系只有涉及社会时，方进入刑法的调整视野。而市民社会是一个私人领域，不属于刑法的调整范围。人作为公民，生活在政治社会里，从受国家权力的强制这一点上来说，没有自由。人作为市民，生活在市民社会里，因而又有自由，这种自由是国家法律所不可侵夺的。市民社会的存在，在一定程度上限制了政治国家的权力，从而也限定了刑法的调整范围。刑法由以往的无所不及而被从私人领域中驱逐出来，限定为

调整公共关系,成为与私法相对立的公法的组成部分。因此,只有在市民社会与政治国家二元分立的社会形态中,刑法才不至于单纯地成为保护社会的工具,而是具有保障人权的使命。①

(三) 刑法机能双重性的法律基础

法权是权利与权力的统一:个人依法享有的是权利,国家依法享有的是权力。从法权的二元性出发,我们可以揭示刑法机能双重性的法律基础。

权利的主体是个人,在市民社会与政治国家二元分立的社会,权利分离为人权与公民权。人权是市民社会成员的权利,而公民权是政治权利。随着法治的加强,人权不断地以公民权的形式表现出来。从刑法的意义上来说,人权是基本的、不可侵犯的,而公民权是维护与实现人权的基本手段。为了更好地防止人权受到侵害,人们通过政治联合组成国家,国家享有刑罚权。由于刑罚权来自公民的授予,因此,它受制于权利。

刑罚权对于犯罪人来说虽然是一种外力的强制,但由于刑罚权来自权利,它是为了保护社会的生存条件,因而仍然包含着自律的性质。这里涉及对犯罪人的看法。我认为,犯罪人仍然是人,是一定社会的成员。因为犯罪人与社会有着不可分割的联系。简单地把犯罪人视为敌人②,由此论证刑罚,尤其是死刑的合理性,就潜藏着这样一种危险性:只要将一个人宣布为敌人,那么其精神与肉体就可以任意处置,因为他已经不再是公民。按照这种逻辑推演下去,刑罚就会退化

---

① 李海东博士将刑法分为国权主义刑法与民权主义刑法,指出:以国家为出发点,而以国民为对象的刑法,我们可以称之为国权主义刑法。国权主义刑法的特点是刑法所要限制的是国民的行为,而保护国家的利益。与此相反,民权主义刑法是以保护国民的利益为出发点,而限制国家行为的刑法,也就是说,民权主义刑法的对象是国家。参见李海东:《刑法原理入门(犯罪论的基础)》,4~5页,北京,法律出版社,1998。国权主义刑法与民权主义刑法的区分具有重要意义,国权主义刑法立足于刑法的社会保障机能。而民权主义刑法则立足于刑法人权保障机能。当然,这只是一种极而言之。事实上,在现代社会,只要刑法是国家制定的,必然反映国家意志,具有社会保护机能,我们所要求的只是,这种刑法还应当体现全民意志,对国家刑罚权实行必要的限制从而具有人权保障机能。

② 法国启蒙思想家卢梭指出:对罪犯处以死刑,这与其说是把他当作公民,不如说是把他当作敌人。参见〔法〕卢梭著,何兆武译:《社会契约论》,46~47页,北京,商务印书馆,1961。在此,卢梭以一种政治逻辑来对待犯罪人,因为犯罪人是敌人,而对敌人,具有处死的权利。卢梭的这种逻辑是危险的,应当引起警惕。

为政治镇压的工具，人权也就难以得到有效的保障。

在一个法治社会，国家权力受到公民权利的制约，保障人权应当是国家权力存在的根据，同样也是刑罚权存在的根据。① 同时，公民权利的行使也是要受到法律的限制，是在一定范围内的自由。因而权利与权力有一种内在的关系。在刑法意义上，国家为了保护社会，就有必要设置刑法，刑罚就有存在的理由。但刑罚权又必然加以限制，否则就会侵犯人权，我国由于长期以来受封建传统的影响，注重权力而轻视权利，重视社会而轻视个人，表现在刑法上，就是强调刑法的社会保护机能，而轻视刑法的人权保障机能，至少未将人权保障机能放在一个与刑法的社会保护机能同等重要的位置上。随着市场经济体制的形成，法治建设成为治国之本，个人的权利日益受到重视与保护。因此，刑法机能应当从社会保护机能向人权保障机能倾斜，加重刑法的人权蕴涵。这就是说，应当调整刑法的社会保护机能与人权保障机能之间的关系与比重，对人权保障机能予以适当的强调。唯有如此，才能在刑法中科学地确定权利与权力的关系，避免权力侵犯权利。

（本文原载《北京市政法管理干部学院学报》，1999（1））

---

① 李海东博士指出：一个国家对付犯罪并不需要刑事法律，没有刑法也并不妨碍国家对犯罪的有效镇压与打击。而且，没有立法的犯罪打击可能是更加及时、有效、灵活与便利的。如果从这个角度讲，刑法本身是多余与伪善的，它除了在宣传与标榜上有美化国家权力的作用外，主要是束缚国家机器面对犯罪时的反应速度与灵敏度。那么，人类为什么要有刑法？这个问题在三百年前欧洲启蒙思想家们作出了回答：刑事法律要遏止的不是犯罪人，而是国家。也就是说，尽管刑法规范的是犯罪及刑罚，但它针对的对象却是国家。参见李海东：《刑法原理入门（犯罪论基础）》，3～4页，北京，法律出版社，1998。

刑法机能的话语转换

——刑法目的论的一种探讨路径

一、刑法机能的概念辨析

在刑法理论上,刑法机能是一个通用的概念,大多数日本学者都是在这个名目下对刑法的规范机能、保护机能和保障机能加以讨论的。例如,大塚仁指出:作为刑法的机能,特别可以考虑的是规制机能、秩序维持机能及自由保障机能。[1] 大谷实则称为刑法的社会机能,即,刑法在社会上应当具有的机能和固有的作用,分为规制机能和维持社会秩序机能两种。[2] 在此,刑法的社会机能就是指刑法的机能,而大谷实在维持社会秩序机能中论及保护法益机能与保障人权机能,大塚仁则是将自由保障机能与秩序维持机能并列。内容大体一致,只不过是表述上的差别而已。我个人是赞同将社会保护机能与人权保障机能相对应的,后者不能包含前者。刑法机能也有学者称为刑法功能的,指刑法以其结构和运作所

---

[1] 参见[日]大塚仁著,冯军译:《刑法概说(总论)》(第3版),22~23页,北京,中国人民大学出版社,2003。

[2] 参见[日]大谷实著,黎宏译:《刑法总论》,3页,北京,法律出版社,2003。

能产生的积极作用。从基本含义上看,所谓机能和功能,乃是指某种事物或方法所具有的积极的作用和影响。① 我国台湾地区学者陈子平把刑法功能分为规制功能、保护功能与保障功能。② 这里的功能与机能两词实际上是完全通用的。

刑法机能也被有些学者称为刑法目的,例如我国台湾地区学者黄荣坚专门论及刑法目的,并将刑法目的区分为先于刑法的刑法目的和后于刑法的刑法目的。前者是指罪刑法定,刑法提供人民自由开展其生活的保证;后者是指刑法应有的积极意义,主要是指法益的保护以及社会规范的维护。黄荣坚指出:刑法目的概念在先天上内含理想性质,但是实然世界还有异于应然世界。刑法保护人与人之间最低限度利益衡平的目的,在现实上的情形必然有落差。因此,对刑法目的的理解更着眼于刑法应有的积极意义。③ 刑法目的之说似乎较之刑法机能更具主观色彩,但实际上,刑法目的与刑法机能并无实质区分。有些学者在行文中,都是将刑法的机能、目的并用的。例如日本学者西田典之从"刑法是为何而制定"这一问题出发思考刑法机能,对是把保护法益理解为刑法的第一机能、目的,还是把保护成为国家社会秩序之基础的社会伦理或刑法规范作为刑法的机能、目的这一问题进行了探讨。④ 在上述论述中,机能与目的是等同的,完全可以互换。

值得注意的是,刑法机能在某些著作中也称为刑法的任务。德国学者耶赛克、魏根特的《德国刑法教科书》(总论)一书开宗明义就是关于刑法任务的论述,提出了刑法的任务是保护人类社会的共同生活秩序的命题。⑤ 当然,"任务"一词在德文中是否与"机能"一词不同,这里存在一个翻译上的问题。无论采用何种措辞,刑法的机能(功能、目的、任务)都是对刑法存在的实际功用的考

---

① 参见周少华:《刑法理性与规范技术——刑法功能的发生机理》,120页,北京,中国法制出版社,2007。
② 参见陈子平:《刑法总论》(上),8~9页,台北,元照出版社,2005。
③ 参见黄荣坚:《基础刑法学》(上),10页以下,台北,元照出版社,2004。
④ 参见[日]西田典之著,刘明祥、王昭武译:《日本刑法总论》,22~23页,北京,中国人民大学出版社,2007。
⑤ 参见[德]汉斯·海因里希·耶赛克、托马斯·魏根特著,徐久生译:《德国刑法教科书》(总论),1页,北京,中国法制出版社,2001。

刑法机能的话语转换

察,这也是刑法的正当性问题,它在很大程度上决定着刑法的性质。

我国《刑法》第2条对刑法的任务作了专门规定:"中华人民共和国刑法的任务,是用刑罚同一切犯罪行为作斗争,以保卫国家安全,保卫人民民主专政的政权和社会主义制度,保护国有财产和劳动群众集体所有的财产,保护公民私人所有的财产,保护公民的人身权利、民主权利和其他权利,维护社会秩序、经济秩序、保障社会主义建设事业的顺利进行。"在刑法中规定刑法的任务,并非我国独创而是源自苏俄刑法的体例。在大陆法系刑法中,均无关于刑法任务的规定,而是作为一种刑法理论问题在刑法著作中加以讨论。但在俄国十月革命后,随着政治话语对法律领域的垄断,刑法的阶级性得以强调。苏俄学者指出:对刑法和犯罪的阶级性质的看法是同马克思列宁主义关于国家阶级性质的学说相联系的。苏维埃刑事法律从伟大的十月社会主义革命胜利的最初几天起就公开宣布了自己的阶级性质。[1] 在这种情况下,刑法任务被视为最能体现刑法阶级性的内容而在刑法中加以规定,并成为社会主义刑法与资本主义刑法在内容上的重大区别之一,在某种程度上成为社会主义刑法的政治标签。[2]

我国刑法历次草案中都有刑法的任务这一条文,只不过根据政治话语的变化而有所调整而已,这一规定可以说是刑法中的政治风向标。正如高铭暄教授所言:这是一条具有重大政治意义和法律意义的条文。[3] 1979年《刑法》第2条的

---

[1] 参见[苏]A.A.皮昂特科夫斯基等著,曹子丹等译:《苏联刑法科学史》,16页,北京,法律出版社,1984。

[2] 1958年《苏联和各加盟共和国刑事立法纲要》第1条第1款规定:"苏联和各加盟共和国刑事立法的任务,是维护苏维埃社会制度和国家制度,保护社会主义所有制,保护公民的人身和权利,维护社会主义法律秩序,以防犯罪行为的侵害。"这里规定的是"刑事立法的任务",它和刑法的任务还是有所不同的。根据上述规定,1960年《苏俄刑法典》第1条第1款规定了苏俄刑法典的任务:"苏俄刑法典的任务是保护苏联的社会制度及其政治体系和经济体系,保护社会主义所有制,保护公民的人身、权利和自由以及整个社会主义法律秩序不受犯罪行为的侵害。"这一规定与《苏联和各加盟共和国刑事立法纲要》第1条的规定可以说是大同小异。在刑法中规定刑法的任务这种立法例,为其他社会主义国家所仿效。《罗马尼亚刑法典》第1条规定了刑法的目的,其内容与《苏俄刑法典》第1条大体相同。《蒙古刑法典》第1条规定了刑事立法的任务,《朝鲜刑法典》第1条规定了刑法的任务。参见方蕾等编译:《外国刑法分解汇编》(总则部分),1~2页,北京,国际文化出版公司,1988。

[3] 参见高铭暄:《中华人民共和国刑法的孕育和诞生》,22页,北京,法律出版社,1981。

表述是："中华人民共和国刑法的任务，是用刑罚同一切反革命和其他刑事犯罪作斗争，以保卫无产阶级专政制度，保护社会主义的全民所有的财产和劳动群众集体所有的财产，保护公民的人身权利、民主权利和其他权利，维护社会秩序、工作秩序、教学科研秩序和人民群众生活秩序，保障社会主义革命和社会主义建设事业的顺利进行。"在这一条文的表述中，还存在较为浓厚的政治色彩，例如反革命、无产阶级专政、社会主义革命等都是当时流行的政治话语。在1997年刑法修订中，对这些已经过时的政治术语进行了调换，但该条文的基本内容并未改动。

如何解读《刑法》第2条关于刑法任务的规定，始终是一个存在争议的问题。如果我们不是满足于对这一条文的字面解读，而是力图将它纳入大陆法系刑法学的规范话语体系，那么，就会提出这样一个问题：刑法的任务，能否等同于刑法机能和刑法目的？肯定的观点认为，刑法机能就是指刑法的作用，也就是刑法所要实现的任务。[1] 根据这一论述，刑法的机能和刑法的任务是可以等同的概念。而否定的观点则认为，刑法的任务是指立法者赋予刑法的职能或者责任，因而不同于刑法的机能和目的。[2] 虽然在上述两种观点中，前者以作用定义刑法的任务，后者以职责定义刑法的任务，似乎有所不同，但从本质上说，无论是刑法的作用还是刑法的职能，都是刑法对社会发生的实际功效，并无根本区别。至于刑法机能与刑法目的，大多不加严格区分，但也有学者认为两者不能等同。刑法机能是刑法在社会生活中能够发生作用的功能，刑法目的是刑法价值所在的标志，它回答的是社会组成人员为什么要通过国家制定刑法的问题，因而刑法目的与刑法机能不能等同，刑法目的必须从宪法的角度来认识。[3]

我认为，如果从文字本身来理解，刑法的任务、机能与目的这些概念之间确实存在一定的区别。例如，刑法的机能主要是从客观上揭示刑法所应具有的功能，具有较为明显的客观性。而刑法的目的主要是从主观上确立刑法所追求的价值，具有较为明显的主观性。刑法的任务则介于两者之间，是客观上的手段与主

---

[1] 参见赵秉志、吴振兴主编：《刑法学通论》，14页，北京，高等教育出版社，1993。
[2] 参见张小虎：《刑法的基本观念》，56~57页，北京，北京大学出版社，2004。
[3] 参见许道敏：《民权刑法论》，64页，北京，中国法制出版社，2003。

观上的目的的统一。就实现任务的方法而言，离不开刑法的机能；而就确定任务的目的而言，又离不开刑法的目的。因此，刑法的任务、机能与目的，都属于同一层次的概念，可以在互相联系中理解。尤其不能以《刑法》第 2 条表述的刑法的任务只涉及保护法益，而没有涉及刑法机能中的规范机能、保障机能，就得出刑法的任务不能等同于刑法的机能的结论。① 在我看来，《刑法》第 2 条规定的刑法任务，实际上就是刑法的机能，只不过是对刑法机能的片面而非全面的表述而已。只有将刑法的任务纳入刑法的机能这一命题下，才能对其作出正确诠释。

二、刑法机能的全面理解

对于《刑法》第 2 条规定的刑法任务，以往都习惯地概括为"惩罚犯罪，保护人民"。刑法的任务，简单来讲，应该包括"用刑罚同一切犯罪作斗争"和"保障社会主义建设事业的顺利进行"两方面内容。并且，在两种刑法的基本功能中，"保护人民"是我国刑法的根本目的，"惩罚犯罪"只是实现刑法这一根本价值的手段。② 在以上论述中，惩罚犯罪是从"打击敌人"这一政治话语中转换而来的，因此，刑法只不过是打击敌人的一种工具，通过打击敌人而达到保护人民的根本目的。在这种"敌人、人民"二元对立的话语框架中，刑法的功能定位得以确立，刑法被纳入政治的话语体系之中。当然，这种状况也有所改变。我国也有学者开始采用大陆法系刑法话语来解读《刑法》第 2 条关于刑法任务的规定。例如张明楷教授将我国刑法确认的刑法任务归纳为保护法益，保护的方法是禁止和惩罚侵犯法益的犯罪行为，并且阐述了惩罚犯罪与保护法益的密切联系，即，不使用惩罚手段抑止犯罪行为，就不可能保护法益；为了保护法益，必须有效地惩罚各种犯罪；惩罚是手段，保护是目的。同时，张明楷教授又从刑法任务中引申出刑法目的的概念，认为刑法的目的也是保护法益。③ 当然，在这种情况

---

① 参见张明楷：《刑法学》（第 2 版），32 页，北京，法律出版社，2003。
② 参见高铭暄、马克昌主编：《中国刑法解释》（上卷），32 页，北京，中国社会科学出版社，2005。
③ 参见张明楷：《刑法学》（第 2 版），30～31 页，北京，法律出版社，2003。

下，刑法的任务与刑法的目的之间如何区别就成为一个值得研究的问题。刑法的任务无论是界定为保护人民还是保护法益，都是片面的，当然，这种片面性来自刑法规定本身。只有将刑法的任务纳入刑法的机能这一法理概念中，我们才能对刑法的任务作出全面阐述。

关于刑法的机能，在大陆法系有不同表述，但一般认为刑法具有规制机能与社会机能两方面内容。我国学者认为，刑法的规制机能是指把刑法作为手段看它本身有什么作用、能力；而刑法的社会机能是指刑法在社会生活中实现的职能、作用，即从刑法调整目的方面、从刑法对社会生活的影响后果所观察的机能。因此，刑法的规制机能与社会机能之间存在手段与目的的关系。[①] 当然，也有学者把刑法的规制机能和保护机能、保障机能都称为刑法的社会机能，认为刑法的社会机能是指刑法在社会上应当具有的机能和固有的作用，分为规制机能和维持社会秩序机能两种。其中，所谓维持社会秩序机能，是指使构成社会的元素（个人和团体）之间的相互关系处于安定状态，以利于社会发展的机能，它可分为保护法益机能和保障人权机能。[②] 我认为，把刑法的保护机能与保障机能称为维护社会秩序机能是不妥当的，社会秩序与个人自由是相对应的范畴。只有刑法的保护机能才具有维持社会秩序的内容；刑法的保障机能主要是指对个人自由的保障。此外，刑法的规制机能与保护机能、保障机能也是有所区分的，规制机能是就刑法规范作用本身而言的，刑法的保护机能和保障机能则是就刑法的社会作用而言的，它只有通过刑法规范的适用才能最终实现。在这个意义上，刑法的规制机能相对于刑法的保护机能和保障机能而言，是一种手段，后两者才是刑法的目的。只有从刑法的规制机能和刑法的社会机能两个方面，才能全面地对刑法的机能作出解读。

《刑法》第2条关于刑法任务的规定，实际上只包含了刑法的保护机能。我国学者高铭暄教授认为，这一条主要讲了刑法打击什么，保护什么，也就是打击的锋芒和保护的对象。在打击敌人、惩罚犯罪的同时，保护着国家和人民的利

---

① 参见刘志远：《二重性视角下的刑法规范》，123页，北京，中国方正出版社，2003。
② 参见［日］大谷实著，黎宏译：《刑法总论》，3页，北京，法律出版社，2003。

刑法机能的话语转换

益，保护着社会主义的社会关系。① 当然，在惩罚犯罪和保护人民之间存在手段与目的的关系。在刑法任务的规定中，惩罚犯罪实际上是指刑法的规制机能，也就是刑法规范本身所具有的作用。惩罚犯罪是否是刑法规范的唯一作用，刑法规范是否还有对惩罚犯罪活动本身的限制机能，这个问题在刑法任务的规定中并没有得到体现。我国刑法一直强调刑法对犯罪的惩罚功能，强化刑法的工具性价值。例如我国学者指出：在阶级社会里，刑法永远是为统治阶级的利益服务的，是统治阶级的专政工具。一切剥削阶级国家的刑法，不论是奴隶制、封建制、资本主义的刑法，还是半封建半殖民地社会的国民党政府的刑法，都是代表剥削阶级意志，保护生产资料私有制，维护少数剥削者对广大劳动人民的统治，都是少数人对多数人实行专政的工具。我国是社会主义国家，我国刑法是社会主义刑法。与一切剥削阶级刑法根本不同，我国刑法是建立在社会主义生产资料公有制基础上的上层建筑的一部分，它体现着无产阶级和广大劳动人民的意志和利益，是保护人民和惩罚、改造极少数犯罪分子的锐利武器，是人民民主专政的重要工具。② 在这种工具主义刑法观的指导下，刑法的惩罚功能被贴上了政治标签。

实际上，刑法的惩罚犯罪功能只是刑法规制机能的一部分，刑法规制对象不仅是指犯罪的人，而且包括裁判者本身。对此，我国学者李海东认为，刑法不仅可以按照阶级属性进行划分，而且可以从国家与公民在刑法中地位的角度分为两大类：民权主义刑法和国权主义刑法。历史上的许多刑法，是以国家为出发点、以国民为对象的，这类刑法为国权主义刑法。国权主义刑法的基本特点是，刑法所要限制的是国民的行为，而保护国家的利益。基于这一出发点和功利目的，国权主义刑法可以存在于任何法律发展阶段、任何立法形式中，甚至无须法律的形式。与此相反，民权主义刑法是以保护国民的利益为出发点而限制国家行为的刑法，也就是说，民权主义刑法的对象是国家。李斯特一语中的："刑法是犯罪人的人权宣言。"民权主义刑法的这一基本特点是当代刑法罪刑法定原则的核心所

---

① 参见高铭暄：《中华人民共和国刑法的孕育和诞生》，22、24页，北京，法律出版社，1981。
② 参见高铭暄主编：《刑法学》（修订本），22页，北京，法律出版社，1984。

在。① 根据国权主义刑法与民权主义刑法这一分析框架，刑法的性质主要取决于它的规制对象。惩罚犯罪只是对公民行为的规制，只有对惩罚犯罪的活动加以限制，才是对国家行为的规制。就此而言，我国传统的刑法仍然是以国权主义刑法为基础的。对此，我国学者指出：我国是一个具有漫长封建专制传统的国家，刑法工具主义思想根深蒂固。这种将刑法视为镇压犯罪为内容的刑法工具主义思想之所以流行，主要还是与我国长期以来的社会结构有关。新中国建立以后，虽然社会发生了根本变化，但在计划经济体制下，刑法长期作为政治的婢女，成为阶级斗争的工具。随着市场经济体制的建立和完善，随着依法治国进程的不断推进，刑法不再是国家镇压犯罪的一种工具，而是规制镇压犯罪之工具的准绳——刑法是准绳，是保障人权、促进民权的重要武器。② 当然，从国权主义刑法向民权主义刑法的转变是一个漫长的过程。我国刑法关于刑法任务的规定，将惩罚犯罪作为刑法的基本职能，恰恰就是国权主义刑法的标志性话语。对于这一点，也许只有在刑事法治思想逐渐普及的今天，我们才能深切地认识到。

如果说，惩罚犯罪被确认为实现刑法任务的手段，那么刑法任务，实际上也就是通过这一手段所要达致的刑法目的，包括以下四个方面：（1）保卫国家安全、保卫人民民主专政的政权和社会主义制度。（2）保护国有财产和劳动群众集体所有的财产，保护公民私人所有的财产。（3）保护公民的人身权利、民主权利和其他权利。（4）维护社会秩序、经济秩序。③ 我国学者将这些任务概括为法益保护是完全正确的。法益保护，就是指对社会利益的保护，它是通过对犯罪惩罚这一手段要达到的目的。但是，刑法存在的根据并不仅仅在于法益保护，而且在于人权保障，也就是对个人自由的保障。而这一目的主要是通过对国家刑罚权的限制来实现的，这也就是刑法的限制机能。刑法不仅限制个人而且限制国家，这种双重限制的机能是法治社会刑法的根本标志之一。对此，德国著名刑法学家李斯特指出：在从15世纪末开始的近代国家，由于一个统治所有人的国家权力

---

① 参见李海东：《刑法原理入门（犯罪论基础）》，4～5页，北京，法律出版社，1998。
② 参见许道敏：《民权刑法论》，55～56页，北京，中国法制出版社，2003。
③ 参见胡康生、郎胜主编：《中华人民共和国刑法释义》，3版，3页，北京，法律出版社，2006。

（如指挥权力和强制权力）的产生，使得法律发展成为一个强制性规范体系。这些强制性规范不仅对个人有约束力，而且（在现代立宪国家）对国家权力本身也有约束力。只有这样才能保证共同目的的实现。①

我国《刑法》第 2 条的规定只确认了社会保护的任务，却并未确认人权保障的任务。这一规范内容在 1979 年刑法中是合乎当时的立法逻辑的，因为 1979 年《刑法》第 79 条规定了类推制度。在阐述类推存在的理由时，我国学者高铭暄教授指出，这是因为我国地大人多，情况复杂，加之政治经济形势发展变化较快，刑法，特别是第一部刑法，不可能把一切复杂多样的犯罪形式包罗无遗，而且也不可能把将来可能出现又必须处理的新的犯罪形式完全预见，予以规定；有的犯罪虽然现在已经存在，但我们与它作斗争的经验还不成熟，也不宜匆忙规定到刑法中去。因此，为了使我们的司法机关能及时有效地同刑法上虽无明文规定，但实际上确属危害社会的犯罪行为作斗争，以保卫国家和人民的利益，就必须允许类推。② 这一类推存在的理由，完全是以惩罚犯罪保护社会为根据的，显然没有意识到类推本身具有对人权保障不利的消极方面。在 1997 年刑法中，我国废除了类推制度，确立了罪刑法定原则，立法者指出：罪刑法定原则是相对于封建社会罪刑擅断而言的。确立这个原则，是现代刑事法律制度的一大进步，实行这个原则需要做到：一是不溯及既往；二是不搞类推；三是对各种犯罪及其处罚必须明确、具体；四是防止法官滥用自由裁量权；五是司法解释不能超越法律。罪刑法定原则，既是立法原则——刑法修订遵循了这个原则，同时也是执法原则。刑法取消类推，明确规定这个原则，是我国司法制度的重大改革，是社会主义民主与法制的重大进步，对内更有利于保护公民的合法权益，对外也更能体现我国保护人权的形象。③ 由此可见，罪刑法定原则是以保障人权作为其价值取向的，它赋予刑法人权保障的机能。但在 1997 年刑法修订中，在废除类推制度、确立罪刑法定原则的同时，却只对《刑法》第 2 条的规定作了个别文字调整，而没有对

---

① 参见［德］李斯特著，徐久生译：《德国刑法教科书》（修订译本），5 页，北京，法律出版社，2006。
② 参见高铭暄：《中华人民共和国刑法的孕育和诞生》，126 页，北京，法律出版社，1981。
③ 参见胡康生、郎胜主编：《中华人民共和国刑法释义》，3 版，4 页，北京，法律出版社，2006。

刑法任务的内容进行补充，以致刑法任务仍然维持在通过惩罚犯罪来保护社会的水平上，没有体现通过限制刑罚权来保障人权这一内容。因此，《刑法》第 2 条关于刑法任务的规定是片面的，也是与罪刑法定原则相悖的。在刑事法治的背景之下，应当重新审视刑法任务的规定，按照刑法机能的法理对刑法任务的规定进行补充，实现法理对法律的纠偏。

三、刑法机能的科学界定

基于以上考虑，从三个方面对刑法机能进行界定：

（一）刑法的规制机能

从"打击敌人"这一纯粹的政治话语到"惩罚犯罪"这一法律话语的转变，当然是一种进步，但将刑法的规制机能仅仅归结为惩罚犯罪还是不全面的。在大陆法系刑法理论中，刑法的规制机能亦称为规范机能或者规律机能，其内容可以分为两个方面：一是评价机能，二是意思决定机能。刑法的评价机能是刑法规制机能的应有之义。评价机能，确切地说，是刑法作为评价规则体系所具有的功能。对此，日本学者作出了深刻阐述：刑罚是剥夺生命、自由、财产的国家制裁方法，科处国家的制裁必须有相应的根据，科处刑罚的理由和根据就是犯罪。只要出现了侵害或者威胁国家保护的法益的犯罪行为，就应该予以刑罚制裁。不过，对何种行为处以刑罚，必须事先明确作出规定。刑法在法律上具有明确规定无价值行为应受刑罚处罚的机能，预先规定出犯罪与刑罚的关系，可对一定的行为进行价值判断，这就是刑法的评价机能。[①] 它是刑法规范作为裁判规范所具有的机能。刑法首先是一种裁判规范，是司法机关定罪量刑的法律准绳。在这个意义上，刑法首先是规范裁判者的，这种裁判规范性质表明刑法对国家刑罚权的限制机能。正如我国学者指出：刑法规范作为裁判规范所具有的规制机能，是评价机能。刑法规范通过规定犯罪构成和刑罚，为裁判者提供评价的前提条件（犯罪

---

① 参见［日］木村龟二主编，顾肖荣、郑树周等译：《刑法学词典》，10 页，上海，上海翻译出版公司，1992。

构成）和评价内容（刑事责任的有无以及刑罚的种类和轻重），这就是刑法规范作为裁判规范所具有的、作为一种特定评价标准的作用和能力，简称为评价机能。① 定罪量刑活动是对行为的一种法律评价活动，在罪刑擅断的刑法制度下，虽有刑法规定，但刑法规定本身不完备、不明确、不合理，因此法官的定罪量刑活动并不完全受刑法规制，往往存在司法裁量权的滥用，导致出入人罪。而在法治社会，实行罪刑法定原则，法官的司法裁量权严格受到刑法限制。在这种情况下，对行为的评价才真正是一种依照法律所作的评价，刑法才能真正发挥裁判规范的机能。除评价机能以外，意思决定机能也是刑法规制机能的重要内容。对此，日本学者指出：国家用法律规定犯罪与刑罚的关系，也是向公民发布保护法益的命令，要求公民的意志不能背离国家保护法益的意志，反映保护法益的需要，不可侵害或者威胁法益，也就是说，不应产生实施违法行为的犯意。要求公民的意志抑止犯罪的决定，就是刑法具有的意志决定机能。② 刑法的意思决定机能是针对公民而言的，是刑法对一般公民的规制机能，也是刑法作为行为规范所具有的机能。

我国学者认为，刑法的意思决定机能强调刑法规范对人的意志的强迫性，但这是不全面的，因而主张代之以指引机能的概念。刑法的指引机能包括两个方面：一是行为人因为畏惧刑法规范中的惩罚结果而产生的被迫的行为选择，二是行为人仅仅因为知道刑法规范对哪些行为是禁止的而产生的自愿的行为选择。③ 对这一观点笔者是赞同的。刑法作为一种行为规范具有对公民行为的指引机能，这是法律规范的基本作用之一，刑法亦不例外。在法理学上，行为指引是法律通过对权利义务的规定，提供人们社会活动的行为模式，引导人们作出或不作出一定的行为。刑法对行为的指引主要是禁止性指引，④ 刑法将某些行为规定为犯罪

---

① 参见刘志远：《二重性视角下的刑法规范》，124 页，北京，中国方正出版社，2003。
② 参见［日］木村龟二主编，顾肖荣、郑树周等译：《刑法学词典》，10 页，上海，上海翻译出版公司，1992。
③ 参见刘志远：《二重性视角下的刑法规范》，130 页，北京，中国方正出版社，2003。
④ 根据法律规范内容所提供的行为模式的特点，法律对行为的指引包括以下三类：第一，授权性指引，即允许人们作出什么行为，而实际上是否作出由权利主体自行决定。第二，义务性指引，通常又称为积极义务，即要求人们积极作出法律要求的行为。第三，禁止性指引，即法律规定禁止人们作出一定行为。参见公丕祥主编：《法理学》，73 页，上海，复旦大学出版社，2002。

并予以刑罚处罚,表明这些行为是法律所禁止的,公民不能实施。显然,刑法的这种禁止性指引是具有强制性的,但不能认为公民不实施犯罪行为都是刑法强制的结果。实际上,行为指引可以通过两种途径实现:一是威慑,二是鉴别。威慑是对那些已经产生犯罪意念的人而言的,这些人是潜在的犯罪人,但不能把社会上所有的人都视为潜在的犯罪人,大多数公民是通过刑法的一般鉴别与个别鉴别而获得刑法的指引从而自觉约束自己行为的。在这种情况下,不犯罪就不是强迫的结果,而是自觉选择的结果。长期以来,刑事古典学派中的贝卡里亚、费尔巴哈等人都倡导刑罚威慑主义,将威慑作为刑罚预防的主要内容,尤其是费尔巴哈,基于心理强制说,提出了"用法律进行威吓"的著名命题,导致我们对刑法指引机能的片面认识。在这个意义上,将刑法规制机能中的意思决定机能改为指引机能,是具有理论意义的。

刑法是裁判规范与行为规范的统一,因而刑法的规制机能是评价机能与指引机能的统一。在传统刑法观念中,强调刑法对公民个人的威吓作用,将刑法视为驭民工具,凡此种种都是国权主义刑法思想的反映。在刑事法治建设中,随着罪刑法定原则的确立,我们应当树立民权主义的刑法思想,强调刑法规范作为裁判规范对国家刑罚权的限制作用,强调刑法规范作为裁判规范的唯一性、明确性和合理性。

(二) 刑法的保护机能

刑法的保护机能就是指刑法对法益的保护,因此,法益是刑法保护的客体。日本学者在论述保护机能时指出:刑法是基于国家维护其所建立的社会秩序的意志制定的,根据国家的意志,专门选择了那些有必要用刑罚制裁加以保护的法益。侵害或者威胁这种法益的行为就是犯罪,是科处刑罚的根据。刑法具有保护国家所关切的重大法益的功能。[①] 刑法的保护机能可以说是刑法最为原始的机能,甚至可以说是刑法的本能。德国著名刑法学家提出了"作为法益保护的刑法"的命题,把法益保护看作刑法的首要职能。事实上,法益的概念也是首先由

---

① 参见 [日] 木村龟二主编,顾肖荣、郑树周等译:《刑法学词典》,9~10 页,上海,上海翻译出版公司,1992。

李斯特提出的，李斯特指出：由法律所保护的利益我们称之为法益。法益就是合法的利益。所有的法益，无论是个人的利益，还是集体的利益，都是生活利益，这些利益的存在并非法制的产物，而是社会本身的产物。但是，法律的保护将生活利益上升为法益。在反对国家权力专断的宪法和打击侵犯他人的利益的刑法颁布以前，人身自由、住宅不受侵犯、通信自由（通信秘密权）、著作权、发现权等一直是生活利益，而非法益。生活的需要产生了法律保护，而且由于生活利益的不断变化，法益的数量和种类也随之发生变化。① 可见法益的内涵外延本身就是随着社会生活的发展而处在变化之中的②，法益的变化表明国家关切的变动。

传统刑法理论将法益分为三种类型，即国家法益、社会法益和个人法益，并且将国家法益置于社会法益、个人法益之上。这种情形在第二次世界大战后才有所改观。例如，1810 年《法国刑法典》，也就是《拿破仑刑法典》，分则是按照先公共法益后个人法益的顺序排列的，但 1994 年《法国刑法典》改变了这一顺序。法国学者指出：目前新刑法典包括了法律的一般理论、刑事责任与制裁，其次，还包括对"侵犯人身之犯罪""侵犯财产之犯罪""危害民族、国家及公共安宁罪"。按照这一顺序并且与《拿破仑刑法典》的顺序相反，国民方会确立价值上的某种等级轻重。《拿破仑刑法典》开篇规定的是"危害公共法益"的犯罪，然后才考虑针对个人的犯罪；尽管在新刑法典制定过程中也有朝这一方向提出的建议，但法典后来的规定是：人的生命优先于财产。③ 此外，1996 年《俄罗斯联邦刑法典》分则排列顺序上也发生了这种变化。苏联从集体主义价值观出发，十月革命胜利后，无产阶级的国家利益和社会主义所有制历来是刑法优先保护的对象。依照 1960 年《苏俄刑法典》，国事罪和侵犯社会主义所有制的犯罪在分则中居前两位。苏联解体后，俄罗斯的价值观发生了巨大变化。1993 年通过的《宪

---

① 参见［德］李斯特著，徐久生译：《德国刑法教科书》（修订译本），6 页，北京，法律出版社，2006。

② 关于法益概念的可变性，请参见［德］克劳斯·罗克辛著，王世洲译：《德国刑法学总论》（第 1 卷），16 页，北京，法律出版社，2005。

③ 参见［法］卡斯东·斯特法尼等著，罗结珍译：《法国刑法总论精义》，104 页，北京，中国政法大学出版社，1998。

法》第 2 条明确规定："人的权利与自由是最高价值。承认、遵循和捍卫人与公民的权利和自由是国家的义务。"在构建刑法典分则体系时，立法者以《宪法》第 2 条为根据，本着"先个人，后社会和国家"的原则，重新设定了排列位置：分则第 1 篇"侵犯个人的犯罪"，第 2 篇"经济领域的犯罪"；第 3 篇"危害公共安全和公共秩序的犯罪"；第 4 篇"危害国家政权的犯罪"；第 5 篇"妨害军务的犯罪"；第 6 篇"危害和平和人类安全的犯罪"。分则结构单位排列次序的退移和变化，反映出当今俄罗斯当权者倡导与追求的是以个人利益为本位的价值观。[①]

显然，刑法分则犯罪排列顺序不是一个简单的立法技术问题，而是立法价值的反映。我国《刑法》第 2 条关于刑法任务的表述中的实体内容，也可以归入一定的法益类型。其中，国家安全、人民民主专政和社会主义制度、国有财产属于国家法益；公民私人所有的财产、公民的人身权利、民主权利和其他权利属于个人法益；劳动群众集体所有的财产、社会秩序、经济秩序属于社会法益。这显然是按照国家法益、个人法益和社会法益的顺序排列的。刑法分则犯罪类型的排列稍有变化，但大体上与这一顺序相同。无论如何，立法者都把保卫国家安全、保卫人民民主专政政权和社会主义制度看作刑法的首要任务。[②] 尽管我国宪法将"国家尊重和保障人权"载入宪法，但在刑法中并没有得到完全体现。

法益保护作为刑法的基本功能是为刑法理论所公认的，但规范保护的观点越来越对法益保护的理论提出挑战。德国刑法学家雅科布斯提出了刑法的机能主义理论，认为刑法要达到的效果是对规范同一性的保障、对宪法和社会的保障，力图用规范保护取代法益保护。[③] 因此，犯罪的本质不再是法益侵害而是规范违反，刑罚目的也不再是以威吓为内容的消极的一般预防，而是以忠诚为内容的积极的一般预防，等等。规范保护理论以及由此引申出来的规范违反说受到我国学者的肯定，例如周光权教授通过对法益概念的分析指出：刑法并不一般化地保护抽象的利益。利益永远是相对的利益，仅仅处于与另一个人的确定行为的联系之

---

① 参见薛瑞麟：《俄罗斯刑法研究》，79~80 页，北京，中国政法大学出版社，2000。
② 参见胡康生、郎胜主编：《中华人民共和国刑法释义》，3 版，3 页，北京，法律出版社，2006。
③ 参见［德］格吕恩特·雅科布斯著，冯军译：《行为 责任 刑法——机能性描述》，101 页，北京，中国政法大学出版社，1998。

中。在雅科布斯那里，利益已经超脱地体现为规范，并且不会把与利益有关的其他人仅仅看作特定利益的非所有权人，而是根据社会的规范联系，将其描述成一个有责任或者没有责任避免利益侵害的人。社会的秩序不能单独地对利益进行定义，人的角色同时在最早就参加进来了。这样，自然就引出了规范违反说的命题。① 当然，在大陆法系国家，也有刑法学者不赞同规范保护说，或者毋宁说揭示了法益保护与规范保护的同一性。例如日本学者西田典之指出：刑法也是规范，对人的意思也会产生作用，从而控制其行动。然而，刑法的目的是保护值得用规范来保护的法益。而且，伦理规范、刑法规范也都是因社会需要而产生的，在此种限度内应当说具有同样的理论结构，即伦理规范、刑法规范并非是其本身有价值，而是其保护对象有一定价值，才具有存在的理由。刑法规范即便是纳入伦理规范，也不是为了强加特定个人的伦理与道德，而是必须充分考察由伦理所维护的价值即法益是否存在，而这种法益是必须达到要用刑罚这样的强力制裁以便在国家范围内予以保护之程度的共同利益。②

我认为，法益保护的理论为现代刑法确立了存在根据，因而具有重要意义。规范保护的理论并非是对法益保护理论的否定，而是在法益保护理论的基础上进一步将那些虽然侵犯法益但并非出于理性对抗而是缺乏人格体的行为从犯罪中排除出去，使刑法机能进一步收缩，维护规范的有效性。雅科布斯指出：自从自然法终结以来，刑罚就不再是针对非理性者而科处的，而是针对对抗者。制裁就是纠正破坏规范者的世界构想。破坏规范者主张在现实事件中规范的无效性，但是，制裁则明确这种主张不足为准。③ 在某种意义上说，规范保护是一种更为精致的刑法理论。当然，规范保护是以确证规范的合理性为前提的，在不具备这一前提的情况下，法益保护也许是一种更为有效的理论。就我国而言，目前的当务之急是根据法益保护的理论对刑法规范内容进行清理，只有在条件具备以后才有

---

① 参见周光权：《刑法学的向度》，198、199 页，北京，中国政法大学出版社，2004。
② 参见 [日] 西田典之著，刘明祥、王昭武译：《日本刑法总论》，23 页，北京，中国人民大学出版社，2007。
③ 参见 [德] 格吕恩特·雅科布斯著，冯军译：《行为 责任 刑法——机能性描述》，109 页，北京，中国政法大学出版社，1998。

可能采用规范保护说。

(三) 刑法的保障机能

刑法的保障机能是指刑法对人权的保障,这里的人权是指犯罪嫌疑人、被告人和犯罪人的人权。而这样一个内容,恰恰是我国刑法任务的规定中付诸阙如的。如果说,刑法的法益保护机能是任何刑法都具有的,只不过法益范围有所差别而已,但刑法的人权保障机能则是法治社会刑法才具有的。刑法的人权保障机能是指通过明确地将一定的行为作为犯罪,对该行为科处一定刑罚,来限制国家行使刑罚权,由此使一般国民和罪犯免受刑罚权的任意发动而引起的灾难的机能,也叫保障自由机能。[①] 刑法的人权保障机能主要是通过罪刑法定原则实现的。可以说,刑法是否实行罪刑法定原则,是刑法是否具有人权保障机能的一个标志。

我国刑法任务的规定,通过惩罚犯罪所要达致的目的是保护人民。这里的人民是一个政治概念,它是与敌人相对应的。更为重要的是,这里的人民是一个整体的概念,而非指构成人民的每一个公民。因此,这里的人民可以直接转换为国家、社会、制度、专政等概念,完全可以把这里的保护人民解读为保护社会、保卫国家、维护专政等。因此,在我国传统刑法理念中,犯罪人作为敌人是刑法打击、惩罚的对象,怎么可能是保障的对象呢?刑法的人权保障机能是闻所未闻的。只是近些年来,尤其是 1997 年刑法修订后,随着刑事法治的启蒙,人权保障的观念才开始传播,但相对于打击敌人的观念而言,人权保障的观念还是极为淡薄的。刑法关于罪刑法定原则的规定是最能体现刑法的人权保障机能的,但我国《刑法》第 3 条对罪刑法定原则的表述显然不同于其他国家。世界各国关于罪刑法定原则的表述,无论措辞如何,基本逻辑都是"法无明文规定不为罪,法无明文规定不处罚"。因此,罪刑法定原则所具有的限制机能是指限制国家刑罚权,不得将法无明文规定的行为作为犯罪加以刑罚惩罚,但并不对出罪加以限制。对此,日本学者指出:在保障国民自由以及基本人权方面,对罪刑法定的内容本身提出了更高的要求。也就是说,不能简单地认为,"只要有法律的规定,对什么样的行为都可以科以刑罚,而且可以科以任何刑罚"。根据犯罪的内容,是否有

---

① 参见 [日] 大谷实著,黎宏译:《刑法总论》,4 页,北京,法律出版社,2003。

必要用刑罚进行处罚（处罚的必要性和合理性），而且对于该种犯罪所定的刑罚是否与其他犯罪相平衡（犯罪上刑罚的均衡），亦即从所谓实体的正当程序的角度来强调罪刑法定的意义。①

但是，我国《刑法》第3条是这样规定的："法律明文规定为犯罪行为的，依照法律定罪处刑；法律没有明文规定为犯罪行为的，不得定罪处刑。"立法者显然认为罪刑法定有两方面内容：一方面，只有法律将某一种行为明文规定为犯罪的，才能对这种行为定罪判刑，而且必须依照法律的规定定罪判刑；另一方面，凡是法律对某一种行为没有规定的犯罪的，对这种行为就不能定罪判刑。②对这一条所规定的两方面内容，我国有学者认为，第一方面可称之为积极的罪刑法定原则；第二方面可称之为消极的罪刑法定原则。所谓积极，是指从积极方面要求正确运用刑罚权，处罚犯罪，保护人民。因此，《刑法》第3条克服了西方刑法的片面性，在刑法史上第一次把正确运用刑罚权、打击犯罪、保护人民作为罪刑法定原则的重要方面明确规定，而且把它放在第一位，是罪刑法定原则的新发展。③对这一观点笔者是不赞同的。所谓积极的罪刑法定，并非罪刑法定主义的题中之意，事实上，参与立法的人员也并不赞成将这一条前半句理解为积极的罪刑法定，认为它强调的只是"依法"，针对的不是司法机关的不作为，而是司法机关可能存在的不公。④但罪刑法定原则只能解决"法无明文规定不为罪"这一基本的人权保障问题，至于司法不公问题，包括有罪不罚，轻罪重判或者重罪轻判等，都不是罪刑法定原则所能解决的。尽管我国刑法关于罪刑法定原则的表述不能令人满意，但这一原则在我国刑法中的确认，一定程度上弥补了我国刑法关于刑法任务规定上的偏颇。

在刑法的规制机能与社会机能之间存在一种对应关系：刑法的规制机能中的评价机能与刑法的保障机能之间存在手段与目的的关系，刑法的规制机能中的指引机能与刑法的保护机能之间也存在手段与目的的关系。刑法的规制机能的内

---

① 参见［日］野村稔著，全理其、何力译：《刑法总论》，46页，北京，法律出版社，2001。
② 参见胡康生、郎胜主编：《中华人民共和国刑法释义》，3版，4页，北京，法律出版社，2006。
③ 参见何秉松主编：《刑法教科书（2000年修订）》（上卷），68页，北京，中国法制出版社，2000。
④ 参见张军等：《刑法纵横谈（总则部分）》，22页，北京，法律出版社，2003。

容,正如日本学者指出,是对一定的犯罪预告施加一定的刑罚,由此来明确国家对该犯罪的规范性评价。而且,这种评价有这样的内容,即,各种犯罪值得施以各种刑罚这一强劲的强制力。阐明了这种评价,刑法作为一种行为规范,起着命令普遍国民遵守的作用。另一方面,刑法对司法人员来说,作为一种裁判规范,成为犯罪认定和刑罚适用的指标,这些无非是刑法规制的机能。① 由此可见,刑法的规制机能是通过刑法作为行为规范与裁判规范共同实现的,而刑法规制机能又为实现刑法的法益保护和人权保障机能提供了客观基础。刑法的法益保护和人权保障机能之间存在一种悖论关系,也被日本学者称为二律背反关系,认为二者处于这样的矛盾关系之中:重视保障人权,就会招致犯罪的增加,不能对法益进行保护;而重视保护法益,又不能指望对人权进行保障。日本学者指出:重视保障人权而轻视保护法益,或者相反,轻视保障人权而强化法益保护,都会使国民对秩序失去信赖,招致难以维持社会秩序的结果。因此,只有调和二者的作用,刑法才能充分发挥其维持社会秩序的机能。② 将法益保护与人权保障两种刑法机能加以协调,这一观点当然永远是正确的,但二者毕竟存在矛盾,因此就有一个价值取舍问题。我认为,在我国当前刑事法治建设的大背景下,更应当强调的是刑法的人权保障机能,只有这样才能实现刑法的最终目的,使之在人权保障方面发挥更大的作用。从刑法的任务到刑法的机能,这是一个刑法理论的话语转换过程,也是刑法理念上一个祛意识形态之魅的过程,我们应当回归对刑法的规范思考而放弃习惯了的政治话语。

(本文原载《环球法律评论》,2008(1))

---

① 参见 [日] 西原春夫著,顾肖荣等译:《刑法的根基与哲学》,44页,北京,法律出版社,2004。
② 参见 [日] 大谷实著,黎宏译:《刑法总论》,5页,北京,法律出版社,2003。

论人权及其刑法保障

刑法，主要是指近代刑法，在人权保障方面发挥着重要的作用。马克思甚至将刑法称为人民自由的圣经，就是极言刑法的人权保障机能。在我国当前市场经济的社会条件下，刑法的人权保障机能更加引起人们的重视。因此，应当对人权保障的刑法机能从法理上加以深入探究。

一

人权（human rights）是一个魅力无穷而又聚讼不定的概念。那么，作为刑法机能的人权保障之人权与一般意义上所言之人权是否等同以及在何种程度上相通，这是一个首先需要解决的问题。

法国学者卡雷尔·瓦萨克曾经提出人权的三代理论，这是从权利内容形态的历史演变上所作的分析，并产生了深远的影响。根据瓦萨克的界定，第一代人权是"消极人权"，即个人反对新出现的领土国家的政府权力的权利，这是资产阶级古典人权理论。第二代人权是随着社会主义的影响而产生的，现在称为"经济、社会和文化的权利"。在20世纪接受第二代人权法的国家规定了卫生保障、

老龄人的国家养老金、失业救济和社会保险费。这一代人权不再保护个人反对政府干预的权利而是要求政府作有利于个人的积极参与。因此,人们又称第二代人权为"积极人权"。第三代人权是关涉人类生存条件的集体"连带关系权利":和平权、发展权、卫生环境权和人类共同遗产权。① 尽管人权有一个从消极人权向积极人权的发展过程,以至于第三代人权更是以和平权与发展权等更高级的权利形态为内容,但在任何社会,生命权、自由权与平等权等这样一些权利仍然是最基本的人权。

如果说,历史考察可以使我们掌握人权的发展线索,那么,逻辑分析则可以使我们把握人权的存在形态。关于人权的存在形态,在我国法学界存在不同认识。我国学者李步云认为人权存在三种形态:(1) 应有权利;(2) 法定权利;(3) 实有权利。② 我国学者张文显则认为人权存在四种形态:(1) 应有权利;(2) 法定权利;(3) 习惯权利;(4) 现实权利。③ 在以上两种观点中,分歧意见在于习惯权利是否属于人权的存在形态之一。我认为,习惯权利不能成为人权的存在形态之一,它与人权是有所不同的。习惯权利是人们在世代相沿的社会生活过程中形成并传承下来的一种权利。但习惯权利有合理与不合理之分。例如封建贵族的某些特权,像初夜权,就表现为一种不合理的习惯权利。马克思认为,在普遍法律占统治地位的情况下,合理的习惯权利不过是一种由法律规定为权利的习惯;权利并不因为已被确认为法律而不再是习惯;而对于一个违法者,纵然权利并不是他的习惯,他也须被迫地守法。权利不再取决于偶然性,即不再取决于习惯是否合理;相反,习惯成为合理的是因为权利已变成法律,习惯已成为国家的习惯。因此,习惯权利作为和法定权利同时存在的一个特殊领域,只有在和法律同时并存,且习惯是法定权利的前身的场合下才是合理的。④ 因此,简单地把

---

① 参见[瑞士]胜雅律:《从有限人权概念到普遍的人权概念——人权的两个阶段》,载《比较法学的新动向——国际比较法学会议论文集》,134~135 页,北京,北京大学出版社,1993。
② 参见李步云:《论人权的三种存在形态》,载《法学研究》,1991 (4)。
③ 参见张文显:《论人权的主体与主体的人权》,载《中国法学》,1991 (5)。
④ 参见吕世伦主编:《马克思恩格斯法律思想史》,110 页,北京,法律出版社,1991。

习惯权利当作人权，而不区分合理的习惯权利与不合理的习惯权利，显然是不妥的。事实上，合理的习惯权利已被法律所认可，因而可以归结为法定权利。下面，分别对人权的三种存在形态加以分析：

(一) 应有权利

应有权利，顾名思义就是应当享有的权利。应有权利是与实有权利相对应的，这里的实有既指法律上的实有又指事实上的实有。把应有权利作为人权的存在形态，表明人权并非是一个简单的法律概念，尤其不能把人权等同于法律上所认可的公民权。事实上，人权首先应该是特定社会的人们基于一定的社会物质生活条件和文化传统而产生出来的权利需要和权利要求，是人作为人所应当享有的权利。可以说，应有权利是人权的最高境界。

应有权利的思想来自于自然法学派的自然权利（natural right）或天赋人权（inborn right）的观念。自然法学派往往把权利分为自然权利与法律权利，并以自然权利说明法律权利的来源与本性。例如荷兰著名自然法学家格老秀斯指出：自然权利乃是正当理性的命令，它依据行为是否与合理的自然相和谐，而断定其为道德上的卑鄙，或者道德上的必要。[1] 在此，格老秀斯把自然权利理解为正当理性的命令，并以道德上的正当性来论证行为的合理性，由此揭示自然权利的本性。英国著名自然法学家洛克论证了在自然状态下，人人享有自然权利，这种自然权利不仅是法律权利的来源，而且是政治权力的渊源。洛克指出：为了正确地了解政治权力，并追溯它的来源，我们必须考究人类原来自然地处在什么状态。那是一种完备无缺的自由状态，他们在自然法的范围内，按照他们认为合适的办法，决定他们的行动和处理他们的财产和人身，而毋须得到任何人的许可或听命于任何人的意志。这也是一种平等的状态，在这种状态中，一切权力和管辖权都是相互的，没有一个人享有多于别人的权力。极为明显，同时和同等的人们既毫无差别地生来就享有自然的一切同样的有利条件，能够运用相同的身心能力，就应该人人平等，不存在从属或受制关系，除非他们全体的主宰以某种方式昭示他

---

[1] 参见《西方伦理学名著选辑》，上卷，582页，北京，商务印书馆，1964。

的意志，将一人置于另一人之上，并以明确的委任赋予他以不容怀疑的统辖权和主权。① 通过分析这些自然法学家的论述，我们可以发现，他们所说的自然权利之自然，含有天生或天赋之义，就是指人之为人本来应当具有的权利。而且，在自然状态下，人们也确实曾经享有这些权利。我认为，自然权利说作为人权理论的第一种表现形态，对于推进人权理论的发展，确实作出了不可磨灭的贡献，但这一理论本身也存在先天的缺陷。按照马克思主义的观点，人不是抽象的理性存在物，人的本质就其现实性而言是一切社会关系的总和。因此，人权作为人所享有的权利，即使是应有的权利，按照马克思和恩格斯的看法，也永远不能超出经济的结构，以及由经济结构制约的社会文化发展。② 因此，对于应有的权利之应有性，不应从抽象的人性中去演绎，而应当到一定的社会文化结构之上的人与人之间的社会关系中去寻找。

在人权理论中，应有权利也往往被视为一种道德权利，甚至否定人权是法律权利。例如英国学者米尔恩把人权视为最低限度普遍的道德权利，指出：人权是道德权利，不是政治权利。没有正式的政治组织人们也能一起生活，而且自古亦然。食物采集者、狩猎者和游牧者的社会就是这样。因此，不存在人们仅凭自己是人就享有的政治权利，不存在一切时间和场合都属于人们的政治权利。任何一项人权只有在特定场合下的解释对它提出要求时，才能成为一项政治权利。③ 根据米尔恩的观点，人权应当是道德权利，而政治权利只不过是道德权利在法律上的确认。我国学者沈宗灵也认为，人权的原意并不是法律权利，是指某种价值观念或者道德观念，因而它是一种道德意义上的权利和义务。道德是人们关于善恶、是非、正义与否等的观念、原则、规范。人权就是人们从这些价值、道德观念出发而认为个人或群体的人在社会关系中应当有的权利和应当履行的义务。④

---

① 参见［英］洛克：《政府论》，下篇，5页，北京，商务印书馆，1964。
② 参见《马克思恩格斯选集》，2版，第3卷，305页，北京，人民出版社，1995。
③ 参见［英］米尔恩：《人的权利与人的多样性——人权哲学》，189页，北京，中国大百科全书出版社，1995。
④ 参见沈宗灵：《人权是什么意义上的权利》，载《中国法学》，1991(5)，22~23页。

与此相反的观点则认为，人权总是一定的社会意识对该社会中人们的行为自由的价值确认。从这个意义上说，人权反映了一定的人们关于善恶、是非、正义与否的道德观念，是"道德意义上的权利"。这一概括强调的是人权中价值确认的构成要素，从一个侧面反映了人权与道德观念的密切联系。但是，如果把这一理论概括提高为对人权本原的抽象，则是不全面的，也不能真正反映人权的本质内容。因为，人权总是一定社会的经济关系以及由经济关系决定的其他事实社会关系的观念化表现，这些现存的经济关系和其他社会关系才是社会中权利义务关系的本原。① 我认为，从本原上来说，道德和法律都是被一定社会的物质生活条件所决定的。因此，对于人权本质的理解也应当立足于一定社会的物质生活条件。但是，这里涉及对人权是道德权利还是法律权利的理解，并非是对人权本质的揭示，而只是对人权归属的界定。在我看来，人权的存在形态是多元的，以人权是道德权利而否定它是法律权利固然不妥，反之亦然。就应有权利是先于法律权利的一种人权表现形态而言，称之为道德权利并无不可。这里涉及道德与法律关系，英国学者米尔恩指出：道德在逻辑上先于法律。没有法律可以有道德，但没有道德就不会有法律。这是因为，法律可以创设特定的义务，却无法创设服从法律的一般义务。一项要求服从法律的法律将是没有意义的。它必须以它竭力创设的那种东西的存在为先决条件，这种东西就是服从法律的一般义务。这种义务必须、也必要是道德性的。假如没有这种义务，那么服从法律就仅仅是谨慎一类的问题，而不是必须做正当事情的问题。② 在此，米尔恩正确地指出了法律必须以道德为基础，道德在逻辑上先于法律。因此，米尔恩认为，人权作为一项普遍的权利，它是一种道德权利。我认为，在这个意义上，也仅仅限于这个意义，将人权理解为道德权利是可以的。这种作为道德权利的人权，表现为应有权利。

（二）法定权利

应有权利被法律所确认并以国家强制力予以保障，就转化为法定权利。人权

---

① 参见孙国华主编：《人权：走向自由的标尺》，43 页，济南，山东人民出版社，1993。
② 参见［英］米尔恩：《人的权利与人的多样性——人权哲学》，35 页，北京，中国大百科全书出版社，1995。

作为一种法定权利，往往表现为公民权。公民权就是公民的基本权利，包括公民的政治、经济、文化权利和其他社会权利。公民权虽然是人权的主要内容，但两者又不可等同。因为人权除了公民权以外，还包括其他一些特定权利。就公民权而言，它是人权的主要表现形态，宪法和其他法律将这部分基本人权制度化、法律化，使人权的内容更明确、更具体，便于公民行使，从而使人权的保障更为有力。但人权并不限于公民权，尤其是不限于法定权利。因为，宪法规定公民的基本权利，绝不意味着公民只能享有这些权利，而仅意味着这些权利如此重要，它涉及公民的生命、财产、自由和安全，以至于需要国家特别加以保护。除此以外的权利，只要法无禁止，公民也可以行使，只是国家没有保障义务。[①] 因而，人权是一个比法定权利内容更为广泛的概念。

从历史上看，人权与公民权的关系曾经存在一个变化过程。早期资本主义社会是以政治国家与市民社会相并列的二元结构。因而，人也具有双重身份：一方面是作为政治国家成员的人，另一方面是作为市民社会分子的人。马克思指出：人作为社会存在物所处的领域还要低于他作为私人个体所处的领域；最后，不是身为 citoyen（公民）的人，而是身为 bourgeois（市民社会的一分子）的人，才是本来的人，真正的人。[②] 在政治国家，人是公民，其所享有的是公民权。在这个意义上，公民权主要是指政治权利。在市民社会，人是私人，其所享有的是私人权利。这里的私人权利，曾经被狭义地称为人权。在这个意义上，公民权与人权是并列的，两者之间并无包容关系。此后随着政治国家的发达与积极人权观念的出现，越来越多的私人权利被纳入公民权的范畴。在这种情况下，公民权不仅是政治权利，而且包含经济、社会等权利，成为一个广泛的概念。因而以往人权与公民权的严重界限逐渐消失了，人权越来越以公民权即法定权利的形式表现出来。尽管如此，公民权也不可能囊括所有的人权。因此，人权概念仍然相对独立于公民权，永远具有其存在的价值。

---

① 参见蔡定剑：《国家权力界限论》，载《中国法学》，1991（2），55页。
② 参见《马克思恩格斯全集》，第1卷，440页，北京，人民出版社，1956。

(三) 实有权利

实有权利是指在现实社会生活中人们所实际享有的权利。实有权利既与应有权利相对应，又与法定权利相连接。如果说，应有权利是人权之应然状态，那么，实有权利就是人权之实然状态。应有权利只有转化为实有权利，人权才不是观念而成为一种现实。应有权利向实有权利转化，往往经过一定的中介，法律规范就是重要的中介形式之一。因此，应有权利往往首先转变为法定权利，应有权利通过法律的确认，获得法的强制性，从而为最终转化为实有权利提供了可能性。但法定权利与实有权利仍然存在一定的距离，对于实有权利来说，法律权利仍然表现为一种应然的状态。历史事实已经证明，记载在法律文本上的权利，绝不等同于人们在现实生活中享有的权利。为此，实有权利才是人们为之奋斗的最终结果。

二

人权的三种存在形态揭示了人权的内容，那么，人权的本质特征应当如何理解呢？我认为，从本质上来说，人权是个人的一种权利，因而意味着：(1) 人权与神权是有区别的，人权具有天赋性；(2) 人权与特权是有区别的，人权具有普遍性；(3) 人权与主权是有区别的，人权具有个体性。下面分别加以论述：

(一) 人权的天赋性

在自然法学家那里，人权又被称为天赋人权或自然权利。这里的天赋人权或自然权利都是对英文"natural right"的汉译：其中，自然权利是直译，天赋人权是意译。就这两种译法而言，天赋人权更具神韵，因而流传更广，以至于约定俗成，为我国学界所普遍接受。

人权的天赋性，也就是人权的自然生成性。因此，它是与神权观念相对立的，在17、18世纪具有一定的历史进步意义。神权观念宣扬人的权利来自于神授，不仅君权是神授的，而且臣民的权利也来自于神。显然，这种观念是为君权辩护的。由于君主被认为是神意的代表者，因而臣民的权利的神授性实际上就是

归于君主的恩赐。天赋人权说把人权归于自然的赋予，其革命意义在于：人权不是神授也不是君主恩赐的，而是人与生俱来不可剥夺的。即使是国家与政府，对于人权也不能限制与剥夺。例如，美国学者阿德勒指出：人生来就是平等的，这是指人类都被人性赋予了某些不可剥夺的权利。这些权利之所以是不可剥夺的，是因为它们是天生地存在于人的特殊本性之中，而不只是由法律规定而给予人的。法律中的规定对于这些权利的保障是必要的。但它不能决定这些权利的不可剥夺性。纯粹由法律规定的权利是可以被剥夺的，它们是由国家给予的权利，因此，国家也可以剥夺它们。虽然国家可以保障也可以侵犯人具有的天生自然的权利，但这些权利不是因为国家把它们给予了人而存在，也不会由于得不到国家法律的承认或保障而停止其存在。[1] 在这个意义上说，人权作为一种天赋权利，在本质上是先于法定权利而存在的，后者只不过是对前者的认可而已。

应该指出，人权的天赋性只是在与神权相对立的意义上而言的，我们并不能由此而否认权利的社会基础。显然，人权的天赋观念是以一种先验论为哲学基础的。根据这种先验论，人权是与生俱来、无法验证的，因而有别于法律所规定的权利。例如康德指出：天赋的权利是每个人根据自然而享有的权利，它不依赖于经验中的一些法律条例。天赋的权利又可称为"内在的我的和你的"，因为外在的权利必然总是后得的。[2] 因此，康德把天赋权利视为先得的、内在的权利，以区别于法律所规定的后得的、外在的权利。康德认为，这种天赋的自然权利是以先验的纯粹理性的原则为根据的，它不能、也无须以经验去证明。因此，这种天赋人权论虽然在对自然权利先于并独立于法律规定的权利的论述上具有一定的科学性，但它没有从社会的物质生活与精神生活出发揭示人权的本质，因而是存在缺陷的。为此，我们应当立足于人的社会性，把对人权的认识与解释奠基于一定的社会基础之上。在这个意义上来理解，人权在本质上是权利主体——人以及人与人之间权利关系的映象。人与人之间的关系主要是权利关系，权利关系是人与

---

[1] 参见［美］阿德勒：《六大观念》，174 页，北京，团结出版社，1989。
[2] 参见［德］康德：《法的形而上学原理——权利的科学》，49 页，北京，商务印书馆，1991。

人之间关系最重要的表现形式。而人与人之间的这种权利关系又不能脱离一定的社会关系与社会结构。因此，人权的天赋性实际上是指一定的社会文化结构所能提供的个人自由空间的最大化，而法定权利只不过是对这种事实的认可。

(二) 人权的普遍性

人权是一种普遍的权利，因而区别于特权。在一般意义上说，特权（prerogative）是指赋予一个人或一群人，尤其是一个政治统治者或君主的排他性权力或特殊权利。① 由此可见，特权是少数权贵者享有的特殊的权利。而人权则与此不同，它在理论上是不分种族、阶级、国籍、肤色、年龄、职位、身份等，由一切人享有的基本权利。在这个意义上，人权是一种获得普遍性并不是从来如此的，在历史上存在一个从有限人权到普遍人权的发展过程。

瑞士学者胜雅律根据人权一词中"人"这一成分的发展，提出了"人权的两个阶段"的理论，由此论述了从有限人权到普遍人权的发展。人权的这两个阶段是：(1) 第一个阶段：非普遍人权阶段，到1948年；(2) 第二个阶段：普遍人权阶段，自1948年以来。② 显然，从人权的主体上来分析，这一人权发展的两阶段理论是能够成立的。

在人权概念提出的初始阶段，作为人权主体的"人"，确实是一个相对的有限概念。例如，公民与人的概念是分离的，公民的本意是属于城邦的人或组成城邦的人，它虽然是一个既超越血缘关系，又超越王权专制的带有某种普遍性的法律资格概念，但它还不是一个涵括所有人的普遍概念。根据亚里士多德的定义：(1) 凡有权参加议事或审判职能的人，我们就可以说他是那一城邦的公民；(2) 城邦的一般含义，就是为了要维持自给自足而具有足够人数的一个公民集团。③ 根据我国学者顾准的论述，在古希腊，从词源上来说，"公民"（polites）

---

① 参见 [英] 戴维·米勒等：《布莱克维尔政治学百科全书》，597页，北京，中国政法大学出版社，1992。
② 参见 [瑞士] 胜雅律：《从有限的人权概念到普遍的人权概念——人权的两个阶段》，载《比较法学的新动向——国际比较法学会议论文集》，137页，北京，北京大学出版社，1993。
③ 参见 [古希腊] 亚里士多德：《政治学》，113页，北京，商务印书馆，1965。

原意为属于城邦的人。不过，在古代希腊的任何时代、任何城邦，它绝不是指全体成年居民而言。妇女不是公民，奴隶不是公民，农奴不是公民，边区居民不是公民，外邦人也不是公民。即使除去奴隶、农奴、边区居民和外邦人而外，祖籍本城的成年男子，能够取得公民权利的资格，在各城邦的各个时期也宽严不一。因此，顾准指出，古希腊社会中公民的概念是在长期历史演变中不知不觉形成的，正如 polis 一词从城堡变成城市，变成城市国家一样，"组成城邦国家的人"即"polite"，也在漫长的历史时期中，一次又一次的发展它的含义，同时也加上一重又一重的限制，逐渐变成了亚里士多德所定义的公民。① 由于古希腊社会公民与人的概念的分离性，因而也就不存在普遍的人权。公民在城邦中享有政治权利，这是不言而喻的，至于非公民的其他人，除奴隶不是权利的主体而是权利的客体以外，诸如边区居民或外邦人，是否享有一些作为人的基本权利，尽管这些权利有别于公民权，我们不得而知。

在古罗马法中，权利主体或者说具有权利能力的主体只能是人，因为，"一切权利均因人而设立"（hominum causa omne ius constitutum est）。然而，并非一切人均为罗马社会的权利主体。除了是人以外，还需具备其他基本条件：是自由的（status libertatis）；而且，就市民法关系而言，还应当是市民（status civitatis）。② 因此，在古罗马社会，涉及三种人：（1）市民，指罗马人；（2）外邦人；（3）奴隶。在古罗马社会的早期，罗马人一直坚持市民法只适用于罗马公民，而不适用外国人或外邦人，因此在罗马的外国人基本上是没有权利的。这种限制，由于以后罗马与异邦接触日益频繁，交换日益发展，已属无法维持。公元前242年外事大法官的设置，说明涉外案件已极纷繁，须由专职处理。在不断解决外国人间以及外国人和罗马公民间因交换关系所产生的实际问题的同时，逐渐形成了一套规范，称万民法（jus gentium），大部分是在大法官告示中固定下来的。优士丁尼指出：市民法与万民法有别，任何受治于法律和习惯的民族都部分

---

① 参见顾准：《希腊城邦制度》，2版，11~12页，北京，中国社会科学出版社，1986。
② 参见［意］彼得罗·彭梵得：《罗马法教科书》，29页，北京，中国政法大学出版社，1992。

适用自己特有的法律,部分则适用全人类共同的法律。每一民族专为自身治理制定的法律,是这个国家所特有的,叫作市民法,即该国本身特有的法。至于出于自然理性而为全人类制定的法,则受到所有民族的同样尊重,叫作万民法,因为一切民族都适用它。因此,罗马人民所适用的,一部分是自己特有的法律,另一部分是全人类共同的法律。① 罗马法从市民法向万民法的拓展,意义十分重要。这种意义不仅在于使外邦人依法享有权利,尽管这种权利与罗马人的权利之间还存在差别。更为重要的是,人权主体的范围得以扩大。万民法是根据自然理性而制定的,换言之,外邦人的权利来自于自然理性,万民法只不过是予以认可而已。在此,自然权利的思想已经若隐若现呼之欲出,而这正是近代人权观念的基础。对此,美国学者罗森鲍姆曾经有一个深刻的说明:罗马法律哲学作出了一个将用来批评实在政治秩序的极端重要的概念上的特征。它将罗马法大全解释为普遍的法律(万民法),这一观点可用来使仅受当地习惯法(公民法)治理的各族人民都吸收在帝国之内的论证。善和正义的伦理品德是可由万民法规定的,而万民法归根到底是以自然法(ins naturae)为基础的。罗马时期人权的学说的发展在普遍平等的概念中达到顶点:罗马的自然法原理将一种基本的公民身份归给人类,即所有作为世界共同体成员的人都是平等的。② 当然,在古罗马社会,奴隶仍然被排斥在人权的主体范围之外。

近代人权思想,将人权的主体进一步扩大为具有理性的自然人。近代思想启蒙可以追溯到发生在16世纪的文艺复兴运动。可以说,文艺复兴运动是中世纪黑夜之后的第一道黎明的曙光。文艺复兴运动的伟大成就,可以简要地概括为"人的发现"。这个巨大的发现,完全颠倒了中世纪的世界秩序:以人为中心代替了以神为中心,以人性的崇高取代了神性的威严。文艺复兴运动肯定了一个真理:人是人的世界的中心,人是宇宙中最高尚、最高贵、最伟大的产物。因此,

---

① 参见〔古罗马〕优士丁尼:《法学总论——法学阶梯》,6~7页,北京,商务印书馆,1989。
② 参见〔美〕A. 罗森鲍姆:《人权的哲学导言》,载《西方人权学说》(下),29页,成都,四川人民出版社,1994。

只有人的权利才是最神圣的。① 发生在17、18世纪的启蒙运动,以天赋人权的观点进一步推进了人权思想的发展,将人权观念建立在理性基础之上。因此,启蒙运动的伟大成就可以一言以蔽之:"诉诸理性。"例如,洛克指出:自然状态有一种为人人所应遵守的自然法对它起着支配作用;而理性,也就是自然法,教导着有意遵从理性的全人类:人们既然都是平等和独立的,任何人就不得侵害他人的生命、健康、自由或财产。② 根据洛克的观点,政治社会中公民的权利是自然权利保留下来的那一些,而另一部分自然权利则经过社会契约转让给国家,形成国家权力。因此,不仅公民权利,而且国家权力都来自于自然权利。显然,这里包含着一种非常革命的思想,这就是自然法的思想,它为实在法的建立并批判实在法提供了思想武器。

尽管如此,启蒙思想家所宣称的人权思想仍然存在明显的缺陷。瑞士学者胜雅律曾经分析了这一时期的人权基础的人类学假定,认为它是一个强调人的理性的、文明属性的概念。这种"人"的概念把一般妇女和非欧洲人排除在外。胜雅律指出:早期启蒙运动的思想家们认为男性是先验的理性思维,而女性则是非理性思维或者是感情用事(特别是歇斯底里)的。只有那些被认为有理性的才配称为人。因此,妇女因为被认为先验的非理性,也就是非人、次等人(或劣等人)。而理性,不是一个通过学习和自我克制而获得的品质,如果他是男性,那么他生而具有这种自然品质。这个二元论的人的定义是早期启蒙思想的关键,特别是在自然法哲学、实在法和政治学中,"人"权,即平等权,局限于"人"的"社会",这个"人"仅指男人、兄弟以及家长。按照二元论的人类学(男性=理性;女性=非理性),妇女永远不能成为理性的,从而也就不能成为人、拥有平等权的公民、拥有自己权利的人。而且,启蒙运动还吸收人种分类而发明种族主义,把某些外国人兽性化,以至于法国学者波里亚克夫说:"种族主义是启蒙科学的一个孩子,一个未被启蒙承认的孩子。"胜雅律指出:既然这种人类学的"人"

---

① 参见宋惠昌:《现代人权论》,34页,北京,人民出版社,1993。
② 参见[英]洛克:《政府论》,下篇,6页,北京,商务印书馆,1964。

的概念局限于性别的种族,那么,"人"这个字——与该词的现代含义相比较——仅具有相当有限的意义。这里使用了一种称为"分节法"(meristic manner)的方法,"merism"是一个定义的过程,在这一过程中,一部分过分膨胀,被界定为全体,而其他部分却被暗暗地不着痕迹地从定义中去除。[1] 这实际上就是以偏概全,以男人、欧洲人替代全体人。在这种性别与种族的偏见下,人权是残缺不全的,因而胜雅律称之为有限的人权概念。

从人权主体上来说,从有限的人权概念向普遍的人权概念的转变是以1948年12月10日联合国的《世界人权宣言》为标志的。该宣言第1条规定:"人皆生而自由;在尊严及权利上均各平等,人各赋有理性良知,诚应和睦相处,情同手足。"第2条规定:"人人皆得享受本宣言所载之一切权利与自由,不分种族、肤色、性别、语言、宗教、政见或他种主张、国籍或门第、财产、出生或他种身份。"这里记载的打破性别、种族以及其他差别的一切人的权利,始得称为普遍的人权。因此,从人权的主体上来说,人权是从少数人的权利扩展为一切人的权利这样一个演变过程。事实上,这个演变过程在刑法上也表现得十分明显。例如在古代社会,存在明显的阶级不平等,法律只保护自由民的人权,而奴隶只能是在物的名义下,作为权利的客体而受到保护。例如,古罗马的《阿奎利亚法》第一章规定:"凡不法杀害属于他人的男奴隶或他人的女奴隶或他人之四足牲畜者,须依被害物当年的最高价值向其所有主以金钱赔偿。"古罗马著名法学家盖尤斯在《论行省告示》第七编对此解释说:由此可知,该法将我们的奴隶和四足牲畜视为等同,均归之为家畜并以畜群对待,如羊、山羊、牛、马、驴和骡。[2] 因此,从有限人权到普遍人权确实是一个历史性转折。

(三)人权的个体性

在理解人权的本质的时候,一个值得探讨的问题,就是人权是一种个体的权

---

[1] 参见〔瑞士〕胜雅律:《从有限的人权概念到普遍的人权概念——人权的两个阶段》,载《比较法学的新动向——国际比较法学会议论文集》,139~140页,北京,北京大学出版社,1993。

[2] 参见《民法大全选择:债·私犯之债·阿奎利亚法》,4~5页,北京,中国政法大学出版社,1992。

利还是也可以是一种集体的甚至是国家的权力？对此，我国法学界存在两种对立的观点：第一种观点认为，人权是人的权利，其主体只能是个人，从而否定集体人权的存在。例如，我国学者张文显把集体人权称为是一种人权主体泛化的倾向，认为人权主体是一个限定的概念，主要指个人，普通的社会成员。在我国，人权（公民权利）概念涵盖了所谓"集体"人权的内容。因为在我国，宪法明确宣布中华人民共和国公民在法律面前一律平等，这意味着我们所说的人权是平等的、普遍的，而不论其属于何种集体（民族、阶层、党派、宗教团体）。在这种法律结构中，全无必要引进"集体人权"概念。张文显认为，把人权主体主要限定于个人，并把人权界定为个人权利，使之成为一个与集体权利、社会权利、国家主权相对应的独立范畴，有一系列理论上和实践上的意义。[①] 第二种观点则认为人权的主体大量地表现为个人，这是不证自明的公理。但是，人权的主体并非全部表现为个人，也即除了人权主体的个体形态外，还有人权主体的集体形态和人权主体的聚体形态。[②] 我认为，这个问题已经不再简单的是一个人权主体的表述问题，而是涉及对人权本质的理解。我赞同张文显教授的观点，主张人权主体应是个人，倾向于否定集体人权的概念。这里，存在以下几个问题值得研究：

首先，关于人权的个体性与社会性问题。我国有的学者指出：如果分析一下资产阶级古典人权观的理论基础——"自然权利"说，可以看出，他们实质上是从个人出发来考察人权问题的，而这种个人，是孤立的、自然的个人；他们所说的人权是天赋的，也是指个人权利而言的。这就是说，资产阶级古典人权观的权利主体，实质上是作为个体的人。针对着资产阶级人权观把个人权利作为人权的出发点的这种局限性，马克思主义的人权理论充分重视了集体人权，强调了人权权利主体的集体性，突出在人权问题上的社会主义集体主义精神。那么，作为人权权利主体的集体（或群体）主要是指什么而说呢？一般来说，作为权利主体的集体（或群体）主要是指民族、阶级、国家。这种观点并不否认马克思主义也承

---

① 参见张文显：《论人权的主体与主体的人权》，载《中国法学》，1991（5），26~27页。
② 参见陆德山：《也谈人权的主体》，载《中国法学》，1992（2），22页。

认个人人权,而且还论述了个人人权与集体人权的关系,指出:社会或社会集体并不是抽象的,它总是由个体按一定方式结合而成的,可想而知,如果没有了"有生命的个体的存在",社会是无从谈起的。在人权问题上亦然,集体人权是个人人权有机综合的产物,个人人权的引申才成为集体人权。① 我认为,就一般意义而言,人权的主体是个人,这是不言而喻的。确实,资产阶级古典人权观对于个人持一种抽象的看法,过于强调它的个体性,并且以理性及意志自由等说明人的本性,存在一定的局限性。而马克思主义人权观则强调人的社会性,认为人的本质是社会关系的总和。但是,就此绝不能引申出所谓集体人权的概念。因为人权作为个体权利,本身就是与集体权力(而非权利)相对应的。例如,国家权力是一种主权,人权与主权是一组对应的范畴。主权作为国家权力的综合体,它虽然来自于人权,但又不能还原为人权,它具有其特定的权力主体,这就是国家。在与国家权力相对应的意义上确立人权这一概念,就在于肯定人权之为人的基本权利,这些权利是国家必须加以确认与保障而不能非法剥夺的,例如《世界人权宣言》所确认的生命、自由与人身安全等基本权利。这些权利,也就是自然法学家所谓的自然权利。英国学者指出:自然权利就是每个社会都应当保证其所有公民都享有的权利。自然权利的理论已经与一种现代个人主义的概念结合到了一起,即个人拥有一定的活动范围,在这个范围之内,他可以实现自己的意愿。不论是政府还是法律,都不得干涉这个领域。18世纪人权宣言中所宣称的传统上的自然权利,是人身自由、财产自由、言论自由以及结社自由。这些表明了个人可以在其中实现自己意愿的范围。否定人依自己的意愿作出选择的自由,就等于否定他的人格。这些权利都意味着不得对其进行限制。从这个意义上说,它们都是一些防御性的权利。② 正因为这些权利是防御性的,因而也就是最低限度的与不可剥夺的权利,它本身形成对国家权力的一种限制。因此,集体人权的概念混淆了人权的社会性与集体性之间的关系,将人权内容的社会性等同于人权主体的

---

① 参见宋惠昌:《现代人权论》,25~27页,北京,人民出版社,1993。
② 参见[英]彼得·斯坦、约翰·香德:《西方社会的法律价值》,184~185页,北京,中国人民公安大学出版社,1990。

集体性，殊不足取，也并非是马克思主义的原意。

其次，关于人权主体的集体形态与聚体形态。肯定存在集体人权的学者提出所谓人权主体的集体形态与聚体形态，指出：集体人权有两种情况：一是权利本身就由集体享有，其主体本身就是集体，而不能是个人。如基于国家、民族、种族、行业、地域、阶级、阶层等共同的利益、任务而行使的集体权利，即所谓人权主体的聚体形态。二是在权利行使过程中，人权的主体由享有时的个体转化为行使中的集体，即转化为集体享有，如集会、游行示威、结社等权利，即所谓人权主体的集体形态。[①] 我认为，与人权主体的个体形态相对应的所谓聚体形态与集体形态是一种似是而非的提法。以聚体形态的人权而言，提出所谓阶级人权、政党人权、民族人权与种族人权，实际上指阶级权利、政党权利、民族权利与种族权利。这些权利与人权既有联系又有区别，把它们混同于人权，实际上是抹杀了人权与其他权利的界限，将人权等同于一般权利了。如果按照这种逻辑，任何意义上的权利都是人权，那么人权这个概念还有什么特殊意义呢？因此，所谓聚体形态的人权，例如阶级、政党、民族与种族都不是科学意义上的人权主体，而只不过是具有共同利益的人以阶级、政党、民族与种族的名义所争取的人权，其人权主体仍然是个人而非集体。至于所谓集体形态的人权，则完全是将人权主体形态与人权行使形态混为一谈了。例如结社权，只有二人以上才能结社，因而该人权的行使不能脱离一定的群体。但这绝不能作为否定结社权是一种个人权利的理由。如果某人因犯罪被判处剥夺政治权利，完全可以剥夺其结社权，这难道不说明结社权是一种个人人权吗？由此我想到，对于人权问题的研究，注重现实是必要的，但不能由此而违背理论本身的逻辑性。

再次，关于普遍人权与特殊人权。我国学者曾经在集体人权的名义下讨论了以下人的权利：儿童的权利，妇女的权利，老年人的权利，残疾人、精神病患者及弱智人的权利。[②] 不可否认，儿童、妇女、老年人等特殊人群，其权利应当加

---

① 参见陆德山：《也谈人权的主体》，载《中国法学》，1992（2），23页。
② 参见孙哲：《人权论》，545页以下，郑州，河南人民出版社，1992。

以特殊保护。这种特殊保护是建立在儿童、妇女、老年人等特殊人群已经具有普遍人权的基础之上，根据这些人群的特点，强调其人权的特殊性。例如，妇女在普遍人权没有得到承认之前，并非人权的主体。在这种情况下，妇女争取的是普遍人权。妇女在取得普遍人权以后，进一步争取的是妇女作为特殊人群的权利。这种权利称之特殊人权尚无不可，但称为集体人权则有所不妥。因为妇女的权利，是每一个妇女享有或者应当享有的权利，这仍然是一种个人权利。如果把妇女权利都称为集体人权，那么人权的主体都是集体。因为人权也可以说是人民的权利或人类的权利，而人民或人类不是个人而是一个群体，因而岂非人权都是集体人权。其结果，必然导致对个人人权的否定。

最后，关于国际人权问题。在国际人权法中，是否承认集体人权呢？这首先涉及国际人权法的界定。国际人权是第二次世界大战以后发展起来的，第二次世界大战结束以后在《联合国宪章》中列入了关于人权问题的规定，使人权问题具有了国际法的性质。加拿大学者约翰·汉弗莱认为，国际人权法实际上是人权的国际保护法。尽管保护人权的主要责任在于国家，但人权还必须由一种超越国家秩序之上的法律秩序来加以保护，需要有一种更高一级的法律秩序，以便依照它对国家秩序加以评判。汉弗莱也论及个人权利和集体权利，指出：人权大部分是个人权利，即它们属于个人。但是，一些集体权利也叫人权，个人作为一个集体的一员享有这些权利。联合国人权两公约明确规定人民有自决权，《经济、社会和文化权利国际公约》谈到工会的某些权利。[①] 应该说，把民族自决权等权利称为人权是有一定道理的。但汉弗莱没有使用集体人权这一概念，只是说这些集体权利也叫人权，但作为这些权利的享受者最终仍然只能是个人。尤其值得注意的是，汉弗莱否定国家是人权主体，指出：最大和最重要的集体当然是国家，所谓的集体权利常常就是国家的权利，这些权利很难被称为人权。把这样一些权利或者是任何其他集体的权利置于个人权利之上，等于是在原来就不公平的冲突中又帮了占优势的一方一把。这确实破坏了世上存在着这样一些不可剥夺的权利的完

---

① 参见［加］约翰·汉弗莱：《国际人权法》，6、13 页以下，北京，世界知识出版社，1992。

整思想。① 因此，我认为，只有在国际法上，某些特殊情况下，人权的主体才有可能是一定的集体。

根据以上论述，我认为人权主要是指个人权利，尤其是在国内法，人权具有无可辩驳的个体性，人权主体不应泛化。否则，人权这一概念就会丧失其特定的含义。

三

人权保障，意味着通过一定的手段，促使人权从应有权利向实有权利转化。这里的一定手段，内涵十分丰富。应该说，法律就是这种手段之一，而刑法对于人权保障尤其具有特殊的意义。

在探讨了人权的一般含义以后，我们需要进一步探讨什么是刑法中的人权。对于这个问题在理解上的差别，会导致对刑法的人权保障机能的完全不同的理解，这绝非危言耸听。在提到刑法中人权的含义的时候，最本能或者最直观的印象就是把刑法中的人权等同于被害人的权利、被告人的权利以及犯罪人的权利。果真如此么？下面加以具体分析：

（1）被害人的权利，往往在两个意义上使用：一是被害人的实体权利，二是被害人的诉讼权利。与刑法中人权相等同的被害人权利，主要是指被害人的实体权利。例如我国学者指出：刑法是关于犯罪与刑罚的社会规范体系，其本身是以犯罪为起因，以刑罚而质之，人权的概念更多地从刑事惩罚的背面反射出来，却通过惩罚犯罪者而保障被害者的人权，从而给全社会公民造成实现人权的安全氛围。② 按照这种观点，刑法中的人权主要是被害人的权利，因而人权保障也主要是指保障被害人的权利。应该说，这种观点在我国刑法学界是相当普遍的观点。例如一本关于中国公民权利发展研究的权威著作中，论及公民权利的刑事法律的

---

① 参见［加］约翰·汉弗莱：《国际人权法》，14~15页，北京，世界知识出版社，1992。
② 参见李奇路：《刑法及其完善中的人权蕴含与分析》，载《法学》，1993（4），17页。

保护时指出：刑事法律所关注的正是公民的民主权、人身权、财产权等最基本的权利。通过将那些严重侵犯公民基本权利的行为规定为犯罪，并追究行为人的刑事责任，从而实现刑法对公民权利特有的保护功能。① 应该说，被害人的权利确实是刑法保护的对象，但这并不是刑法的人权保障的意蕴，而是刑法的社会保护的内容。因为被害人虽然也是个人，但他是作为社会人而存在的，当犯罪行为侵害了被害人的权利时，实际上也是侵害了社会整体，因而具有了社会危害性。刑法通过惩罚犯罪保护被害人的权利，应当属于刑法的社会保护机能。我国学者储槐植在论及打击犯罪、惩罚罪犯是保护广大人民群众的利益，是最大的人权保护的观点时指出：这当然是事实，但它主要是国家刑罚权的行使，属主权范畴。刑法的人权保障主要应指刑事诉讼过程中对弱者一方的权利保护。这种以主权涵盖或吞并人权的认识实际是否定人权概念。② 我完全赞同这一观点，保护被害人权利是国家刑罚权存在的根据之一，它属于主权的范畴。而人权是与主权相对应的，它起着限制主权（这里主要是指刑罚权）的作用。因此，不能把刑法中的人权等同于被害人权利，更不能把刑法的人权保障理解为是对被害人权利的保护。

（2）被告人（或者犯罪嫌疑人）的权利，也在两个意义上使用：一是实体法上的权利，二是程序法上的权利。那么，刑法中的人权是否能等同于被告人的权利呢？我认为，刑法中的人权只包括被告人的实体法上的权利，而不包括程序法上的权利。我国学者孙笑侠把人权分为实体性人权与程序性人权，指出：法律程序一般被认为是实现法律实体内容即权利和义务的手段与方法。人们的实体权利如生命权、自由权、财产权等有时需要通过法律程序来保护或实现，而诸如审判法律程序中又必然涉及对当事人这些实体权利的剥夺或限制。这种实体权利从人权的角度来看，显然是一种实体性人权。人权本身是实体性的权利，但在其实现中还必须依靠某种手段、方法或途径，它们派生于人权，但又不直接涉及实体的利益和需要，这就是程序性人权。如审判程序中的回避权、辩解权、要求举证

---

① 参见夏勇主编：《走向权利的时代——中国公民权利发展研究》，443 页，北京，中国政法大学出版社，1995。

② 参见储槐植：《市场经济与刑法》，载《中外法学》，1993（3），23 页。

权、最后陈述权等即是。① 显然,被告人的诉讼权利应当属于程序性权利,它主要由刑事诉讼法保障。我国刑法学界有一种观点认为,刑法的人权保障功能在刑事诉讼法方面的体现主要是保障被告人充分行使辩护权和切实贯彻无罪推定原则,在刑事实体法方面的体现主要是坚持罪刑法定原则(不从重溯及、不类推适用)和罪刑相当原则,在立法上不规定、司法中不判处重于罪的刑。② 在此,把被告人诉讼权利的保障归之于刑法的人权保障功能,还是未能将刑法中的人权与刑事诉讼法中的人权厘清,至少是不确切的。至于被告人的实体权利,即被告人受到依法公正处理,免受法外之刑的权利,应当属于刑法中的人权,是刑法的人权保障的重要内容。

（3）犯罪人的权利（或者罪犯的权利）是一种特殊的人权。犯罪人是指被依法认定有罪,在通常情况下都被判处一定刑罚的人。在这些人中,有些被依法剥夺了政治权利;即使没有剥夺的,其各项权利的行使也受到一定的限制。但是,犯罪人仍然享有人权,这时的人权是指享有人道主义待遇的权利、不受酷刑折磨的权利等。即使是将被处死刑的犯罪人,也享有一定的人权。例如1984年联合国大会批准了由联合国经济和社会理事会拟定的《保障将被处死刑者人权的保护措施》,以便为被控死罪的罪犯提供最严密的法律程序上的保障。我国历来重视犯罪人的人权,例如1992年8月11日国务院新闻办公室发表的《中国改造罪犯的状况》白皮书,把依法保障罪犯的权利单列一章,并归纳出罪犯在服刑期间应当享有的12个方面的权利。应该说,犯罪人的人权是监狱法所保障的人权。正如我国学者指出:罪犯是因破坏国家法律秩序,受到国家刑罚惩罚的公民。国家刑罚对他们的公民权利作了修改和限制。但他们依法仍享有未被剥夺的公民权利。这些权利在刑罚执行期间,监狱和劳改单位依法是给以充分保障的。③ 因此,犯罪人的人权不能等同于刑法中的人权。

---

① 参见孙笑侠:《论法律程序中的人权》,载《中国法学》,1992 (3),39页。
② 参见储槐植:《市场经济与刑法》,载《中外法学》,1993 (3),23页。
③ 参见王明迪、郭成伟主编:《中国狱政法律问题研究》,180页,北京,中国政法大学出版社,1995。

对刑法中人权及人权保障的分析，始于刑法的特殊性。在法律体系中，刑法的强制性是最为明显的，它是其他法律的制裁力量。刑法涉及对公民的生杀予夺，其存在的必要性在于保护社会，使社会免遭犯罪的侵害。但这种刑罚权如果不加限制，任其扩张，又势必侵夺公民个人的自由权利。正是在刑法存在的这一特殊矛盾中，刑法中的人权保障的重要性才得以凸显并受到充分的重视。因此，人权保障的刑法意义，主要体现在以下两个方面：

（一）刑法对被告人权利的保障

刑法中的人权是指被告人的实体权利（以下简称被告人权利）。刑法中的人权保障，最表层的分析，涉及对被告人权利的保护。在这个意义上，可以把刑法称为犯人（应当是指被告人）的大宪章。在刑法中，存在着一种刑事法律关系（或刑法关系）。这种刑事法律关系是犯罪人与国家之间的一种关系，它以刑事责任的形式得以表现。例如苏联学者巴格里—沙赫马托夫指出：刑事责任的实质是刑法关系，是在以有关机关为代表的国家和实施犯罪行为的公民之间由于这些犯罪行为和为对犯罪人实施惩罚的教育影响而根据刑法规范并由此形成的一种具有护法性质的关系。这些相互权利和义务构成刑法关系的内容。从以有关机关为代表的国家这方面来看，这些权利和义务是：根据犯罪行为和犯罪人危害社会的程度对罪犯进行惩处，适用和执行刑罚，进行改造和再教育，以及保障判刑和服刑的法律措施。从犯罪人这方面来看，他们的权利和义务则是对所实施的行为及由此产生的一切后果接受和承担刑罚或其他影响方法，同时有权要求严格按照刑法、刑事诉讼法和劳动改造法规范的规定适用、确定和执行刑法影响方法。[①] 在我国刑法学界，这种认为刑事责任的本质是刑事法律关系的观点同样占主导地位。例如，高铭暄教授指出：一个人犯了罪，从犯罪的时候开始，就与国家发生了刑事法律关系：犯罪人有义务向国家交代自己的罪行，并接受国家司法机关对他依法进行的侦查、起诉、审判和制裁；他也有权要求司法机关必须按法律规定来调查、确定和实现他应负的刑事责任，并保护自己合法权益不受非法侵犯。与

---

① 参见［苏］巴格里—沙赫马托夫：《刑事责任与刑罚》，55~56页，北京，法律出版社，1984。

此相对应，国家司法机关则有权对犯罪人进行侦查、起诉、审判和制裁，但也负有义务使这种刑事追究活动严格依法进行，并保护犯罪人的一切合法权益。所以，刑事责任实质上也就是犯罪人与国家及其司法机关之间存在的权利义务关系。[①]

在这种刑事法律关系中，被指控为有罪的公民与国家司法机关之间存在的这种权利义务关系表明：被告人尽管被指控为有罪，但并不因此而处于完全丧失权利简单地成为司法客体的地位，被告人的人权仍然受到法律的保障。这也正是现代法治区别于专制社会刑事制度的重要特点之一。在专制社会里，公民一旦被指控为有罪，便丧失了一切权利，处于被折磨与被刑讯的地位，甚至受到非人的待遇。在这种情况下，被告人根本谈不上人权。例如，美国学者指出：18世纪刑法规定的惩罚是野蛮的，它允许实行刑讯逼供以获取犯罪事实和同案犯，对数百种罪行几乎都适用死刑。法律通常不公布，市民很难判断他们的行为是否违法。完全没有"正当的法律程序"，逮捕常常是随意和任性的。审判关押的时期很长，甚至根本就不审判，凡被监禁人就推定有罪。法官享有证据和判决的完全自由的裁量权，在这种情况下，腐败和不公正比比皆是。政府通过其法官，完全和随意地控制着所有市民。那些有钱和有影响的人可以不用上法庭，或是被判了刑也常可赦免。因此，美国学者认为，"不确定"是18世纪刑法的最典型特征。[②] 这里的"不确定"意味着被告人与国家之间的关系不受法律制约，被告人处于一种消极被动而无人权可言的地位。随着启蒙思想的传播、社会契约论的影响，个人与国家的关系，包括被告人与国家的关系重新在理性的观念下进行审视。社会契约的观念成为社会秩序的基础，并确认过分严厉和任意的刑法违反了社会契约。对破坏社会秩序的人适用刑罚是保护社会契约的需要。但是，公民也必须保护自己不受专制国家权力的侵犯。在这种情况下，被告人的权利开始受到人们的重视。例如意大利著名刑法学家贝卡里亚提出了无罪推定的原则，指出：在法官判决之

---

① 参见高铭暄主编：《刑法学原理》，第1卷，419～420页，北京，中国人民大学出版社，1993。
② 参见[美]理查德·霍金斯等：《美国监狱制度——刑罚与正义》，29页，北京，中国人民公安大学出版社，1991。

前，一个人是不能称为罪犯的。只要还不能断定他已经侵犯了给予他公共保护的契约，社会就不能取消对他的公共保护。除了强权以外，还有什么样的权利能使法官在罪与非罪尚有疑问时对公民科处刑罚呢？这里并未出现什么新难题，犯罪或者是肯定的，或者是不肯定的。如果犯罪是肯定的，对他只能适用法律所规定的刑罚，而没有必要折磨他，因为，他交代与否已经无所谓了。如果犯罪是不肯定的，就不应折磨一个无辜者，因为，在法律看来，他的罪行并没有得到证实。[①] 随着无罪推定制度的确立和正当的法律程序的建立，被告人的权利在法律上受到承认并予以保障。

因此，刑法中的人权保障，首先就意味着对被告人权利的保障。对此，日本刑法学家西原春夫曾经有过精辟的论述，指出：刑法还有保障机能，即行使保护犯罪行为者的权利及利益，避免因国家权力的滥用而使其受害的机能。对司法有关者来说，刑法作为一种制裁的规范是妥当的，这就意味着当一定的条件具备时，就禁止科刑。虽然刑法是为处罚人而设立的规范，但国家没有刑法而要科以刑罚，照样可行。从这一点看，可以说刑法是无用的，是一种为不处罚人而设立的规范。人们之所以把刑法称为犯人的大宪章，其原因就在此。[②]

(二) 刑法对一般人权利的保障

被告人权利的保障是刑法的人权保障的题中应有之义。但如果把它视为刑法的人权保障的全部意蕴，那就大错特错了。可以说，刑法的人权保障的更深层次的含义在于对于全体公民的个人权利的保障。正是在这个意义上，刑法不仅是犯人的大宪章，更是公民自由的大宪章。应该说，刑法是公民自由的大宪章这一思想是现代法治国家的刑法的灵魂与精髓，也是现代刑法与以往专制刑法的最根本区别之一。在专制社会里，刑法被认为是驭民之术。其基本点在于用刑法来镇压反抗统治的行为，被认为是刀把子。在这种情况下，公民个人与国家的关系处于一种紧张的对立之中。统治阶级为了维护其社会统治，随意地可以限制乃至于剥

---

① 参见 [意] 贝卡里亚：《论犯罪与刑罚》，31 页，北京，中国大百科全书出版社，1993。
② 参见 [日] 西原春夫：《刑法的根基与哲学》，33 页，上海，上海三联书店，1991。

夺公民的自由。因此，公民的自由范围是十分有限的，而国家权力，包括刑罚权却恶性地膨胀。例如，在宗教的统治下，欧洲大陆法系国家的刑法完全成了统治阶级禁锢人们思想、限制人的言论和行动自由、强制推行禁欲主义的工具。刑法规范制约着人们生活的各个细节，它同统治阶级的道德规范混淆在一起，没有一个确切的法定标准，人们可以根据占统治地位的道德信条来制定一个人是否有罪、罪轻还是罪重。[①] 在这种罪刑擅断的刑法制度下，公民的个人自由得不到保障，往往成为专制刑法的牺牲品。在17、18世纪的启蒙运动中，专断的刑法制度受到猛烈抨击，刑法机能从简单地镇压犯罪转换为对公民自由的保障，这是一个历史性的转变，由此开展了一场刑法改革运动。美国学者认为，在早期的刑法改革中，具有双重的内容，即使法律和刑罚具有更大的控制和预防犯罪的功能（防止一般公民受罪犯侵害），和保证国家权力在某种控制之下，并负有保护社会契约的义务（保护公民不受国王侵犯）。米歇尔·福科认为：刑罚改革源于反抗专制权力的斗争和与犯罪作斗争二者之间的要求和对非法行为之可容忍度的交汇点。[②] 可以说，在刑事古典学派所倡导的早期刑法改革运动中，公民个人权利的保障放到了首要的地位。罪刑法定就是这场刑法改革运动的产物，它以限制刑罚权、保障公民的人权为己任。因此，对于人权保障的刑法意义，只有以保障所有公民不受国家权力的非法侵害这一思想出发，才能得以昭示。唯此，才能对刑法的人权保障机能予以全面的把握。正如日本刑法学者庄子指出：刑法的人权保障机能由于保障的个人不同，实际机能有异，具有作为善良公民的大宪章和犯罪人的大宪章两种机能。只要公民没有实施刑法所规定的犯罪行为，就不能对该公民处以刑罚。在此意义上，刑法就是善良公民的大宪章。刑法作为犯罪人的大宪章，是指在行为人实施犯罪的情况下，保障罪犯免受刑法规定以外的不正当刑罚。[③] 因此，刑法的人权保障机能体现的是刑法对公民个人（包括被告人与其他

---

① 参见黄风：《贝卡里亚及其刑法思想》，17页，北京，中国政法大学出版社，1987。
② 参见［美］理查德·霍金斯等：《美国监狱制度——刑罚与正义》，29～30页，北京，中国人民公安大学出版社，1991。
③ 参见［日］木村龟二主编：《刑法学词典》，10页，上海，上海翻译出版公司，1993。

公民）的权利的有力保障。

四

对刑法的人权保障机能的理论分析，涉及对个人与社会之间关系的认识，因而有必要从社会本体论的意义上深刻地揭示刑法的人权保障机能的理论基础。

人权保障的刑法机能是以个体主义为理论根据的，这种思想的中心点是主张社会由个体组成，旨在实现主要是为个人的目标，对个人及其权利予以优先权，认为这种权利存在于任何一种特定形式的社会生活之前。在此，我们对个体主义进行历史考察。

马克思指出："我们越往前追溯历史，个人，从而也是进行生产的个人，就越表现为不独立，从属于一个较大的整体……"[①] 因此，个体的观念不是从来就有的，而是在人的社会生产与社会的历史过程中逐渐产生的，在这个意义上说，个体化过程与人的解放过程是一致的，它们都是人类文明与社会进步的必然产物。苏联学者科恩指出：人的个体自然差异被社会分工和社会功能划分所决定的社会差异所补充，而在社会发展的一定阶段还被个体个人差异所补充。对个体差异的意义、社会价值和个人价值的认识及与此相关的个体自律化，我们称之为个体。用抽象的术语来说，就是人一开始是自然个体即"偶然个体"（马克思语），然后是社会个体，亦即一定社会共同体、群体性（集团性）的人格化（"阶层个体"或"阶级个体"），最后才是个人。[②] 因此，个人本身就是社会历史的产物。

在原始社会，还不具有成熟的自我意识，个人观念尚不发达，尤其是人还不能把自己与周围的自然界明确地加以区分。在这种情况下，个人依附于自然环境而存在；在社会中，则表现出对于社会团体的极大依从性。例如，摩尔根指出：在氏族社会中，个人安全依靠他的氏族来保护。氏族的地位就相当于后来国家所

---

① 《马克思恩格斯全集》，第46卷，上册，21页，北京，人民出版社，1979。
② 参见［苏］科恩：《自我论》，58页，北京，三联书店，1986。

居的地位,氏族拥有充分的人数足以有效地行使其保护权。在氏族成员中,亲属的团结是互相支持的一个有力因素。侵犯了个人就是侵犯了他的氏族,对个人的支持就是氏族全体亲属列阵来做他的后盾。① 因此,在氏族社会中,个人不可能脱离团体而存在,对于氏族的物质与精神的依赖性,使得个人的个体意识十分淡漠。在这种情况下,人还只是作为物种的个体,而非独立的人的个体。正如科恩指出:在社会发展的早期阶段,"自我"没有独立自在的意义和价值,因为个体与公社之结成一体,不是作为公社的独立成员,而是作为有机整体的一个粒子,个体与整体是不可分开想象的。这种包括性既是共时的(一个人的命运与他的亲属、同部落人、同年龄组的人命运分不开),又是历时的(他感觉自己是历代祖先——从父母起直到部落神话的氏族首领为止——的一个粒子)。一个人的生命成为遥远往事无穷重复的象征。对祖先、英雄和诸神的模仿形成了与祖先、英雄和诸神的全面认同,使个体有时完全无法区分自己的活动和他们的活动,对传统的感受成了直接的交流:活人从生理上感觉到祖先就在自己当中;时间同世世代代的谱系连续性不可分。② 由于个体与整体(家族、氏族和部落)的这种浑然不可分,原始社会不存在个体观念。随着劳动与交往的发展与扩大,社会进一步分化,个体意识逐渐形成。

　　古希腊著名哲学家苏格拉底提出"知识即美德"这样一个重要的伦理学命题,这个命题包含着个人的道德解放的意蕴。因为知识与美德的同一化,意味着要求个人自觉地对待自己生活的价值内容。把美德与知识等量齐观,把理性看作是推动人的行为的力量,是确认个人道德自主性的一种形式。对此,黑格尔十分深刻地评价道:苏格拉底的原则造成整个世界史的改变,这个改变的转折点便是:个人精神的证明代替了神谕,主体自己来从事决定。③ 苏格拉底虽然强调个体道德价值,但他毫不犹豫地承认共同利益高于个人利益,从而形成相互矛盾的伦理观点。苏联学者从苏格拉底所生活的时代特点,对此作了说明,指出:苏格

---

① 参见[美]摩尔根:《古代社会》,上册,74页,北京,商务印书馆,1977。
② 参见[苏]科恩:《自我论》,66页,北京,三联书店,1986。
③ 参见[德]黑格尔:《哲学史讲演录》,第2卷,89页,北京,商务印书馆,1981。

拉底活动于历史的过渡时期。具有个性的个人的形成开始于原始社会的末期，完成于奴隶主民主制度下，正是在奴隶主民主制（苏格拉底正好赶上了它的鼎盛时期）的内部形成了社会机制和个人的心理机制，这种机制促使并要求个人具有独立的、认定自身利益和观念的行为方式。与此同时，古老的城邦仍然是从经济、政治和社会的心理方面把人们联合成为一个统一体的形式。个人是独立的，但又不与城邦对立，而是自己看作共同利益的表现者。正如马克思所说，和以前的哲学家一样，苏格拉底是实体的个人，只不过是采取主观性的形式。正是实体性和主观性的这个相互否定的统一，构成了苏格拉底伦理学的特殊色彩。[1]

及至柏拉图，他强调人的社会性，认为社会生活是个人生活完善的手段。因此，不应当从人的个人生活中，而应当从人的政治生活和社会生活中去研究。在柏拉图那里，人的社会性就是人的政治生活和社会生活，其社会组织形式是国家。柏拉图力图以国家来说明个人，认为公正是每个人所固有的，而且也是整个国家所固有的，问题在于，如果我们在较大的范围来研究它，那它是容易研究的。所以，如果愿意的话，我们先研究在国家里什么是公正，尔后再以同样的方式研究个人的公正。苏联学者指出：柏拉图的这个论述包含着一个最深刻而富有成果的伦理——社会学概括，即人和国家（社会）统一的思想。认为人是城邦的一部分，这是古希腊罗马的共同信念。但是只有在柏拉图那里，这种认识才成为完整的思想体系，其基础就是承认个人的心理结构、道德意识和国家制度完全一致。根据柏拉图的观点，在国家中和每个个人的灵魂中具有同样的因素，而且它们的数量是一致的。国家的智慧表现在什么地方，个人的智慧也恰恰表现在什么地方。因此，国家是个人的放大，反之，个人则是国家的缩小。人和城邦国家统一的基础，是灵魂的结构和人类个体自古就有的天赋的性质。就人和国家的现实的相互关系而言，柏拉图则把国家放在首位，在他的理念形式中，国家不是个人存在的简单的外在条件，或个人的本质力量的现实化，而是尘世存在的唯一的道

---

[1] 参见［苏］A. 谢伊诺夫等：《西方伦理学简史》，89页，北京，中国人民大学出版社，1992。

德组织形式。① 因此，柏拉图在认识论和伦理学上都强调个体的无独立性、个体对城邦的绝对依附性。

亚里士多德也把社会置于个体之上，他继承了柏拉图的思想，并以命题的形式指出：人是合群的动物；人是社会的动物；人是政治的动物。亚里士多德竭力赞美城邦，指出：我们见到第一个城邦（城市）各是某一种类的社会团体，一切社会团体的建立，其目的总是为了完成某些善业——所有人类的每一种作为，在他们自己看来，其本意总是在求取某一善果。既然一切社会团体都以善业为目的，那么我们也可说社会团体中最高而包括最广的一种，它所求的善业也一定是最高而最广的，这种至高而广涵的社会团体就是所谓"城邦"，即政治社团（城市社团）。亚里士多德认为，城邦出于自然的演化，而人类自然是趋向于城邦生活的动物（人类在本性上，也正是一个政治动物）。② 毫无疑问，亚里士多德在把人定义为政治动物的时候，是说（用我们当代语言表述）人是他那个特定社会整体的一部分，就是说，他深植于社会之中。反过来说，亚里多德没有想到的是，被视为个人的人，在他自身的存在中突出地表现为一个私生活中的自我，而且他有权这样做。③

应当说，柏拉图、亚里士多德将个人寓于社会之中的这种观念，是当时希腊城邦生活的反映。对于希腊政治来说，将公共生活（社会性）与私生活（个体性）区分开来是闻所未闻的，甚至还感到不可思议。但古希腊也存在强调人的个体性的思想萌芽，这种思想来自于德谟克利特的原子论。德谟克利特认为，世间的一切事物都是由原子构成的，原子永远是运动着的。原子有大有小，由于原子的大小、多少、次序、形状和位置等的不同组合和互相冲撞，就构成了万事万物。伊壁鸠鲁继承和发展了德谟克利特的原子论，以自己关于自生性、内部制约性、原子偏离直线运动的观点补充原子论。反映在对个人与社会的解释上，伊壁鸠鲁论证了人的伦理自律性，主张自由的人理智地遵循适应自然本性的生活目

---

① 参见〔苏〕A. 谢伊诺夫等：《西方伦理学简史》，110页，北京，中国人民大学出版社，1992。
② 参见〔古希腊〕亚里士多德：《政治学》，1、7页，北京，商务印书馆，1965。
③ 参见〔美〕乔·萨托利：《民主新论》，228页，北京，东方出版社，1993。

的。伊壁鸠鲁伦理学的基本宗旨，是论证不依赖于任何外在东西的个人的自由。伊壁鸠鲁论证人类个体本身就是目的：（1）论证个人是不依赖于任何外在的东西；（2）论证个人的真正幸福、个人的存在的最高和最终意义，就在于这个同内心的宁静同一的独立性、平静、不动心。正如马克思指出："除了精神的自由和精神的独立之外，无论是'快乐'，无论是感觉的可靠性，无论什么东西，伊壁鸠鲁一概都不感兴趣。"[①] 由此可见，伊壁鸠鲁是一个坚定的个人主义者，这种伦理个人主义对后世的道德理论发生了巨大的影响，并直接导致所谓社会原子论。

在古罗马，罗马市民与外来人的交往进一步扩大，个体意识也有所提高。正如希腊语"prosobon"这个词一样，拉丁语的"persona"（"人物"）一词当时没有心理学的特殊含义。它最初仅指面目，后来又指剧中的人物、演员扮演的角色，可能还包括语法上的人称。在公元前1世纪，随着社会生活和调节社会生活的权利规定的复杂化，这个词的含义显著扩大。在西塞罗的著作中，"persona"（"人身"）既指法律身份、社会职能、集体尊严和法人（与无行为能力的财物相对），又指具体个体和人性的哲学概念。[②] 当然，在罗马社会，个人的自由还是十分有限的。对于罗马人来说，自由与其说是个人属性，不如说是社会或群体的属性。罗马人在谈到这个话题时，多半是指属于自由人群体的自由。自由人群体不从属于任何最终权威，因此可以自己管理自己。即使罗马人谈到个人自由，他们也不是指保护公民不受国家或政府机构的干涉。实际上，罗马法对于罗马公民提供的、用以对抗国家的名义作出的行为的保护微乎其微。罗马人所谓的个人自由是指单个的公民之间相互能够做的事情，而且，他们非常强调这种自由与私法之间的关系。个人自由只有在法律的前提下才能够存在，而法律是平等地约束一切人的。[③] 这就说明，在古罗马社会，个人在很大程度上还从属于群体，个体意

---

① 《马克思恩格斯全集》，第40卷，80页，北京，人民出版社，1982。
② 参见 [苏] 科恩：《自我论》，112页，北京，三联书店，1986。
③ 参见 [英] 彼德·斯坦、约翰·香德：《西方社会的法律价值》，174页，北京，中国人民公安大学出版社，1990。

识还较为微弱。

在西方整个中世纪，由于宗教神学和封建专制的影响与压迫，个人完全从属于上帝而丧失其独立性，个体性微不足道。直到文艺复兴运动，个人被重新发现。随着人本主义思潮的勃兴，个体意识得以强化。科恩指出：个性感在中世纪晚期正在逐步发展，人作为个人的价值正在提高。但是，不管中世纪人的自我意识如何，他仍然感觉到自由附着于、从属于某人或什么（自由的市政长官、土地、公社、教区）。从属感赋予他以牢固的社会认定性，但是也束缚了他的个体可能性和世界观广度。对于中世纪的人来说，先决这个观念是完全不可克服的，先决的范围包括他的生活道路的一切方面和阶段，从出生于一定阶层这一事实起，到精神上的"蒙召"为止，中世纪人感觉到自己是代理人而不是活动主体。对于中世纪的人来说，突破常规的任何差异和变化都是不可容忍的。中世纪的观念把个体看成是一个宇宙，他既是世界的一个局部，又是世界的一个缩影。大宇宙是按等级制组成的，人格也是由各种要素组成的一个等级制的东西。个体的"自我"不是也不可能是这幅世界图画中的中心。在文艺复兴时代，关系翻过来了。"人是世界的模型"——列奥纳多·达·芬奇说。人开始发现自己。[①] 到17、18世纪启蒙思想家那里，个体意识发展到极端，形成了个体主义。

近代个体主义是以自然法为特点，并以社会契约作为维系个人与社会的纽带，从而强调个体对于社会的优先性。英国著名哲学家霍布斯以宣扬性恶论而著称，达到了对个人理解的一个划时代的高度。霍布斯借以提出其社会理论的根据，是从自然主义角度所理解的个人。社会关系就是契约，从活生生的、为需求所驱使的主体的观点来看，这种契约是必然的。按照这位哲学家的意见，整个社会大厦是由两种要素，即由被视为社会原子的利己主义的个人和这些个人之间的关系构成的。霍布斯正是从这个不可进一步分割的终极要素出发，构思了全部人类学的特性，乃至整个社会世界。[②] 因此可见，个人是霍布斯理论的出发点。但

---

① 参见［苏］科恩：《自我论》，145页，北京，三联书店，1986。
② 参见［苏］A.谢伊诺夫等：《西方伦理学简史》，378页，北京，中国人民大学出版社，1992。

由于霍布斯所主张的性恶论，又需要对个人加以限制，为此，霍布斯提出了凌驾于个人之上的一个怪物，这就是利维坦。霍布斯认为，人在自然状态中可以用一切办法保全自己，对所有物有无限的权利。这种自然权利乃是每一个人保全自己的生命、追求幸福的自由。每一个人都有权依照自己的理性判断去做他认为最有利于自己的事，这就是所谓自然权利。但自然权利又应该受到自然法的限制。自然法是指理性所提出的一种普遍法则，一种道德戒律，用来禁止人去做伤害自己生命的事情，或禁止人放弃保全生命的事情，对自然权利的自我限制是必要的，但是这种自我限制又不可能依靠自我的力量来实现，这是由人的自私自利的本性所决定的。为此，霍布斯提出，自然法的实行、契约的实现，必须有一个强大的公共权力或共同的力量就是利维坦，即国家。

霍布斯虽然承认国家的权力是通过个人将自己的权利转让出来而构成的，这就肯定了个人在社会构成中的终极意义。但霍布斯又将利维坦凌驾于个人之上，把利维坦看作是一种至高无上的权利。它之所以是能够保障和平的共同权力，就在于它是集所有转让的权利于一个共同体，形成一个统一的意志，因而能够控制所有的意志，以保障国内的和平并抵御外敌的入侵。它是由契约形成的一个统一的人格，同时体现着每个个人的人格；每个个人都要承认这个统一的人格，同时又要承认它就是自己。君主之下的臣民都是手段，只有在服从统一人格、从属于统一人格时才有相对价值。而统一的人格的体现者即主权者，也就是代表国家的君主，则具有绝对价值。所有臣民都必须服从君主的绝对权威。君主的统治权是一国的灵魂，而臣民不过是受灵魂支配的躯体。不得到君主同意，在任何情况下都不得废除君主制。如果非议君主，就是非议一切人和国家的最高权力。君主作为最高统治者和绝对权力者，不仅有决定任何意见与学说的权力，而且有为巩固统治而采取任何手段的权力，直至生杀大权。因此，由于霍布斯是君主制的竭力推崇者，个体性最终在利维坦面前丧失了其自主性。于是，霍布斯从个体出发，最终滑向了整体主义。

坚定地主张个体主义的是英国著名哲学家洛克。洛克认为，在国家产生之前，人类处在原始的自然状态中，享受着生命、自由和财产占有的自然权利。洛

克不同于霍布斯，认为自然状态不是"一切人反对一切人"的战争状态，而是一种和平的、善意和互助的状态。但是洛克承认由于人的利己本性，不能保证每个人会永远不损害他人。在自然中，由于没有公认的是非标准和仲裁人，一旦发生争端，也存在着导致战争的可能性。为了避免发生战争，人们便订立契约，组成国家，借以调解冲突。洛克认为，人们订立契约后并不把全部权利转让给国家，而只是转让裁判权。这个思想也是与霍布斯大不相同的。按照霍布斯的理论，权利转让后个人就没有任何权利，只能绝对服从国家的权力。国家是独立的、凌驾于契约之上的，并通过君主实施它的绝对权力。但在洛克看来，国家只是契约的一方。如果国家政府和君主不守约，就是不好的政府和不好的君主；如果政府和君主不能保护人的自然权利，那么它们就是不合法的，人民就可以对它们采取怀疑和否定态度。因此，在洛克的理论中，个体的权利得以充分的强调，它优先于作为整体的社会。

英国学者鲍桑葵曾经对霍布斯与洛克的两种理论加以比较，指出：在霍布斯看来，政治的统一存在于实际的意志而不是公共的意志之中；洛克则认为它存在于公共的意志而非实际的意志之中。如果把这两种理论推向极端，前者就会消灭"自我"，后者则会消灭"政府"。对前者来说，不存在任何真实的权利，因为国家的意志被说成不过是压制个人实际意志的暴力；对后者来说，也不存在任何真实的权利，因为个人的意志仍不过是一种自然的要求，它从未经社会的承认和调整而发生彻底的变化。①

基于个体权利的保障，洛克提出了分权学说，以限制国家权力。洛克指出：如果同一批人同时拥有制定和执行法律的权力，这就会给人们的弱点以很大诱惑，使他们动辄要攫取权力，借以使他们自己免于服从他们所制定的法律，并且在制定和执行法律时，使法律适合于他们自己的私人利益，因而他们就与社会的其余成员有不相同的利益，违反了社会和政府的目的。②洛克甚至论证了人民具

---

① 参见［英］鲍桑葵：《关于国家的哲学理论》，127页，北京，商务印书馆，1995。
② 参见［英］洛克：《政府论》，下篇，89页，北京，商务印书馆，1964。

有革命，即推翻专制统治的权利，指出：人们参加社会的理由在于保护他们的财产，绝不能设想，社会意志是要使立法机关享有权力来破坏每个人想通过参加社会而取得的东西，以及人民为之使自己受制于他们自己选任的立法者的东西；所以当立法者们图谋夺取和破坏人民的财产或贬低他们的地位使其处于专断权力下的奴隶状态时，立法者们就使自己与人民处于战争状态，人们就无须再予服从，而只有寻求上帝给予人们抵抗强暴的共同庇护。所以，立法机关一旦侵犯了社会的这个基本准则，并因野心、恐惧、愚蠢或腐败，力图使自己握有或给予任何其他人以一种绝对的权力，来支配人民的生命、权利和产业时，他们就由于这种背弃委托的行为而丧失了人民为了极不相同的目的曾给予他们的权力。这一权力便归属人民，人民享有恢复他们原来的自由的权利，并通过建立他们认为合适的新立法机关以谋求他们的安全保障，而这些正是他们所以加入社会的目的。①

　　洛克的分权学说后为孟德斯鸠所发展，并提出了更为精致的三权分立论。孟德斯鸠政治思想的核心是自由，而自由则是一个人可以根据自己的意志行动。孟德斯鸠认为，如果将一个国家的权力集中于某一机关或某一个人之手，那么这些权力就会被滥用，公民的自由权就会受到侵犯。因此，孟德斯鸠提出国家权力分为立法权、行政权和司法权三部分，将其授予不同的机关。这种权力既互相独立，又互相牵制、互相制衡。孟德斯鸠提出：当立法权和行政权集中在一个人或同一个机关之手，自由便不复存在了；因为人们将要害怕这个国王或议会制定暴虐的法律，并暴虐地执行这些法律。如果司法权不同立法权和行政权分立，自由也就不存在了。如果司法权同立法权合二为一，则将会对公民的生命和自由施行专断的权力，因为法官就是立法者。如果司法权同行政权合二为一，法官便将握有压迫者的力量。如果同一个人或是由重要人物、贵族或平民组成的同一个机关行使这三种权力，即制定法律权、执行公共决议权和裁判私人犯罪或争讼权，则一切便都完了。②孟德斯鸠的三权分立论体现了个体自由与权利的保障，因而具

---

① 参见［英］洛克：《政府论》，下篇，133~134 页，北京，商务印书馆，1964。
② 参见［法］孟德斯鸠：《论法的精神》，上册，273~274 页，北京，商务印书馆，1961。

有十分重要的意义。

五

个体主义（Individualism），从英文 individualism 一词的词源来看，它应该源于拉丁文 individuum，意为不可分的东西、个体。但据史蒂文·卢克斯考证，英文 individualism 一词是直接从法文 individualisme 一词演变而来的，个体主义一词最早是以法文形式出现的，是在 19 世纪才产生的一个词汇。个体主义强调个人权利的优先性，它无论是作为一种价值论还是方法论，都产生了十分广泛的影响。

（一）价值论意义上的个体主义

个体主义这一概念包含着许多思想、观点和学说，它们的共同要素是都以个人为中心。个体主义强调个人对社会的优先地位，追求个人自由的价值。这种思想在 17 世纪肇始的自然法学派中得到充分体现。个体主义在当时的历史条件下对于唤醒人的理性意识、把人从专制制度的束缚下解放出来，具有一定的进步意义。

第一次比较系统地使用个体主义这个词的是 19 世纪 20 年代中期的圣西门主义者。圣西门主义者用个体主义这个词来形容社会的无政府状态，概括启蒙运动颂扬个人的思想，并从人类社会进步的意义上肯定了由这个词所描绘的那个时代存在的必然性。法国政治家托克维尔在他的《论美国的民主》一书中，对于个体主义作出了比前人更充分的描述和解释。托克维尔区分了个体主义和利己主义，指出：个人主义（Individualism）是一种新的观念创造出来的一个新词。我们的祖先只知道利己主义（Egoism）。利己主义是一种对自己的一种偏激的过分的爱，它使人们只关心自己和爱自己甚于一切。个体主义是一种只顾自己而又心安理得的情感，它使每个公民各自建立了自己的小社会后，他们就不管大社会而任其自行发展了。利己主义来自一种盲目的本能，而个体主义与其说来自不良的感情，不如说来自错误的判断。个体主义的根源，既有理性缺欠的一面，又有心地

不良的一面。利己主义是跟世界同样古老的一种恶习，它的出现与社会属于什么形态无涉。个体主义是民主主义的产物，并随着身份平等的扩大而发展。[1] 托克维尔通过美国民主制度的实际考察，认为美国人以自由成功地抵制了平等所造成的个体主义。由于《论美国的民主》一书被译为英语并广泛流传，使得个体主义一词开始在英语世界广泛使用。在美国，个体主义逐渐形成了一个赞美资本主义自由民主的代名词。

1. 伦理学上的个体主义

伦理学涉及对个人与社会的关系问题。因此，伦理学上的个体主义是指以个人、个体为本位的伦理学说。一般说来，从西方伦理思想的发展特征来看，个体主义或者说具有个体主义倾向的伦理学说是其主流。尤其是近代资产阶级伦理思想围绕的中心问题是个人利益和社会利益的关系问题。在这个问题上，尽管出现过形形色色的学说，但这些伦理学说总的特征是强调个人利益高于社会整体利益，并论证利己主义的合理性。至今，个体主义在西方伦理学界仍然占据重要地位。例如美国伦理学家爱因·兰德把其伦理学称为客观主义伦理学，宣扬新个体主义伦理观。兰德指出：客观主义伦理学把人的生命作为价值的标准——并且把它自我的生命当作每个个体的伦理目的。兰德强调个体权利，指出：如果你希望倡导一种自由社会，你必须意识到，它的必要基础是个体权利的原则。在兰德看来，权利是一个道德概念，它提供一种逻辑转换，即从个体行为的指导原则转换为与他人关系的指导原则；它是社会条件下保持并保护个体道德的概念，是一种人类道德规则与社会法律规则的联系，也是伦理学与政治学的联系。个体权利是使社会服从于道德法律的手段。个人权利的原则从道德的领域到社会体制都得到了表现，它作为对国家权力的限制，作为人类免受集体蛮横的力量的打击，以及把强权置于权利之下的方法。[2] 伦理学上的个体主义强调个体权利，它主要以此与伦理学上的整体主义相抗衡，因此与那种鼓吹自私自利的个人主义还是有区别

---

[1] 参见［法］托克维尔：《论美国的民主》，下卷，625～626页，北京，商务印书馆，1988。
[2] 参见［美］爱因·兰德：《新个体主义伦理观——爱因·兰德文选》，19、85、87页，上海，上海三联书店，1993。

的。当然,伦理学上的个体主义在更大程度上体现了资本主义社会以个人为本位的价值观念。

2. 政治学上的个体主义

政治的个体主义是古典自由主义的中心思想。根据古典自由主义的观点,社会是由一些抽象的个人,即公民构成的。公民是独立的、理性的存在物,公民是他们自己的需要和愿望的唯一代言人,也是他们自己利益最高的仲裁人。史蒂文·卢克斯将政治个体主义的主要思想归纳为以下三点:(1)政府的权力和法来自个体公民的赞同,例如,在自由选举中,体现了这种关系。(2)政治代议制,作为一种制度,它不是秩序、等级、社会功能和阶层的体现,而是个人利益的体现。(3)政府的目的仅仅在于满足个人的需要,保护个人的权力,使个人能够去追求他自身的利益。① 关于政治上的个体主义,奥地利著名学者哈耶克区分为真与伪两种:真正的个人主义(即个体主义)的观念发展始于约翰·洛克。真正的个人主义不否认强制力量的必要性,但是都希望限制它,即把它约束在某些范围内,在这些范围内必须有其他人来制止强权,以便将其总量减少至最低限度。个人主义告诉我们,仅就社会是自由的这一点而言,社会才比个人更伟大。就社会受控制或指导而言,它又受到控制和指导它的个人思想力量的限制。伪个人主义,主要以法国人和其他大陆国家的作家为代表,例如卢梭。这种理性主义者的个人主义总是有演变成为个人主义的敌人——社会主义或集体主义的倾向。② 哈耶克这里所说的伪个人主义,实际上是指整体主义。

3. 社会学上的个体主义

社会学上的个体主义是德国著名社会学家韦伯所首倡的。韦伯把新康德主义关于个体的这种思想贯彻到西方社会形态的独特性问题的研究上,在界定"资本主义精神"时指出:如若"资本主义精神"这一术语具有什么可理解的意义的话,那么这一术语所适用的任何对象都只能是一种历史个体(historical individu-

---

① 参见景天魁、杨音莱:《社会学方法论与马克思(第一分册·个体与整体)》,107页,北京,人民出版社,1993。
② 参见[奥]哈耶克:《个人主义与经济秩序》,4页以下,北京,北京经济学院出版社,1991。

al），亦即是一种在历史实在中联结起来的诸要素的复合体，我们是按照这些要素的文化意蕴而把它们统一成为一个概念整体的。然而，这样一个历史概念，正因为就其内容而言它指的是一种由于其独一无二的个体性才具有意味的现象，所以它不能按照"属加种差"的公式来定义，而必须逐步地把那些从历史实在中抽取出来的个别部分构成为整体，从而组成这个概念。这些概念并不是要以抽象的普遍公式来把握历史实在，而是要以具体发生着的各组关系来把握，而这些关系必然地具有一种特别独一无二的个体性特征。① 因此，韦伯把一种历史哲学的个体概念应用到了社会学的研究上，使个体概念具有了社会学意义。例如，韦伯始终把具体行动者作为社会学的基本分析单位，指出：解释性社会学把个人及其行动者看作基本单位，看作原子。个人是有目的行动的最高限度和唯一载体。诸如国家、社团、封建主义等概念指的是人类相互作用的某些范畴。所以社会学的任务就是把这些概念一律简化为"可理解的"行动，简化为参与者个人的行动。② 韦伯正是以个体主义这种独特的分析法，对社会学研究作出了贡献。

（二）方法论意义上的个体主义

方法论意义上的个体主义是作为一种特定的意识形态或特定的社会理论和思潮的个体主义在方法论上（methdological）的概括。个体主义方法论已经出现很久了，但仅仅在 18 世纪晚期和 19 世纪早期效用主义者和自由主义者的著作中，它才开始渗透到社会科学中去。在 18 世纪和 19 世纪自由思想家如边沁等的著作当中，可以找到"个体主义方法论"的最早的论述。约翰·斯图亚特·穆勒写道："社会现象的法律是——也只能是——人类的行为和情感。"这就是"个人人性法则"。穆勒接着说："人不会因聚集在一起就变成了另一种物质——带有完全不同特征的物质。""个体主义方法论"这个词是熊彼特在 1908 年发明的，而使这个词更加为众人所知的却是米塞斯。③ 一般认为，波普在他的《历史决定论的贫困》一书中较早地且明确地界定了方法论个体主义一词的含义。波普指出：社

---

① 参见［德］韦伯：《新教伦理与资本主义精神》，32～33 页，北京，三联书店，1987。
② 参见［美］科瑟：《社会学思想名家》，241～242 页，北京，中国社会科学出版社，1990。
③ 参见［英］霍布逊：《现代制度主义经济学宣言》，64 页，北京，北京大学出版社，1993。

会科学的对象,如果不是全部的话,多半都是抽象的对象;它们是理论的结构(theoretical constructions)。这些理论结构被用来解释我们经验的这些对象,它们是建立某些模式的结果,尤其是社会建构的结果,目的是解释某些经验。模式经常如此被采用这一事实,说明了(并且推翻了)方法论本质主义学说。它之所以说明了方法本质主义的学说,在于模式在性质上是抽象的或理论性的,但我们很容易以为我们看见它,或者在变化者的可观察事件之内或者在它们后面看见它,好像某种永久的灵魂或精髓。它之所以推翻方法论本质主义的学说,乃是因为社会理论的任务是要仔细地用描述性的或唯名主义性的词语建立和分析社会学模式,这就是说,依据每个人以及他们的态度、期望、关系等情况来建立和分析社会学模式——这个设定可以称为"方法论个人主义"[1]。这是波普对方法论的个体主义的确切说明,并对此后的社会科学研究产生了深远的影响。个体主义方法论提供了对社会的这样一种解释模式:所有社会现象都可以追溯到个人因素或用个人因素来解释。正如冯·米塞斯所指出的那样:个体主义方法论准则,包含着对如下论断的承认:"所有行为者是人的行为,在个体成员的行为被排除在外后,就不会有社会团体的存在和现实性。"[2] 个体主义可以看作是一种社会本体论,这种学说在17、18世纪曾经盛行于欧洲大陆,并成为近代启蒙思想,同样也对刑事古典学派产生了重大影响。

刑事古典学派是以自然法学为基础的,建立在个体人的认识之上。自然法思想认为,人是生而平等和独立的,个体人也可以说是自由人,它享有天赋人权,只是为了避免战争状态,个体人才放弃一部分自由,并且是尽可能少的自由,通过订立社会契约脱离自然状态组成社会。[3] 贝卡里亚完全接受了这种古典自然法思想,指出:离群索居的人们被连续的战争状态弄得筋疲力尽,也无力享受那种由于朝不保夕而变得空有其名的自由,法律就是把这些人联合成社会的条件。人们牺牲一部分自由是为了平安无忧地享受剩下的那份自由。为了切身利益而牺牲

---

[1] [英]波普:《历史决定论的贫困》,108页,北京,华夏出版社,1987。
[2] [英]霍奇逊:《现代制度主义经济学宣言》,6页,北京,北京大学出版社,1993。
[3] 参见[英]洛克:《政府论》,下篇,6、15页,北京,商务印书馆,1964。

的这一部分自由总合起来,就形成了一个国家的君权。君主就是这一部分自由的合法保存者和管理者。贝卡里亚认为公民的自由的结晶形成惩罚权。惩罚权的存在是为了防止公民自由受到私人的侵犯。但同时,它又是对国家权力的一种限制。如果惩罚超过了保护集体的公共利益这一需要,它本质上就是不公正的。由此可见,贝卡里亚认为刑罚权来自于公民订立的社会契约,它是由公民所放弃或转让的自由组合而成,其目的在于保障公民的自由。基于这一认识,贝卡里亚得出以下三个结论:第一个结论是,只有法律才能为犯罪规定刑罚。只有代表根据社会契约而联合起来的整个社会的立法者才拥有这一权威。任何司法官员(他是社会的一部分)都不能自命公正地对该社会的另一成员科以刑罚。超越法律限度的刑罚就不再是一种正义的刑罚。因此,任何一个司法官员都不得以热忱或公共福利为借口,增加对犯罪公民的既定刑罚。这是对司法的限制,防止罪刑擅断侵犯公民的自由。第二个结论是,代表社会的君主只能制定约束一切成员的普遍性法律,但不能判定某个人是否触犯了社会契约。这是对立法的限制,厘清立法与司法界限:立法只能规定什么是犯罪,只有司法才能对某一公民的行为是否构成犯罪作出终极判决。第三个结论是,即使严酷的刑罚的确不是在直接与公共福利及预防犯罪的宗旨相对抗,但若只是徒劳无功而已,在这种情况下,它就不但违背了开明理性所萌发的善良美德——这种理性往往支配着幸福的人们,而不是一群限于怯懦与残忍的循环之中的奴隶;同时,严酷的刑罚也违背了公正和社会契约的本质。[①] 能体现贝卡里亚思想的是这里的第三个结论:对严酷刑罚的断然否定,即使这种严酷的刑罚有助于促进公共福利及预防犯罪。因此,在社会价值与个人价值之间存在冲突的情况下,贝卡里亚毫不犹豫地选择了个人价值,体现了个体主义的价值观。

在刑事古典学派中,康德同样赞同自然法思想,但他从社会契约论中引出的不是具体国家,而是具有先验性质的目的国。康德的出发点是一种假设的没有任何法律保障的自然状态。在人类未成立国家之前,确实存在过个人对全体搏战的

---

① 参见〔意〕贝卡里亚:《论犯罪与刑罚》,11页,北京,中国大百科全书出版社,1993。

野蛮状态。康德认为，自然、人性与社会这三者间有着密切关系。自然用以发展人类有才能的方法，是使人们在社会中互相敌对。这种敌对性，产生于人们都具有的一种非社会的社会性（the unsocial sociability of men）。所谓非社会的社会性，指的就是社会性（合群性）与反社会性（非群性）的混合体。康德指出：人有一种社会化的倾向，同时又有一种个体化的强调倾向。正是这种社会化与个体化的对抗推动了社会的发展与人类的进步。为了社会的共存，相互隔绝的单个人，通过一种决定即契约，康德称之为原始契约，组成民族国家。康德认为，依据原始契约而建立的国家，应该有个人的自由。所谓自由，是每个人意志的自由与其他人的自由共存，也就是人各有自由而不侵犯别人的自由。由此可见，康德十分强调公民作为个人的自由与平等。康德指出：公民状态，纯粹作为立法状态看，先验地建筑在三个原则上：（1）社会中每个成员作为人，都是自由的；（2）社会中每个成员，作为臣民，同任何其他成员都是平等的；（3）共和政体的每个成员作为公民，都是独立的。① 由此，康德得出自然法的双重要求：国家应当根据理性的判断制定刑法，制定刑法的目的是为了尊重人格，尊重人的尊严。同时，要求每个人对自己的行为负责。因此，当一个人侵犯了他人的自由和安全时，就必然受到刑罚的惩治，这就是正义的原则。

作为刑事古典学派的代表人物之一，黑格尔否认国家是社会契约的产物的观点，认为国家是伦理观念的现实。黑格尔提出国家高于个人，只有在国家之中，才具有客观性、真理性和伦理性。这似乎是对个人价值的否定，但事实上，黑格尔确认了个人的地位，确认了个人的独立性和自由性，每个人都是自在自为的，每个人都有自己的个别性，每个人的个别性都不能被吞并于社会或国家的总体性。我国学者薛华指出：这种认识同极权主义是对立的，因为后者所要求的是个人绝对屈从整体，是个人弃绝和消灭自己的个性。这点区别是需要注意的，过去有人把黑格尔的思想说成极权主义，恰恰是忽视了这一点区别。② 当然，黑格尔

---

① 参见李泽厚：《批判哲学的批判——康德述评》，320页，北京，人民出版社，1979。
② 参见薛华：《自由意志的发展》，24页，北京，中国社会科学出版社，1983。

与洛克等人绝对强调个人性的观点也有所不同,黑格尔也反对这种个人主义,它以自己的方式,首先确认人是社会性的人,个人只能在他们的相互关系中生存和发展,他们的自由不能离开相互必然结成的关系,所以个人总是带有两重性,这就是个人的独立性和与他人的关联性。在法的解释上,黑格尔仍然秉承了自然法的观念。黑格尔认为,法是自由意志的定在,即自由意志的体现。这种人人都享有的权利叫作抽象法。因为抽象法基于人的意志自由,所以法的命令是:"成为一个人,并尊敬他人为之。"① 在一定意义上说,黑格尔的抽象法与自然法学派的自然法是很近似的或是它的修改或变种。② 正是从抽象法的命令出发,黑格尔指出:刑罚既包含着犯人自己的法,所以处罚他,正是尊敬他是理性的存在。如果不从犯人行为中去寻求刑罚的概念和尺度,他就得不到这种尊重。如果单单把犯人看作应使变成无害的有害动物,或者以儆戒和矫正为刑罚的目的,他就更得不到这种尊重。③ 因此,黑格尔的刑法思想是建立在对犯人的理性的尊重之上的,可以说是以个体主义为基础的。

人权保障作为刑法机能的确立,在近代刑法发展史上具有十分重要的意义,甚至可以视为刑法现代化的重要标志之一。当然,由于个体主义在对个人与社会关系的认识上存在一定的偏颇,因而过于强调人权保障在一定程度上会忽视社会保护的刑法机能。但对于当前我国社会来说,由于长期以来受社会本位的整体主义的束缚,个人权利强调得不够,表现在刑法机能上,就是重社会保护轻人权保障。因此,我国刑法应当在坚持人权保障与社会保护的双重刑法机能的前提下,适当地向人权保障倾斜。

(本文原载《法学前沿》,第 1 辑,北京,法律出版社,1997)

---

① [德]黑格尔:《法哲学原理》,40 页,北京,商务印书馆,1961。
② 参见王哲:《西方政治法律学说史》,358 页,北京,北京大学出版社,1988。
③ 参见[德]黑格尔:《法哲学原理》,103 页,北京,商务印书馆,1961。

刑法的社会保护机能及其理论基础

社会保护作为刑法机能，在与人权保障相对应的意义上，是指通过惩罚犯罪保护社会利益不受侵犯。刑法的社会保护机能是刑法的性质所决定的，也是刑法存在的根基。本文拟对刑法的社会保护机能的意蕴及理论基础分别加以探讨。

一

刑法的社会保护机能，就其内容分析，主要体现在以下三个方面：
（一）刑法对国家利益的保护
刑法自从它产生那一天起，就与国家结下了不解之缘。刑法不仅是国家制定的，而且它也主要被用于保护国家利益。因此，对国家利益的保护就成为刑法的重要机能之一。由于在一定的历史阶段，国家的存在有其客观必然性，而且国家本身也是由一定的物质生活条件所决定的。因而，对国家利益的保护，体现了刑法存在的客观价值。

刑法对国家利益的保护，主要通过惩治国事罪体现出来。国事罪就是指侵害国家利益的犯罪。古巴比伦的《汉谟拉比法典》，关于国事罪的规定极少，这与

当时国家尚不发达有一定关系。在古希腊的雅典，各种犯罪以国事罪占主要地位，凡是背叛国家、欺骗民众、亵渎神祇或向民众大会提出非法决议的均属此类。在古罗马社会，出现了公犯和私犯的划分，其中公犯就是指侵害国家利益的犯罪。对于公犯，刑罚具有公共特点，即由国家科处刑罚（Penal Public），无论对它们是否提出公共诉讼。在中国古代，侵害国家利益的犯罪主要是危害封建统治的犯罪。因而，刑法对国家利益的保护，主要体现在对君主政权的保护上。例如，中国封建刑法中有十恶之罪的规定，这十条重罪都关系到君主的权力地位和封建政权的统治基础以及宗法伦理关系中的一些根本问题，涉及封建统治阶级的最高利益，所以封建刑法才把这些犯罪行为作为打击的重点，以维护君主专制制度和巩固封建社会的统治秩序。在十恶大罪中，谋反位列第一，指"谋危社稷"的犯罪，社稷是指封建专制政权。因此，谋反是典型的侵害封建国家的犯罪，封建刑法将其作为惩治重点。在近代，贝卡里亚对侵害国家利益的犯罪作了论述。贝卡里亚所说的直接地毁伤社会或社会的代表的犯罪，实际上就是侵害国家利益的犯罪。这种犯罪最典型的是叛逆罪，贝卡里亚认为这是危害性较大，因而是最严重的犯罪。在贝卡里亚看来，一切犯罪，包括对私人的犯罪都是在侵犯社会，然而它们并非试图直接地毁灭社会。[1]而侵害国家的犯罪则直接以社会为侵犯对象，这就是它和其他犯罪的区别。在现代社会，国家利益是指国家专属的法益。由于对犯罪的评价是以国家立法形式出现的，因而国家为维护自己的生存基础，必然将侵犯国家法益的行为宣布为犯罪。对国家法益的保护，是以限制个人自由为代价的。但在现代社会，国家是基本的社会组织，一切政治生活与经济生活都是在国家组织下进行的，因此，确保国家权力的安全行使，具有重要意义。

（二）刑法对社会利益的保护

如前所述，在古罗马法中，只有公罪与私罪的区分，国家利益与社会利益没有明显分化，因而公犯包含了侵害国家利益的犯罪与侵害社会利益的犯罪。及至中世纪，社会公共利益逐渐与国家利益相分离，侵害社会利益的犯罪在犯罪中慢

---

[1] 参见［意］贝卡里亚：《论犯罪与刑罚》，71页，北京，中国大百科全书出版社，1993。

慢独立出来，刑法对社会利益的保护机能也得以凸现。例如，在12、13世纪法兰西王室刑法中，共谋破坏共同利益是可处以长期监禁的犯罪；它包括勾结商人或工匠图谋抬高物价，并对那些不加入者进行威胁的犯罪行为。[①] 到了西方近代，随着市民社会与政治国家的二元社会结构的建立，社会利益进一步与国家利益相分离。意大利著名刑法学家贝卡里亚把侵害社会利益的犯罪称为与公共利益要求每个公民应做和不应做的事情相违背的行为。具体地说，就是那些扰乱公共秩序和公民安宁的犯罪行为。例如，在被指定进行贸易和公民来往的公共街道上喧闹和豪宴狂饮；向好奇的群众发表容易激起他们欲望的狂热说教等。[②] 在现代社会，社会利益是一种公共利益，它有别于国家利益和个人利益，但与国家利益和个人利益又具有密切的联系。以社会利益与国家利益的关系而言，维护社会秩序是国家的重要职能之一，没有稳定的社会秩序就不会有稳定的国家统治，因为国家统治建立在社会秩序的基础之上。就社会利益与个人利益的关系而论，社会利益能还原为个人利益。日本刑法学家西原春夫指出：社会利益脱离个人利益而成为单纯的利益，其方法与国家利益的情况有所不同。这里，社会性的道义秩序成为独自的保护利益，国民有遵守这种道义秩序的义务，因而违反该义务，也就被认为其中有违法性。依据上述观点，如发行、销售以及公开陈列淫秽的书刊和画册的行为，因其违反性的道义秩序，是违法的，构成犯罪。即使在密室给成人看黄色电影，也因有损于性道义秩序而成为犯罪。[③] 因此，对社会利益的保护，也是刑法的重要机能。

（三）刑法对个人利益的保护

在任何社会，只要存在法律秩序，公民个人的生命自由、安全和财产等这样一些基本权利都是受保护的。在此，从直接意义上来说，刑法对个人利益的保护是指对被害人利益的保护；从间接意义上来说，对被害人利益的保护实际上也意

---

① 参见［美］伯尔曼：《法律与革命——西方法律传统的形成》，576页，北京，中国大百科全书出版社，1993。

② 参见［意］贝卡里亚：《论犯罪与刑罚》，85页，北京，中国大百科全书出版社，1993。

③ 参见［日］西原春夫：《刑法的根基与哲学》，46～47页，上海，上海三联书店，1991。

味着对其他公民的利益的保护。因为,每一个公民都是潜在的被害人。那么,为什么说刑法的社会保护的机能中包括对个人利益的保护呢?换言之,刑法对个人利益的保护为什么不属于人权保障的机能?这个问题的回答,主要涉及社会保护与人权保障这两种刑法机能的区别:社会保护机能是通过对犯罪的惩治而实现的,因而属于刑法的积极机能或曰扩张机能;而人权保障是通过限制国家的刑罚权(包括立法权与司法权)而实现的,因而属于刑法的消极机能或曰限制机能。显然,对被害人利益的保护是通过惩治犯罪实现的,因而属于刑法的社会保护机能。

刑法对个人利益的保护,主要是通过惩治侵害个人利益的犯罪而实现的。侵害个人利益的犯罪,在古罗马法中称为私犯。因此,私犯(dedictum)是指侵害私人的财产或人身,被认为是对公共秩序影响不大的行为。私犯的存在,与当时私刑的存在有着密切联系。私刑,即私人刑罚,这是一种报复刑,是原始社会同态复仇的遗俗。意大利学者朱塞佩·格罗索在论及私犯的产生时指出:我们所描述的针对故意杀人罪的刑法发展进程(为各非法行为规定带有报复色彩的刑罚)是从所谓"努玛法律"开始的,它在《十二铜表法》中得到充分发展;另外,《十二铜表法》保留着原始时期的痕迹(即表现为"献祭刑"的宗教刑罚的影响),在一些情况中还要求负有宗教义务的私人团体实施报复(比如在"努玛法律"规定的报复刑 Paricidas estc 情况中);但在另一些情况中,城邦执法官则予以干预。上述发展进程最后进入到另一种观念(这是一种独特的且平行发展的观念)的领域,这种观念在历史的发展中构成另一种独特的范畴,对这些私人犯罪的惩罚就是遗弃犯罪人,任凭被害人方面对之实行报复或占据。早期这种听任私人复仇的做法反映着侵害私人权利的那些犯罪行为的后果;从上述做法的残余中,德·维斯凯(De Visscher)敏锐地指出惩罚(Vindcta)与赔偿(noxa)之间的早期区别:"惩罚"针对的是侵犯人身的犯罪,这种犯罪导致狭义的、可用罚金(poena)赎买的报复;"赔偿"针对的则是造成财产损害的犯罪,它使被害方有权占据犯罪人的躯体,后者可以通过支付罚金(damnum deciders)实行自赎。① 由此可见,在古罗马社会的早期,对个人利益的侵害只是被看作私人之间

---

① 参见[意]朱塞佩·格罗索:《罗马法史》,129~130页,北京,中国政法大学出版社,1994。

的关系，实行的是私刑。私犯作为一种犯罪，人们为个人而接受刑罚，在早期历史时代，这种刑罚导致以钱赎罪。私犯的概念，有关诉讼和刑罚所具有的、私人的和债的特点，这些都是原始制度的残余，根据这种原始制度，犯罪是产生债的真正的和唯一的渊源。①

随着社会进步、私刑逐渐被禁止，国家刑罚权开始及于私犯，这表明了古罗马刑法对个人利益保护的加强。英国学者梅因具体论述了这一转变过程，指出：我们在习惯上认为专属于犯罪的罪行被完全认为是不法行为，并且不仅是窃盗，甚至凌辱和强盗，也被法学专家把它们和扰害、文字诽谤及口头诽谤联系在一起。所有这一切都产生了"债"或是法锁，并都可以用金钱支付以为补偿。直到后来，在一个不能确定的时期，当法律开始注意到一种在"法学汇纂"中称为非常犯罪（criminal extraordinaria）的新的罪行时，它们才成为刑法上可以处罚的罪行。无疑地，有一类行为，罗马法律学理论是单纯地把它们看作不法行为的；但是社会的尊严心日益提高，反对对这些行为的犯罪者在给付金钱赔偿损失以外不加其他较重的处罚，因此，如果被害人愿意时，准许把它们作为非常（extra ordinem）犯罪而起诉，即通过一种在某些方面和普通程序不同的救济方式而起诉。② 应该说，古罗马法早期将私犯视为私人之间的纠纷，国家不予于涉，体现了当时国家观念尚不发达。随着国家权力的扩张，私刑权受到限制乃至禁止，刑罚权以公刑权的形式表现出来，成为国家专属的权力。马克思指出："公众惩罚是罪行与国家理性的调和，因此，它是国家的权利，但这种权利国家不能转让给私人，正如同一个人不能将自己的良心让给别人一样。国家对犯人的任何权利，同时也就是犯人对国家的权利。任何中间环节的插入都不能将犯人对国家的关系变成对私人的关系。即便假定国家会放弃自己的权利，即自杀而亡，那末，国家放弃自己的义务将不仅仅是一种放任行为，而且是一种罪行。"③ 马克思在这里所说的公众惩罚是国家的权利，就是指国家具有惩罚犯罪的权力，这就是刑罚权。刑

---

① 参见［意］彼德罗·彭梵得：《罗马法教科书》，401页，北京，中国政法大学出版社，1992。
② 参见［英］梅因：《古代法》，208、222页，北京，商务印书馆，1959。
③ 《马克思恩格斯全集》，第1卷，169页，北京，人民出版社，1956。

罚权不能转让给私人，因此对于个人利益的侵害行为，也应由国家予以惩罚。

中国古代社会由于国家观念发展较早，因此对个人利益的侵害从一开始就视为对社会的侵害，由国家予以惩罚。例如，春秋时期李悝的《法经》把"王者之政莫急于盗贼"作为指导思想，并首列《盗律》《贼律》两篇。这里的"盗"指侵犯个人财产权利的犯罪，"贼"指侵犯个人人身权利的犯罪。因此，对于这种侵犯个人利益的犯罪能够从侵害王者之政这样一个高度去认识，充分表明中国古代刑法观念的早熟与发达。

西方中世纪早期，犯罪（这里主要是指侵害个人利益的犯罪行为）往往被作为侵权行为对待，由私人自己解决。例如在法兰克人的法律观念中，侵权行为和犯罪没有区别。一般说来，侵害个人利益者为侵权行为，侵害部落全体利益和侵害个人利益同时侵害全体利益者构成犯罪。侵权行为范围十分广泛，近代认为是犯罪的许多违法行为（如公开杀人），当时都只看作侵权。在法兰克王国基础上建立起来的法兰西王国，开始也还是把犯罪当作是侵害了人的行为，由私人进行报复，或科以赔偿金。随着封建制度的发展，封建国家开始认为犯罪是破坏社会秩序的行为，危害了国王和领主的安全。因此，对犯罪的惩罚不再是受害人的报复和赔偿要求，而是国家对犯罪行为的制裁。在英吉利也有这样一个转变时期。盎格鲁·撒克逊时期，还保留着古日耳曼人关于犯罪的观念，认为犯罪只是侵犯被害人及其家庭的行为，是私人之间的事情，允许进行血亲复仇。盎格鲁·撒克逊后期，已经开始把犯罪看作是侵犯社会秩序的行为，而且应由国家进行惩罚。诺曼底人征服后，这种观念继续发展。1166年克拉灵顿诏令和1176年诺桑普敦诏令明确规定了重罪，即公共犯罪。英国学者塞西尔·特纳指出：随着时间的推移，数种因素的结合使人们认识到制定刑事责任新概念的必要性。诺曼底的国王们根据他们扩大控制范围和巩固其最高权力的决心，任命了许多第一流的官员以执行法律。这不仅导致了法律科学的发展，而且建立了管理审判的机构，它可以比先前更精确地评价刑事诉讼中的行为。财政上的考虑也间接地促进了分门别类地调查刑事控告的发展。由于国王的扩大权力的政策，把许多违法行为划归刑法领域，确立了根据法官的判断计算所需罚金数额的做法，以代替过去的固定赔偿

金的制度。① 重罪的概念就是在这种情况下产生的，后来范围又不断扩大，许多严重刑事犯罪，如叛逆、杀人、纵火、强奸、强盗及其他盗窃行为均属重罪之列。这样，重罪的性质已经从原先的公共犯罪，演变为也包含私人犯罪即侵害个人利益的犯罪。

及至近代，贝卡里亚将侵害个人利益的犯罪明确地在犯罪分类中突出起来，指出：有些犯罪从生命、财产或名誉上侵犯公民的个人安全。贝卡里亚把这种犯罪称为侵犯私人安全的犯罪。这些行为之所以被认为是犯罪，就在于：一切合理的社会都把保卫私人安全作为首要的宗旨，所以，对于侵犯每个公民所获得的安全权利的行为，不能不根据法律处以某种最引人注目的刑罚。② 更加值得重视的是，黑格尔从哲学的角度论述了侵害个人利益的犯罪行为所具有的社会危害性。黑格尔指出：因为在市民社会中所有权和人格都得到法律上承认，并且有法律上效力，所以犯罪不再是侵犯了主观的无限的东西，而且侵犯了普遍事物。因此产生了一种观点，把行为看成具有社会危险性。由于对社会成员中一人的侵害就是对全体的侵害，所以犯罪本性也起了变化，但这不是从犯罪的概念来说，而是从它的外部实存即侵害的方面来看的。现在，侵害行为不只是影响直接受害人的定在，而是牵涉到整个市民社会的观念和意识。③ 应该说，黑格尔对于侵害个人利益犯罪的性质的认识，达到了相当深刻的程度。

在现代刑法中，侵害个人利益的犯罪越来越受到重视。例如，侵害国家利益的犯罪、侵害社会利益的犯罪与侵害个人利益的犯罪，自1810年《法国刑法典》开始，都是按照国家、社会与个人的顺序排列的，体现了对这三种利益重视程度上的差别。第二次世界大战以后，由于对刑法保护个人利益的重视和强调，有一些国家的刑法典把对于个人利益的犯罪放在了首位，例如瑞士刑法典、瑞典刑法典、巴西刑法典等。最引人注目的是1994年法国新刑法典，也一改旧刑法的排列顺序，将侵害个人利益的犯罪排到了首位。对此，法国学者予以高度评价。例

---

① 参见［英］塞西尔·特纳：《肯尼刑法原理》，10页，北京，华夏出版社，1989。
② 参见［意］贝卡里亚：《论犯罪与刑罚》，72页，北京，中国大百科全书出版社，1993。
③ 参见［德］黑格尔：《法哲学原理》，228页，北京，商务印书馆，1961。

如皮埃尔·特律什和米海依尔·戴尔玛斯—马蒂在为法国新刑法典在中国出版而作的序中指出：一部新刑法典应当表达在特定时期一个国家里公认的根本价值。这些根本价值要得到充分保护，不遵守这些价值就要受到惩罚。在这方面，指出以下情况是有很大意义的：1810年的《法国刑法典》将危害公共权益之重罪、轻罪放在第一位；而新《法国刑法典》则将危害人身的犯罪放在优先规定地位，其中首要的是规定了反人类之重罪。① 显然，这不是一个简单的排列顺序变动的问题，而是关系到价值观念的转变。

二

如果说，刑法的人权保障机能是以个体主义为理论基础的，那么，刑法的社会保护机能的理论基础就是整体主义。这种思想的中心是主张社会虽然是由个人构成的，但这里的个人并非是无序的、零散的，社会也绝不是无数个人的简单相加，社会有其自身的发展规律，它必然决定着个人的行为。因此，社会对于个人来说，具有优先的地位。

整体主义的思想可以追溯到古希腊的亚里士多德。亚氏关于"国家按其本性高于家庭和个人"的观点在一定程度上反映出古希腊对于社会与个人关系的认识水平。在启蒙时代，大多数思想家都坚持个体主义，主张个人对于社会的优先性。但与此同时，存在着的另外一条思想线索也值得注意，这些思想线索就是整体主义。

在整体主义思想家中，具有代表性的首先是法国哲学家博丹，他以主权论而著称。博丹认为，主权是一个国家进行指挥的、绝对的和永久的权力，是对公民和臣民的不受任何法律限制的最高权力。国家主权具有以下属性：（1）国家主权具有至高无上的绝对性。因为它不受任何权力的限制和约束，而只受神法和自然法的约束。它体现了主权者的自由意志。在他看来，主权权力的绝对性表现在两个方面：一方面它对内是最高的权力，其他权力都是由它派生出来的，一切臣民

---

① 参见《法国刑法典》，52页，北京，中国人民公安大学出版社，1995。

都要服从主权者的绝对权威;另一方面它对外、对其他民族或国家是独立的权力,它代表国家成为国际关系中的主体。(2)国家主权具有永久性或常在性。所谓永久性或者常在性是指国家主权权力不是暂时的,而是永久有效的,它不受时间的限制。假如说它只是在一定时间内特有的权力,那它就不是主权权力。(3)主权权力是不可能转让的,因为主权权力是法律的渊源,而作为法律制订者的权力任何时候都不能转让。博丹的主权论,反映了在当时的历史条件下建立资本主义国家的社会要求,同时也表现出整体优于个体的思想方法论。博丹的主权论对于此后的政治思想产生了重大的影响。

霍布斯虽然主张自然法,但这种自然法思想与洛克有着重要差别。洛克是坚定的个体主义者,而霍布斯则具有明显的整体主义倾向。霍布斯把自然状态描述为战争状态——人与人之间就像狼与狼一样。这是因为没有一个共同权力使大家慑服,人们的安全得不到保障,为此就有必要建立国家。霍布斯指出:如果要建立这样一种能抵御外来侵略和制止相互侵害的共同权力,以便保障大家能通过自己的辛劳和土地的丰产为生并生活得很满意,那就只有一条道路——把大家所有的权力和力量托付给某一个人或一个能通过多数的意见把大家的意志化为一个意志的多人组成的集体。这就等于说,指定一个人或一个由多人组成的集体来代表他们的人格,每一个人都承认授权于如此承当本身人格的人在有关公共和平或安全方面能采取的任何行为或命令他人作出的行为,在这些行为中,大家都把自己的意志服从于他的意志,把自己的判断服从于他的判断。这就不仅是同意或协商,而是全体真正统一于唯一人格之中;这一人格是大家人人相互订立信约而形成的,其方式就好像是人人都向每一个其他的人说:我承认这个人或这个集体,并放弃我管理自己的权利,把它授予这个人或这个集体,但条件是你也把自己的权利拿出来授予他,并以同样的方式承认他的一切行为。这一点办到之后,像这样统一在一个人格之中的一群人就称为国家,在拉丁文中称为城邦。这就是伟大的利维坦(leviathan)的诞生。① 霍布斯的国家理论否定君权神授,主张国家权

---

① 参见[英]霍布斯:《利维坦》,131~132页,北京,商务印书馆,1985。

力是人民转让、托付的，具有一定的进步意义。但将一个强大的国家——利维坦，《圣经》中一种力大无穷的巨兽——凌驾于个人之上，鼓吹君主权力至上，因而霍布斯的思想具有整体主义的特征。

在法国学者卢梭的思想中，整体主义也是十分明显的，哈耶克称之为"假的个体主义"，即指其为整体主义。可以说，卢梭是从个体走向整体。卢梭也主张自然法，认为按照自然法的原则，人们要在完全平等的基础上自愿结合，建立国家，制定法律，以便保护每个人的天赋权利——自由、生命和财产。卢梭指出：要寻找一种组合的形式，使它能够以全部共同力量来防御和保护每个参加者的人身和财富；并且由于这一结合而使每一个与全体相联合的个人实际上只是服从自己本人，并且仍然像以往一样自由，这就是社会契约提供解决方法的根本问题。[1] 根据社会契约，个人互相结合而组成国家。卢梭的社会契约的特点是：(1) 每个结合者把自己和自己的全部权利转让给整个社会，其条件对所有的人都是相同的。(2) 权利的转让必须是毫无保留的，这样的结合才是尽善尽美的。(3) 既然权利转让给整个社会并没有奉献给任何人，人们可以从社会得到同样的权利，这样只能增加社会的力量以保护自己的利益。显然，与洛克等人主张的公民将尽可能少的权利转让给社会相比，卢梭却是主张将全部权利毫无保留地转让给社会。洛克等人对于社会，尤其是国家权力的滥用怀有深深的戒心，力图以个人权利制约国家权力，或者实行分权而制衡。但卢梭则认为，来自公民的全部权利组成的集合体表现了人民最高的共同意志，这就是人民主权，而它是公意的运用和体现，是国家的灵魂、集体的生命。公意永远代表大多数人民的意志和利益，因此，它永远是正确的。卢梭把国家看成是公共的大我——公共人格，并认为作为国家权力的人民主权具有以下特征：(1) 主权是不可转让的，因为主权是公意的运用，是国家的灵魂和集体的生命。(2) 主权是不可分割的，因为代表主权的意志是一个整体。(3) 主权是不可代表的，主张实行直接民主。(4) 主权是绝对的、至高无上的和不可侵犯的，因为主权是公意的体现，是政治体的灵魂，

---

[1] 参见［法］卢梭：《社会契约论》，2版，23页，北京，商务印书馆，1980。

因此任何人都不能侵犯或动摇它的绝对权威性的地位。应该说，卢梭宣扬的人民主权思想，突出主权在民，并从人民主权中恰如其分地引申出民主，尤其是直接民主的结论，意在建立一个理性——道德的王国，较之霍布斯等人主张的君主制具有一定的进步意义。

但是，在卢梭的整体主义思想方法中，蕴含着一种更大的危险，这就是托克维尔所说的"多数的暴政"或者密尔所说的"多数的专制"（又称为"社会专制"）。托克维尔指出："我认为必然有一个高于其他一切权力的社会权力；但我又相信，当这个权力的面前没有任何障碍可以阻止它前进和使它延迟前进时，自由就要遭到破坏。我本人认为，无限权威是一个坏而危险的东西。在我看来，不管任何人，都无力行使无限权威。当我看到任何一个权威被授以决定一切的权利和能力时，不管人们把这个权威称作人民还是国王，或者称作民主政府还是贵族政府，或者这个权威是在君主国行使还是在共和国行使，我都要说：这是给暴政播下了种子。"[①] 在托克维尔看来，只要存在一个凌驾于个人之上的绝对权威，无论它以什么名义出现，都会导致暴政。因此，卢梭所倡导的人民主权只不过是在人民或者公意的名义下实行的多数的暴政。对于这种多数的专制，密尔也有十分深刻的揭露：当社会本身是暴君时，就是说，当社会作为集体而凌驾于构成它的个别个人时，它的肆虐手段并不限于通过其政治机构而作出的措施。[②] 因此，这种多数的专制与个人的专制（独裁）一样，都是十分可怕的。在多数的专制的情况下，正如美国学者萨托利所说，已经不再是多数与少数的关系本身，而是它对个人的影响。于是焦点转向社会同个人的关系，对立存在于多数与个人自由之间，或多数与（个人的）思想独立之间。[③] 在卢梭看来，社会的权力只要来自人民，形成人民主权，它就是永远正确的，就会善待个体。无疑，这一逻辑是错误的。正如密尔指出，运用权力的"人民"与权力所加的人民并不永是同一的；而所说的"自治政府"并非每人管治自己的政府，而是每人都被所有其余的人管治

---

① ［法］托克维尔：《论美国的民主》，上卷，289页，北京，商务印书馆，1988。
② 参见［英］密尔：《论自由》，4页，北京，商务印书馆，1959。
③ 参见［美］萨托利：《民主新论》，138页，北京，东方出版社，1993。

的政府。至于所谓人民意志,实际上只是最多的或者最活跃的一部分人民的意志,亦即多数或者那些能使自己被承认为多数的人们的意志。于是结果是,人民会要压迫其自己数目中的一部分;而此种妄用权力之需加防止并不亚于任何他种。① 但是,卢梭的思想对于后世还是产生了重要影响。

三

整体主义思想主要是在19世纪下半叶以后流行于欧洲大陆,其中包含对启蒙运动与启蒙思想的一种反动与反思,它对刑事实证学派具有重要影响。

刑事实证学派是以社会法学为基础的,建立在社会人的认识之上。社会法学思想渊源于法国社会学家迪尔凯姆。迪尔凯姆认为,作为社会的人,彼此之间存在着连带关系,他们不是孤立的个人。迪尔凯姆指出:人们之间存在着两种关系:第一是机械的连带关系。在这种关系中,像分子构成结晶体一样,个人被纳入整体之中。第二是有机的连带关系。在这种关系中,个人是社会有机体的一部分。既然个人是社会有机体的一部分,所以应对有机体的发展作出贡献,使社会有机体和谐统一,这是社会存在的基本条件。在社会与个人的关系上,迪尔凯姆强调社会对个人的影响,认为人的欲望是无止境的,人和其他动物不同,他并不仅仅满足于生理上的需要。因为满足不会解决需求,只能激起更大的欲望,所以人所形成的必然结果,人的需求只能受外界即社会的控制。社会强制地约束人的需求,并构成一种必要的、像有机体作用于身体需求一样的作用于精神需求的控制力。在协调运转的社会中,社会对个人倾向施加限制,使每个人都可以隐约地感受到实现个人志向的极大限制,从而就不再过分追求。这就是说,社会,或是作为整体或是通过某一部分,或是直接地或是间接地,起着这种调节作用。因为它是唯一高于人的精神力量,是个人所能接受的权威。只有它具备规定标准,限

---

① 参见[英]密尔:《论自由》,4页,北京,商务印书馆,1959。

制激情所必需的能量，也只有它能以公众利益的名义估算社会各阶层应得的酬劳。① 总之，迪尔凯姆重视社会对于个人的决定作用，追求社会秩序的价值。从社会秩序的价值中必然引申出强制与控制的概念。迪尔凯姆就用强制一词来定义社会现象，认为人们大多数的意念和倾向都不是他们自己造就的，而是来自外界，通过引导、影响、强迫而使人们自觉或不自觉地接受，这是无可争辩的事实。所以，用强制来定义社会现象，也正是出于这样一种认识。②

美国学者罗斯也认为，社会秩序意味着根据一些规划来调节冲突，秩序是由社会对人们施加控制引起的。罗斯还把我们的社会秩序与蜂房或兽群秩序相比较，认为前者是建造物，后者是生成物。③ 社会秩序既然是建造，那就意味着对它的人为的控制因素。这种社会理论对社会法学派产生了重大影响。例如美国学者庞德指出：文明是人类力量不断地更加完善的发展，是人类对外在的或物质自然界和对人类目前能加以控制的内在的或人类本性的最大限度的控制。社会控制就是这种控制的重要内容之一，社会控制主要是通过法律实现的，因此，法律的任务就在于实现社会控制。法国社会法学派代表人物狄骥也认为，人是一种不能孤独生活并且必须和同类始终一起在社会中生活的实体。对在社会中生活的人们必须有一种强迫服从的规律，必须看到这种规律的性质。如果事实的直接证明不能使我们了解有一种属于人所有的意志或某种意志的能力，那相反的却使我们直接看出对于在社会中生活的人们有一种强迫服从的规律存在。这种规律仅仅是强制人们在社会中生活的规律，因为既然赋予人这种天性，他们便不得不生活在社会之中。由于这种缘故才有人类社会，而且既然有了人，就不可能没有人类的社会，因此就有一种社会的规律。肯定人是一种社会的存在，生活在社会之中，而且只可能生活在社会中，这就同时肯定了有一种社会规律存在。④ 狄骥肯定社会

---

① 参见［法］迪尔凯姆：《自杀论》，208 页，杭州，浙江人民出版社，1988。
② 参见［法］迪尔凯姆：《社会学研究方法论》，5 页，北京，华夏出版社，1988。
③ 参见［美］罗斯：《社会控制》，2~4 页，北京，华夏出版社，1989。
④ 参见［法］狄骥：《宪法论·第一卷·法律规则和国家问题》，49~50 页，北京，商务印书馆，1959。

对个人的优先性，个人对社会规律的服从。总之，社会法学主张从社会整体意义上理解个人，强调人的社会性。

　　刑事实证学派，尤其是其中的刑事社会学派接受社会法学的思想，重视从社会环境中去认识个人的犯罪行为。菲利指出：我们的任务是证明，有关社会对罪犯进行自卫的每一理论基础都必须是对罪犯的犯罪行为进行个人和社会两方面观察的结果。一句话，我们的任务是建立犯罪社会学。① 菲利所谓的犯罪社会学，就是从社会环境中寻找犯罪根源，强调社会对于个人的决定作用，认为犯罪的自然根源不仅存在于个人有机体中，而且在很大程度上存在于自然和社会环境之中，从而得出所谓犯罪饱和论，即每一个社会都有其应有的犯罪，这些犯罪的产生是由于自然及社会条件引起的，其质和量与每一个社会集体的发展相适应。菲利还引用艾米莉特的格言："犯罪也有年终平衡，其增多与减少比国民经济的收支还带有规律性。"② 既然犯罪的原因存在于社会，犯罪的差额是由物质条件和社会条件决定的，因此菲利得出结论：如果我们不努力改良社会环境，仅凭对罪犯的矫正不足以防止其再犯。而通过改变最易改变的社会环境，立法者可以改变自然环境对人的生理和心理状况的影响，控制很大一部分犯罪，并减少相当一部分犯罪。

　　同样，刑事社会学派的另一代表人物李斯特也提出了"最好的社会政策就是最好的刑事政策"的名言。李斯特主张目的刑的社会防卫论，强制刑罚个别化原则，认为适用刑罚要与个人情况相适应，要根据犯罪人的特性，即个人因素采取多元化的刑罚方法和处理方法。李斯特认为，刑罚不是对犯罪行为的事后报复，也不是对其他人的恐吓，而是对那些"危险状态的体现者"采取的预防措施。尤其是日本著名刑法学家牧野英一，在社会进化论的基础上阐述了法律进化论，并将法律进化论贯穿于刑法研究之中，表现了社会法学之思想。牧野英一从"刑法随着社会的进化而进化"这一命题出发，认为社会的进化有两种法则：一是制度

---

① 参见［意］菲利：《犯罪社会学》，2页，北京，中国人民公安大学出版社，1990。
② ［意］菲利：《实证派犯罪学》，43页，北京，中国政法大学出版社，1987。

从本能的、反射性的东西转变为有目的的、自觉的东西；二是制度从简单的东西转变为分工、周密的东西。社会是在协调共同生存和生存竞争这一对矛盾中进步的，归根结底是以人和社会的协调为最终目的。犯罪是社会中的生存竞争所产生的一种余弊。因此，随着生存竞争的激化，犯罪也会自然增加，其增减是受一定的规律支配的。针对犯罪的进化，刑法也必须与之相适应，必须经过一定的社会学研究过程而随之进化。刑法的进化，是从传统的、原始的复仇时代开始，进入由国家掌管刑罚的威吓时代，然后随着国家的发展进入以保障人权为背景的人道、博爱时代，最后进入采用科学研究成果的科学时代。刑法中的重点的变迁，应该由适应人道主义时代的个人主义、报应主义、客观主义向适应科学时代的团体主义、目的刑、主观主义进化。

应该说，刑事实证学派从社会方面而不仅仅是从个人方面寻求犯罪原因，主张通过改变社会环境预防犯罪等观点都具有一定的积极意义。但刑事实证学派在对犯罪人的处遇上，坚持社会责任论，过于强调刑法对社会的保护机能，从而在一定程度上忽视了刑法的人权保障机能。

（本文原载《检察理论研究》，1997（5））

"风险刑法"与刑法风险：双重视角的考察

当前，在我国刑法学界，"风险刑法"正逐渐成为学者们讨论的一个热点问题。有学者基于传统刑法与"风险刑法"这样一种二元分析框架，认为"风险刑法"理论对传统刑法学提出了某种挑战，甚至认为"风险社会"出现了刑法危机。[①] 笔者认为，"风险刑法"在化解风险中固然能够发挥一定的作用，但"风险刑法"本身也存在一定的刑法风险，因而也需要化解。正是在化解风险与风险化解的紧张关系中，现代法治社会刑法的正当性获得了双重的证明。因此，如果刑法面对"风险社会"无动于衷、毫无作为，那么这样的刑法肯定是不可取的。但是，如果刑法为化解"风险社会"的风险而过于扩张甚至突破罪刑法定主义、责任主义等法治刑法的底线，那么同样也不可取。因此，我们应当合理地处理"风险刑法"与刑法风险的关系。按照"风险刑法"理论，传统刑法与"风险刑法"的对立，可以从以下三个方面展开讨论。

一、结果本位主义刑法与行为本位主义刑法

结果与行为是罪体的两个基本要素。重视结果在犯罪构成中的地位，主要将

[①] 参见劳东燕：《公共政策与风险社会的刑法》，载《中国社会科学》，2007（3）。

犯罪设置为结果犯的刑法，可以说是结果本位主义刑法。强调行为本身在犯罪构成中的独立地位，主要将犯罪设置为行为犯甚至危险犯的刑法，可以说是行为本位主义刑法。我国学者劳东燕教授提出了结果本位主义刑法与行为本位主义刑法的概念，并认为从结果本位主义刑法到行为本位主义刑法的演变，是传统刑法发展到"风险刑法"的表征之一。劳东燕教授指出："随着风险的扩散化与日常化，结果本位主义的刑法在危险预防与法益保护方面日益显得力不从心。于是，作为结果的危害渐渐不再是刑法关注的重心，尤其是在法定犯中，惩罚的根据越来越不依赖于现实的侵害结果，而取决于具有风险的行为本身"[①]。

应该说，传统刑法确实存在强调结果重要性的倾向，将结果视为法益侵害的客观显现，这种现象被德国学者称为结果非价或者结果不法。与此同时，也存在另外一种极端的倾向，即完全否认结果的意义，认为只是行为意志构成不法，且结果非价对不法而言似乎完全不具有任何意义；结果非价之所以被立法者吸收进刑法之中，是因为如果没有表明对禁止的蔑视，那么就没有予以刑法处罚的必要。根据该观点，结果的出现只是应受处罚性的客观条件。[②] 显然，结果非价之刑法也就是结果本位主义刑法，而行为非价的刑法也就是行为本位主义刑法。当然，没有一部刑法是完全结果非价或者结果本位的，也没有一部刑法是完全行为非价或者行为本位的，只不过是两者的侧重点有所不同而已。

从我国刑法近年来的修改看，确实呈现出一种将结果犯改为行为犯的趋势，以此应对在民生领域出现的风险。如1997年《中华人民共和国刑法》（以下简称《刑法》）第145条（生产、销售不符合标准的医用器材罪）规定对人体健康造成严重危害的才应受刑罚处罚。因此，该罪属于结果犯。但2002年12月28日通过的《中华人民共和国刑法修正案（四）》第1条取消了该罪对实害结果的规定，代之以"足以严重危害人体健康"这一具体危险，从而完成了从结果犯向行为犯（具体危险犯）的立法转变。全国人大常委会法制工作委员会在《关于〈中华人

---

① 劳东燕：《犯罪故意理论的反思与重构》，载《政法论坛》，2009（1）。
② 参见［德］汉斯·海因里希·耶赛克、托马斯·魏根特著，徐久生译：《德国刑法教科书》，294页，北京，中国法制出版社，2001。

"风险刑法"与刑法风险：双重视角的考察

民共和国刑法修正案（四）（草案）〉的说明》中论及本条的修改理由时指出："有些部门指出，近一段时间以来，有的地方生产、销售不符合国家标准、行业标准的医疗器械的情况较为严重，一些个人或单位甚至大量回收废旧的一次性注射器、输液管等医用材料重新包装后出售。这些伪劣医疗器械、医用卫生材料一旦使用，必然会严重危害人民群众的生命、健康。如果等到使用后，危害结果发生才追究刑事责任，为时已晚，要求将刑法规定的构成这类犯罪的标准修改为，只要足以严重危害人体健康的，就构成犯罪"[①]。由此可见，以上刑法条文的修改反映的是采用行为本位刑法以应对生产、销售不符合标准的医用器材罪的立法意图。此外，1997 年《刑法》第 141 条（生产、销售假药罪）规定以"足以严重危害人体健康"为该罪的构成要件，属于具体危险犯，但 2011 年 2 月 25 日通过的《中华人民共和国刑法修正案（八）》（以下简称《刑法修正案（八）》）第 23 条取消了上述要件。《刑法修正案（八）》第 23 条规定，行为人只要生产、销售假药就构成犯罪，从而将生产、销售假药罪从具体危险犯修改为抽象危险犯。虽然只是对极少数犯罪的形态进行了修改，但上述刑法条文的修改确实能够印证我国刑法从结果本位主义向行为本位主义转变这样一种趋势。不可否认，推动这种转变的因素与强化风险控制的力度直接相关。

当然，我们也必须看到，我国法律惩罚体系与其他国家法律惩罚体系存在重大的差别。大陆法系国家一般都把犯罪分为重罪、轻罪与违警罪。其中，违警罪又称警察犯，在此基础上演变为行政犯，并形成所谓行政刑法，以对应于刑事犯与刑事刑法。[②] 基于对行政权，尤其是对警察权的控制，大陆法系国家将涉及剥夺或者限制人身权利以及剥夺财产权利的权力都归属于司法权，因而犯罪的范围相当宽泛。尤其是通过附属刑法的立法方式创制了大量的行政刑法规范。在这种情况下，行政刑法往往采取行为犯（具体危险犯或者抽象危险犯）的立法方式，

[①] 全国人大常委会法制工作委员会：《关于〈中华人民共和国刑法修正案（四）（草案）〉的说明》，http://WWW.npc.gov.cn/wxzl/gongbao/2003-02/21/content 5307232.htm，2011-06-20。

[②] 参见黄明儒：《行政犯比较研究——以行政犯的立法与性质为视点》，第 24 页以下，北京，法律出版社，2004。

并不要求发生法定结果。例如,日本学者在论及实质犯与形式犯时指出:"对实质犯来说,则在构成要件上不认为发生侵害法益的抽象危险的犯罪,叫做形式犯,这里指的是连抽象危险也谈不上的极轻的间接危险。形式犯多见于行政犯,例如食品卫生法中所规定的储藏或陈列不卫生食品罪等"①。由此可见,大陆法系国家为限制行政权(这里主要是指警察权),将应受人身罚或者财产罚的行政违法行为都纳入犯罪的范畴。在这种情况下,刑法就成为应对法益侵害及其危险的基本法律手段。

我国则有所不同。我国存在三级法律制裁体系,这就是刑罚、治安罚(警察罚)和行政罚。刑罚由法院判定,治安罚由公安机关决定,行政罚由行政机关决定。在我国法律中,不仅刑罚可以剥夺人身权利与财产权利,而且治安罚也可以剥夺人身权利与财产权利,只不过程度有所不同而已。不仅如此,各个行政机关具有广泛的行政处罚权。行政处罚的性质是一种行政制裁,具有惩戒性,可以剥夺或限制相对人的某些权利或科以某种义务。②除公安机关和国家安全机关的行政拘留以外,其他行政机关行使的行政处罚权不能剥夺人身权利,而主要是剥夺财产权利以及从事一定经济、社会活动的权利。由此可见,我国的行政处罚权是相当大的,相对来说,司法权较小并且受到行政权的重大影响。在这种情况下,我国刑法中的犯罪存在罪量要件,罪量要件虽然是罪与非罪的界限,但并不是罚与不罚的区分,而只是行政罚与刑事罚的分野。因此,我国刑法所体现的结果本位主义特征折射的是行政权与司法权的分界。修正刑法时,将某些犯罪从结果犯改为行为犯,意味着将原先应受行政处罚的行为纳入刑事处罚的范围。在外国,由于没有庞大的行政处罚权,因此,为应对社会风险,刑法可以将原先不罚的行为改为应罚的行为,但我国的情况不能与之简单类比。笔者认为,我国刑法确实存在严重的结果本位主义现象,并且也完全赞同我国正处于从结果本位主义刑法向行为本位主义刑法转变的观点,但这与其说是从传统刑法向"风险刑法"的转

---

① [日]福田平、大塚仁著,李乔等译:《日本刑法总论讲义》,51页,沈阳,辽宁人民出版社,1986。

② 参见刘艳红、周佑勇:《行政刑罚的一般理论》,154页,北京,北京大学出版社,2008。

变,不如说是行政权与司法权的此消彼长,是我国走向刑事法治的一个表征。

二、责任主义刑法与客观归责刑法

传统刑法是以责任主义相标榜的。例如德国学者指出:"在德国,责任原则被视为刑罚责任的决定性的主观的前提条件:刑事处罚只能建立在下列确认的基础上,即基于导致犯罪决意的意志形成,可对行为人进行非难,而且,对行为人的刑事处罚,不得重于行为人根据其责任所应当承担的刑罚"①。责任主义要求将刑罚建立在罪过的基础上,无罪过则无刑罚。西方发达国家在应对"风险社会"之风险的过程中,也确实对责任原则的内容作了某些修正。姑且不论英美法系国家对某些较轻微的经济犯罪采用严格责任,仅就大陆法系国家而言,其故意与过失理论就作了一些重大的改变。

以故意为例,在德国长期存在"认识说"与"意欲说"之争的背景下,出现了故意客观化的趋势。例如,德国学者福利许教授提出了"风险说",认为有风险认知而行为即满足了故意行为的要件。如果认知的风险是一个特别高的风险,那么就是对风险有确定的认定,就是直接故意;如果行为人不只是估算风险,而是致力于使风险实现,也就是有特定的目的设定,那么就是有意图。意图表现出行为人有高的危险性,会颠覆一般人对法秩序的信赖,具备了故意最低的要件——对风险有认知——即是故意的基本形态,因此,间接故意就是故意的基本形态。② 在这种情况下,传统故意论所要求的对构成要件要素的认知以及对构成要件结果的希望或者放任等内容,就被对风险的认知所取代,成为故意成立的基本内容。我国刑法中的犯罪故意概念具有明显的结果本位特征,这与我国刑法偏重犯罪结果密切相关。我国学者储槐植教授较早提出了结果故意与行为故意并存

---

① 参见[德]汉斯·海因里希·耶赛克、托马斯·魏根特著,徐久生译:《德国刑法教科书》,490页,北京,中国法制出版社,2001。
② 参见许玉秀:《当代刑法思潮》,248页,北京,中国民主法制出版社,2005。

的犯罪故意概念。①笔者认为这一观点是极有见地的。在结果本位主义刑法中，采结果故意当然是可取的，刑法对罪体与罪责的规定是契合的，但随着刑法中出现较多的行为犯，行为故意的概念呼之欲出。我国学者劳东燕教授从"风险刑法"的角度对犯罪故意理论的重构作了探讨，在论及"风险社会"对犯罪故意的影响时指出："为迎合风险控制之需要，刑法领域被迫启动一场重新洗牌的运动；而由刑法任务观的重新定位引起的洗牌，很快将其影响之触角蔓延至刑法体系的各个角落，引发一场类似'多米诺骨牌效应'的连锁反应。毫无疑问，犯罪故意就是这副骨牌中被掀倒的其中一张牌"②。从"风险刑法"的角度对我国刑法中犯罪故意的概念进行反思值得肯定。不过，故意作为一种罪责要素毕竟属于心理学的范畴，价值论与规范论对其会产生一定的影响，但这种影响是有限度的。

以过失为例，在日本刑法学界过失理论经历了由旧过失论到新过失论再到新新过失论的嬗变。旧过失论者坚持的是"预见可能性说"，要求对构成要件结果具有预见可能性，因此，对入罪的限制较为严格。新过失论者坚持的是"基准行为说"，强调结果回避义务。新过失论的本意在于试图限制过失犯的处罚范围，但结果是事与愿违。在新过失论的基础上形成的新新过失论，又称"危惧感说"，持该论的学者认为，在公害事件、药害事件中，只要存在也许会发生某种危险这种抽象性预见可能性即危惧感，就得以要求行为人实施足以除去这种危惧感的行为。③因此，新新过失论就是为应对"风险社会"而提出来的，被认为是对责任主义的新理解。新新过失论的首倡者藤木英雄教授在论及新新过失论产生的背景时指出："在科学技术的无限发展和扩大的同时，未知的危险对我们人类的威胁越来越大，这一点已被人们清楚地认识到了。就这一点来说，要想利用科学技术，就必须具有社会性的责任。如果这种见解是正确地，那么，作为结果来说，即使是不能具体地预想到会有什么样的危险发生，但由于存有不知道会对人的生

---

① 参见储槐植：《建议修改故意犯罪定义》，载《法制日报》，1991-01-24。
② 劳东燕：《犯罪故意理论的反思与重构》，载《政法论坛》，2009 (1)。
③ 参见［日］西田典之著，刘明祥、王昭武译：《日本刑法总论》，209页，北京，中国人民大学出版社，2007。

命和健康发生何种破坏的有害结果的危惧感,在这种情况下,可能足以消除这种危惧感,防止结果发生起见,令其有合理的负担,应该说是理所当然的了"①。新新过失论为日本20世纪60年代处理卫生食品安全案件提供了法理上的依据,但由于它在一定程度上突破了责任主义的底线,因而在日本刑法学中也只是昙花一现。

我国有学者认为,目前责任主义正处于一种尴尬的境地。在风险不断扩散的后工业社会,责任主义刑法正被迫作出重大调整,为预防公众面临的风险,个人自由要受到一定的限制。而与传统的客观归责(结果责任)相区别的客观归责理论,正好体现了"风险社会"下刑法的价值选择。通过"允许的风险"设定了国家刑罚权与公民行动自由的边界,从而防止刑法在社会发展到"风险社会"阶段过度干涉民众的行动自由。②笔者认为,在"风险社会"责任主义仍应坚持是毋庸置疑的。因为客观归责理论既不是对责任主义的修正,也不具有防止责任主义过度重视个人自由的功能。责任主义是一个主观归责的问题,客观归责理论是为主观归责提供客观基础,两者不应混淆。当然,客观归责理论将以往当作主观故意来解决的问题转移到了客观方面,从而使实质化的构成要件更好地发挥出罪的功能。德国学者罗克辛教授倡导的客观归责理论虽然是以风险的创设与提升为中心展开的,但能否把罗克辛教授所说的风险与"风险社会"的风险相等同则是一个值得推敲的问题。因此,无论如何也不能把客观归责刑法与责任主义刑法对立起来。

三、报应主义刑法与预防主义刑法

报应与预防是刑法中的一对基本分析范式,在关于"风险刑法"的讨论中也每每被提及。风险具有不确定性,而这种不确定性恰恰是引发公众恐惧之原因所

---

① [日]藤木英雄著,丛选功等译:《公害犯罪》,62页,北京,中国政法大学出版社,1992。
② 参见毛校霞:《风险社会下的责任主义》,载《广西政法管理干部学院学报》,2009(6)。

在。美国学者桑斯坦提出了安全边际的概念，认为对安全边际的选择决定了在面对风险时预防原则的采用。桑斯坦指出："对于许多风险，遵循信息披露预防原则具有意义，要求那些制造风险的人将事实公之于众。对于风险的概率、大小程度、管制工具菜单的了解，有助于说明好的选择。对于每一个此类选择，可以根据现有证据和危险发生时其程度大小，来选择安全边际"①。在此，桑斯坦提出了以下预防原则赖以成立的逻辑推理过程：风险的不确定性造成恐惧，恐惧程度决定安全边际，正式在安全边际的基础上形成预防原则。应该说，这一逻辑推理对于刑法而言也是成立的。在"风险社会"，刑法的预防性确实被一再强调，而预防的正当性就取决于对安全边际的正确选择。我国有学者指出："风险的不确定性和后果的巨大性决定了风险治理的预防性，也决定了刑法对策在事实上的提前介入。风险规制将不再退缩在实害的范围内，而将以主动出击的方式，对风险制造要素进行事前的规制和调整，以达到风险预防的目的"②。从这种意义上讲，在"风险社会"中刑法向预防方面偏重是可以理解的，但刑法是否应完全向以预防为主转移则值得质疑。

我国有学者提出了罪责功能化的命题，认为："风险刑法突破了传统的罪责理论，以刑事政策的考量取代刑法体系自身的判断基准，构建的是预防罪责论，即将罪责功能化，这是指行为人对其行为负责，是因为有防卫社会安全的需要，没有预防风险的必要，也就可能没有罪责。可见，风险刑法将罪责的意蕴从'可非难性'转换为'预防必要性'，归责的过程不再是特定后果通过归因归咎于行为人的过程。因此，行为人无须知道损害，也无须建立起因果关系，只要是自己的风险决定违反刑法的风险规制，即应负起刑法上的法律责任"③。在以上论述中，没有预防风险的必要也就可能没有罪责也许是对的，但能否反过来说，只要具有预防的必要就可能具有罪责则值得商榷。这里涉及报应与预防的关系。责任

---

① [美]凯斯·R.桑斯坦著，王爱民译：《恐惧的规则——超越预防原则》，209页，北京，北京大学出版社，2011。
② 程岩：《风险规制的刑法理性重构——以风险社会理论为基础》，载《中外法学》，2011（1）。
③ 陈晓明：《风险社会之刑法应对》，载《法学研究》，2009（6）。

"风险刑法"与刑法风险：双重视角的考察

主义是以报应为基础的,"无责则无刑"的责任主义与"无法则无刑"的罪刑法定主义,是现代法治刑法的两大支柱。那么,在"风险刑法"中,预防刑法是否取代了报应刑法,报应责任论是否转换为预防责任论了呢?这些问题都值得深思。德国学者许迺曼教授在论述罪责原则与预防刑法的关系时指出:"若将罪责报应刑法转变成预防刑法,则是否应作出更为激烈的调整,即是否如同雅科布斯所要求以及如同罗克辛部分所影射,就应该让罪责范畴不再当作可罚性之前提条件,反而将后者完全以一般预防之刑罚必要性来替代。这样一来,是否就将可罚性还原到一般预防之刑罚必要性?我认为,这样的激进要求在义理学上是错误的。我甚至认为,若放弃古典罪责概念所包含的价值结构,同时也将破坏法治国刑法原则上所需要的价值结构"[①]。对于许迺曼教授的上述观点,笔者深表赞同。

"风险刑法"仍然是以罪责为前提的。这种罪责必然是报应罪责,预防罪责论是不能成立的。罪责是刑罚处罚的必要条件,而预防必要性只是在具备罪责的基础上应当考量的一个因素。没有预防必要性,即使具有罪责也可以不予处罚。但如果没有罪责,那么无论具有多大的预防必要性都不应当受到处罚。值得注意的是,德国学者雅科布斯主张功能性罪责概念,强调的是目的对于罪责的主导性,认为"只有目的,才能给责任概念提供内容"[②]。这里的目的,就是指一般预防的需要。雅科布斯还指出:"进入到责任之中的目的不可以被责任来限定,只有目的进入到其中的责任才能给刑罚奠定根据。但是,被充分符合目的地确定的责任可以限定为实现没有进入到责任中去的目的所要求的东西。作为一般预防派生物的责任限定了为实现特殊预防所要求的刑罚,并且,再重复一下,责任只有作为与目的相联系的因素才提供一个尺度,才首先适合于发挥限定刑罚的作

[①] [德]许迺曼:《罪责原则在预防刑法中的功能》,载许玉秀、陈志辉合编:《不移不惑献身法与正义——许迺曼教授刑事法论文选译》,607页,自版,2006。

[②] [德]格吕恩特·雅科布斯著,冯军译:《行为责任刑法——机能性描述》,14页,北京,中国政法大学出版社,1997。

用"①。由此可见，在罪责与预防的关系上，雅科布斯认为罪责不可能限定预防，而预防则限定罪责。显然，这种观点是在对一般预防的追求中牺牲了罪责原则限制刑事可罚性的功能。而罗克辛所主张的以规范的呼吁能力为核心的实质罪责论则不同于雅科布斯所提出的功能性罪责概念。正如罗克辛所言，其罪责概念比雅科布斯的罪责概念更能够很好地发挥罪责原则保护法治国和自由的功能。② 罗克辛的罪责概念不同于雅科布斯的罪责概念之处，就在于对罪责与预防关系的处理方面。罗克辛主张采用罪责限制预防，而不是相反。罗克辛指出："刑罚总是以罪责为条件的，因此，还没有什么预防性刑罚化的需要，能够大得可以对一种与罪责原则相矛盾的刑事惩罚加以正当化。要求把一种预防性刑罚的必要性承认为一种刑事可罚性的额外条件，仅仅意味着在刑法侵犯面前提供一种进一步的保护，在这里，不再仅仅是预防性的许可要受到罪责原则的限制，而且是对有罪责举止行为进行刑事惩罚的可能性，也将受到预防必要性的要求的限制"③。罗克辛在此把预防必要性作为一种刑事可罚性的额外条件耐人寻味。额外条件是相对于必要条件而言的，这里的必要条件当然是指罪责。在这种情况下，预防必要性就是在具有罪责的前提下进一步考量处罚必要性的问题：如果没有预防必要性，即使有罪责也不应处罚。因此，预防必要性具有出罪的功能。虽然雅科布斯与罗克辛关于罪责与预防关系的争论并不是围绕"风险刑法"而展开的，但其观点对于我们回答在"风险刑法"中是否还必须坚持罪责主义仍然具有重要的参考意义。

由于刑法是一种社会治理措施，以社会为基础，必须回应社会的需求，受到

---

① [德] 格吕恩特·雅科布斯著，冯军译：《行为责任刑法——机能性描述》，14页，北京，中国政法大学出版社，1997。
② 参见 [德] 克劳斯·罗克辛著，王世洲译：《德国刑法学总论》第1卷，567页，北京，法律出版社，2005。
③ 参见 [德] 克劳斯·罗克辛著，王世洲译：《德国刑法学总论》第1卷，567页，北京，法律出版社，2005。

公共政策的制约①，因此，面临"风险社会"，刑法应当作出积极的回应，在风险控制中发挥重要作用。一般而言，根据风险控制的需求，对刑法作某种程度的修改，对刑法理论作某种程度的调整，都属于合理应对的范畴。但是，这里还是有些问题值得我们思考：刑法在化解社会风险的过程中到底能发挥多大的作用？"风险社会"并不只是对刑法提出了挑战，而是对社会治理提出了挑战，因此，对风险的应对应是全方位的。换言之，刑法面对"风险社会"应当保持足够的理性，应对社会风险不能成为刑法过度扩张的借口。在"风险社会"的应对中，刑法仍然应当坚持谦抑原则。在面临不确定风险的情况下，社会公众为克服恐惧宁愿放弃一部分自由也要求社会对风险实行严格控制与有效预防，因而出现了一个安全边际的设定问题。在这种情况下，也出现了秩序与自由两种价值的冲突与协调问题。我国有学者指出："刑法顺应时代的变迁，对风险社会提出的新需求以其价值重心的转变作为回应是应该的，但是我们必须谨慎前行，以避免带来一个新的制度风险——风险社会的刑法危机。尤其是我国，总体上是非常缺乏自由传统的。这种国情造就了我国自由保障的重要性，应该审慎对待刑法价值重心的转变，不能盲目追求风险的应对而摧毁自由"②。对于以上观点，笔者深表赞同。我国目前面临的重要任务还是法治建设，在刑法领域，罪刑法定原则、责任原则这些基本原则都不可动摇。唯有如此，才能对刑法在化解"风险社会"风险的同时可能带来的刑法风险予以有效地化解。

（本文原载《法商研究》，2011（4））

---

① 关于公共政策与"风险刑法"的关系，参见劳东燕：《公共政策与风险社会的刑法》，载《中国社会科学》，2007（3）。

② 龙敏：《秩序与自由的碰撞——论风险社会刑法的价值冲突与协调》，载《甘肃政法学院学报》，2010（5）。

风险刑法理论的法教义学批判

从风险社会中引申出来的风险刑法理论已经成为我国刑法学界关注的理论热点之一。劳东燕教授在2007年发表的"公共政策与风险社会的刑法"(《中国社会科学》2007年第3期)一文,开启了我国学者讨论风险刑法的先河。风险刑法的知识增长极大地刺激了学术资源对其的投入。在某种意义上说,风险刑法被议题化了,它是我国刑法理论研究中最为活跃的一个学术领域。风险刑法还是存在重大争议的一个问题,在按照风险刑法的既有径路进行学术言说的同时,对风险刑法理论进行反思与批判的解构性努力,也从来没有停止过。例如,南连伟的"风险刑法理论的批判与反思"(《法学研究》2012年第4期)就是一篇系统地质疑风险刑法理论的论文。[①] 此外,张明楷教授也撰写了"'风险社会'若干刑法理论问题反思"(《法商研究》2011年第5期)一文,对风险刑法理论进行了否定性的评价。就笔者个人而言,对于风险刑法理论虽然早已关注,但未能深入研究。笔者曾经应邀写过一篇笔谈性质的文章,题为"'风险刑法'与刑法风险:

[①] 该文的扩展版"风险刑法理论的批判性展开"发表于《刑事法评论》第30卷。参见南连伟:"风险刑法理论的批判性展开",载陈兴良主编:《刑事法评论》(第30卷),42~97页,北京,北京大学出版社,2012。

双重视角的考察"(《法商研究》2011 年第 4 期),提出了对风险刑法理论所可能带来的刑法风险的担忧。① 当然,在该文中对于风险刑法理论还是持一种较为暧昧的态度,论及风险刑法的功能亦难免语焉不详。本文是笔者对风险刑法理论一个较为全面的评论,明确了笔者对风险刑法理论的否定性见解,尤其是在对风险社会的风险与风险刑法的风险加以对比性考察的基础上,试图从刑法教义学的面向上对风险刑法理论进行法理分析,以此就教于主张风险刑法理论的各位刑法学界同仁。

一、风险刑法的风险之界定

无论是风险社会还是风险刑法,风险是其中的关键词。如何界定这里的风险,直接关系到风险刑法理论存在的正当性。尤其应当指出,因为风险刑法是从风险社会引申出来的,因此,风险刑法的风险与风险社会的风险应当具有同一性,至少具有类似性。对此,我们应当采取对比的方法以确定风险刑法的风险概念。

对于风险社会的风险概念,要到提出这一理论的德国著名社会学家乌尔里希·贝克的著作中去寻找。贝克对于风险社会中的风险大多是描述性的,但也存在较为接近定义性的叙述:

风险概念是一个很现代的概念,是个指明自然终结和传统终结的概念。或者换句话说:在自然和传统失去它们的无限效力并依赖于人的决定的地方,才谈得上风险。风险概念表明人们创造了一种文明,以便使自己的决定将会造成的不可预见的后果具备可预见性,从而控制不可控制的事情,通过有意采取的预防性行

---

① 《法商研究》2011 年第 4 期以社会风险与刑法规制:风险刑法理论之反思为主题,发表了 5 篇文章:齐文远:《刑法应对社会风险之有所为与有所不为》;陈兴良:《"风险刑法"与刑法风险:双重视角的考察》;刘明祥:《"风险刑法"的风险及其控制》;刘艳红:《"风险刑法"理论不能动摇刑法谦抑主义》;于志刚:《"风险刑法"不可行》。以上 5 篇论文基本上对风险刑法理论持怀疑甚至直接否定的立场。

动以及相应的制度化的措施战胜种种副作用。①

这个风险的概念是在与传统社会的自然状态对应意义上确立的,它以人的决定为前提的。在农耕社会也存在风险,这种风险主要是指自然风险,这是一种来自自然界的破坏性力量,例如洪水、干旱、雷电、地震等自然灾害。人类进入工业社会以后,风险来源发生了重大变化。尽管来自自然界的风险仍然存在,但已经不是威胁人类生存的主要灾害。对于人类生存的主要风险来自人类本身,即人类的工业活动成为危险的主要来源。应当指出,贝克所说的风险社会的风险并不是一般意义上的工业社会的风险,而是后工业社会的风险,主要是指技术风险。这个意义上的风险首先是技术风险,其次是随着科学技术的广泛应用而导致的社会各个领域发生的风险,例如转基因、环境污染、核辐射、生物危机等。贝克不仅将工业社会的风险与农耕社会的自然风险相区分,而且将后工业社会的技术风险与工业社会的事故风险相区分。贝克在论及工业社会的风险与后工业社会的风险时,指出:

第一个阶段是工业社会的风险,其风险是以事故概念为前提的,如商船沉没、交通事故、矿难、失业等,事故发生在一定的地点、时间、人群中,因此其风险后果在一定程度上是可以由统计学加以描述和计算的,可以通过保险、保障制度等方式使其受到控制和处理。第二个阶段是后工业社会的风险,这一阶段的风险的后果在时间、地点和人群上都是难以预测和控制的,例如核灾难、化学、生物基因、生态以及金融风险等。②

除了农耕社会、工业社会与后工业社会这种背景叙述以外,贝克还提出了前现代(pre-modernity)、简单性现代(simple-modernity)与反思性现代(reflexive-modernity)的叙述背景,认为反思性现代就是风险社会。应该说,建立在后

---

① 参见[德]乌尔里希·贝克、约翰内斯·威尔姆斯:《自由与资本主义:与著名社会学家乌尔里希·贝克对话》,路国林译,118页,杭州,浙江人民出版社,2001。

② 参见程新英、柴淑芹:《风险社会及现代发展中的风险:乌尔里希·贝克风险社会思想述评》,载《学术论坛》,2006(2);参见[德]乌尔里希·贝克:《世界风险社会》,吴英姿、孙淑敏译,67~77页,南京,南京大学出版社,2004。

工业社会的技术风险基础之上的风险社会理论,是 20 世纪 80 年代才出现的一种社会学理论,以风险为中心对社会进行描述,具有盛世危言的意味。我们必须认识到,风险社会理论只是对后工业社会解释的一种理论,而非全部。在笔者看来,即使是风险社会理论也不无危言耸听的成分在内。当然,风险社会理论对人类的警觉意义是不可否定的。

如上所述,贝克的风险社会理论是以后工业社会的技术风险为叙述原型,并以此为前提展开其观点的。因此,风险社会的风险是以技术风险为基础的,其他都只是技术风险的外在表现。而在目前我国学者的论述中,风险社会的风险存在着严重泛化的现象。这种泛化的表现,首先是将风险扩展到制度风险,甚至犯罪风险。例如,劳东燕教授在关于风险刑法的论述中,除了技术风险以外,还论及政治社会风险与经济风险等制度风险,认为这也是风险结构的组成部分。劳东燕教授甚至将犯罪率攀升也视为风险社会的风险。[1] 还有些学者甚至把经济犯罪也纳入风险刑法的范畴,指出随着各国市场经济的快速发展和全球经济一体化的加剧,当今各国的经济发展都不可避免地面临着各种各样的犯罪风险,因而不可不提防。其中,犯罪危害的加剧和犯罪类型的翻新就是这种犯罪风险的直观体现,这必将带来刑法解释学中的些许变化。[2] 在以上论述中,风险刑法的风险被表述为犯罪风险,在此基础上的论证,实际上已经与风险社会理论无关。

风险社会的风险的泛化,还表现为将后工业社会的风险混同于工业社会的风险。风险刑法的大多数论证都是以工业社会的风险为根据的,例如,事故型风险就是一个较为瞩目的问题。在工业社会中,事故与犯罪是具有较为紧密联系的,因为事故除了技术事故和自然事故以外,责任事故涉及刑事责任的追究。而我国目前确实处在一个重大事故频发的社会发展阶段,因此,在风险刑法的论述中,责任事故犯罪是一个绝佳的例证。近年来各种事故层出不穷,造成了重大的人员伤亡和财产损失。因此,在有关风险刑法的论述中,事故型犯罪被认为是重要的

---

[1] 参见劳东燕:《公共政策与风险社会的刑法》,载《中国社会科学》,2007 (3)。
[2] 参见姜涛:《风险社会之下经济刑法的基本转型》,载《现代法学》,2010 (4)。

风险源。例如，我国学者指出但在风险社会中，恶性交通事故频发、环境污染愈演愈烈、药品与食品安全事故大量涌现……社会成员精神上或心理上的负荷在不断提高。① 但是，这种事故型风险并不符合风险社会的风险所具有的不确定性特征，它是由行为人的操作疏失或者管理过失造成的，仍然属于常规的风险，属于可以控制的工业社会的风险。正如我国学者指出传统社会的事故型风险不可能导致全球性灾难，交通事故与核风险、基因风险、生化风险等存在根本区别。② 笔者认为，以上观点是正确的。风险社会的风险即后工业社会的风险与工业社会的风险的混淆，风险概念被泛化的结果是导致风险刑法的理论丧失现实基础，也使风险刑法理论与风险社会理论难以对接。

风险刑法理论在对风险社会的风险概念理解上的外延溢出，在一定程度上消解了风险概念的特定性，并使风险社会的理论失去其解释力。在此基础上建立起来的风险刑法理论，就可能丧失其现实基础。在我国目前关于风险刑法的论述中，风险的范围都十分宽泛，几乎是在一般意义上使用风险一词，由此脱离了贝克所创立的风险社会理论的特定语境，以至于我国学者指责为对风险范畴的曲解：

风险刑法理论最根本的谬误在于，未全面了解贝克的反思性现代化理论，因而对风险社会理论的理解过于肤浅和狭隘，更多地是根据"风险社会"的字面含义，将其理解为"有风险的社会"或"风险增多的社会"，这完全背离了风险社会理论的精髓。尤其是，它未能明确风险社会的风险与传统社会的风险之间的"世纪性差别"，曲解了风险范畴的真实含义。③

应该说，这一评论还是切中要害的，因为无限制地扩张风险社会的风险的现象，在风险刑法的理论叙述中或多或少地存在着。

应该指出，任何社会都存在各种风险，这是不可避免的。贝克所提出的风险社会的风险绝非一般意义上的风险，而是特定意义上的风险，即指在后工业社会

---

① 参见魏汉涛：《风险社会的刑法风险及其防范》，载《北方法学》，2012（6）。
② 参见南连伟：《风险刑法理论的批判与反思》，载《法学研究》，2012（4）。
③ 参见南连伟：《风险刑法理论的批判与反思》，载《法学研究》，2012（4）。

随着科学技术的发展所带来的风险。因此，风险社会的风险是指技术风险以及技术风险所衍生的间接风险。英国学者揭示了技术风险的三个特征：（1）技术风险在科学上具有不确定性。在一些情形中，特别是在应对新技术、新活动的时候，风险与未来行为后果有关，而未来行为后果内在地是不可预测的，这就造成了科学的不确定性。（2）风险的性质和存在经常取决于人类行为，所以技术风险具有行为上的不确定性。（3）某个风险是否可以接受取决于文化环境（cultural context）。技术风险的多中心性，彰显了身处社会之中的个人易受社会攻击的一面（social vulnerability）。因此，个人是否能够接受某种风险，不仅仅是个人偏好、风险大小和风险发生可能性的问题，而且还取决于环境对个人而言的可接受性。[①] 在以上三个特征中，不确定性和不可预见性是技术风险的最大特征，这也决定了技术风险的难以控制性。

技术风险是以科学技术的发展为前提的，也是科学技术在给人类带来福祉的同时所具有的消极后果，可以说是人类享受科学技术成果的同时必须付出的代价。因此，技术风险是无法根除的，只能加以控制，减少其对社会的危害。同时，对于技术风险的防范主要还有赖于科学技术的进步。科技史已经证明，技术进步与完善对于消除技术风险具有重大的作用。然而，新技术本身又会带来新风险。因此，随着科学技术的不断发展，技术风险也如影相随。可以说，进入后工业社会以后，技术风险就成为这个社会必须面对的危机。

面对风险社会的这种技术风险，人类社会需要积极应对。这里的应对，包括法律应对。法律应对当然是间接的，因为法律不可能直接消除技术风险。对于技术风险的法律应对是指在制定技术政策和技术规范的时候，应当建立起严格的法律程序，对于技术风险进行评估，尽可能地避免技术风险，并对避险的费用成本通过法律程序进行合理的分担。即使是不可避免的技术风险，在风险的承担上也应该通过法律程序在各个社会成员之间进行公平的分配。因此，这里的法律应对

[①] 参见［英］伊丽莎白·费雪：《风险规制与行政宪政主义》，沈岿译，7页以下，北京，法律出版社，2012。

基本上属于行政法的范畴。英国学者伊丽莎白·费雪论证了法律（这里主要是指行政法）在技术风险规制中发生作用的机理：因为技术风险具有可接受性，但个体之间可接受性程度是不同的，甚至彼此之间存在冲突。在这种情况下，技术风险的管理必须上升到政府层面，政府应当成为技术风险规制的主体。政府作为行政决策者在规制技术风险的行政过程中，法律应当而且能够发挥作用。伊丽莎白·费雪指出：

> 法律在技术风险规制中的作用不仅仅是工具性的，也不是不相干的或者起妨碍作用的。行政宪政主义的法律争论是技术风险决策制定的重要组成部分。如何治理技术风险的争论，会融入公共行政法律有效性（legal validity）争论之中。当然，并不单纯是技术风险规制引发了行政宪政主义的争论。只是，技术风险规制领域引发的争论，其数量之大，是其他行政领域无法相比的。[①]

由此可见，对技术风险的行政法意义上的规制，主要是指对作为技术风险规制主体的政府决策行为的规范，使之符合社会的最大利益。

那么，刑法与技术风险之间又是一种什么样的关系呢？劳东燕教授在论及刑法如何应对风险社会的风险时指出：

> 公共政策的秩序功能决定了它必然是功利导向的，刑法固有的政治性与工具性恰好与此导向需要相吻合。无论人们对刑法的权利保障功能寄予多大期望，在风险无所不在的社会中，刑法的秩序保护功能注定成为主导。现代国家当然不可能放弃刑法这一秩序利器，它更需要通过有目的地系统使用刑法达到控制风险的政治目标。刑法由此成为国家对付风险的重要工具，公共政策借此大举侵入刑事领域也就成为必然现象。它表征的正是风险社会的安全需要。在风险成为当代社会的基本特征后，刑法逐渐蜕变成一项规制性的管理事务。作为风险控制机制中的组成部分，刑法不再为报应与谴责而惩罚，主要是为控制风险进行威慑；威慑成为施加刑事制裁的首要理由。[②]

---

① 参见［英］伊丽莎白·费雪：《风险规制与行政宪政主义》，沈岿译，34～35页，北京，法律出版社，2012。
② 参见劳东燕：《公共政策与风险社会的刑法》，载《中国社会科学》，2007（3）。

以上论述阐述了刑法作为风险控制机制的重要组成部分，在风险控制中所能够发挥的巨大作用。在笔者看来，这一论述具有宏大叙事的性质，而缺乏细致的论证。

这里首先涉及的还是风险的界定。无所不在的风险到底是指什么性质的风险？如果是指一般意义上的风险，甚至包括犯罪率上升，那么，以此作为刑法从对犯罪报应和谴责的手段转变为控制风险进行威慑的工具的命题就是难以成立的。报应主义和功利主义从来都是牵制刑法的两种力量，刑法始终摇摆于报应主义与功利主义之间，而不可能取向其中任何一个极端。因此，刑法功能与目的也应当是或者实际是报应与功利的折中。如果将这里的风险界定为技术风险，那么，刑法又如何应对呢？如前所述，技术风险本身具有不确定性，这种不确定的风险不可能成为刑法规制的客体。这里涉及风险社会的风险与刑法中的风险的对比。作为犯罪本质与刑罚惩罚的实体根据，自从贝卡利亚以来就被认为是对社会的危害。[①] 及至李斯特创立了法益理论，法益侵害就成为犯罪的实质违法的内容。李斯特指出就其本质而言，犯罪是一种特别危险的侵害法益的不法行为。[②] 在苏俄刑法学中，从阶级危害性发展出社会危害性的概念，以此诠释犯罪。苏俄学者指出犯罪乃是危害社会的、罪过的、应受刑罚的作为或不作为。[③] 我国刑法学承袭了苏俄刑法学，因此，社会危害性被确定为犯罪的本质特征。以上无论何种对犯罪性质的理论阐述，都以危害为其落脚点。这里的危害当然是指行为的危害。刑法上的危害有实害与危险之分。实害是指已经实现的危险，而危险则是尚未实现的实害。因此，实害与危险只有程度上的差别而没有性质上的区分。当然，以实害为根据的刑罚惩罚更具有报应的性质，而以危险为根据的刑罚惩罚则更具有预防的性质。

---

① 参见［意］贝卡里亚著，黄风译：《论犯罪与刑罚》，67页，北京，中国大百科全书出版社，1993。

② 参见［德］李斯特著，徐久生译：《德国刑法教科书》（修订译本），8页，北京，法律出版社，2006。

③ 参见苏联司法部全苏法学研究所主编，彭仲文译：《苏联刑法总论》（下册），308页，大东书局，1950。

值得注意的是，现在在翻译有关德国刑法教科书的时候，也越来越多地采用风险这个术语。例如，我国学者在翻译德国学者罗克辛教授的客观归责理论时，就使用风险这个概念，包括不允许性风险与允许性风险，以及风险实现、风险降低与风险提升等。但在具体的叙述中，风险与危险这两个术语又是交替使用的。例如，王世洲教授在翻译罗克辛论及不允许性风险没有实现时归责的排除时，指出在允许性风险的案件中，归责于客观行为构成是以跨越了允许的界限和因此创设了一种不允许性危险为条件的。但是，在通常的危险创设中，除了危险的实现之外，应当如何对这种完成进行要求，还另外地取决于，在不允许性风险中，结果的可归责性正是在这个结果中实现了这种不允许的风险的。[①] 在以上译文中，似乎风险与危险这两个词是可以替换的。从汉语字面含义来看，危险比风险具有更大的实现概率，因此，危险是更接近实现的风险。但是，就包含着现实危害的可能性而言，风险与危险又具有内涵上的同一性。只不过，风险更接近是一个中性词，而危险则具有较为明显的否定性含义。因此，在法所允许的含义上使用风险一词更为贴切，在法所不允许的含义上使用危险一词也是合适的。由此可见，风险与危险这两个词汇的区分是十分微妙的。因此，客观归责理论中的风险与风险社会的风险之间的区别也是明显的，对此，我国学者指出在客观归责理论中，风险是一个依附于刑法法益的概念。这种法益的确定性以及风险依附性决定了此处风险判断是由果及因的，即以法益为中心追溯风险来源，从而确定某一行为是否具有侵害特定法益的风险……概括而言，客观归责理论中的风险一词具有地位上的依附性、涉及法益的确定性、判断标准的经验性，具有规范内的解释功能。[②] 但是，在风险刑法理论中，却把风险社会的风险与客观归责理论中的风险混为一谈，将客观归责纳入风险刑法的体系。例如，我国学者指出风险社会的转型为超越传统刑法的归责范畴、重构归责原则提供了机会。在此方面，德国的客

[①] 参见[德]克劳斯·罗克辛著，王世洲译：《德国刑法学总论》（第1卷），254页，北京，法律出版社，2005。
[②] 参见程岩：《风险社会中刑法规制对象的考察》，载陈兴良主编：《刑事法评论》（第29卷），294页，北京，北京大学出版社，2011。

观归责理论是有益的尝试……客观归责理论的创立具有里程碑的意义，它意味着风险概念规范化的成熟，也就是以法规范来对风险进行评价和界定，从而使风险具有规范性意义。① 尽管论者认为客观归责理论是风险刑法发展的初级阶段，但客观归责理论所要处理的主要还是侵害性犯罪，即构成要件行为致使发生法益侵害结果的情况下，能否将该结果归属于其行为的问题。这个问题原先是采用因果关系理论或者故意理论解决的，但罗克辛认为这是一个客观归责的问题。因此，客观归责理论与风险刑法理论并无关联，将其纳入风险刑法的理论体系只是论者的一厢情愿。对此，我国学者指出罗克辛的刑法理论的确以"风险"为关键词，但显然不是贝克"风险社会"理论中所指的"风险"。把两位德国教授的理论联系起来，是我国一些刑法学者的误解或者主观臆断。② 误解与臆断在风险刑法理论中始终存在，由此而使该理论的科学性大打折扣。

即使是在德国，风险和危险这两个概念也是存在严格区分的，当然对于如何区分又是存在争议的，主要可以归结为以下四种观点：

第一种观点认为：从风险、侵害发生的角度来诠释危险和风险而言，风险是危险发生的可能性；危险是危害发生的现实性。第二种观点认为：从是否可以控制的角度来把握危险和风险而言，危险是可操控的；而风险是不可以把控的。第三种观点认为，从有无负面评价的意涵作区分，危险的发生带给人类生活不利益的后果，已包含负面评价的意思；风险用语表达出人力不可支配的事实，属于中性词语，因此不包含有负面评价的意思。第四种观点认为，从两者的防范角度来区分，对风险采取预防手段（precaution），对危险采取的是防卫手段（prevention）。危险防卫手段，是以完全排除危险为目的；风险预防手段，其目的旨在降低与管理风险，而非确保绝对安全的防卫风险。③

以上对于危险和风险的不同角度的理解，对于我们正确地区分危险和风险是

---

① 参见陈晓明：《风险社会之刑法应对》，载《法学研究》，2009（6）。
② 参见夏勇：《"风险社会"中的"风险"辨析：刑法学中"风险"误区之澄清》，载《中外法学》，2012（2）。
③ 参见张晶：《风险刑法：与预防机能为视角的展开》，18页，北京，中国法制出版社，2012。

具有参考价值的。当然，这里还涉及一个语境的确定问题，即是从刑法教义学角度界定两者还是从一般意义上区分两者。如果从刑法教义学意义上区分危险和风险，笔者认为风险和危险都是在行为人的构成要件行为中所包含的发生实害结果的可能性。风险和危险在刑法教义学上具有以下三个特征：（1）风险和危险是一定的行为所包含的，而行为主体是人，这就排除了自然或者其他因素所造成的风险成为刑法调整对象的可能性；（2）风险和危险所承载的行为系符合构成要件的行为，这表明该行为是被刑法所禁止的，因而在一般情况下也是法所不允许的；（3）风险和危险的性质是实害结果发生的可能性，具有对法益的潜在侵害性。

根据以上对刑法中的风险和危险的界定，我们再来对比风险社会中的风险，就会发现两者在性质具有实质上的区别。如前所述，风险社会的风险主要是指技术风险。这种风险是人在科学技术探索过程中所带来的，是科学技术广泛运用的消极后果。技术风险具有极大的不确定性，对于这种不确定的风险不能直接纳入刑法调整的范围。例如，刑法不能直接将科学技术中具有风险的探索活动予以禁止，也不能在科学技术所带来的风险实现以后，追究相关人员的刑事责任。概言之，刑法不能进入科学技术领域，干预科学技术活动。既然如此，风险社会的风险并不能等同于风险刑法的风险或者危险。从风险社会引申出的风险刑法理论，给人造成的一个重大误解就在于使两种完全不同的风险相类比或者相等同，建立在这种逻辑上断裂基础之上的风险刑法理论容易造成思想上的混乱。实际上，风险刑法理论并没有指出风险社会中的风险如何进入刑法视野的适当路径，而是将两者的连接建立在风险社会与风险刑法都采用的风险这个内涵漂移与外延模糊的词汇之上，这是一种虚幻的联系。

二、风险刑法的话语体系之解构

如前所述，风险社会与风险刑法之间的联系是虚幻的，风险社会的风险并不是刑法调整的客体。吊诡的是，风险刑法理论还是自成一体地形成了一套独特的话语体系。这里应当指出，我国的风险刑法理论并不是一个正式的理论体系，而

以风险刑法为主要话语的研究群体所形成的一种观点聚集形态。在赞同风险刑法理论的学者当中，对于风险刑法的态度也是存在较大区别的。例如，有些学者是主张以风险刑法取代传统刑法的，在风险刑法的道路上走得比较远[①]；还有些学者虽然也论述了风险刑法的内容，但同时也较为客观地指出了风险刑法本身的内在风险[②]；另有些学者则主张在传统刑法中借鉴风险刑法的做法，实现传统刑法与风险刑法的共生互动[③]；如此等等。在笔者看来，风险刑法这一话语体系与风险社会并无直接关联，实际上已经独立于风险社会而存在，并且风险刑法理论具有不断扩展的趋势。为此，有必要对风险刑法理论的主要命题进行刑法教义学的分析。

（一）风险控制的刑法观

风险刑法理论甫一提出，就以一种决绝的姿态对应于传统的刑法理论，构造了法益保护的刑法与风险控制的刑法的二元对立：前者是保护刑法，而后者是安全刑法或者风险刑法。这里涉及对刑法功能的理解。自从刑法教义学的古典学派以来，刑法一直被界定为是法益保护法。例如，德国学者李斯特指出尽管刑法有其自身的特点，但是，从其表现形式来看，刑法是一种保护法益的法律。[④] 一百年来，法益的内涵发生了重大的嬗变，从个人法益到超个人法益、社会法益，从物质性的法益到精神性的法益等。但是，刑法所具有的保护法益的功能这一观点在德国仍然占据着主流的地位。针对雅各布斯关于刑法的任务不是法益保护而是防止规范效力的损害的命题，罗克辛教授发出了"刑法的任务不是法益保护吗？"的质问，明确指出战后，德国刑法学借助法益理论一直试图给刑法的暴力干预找到一个界限。其基本思想是：刑法只能保护具体的法益，而不允许保护政治或者

[①] 参见劳东燕：《公共政策与风险社会的刑法》，载《中国社会科学》，2007（3）。
[②] 参见陈晓明：《风险社会之刑法应对》，载《法学研究》，2009（6）。
[③] 参见孙道萃：《风险社会视域下的风险刑法理论辨析》，载中山大学法学院主办：《中山大学法律评论》（第10卷第1辑），305页，北京，法律出版社，2012。
[④] 参见［德］李斯特著，徐久生译：《德国刑法教科书》（修订译本），10页，北京，法律出版社，2006。

道德信仰、宗教教义和信条、世界观的意识形态或者纯粹的感情。[1] 尽管德国刑法学中的法益概念存在着美国学者所批评的不确定性与灵活性，但美国学者还是正确地揭示了法益概念之于德国刑法学的重要性，指出：

> 德国刑法学真正地提供了有关刑法上的损害以及刑法目的的理论：法益论（Lehre vom Rechtsgut）。基于上述理由，在美国学者看来，法益论具有重要意义。法益在德国刑法体系中占有至关重要的地位。如此根基性的重要性使得德国刑法学家无法想象一部没有法益原则作基础的刑法。[2]

建立在法益概念之上的刑法是以已然的法益侵害为前提的。当然，这里的法益侵害包括法益侵害的危险与法益侵害的实害。但这种以法益侵害为核心的刑法观受到了风险刑法理论的批判，提出了风险控制工具的刑法观。[3] 这里的风险显然不是与危险近似意义上使用的，因为如果是这个意义上的风险，是完全可以归入法益侵害的范畴的。但如果这里的风险是风险社会中的风险，则因其不确定性，刑法如何进行管控，就成为一个无解的问题。

其实，对于这个问题，罗克辛教授曾经进行过讨论。罗克辛提出的问题是：是否存在一种对未来的刑法保护？如前所述，法益保护是对已经受到侵害（危险与实害）的利益的保护。但风险刑法理论提出的是对未来的刑法保护。那么，这种对未来的刑法保护是否可能呢？罗克辛教授的回答是否定的。罗克辛教授指出：

> 这里涉及的问题是：刑法在什么范围内处于这样一种境地，需要以其传统法治国的自由的全部手段，其中也包括法益概念，来克服现代生活的风险（例如以核材料的、化学的、生物的或者遗传技术方式造成的风险）。这个问题经常被否定，并且要求考虑排除产生这种风险的社会原因的必要性。因为这总是仅仅具有有限的必要性，所以，人们在这个领域内，肯定无法完全放弃刑法的干涉。但

---

[1] 参见［德］克劳斯·罗克辛：《刑法的任务不是保护法益吗？》，樊文译，载陈兴良主编：《刑事法评论》（第19卷），147页，北京，北京大学出版社，2007。

[2] 参见［美］马库斯·德克·达博著，杨萌译：《积极的一般预防与法益理论——一个美国人眼里的德国刑法学的两个重要成就》，载陈兴良主编：《刑事法评论》（第21卷），453~454页，北京，北京大学出版社，2007。

[3] 参见王耀忠：《现代风险社会中危害性原则的角色定位》，载《现代法学》，2012（3）。

是，在运用刑法与风险作斗争时，必须保护法益关系和其他法治国的归责原则。在无法做到这一点的地方，刑法的干涉就必须停止。[①]

因此，现代刑法还是以保护法益为功能的刑法，所谓风险控制的刑法观其实是极为虚幻的，甚至是十分谬误的，并不能成为刑法的核心与基石。

刑法对法益的保护是以法益已经实际受到侵害或者存在着被侵害的危险为前提的。在法益已经实际受到侵害的情况下，因为存在着实害，刑法保护的必要性和正当性是明显的。但在法益存在着被侵害危险的情况下，如何确定法益保护的必要性和正当性，这是一个需要谨慎考虑的问题。否则，刑法的惩罚范围就会丧失限制，这是极为危险的。尽管危险和实害之间存在着差别，但侵害法益的危险还是可以客观地衡量的，甚至也是可以科学地测算的。例如醉驾，虽然尚未发生肇事后果，但肇事后果发生的机率是相当大的，对于这种醉驾行为入罪是完全合理的。醉驾入罪虽然具有防止肇事后果发生这样一种预防性的效果，但这种肇事后果发生的可能性是包含在醉驾行为之中的。相对于惩罚交通肇事行为来说，对没有发生肇事后果的醉驾行为进行惩罚，确实具有一定的预防性。但就醉驾行为本身潜藏着交通肇事后果的可能性而言，对醉驾行为的惩罚主要还是基于法益保护。而所谓风险控制的刑法观，试图在与法益保护相对立的意义上阐述刑法功能，将刑法的预防作用放到了一个重要的位置。

这里的问题是：如何界定刑法预防的客体？根据行为刑法，对法益侵害的结果和危险的惩罚，都具有预防其发生的功能，但这种观念是从属于刑法的报应功能的，并且不能超出报应的需要。换言之，只能在报应的范围内追求预防效果。而根据行为人刑法，则刑法的功能在于预防再犯，即强调刑法的个别预防效果。但以上两个含义上的预防均非风险刑法所预防的客体，而属于传统刑法理论范畴。风险刑法所预防的风险，如同劳东燕教授所指出，是一种无法认定的危险传统刑法强调犯罪的本质是法益侵害，这种侵害一般要求是现实的物质侵害后果。

[①] 参见［德］克劳斯·罗克辛著，王世洲译：《德国刑法学总论》（第1卷），19页，北京，法律出版社，2005。

在风险社会中，侵害后果往往很难被估测和认定，化学污染、核辐射和转基因生物等可能引发的危险，超越目前人类的认识能力。① 可以设想，一种超出人类认识能力并且不能认定的危害，刑法如何进行预防？刑法的预防并不是与惩罚相脱离的另一种功能，刑法所能达致的预防必然是以惩罚为手段的。"对于超出人类认识能力并且不能认定的危险进行刑法预防"这个命题，在一般意义上说，似乎可以成立。但将这个命题用另外一种语言来表达——"对于超出人类认识能力并且不能认定的危险进行刑法惩罚"——就会变得十分荒谬。实际上，刑法预防是以刑法惩罚为手段的，因此，风险刑法理论所提出的对风险社会的风险进行刑法预防的命题，其实际含义就是对风险社会的风险进行刑法惩罚。因此，将风险管控作为风险刑法的功能，并在此基础上建立的刑法观，虽然与以法益保护为核心的传统刑法观之间建立了理论上的对垒，因而具有出新之处，但是，风险管控的刑法观经不起仔细推敲，不具有逻辑性与现实性。即使是主张风险刑法理论的学者也看到了这一点，指出风险刑法以刑法功能的界限取代刑法原有的可罚性界限，也就是以刑事政策的考量取代刑法体系自身的判断基准，同样难以划定一个合理而明确的刑法干预界限。由此可以看出，建立在功能主义之上的风险刑法体系的内部存有危机，在不预设法益侵害为实质不法的前提下很难建立起自身的价值体系和处罚范围。② 以上论述还只是从现实上的可行性而言，在笔者看来，以风险管控为功能的刑法观在逻辑上就根本难以成立。

（二）弥散化的危害原则

风险刑法理论对危害原则的重新厘定，也是其体系化的努力之一。这里应该指出，所谓危险原则，又译为损害原则，其英文表述为"harm principle"③，这是一个英美刑法中的概念，其与德国刑法中的法益侵害之间具有对应性。例如，英国学者安德鲁·冯·赫尔希教授对德国刑法中的法益概念与英美刑法中的损害

---

① 参见劳东燕：《公共政策与风险社会的刑法》，载《中国社会科学》，2007（3）。
② 参见陈晓明：《风险社会之刑法应对》，载《法学研究》，2009（6）。
③ 就"harm principle"这个用语而言，笔者以为翻译为"危害原则"更符合刑法语境，翻译为"损害原则"可能更符合其日常语义。本文除引述以外，称为"危害原则"。

原则进行了比较，指出如果把对于"损害原则"来说核心的概念——"损失"，定义为损害一种资源，对于这种资源他人有某种请求权或者一种权利，那么，由此——如果我没有看错的话——同时也就规定了德国讨论中的核心概念——"法益"的组成部分。出于这个理由，可以说，从"损害原则"中可以构想出与法益类似的东西。[1] 根据赫尔希教授的研究，德国刑法中的法益概念具有与英美刑法中的损害原则共同的功能，都是为刑事惩罚提供正当化根据。当然，随着犯罪现象的变化，无论是法益概念还是损害原则都发生了某种变化，主要是扩张其外延以适应惩治犯罪的需要。当然，正如赫尔希教授所指出，无论是德国刑法中的法益概念还是英美刑法中的损害原则都不能独自完成为刑事惩罚提供根据的任务，还需要有其他原则的辅助。因此，对危害原则的理论言说，实际上是在英美语境下展开的，对此应当加以特别说明。例如，美国学者弗恩贝格（Feinberg，亦被译为范伯格）对危害原则的论述与德国学者伯恩鲍姆（Birnbaum，亦被译为毕尔巴模）对法益概念的阐述不能混淆。因此，以下这一论断就存在着这种混淆：

为使危害概念具备相应的规范意涵，弗恩贝格的做法是对妨害利益的方式进行限定，强调妨害利益之行为的不正当性与不可免责性。德日刑法理论则试图通过对利益本身的规范性限定来定义危害，妨碍利益的方式是否正当或免责的问题将放在犯罪构成体系中加以解决。据此，危害被界定为对法益的侵害。法益取代权利而成为危害的定义基础，显然有助于增强危害定义的实证性。借此，人们能够将对权利之外的利益的侵害纳入危害的范畴之内，以迎合刑法适用范围的扩张需要。这就是伯恩鲍姆所提出的法益概念最终能够胜出的重要原因。[2]

以上论述虽然将美国学者弗恩贝格与德国学者伯恩鲍姆分开论述，但使人以为德国学者伯恩鲍姆的法益理论是建立在危害原则基础之上的。实际上，德国学者伯恩鲍姆（1792—1872）是生活在德国18世纪的刑法学家，而美国学者弗恩贝格生活在20世纪，其四卷本的《刑法的道德界限》一书出版在20世

---

[1] [英]安德鲁·冯·赫尔希著，樊文译：《法益概念与"损害原则"》，载陈兴良主编：《刑事法评论》（第24卷），194页，北京，北京大学出版社，2009。

[2] 劳东燕：《危害性原则的当代命运》，载《中外法学》，2008（3）。

纪 80 年代。[①] 从时间上来看，两者并没有交集。因此，不能将美国学者弗恩贝格与德国学者伯恩鲍姆简单地加以对比。可以说，危害原则与法益理论并无关系。如果说有关联，也只是在比较刑法意义上的联系。

风险刑法理论对刑法中的危害原则进行了反思，提出了在风险社会下，刑法中的危害原则受到挑战，危害概念发生了重大裂变的命题，试图对危害原则进行重新定义与定位。在此，存在以下三个值得研究的问题：

1. 关于危害概念的去规范化问题

风险刑法理论提出了如何使危害概念在具有实证性包容力同时具有规范性的命题，认为在风险社会，危害概念的规范性正在丧失，这就是所谓危害概念的去规范化，这要表现为危险内涵的扩张与模糊化。[②] 这里涉及如何理解规范化与去规范化。按照风险刑法理论，危害概念的规范化是指为犯罪确定边界，而去规范化则是指不能为犯罪确定边界。其实，危险内涵的模糊化则是使犯罪范围扩张，并没有使危害概念丧失界定犯罪的功能。在笔者看来，危害概念是否具有界定犯罪边界的功能与危害概念是否具有规范化功能，这是两个不同的问题。当危害原则作为刑事立法根据的时候，危害概念的功能就是非规范化的或者超规范的；当危害原则作为刑事司法根据的时候，危害概念就具有规范化的功能，它受到刑法规范的限制，只能根据刑法规定来认定行为是否具有危害性。所以，随着社会的变迁，刑法中的危害概念也发生了重大的变化，这是理所当然的。问题在于，对于危害概念的这种变化如何进行评判？危害概念的这种变化是社会发展的常规性要素所决定的，还是风险社会的非常规性要素所决定的，这才是一个值得研究的问题。笔者认为，风险刑法理论过于夸大了危害概念的变化，以去规范化的特征描述这种变化也不是十分妥切。

2. 关于危害概念的主观化问题

危害概念到底是一种客观性判断，还是包含了主观要素的判断，这是需要考

[①] 关于弗恩贝格的思想研究，参见方泉：《犯罪化的正当性原则——兼评乔尔·范伯格的限制自由原则》，载《法学》，2012（8）。这里的范伯格即是弗恩贝格。

[②] 参见劳东燕：《危害性原则的当代命运》，载《中外法学》，2008（3）。

察的一个问题。在刑法理论上,一般认为危害只是对行为的客观判断,并不包括对行为人的主观要素的判断。例如,美国学者在阐述弗恩贝格的损害原则时指出:"根据 Feinberg 的理论,一种行为要有刑法上的重要性,不仅必须是有损害的(sch?dlich),除此之外,还必须是'有过错的'(wrongful)——至少是故意或者(在某些情况下)是过失实施的。"① 因此,危害概念的主观化不可能是指危害概念中包含主观要素,而只能是指危害评价的主观化。风险刑法理论揭示了危害评价的主观化倾向,指出在当代的政治语境中,随着刑法成为风险控制的重要工具,随着法定犯的出现与扩张,危害评价呈日趋主观化的趋势。危害评价的主观化,显然与风险社会中风险本身的复杂特点紧密相关。② 这里的危险评价是指刑事立法而言,还是就刑事司法而言,这是需要明确的一个问题。从风险刑法理论的叙述来看,应该是指立法,即在将某一行为规定为犯罪的时候,如何确定该行为具有危险,应当受到刑事追究。这其实是一个在刑事立法时的犯罪甄别问题,当然体现了立法者的意志,因而具有一定的主观性。至于说相对于自然犯的自体恶,对法定犯的禁止恶在立法判断上更具有主观性,在更大程度上取决于立法者的意志,这是完全正确的。但这与风险刑法并没有关系,因为法定犯并不能等同于风险犯。至于我国学者提出风险刑法与法定犯时代的共生关联性的命题③,笔者认为也是缺乏实证根据的。可以说,我国刑法中的法定犯没有一个是与风险社会意义上的技术风险相关的罪名。

3. 关于危害概念的功能化问题

如前所述,危害概念与法益侵害一样,都是为立法上的犯罪化提供正当化根据,并且为司法上的犯罪认定提供实体标准。风险刑法理论提出了危害概念功能化的命题,这里的功能化是指为刑法预防提供根据。例如,我国学者指出:"风

---

① [英]安德鲁·冯·赫尔希著,樊文译:《法益概念与"损害原则"》,载陈兴良主编:《刑事法评论》(第 24 卷),191 页,北京,北京大学出版社,2009。
② 参见劳东燕:《危害性原则的当代命运》,载《中外法学》,2008(3)。
③ 参见孙道萃:"风险社会视域下的风险刑法理论辨析",载中山大学法学院主办:《中山大学法律评论》(第 10 卷第 1 辑),305 页,北京,法律出版社,2012。

险社会对刑法功能的重新定位,直接导致危害的意义评价发生转型。相应地,危害的评价不再优先服务于危害作为刑罚之正当根据的意义,而是主要转向对后一维度的意义,即作为刑法目的的预防危害的关注"[1]。根据风险刑法理论,危害的评价具有两个维度:一是作为刑罚正当性根据,二是作为刑罚预防性目的。前者要求的是已然的危害,后者要求的是未然的危害,危害在前者的作用与在后者的功能存在着一种紧张关系。现在的问题是:作为预防对象的危害和作为惩罚对象的危害是否具有同一性?如果肯定刑法是通过惩治已然的危害以达到预防未然的危害这一基本逻辑,则功能化的危害命题即缺乏坚实的根据。

总之,危害原则是英美刑法中为刑法确定边界而采用的一种理论,这种理论从密尔提出到弗恩贝格的进一步阐述,经历了一个漫长的过程。在风险刑法的理论背景之下,通过对危害原则进行重新定位,力图揭示危害的弥散化特征,以此作为风险刑法的理论根据,笔者认为这是难以成立的,因为刑法中的危害与风险社会中的风险不能等同视之。

(三) 疏离化的责任原则

责任主义是刑法的基石范畴之一,在德日刑法中,从心理责任论到规范责任论,再到罗克辛的实质责任论,经历了一个演变过程。但风险刑法理论对刑法中的责任主义进行了解构,提出了刑事归责的功能化、客观化与规范化的问题。

1. 关于罪责的功能化问题

传统刑法的罪责是以可谴责性为基础的,具有较强的伦理性与报应性。此后,随着德国刑法学的发展,越来越多的学者提出应当将一般预防的要素纳入罪责的构造之中。其中,以雅各布斯的功能性罪责概念和罗克辛的实质性罪责概念最为著名。雅各布斯提出了目的(一般预防的目的)决定罪责的命题,指出责任与目的的联系表现为,目的使责任变成有色的。因为责任刑法(Schuldstrafrecht)作为不应是无目的的刑法而应该是有益于维持秩序的刑法,需要长期存在,为此也

---

[1] 劳东燕:《危害性原则的当代命运》,载《中外法学》,2008 (3)。

需要这种性质的责任,使它即使考虑到责任时也能够长期存在。① 雅各布斯的功能责任论是要在规范责任论的基础上,进一步考量一般预防的目的,但这里的一般预防并非消极的一般预防,而是以法忠诚为主要内容的积极的一般预防,因此,这种责任刑法是有益于维持秩序的刑法。冯军教授在论及雅各布斯的功能责任论时指出:

功能责任论的核心主张是,行为人是否具有责任,要根据行为人对法规范的忠诚和社会解决冲突的可能性来决定。在行为人忠诚于法规范就能形成不实施违法行为的优势动机,就能战胜想实施违法行为的动机时,行为人却实施违法行为的,就要把行为人解释为实施违法行为的原因,行为人就对其实施的违法行为负有责任;在社会具有更好的自治能力,即使不追究行为人的责任,也能解消行为人引起的冲突,也能维护法规范和社会的稳定时,行为人就无责任。②

因此,雅各布斯的功能责任论从根本上还是对罪责的更为严格的限制。只有罗克辛教授的实质性罪责概念,在罪责中引入了预防必要性要素,是一种不顾规范可交谈性的不法行为的罪责。所谓规范的可交谈性是把行为人看作一个规范接受者(Normadressaten),其能够回应规范的呼吁,能够期待他们总会遵守这些规范,只有在这种情况下,预防才是必要的。③ 应当指出,罗克辛教授的预防必要性既包括一般预防,也包括个别预防。显然,罗克辛所说的一般预防并不是传统以威吓为内容的积极的一般预防,而是消极的一般预防。罗克辛教授指出:

刑罚是同时取决于两个因素,其一是,用刑罚进行预防的必要性;其二是,犯罪人罪责及其大小。如果人们赞同我的观点,那么,也就意味着,刑罚受到了双重的限制。刑罚之严厉性不得超过罪责的严重性,同时,也不能在没有预防之必要的情况下科处刑罚。这也就是说,如果有利于对犯罪人实行再社会化的话,那么,是可以科处比罪责之严重程度更为轻缓的刑罚的;如果没有预防必要的

---

① 参见[德]格吕恩特·雅各布斯著,冯军译:《行为责任刑法——机能性描述》,6页,北京,中国政法大学出版社,1997。
② 参见冯军:《刑法中的责任原则——兼与张明楷教授商榷》,载《中外法学》,2012(1)。
③ 参见陈兴良:《教义刑法学》,418页,北京,中国人民大学出版社,2010。

话，甚至可以完全不科处刑罚。①

由此可见，无论是雅各布斯的功能性罪责概念还是罗克辛的实质性罪责概念，都是在罪责中引入预防目的，使罪责概念功能化，其结果是进一步限制了刑事责任的范围。风险刑法理论也提出了罪责概念化命题，指出："罪责功能化，这是指行为人对其行为负责，是因为有防卫社会安全的需要，没有预防风险的必要，也就可能没有罪责。可见，风险刑法将罪责的意涵从'可非难性'转换为'预防必要性'归责的过程不再是将特定后果通过归因归咎于行为人的过程，而是为了分配责任的需要而进行归责的过程。"② 风险刑法理论所称的罪责功能化，是以预防风险的必要性取代非难可能性，因而否定了罪责中的主观归责要素，这与德国刑法学家所主张的功能性罪责概念和实质性罪责概念以非难可能性为前提的罪责功能化是存在根本区分的：风险刑法的罪责功能化会扩张罪责范围，而德国学者具有预防必要性要素的罪责概念则会限制罪责范围。因为风险刑法理论虽然提出"没有预防风险的必要，也就可能没有罪责"的命题，但却没有从逻辑上消解"只要存在预防风险的必要，也就可能存在罪责"的可能性。

2. 关于罪责的客观化问题

罪责的客观化是一个与风险的功能化紧密相关的问题。其实，刑法教义学中的罪责客观性与风险刑法理论中的罪责客观性，无论是内容还是意义都是截然不同的。这两者的混淆，夹杂在风险刑法理论的叙述当中。对此，不能不加以仔细辨析。

在德国的刑法教义学中，确实存在着罪责客观化的问题，其含义是指将故意与过失等心理事实要素从罪责中去除，将其前置于构成要件，而后以期待可能性作为主观归责要素，而期待可能性实际上是他人对行为人的主观心理的一种客观评价，因此称为罪责的客观化。在刑法教义学中，古典的犯罪论体系所主张的心理责任论的罪责概念具有纯主观的性质；新古典的犯罪论体系所主张的是一种综

---

① 参见［德］克劳斯·罗克辛著，蔡桂生译：《刑事政策与刑法体系》，78~79页，北京，中国人民大学出版社，2011。

② 陈晓明：《风险社会之刑法应对》，载《法学研究》，2009（6）。

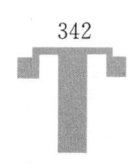

合性的罪责概念（ein komplexer Schuldbegriff），同时包含心理的和评价的要素，因此其罪责概念具有主客观统一的性质；及至目的主义的犯罪论体系主张的规范责任论的罪责概念，其内容具有纯客观的性质，即只包括期待可能性等评价性要素。例如，日本学者将期待可能性称为客观的责任要素（objektive Schuldelemente），① 德国学者则将故意与过失称为罪责的评价对象，而期待可能性称为罪责的对象评价。这里的评价对象当然是主观的，但对象评价却是客观的。例如，罗克辛教授指出，规范责任论"通过这种方式，主观的因素（评价的对象）从罪责概念中被排除出去了，保留下来的'仅仅是可谴责性的标准'（对象的评价）。"② 因此，罪责的客观化具有其特定的含义，即指以评价性要素为内容的罪责概念，这是一种客观化的罪责。

而风险刑法理论所宣称的罪责客观化，则是指将归责的判断前置到构成要件阶层，并且这种归责其实是一种客观归责。例如，我国学者指出：

> 风险刑法是要解决现代科技高度发展下风险行为的归责问题，由于风险的不可认识性与不可支配性，以行为人对结果要有故意或过失的主观归责条件难以成立，事实上也无法查明和认定。因为风险的威胁往往是在不知道确切行为者或者威胁发生的原因太过复杂的情况下就突然发生，因此谈不上查明主观要素问题。风险刑法试图从客观构成要件的类型化，解决行为人的归责问题，以取代行为人主观归责要素所起的决定作用。③

显然，这一论述是以混淆客观归责与主观归责为前提的。客观归责与主观归责虽然都是以解决归责问题为使命，但这两种归责的蕴含是完全不同的：客观归责是要解决将一定的法益侵害结果归属于一定的构成要件行为的问题，从而为犯罪成立提供客观根据；而主观归责是在客观归责的基础上，进一步考察行为人是

---

① 参见［日］大塚仁著，冯军译：《刑法概说（总论）》，381页，北京，中国人民大学出版社，2003。
② ［德］克劳斯·罗克辛著，王世洲译：《德国刑法学总论》（第1卷），561页，北京，法律出版社，2005。
③ 参见陈晓明：《风险社会之刑法应对》，载《法学研究》，2009（6）。

否具备承担责任的主观要素,能否对法益侵害结果承担罪责,从而为犯罪成立提供主观根据。因此,客观归责与主观归责的归责性质与内容都是不同的。尤其是,客观归责与主观归责之间存在逻辑上的位阶关系:前者前置于后者,后者以前者为前提。风险刑法理论所称之罪责客观化,其实是指将原本在主观归责中解决的问题,前置到客观归责中进行解决。例如,罗克辛教授指出过去信条学的出发点是,客观行为构成会由于行为人举止行为对结果具有因果性而得到满足。在那些刑事惩罚显得不恰当的案件中,人们在故意实施的犯罪中,试图通过否定故意来免除刑罚。① 罗克辛教授以一个教学案例作为例子加以说明:在暴风雨就要来的时候,把别人派到森林里去,希望他会被雷劈死。对于这个案例,条件说会认为具备了行为与结果之间的因果性,构成要件已经满足。在这种情况下,只能通过否定故意来规避刑事惩罚。但是,罗克辛教授认为这是一个客观归责的问题,而不是一个故意的问题。客观归责使客观构成要件的判断实质化,但并不是一个罪责的客观化问题。风险刑法理论之所以将其误认为是罪责客观化的表现,主要还是由于把客观归责纳入风险刑法的范畴所导致的结果。例如,我国学者将客观归责理论视为归责上的责任主义,指出客观归责论的精髓正好体现了风险社会下刑法的价值选择:行为的客观可归责性在于'制造不被允许的风险',所以'允许的风险'就不应受到刑法的限制。通过'允许的风险'设定了国家刑罚权与公民行动自由的边界,从而防止刑法在社会发展到风险社会阶段过度干涉民众的行动自由。② 就以上论述的内容而言,是指客观归责理论对客观构成要件的实质审查,难以客观归责的行为当然不构成犯罪。但这里不构成犯罪的原因是缺乏构成要件,而不是不具备罪责。论者之所以将客观归责引入风险刑法论述之中,除了客观归责理论中存在"风险"一词,因其与风险刑法在文字上的契合,而容易导致望文生义以外,另一个重要原因是未能区分构成要件与罪责之间的位阶关系。

---

① 参见[德]克劳斯·罗克辛著,王世洲译:《德国刑法学总论》(第1卷),245页,北京,法律出版社,2005。
② 参见毛校霞:《风险社会下的责任主义》,载《广西政法管理干部学院学报》,2009(6)。

3. 关于罪责的扩张化问题

风险刑法理论还提出了罪责的扩张化命题，这种罪责的扩张化主要表现在，风险刑法在以下三个方面突破了责任原则：一是严格责任的引入；二是代理责任的采纳；三是团体责任的适用。我国学者指出在风险社会中由于刑法被视为风险控制机制中的重要组成部分，甚至经常不自觉地被置于优先地位，在这种背景下刑法不再为报应与谴责而惩罚就在所难免。当为预防风险而威慑成为施加刑罚的首要理由时，传统责任主义所构建的防线就面临大范围被突破的风险。[①] 尽管风险刑法理论对于罪责的扩张化在客观描述的同时也表示了担忧，但并没有提出克服之道。更为重要的是，刑法教义学中的预防刑法也并非像风险刑法理论所设想的那样，是以防范风险发生扩张报应刑法的处罚范围，而是以预防必要性进一步限制报应刑法的处罚范围。例如，德国学者许乃曼教授指出由应报刑法转向预防刑法，这绝非表示我们可以扬弃个人之可非难性，其仅仅只是将个人之可非难性，由原本作为可罚性充分且必要的条件变成只是必要条件。[②] 因此，即使是预防刑法也不存在罪责扩张化问题。

通过以上分析可以看出，风险刑法理论虽然在刑法基本立场与具体观点上呈现出不同于传统刑法理论的学术形象，但其中亦存在着对传统刑法理论的误读与误解。尤其是，风险刑法理论本身在体系的建构上存在着脱节与断裂，也不乏扩张与虚言，这些都是值得反思的。

三、风险刑法的立法实例之分析

风险刑法理论提出的应对风险的立法之策的根本在于法益保护的提前化，即对法益进行前置性的保护，以避免其受到风险的侵害。为此，风险刑法理论不仅对传统刑法理论进行了改造，而且在具体观点上，也通过一些例证进行实证性的

---

① 参见魏汉涛：《风险社会的刑法风险及其防范》，载《北方法学》，2012（6）。
② 参见［德］许乃曼著，王效文译：《刑法体系与刑事政策》，载许玉秀、陈志辉合编：《不移不惑献身法与正义：许迺曼教授刑事法论文选辑》，55 页，台北，新学林出版有限公司，2006。

论证。尤其是以我国刑事立法的修改与补充为例,以此形成风险刑法并不仅仅是一种理论,而且是一种已经为立法所确认的现实的印象。例如,我国《刑法修正案(八)》设立了危险驾驶罪,将醉驾行为入罪以后,我国学者从风险刑法角度对危险驾驶罪的规范目的进行了解读,指出如何以立法约束行为人的行为与强化公民的规范意识,从而把交通可能带来的风险降到最低,也就成为危险驾驶行为入罪的理由。

而有效控制交通风险,则成为本罪的规范目的。[1] 即使是质疑风险刑法理论的学者也将《刑法修正案(八)》对生产、销售假药罪,重大环境污染事故罪,非法采矿罪,生产、销售不符合安全标准的食品罪,生产、销售有毒、有害食品罪的修改,以及增设食品安全监管失职罪等,视为我国刑法对如何规制风险社会中风险作出的回应。[2] 因此,对于这些风险刑法的立法表现需要进行深入的考察。

(一)过失犯的范围拓展

过失犯是风险刑法理论言说中一个不能绕过的话题。事实上,风险刑法理论也确实是从过失犯引发的。因此,对于风险刑法中过失犯的范围拓展问题,有必要进行研究。

在风险刑法理论提出之前,在刑法理论上就曾经提出过在工业社会的科技条件下过失犯理论面临挑战的问题。例如,苏俄学者对于科技条件下过失行为的犯罪化问题出现了争议:

有些人认为,过失只有实际发生结果的,才可能承担责任。但大多数人的观点相反,他们提出了如下论据:在科技革命条件下过失的危险性增大了;根据造成的后果(主体没有预见,或者希望避免的结果)规定刑事责任,其预防作用不能充分发挥,必须规定故意和过失犯罪(实施危害社会的行为,而不是发生的结果)承担责任的一般原则;过失引起的结果大都具有偶然性;必须根据对损害发

---

[1] 参见姜涛:《危险驾驶罪——法理与规范的双重展开》,载陈兴良主编:《刑事法评论》(第32卷),191页,北京,北京大学出版社,2013。

[2] 参见齐文远:《刑法应对社会风险之有所为与有所不为》,载《法商研究》,2011(4)。

生之前的活动有无辨认能力,在主观上是否进行控制来规定责任。①

这里的大多数人的观点就是过失危险犯的设立,以此扩张过失犯的惩罚范围。与之同时,德国学者对于工业社会中的危险增加条件下的过失犯,出现了两种相反的倾向:一方面,通过允许危险原则限制过失犯的成立。例如,德国学者许乃曼教授指出:

> 随着生产、交通领域甚至私生活领域的科技化,预计在工业社会中必然会发生一些预想不到的事件,由于某些复杂程序的存在而这些事件不能完全避免,此即刑法理论中所称的"允许危险"的原则。根据该原则,危害结果的刑事责任问题不能仅根据每一案件中的可预见性确定,而应从安全准则被忽略的行为中确定。刑事责任体系意味着:首先违法行为本身取决于对一般预防措施的忽视;其次个人贯彻安全准则的能力成为承担责任的另一个要件。②

根据允许危险原则,危害可以分为允许的危害与不允许的危害。在允许危害范围内,不需考虑被告人主观上的过失而直接出罪。只有在不允许危害范围内,则根据是否具有过失而确定是否构成犯罪。因此,允许危险原则事实上是限制了过失范围。另一方面,德国学者又提出了从过失犯罪向危险犯罪演变的命题,由此而使过失犯的处罚前置。许乃曼教授指出过失犯罪未来会表现为各种危险犯罪。如果我们能够正确地用法律术语表述危险行为,在过失犯罪领域我们才能有望取得进展。③ 以上论述都是在工业社会科技发展、危险源增加这样一个社会背景下展开的。可以看出,随着从农业社会向工业社会的转变,尤其是在科技条件下,过失犯罪的形态与特征都发生了重大变化,为此,过失犯罪的立法也应该随之而转变。但是,以上学者所说的风险或者危险都是指工业社会的风险,而不是后工业社会的风险。因此,并不能将这些应对工业社会风险的过失犯演变的理论

---

① 参见[苏联]m.C.戈列利克等著,王长青、毛树智译:《在科技革命条件下如何打击犯罪》,110页,北京,群众出版社,1984。
② 参见[德]许乃曼著,王秀梅译:《传统过失刑事责任观念在当代社会中的弊端——新的趋势与展望》,载《法学家》,2001 (3)。
③ 参见[德]许乃曼著,王秀梅译:《传统过失刑事责任观念在当代社会中的弊端——新的趋势与展望》,载《法学家》,2001 (3)。

纳入风险刑法的理论体系之中。

在刑法教义学的意义上，对于许乃曼教授所说的从过失犯罪向危险犯罪演变的命题如何评价？这里的问题是：转变以后的所谓危险犯还是过失犯罪吗？这本身也是一个值得从刑法教义学角度进行深入探讨的问题。

在风险刑法理论中，过失危险犯被视为刑法的防线为应对风险、阻止风险实现或者造成更大的风险而前移的一个绝佳例证而屡被提及。由此，过失犯是受到风险刑法理论影响最大的领域之一。例如，我国学者指出一定程度的抽象性类型化设置可以作为具体事实和法规范的最佳连接点，既符合过失犯的开放性构成要件的特点，又使得在风险社会下的过失犯的多样化和复杂化得到相应处置，而不至于频繁增加法条以致增加法官的解释法条的惰性。[①] 我国在《刑法修正案（八）》中增设的危险驾驶罪，被认为是在风险社会中对过失犯处罚前置的一个立法例。在此之前，我国刑法规定了交通肇事罪，这是一种以肇事结果发生作为犯罪成立条件的犯罪，是传统刑法中典型的过失犯，而醉驾只不过是对交通肇事罪从重处罚的量刑情节之一。但鉴于醉酒驾驶的严重危险性，立法机关专门设立了危险驾驶罪，将未发生肇事结果的醉驾行为规定为犯罪。在这种情况下，对交通肇事罪的处罚前移至未发生肇事结果的醉驾行为。在危险驾驶罪设立以后，对于其主观罪过究竟是故意还是过失，以及究竟是具体危险犯还是抽象危险犯存在着争议，但主张危险驾驶罪属于过失的抽象危险犯的见解具有一定影响。例如，冯军教授指出：

《刑法》第133条之1处罚醉酒型危险驾驶罪的规范目的在于，防止行为人在因为醉酒而不具备安全驾驶能力时在道路上过失地不安全驾驶机动车。它针对的应该仅仅是这样一种情况：行为人故意或者过失饮酒后，虽然行为人事实上已经因为醉酒而处于不能安全驾驶机动车的状态，却因为疏忽大意而没有预见自己的醉酒驾驶行为会造成公共安全的危险；或者已经预见自己的醉酒驾驶行为会造

---

① 参见刘崇亮：《风险社会视野下过失犯构成设置模式之思考》，载《中国人民公安大学学报》，2010（4）。

成公共安全的危险，却轻信自己还能够在道路上安全驾驶机动车，轻信自己的醉酒驾驶行为不会危害公共安全，因而故意在道路上醉酒驾驶了机动车，却过失地造成了公共安全的抽象危险。①

在此，冯军教授并不否认醉酒驾驶行为本身是故意的，之所以认定为过失的抽象危险犯，是指行为人对于公共安全的抽象危险具有主观上的过失心理。但在这里，冯军教授是把抽象危险看作一种结果，因此才会有对这种结果的过失可言。笔者认为，抽象危险犯是一种特殊的行为犯而非结果犯，其责任形式应该以对行为起支配作用的主观心理态度确定。因此，将危险驾驶罪确定为过失的抽象危险犯并不妥当。② 虽然冯军教授不是在风险刑法的语境下论述危险驾驶罪属于过失的抽象危险犯，但对于正确理解过失危险犯还是具有理论意义的。

对于所谓过失的抽象危险犯，笔者认为并不是过失犯，因为过失犯是结果犯。在结果没有发生的情况下，对于行为的处罚是一种故意行为的犯罪化。在这种情况下，应当成立的是故意的抽象危险犯。我国主张过失危险犯的学者认为，过失危险犯在主观上具有以下两个层次的罪过心理：一是行为人有违章的故意；二是行为人对于严重危险结果的出现是出于过失。③ 这一对过失危险犯的主观心理状态的描述是以过失的具体危险犯为对象的，因此按照行为虽然故意但对于结果却是过失这样一种思路进行逻辑推演。至于过失的抽象危险犯，因为连具体危险都不存在，因此也就不存在对于抽象危险的过失问题。换言之，只要证明过失的具体危险犯不存在，过失的抽象危险犯自然也就不存在。笔者认为，没有发生实害结果但对抽象危险的发生具有过失的故意行为犯罪化以后，究竟是认定为故意的行为犯还是过失的危险犯，涉及一个对于故意的理解问题，即是否存在着危险故意？危险故意是相对于实害故意而言的，指明知或者预见自己的行为会对某

---

① 参见冯军：《论〈刑法〉第133条之1的规范目的及其适用》，载《中国法学》，2011 (5)。
② 对于冯军教授观点的商榷，参见张明楷：《危险驾驶罪的基本问题——与冯军教授商榷》，载《政法论坛》，2012 (6)。
③ 参见刘仁文：《过失危险犯研究》，58～59页，北京，中国政法大学出版社，1998。

种法益足以发生危害结果的危险,并且期待或者放任这种危险发生的犯罪心理。① 因此,危险故意并非是对危害结果的故意,而是对危险的故意。当然,对于具体危险犯与抽象危险犯来说,危险故意的内容也还是存在差别:具体危险犯的故意要求具有对具体危险的认知,而抽象危险犯则只要具有对其行为性质的认知即可成立故意。如果承认危险故意,那么对于危险犯的主观心理态度就不能再按照行为虽然故意但对于结果却是过失这样一种思路进行逻辑推演。这种区分故意与过失的观点,在很大程度上还是以实害故意为基准的。基于危险故意的观点,只要行为人对于行为的危险性具有故意(抽象危险犯的故意)或者对于行为造成的具体危险具有故意(具体危险犯的故意),就应当成立故意的危险犯。因此,在醉驾构成的危险驾驶罪中,只要行为人对于醉驾行为本身具有故意,就应当构成故意犯罪,而不能根据其对于危险结果具有过失而认定为过失犯罪。我国学者根据危险犯的类型,将危险故意分为以下四种情形:(1)紧迫型具体危险犯的故意:行为的知与欲+实害结果的知与欲;(2)中间型具体危险犯的故意:行为的知与欲+危险结果的知与欲;(3)轻缓型具体危险犯的故意:行为的知与欲+危险结果的过失;(4)抽象危险犯的故意:行为的知与欲+抽象危险的过失或故意。在论及醉驾型的危险驾驶罪的主观罪过形态时指出危险驾驶罪的罪过内容为:行为人对于危险驾驶行为具有故意,对于行为所造成的抽象危险既可以是故意也可以是过失。② 这一论述是较为细致的,也是具有启发性的。无论如何,对于危险犯都应当根据对于行为的主观心理认定其为故意犯罪,这也在事实上否定了过失危险犯的存在。

危险犯包括具体危险犯与抽象危险犯的主观罪过到底是故意还是过失,这当然是一个刑法教义学问题,与风险刑法似乎并未关联。但在风险刑法的理论论述中,经常把过失的抽象危险犯作为过失犯在风险刑法的背景下扩张的一个例证,因此对此的讨论还是必要的。

---

① 参见陈兴良:《刑法哲学》,185 页,北京,中国政法大学出版社,2004。
② 参见欧阳本祺:《论危险故意》,载《法学家》,2013(1)。

(二) 行为犯的处罚前置

行为犯是区别于结果犯的一种犯罪类型，指不以结果发生作为构成要件的犯罪类型。行为犯存在广义与狭义之分：狭义上的行为犯是指纯粹行为犯，即与危险犯、举动犯相对应意义上的行为犯；而广义上的行为犯则包括了阴谋犯、危险犯、举动犯等不以实害结果发生作为犯罪成立要件的犯罪类型。在更广义上说，持有犯也属于行为犯的范畴。行为犯与结果犯在侵害客体的程度上有所不同：结果犯发生了实害结果，侵害程度较深；行为犯只具有侵害危险，尚未发生实害结果，侵害程度较轻。而行为犯具有不同的情形：一种情形是行为本身根本就不可能发生某种结果，另一种情形是行为可能发生某种结果，立法者不要求这种结果发生即构成犯罪；如果结果发生，则构成更为严重的犯罪。在行为犯中，前一种情形较为罕见，后一种情形较为多见。因此，立法者设立行为犯确实具有将处罚前置的目的。

风险刑法理论一般都以行为犯中的危险犯作为刑法应对风险将刑事处罚前置的例证。例如，我国学者在论及风险刑法的刑事立法语境中的立法技术时，将危险犯作为犯罪标准的前移的表现，指出：

在当代，基于对威胁公众生命与健康危险的预防需要，结果被扩张解释为对法益的侵害或危险。危险犯成为重要的犯罪形式大量地出现在公害犯罪中。现实的法益侵害不再是构成犯罪的必备要件。具体危险犯中危险尚需司法者作具体判断，即根据具体案件的特定关系，确定行为对通过相关构成要件加以保护的客体造成现实的结果性危险。抽象危险犯中司法者甚至无须关注个案的特定情形，也无须判断具体的结果性危险存在与否。抽象危险犯是以一般社会生活经验为根据，通过类型化技术构建的类型化危险；防止具体的危险与侵害只是立法的动机，并不成为构成要件的前提。[1]

在此，论者将危险犯置于风险社会的刑法应对这样一个背景下进行论述。确实，相对于古典时期以结果为本位的刑法，现代刑法逐渐地向以行为与结果双本

---

[1] 参见劳东燕：《公共政策与风险社会的刑法》，载《中国社会科学》，2007 (3)。

位的方向漂移。但是，这种立法现象并非风险社会理论出现以后才有的，在应对工业社会的风险中就已经采取了这种立法方式。例如，张明楷教授指出：

抽象危险犯不是风险社会的产物。例如，19世纪的《德国刑法典》《法国刑法典》都规定了抽象危险犯，1907年制定的《日本刑法典》也规定了不少抽象危险犯。此外，即使当今各国刑法不断扩大处罚范围，但其所增加的犯罪也不乏实害犯，如我国八个刑法修正案所增加的犯罪大多是实害犯。因此，上述所谓立法模式"正在从实害犯到具体危险犯再向抽象危险犯的时代跃进"的说法并不符合事实。[1]

笔者认为，现代刑法中的危险犯增加是一个不可否认的现实，但说危险犯的时代已经到来，则多少有些危言耸听。更何况，危险犯的增加具有其不同的立法背景。张明楷教授论及我国刑法修正案增加的罪名，确实实害犯较多，但也有不少将结果犯修改为行为犯，将具体危险犯修改为抽象危险犯的立法例。例如，我国《刑法》第141条规定的生产、销售假药罪，原刑法以足以严重危害人体健康为成立要件，这是典型的具体危险犯，但《刑法修正案（八）》删去了具体危险的内容，实际上是将本罪从具体危险犯修改为抽象危险犯，使本罪的入罪门槛大为降低，有利于惩治生产、销售假药的犯罪行为。对此，立法机关解释本罪的立法理由时指出："根据原规定，生产、销售假药'足以严重危害人体健康'的才构成犯罪。在修改后的规定中，本罪为行为犯，只要实施了生产、销售假药的行为就构成犯罪。这样修改是考虑到药品的主要功能是治疗疾病，维持人体健康，生产、销售假药的行为已经构成对人体健康的威胁。"[2] 这里所说的行为犯其实就是抽象危险犯，这也可以看出，在我国刑法理论中对于行为犯与抽象危险犯并不怎么区分。此外，我国《刑法》第338条规定的污染环境的犯罪，原刑法规定只有造成重大环境污染事故，致使公私财产遭受重大损失或者人员伤亡的严重后果才构成犯罪。因此，本罪是责任事故型的过失犯罪，并且是结果犯。但《刑法

---

[1] 参见张明楷：《"风险社会"若干刑法问题反思》，载《法商研究》，2011（5）。
[2] 全国人大常委会法制工作委员会刑法室编：《中华人民共和国刑法修正案（八）：条文说明、立法理由及相关规定》，77页，北京，北京大学出版社，2011。

修正案（八）》修改为只要实施了违反国家规定，排放、倾倒或者处置有放射性的废物、含传染病病原体的废物、有毒物质或者其他有害物质行为，严重污染环境的，就可以构成犯罪。立法机关在解释本罪的立法理由时指出：

　　为保障人民群众的生命健康安全，严惩严重污染环境的行为，维护经济的可持续发展，本条对重大环境污染事故罪的犯罪构成作了修改，降低了犯罪构成的门槛，将原来规定的"造成重大环境污染事故，致使公私财产遭受重大损失或者人身伤亡的严重后果"修改为"严重污染环境"，从而将虽未造成重大环境污染事故，但长期违反国家规定，超标准排放、倾倒、处置有害物质，严重污染环境的行为规定为犯罪。①

　　经过修改以后，本罪的罪名从重大环境污染事故罪改变为污染环境罪。本罪是否从过失犯罪改变为故意犯罪，在我国刑法学界存在着争议。例如，张明楷教授指出本罪原本为过失犯罪，但经《刑法修正案（八）》修改后，本罪的责任形式应为故意。② 但也有个别观点认为，本罪仍为过失犯。③ 至于是否从结果犯修改为行为犯，则取决于对严重污染环境的理解。立法机关指出所谓严重污染环境，是指既包括了造成财产损失或者人身伤亡的环境事故，也包括虽未造成环境污染事故，但是已使环境受到污染或者破坏的情形。④ 按照这一理解，本罪除仍然可以由造成环境污染事故构成以外，即使没有造成环境污染事故但环境受到污染或者破坏的，也可以构成本罪。在这个意义上，本罪还不能说是行为犯，但入罪门槛大为降低则是事实。

　　对于我国刑法修改过程中，将具体危险犯修改为抽象危险犯，将结果犯修改为行为犯这样一种现象，风险刑法理论都将之归结为应对风险的立法体现。如果说这里的风险是指工业社会的风险，那么还有一点道理。其实，这一刑事立法的

---

① 全国人大常委会法制工作委员会刑法室编：《中华人民共和国刑法修正案（八）：条文说明、立法理由及相关规定》，179 页，北京，北京大学出版社，2011。
② 参见张明楷：《刑法学》，995 页，北京，法律出版社，2011。
③ 参见周道鸾、张军主编：《刑法罪名精释》（下），858 页，北京，人民法院出版社，2013。
④ 参见郎胜主编：《中华人民共和国刑法释义》，589 页，北京，法律出版社，2011。

转变在经济发达国家早在半个世纪以前就已经完成，而我国当前正处在工业社会的飞跃时期，大量事故型犯罪出现，亟须刑法介入。不过，我们还必须看到，我国刑事立法的这一发展，还具有我国特定的法律语境，这就是二元制的处罚体制。我国采取的是行政处罚与刑事处罚的二元处罚体制，分别由行政机关行使行政处罚权，包括公安机关行使治安处罚权；由司法机关行使刑事处罚权。两种处罚制度所处罚的行为，除了一部分在性质上存在区分以外，绝大多数是同一种行为根据其情节轻重分别受到行政处罚与刑事处罚。为实现这种二元处罚体制，刑法对犯罪设置了数额与情节的限制。这种二元处罚体制当然有利于限制犯罪的范围，但涉及行政处罚与刑事处罚的衔接等制度技术。从目前的运行情况来看，效果并不理想。例如，对于污染环境的犯罪，根据原刑法的设计，只有造成重大事故的污染环境犯罪才进入司法程序，受到刑事处罚；没有造成重大事故的污染环境行为，则由行政机关进行行政处罚。但行政处罚不力，使一般的污染环境违法行为未能受到应有的行政处罚。在这种情况下，降低污染环境犯罪的刑事处罚的门槛，实际上是使本应当受到行政处罚的行为进入刑事处罚的范围，这是一种刑事处罚权与行政处罚权的此消彼长。在我国存在广泛的行政处罚的特定语境下，将刑事处罚前置这种立法现象，与其看作应对风险的举措，不如视为调整刑事处罚与行政处罚边界的一种努力。因此，风险刑法理论对于我国刑事处罚前置的立法变迁的解释也是缺乏内在根据的。

在讨论刑事处罚的前置这一问题的时候，需要考虑特定法律语境的另外一个例证是预备犯。德国学者是在预备犯的正当性的题目下探讨通过危险犯前置可罚性这一命题的。例如，德国学者指出：

刑法学界通过不同的方式承认了危险犯所必要的特殊正当化标准并且将其体系化。本文所发展的分类方式着眼于如何在不同类别的案件中奠定不法。从这种立场出发，接下来将区分危险犯的三种具有不同特殊正当化根据的主要类别：第一类是"客观危险创设犯"（objektive Gefahrschaffungsdelikte），此时对法益的危险主要源自于由行为人——故意或者过失地——所创设的、但是不能再为其所控制的客观危险状态。第二类是"预谋犯"（Planungsdelikte），此时危险由行为

人通过外在行为所表现的、实施犯罪行为的故意而引起。第三类是"协作犯"（Kooperationsdelikte），其特点在于，特别地通过多个行为人的——致使风险提升的——共同影响而将犯罪决意与其客观表征相结合。[1]

以上三类情形，都是以德国刑法典不处罚预备犯为原则的特定法律语境为前提的。只有在刑法总则没有处罚预备犯的一般规定的情况下，才需要对刑法分则通过设置危险犯将刑事处罚前置的正当性进行专门论证。但在我国刑法中，总则明确规定了处罚预备犯的一般原则，在这种情况下，刑法分则即使没有危险犯的设置，对于这种情形也可以按照预备犯加以处罚。因此，对于刑法分则设置危险犯等情形的正当性并不需要专门论证。正是在这个意义上，我国刑法中危险犯的设置及其罪名增加，与风险社会并没有关系。

（三）不作为犯的边界扩张

不作为犯是相对于作为犯而言的。一般来说，刑法以处罚作为犯为原则，以处罚不作为犯为补充。因此，传统刑法中的不作为犯总是罪名较少的。风险刑法理论认为，当代刑法出现了不作为犯扩大的趋势，此外还出现了持有这种特殊的行为，这被认为是风险刑法的表现之一。例如，我国学者在论及不作为犯扩大趋势时指出传统不作为中的作为义务，常限于行为人与被害人之间有特殊身份关系的情况，但如今作为义务有不断扩展的趋势。为防止危害，人们赞成扩大而非收缩不作为刑事责任的范围。作为义务开始扩大至普通人之间，制定法成为作为义务的直接来源。[2] 作为不作为犯边界扩张的一个范例是见危不救行为的犯罪化，论者指出：见危不救只有在高风险的工业社会才被犯罪化。见危不救首先是一个道德问题，其次才是一个法律问题。事实上，见危不救可以分为两种情形：一是基于职务、业务而具有救助义务的见危不救；二是基于伦理关系或者公共道德而具有救助义务的见危不救。前者是一个违反法律义务的问题，后者是一个违反道德义务的问题。前者的犯罪化，主要涉及的是社会管理问题；后者的犯罪化，主

---

[1] 参见［德］乌尔里希·齐白著，周遵友、江溯等译：《全球风险社会与信息社会中的刑法——二十一世纪刑法模式的转换》，210页，北京，中国法制出版社，2012。
[2] 参见劳东燕：《公共政策与风险社会的刑法》，载《中国社会科学》，2007（3）。

要涉及的是道德水平问题。这是两个不同的问题，从风险刑法理论的角度，成为问题的应该说是前者而非后者。无论是职务、业务上的见危不救还是违反道德义务的见危不救，在刑法上都远远早于风险社会理论的提出。例如，我国学者对各国刑法中的见危不救犯罪的规定进行了梳理，指出在中国对特定情形下不救助行为的惩罚性规定可以追溯至秦朝，而德国也在1871年刑法典就有关于不予救助行为的规定。[1] 因此，笔者认为，见危不救行为的犯罪化与风险社会并无关系。见危不救中的危险是一种通过他人救助可以避免的风险，刑法对见危不救行为的惩罚有利于防止这种风险的实现，也许是在这个意义上被风险刑法理论所关注并吸纳。但这只是一种臆想性的关联，而不是实质性的联系。

除了不作为犯以外，风险刑法理论还提及持有犯，认为持有行为的犯罪化也是应对风险的立法举措。例如我国学者指出持有犯罪的对象通常是与犯罪有高概率联系的物品，如犯罪工具、毒品、枪支等。尽管持有可能由作为引发或者产生作为，若没有证据证明作为的存在，或作为本身不具有刑法意义而无法构成作为犯罪，则持有犯罪本质上惩罚的便是某种状态。状态型犯罪的立法目的是要把侵害法益的风险扼杀在摇篮里。[2] 在此，论者提及侵害法益的风险，由此而在持有犯与风险刑法之间建立起某种联系。问题在于：侵害法益的风险是风险社会的风险吗？任何侵害法益的行为，根据行为发展进程都可以分为以下不同的阶段：预谋、着手、实行、结果发生、结果加重。在一般情况下，刑法是以结果发生为要件设立犯罪的，此即结果犯。但在刑法中也存在以下较为特殊的犯罪类型：以预谋为要件的犯罪，此即阴谋犯；以着手为要件的犯罪，此即举动犯；以实行为要件的犯罪，此即行为犯，包括危险犯、持有犯等。至于加重结果，则是在结果犯的基础上构成结果加重犯。除此以外，刑法还有预备犯、未遂犯、中止犯之设定，对在犯罪发展不同阶段停顿下来的犯罪，分别予以处罚。相对于结果犯与既遂犯而言，对于其他犯罪类型的处罚都具有前置性，也都具有预防法益侵害风险

---

[1] 参见叶慧娟：《见危不助犯罪化的边缘性审视》，68、72~73页，北京，中国人民公安大学出版社，2008。

[2] 参见劳东燕：《公共政策与风险社会的刑法》，载《中国社会科学》，2007（3）。

的意蕴。这里的法益侵害的风险与风险社会的风险是没有任何联系的，因为后工业社会的技术风险根本进入不了刑法调控范围。在持有犯问题上，风险刑法的论述同样是想象的成分大于科学的论证。

四、结语

刑法所规制的犯罪现象不仅是一种法律现象，而且是一种社会现象，并且首先是一种社会现象。因此，随着社会形态与社会生活的变迁，刑法包括刑事立法与刑事司法，也必然随之发生改变。这是毫无疑问的，也是刑法学者必须把握的刑法发展规律。从这个意义上说，风险刑法理论试图从社会演变当中寻找刑法以及刑法理论变化的根据，藉此推进刑法理论的发展，这是值得肯定的。但是，风险刑法理论与其赖以凭借作为理论根据的风险社会理论之间难以无缝对接，使风险刑法理论根基不稳。风险刑法理论在对刑法例证的论证中，过于大而化之而没有细致推敲，结果导致大胆假设有余、小心求证不足。所有这些，都使得风险刑法理论只能获得一时之观点喧嚣，而难以取得长久之学术积淀。这是令人遗憾的。对风险刑法理论进行法教义学的批判，并不是否认刑法理论的创新，而是指出这种创新必须要以刑法教义学为依托，对刑法教义学的理论体系进行知识补充与思想升华。

此为结论。

(本文原载《中外法学》，2014 (1))

当代中国的刑法理念

刑法的理念对于当前中国刑事法治建设具有重要的指导意义。在一个国家的法治建设过程中涉及三个层面的内容，即理念、制度和技术。理念对于一个国家的法治具有引领作用，它所包含的是一些价值以及根基性的东西，正确的理念能够引导我们的法治建设向着正确的方向发展。因此理念作为一种形而上的价值观念在法治建设过程中具有重要意义，它属于第一个层次的内容。第二个层次是制度，主要是指制度的安排，是一种权力的配置。例如在刑事法治建设中涉及的立法体制与司法体制等。制度这个层面也非常重要，它是法治在制度层面的保障。一种刑法理念如果缺乏制度性的支撑，那么这种理念就没有办法在现实生活中得到切实地落实和贯彻。第三个层面是技术，主要是立法技术和司法技术。技术层面的东西也非常重要，过去我们往往是重视理念和制度而忽视了技术的重要性，在法治建设过程中应当加强立法和司法的技术上的训练，只有通过有效的法律技术才能使法治理念在个案当中得到有效的贯彻。因此，可以说法治建设由这三个层次的内容构成。本次主讲的题目是当代中国的刑法理念，也就是说要回答当代中国需要一种什么样的刑法理念的问题。我个人认为当代中国的刑法理念包括三个内容，即人权保障的理念、刑法谦抑的理念和形式理性的理念。

一、人权保障理念

在理解人权保障理念之前，要首先解决一个问题，即刑法中所涉及的人权具体是指什么人的人权？人权的主体是什么？关于这一问题，过去往往存在错误认识。我国《宪法》已经将"国家尊重和保障人权"明确地加以规定，因此人权保障应该是整个法治所要追求的价值目标。各个不同的部门法都采取了各自的方式来保障不同人的人权，由此体现各个部门法在人权保障方面的独特性。刑法中的人权保障到底是保障哪些人的人权呢？对于这个问题过去往往存在这样一种看法，认为刑法中的人权保障主要是指保护被害人的权利，也有人认为刑法中的人权保障既包括保护被害人的权利也包括保护犯罪嫌疑人和被告人的权利。我个人认为刑法中的人权保障主要是指保障犯罪嫌疑人、被告人和犯罪人的权利。至于对被害人权利的保护主要是体现在刑法社会保护的机能当中，也就是通过打击犯罪来保护被害人的合法权益。

一般认为刑法具有人权保障机能和社会保护机能，人权保障机能主要是保护犯罪嫌疑人、被告人和犯罪人的合法权益，而社会保护机能则是主要强调保护被害人和社会一般公众的合法权益。这两种机能之间存在着一种紧张的关系。在过去相当长的一个时间里，往往把打击犯罪，以及通过打击犯罪来保护被害人的利益、维护社会秩序当做刑法的主要机能，这也就是我们通常所说的刑法"专政"职能。由于过分地强调打击犯罪，因而在一定程度上忽视了对犯罪嫌疑人、被告人以及犯罪人的人权保障。

在当前的法治建设中，需要强调对犯罪嫌疑人、被告人以及犯罪人的合法权益的保障。这就涉及一个问题，即刑法存在的正当性根据问题。也就是说在一个社会中，为什么要有刑法，刑法存在的正当性根据为何？面对这样的问题我们一种本能的反应会认为，在一个社会里之所以需要刑法，是因为存在着犯罪，因此打击犯罪是刑法存在的正当性根据。这种回答从表面上来说似乎没有问题，的确，刑法的存在以犯罪为前提，在一个没有犯罪的社会里是不需要刑法的。但是

我们进一步地思考一下，刑法的存在是不是单纯地为了打击犯罪呢？正如有的学者所言：就打击犯罪而言，没有刑法比存在刑法更能及时有效地打击犯罪。因为如果没有刑法，某一种行为只要被认为是对统治者有害的，也即具有了社会危害性，我们就可以将其作为犯罪处理；但是如果有刑法的存在，则在惩治这种具有社会危害性的行为时，还要看看法律有没有规定，如果法律没有规定则不能作为犯罪来处理。并且对犯罪行为的刑罚处罚在刑法中都是有明确规定的，应当严格按照刑法的规定来处理。如果没有《刑事诉讼法》，则在犯罪发生时就可以非常及时地对行为人加以处罚，有了《刑事诉讼法》则还要依靠程序，要立案、侦查、起诉、一审和二审等等，有一套严密的法律程序。正是这套严密的法律程序使得打击犯罪活动不能够在很短的时间内完成。从这个意义上说，《刑法》和《刑事诉讼法》的存在并不是单纯为了及时有效地惩治犯罪，而恰恰是为了对国家惩治犯罪的活动加以规范和限制，从而将其纳入法治的轨道。这就是在法治社会里《刑法》和《刑事诉讼法》所具有的对国家刑罚权的限制机能。这种限制机能在法治社会的刑法当中体现得非常明显。这是通过对国家惩治犯罪的实体和程序上的限制从而达到对犯罪嫌疑人、被告人以及犯罪人合法权利的保障。这样一种对刑法存在正当性根据的认识是非常深刻的，也是值得我们深思的。

这里面就又提出一个问题，即在一个社会中为什么要对犯罪嫌疑人、被告人以及犯罪人的权利进行保护呢？过去往往存在着这样一种认识，即我们的法律应该保护好人，而打击坏人，只有那些好人或者说善良守法的公民才受法律的保护；而那些坏人或者说犯了罪的人法律不需要保护他而是要打击他、惩罚他。正是通过对那些坏人和犯了罪的人进行打击和惩罚来达到保护好人、保护善良守法公民的价值目标。这种观点听起来似乎非常正确。的确，某人犯了罪，法律要打击和惩罚他，换句话说法律不可能惩罚一个好人。但是，难道这些犯罪人只是法律的惩罚对象，而不能是法律的保护对象么？这是值得思考的。

实际上在这样一种观念中就包含着好人和坏人这样一种"非黑即白"的两分法。但事实上好人和坏人这样一种区分实际上是一种伦理道德的标准，或者说是一种政治的标准。过去我们强调刑法要打击敌人保护人民与刑法要打击坏人保护

好人这两种观念的逻辑基础都是一样的。但关键的是谁是好人谁是坏人、谁是人民谁是敌人由谁说了算？其定义权掌握在谁的手中？如果我们按照刑法保护好人打击坏人、打击敌人保护人民这样一种思维，而好人与坏人、人民与敌人这一定义权却掌握在某一机关，甚至某一人手中，那么就会出现这样一种情况，即当他宣布你是好人、是人民时则法律保护你；而你如果是坏人、是敌人（犯罪的人）则法律不保护你，甚至打击你，那么这时候应当说是非常可怕的。关键是好人和坏人的定义权在谁的手里、人民和敌人由谁说了算。

好人与坏人、人民与敌人的区分主要体现的是一种道德的话语、道德的逻辑，或者说政治的话语、政治的逻辑，其与法治的逻辑是不相同的。在一个法治的社会里，即使是一个犯了罪的人，他的权利也应当受到法律的保护。在某种意义上，甚至可以说考察一个社会的法治文明程度，并不是看该社会对好人、对善良守法公民的权利是如何保护的，而恰恰是要看这一国家是如何保障犯罪嫌疑人、被告人，甚至是犯罪的人的权利。如果在一个社会中只有所谓的好人或者人民才受法律的保护，而一旦被宣布为坏人、敌人或者犯罪的人的权利就不受法律保护，甚至只是单纯的法律惩罚对象，那么这样的社会是很可怕的社会。因为每一个公民都是一个潜在的被告人；而一个社会中那些被指控为犯罪的嫌疑人、被告人或者犯罪人的权利都能得到法律的有效保障，则该社会中善良守法公民的权利能够受到保障的程度就是不言而喻的了。

从这个意义上来说，法律保护犯罪嫌疑人、被告人甚至犯罪人的权利实际上就是在保护我们每一个普通公民的权利。例如前些年发生的佘祥林案件，经过事实证明这是一个典型的冤案，但是在佘祥林被刑讯逼供而被迫供述杀害妻子的情况下，他被认定为一个杀人犯。这时如果法律不保护他，将他单纯地作为一个刑法惩罚的对象，则佘祥林可能早就被冤死了。所以关键就在于好人和坏人的界限，犯罪嫌疑人是否真正的犯罪人这样一个法律上的界限必须要经过严格的司法程序。刑法要保护这些犯罪嫌疑人，因为犯罪嫌疑人在强大的国家机器面前是一个弱者，他的力量和国家的力量是不平衡的。正如有人所说，你别看犯罪嫌疑人在被害人面前穷凶极恶、十分嚣张，但是一旦进入司法程序，在强大的国家机器

面前他又是一个弱者。因此对于这些被指控为犯罪的人，他们的合法权利同样应当受到法律的保护。这就是我们所讲的刑法的人权保障机能题中应有之义。

当然，这里面我们要进一步地进行追问，即刑法所具有的人权保障理念与刑法所天然具有的打击犯罪理念二者之间存在着一种紧张的关系，也即两者并不是在任何情况下都是统一的，而且可能会发生矛盾和冲突：如果过分强调打击犯罪，可能就会降低人权保障的标准；如果过分强调人权保障，则可能会降低打击犯罪的力度。这两者之间的矛盾是非常明显的。在过去我们往往强调打击犯罪，尤其过去强调贯彻"严打"的刑事政策，在这样一种"严打"的刑事政策背景之下，打击犯罪被放在一个至高无上的、首要的位置上，因此人权保障就受到了忽视，法治就往往受到破坏，甚至受到践踏。所以现在我们强调刑事法治，而刑事法治的首要义就是要强调刑法的人权保障理念，要把人权保障放在一个十分重要的位置。当打击犯罪与人权保障两者发生矛盾和冲突的时候，到底要选择打击犯罪还是选择人权保障，这才是我们在刑事法治进程中面临的重大抉择。我认为在一个法治社会里面，应当把人权保障放在第一位，宁可牺牲打击犯罪的效力、影响、削弱打击犯罪的力度，也应当强调人权保障；反之绝不能以牺牲人权保障来追求打击犯罪的目标。我们只能在有效地实现人权保障的前提下，来最大限度地追求打击犯罪的有效性。

还需要特别强调指出的是，人权保障这一理念必须要有物质基础的支撑。否则这种理念只能是空中楼阁。比如人权保障要实现，则我们的司法体制要重新安排，司法权的配置要重新考虑，另外要投入更多的司法资源。因此人权保障理念的实现需要有制度的支撑、物质的基础。对于这一点我们也必须要有一个清醒的认识。

这里我们要分析一下当前中国的刑法体制。过去讲到中国刑法往往说我国《刑法》第13条关于犯罪的概念当中有"但书"的规定，即"情节显著轻微，危害不大的不认为是犯罪"。因此分则中关于具体犯罪的规定多是以"数额较大""情节严重"作为构成犯罪的标准，而那些没有达到情节严重或数额较大的行为并没有作为犯罪处理。因此有些学者就对于我国刑法关于犯罪概念中"但书"的

规定大为赞赏,这样一来就使一部分人不至于打上犯罪烙印,因此对于保护这些人是有利的,我们的犯罪范围是比较小的。但是对于这一问题我认为可能要重新思考。如果我们的刑法规定,实施某一种行为只有达到"数额较大"或"情节严重"才构成犯罪,而如果数额不够较大、情节不够严重就不构成犯罪,而且不适用任何处罚,这一规定对于行为者是有利的:本来要受到刑法处罚,本来是犯罪现在不是犯罪,而且不受到任何处罚。但问题在于,在我们国家目前的制裁体系中,这些行为虽然不认为是犯罪,不受到刑罚处罚,但是它是被劳动教养的对象,是治安管理处罚的对象。在我国目前的劳动教养制度当中,劳动教养对被劳教者人身自由的剥夺长达三年,必要时还可以延长一些。也就是说一个人的行为构成犯罪了还可能判处缓刑、管制以及非监禁刑,但是如果被劳动教养反而要被关押二三年;对不构成犯罪行为的实际处罚比构成犯罪行为的处罚还要严重,在这种情况下,我国刑法中犯罪概念关于但书的规定难道真的是对这些人有利么?实际上不是的。如果作为犯罪来处理,他将进入刑事诉讼程序,则他享有各种诉讼权利,如上诉权、辩护权、申诉权和要求开庭的权利等;但是受到行政处罚或被劳动教养则属于一种行政措施,没有设置专门的诉讼程序,因为它本身就不是一种诉讼,只是一种行政性的行为,一种行政强制措施。在这种情况下,被处罚者没有任何的诉讼权利。在没有开庭、没有自我辩护、没有自我申诉的情况下,他就被决定劳动教养而被关押二三年,显然是剥夺了这些人应有的诉讼权利。

在这种情况下,我认为我们现在所面临的问题是进一步的"犯罪化",也即要扩大犯罪范围。犯罪化实际上有两种情形:一种是实质上的犯罪化,也就是一种行为原来是合法的、被允许去做的,现在被法律规定为犯罪,由此而使公民的某种权利、某种自由丧失,某种行为原来是合法的现在变成禁止的,这是一种实质上的犯罪化。另外一种是形式上的犯罪化。所谓形式上的犯罪化是指某种行为本来不是作为犯罪来处理,但是它受到诸如劳动教养等处罚,甚至处罚比刑罚还要重,在这种情况下把它纳入犯罪范围作为犯罪来处理,此即形式上的犯罪化。我个人认为这两种犯罪化是不一样的,第一种犯罪化实际上涉及一个国家权力与公民个人的权利与自由之间的关系,实质上的犯罪化意味着国家权力的扩张而公

民个人自由和权利的缩减,因此对于这种实质上的犯罪化我们要非常的谨慎。但是形式上的犯罪化则与之不同,它并不涉及国家权力的扩大而公民个人权利和自由的减少,它所涉及的是司法权和警察权之间的关系问题,它是一种国家权力内部的分配。如果对于这种行为不予以犯罪化,而是作为劳动教养对象或者治安管理处罚对象,那么实际上是扩大了警察权;如果把这些行为予以犯罪化而纳入到刑事诉讼程序当中,也就是实现形式上的犯罪化,那么这意味着扩大了司法权而限制了警察权,这恰恰是对这些被处罚者有利的。因此我个人认为,目前我们国家的这种刑罚体系亟待完善,在刑罚体系的完善当中就包含了这种犯罪结构的调整。我们国家现在的犯罪结构存在着重大问题,有很多在实质上是被按照犯罪来处罚的情况但是形式上不是犯罪,被排斥在刑事诉讼程序之外。这就体现出我们国家目前警察权扩张,这对公民个人自由和权利的保护是相当不利的。在某种意义上来说,一个国家的刑事法治的水平程度和警察权的大小是成反比的——警察权越大则这个国家的刑事法治水平越低,反之一个国家刑事法治水平越高则其警察权越小。因此在当前的刑事法治建设中,其中一个很重要的任务就是要对警察权加以限制。正如刚才所讲,实现了这种形式上的犯罪化,使那些实际上受到人身处罚、比较严厉的财产处罚的行为都纳入到刑法的范围,按照刑事诉讼程序来加以保障。

形式上的犯罪化可能涉及两个问题:一个就是扩大犯罪范围,把本来不是犯罪的行为作为犯罪处理给其打上了一个"犯罪"烙印,是否对其将来生活会有影响?但是我认为这只是对犯罪的一个理解问题,西方国家那些违章停车或者闯红灯都被认为是犯罪,可能被罚款五元钱,也并没有发现这一犯罪会对他的生活造成何种影响。这里还是要有一些配套措施,例如档案的管理、前科的消除等等。在这种情况下,罪名还有轻重的区分,如重罪、轻罪和违警罪,违警罪和重罪是完全不一样的。这些配套措施跟上以后,犯罪的烙印或者对社会的影响就没有那么大了。另外从反面的意义上来说,既然你觉得犯罪对自己这么不好,那么就不要去做,尽量克制或者减少这些行为。关于这个问题我觉得还需要逐渐的讨论以获得更大多数人的认同,才能得到有效解决,因为犯罪范围扩大、刑罚制度的调整是一个很重大的问

题，但是现在只是在理论上进行讨论，如果要真正地实现可能还需要很长时间。

另一个问题就是这么多被劳动教养的案件甚至很多较为严重的行政违法案件都进入司法程序中来，这就可能要大规模的增加司法资源的投入，我们的司法资源能否承担这么多案件的处理？这就要求对程序设计进行改革，也就是说使这样一种过去要作为行政处罚的行为进入到司法程序中来，并不是说将这些案件都像普通刑事案件一样要开庭、一审和二审这样走很正规的程序，而是说对于一些较为轻微的处罚可以由行政机关或者警察机关来最初作出，如果被处罚者接受就不需要再进入司法程序；但如果被处罚者不接受那么他有权申请进入到司法程序。即使进入到司法程也可以适用较为简易的诉讼程序而不是必须使用非常正规的诉讼程序，例如建立治安法庭，由治安法庭来处理这些行政案件，这种治安法庭具有司法性质。总之要改变由管理者行使处罚权，要使管理权和处罚权严格区分，这样才能保障罪刑法定原则、才能保障法治的实现。

在我们国家目前被治安管理处罚、被劳动教养的行为实际上在其他法治国家都是作为犯罪由司法机关来评价，而在我国则都是游离于犯罪之外，游离于司法程序之外，是由警察部门作出的。这种行政性的处罚虽然是有效率的、是简便的，但是对于人权保障却存在着重大缺失。只有把这些行为纳入刑法当中，纳入司法程序当中，才能扩大人权保障范围。当然这必然意味着司法资源的投入。由此可见，这种人权保障程度的提高和司法资源的投入是成正比的，如果没有足够的司法资源，则人权保障的范围是远远不够的。从这里也可以看出来，我们在观察一个国家法治的程度时，不能看表面现象，不能看法律条文的多少，而是要看它的实际情况，只有这样才能对一个国家刑事法治的实际状况作出一个较为准确地判断，这一点我认为是非常重要的。

我们国家目前的人权保障还是停留在一个低水平上，之所以存在着这样的缺欠，一方面固然是刑法理念上有待转变，另一方面也和我国的司法体制有关，和我国的司法资源匮乏有关。要在一个比较短的时间里，提高我们国家人权保障的水平，难度是相当大的。但是我们必须要在思想观念上认识到这个问题存在的严重性，从而把人权保障作为刑法的一个首要的价值进行追求，不断地创造条件来

提高我们的人权保障水平。

二、刑法谦抑理念

第二个刑法理念，即刑法谦抑理念。谦抑这个词是从日本传过来的，它的基本含义就是减少、压缩和节制，而谦抑的反义词是扩张、滥用和膨胀。通过对谦抑这个词作了这样正反两面的语义解释，那么我想大家对刑法谦抑理念的基本含义就会有所了解。刑法谦抑的基本精神就是要尽可能地减少刑罚的使用，不能滥用刑罚。这在法治建设当中也是一个非常重要的提法。这和我们对刑法功能的本身认识有关系。过去往往把刑法看作是专政的工具，看作是打击敌人的一种有效手段，基于打击敌人、保护人民这样一种政治话语，因此刑罚越重越好。而因为要打击敌人，对于敌人当然是消灭越多越好。但是打击敌人这样一种政治话语能不能直接照搬到刑法当中，这就直接关系到对法治社会刑法机能的认识。我认为刑法不仅仅是国家打击犯罪的一种手段，与此同时，刑法在打击犯罪的时候是有代价和社会成本的，因此刑法并不是越重越好，而是应当有节制，应当"不得已而为之"。尤其是要追求刑法的有效性。

从整个人类社会的演变过程来看，总体上说是一个刑法的逐渐轻缓化过程——越是追溯到古代，则它们的刑罚就是越重。北京大学法学院的储槐植教授对历史上存在的刑罚结构作过这样一个分类，他认为刑罚存在着以下几种结构：第一种刑罚结构是以肉刑和死刑为中心的，这显然是一种重刑结构，这种刑罚是非常残酷的，在古代社会曾经普遍适用，古代社会大量适用死刑，尤其是大量适用肉刑；第二种刑罚结构是以死刑和自由刑为中心，在这种刑罚结构中肉刑被废除了，死刑还保留，自由刑占据一个非常重要的位置，自由刑是近代才产生的，被誉为近代刑罚之花，自由刑的产生对刑罚的性质演变来说具有重要意义。因为在自由刑产生之前，肉刑和死刑都是以剥夺人的身体健康甚至生命作为刑罚实现的一种方式。在这种情况下，刑罚非常残酷：刑罚直接作用于人的肉体，制造肉体痛苦；但是自由刑产生以后，自由刑是剥夺人的自由，自由对于人来说也是非

常重要的一个价值,但毕竟和人的肉体、生命相比较,这种自由的剥夺不像肉体的折磨、生命的剥夺那样重,因此自由刑的产生是一个历史性的进步。第三种刑罚结构是以自由刑和财产刑为中心。在这种刑罚结构中死刑被废除,自由刑成为刑罚核心,财产刑在刑罚结构中的重要性日益凸现。而这种以自由刑和财产刑为中心的刑罚结构基本上是一个比较轻缓的刑罚结构。最后一种是以财产刑为中心的刑罚结构,也就是将来有一天自由刑也被废除,而是以财产刑为主要的刑罚方法。所以这是一个从重到轻的演变过程。

从目前世界范围来看,以肉刑和死刑为中心的刑罚结构都已经成为历史的陈迹,因为肉刑在中国汉朝时期基本上被废除直至唐朝完全消灭,当然后来有身体刑,身体刑和肉刑并不一样,身体刑可以说是一种比较轻微的肉刑,如在屁股上打板子等,它和在脸上刻字、把手脚砍掉这些肉刑相比当然属于轻缓的。在西方国家,肉刑也是很早以前即被废除。现在西方国家已经从以死刑和自由刑为中心的刑罚结构向以自由刑和财产刑为中心的刑罚结构转变。现在在国际上废除死刑已经成为一种趋势,有相当多的国家已废除死刑,所以他们国家的刑罚结构就是以自由刑和财产刑为中心;当然也有一部分国家还有死刑,但死刑受到严格限制。也就是说在有些发达国家已经从第二种刑罚结构向第三种刑罚结构转变。但是我国刑罚结构目前还处在第二种刑罚结构当中,我国的刑罚结构是以死刑和自由刑为中心的,而且死刑还占有非常重要的地位。因此从这种刑罚结构的排列顺序上来说,我国刑罚结构还处于一个比较重的刑罚结构当中。

当然有的人可能会存在疑问,那就是刑罚结构逐渐发展到以自由刑和财产刑为中心的这种"轻缓化"是否会有悖于刑法公平正义理念?我觉得这可能是一个非常具有现实意义的问题。这个问题实际上是财产刑的平等问题。生命无论穷人或富人都具有,而财产则不是这样,有的人有、有的人没有,有的人多、有的人少。所以在适用财产刑的情况下如何保证刑罚的公正性,这是一个问题。在讲这个问题之前我要强调一点,就是说刑罚的公平是相对的公平而不是绝对的公平,没有绝对的公平,如果追求绝对公平则可能陷入不可自拔的泥潭。比如说杀一个人被判死刑,杀一百个人也被判死刑,这公平么?如果不公平那么是不是说要对

杀了一百个人的人要判一百个死刑呢？或者采取一种更残酷的死刑执行方法才平等呢？我们现在认为无论是杀一个人还是杀一百个人都判处死刑这就是一种平等。另外对同样一个行为都判处无期徒刑平等么？好像不平等。一个人 25 岁被判处无期徒刑，但是他能活到 70 岁，实际上他被剥夺了 45 年自由；而一个人已经 65 岁了被判处无期徒刑，如果他最多能活 5 年，实际上剥夺他 5 年权利，我们认为也是平等的。一个没有结婚的人和一个结了婚的人被判了刑这也是平等的。一个人家里有三个孩子，其中一个孩子被判处死刑和一个人家里就有一个孩子被判处死刑似乎也不合理，那么这样说的话就没有合理和平等。所以平等是相对的。作为对平等的相对性的认识我认为是最为缺乏的。我们现在在社会生活中，普通老百姓对绝对平等的追求已经陷入了一个误区。因此对于财产刑的问题确实有一个平等问题，穷的人被判处罚款一万元可能他的所有财产都被拿走了，甚至他只有 5 000 元还要欠 5 000 元；但是另一个犯罪分子是百万富翁，那么判处一万元罚金对他就是九牛一毛，所以判的刑一样，但是行为人实际受到的处罚不一样。在这种情况下，可以说财产刑不平等，因此就有人想出了一个平等的方法叫做日额罚金制。也就是根据你每天的收入判罚金，同样一个行为被判处十日罚金，但是甲每天收入一万元那么就被判处十万的罚金，另一个人每天收入十元钱就被判处了十元的罚金。这种做法从贫富的角度可能是平等的，但是实施相同的行为为什么有的人要交十元而有的人要交十万元呢？这也是一种不平等。所以我认为平等或者不平等不是绝对的，我们只能追求一种相对平等。或者说尽可能地做到平等。所以在平等的问题上，我认为是问题最多的，也是最容易引起思想混乱的。我国刑法规定了刑法适用面前人人平等，但是刑法中的平等是否意味着同罪同罚，如果追求同罪同罚那么对未成年人要从轻处罚就没有了根据，对又聋又哑的人犯罪从轻减轻处罚也是不平等，等等很多问题无法解决。所以我认为平等问题需要我们正确理解。尤其要强调相对平等而非绝对平等。

一般来说，在一个社会刑罚的轻重和社会的物质文明、精神文明程度成正比例关系，也就是基本可以把一个国家刑罚轻重作为衡量一个国家文明程度的标志。在一般情况下，如果一个国家刑罚很重甚至很残酷，那么这个国家就是处在

一个比较落后的、文明程度较低的水平；一个国家刑罚比较轻缓，则一般来说就可以认为这个国家文明程度较高。那么为什么刑罚的轻重和一个国家的文明程度存在着这样一个比例关系呢？我认为主要是与刑罚在一个社会环境当中所发挥的作用是有关系的。刑罚实际上是一种社会管理手段，且是一种代价极其昂贵的社会管理手段，一个国家刑罚很重表明这个国家在社会治理当中很大程度上依赖刑罚。这种对刑罚的依赖恰恰意味着这个国家的治理能力较差，因而刑罚必然很重。而在一个刑罚比较轻缓的国家说明这个社会的治理逐渐摆脱了对刑罚的依赖。对刑罚的依赖程度比较低说明这个社会的治理能力较强，他不需要通过刑罚而是通过其他有效的手段来治理社会。因此刑罚轻缓化的过程实际上是刑罚在社会治理体系中作用越来越小的过程，是社会治理逐渐摆脱对刑罚依赖的过程。

在古代社会里刑罚之所以重，之所以残酷，就是因为在当时社会里刑罚是社会治理的主要手段。比如说在古代社会，政治的问题是靠刑罚来解决，因为古代社会是专制社会，专制社会最大原则正如法国著名启蒙思想家孟德斯基所说是恐怖，因为专制制度是个别人、少数人对社会大多数人的一种统治，这种统治本身不具有合法性和正当性。因此专制统治者为了维护自己的统治，必然要采取镇压方法，采取恐怖的方法，而刑罚恰恰是合法的制造恐怖的一种手段，因此刑罚被滥用，被用来维护统治者的利益，尤其是被用来维护统治者的统治权。古代社会把一些想要篡夺统治权的行为都认定为最严重的犯罪，而受到最为严厉的刑罚惩罚。在这种情况下，由于政权、统治权关系到统治者的生死，刑罚当然是很重的。但是在现代民主的社会，政治的问题不再靠刑罚来解决，政权是靠选举来推定谁来治理国家，在这种情况下，政权不再靠刑罚来镇压，即使在选举中出现了纠纷还要到法院靠法律来解决。那么在这样一个民主的社会里，是靠选举来决定政权的正当性和合法性，因此刑罚从政治领域中退让出来，刑罚不再解决政治问题。在这样一种民主社会里面，政治的问题都不是用刑罚来解决，刑罚当然就轻缓了。在古代社会里面，宗教的问题、信仰的问题也是靠刑罚来解决，在欧洲中世纪曾经建立了宗教裁判所，对异教徒来进行审判，当时的刑罚是极为严厉和残酷的，如采取火刑等，靠刑罚来推行宗教信仰。中国古代社会虽然没有像欧洲那

样强势的宗教，但是中国古代有所谓的伦理，在中国古代社会刑罚也是被作为推行伦理的主要手段，中国古代有"出礼入刑"，也就是说一种行为如果违反伦理那么就要受到刑罚惩罚，在这种情况下，刑罚当然也是非常残酷的。

但是在现代社会实行政教分离，宗教问题成为一个公民的信仰问题，信仰自由成为公民的基本人权，并被宪法所保障。在这种情况下，刑罚从宗教脱离出来，宗教成为一种私人选择，国家的权力不再介入。在现代社会，法律和道德严格加以区别，法律只调整人的外部行为，而不能成为人的心情的规则，不能去管人的内心思想，人的内心思想靠道德来调整。道德主要依靠自我反省，依靠觉悟和谴责等方法来解决，而不再靠刑罚来推行，在这种情况下，刑罚当然可以轻缓化。

当然目前这种经济生活可能还离不开刑法调整，社会秩序还离不开刑法调整，但是由于现在实行市场经济，在市场经济条件下，刑法对经济生活的介入程度是比较浅的。因为市场经济是一种自由的经济，在市场经济当中，如奥地利著名思想家哈耶克所言，存在着一种自发的经济秩序，而法律是要维护这种自发的经济秩序而不是要消灭它，这种情况下法律对经济秩序就不需要更深地介入，不需要非常严厉的刑罚。哈耶克的这种自发的经济秩序思想，我认为是具有重要意义的。在社会的治理中，在更大程度上要依赖于这种自发的秩序，包括自发的经济秩序和自发的社会秩序，法律应当充分利用和依靠这种自发的秩序。这种自发秩序的特点是有很强的生命力，而且能够自我修复、自我扩展。

这种自发的秩序和人为的秩序是相对立的。法律的秩序是一种人为秩序，人为秩序是靠一种暴力和强制力来支撑，使这种秩序建立起来；而自发的秩序存在的基础在于社会本身，有内在的生命力，不需要靠外在的强制力去维护。因此这种自发的秩序是最经济的，而不像人为秩序要花费很多资源去维护。自发秩序具有内在的生命力、具有天然属性，法律要在这种自发的秩序基础之上来进行某种调整，来进行某种领导，来进行某种维护，而不是要站在自发秩序的对立面，去打击它。

过去往往犯这一错误。我们过去往往把这种自发的东西，看作是天然的敌对

的东西，所以要消灭这种自发的东西，在原来计划经济条件下这种自发势力被认为是资产阶级的东西，所以法律要惩罚这种自发的秩序，法律要站在它的对立面，要"斗私"。但这种自发的秩序生命力很强，不是外在的强制力所能压制，因为它代表着一种人性的东西，一种本能的东西，一种社会发展的必然趋势，所以法律不能站在这种自发秩序的对立面。法律必须要建立在这种自发秩序基础之上，能够和这种自发的秩序建立一种良性的互动关系，并能够有效地融合，才能发挥作用。所以法治必须要建立在这样一种自发的秩序之上。而在过去计划经济体制之下是不存在健全法治的，只有在市场经济秩序之下法治才有可能存在。因此法治的观念能够和社会自发的观念结合起来，法律不是要去对抗这种自发的秩序，我们是要顺势而动，因势制宜。在这种情况下，法律就可以是轻缓的而不需要严苛；只有逆着自发的秩序，要消灭它，而自发的秩序本身又具有很强的生命力，法律就需要很大的强制力。所以必须要认识经济规律、社会规律，才能有效地治理社会。法律才能在治理社会中发挥它应有的作用。

我国目前刑罚之所以还较重，主要是现在社会还存在着对刑罚的严重依赖，这表明我们的社会治理能力有待提升。例如在我国的《刑法》当中，第205条虚开增值税专用发票、用于骗取出口退税、抵扣税款发票罪规定，如果骗取国家税款数额特别巨大，对国家和人民的利益造成严重的危害，按照法律规定可以判处死刑。收税要靠死刑表明这种手段和目的的严重的不对称性。在西方经济发达国家，他们的税率、税赋比我们高得多、重得多，他们的税制比我们复杂得多，但是没有哪个国家是靠死刑来收税的。我们要靠这种手段来收税，说明我们的税收征管制度存在问题，也就是说税收不上来，或者说没有更好的办法把税收上来，因此要判重刑。《刑法》第205条规定的是骗税，这种犯罪的规定在全世界可能也是独一无二的。税收已经装到国家口袋居然还能被骗走，简直难以想象。一个国家的税收怎么那么容易就被犯罪嫌疑人骗走呢？在现实生活当中还真是被骗走了，而且骗的数额还真是不小，少则几百万多则上亿。收上来的税国家自己都管不好而被骗走，更不用说犯了罪收不上来，收不上来就是犯罪、要被判罪甚至判死刑，所以说我们的税收征管制度存在问题。如果我们的税收征管能力不提高，

这种税收犯罪的重刑甚至死刑在短时间内难以改变。

在我国的经济犯罪当中，也大量的存在死刑，因此我们也是要靠死刑来管经济。我国当前社会贪污受贿犯罪非常严重，刑法对贪污罪和受贿罪都规定了死刑。随着反腐倡廉的力度不断加大，越来越多的贪官受到法律严惩，甚至被判死刑。而且被判死刑贪官的官职越来越高，甚至到了诸如成克杰这样身居高位的人。之所以出现大量的贪污受贿犯罪，主要是因为我国还没有建立起一套有效的机制，行政权力过于集中、过于垄断才使得各种腐败现象层出不穷。因此如果不能从根本上解决腐败产生的土壤和条件，那么即使杀再多的贪官也只是治标不治本。杀了成克杰可能还会有其他的人，就像韭菜一样割掉一茬还会生出。对于这一点，必须要有深刻认识。因为刑罚在社会治理过程中虽然能发挥一时之功效，但是它的作用是暂时的。它不是一个长治久安的制度。如果在一个社会治理当中光靠刑罚，那么说明这个社会治理结构是不好的。因此我们亟待提高社会治理结构，减少对刑罚的依赖。只有这样才能使我们的刑罚逐渐趋于轻缓。刑罚的问题，归根到底是一个社会治理的问题，是一个权力的行使问题，只有这种权力的行使方式改变，或者这种社会治理方式发生结构性的变化，刑罚才能够轻缓。

刑罚轻缓从总体上来说是一个趋势，刑罚的进化就是一个从重到轻逐渐消亡的过程。但是推动刑罚从重到轻演变的推动力是什么？是一种什么样的力量推动一个社会的刑罚从重到轻的演变？这个问题是值得深思的。过去往往有这样一种说法，说近代刑罚之所以能够轻缓，是因为启蒙思想家宣传了人道、平等和博爱的思想，这样一些思想经过宣传以后刑罚就开始轻缓了，就变得不残酷了。这样一种说法可能存在着很大的问题。这种人道、平等和博爱的思想是不是有这么大的作用，而使刑罚突然变得轻缓了呢？关于这个问题法国著名思想家福柯曾经作过非常深刻的分析，福柯有一本书叫《规训与惩罚》，这本书中重要的思想就是权力分析的方法，他在本书中一开篇就讲了在18世纪后半叶发生在法国巴黎街头的一起非常残酷的自行刑罚改革，有一个罪行很重大的人在巴黎街头被五马分尸，被大火烧死，这一刑罚很残酷。所以欧洲的刑罚在法国大革命以前还是非常残酷的，英国也是如此。但是经过资产阶级革命以后，前后也就是半个多世纪，

它的刑罚变得轻缓，尤其是近代监狱的诞生。近代监狱的诞生实际上就是自由刑的诞生，因为只有自由刑才需要监狱，肉刑不需要监狱，死刑需要的是刑场而不是监狱。所以监狱是近代的产物，在古代是没有监狱的。

中国古代所谓的"牢"实际上不是现代意义上的监狱，那是一个暂时的关押场所，相当于我们现在讲的看守所，也即羁押未决犯的场所。所以在自由刑产生之前没有严格意义上的监狱，只有牢，这种牢是和劳役刑联系在一起的，在古代有劳役刑而没有严格意义上的自由刑。有了自由刑才有了监狱。在福柯的书中，他分析了为什么在几十年前刑罚还很残酷，而过了几十年刑罚就轻缓了，原因是什么？福柯的结论是，过去刑罚之所以残酷，是由当时国家、社会对个人的控制，或者说权力的作用、权力的行使方式决定的：当时的权力作用于人的肉体，因此这种肉体就成为权力的祭坛，在人的肉体上来彰显权力的威严。通过制造鲜血淋淋的场面来张扬国家权力而使其他人都害怕，不敢去反抗。也就是当时国家没有办法来管理个人，所以只能是权力作用于人的肉体。这很像家长教育小孩，没有办法教育好小孩，就只有打了。用棍棒打，为什么用棍棒打呢？因为他没有办法管好小孩。这个小孩是父母亲生的，从本性上来说他并不愿意打小孩，打他是因为没辙了。如果有别的办法能把小孩管好他不会用打的。以此相类比，国家没有更好的办法来管好公民，所以只能是用残酷的刑罚。但后来刑罚为什么轻缓了呢？福柯认为，这是因为国家权力对个人的控制方式发生了根本的变化，这种权力由原来作用于人的肉体变成作用于人的精神。国家找到了对个人更好的统治方法。所以监狱正是顺应这样一种权力治理方式的改变而出现的一个场所。监狱是一种规训的场所，监狱的功能很大一部分在于教育改造使犯罪人脱胎换骨、重新做人。监狱就像兵营、工厂车间或者学校一样，对这些人进行规训、教育，进行这种封闭式的训练，使他服从法律和国家。经过监狱训练后的人都是驯服的。所以国家权力对个人这种驯服的方法不再是作为肉体的报应，而是采取一种规训的方法。也就是说国家找到了一种能够更为有效地管好个人的方法，所以过去残酷的方法就不用了。福柯的意思是说如果国家没有找到更好地管理个人的方法，那么那种残酷的方法就不会消失。所以并不是说国家突然发慈悲了或者是一个很

慈善的统治者上台了，才突然导致过去的一套不要了，这实质是一种治理方法的改变。我觉得这样一种思想是比较深刻的。刑罚轻缓的背后起推动作用的，当然人道等思想可能会起一定作用，但是这绝非根本性作用。根本性的是一种更好的社会治理方法替代了刑罚的残酷。

这一点也可以用来分析古代的刑讯制度。刑讯是案件的侦查过程当中，为了证明案件的真相而对嫌疑人进行严刑拷打使其招供。刑讯制度在中外古代都存在，并且是合法的。在中国古代也是这样，犯罪嫌疑人上来就被打一百下屁股，如果不招供，就再打，直到招供为止。即使已经发现了其他证据能够证明他犯罪，这时按照现在的口供制度，即不用口供也能证明犯罪，那么就无需口供了，但是当时是不行的，必须打到他招供。犯罪人招供是一种正常的结案方法，无招供就不能结案。所以刑讯很残酷。在欧洲也是一样。所以在欧洲口供就被认为是"证据之王"，严刑拷打造成大量的冤假错案。意大利著名刑法学家贝卡利亚在《论犯罪与刑罚》一书中也曾经对中世纪的刑讯制度进行了猛烈抨击。

这种刑讯制度的不合理性是显而易见的，但是为什么刑讯制度存在了好几千年呢？反而到现代社会刑讯制度突然就取消了？关于这一问题，德国著名刑法学家拉德布鲁赫曾经作过一个非常有说服力的分析，他认为近代刑法当中的刑讯之所以被取消是因为近代科学技术发展，出现了一些科学技术手段在侦查中被采用，因而就能够有效地治理犯罪，有效地发现案件真相。例如痕迹鉴定包括血液的鉴定、毛发的鉴定甚至现在基因的鉴定等，这些非常先进的技术手段在侦查过程中被广泛采用，大大提高了侦破率。在这种情况下就可以废除刑讯。而在古代之所以需要刑讯是因为当时的科学技术手段非常落后，如果不是靠刑讯则案件无法破获，如果大量的犯罪案件都无法破获则这个社会就没有秩序，因此为了维护这种秩序必须要采取这种非常残酷的手段，来保证大部分案件的破获。即使冤枉个别的人、少数人也是一种不得已的代价。

拉德布鲁赫对中世纪的刑讯制度在近现代的消失这样一种原因的分析我认为是非常深刻的，就是说背后有一种物质的东西在起作用。这一点我们必须要看到。刑罚的轻缓是一种逐渐发展的趋势，刑罚轻缓的实现有待于社会治理能力的

提高，有待于科学技术水平的发展，有待于物质文明、精神文明程度的提高。当然，这并不是说对于刑罚的轻缓我们只能简单地等待，等到物质文明和精神文明提高了刑罚自然轻缓。必须要看到这种刑罚的轻缓是我们所要追求的一个目标。我们要对现在的重刑结构进行不断的反思，如何提高社会治理能力，而减少对刑罚的依赖。尤其是要更新刑罚观念，现在在社会中，存在着一种刑罚迷信的观念，总是认为刑罚越重越好，当一个地方社会治安比较乱，犯罪率比较高，人们就本能地想到要重判，想要通过这种严厉的刑罚惩罚来解决社会治安问题，实际上这样一种反应本身就缺乏一种理性的科学根据。因为犯罪的发生有它自身的规律，不以刑罚的轻重为转移，以为刑罚越重越好，刑罚越重就能把犯罪打下去，如果刑罚轻了犯罪就必然高，这样一种对犯罪和刑罚之间因果关系的联想是建立在错误的认识基础之上，是缺乏科学根据的。因为犯罪有它自身的原因，这个原因不是刑罚所能解决的。刑罚只能治标不能治本。因此如果"本"不治则刑罚再重犯罪也会在社会中蔓延。

实际上刑罚对人的威慑力极为有限，有的人总是有这样一种想法或者说误解，认为在一个社会里如果杀人罪被废除死刑了，那么人人都会去杀人，实际上这是不对的。杀人罪的死刑和杀人案的发生之间几乎没有太大联系。对于杀人的案件来说有无死刑影响不大，并不是说有死刑杀人案件一下就大幅度下跌，反之没有死刑杀人案件突然大幅度增加。因为杀人者不会无缘无故杀人的，"没有无缘无故的恨，也没有无缘无故的爱"，一个人去杀人总会有他的原因：对于有些人来说这种杀人的冲动或者说动机非常强烈，非致对方于死地不可，即使自己被判死刑也在所不惜，在这种情况下杀人罪有无死刑并没有什么区别，有死刑他去杀人，无死刑他也去杀人，对这些人来说死刑并无意义；另外还有一部分人有侥幸心理，他认为你去杀人可能被破获、被判死刑，我去杀人可能会逃避法律制裁，因此去杀人，对于这样的人，杀人罪的死刑也无意义；还有一部分人是冲动下杀人的，在当时的刺激下而产生杀人念头，这些人在杀人时并没有想到会被适用死刑，没有想到刑罚威慑，因此对这些人死刑的威慑也是无意义的。那么对于杀人罪来说只有这种情况下是有作用的，就是一个人已经产生了很强烈的杀死另

外一个人的意图,但这种意图又没有强烈到宁愿自己失去了性命也要把你杀死这样一种严重程度,在这种情况下,如果刑法有死刑则它可能克制一下自己的杀人欲念而不去杀人;如果刑法没有死刑可能杀人的欲念就膨胀了,就去杀人。有无死刑就只对这种人有影响,而这种杀人案件在整个杀人案件当中所占的比例非常之低,可能一百件里有一到二件就不错了,由此可见,即使对杀人罪来说死刑也是作用不大的,更不用说对其他犯罪了。

因此不要迷信重刑罚。不要以为刑罚是解决犯罪问题的灵丹妙药。这是我所讲的第二个问题,也就是刑法谦抑的理念,也是法治社会所要追求的。

三、形式理性的理念

形式理性是和实质理性相对应的。这里的理性实际上指的是一种合理性。应该说任何一种社会制度和法律制度都是在追求某种合理性。这是不言而喻的。但是这种合理性又可以分为形式合理性和实质合理性。这两种合理性是有所不同的。所谓实质的合理性指的是一种内在的价值需求;而所谓形式合理性是指一种规则,在这种规则的情况下来满足这种价值追求。

对于实质合理性和形式合理性而言我们当然愿意两者兼而得之。就法治而言,在立法的时候就是要把实质合理性的东西通过立法程序转化为法律;然后通过司法对法律的适用将法律规定适用于个别案件,因而实现形式合理性。这个当然是一种非常理想的状态了。但实际上,在形式合理性和实质合理性之间往往存在着一种紧张关系。也就是两者往往存在矛盾和冲突,很难兼得。

在法律领域这种形式合理性和实质合理性之间的矛盾和冲突中国古人曾经用一句话作了非常精辟的概括,这就是"法有限而情无穷",这种法的有限性和情的无穷性之间的矛盾也正是形式合理性与实质合理性之间的矛盾在法律领域中的最好概括。在刑法当中同样存在着这种"法有限而情无穷"的矛盾,所谓"法有限"是指刑法条文有限,刑法当中设置的罪名有限,因此,很难用一部刑法把社会生活当中各种各样需要用刑罚来惩罚的行为都毫无遗漏地规定下来;另一方面

是"情无穷",也就是说在社会生活当中存在着各种各样具有严重社会危害性的行为,这些行为是五花八门、千姿百态、无穷无尽的。

之所以会存在着刑法当中的"法有限而情无穷"这对矛盾,我认为主要是有两个原因:第一个原因是这种犯罪现象的无穷性和立法能力的有限性这种矛盾,一方面社会生活当中犯罪现象无穷无尽,另一方面立法过程中立法者的认识能力是有限的,有很多应当作为犯罪来惩罚的行为在刑法当中并没有规定,从这个意义上来说,刑法当中所规定的犯罪只是我们这个社会当中存在着的各种各样严重危害社会行为当中的一部分,甚至是一小部分。第二个原因是刑法的稳定性和犯罪现象之间的变动性所决定的。刑法具有稳定性的要求,不能朝令夕改;另外一方面犯罪现象随着社会生活而处于永恒地变动中。正因为这样一种矛盾,因此立法总是滞后于犯罪的发生。也就是说刑法典刚刚制定出来也就滞后于犯罪现象了。因为马上就可能有新的犯罪发生而刑法里却没有规定。

面对"法有限而情无穷"这样一对矛盾,如果遵循形式合理性原则,那么只能对法律有规定的行为作为犯罪加以惩罚,对于法律没有规定而有严重社会危害性的行为就不能作为犯罪来惩罚,因此获得了形式合理性而丧失了实质合理性。如果对于法律没有明确规定为犯罪的但是具有严重社会危害性的行为也按照犯罪来处罚,则是获得了实质合理性牺牲了形式合理性。因此在形式合理性与实质合理性之间存在着一个取舍问题。

如何在刑法中解决、至少是有效地缓解法的有限性和情的无穷性之间的矛盾,中国古人早在两千多年前就设计了一种制度,这就是类推。中国春秋时期著名思想家荀况就说过这样一句话:"有法者,以法决;无法者,类比之",也就是说有法律规定的按照法律规定来处理,没有法律规定的采取类推的办法来解决。类推在一定程度上是缓解法的有限性与情的无穷性之间矛盾的一种有效的方法。类推实际上是扩大了法律规定的范围,使那些法律没有明文规定但是和法律规定之间具有类似关系的案件能够找到法律处理根据,能够得到有效解决。类推和依照法律规定来适用案件是不一样的。在有法律规定的情况下,在法律规定和案件事实之间存在着逻辑上的同一关系,因此能够把法律规定按照演绎的方法适用于

一个具体案件。法律规定是大前提,案件事实是小前提,然后采取演绎的方法,适用于具体案件,能够保证法律适用的有效性。但是通过类推来定罪的案件,则是法律没有规定的,因此类推的案件事实与法律规定之间不存在同一关系,但是存在类似关系,基于这种类似关系而扩大法律适用范围,使得本来法律没有明确规定的行为也能按照现有的法律规定来进行处罚,从而缓解了法的有限性和情的无穷性之间的矛盾。因此中国古代广泛地采用类推方法。也就是刑法中大量存在的"比附援引",都是法外用刑,都是扩大法律适用的范围。

这种类推的方法所体现的是一种对实质合理性的追求。这种实质合理性的选择和我们的日常生活经验是相吻合的,也就是说我们在日常生活当中都是按照这种实质合理性的方法来思考问题和判断问题。这是具有现实合理性的。比如说一个公园里的池塘中养着鱼,公园的管理部门在池塘边立了一块牌子,牌子上面写着禁止垂钓。现在有一个人在池塘里面不是钓鱼,而是在张网捕鱼,此时公园管理人员来制止他说我们这里不能捕鱼。面对公园管理人员的制止,该张网捕鱼者为自己的行为作了这样一种辩解,他说公园的牌子上只写着禁止垂钓,表明不让钓鱼,而我并没有在这里钓鱼,我是在捕鱼,因此你不能用"禁止垂钓"的规定来禁止我的张网捕鱼行为。面对张网捕鱼者的这样一种辩解,我认为只要是一个具有正常理智的人都会得出这样一个结论,即认为他是在狡辩。我们都会赞同公园管理人员按照"禁止垂钓"的规定来禁止他的张网捕鱼行为。在这样一种生活常识的判断背后,实际上就是一种类推的思想在起作用,也即在追求某种实质合理性。这种背后的推理方法是什么呢?就是"举轻以明重"。也就是在池塘里面钓鱼都不允许,则张网捕鱼就更不允许了。钓鱼为"轻",张网捕鱼为"重",轻的都不允许,则重的更不允许了。因此这样一个规定虽然没有明文禁止捕鱼,但是在禁止钓鱼背后实际上包含着禁止捕鱼。所以这样一个判断是有他的合理性的,类似的判断是很多的。

在刑法里倡导罪刑法定而禁止类推,罪刑法定所具有的就是对形式理性的追求,罪刑法定是建立在形式理性的基础之上的。罪刑法定要求"法无明文规定不为罪,法无明文规定不处罚",也就是说只有法律有规定的才能处罚,而法律无

规定的就不能处罚。如果法律没有明确规定则即使这种行为具有再严重的社会危害性也不能作为犯罪来处理。罪刑法定原则在刑法中规定之后,实际上意味着司法方法发生了一场深刻的革命。过去的司法理念都是建立在实质理性的基础之上,过去强调犯罪的社会危害性是犯罪的本质特征。因此,一个行为只要具有社会危害性就需要承担刑事责任,那么这种"社会危害性"理念实际上就是一种实质合理性的理念。他和罪刑法定原则所倡导的形式合理性之间是存在着矛盾和冲突的。因此罪刑法定原则在刑法中的确立,不仅仅是一个原则而是带来很多理念上的根本变动,我们必须要适应这种变动。比如说罪刑法定原则之下的刑法解释,刑法的解释是一个技术问题,正如我开始所讲它属于技术层面。但是这个技术的运用和理念是分不开的,也就是刑法的解释要受到罪刑法定原则的限制。在刑法解释当中存在着两种方法:一种是形式解释,另外一种是实质解释。现在越来越倡导实质解释。这种实质解释论的方法,在一定意义上是可以成立的,可以作为一种刑法解释方法。在有关司法解释当中,也确实采用了这种实质解释的方法,例如2007年7月8日两高《关于办理受贿刑事案件适用法律若干问题的意见》中,对于一些变相受贿的行为直接解释为受贿而按照受贿来处理。这样的司法解释就是采用了实质解释的方法。

在罪刑法定原则之下,这种实质解释论要受到罪刑法定的限制,而不能超越罪刑法定原则的范围。当然,在一个具体的法律解释当中,如何来把握这种解释的边界,如何使这种实质解释不超越罪刑法定的边界,这是非常困难的,也值得我们认真研究。例如最近我碰到一些案件,就涉及对某个犯罪的理解,这个罪名我们非常熟悉,当然案件不是很多,这就是故意毁坏财物罪。那么什么是"故意毁坏财物"呢?首先行为是"毁坏",而毁坏的是财物,那么我们想到毁坏财物的核心含义可能就是把一扇门给砸掉,把门上的木头给破坏掉,发生物理上的损坏使门的功能丧失而不能再作为门来使用。这是最典型的"毁坏"财物,这没有问题。那么从这样一个意义我们可以得出,"毁坏"是采取一种暴力性的手段使这种有形的物体发生物理性变性或破坏,而使其物理功能丧失。但是后来出现一些案例,有的是教学案例,比如说甲把乙的金戒指扔到海里去,这是否属于毁

坏财物呢？有人说这是毁坏财物，因为甲把乙的金戒指扔到海里了，乙的财物没有了可以视为一种毁坏；但是有的人认为这不能叫做一种毁坏财物，因为此时金戒指并没有毁坏，作为财物的金戒指还"躺"在海里呢，有朝一日说不定会被谁捞走。扔金戒指的行为并没有使财物的物理性质发生变化，这怎么能叫做毁坏呢？另外还有一个例子，甲看到乙鸟笼里有只鸟值几万块钱，如果甲把鸟给摔死了，可以认为是毁坏财物应该没有问题，但是甲把鸟给放走了，鸟飞走了，找不到了，这是否是毁坏财物？因为鸟还活着，并没有死。当然从被害人的损失来说都是一样的，就是说你把我的鸟摔死了我损失几万块钱，同样你把鸟放走了我也损失几万块钱。但是这两种行为是一样的么？都能够按照毁坏财物处理么？这里就存在问题。这两个例子属于教学案例。

最近我看到两个真实的案例，一个案例发生在上海而且该案例还上了最高法院的公告。案例是说有一个人对另外一个人为了泄愤，就侵入这个人的股票账户，把他的股票高价低卖，使这个人受到了财产损失。这个案件被法院认定为故意毁坏财物罪。这个行为是毁坏财物么？行为人盗卖的行为是否是一种毁坏？而且我们前面所讲的财物一般指有形的财物，而本案例中涉及股票这一财产损失，司法机关把这一行为认定为毁坏财物，那么他符合刑法所规定的毁坏财物的构成要件么？另外还有一个案件，在温州有很多家庭作坊加工纽扣。纽扣往往是数以万计甚至十万计，一麻袋一麻袋的装。每个麻袋装的纽扣是不一样的，有的是铜的、有的是塑料的、有的是贝壳的，而且加工的程序也不一样，有的是半成品、有的是残次品、有的是成品。现在有一个人与另外一个人有仇，为了泄愤，把他几十个麻袋的纽扣混在一起，要是把这些纽扣一一分开来可能要花费几万元。检察机关对该被告人以故意毁坏财物罪起诉到法院。那么这是否是一种毁坏财物行为呢？因为纽扣还在，并没有破碎，这是否是一种毁坏？在这种解释中，实际上都是脱离了毁坏财物这一个罪名在构成要件上的要求。如果把这些行为都理解为毁坏财物，那么毁坏财物罪就演变成使一个人财产受到损失就是本罪。至于财物是什么不去管，损害方法也不去管。只要行为人通过一种方法使他人财物减损了就是毁坏财物，这样一种解释是否是一种过于实质的解释而破坏了罪刑法定原

则？也就是说毁坏财物行为本来应该有的含义是什么？我认为对毁坏财物还是应当作限制解释和形式解释，而不能任意作实质解释。从表面上来看上面案例中所讲的鸟被摔死和将鸟给放走，对财产所有人来说，损失都是一样的。但是仔细地分辨，这两种行为还是不太一样。这种不同可以讨论。在毁坏财物的情况下，使社会财富总量受到减损；对财物物理性的破坏使财产总量减少了，刚才所讲的将鸟放走或者将戒指扔到海里则并没有使得财富的总量减少，也就是说张三丧失了鸟的所有权，但是可能该鸟被李四捡到了；戒指虽然被抛到海里面，但是戒指本身还在，也许百年后被另外一个人捡走，所以这几种情况下财富的总量并没有减少，因此像类似的情况就不能将其认定为故意毁坏财物罪。故意毁坏财物罪要严格按照"毁坏""财物"这一字面含义来理解，来严格地加以限制，而不能随意扩张再扩张。把该罪最后变成了"口袋"罪。按照这种形式解释，扔别人戒指的行为不能认定为故意毁坏财物罪，或者将别人纽扣随意混在一起，别人分开来要花费几万元，不能认定为毁坏财物罪，但是可以将这种行为作为民事违法行为，通过民事制裁手段进行解决。

但是有的人可能认为，这样一种解决方法不合理，就像这只鸟无论是将其摔死或者放走对财物所有人而言的损失都是一样的，为什么摔死就是犯罪，而放走就不是犯罪呢？财物所有人的损失不是一样的么？既然摔死是犯罪则放走的行为也应该是犯罪，都是给财物所有人造成了损失。这里面就存在着对实质合理性的理解问题，这是一种追求实质理性的结果。但是刑法只能按照形式理性进行解释，即法律有规定就是犯罪，反之没有规定就不是犯罪。而不去考虑没有明确规定的情况下该行为的危害性有多大。尽管某一行为的危害性很大，但是如果刑法没有规定那也只能是不作为犯罪来处理。

这种形式理性的理念在我国刑法中也是相对缺乏的。尤其是司法工作人员过去在"社会危害性"这一理论的指导下，有着强烈的实质合理性的冲动。司法工作人员拿到一个案例首先就是考虑该行为有没有社会危害性，首先做实质判断。而按照罪刑法定原则，遇到案件后首要看法律有无规定，因此形式判断在逻辑的位阶上应当优先于实质判断，也就是说先作形式判断再作实质判断。首先看法

律是否有规定,如果法律没有规定就不再做实质判断,行为就不是犯罪。如果该行为法律有规定,但是其并没有社会危害性也无须再作实质判断,还可以将该行为从犯罪行为中排除出去。

在刑法当中如何处理形式判断和实质判断之间的关系是一个很重要的问题。过去往往是形式判断和实质判断不分,这实际上是一种判断主体角色的混乱和混同。实质判断是一种立法者的思维,因为立法者首先要判断某种行为是否有社会危害性,有就要作为犯罪处理;但是对于司法者而言首先要作形式判断,首先看这一行为法律是否有规定,再去考虑行为是否有社会危害性,因而这两种判断主体的角色是不一样的。在罪刑法定原则下的判断,是一种司法者角色的判断,因此必须是形式判断优先。而过去的形式判断与实质判断不分,反倒强调两者的统一,这实际上是强调实质判断,把实质判断放在前面,而将形式判断放在了后面;形式判断变得可有可无,实质判断凌驾于形式判断之上。这样一种形式判断和实质判断混乱的背后实际上是判断主体角色的混乱,也就是说司法者往往把自己当做立法者,这种角色混乱的背后又是因为权力结构没有分化造成的,最终也可以追溯到权力。在权力分化的情况下立法和司法严格区分,立法者作实质判断,司法者仅作形式判断。但是目前是立法权与司法权不分,所以在判断之时往往是权力高度统一、权力没有分化,判断主体的角色很混乱,一会儿是立法者,一会儿是司法者,这就导致了形式判断与实质判断不分。罪刑法定原则就要求司法人员只能在形式判断的基础之上才能作实质判断,而不能将实质判断优先于形式判断。

当然我们说要倡导形式理性并不是说仅仅依据法律规定,即使行为没有实际上的社会危害性也应当作为犯罪来处理。我们只是强调如果法律没有规定无论如何都不能作为犯罪来处理,那么在法律有规定的情况下先作形式判断再作实质判断,如果根据实质判断某一行为没有社会危害性、没有实质内容,这种情况下可以不作为犯罪处理。因此在罪刑法定原则下实质判断没有独立于形式判断的入罪功能,只有出罪功能。在司法中的实质判断与在立法中的实质判断的功能是完全不一样的,在立法中的实质判断是为立法提供依据,某行为具备社会危害性应当

作为犯罪处理,所以将其规定为犯罪,因此这里的实质判断是第一位的;而在司法中作为司法者首要要遵循罪刑法定原则,进行形式判断,看该行为法律是否有规定,如果法律没有规定就不能作为犯罪来处理,但是在法律有规定的情况下再来作实质判断,如果这个行为没有社会危害性则也可以不作为犯罪来处理,在这种情况下,实质判断的功能是一种出罪功能,而非入罪功能。

因此正确树立刑法中形式理性理念,对我国刑事法治建设是具有重要意义的。这也是中国古代传统法律文化中所缺乏的。中国人历来习惯于实质判断而缺乏形式判断。德国著名的思想家马克斯·韦伯曾经作过精彩论述,中国古代没有法逻辑的思维方法,往往习惯于实质判断,缺乏法治的逻辑基础。罪刑法定原则下一定要强调形式判断。只有这样才能保证定罪量刑活动严格在法律的范围内进行。使司法权不得滥用。这对于人权保障是非常重要的。

我主张用形式理性理念,这就涉及用形式理性对某一具体行为的解释时,解释到什么程度合适?这个问题可能不完全是一个解释的方法问题,也不完全是一个技术问题,可能还是有一个社会认同问题。有些东西我们解释起来理所当然,但在其他地方可能就不能这样解释,例如在德国,有一个关于盗窃和加重盗窃的规定,这个规定认为在盗窃中如果使用武器来伤害他人进行盗窃就要施以重刑。后来德国有这样一个案例,一个犯罪分子用硫酸泼女事主而抢女事主的财物。这个案件就涉及一个问题,即泼硫酸是否属于刑法所规定的"使用武器"来伤害财产所有人。这个案件开始被判为使用武器,判决后引起很大争议,很多人认为这属于类推,因为使用的武器必须是诸如枪支、棍棒等,而硫酸属于化学制品,并不属于武器,所以这一行为不能按照"使用武器"的规定处理。所以这是一种类推。经过争论后,在德国刑法学界绝大部分人认为这样一种说法属于类推,硫酸不能天然地归入"使用武器"当中。所以后来这一法律规定被修改了,即"使用武器或者其他物品来伤害当事人"的,这样就可以把这一行为包容进去了。但是这在我国就不认为是问题,因为法律规定了使用武器,而硫酸是可以当做武器使用的,只要是用来伤人就可以认为是武器,所以这里可能有一个承受能力问题。当然还有另外一个问题,是一个不同的语言自身对内容的包容能力问题,不同语

言的可解释程度是不一样的，例如盗窃电能，电这种能源的出现不足一百多年，而盗窃罪存在几千年了，那么盗窃电能否作为盗窃罪来处理呢？这就是一个问题。这一问题在不同国家刑法是通过不同方法来解决的，例如在法国是通过最高法院的判例来解决的，认为电就是财物，是一种无形的财物；但是在德语里"物"这一词语并不包括相对无形的电，如果把无形的电也作为物的一种就会破坏物这一个词的通常使用方法。因此在德国对于盗窃电的行为专门加了一个条款，即盗窃电能的以盗窃罪论处。也就是通过法律规定的方法来解决。所以这就可以看出不同国家不同语言的可解释程度是不一样的，而且不同国家不同民族对于解释的限度以及社会认同也是不一样的。也许在这个语境下解释不成问题，但是到了别的国家就不通。因此在理解不同国家的法律规定或者理论著作的时候千万要小心。要作出精确的判断。有的人看了考夫曼的《法律哲学》这本书，考夫曼还有另外一本书叫《类型与事物本质》，在这些书里考夫曼提出在某些情况下是可以进行类推的，他赞同类推；所以有些学者就说考夫曼赞同类推，我们也应当允许类推。实际上我们要看一看他所讲的需要类推的事物是什么，他所讲的类推适用场合在我国是根本不需要类推的，完全是这个词的本来应有之义。所以他所讲的这个词和我们所说的真正想要类推的情况是完全不一样的。在考虑对国外法律和理论进行判断的时候，一定要考虑中国的情况，而不能说国外怎样，我们怎样。因为我们所面临的问题不一样，使用的语言不一样，法治程度也不一样，这一点必须要加以明确。

（本文原载《国家检察官学院学报》，2008年6月第16卷第3期）

面向 21 世纪的刑事司法理念

刑事司法理念是一个内容十分丰富的概念,涉及刑法理念、诉讼法理念和证据法理念,由于时间关系,今天我只就刑法基本理念作一些论述。

面向 21 世纪的刑事司法理念,这个命题本身就蕴涵着这样一个前提:我们传统的刑事司法理念需要转变,这种转变的背景就是法治入宪。法治并不是一个空洞的概念,从法治概念中可以合乎逻辑地引申出刑事法治的概念。刑事法治是指刑事领域的法治状况。我认为刑事法治是法治的最低限度标准,或者说是法治的底线。因为在一个社会中,公民的人身权利和民主权利得不到法律的有效保障,那么这个社会就很难说是一个法治社会。在刑事法治的建设当中,我认为,首先涉及的是一个刑事法治理念的问题。我们过去的刑事司法理念是建立在专政的基础之上的,是把打击犯罪作为一个首要的目标来提出的,但在刑事法治的背景下,我们的刑事司法理念需要随之而转变。

首先我从形式合理性和实质合理性这样一对范畴谈起。在形式合理性和实质合理性当中有一个关键词,这就是合理性。应该说,任何一种社会制度和法律制度都追求合理性,这是不言而喻的。但这种合理性又可以分为形式的合理性和实质的合理性,这两种合理性是不同的。形式的合理性是指客观的合理性和手段的

合理性，实质的合理性是指主观的合理性和目的的合理性。我们在追求合理性的时候总是想使这两种合理性兼而得之，也就是说既想获得形式合理性，又想获得实质合理性，但实质上两者之间往往存在着一种紧张的对立关系。对于这种紧张的对立关系，德国著名的学者家马克斯·韦伯曾经有一个生动的表述，他说"法逻辑的抽象的形式主义和通过法来满足的实质的需要之间存在着一种无法避免的矛盾"。一方面是法的逻辑，另一方面是通过法所满足的实质的价值需求。这两者并不是和谐统一的，往往会存在着矛盾和冲突。中国古人曾经说过"法有限，情无穷"，因此，很难用有限的法来规范无限的情。这种法的有限性和情的无穷性之间的矛盾就是形式合理性和实质合理性之间矛盾的前提。在刑法领域也同样存在着法的有限性和情的无穷性之间的矛盾。所谓的法有限，指的是刑法条文有限，在刑法条文中设置的罪名有限；而所谓情无穷，是指犯罪的现象是无穷无尽的。因此，在刑法当中规定的犯罪只是我们生活中犯罪现象的一部分，甚至是极少的一部分。

之所以在刑法领域中存在法的有限性和情的无穷性之间的矛盾，我认为，主要是由以下两个原因决定的。第一个原因是刑法的稳定性和犯罪现象的变动性之间的矛盾。由于刑法关系到公民的生杀予夺，所以它不能朝令夕改。因此，刑法具有稳定性的要求，尽管这种稳定性是相对的。同时，犯罪又具有变动性。作为一种社会现象，犯罪是随着社会的发展而处于一种不断的变动当中。这种变动包括两个趋势：一是犯罪化的趋势，即在刑法制定时这种行为的社会危害性还没有达到犯罪的程度，所以立法者并没有把它作为一种犯罪规定在刑法当中。但随着社会的发展，它的社会危害性达到了犯罪的程度，应当在刑法中规定为犯罪，这样就提出了一种犯罪化的要求。二是非犯罪化的趋势，即在刑法制定时它是具有社会危害性的，并且这种危害性达到了犯罪程度，因此被立法者规定为犯罪。但随着社会的发展，这种危害性消失了，不再应当作为犯罪来处罚，这样就提出了非犯罪化的要求。犯罪化和非犯罪化的双向运动是一个伴随着社会生活发展的永恒过程。那么从这个意义上来说，刑法总是滞后于社会生活的发展，滞后于犯罪现象的发展。第二个原因是立法能力的局限性和犯罪现象的无穷性之间的矛盾。

在刑事立法的时候需要对社会上各种各样的危害行为加以抽象,把它设置成罪名,在刑法当中加以规定。但是立法者的能力是有限的,立法时再完备也不可能把社会生活中各种各样的严重危害社会的行为都毫无遗漏地规定下来。正是由以上两个方面的原因所决定,刑法中所规定的犯罪仅仅是各种各样严重危害社会的行为当中的一部分。这就产生了形式合理性和实质合理性之间的矛盾。也就是,如果我们按照刑法的规定去惩治犯罪,那么我们获得了形式合理性。这就意味着,刑法中没有规定的那部分严重危害社会的行为得不到惩治,因此我们就丧失了某种实质合理性。相反,如果我们对刑法中没有规定的那部分严重危害社会的行为进行惩治。那么,我们获得了实质合理性,但这是以牺牲了形式合理性为代价的。由此,这里产生了一个两难的选择。到底是选择形式合理性还是选择实质合理性?这两者的矛盾是客观存在的。它是法的局限性所致,不可能从根本上得到解决,但即便如此,它还是可能在一定程度上得到缓解。

在中国古代春秋时期,著名的思想家荀况曾经说过"有法者依法行,无法者以类举"。荀况这里就提出了类推这样一个方法,希望通过类推这个方法来缓解有限的法和无限的情之间的矛盾,使法律具有更大的涵盖性,从而缓解形式合理性和实质合理性之间的矛盾。按照荀况的说法"有法者依法行",也就是法律有明文规定的,就按照法律的规定来处理。所谓"无法者以类举",就是法律没有明文规定的就按照类推的方法来解决。显然,在类推和按照法律的明文规定来处理案件这两者之间是有明显的不同。在法律有明文规定的情况下,按照法律的规定来处理案件,在法律规定和案件事实之间存在着某种法律上的逻辑上的同一关系。在类推情况下,法律规定则和案件之间不存在这种同一的逻辑关系,但存在着逻辑上的类似关系。因此,类推是建立在这种类似关系基础之上的。通过类推,法律不仅适用于和其具有同一关系的案件事实,也适用于和其具有类似关系的案件事实,从而扩大了法的涵括性,使法的有限性和情的无限性之间的矛盾得以缓解,也能获得法的实质合理性。因此,在中国古代的刑法中,大量采取"比、附、援、引"等法律方法。在"比、附、援、引"当中主要的就是类推。在中国古代唐律当中,规定了这样一个司法原则,即"入罪举轻以明重,出罪举

重以明轻"。所谓"入罪举轻以明重",就是刑法没有明文规定的犯罪,可以进行轻重行为的比较。若轻行为规定为犯罪,那么重行为即使法律没有明文规定也应该认定为犯罪。所谓"出罪举重以明轻"是指一个行为没有被刑法明文规定不是犯罪,要想不把它作为犯罪处理,就可以采用举重明轻的方法。这里的举重明轻是指对于一个重行为刑法都规定为不是犯罪,那么轻行为更不应作为犯罪处理。这一原则使得一个行为没有被刑法规定为犯罪可以作为犯罪来处理,也使得一个行为没有被刑法规定为不是犯罪可以不作为犯罪来处理。

  这一原则在《唐律疏议》中作了解释。比如其中的"出罪举重以明轻",《唐律疏议》举了一个例子,《唐律》中有一个相当于现代刑法中的正当防卫的例子,现代刑法中正当防卫是不负刑事责任的,《唐律》中尽管没有这种一般性的规定,但有一个具体的规定。其中规定"诸夜无故入人家者,主人登时杀之,无罪"。也就是说夜晚无故闯入人家,主人当场杀之,不认为是犯罪。《唐律》只规定主人当场杀死无罪,并没有规定主人当场杀伤无罪,这就可以采用"举重明轻"的方法,找到杀伤不作为犯罪处理的法律根据。另一方面就是"入罪举轻以明重",《唐律疏议》也举了个例子。它规定谋杀其亲尊长者,处以斩刑,即谋杀父母、祖父母及外祖父母的,法律处以斩刑。这里的"谋杀"并不是现在理解的英美法系国家法律规定的谋杀,英美法系法律把谋杀分为一级谋杀与二级谋杀,实际上相当于我们国家的刑法规定的故意杀人情节严重的情况。但《唐律》所规定的"谋杀"指的是预谋杀害,是一种阴谋犯,相当于现在的杀人预备。《唐律》只是规定预谋杀人处以斩刑,但没有规定预谋以后又实施了杀人行为,把人杀死或杀伤是否构成犯罪,这就可以采取"举轻明重"的方法以入罪。通过这里所举的例子我们就可以看出这种轻重行为之间存在着一种逻辑上的递进关系,即一个行为先经过预谋,然后再去实行,因此实行行为实际上包含预谋,但又超出了预谋。当行为发展到实行阶段时,尽管法律对实行没有规定,但因为实行行为包含了预谋行为,因此也是符合刑法关于预谋的规定的。这就很难说实行行为是刑法没有规定的,只能说它比刑法规定的还要重。在这种情况下采用"举轻以明重"使实行行为入罪是符合法律规定的。

但是当轻行为和重行为之间不存在逻辑上的递进关系，而是存在着一种逻辑上的类似关系时，按照"举轻以明重"的原则来将实行行为入罪就存在一个类推的问题。比如说某地有一条禁止牛马通过的交通规则，现在有一头骆驼通过，这里要解决的是骆驼通过是否违反这一交通规则，或者说能否用禁止牛马通过的交通规则来禁止骆驼通过的问题。面对这个法律问题就会有两种截然相反的回答：一种观点认为交通规则禁止的是牛马，而骆驼既非牛又非马，当然不适用这一规则。另一种观点认为交通规则的制定者之所以禁止牛马通过，而没有禁止一些小型动物通过，就是因为牛马体形是比较大的。牛马通过会扰乱交通秩序，小型动物通过不会扰乱交通秩序。骆驼在体积和重量上都比牛马大，它的通过更会扰乱交通秩序，更应被禁止。这两种观点是不一样的，显然，第一种观点所持的是形式合理性的立场，这种立场认为一个行为是否被禁止关键要看法律的规定，法律规定禁止则禁止，法律没有规定禁止，即使这种行为有再大的危害性也不应当被禁止。从这种立场出发尽管遵循了形式合理性，但在一定程度上丧失了实质合理性，因为骆驼通过确实是会扰乱交通秩序的。而第二种观点所持的是一种实质合理性的立场，这种观点主要是从探寻立法原意出发，假定制定禁止牛马通过的交通规则的立法者面对骆驼通过会是一种什么态度，是禁止还是不禁止？从探寻立法原意出发就会引申出一个结论，禁止骆驼通过。这里所采取的方法就是"举轻以明重"，即牛马通过都会禁止，骆驼通过更应当被禁止，因为牛马为轻，骆驼为重。而这种轻重关系显然是一种类似关系。而根据这种类似关系，通过"举轻以明重"的推理方法，将禁止轻行为的规定扩大适用于禁止重行为，那我认为它实际上是一种类推的关系。在类推的背后主要是一种实质合理性的思维方法在起作用。也就是说把实质合理性作为一种重要的价值来遵循，即使牺牲法律上的形式合理性也在所不惜。应当说对实质合理性的追求本身有它的正当性，在我们的生活中也都是按照这种实质合理性的思维方法来思考问题、判断问题的，从而为社会经验所认同。比如某地公园中有一口池塘，公园在池塘中养了鱼，在池塘边立了一块禁止垂钓的牌子。有一个人在池塘里并不是在钓鱼，而是在张网捕鱼，公园管理人员来禁止这种行为，捕鱼者为自己的行为作了一下辩解：牌子上写的

是禁止垂钓，并没有禁止捕鱼，不能用禁止垂钓的规定来禁止我的张网捕鱼行为。面对这种辩解，只要是有正常理智的人都会得出这样的结论：这是在狡辩。我们都会赞成公园管理人员按照禁止垂钓的规定来禁止他的捕鱼行为。在这种判断的背后实际上就是"举轻以明重"的思维方法在起作用。即在这种情况下钓鱼为轻、捕鱼为重，既然轻的要禁止，重的也应当禁止。所以捕鱼者的辩解是非常荒谬的，是不能成立的。

这种建立在实质合理性之上的类推的思维方法不仅在社会生活中被认同，在法律适用中也被看做是一种正常的法律适用方法。比如说在民事审判中就广泛地采用这种方法。《拿破仑民法典》中有这样的规定：审理民事案件的法官不得以法律没有规定为由拒绝受理民事案件，否则法官的行为就构成犯罪。民事案件受理以后，如果是法律有规定的当然应按照法律规定来处理，那么对法律没有规定的民事案件到底怎么来解决？这里就涉及民法的基本原则，即诚实信用原则。诚实信用被认为是民法的帝王条款，它是民法的基本原则。所有的民法规范都体现了诚实信用原则。因此按照法律规定来处理民事案件实际上就是用诚实信用原则来处理民事纠纷。在法律没有明文规定的情况下，就可以从诚实信用这一基本原则引申出解决民事案件的法律规则，因此诚实信用原则有一种扩张机能，它使得民法典成为一个相对开放的规则体系，它为法官的自由裁量提供了法律的根据。因此在民事审判中，往往大量采用类推的方法，在法律没有明文规定的情况下就可以采用类推的方法来处理民事纠纷。

但是，现代法治社会的刑法却实行罪刑法定原则，而绝对地排斥类推，所以罪刑法定原则是刑法的基本原则。罪刑法定原则的基本含义就是"法无明文规定不为罪"。在罪刑法定原则的规定下，类推应当是被绝对禁止的，两者是存在逻辑上的矛盾的。罪刑法定原则具有一种限制机能，使得刑法典成为一个相对封闭的规范性体系，它严格限制了法官的自由裁量权。因此我们会看到罪刑法定原则作为刑法的基本原则在刑法中的功能，与诚实信用原则作为民法中的基本原则在民法中的功能是完全相反的。

那么为什么会存在这种相反的情况？我认为主要是由刑法和民法这两个部门

法的性质决定的。民法调整的是平等主体间的民事纠纷，在这种纠纷面前法官具有一种超然的居中裁判者的地位。更为重要的是，对民事违法行为的制裁不涉及对公民重大权益的损害，民事制裁方法最严重的可能就是赔偿损失，它的制裁方法都不涉及对公民重大权益的损害，如生命权、自由权。而刑法则不同，刑法所规制的是犯罪，而犯罪按照马克思的观点是孤立的个人反抗统治关系的斗争，也就是说犯罪实际上是国家和个人之间的纠纷。任何个人在庞大的国家机器面前都是弱小的，都是微不足道的，在国家和个人之间是不存在平等的。在这种情况下，为了限制国家刑罚权就必须规定罪刑法定。更为重要的是，一个行为一旦被认定为犯罪就要受到刑罚处罚。刑罚处罚轻的是剥夺财产、剥夺权利，重的会剥夺自由甚至剥夺生命，可以说是生杀予夺，关系到对公民重大权益或根本权益的损害。在这种情况下，就有必要采取罪刑法定原则来对国家的刑罚权进行严格的限制。正因为如此，在现代刑法中就有必要实行罪刑法定原则。罪刑法定原则所具有的是一种限制机能，但对这里的限制必须要有一个正确的理解。它是对法无明文规定行为入罪的限制，而从不限制对法律有明文规定行为的出罪。也就是说根据罪刑法定原则，法律没有明文规定的行为绝对不能作为犯罪来处理，但是对法律有明文规定的行为就可以根据某种刑事政策来进行处罚。因此，罪刑法定所限制的是入罪，从来不限制出罪。这也是世界上绝大部分国家将罪刑法定原则表述为"法无明文不为罪"的一个根本理由。

根据这个精神来观察我国刑法中关于罪刑法定原则的规定，会发现我国刑法中的罪刑法定原则包括两部分。《刑法》第3条规定："法律明文规定为犯罪行为的，依照法律定罪处刑；法律没有明文规定为犯罪行为的，不得定罪处刑。"有的学者把前半句称为"积极的罪刑法定"，而把后半句称为"消极的罪刑法定"。实际上大多数国家都规定了所谓消极的罪刑法定，只有我国规定了所谓积极的罪刑法定。因此，有学者认为我国关于罪刑法定的规定是最全面的，是一个创举。但是我理解我国刑法关于罪刑法定的积极规定恰恰是对该原则的不准确理解。罪刑法定的限制是对入罪的限制，而不是对出罪的限制。因此，是对法官入罪的自由裁量权的限制。这种限制是对把刑法没有规定为犯罪的认定为犯罪的法官自由

裁量权的限制。但是，对于法官对法律明文规定的犯罪基于案件的具体情况不作犯罪处理，罪刑法定从来没有这方面的限制。因此，对于法律的限制性的要求要有一个正确的理解。在过去我们对罪刑法定的这种限制往往理解为是对司法权的限制，实际上这种理解仍然是片面的。因此，在1997年《刑法》的修改中，要不要规定罪刑法定曾引起争论。我国有学者认为不规定为好，认为罪刑法定是资产阶级的、两千多年前的产物。现在资产阶级已经抛弃了罪刑法定，他们已经实行类推，已经是日薄西山，我们何必要吸取呢？当然这种理解是错误的。它主要是对当代西方在罪刑法定原则下允许类推，对这个类推缺乏正确理解。实际上西方在罪刑法定原则下所讲的类推是对被告有利的类推，是出罪的类推。而把刑法没有明文规定为犯罪的行为通过类推认定为犯罪，这在西方刑法中从来就是被禁止的。还有学者认为我国刑法应该规定罪刑法定，其理由是罪刑法定并不妨碍立法者想把什么行为规定为犯罪就规定为犯罪，就可以加以惩罚。从这样的阐述中，我们可以明显看出来，他们仅仅是在限制司法权的意义上来理解罪刑法定的。但实际上罪刑法定不仅具有对司法权的限制，还有对立法权的限制。也就是说，罪刑法定是以立法权和司法权相分立为前提的，通过立法权来限制司法权，同时又包含着通过司法权来限制立法权。而罪刑法定原则对立法权的限制仅仅从"法无明文规定不为罪"这句格言中是很难得到理解的。

罪刑法定对立法权的限制是罪刑法定应有的含义。例如罪刑法定的一个派生原则是"禁止事后法"，也就是刑法不得具有溯及既往的效力，这一原则就具有对立法权限制的功能。也就是说，立法者制定法律，该法律对法律生效后的行为才能适用，对生效前的行为不能适用，除非新法比旧法轻。我国刑法遵循的是"从旧兼从轻"的原则。也就是说，重法不具有溯及既往的效力，轻法具有溯及既往的效力。这种溯及既往也是在有利于被告情况下的溯及既往。由此可见，禁止事后法本身就是对立法权的限制。更为重要的是，罪刑法定中还包含了对"刑法明确性"的要求：法律必须明确，不明确则无效。在罪刑法定的原则下，对一个行为构成犯罪的条件必须规定明确，是因为要为司法机关准确认定犯罪提供一个明确的依据，而防止司法机关滥用其司法权。因此，在一些国家，例如意大

利，意大利的宪法法院就曾经对意大利刑法中的一个条文进行违宪审查，认为这一条文对犯罪的规定不符合明确性的要求，而将其宣告无效。这是对刑法条文根据罪刑法定原则进行违宪审查，它体现了一种宪政的含义。这是罪刑法定原则的最高境界。由此可见，对于罪刑法定原则的这种限制性我们应当有一个正确的理解。

罪刑法定原则作为法治社会的一个基本原则，使我们法治社会的刑法和封建专制社会的刑法明确地区分开来。罪刑法定原则实际上是在国家的刑罚权和公民的个人权利之间划出了一条明确的界限：国家只能在法律规定的范围内认定犯罪和惩治犯罪，不得超越法律；而公民个人只有在他的行为触犯刑律构成犯罪情况下，才能受到法律追究，否则他就是自由的。在这种情况下，刑法就具有了某种契约性。正是这种契约性使法治社会的刑法获得了某种正当性，表明它是建立在宪政基础之上的。而恰恰这一点使得法治社会的刑法与专制社会的刑法明显地区分开来。在封建专制社会里也是有刑法的，甚至规定得十分完备；在法治社会里也有刑法，因此从形式上很难把专制社会的刑法和法治社会的刑法加以区分。两者的根本区分在于在法治社会里刑法是实行罪刑法定的，而在专制社会里刑法是没有罪刑法定的。在专制社会里，刑法是国家单方面镇压犯罪的工具，刑法具有单向性。正如法国著名思想家孟德斯鸠在《论法的精神》中所说：专制社会的原则是恐怖，因为专制社会是少数人甚至个别人对多数人的统治。为了维护这种统治就必须采取恐怖方法来进行，而刑法恰恰是制造这种恐怖的一种手段。因此在专制社会里往往实行严刑苛罚，制造鲜血淋淋的恐怖场面来进行刑罚威慑。在这种情况下，刑法对于公民个人来说是一种外在的东西，是一种异己的力量，是一个恐惧物。在法治社会里，刑法由于实行了罪刑法定，刑法规范是行为规范和裁判规范的统一。刑法作为行为规范表明刑法对于公民个人具有一种约束作用，同时又具有某种引导作用。刑法规定为犯罪的就是法律所禁止的，公民就不能去做，做了就会受到法律制裁。从这一意义上说，刑法规范是用来约束公民个人的。另一方面，在法治社会里刑法是一种裁判规范。裁判规范是指法官在定罪量刑时必须要遵循的法律准则。因此刑法不仅约束公民，而且约束法官的定罪量刑

活动，而且两者是统一的。在这种情况下，刑法不再是国家单方面镇压犯罪的工具，刑法同时也是公民用来抵制国家权力滥用的一种法律手段，因此刑法就具有对公民个人的人权保障机能。这是封建专制社会的刑法所不具有的。由此可见，罪刑法定原则是法治原则在刑法中的体现。因此，各个法治国家无不把罪刑法定原则作为刑法的基本原则在刑法中加以确认，往往规定在刑法的第1条，开宗明义地宣布罪刑法定。有的国家甚至把罪刑法定作为宪法原则在宪法中加以规定。由此可见，罪刑法定原则在法治社会对刑法是极其重要的。我们国家1979年刑法中并没有规定罪刑法定原则，而是在其第79条规定了类推制度。而类推和罪刑法定之间是存在逻辑矛盾的，一部刑法只要规定罪刑法定必然排斥类推，而只要规定类推则这部刑法就不可能实行罪刑法定。随着我国市场经济的发展，整个社会民主与法治的呼声越来越高，在这种情况下，1997年刑法修订时就废除了类推制度，在《刑法》第3条明文规定了罪刑法定原则。

正如前面所讲，我国现在的法律对罪刑法定原则的规定并不是很完善，但是罪刑法定原则在我国刑法中的确立对我国刑法具有里程碑的意义，对它无论怎么评价都不过分。但我们同时必须看到，罪刑法定原则在刑法中的规定只是实现了它的立法化，而罪刑法定的立法化仅仅是一个开端。如果不想使罪刑法定原则成为一个口号或标语，就必须要注意它在司法实践中的贯彻和落实。这就是一个罪刑法定的司法化问题。如果不能实现罪刑法定原则的司法化，那么罪刑法定原则在刑法中的规定只不过是一纸具文而已。罪刑法定的立法化可以通过立法活动在一朝一夕之间实现，而它的司法化却需要5年、10年甚至更长的时间，才能够逐渐实现。因此罪刑法定的司法化是一个更加艰难和曲折的过程。罪刑法定在现实中的贯彻落实才是我们更需要关注的。实际上，罪刑法定原则最初引入我国是在1905年清末的《大清新刑律》，在1928年中华民国刑法和1935年中华民国刑法中都规定了罪刑法定。但是由于罪刑法定本身所追求的形式合理性的理念和中国传统法律中对实质合理性追求的冲动之间存在着巨大的逻辑上的矛盾，尽管在清末的刑法和中华民国刑法中都规定了罪刑法定原则，但是罪刑法定原则从来没有实现真正意义上的司法化。我们现在的刑法规定了罪刑法定原则，实现了罪刑

法定原则的立法化,那么我们会不会又重蹈覆辙,还是仍然使罪刑法定原则停留在一纸具文上?我认为这个问题才是我们真正需要关注的。罪刑法定原则的司法化所涉及的问题很多,我认为至少涉及三个问题:第一是体制问题,第二是理念问题,第三就是人的素质问题。下面分别对这三个问题作一个简单的讨论。

首先是司法体制问题。我认为罪刑法定原则必须要以司法独立作为前提,在缺乏司法独立的体制下,罪刑法定原则是绝对不可能实现的。前面已经讲过,罪刑法定原则是以立法权、司法权和行政权三者的独立与制衡为前提的,它体现的是对立法权和司法权的限制,但是罪刑法定原则的司法化同时要以司法独立来作为制度保障。只有在司法独立的情况下,法官才能按照法律来认定犯罪和惩罚犯罪,而不受来自其他方面的干预。只有这样才能将定罪量刑活动纳入法治的轨道上来。但是我们看到,在我们目前的社会,司法独立还是一个遥远的目标。由于某种体制上的制约,我们远远没有达到司法独立。我们现在进行的司法改革就是为建立一种司法独立的司法体制来做准备,我们现在的司法活动还受到来自党政机关的干预,来自长官意志的干预,使得我们的司法机关不能严格按照法律规定来认定犯罪。这种现象在我们的现实生活中是屡禁不止的。比如下面一个案例,这是一个典型的民事案件。被告人所在单位和中国建设银行共同投资建设一个家属楼,中国建设银行投入了几百万,被告人独立地经管账目,由它来主持宿舍楼的建设。但后来发现宿舍楼是一个违章建筑,没有合法手续,那么这个项目就无法进行,因此中国建设银行就要求退钱,由它自己来继续建设,但被告人认为其前期投入很多,需要算账,给其补偿以后才能退还剩余的钱。这本来是一个很正常的经济纠纷,但是中国建设银行就找到了市委书记,经市委书记批示将被告人抓起来了,并说被告人构成了职务侵占,侵占了中国建设银行先期投入的账上所剩资金。一审判了被告人有期徒刑13年。这个明显的经济纠纷案件由于市委书记的干预就变成了侵占犯罪案件。这个案件中被告人服刑三四年以后申诉到省高级人民法院,省高级人民法院审查后认为案件定性有问题,就提出由中级人民法院再审。中级人民法院很为难,如果改判则对市委书记没法交代。这样一个明显的不能作为刑事案件处理的经济纠纷被判定为犯罪并处以重刑罚,就是因为市委

书记的干预。实际上这个案件不是犯罪案件,而是一个经济纠纷,这个道理是非常简单的,我们的司法人员也心知肚明,但就是因为市委书记的批示,司法机关只能按照市委书记的指示来违心地定罪。这个案件只要市委书记在位一天就不能翻案,只有当市委书记调离了或不在位了才能翻案。因此,我们一定要进行司法改革,实现司法独立。只有这样才能为罪刑法定司法化提供制度保障,否则罪刑法定司法化只是一句空话。

罪刑法定司法化还有一个重要的问题是理念问题,它的重要性一点也不亚于司法独立问题。罪刑法定原则在刑法中的确立实际是带来了刑法理念的一场革命,要求建立起形式和理性的司法理念。传统的司法理念中社会危害性判断是第一性的判断,刑法理念强调社会危害性是犯罪的本质特征。它的思想背景是对实质合理性的追求。但是刑法中有了罪刑法定的规定以后,判断罪与非罪的唯一标准是法律有无明文的规定。一种行为在刑法中没有明文规定,那么即使它具有再大的社会危害性也不应当作为犯罪处理。在这个原则下形式合理性被放到了主要位置上,这里就涉及了基于形式合理性作出的形式判断和基于实质合理性作出的实质判断这两种判断的位阶关系。过去我们把实质判断放到了优先位置,认为它优于形式判断。但是有了罪刑法定后我们应当把形式判断摆在第一位。一种行为如果经形式判断不具有形式合理性,那么就不可能再有实质判断。有了形式合理性,才会在这个基础上考察它的社会危害性。当形式判断给予否定判断时,不可能再进行实质判断。所以这两种判断是有严格的位阶关系的。我们需要有形式合理性的司法理念,同时这必然会带来实质合理性的部分丧失,这是维护刑法形式合理性所带来的必然代价。所以关键是在司法实践中,我们是否能够承受司法形式合理性带来的实质合理性的部分丧失。

现在各个国家都宣称自己的刑法是实行罪刑法定的,但是程度有所不同。举个例子,比如在法国,有关越狱的罪名规定比较特殊,它对越狱的方法采取了列举方式,规定采用翻墙、掘洞、蒙混的方法脱逃的构成越狱罪。应该说这三种方法基本囊括了脱逃的基本方法。但是既然是一种列举就会有例外。有一个典型的案例是行为人恰恰没有使用刑法列举的这三种方法。被告人和外面的人相互勾

结，某天在操场放风的时候，天空中飞来一架直升机停在了操场上空，并放下一条绳梯，越狱者便顺着绳梯成功脱逃。这应该是一个典型的越狱案件。但是起诉到法院后，被告人的辩护律师进行了无罪辩护。律师主张说刑法规定使用翻墙、掘洞、蒙混的方法脱逃的构成越狱罪，但是我的当事人并没有采取法律规定的方法，所以被告人的行为不具有越狱罪的构成要件并请求法官对被告人作出无罪判断。法官也采纳了律师意见作出了无罪的判决。另外一个例子是英国发生的案件。英国的法律规定在皇家飞机的跑道附近扰乱飞行秩序构成犯罪。有一个被告人不是在"跑道附近"而是在"跑道当中"扰乱飞行秩序。辩护律师同样为被告人进行无罪辩护：法律规定是在"跑道附近"扰乱飞行秩序才构成犯罪，而行为人没有在"跑道附近"扰乱飞行秩序。法院同样也作出了无罪判决。这样的案件在我们看来有点不能接受，具有实质合理性的行为仅仅因为在法律上与在字面规定有所不符就作出无罪判决，这也反映了法官对形式合理性的维护。但是在获得形式合理性的同时丧失了实质合理性，这个被认为是维护形式法治必然的代价。形式合理性是要求对罪与非罪一定要严格按照法律字面规定来进行。法官对行为的有罪无罪的判断只能严格限制在刑法对此行为的法律字面规定上，而不能抛开形式合理性对行为进行实质的判断。这种超出法律字面规定的实质判断是绝对不允许的。

上面两起案件可能是导致了实质合理性的丧失，但是如果因为这样就允许法官抛开形式合理性而进行实质的判断，那么在其他案件当中实质的判断就很有可能是错误的，就会侵犯公民的权利和自由。罪刑法定原则是一个在判断行为有罪无罪时如何理解法律字面规定的问题。一个行为的罪与非罪是被作为一个可以争议的问题并纳入法治轨道进行解决，而不是一个在法律之外由某种权力决定的问题。争议是围绕对法律的理解问题，是在法治的状态下进行的。在中国传统的法律文化当中，不存在法律逻辑思维方法，而只有更多的追求实质合理性的冲动。古代法律当中不存在法治，有思想制度的原因，也是因为文化和思维方法缺乏。德国思想家马克斯·韦伯说过，中国古代司法当中从来不存在法逻辑，而将实质正当性作为判断的基础。这种实质合理性的法律思维方法已经成为我们民族心理

结构的一个重要的组成部分。所以我国传统法律文化当中就存在一种对形式合理性的本能上的排斥。

如果罪刑法定不仅很难被我们的司法人员真正接受，而且也很难让我们的社会公众认同，那么在这个原则不能获得认同的情况下推行是个十分艰难的过程。在我国的实践当中，存在着不少这样的情况，就是一个行为具有很大的社会危害性，但是在法律上没有对此行为的明文规定，在法律存在漏洞的情况下由哪一方承担这个不利后果，是由被告人还是立法者承担？这对我们的司法实践是个很大的挑战。而我们往往是以实质合理性作为基础进行判断的，这种不利后果往往由被告承担。我们往往将"被告应该受到惩罚"和"被告根据法律能不能受到惩罚"相混淆，我们往往将实然问题和应然问题混为一谈。我认为"应当受到惩罚"不等于"要受到惩罚"。这样的司法理念的问题直接决定罪刑法定原则司法化的实现。

最后一个问题是司法人员的素质问题，这个问题也很重要。法律要靠人来执行，罪刑法定原则的实现必须要以有一批拥有熟练的法律技术的司法人员作为前提，罪刑法定原则给我们司法人员带来重大挑战，我们必须有娴熟的法律解释技术，一个行为是否有罪涉及如何理解法律、解释法律，如何去寻找法律的问题。我们过去认为法律是现成的，我们需要的只是查明案件事实。实际上有时候寻找法律比查明案件事实还要困难。法律包括两种性质的规定：一种是显性的规定，还有一种是隐性的规定，是需要寻找的，是需要解释的。在法律规定是隐性的情况下必须对它进行逻辑分析，探究立法精神。这个找法的过程是很艰难的。举个例子。前几年有一个内地居民携带几十公斤的黄金乘坐飞机从香港入境，但是并没有报关，这是走私黄金进口的行为。这个案件事实很清楚，关键是如何适用法律。我国刑法分则第三章第二节规定了走私罪，《刑法》第151条第2款关于走私贵重金属的规定里包括黄金，它规定：走私国家禁止出口的黄金、白银和其他贵重金属的构成走私贵重金属罪。这里的走私黄金是"走私黄金出口"而不包括"走私黄金进口"。而且这并不是我国立法上的疏漏，而是一个立法精神的问题。在刑法上对走私有三种不同的规定：一种是只规定走私，在这种情况下包括禁止出口和进口，比如走私枪支弹药；一种是走私国家禁止进出口的某种物品；还有一种是走私禁止出口的物品，比如说对走私黄金等贵重金属的规定，这里显然不能包括走私进口。而这个案件显然和《刑法》第151条的规定不符。这里可以得出这样的结论：法律没有对此作出显性的规定。但还不能得出法律对此无隐性规定的结论。这样我们就必须继续去寻找法律的规定。我们再来看《刑法》第153条规定的走私普通货物、物品罪。有人认为这里的"普通货物、物品"是《刑法》第151条、第152条和第347条规定以外的货品。而黄金已经在第151条有了规定，所以它就不能包含在普通货物、货品当中。我认为这种理解是错误的。这里的"规定以外"应该是指规定为犯罪以外，《刑法》第151条并没有将走私黄金进口行为规定为犯罪，因此走私黄金进口还是包括在第153条的规定当中。不仅如此，我们对走私罪设立的立法基础进行分析也能得到相同的结论。走私罪是根据走私对象的不同来分别规定的：一种是侵犯海关管制，另一种是国家允许进出口的，但是走私侵害的是国家的关税征收制度，它表现在偷逃了国家关税。《刑法》第153条的规定就属于后一种犯罪的规定。国家禁止黄金出口但允许黄金进口。进口黄金而没有交纳关税，完全符合《刑法》第153条的规定。所以关于这一行为在法律上有隐性的规定，它构成走私普通货物、物品罪。

误有罪为无罪、误无罪为有罪都是和罪刑法定原则背道而驰的。我们应该按照法律有无字面规定来判断行为的罪与非罪。当然我也并不主张法律的教条主义，我们要对法律作出正确理解，这才是问题的关键。比如前段时间在南京就发生了一个组织同性性交易的案件，那这里涉及卖淫是否包括同性之间的卖淫。这个罪与非罪的问题关键是如何理解卖淫，1992年的司法解释里提到"组织他人卖淫"，这里的性交易中的"他人"情况就应该既包括同性向异性卖淫，也包括异性之间的卖淫。因此，对被告人的行为可以按照组织卖淫罪来定罪。

在罪刑法定原则下，法律的解释技术和法律的逻辑推理技术是很重要的。把定罪量刑的活动从过去那种对权力的行使、一种政治话语转变为法律技术的问题和法律修辞学的问题，我认为这种转变是具有非常深刻的意义的。只有这样，罪刑法定的司法化才有可能。

(本文原载《当代法学》，2005（3）)

二、刑事法治

刑事法治的理念建构

法治成为治国方略,对于我国社会发展来说具有里程碑的意义。对于法治的价值追求,成为我们这一代法律理论工作者责无旁贷的使命。法治不是一个空洞的与抽象的理念,而是具有实体内容的命题。[①] 从法治这个命题中,可以合乎逻辑地引申出刑事法治的概念。刑事法治是刑事领域中的法治,是刑事法的价值内容。本文拟对刑事法治的内在精神加以阐述,从而为刑事法治的建构提供价值导向。

一、形式理性与实质理性

刑事法治首先意味着在刑事领域具有一套体现正义的规范体系的存在,这种

[①] 我国学者刘军宁认为,法治与法治国应当有所区分,法治思想起源于古典自由主义的法律学说,并为法国的《人权宣言》、英国的《权利法案》以及美国的《独立宣言》和美国宪法提供了理论基础。随着现代自由民主政治思想的形成,法治可以被恰当地理解为是专制与无政府的对应物。而法治国纯粹是个德国的概念,其法律不是来自"法治"中的自然化,而是来自人民的联合意志(或者说公意)。法律是作为主权者的立法者的产物,而不是自然正义的产物。换言之,法律服从于立法者的权力意志,而非自然正义。参见刘军宁:《共和·民主·宪政——自由主义思想研究》,140~141页,上海,上海三联书店,1998。以上关于法治与法治国之间学理上的分析对于我们理解法治的精神具有一定的意义。

刑事法规范不仅在于约束公民，更重要的是在于约束国家，从而防止司法权的滥用。因此，刑事法治的首要之义就在于实质理性的建构与形式理性的坚守。

意大利著名学者维柯通过对古罗马社会的历史考察，指出理性有三种：神的理性、国家政权的理性和自然理性。[①] 神的理性实际上是神意，存在于宗教神学之中，随着政教分离，世俗权力在社会统治中地位的确立，神的理性已经不复存在。国家政权的理性，根据维柯的论述，是指罗马社会的 Civilis aequitas［民政的公道］，即贵族所主导的理性，是一种精英理性。这种理性存在于贵族与平民相对立、平民服从于贵族的社会之中。自然理性是以利益平等（aequnm borum）为内容的，建立在民主制之上的理性，是瓦解所由产生的自然必有的原因。因此，自然理性不仅是一种世俗的理性，而且是一种平民的理性。[②] 尽管维柯三种理性之说源自对古罗马社会的考察，但自然理性是超越神的理性与国家政权的理性的一种具有普适性的理性，这一点是毋庸置疑的。自然理性正是古典自然法所倡导与追求的，被认为是合理社会的基础。对于自然与理性的这种同一性，德国学者曾经作过以下评论：从自然法的观点看，"自然"和"理性"是合法的实体性标准。两者是同一的，由此产生的规则也是同一的，因此，有关调整实际关系的一般命题和普遍的行为规则均被认为是一致的。[③] 因此，正如同宇宙万物的存在是一种自然，具有天然的合理性；社会的存在同样具有其内在的规律，这就是理性。在这个意义上说，理性是指社会的合理性。由此可见，自然法中的理性不是一个哲学的概念[④]，而是一个政治学、社会学与法学的概念，其实质在于合理

---

① 参见［意］维柯著，朱光潜译：《新科学》，下册，506 页，北京，商务印书馆，1989。
② 维柯在历史叙述中，论述了三种法学、三种权威、三种理性与三种裁判，三种法学指神的法学、英雄的法学和人道的法学；三种权威指神的权威、英雄的权威和人的权威；三种裁判指神的裁判、常规裁判和人道的裁判。上述这些范畴之间具有明显的对应关系。
③ 参见［德］韦伯著，张乃根译：《论经济与社会中的法律》，290 页，北京，中国大百科全书出版社，1998。
④ 哲学上的理性，是指进行逻辑推理的能力和过程。确切地说，理性是指与感性、知觉、情感和欲望相对的能力，凭借这种能力，基本的表现被直觉地加以把握。因此，韦伯的理性，即合理性（rationality）是一个社会学范畴，与哲学的理性（reason）既有区别又有联系。参见苏国勋：《理性化及其限制——韦伯思想引论》，218 页，上海，上海人民出版社，1988。

性、正义、平等、自由、人道这类体现人类对社会美好的价值追求的内容都可以在理性的概念中得以栖居。

从理性中可以自然地得出合理性的概念。韦伯将合理性（rationality）作为分析社会结构的一个基本范畴。① 韦伯把合理性的概念应用于社会结构分析时，作出了形式合理性和实质合理性的区分。形式合理性具有事实的性质，它是关于不同事实之间的因果关系判断；实质合理性具有价值的性质，它是关于不同价值之间的逻辑关系判断。形式合理性主要被归结为手段和程序的可计算性，是一种客观合理性；实质合理性则基本属于目的和后果的价值，是一种主观的合理性。从纯粹形式的、客观的行动最大可计算的角度上看，韦伯认为，科学、技术、资本主义、现代法律体系和行政管理（官僚制）是高度合理性的。但是这种合理性是纯粹形式的，它与实质合理性即从某种特殊的实质目的上看的意义合理性、信仰或价值承诺之间处于一种永远无法消解的紧张对立关系之中。在对待法的态度上，也存在着韦伯所说的"法逻辑的抽象的形式主义和通过法来满足实质要求的需要之间无法避免的矛盾"②。韦伯所说的形式合理性就是指形式理性，而韦伯所说的实质合理性就是指实质理性。在此，韦伯凸显出形式理性与实质理性的冲突。正是在这种形式理性与实质理性的冲突及其选择中，体现出法治的价值。

古希腊哲学家亚里士多德对于法治的蕴涵曾经有过一个经典性的论述，指出："法治应包含两重意义：已成立的法律获得普遍的服从，而大家所服从的法律又应该本身是制定得良好的法律。"③ 亚氏所揭示的法治的这两重含义在逻辑关系上拟应加以调整：首先是制定良好的法律，然后是这一良好的法律获得普遍

---

① 韦伯在对形式法律具体特征的解释中阐明了"合理性"的以下四种含义：(1) 在一般情况下，"合理性的"一词表示由法律或法规所支配的事物，在这个意义中，事物的内容和程序状态是合理的。(2) 合理性的第二种含义是指法律关系的体系化特征。这种法律体系的概念是一种特殊的法律思想模式，它特指受到罗马法的形式法律原则影响而发展出的现代西方的法律体系。(3) 合理性的第三种含义是用来说明基于抽象阐释意义的法律分析方法。(4) 合理性的第四种含义是在分析原始的法律制度时，以对比的方式描述由理智控制的清除分歧的手段是合理性的。参见苏国勋：《理性化及其限度——韦伯思想引论》，220页，上海，上海人民出版社，1988。

② [德] 韦伯著，林荣远译：《经济与社会》，下卷，401页，北京，商务印书馆，1997。

③ [古希腊] 亚里士多德著，吴寿彭译：《政治学》，199页，北京，商务印书馆，1965。

的服从。就制定良好的法律而言,是一个立法的问题,即在立法中如何体现实质理性;就良好的法律获得普遍的服从而言,是一个守法,尤其是司法的问题①,即在司法活动中如何实现形式理性。实质理性是一种先在于、自在于法律的价值内容,立法应当在法律规范中贯彻这种实质理性。当法律规范确认了这种实质理性的时候,它就转化为形式理性。因此,司法所实现的是一种形式理性。

对于价值理性的追求,是人作为一种理性动物的永恒冲动。尽管在人类历史上,对于这种价值理性的认识是不断变化的,从神的理性到自然理性就展示了这种变化的轨迹。在一个社会中,对于这种价值理性以何种方式实现,这其实也是一个社会如何加以治理的问题。在这个问题上,曾经存在过人治与法治的争论。人治论者是以人性善为正面立论根据,并且以法律规则的局限性为反面立论根据而展开其逻辑的。例如柏拉图首先设想一种理性地、无私地行使权力的人——哲学王的存在,他能够恪守本分、各司其职地实现正义。在柏拉图看来,最好的状况不是法律当权,而是一个明智而赋有国王本性的人作为统治者。因为法律从来不能用来确切地判定什么对所有人说来是最高尚和最公正的,从而施予他们最好的东西;由于人与人的差异,人的行为的差异,还由于可以说人类生活中的一切都不是静止不变的,所以任何专门的技艺都拒斥针对所有时间和所有事物所颁布的简单规则。② 因此,在柏拉图那里,正义的实现不能通过法律,而是通过人的有效治理。法治论者则以人性恶为正面立论根据,并且以人的统治的局限性为反面立论根据而展开其逻辑的。例如亚里士多德认为人性中有恶的成分,这就是兽性。让一个人来统治,这就在政治中混入了兽性的因素,因为人的欲望中就有这样的特性。只有法律的统治,方如同神祇和理性的统治。由此得出结论:法治优于一人之治。③ 同时,亚里士多德也看到了法律规则的抽象性与普遍性而带来的不周延性和僵硬性,但亚氏认为这可以通过一定的司法技术加以弥补。例如,

---

① 司法实际上是司法机关守法的问题。因此,对于法治来说,司法机关的守法比普通公民的守法更为重要。
② 参见[古希腊]柏拉图著,黄克剑译:《政治家》,92~93页,北京,北京广播学院出版社,1994。
③ 参见[古希腊]亚里士多德著,吴寿彭译:《政治学》,167~168页,北京,商务印书馆,1965。

亚里士多德指出：对若干事例，法律可能规定得并不周详，无法作判，但遇到这些事例，个人的智慧是否一定能够作出判断，也是未能肯定的。法律训练（教导）执法者根据法意解释并应用一切条例，对于法律所没有周详的地方，让他们遵从法律的原来精神，公正地加以处理和裁决。法律也允许人们根据积累的经验，修订或补充现行各种规章，以求日臻完备。① 上述柏拉图与亚里士多德关于人治与法治的争论具有经典意义，至今为止的讨论都是在此基础上发展起来的。我在这里不可能全面地评价这一争论，仅从形式理性与实质理性的视角来说，毫无疑问：柏拉图与亚里士多德都是要追求一种社会正义，这种社会正义其实是一种实质理性。人治与法治的分歧在于：通过何种手段实现这种社会正义。人治论者主张通过人的治理，即政治家的专门技艺实现社会正义。② 而法治论者主张通过法律实现社会正义，因为只有法律才能使实质价值规范化，具有可遵循性。我想，如果仅从规则的意义上讨论人治与法治的分歧当然是肤浅的。更为重要的是，一个社会的人们如何形成对于社会正义的共识？问题在于：存在着相互冲突着的正义概念和合理性标准。因此，正如美国学者麦金太尔所追问的那样：谁之正义？何种合理性？③ 这种正义价值的共识，需要通过法律加以确认。因此，法治是以民主为基础的。如果个人凌驾于法律之上，或者以个人所信奉的正义强加给社会，强加给人类，都不是真正的法治。法治的意义也就在于：确认一种民主的价值。在这个意义上说，法治确实优于一人之治。

---

① 参见［古希腊］亚里士多德著，吴寿彭译：《政治学》，168页，北京，商务印书馆，1965。
② 柏拉图十分重视人的这种专门技艺，指出：正如一艘船的船长在任何时候都为船和水手们的利益而操心，不是通过制定书面规则，而是依靠专门技艺保护他的航海伙伴，那些依同样的序列进行统治的人，把专门技艺的权威置于法律之上，这样，一个正确的政府不就可以建立起来了吗？就其可能而论，无论睿智的统治者们做什么，他们都不能不犯错误，——只要他们坚持一个大的原则，并总是尽可能凭借才智和技艺施予公民以绝对的公正，从而保护他们而使他们境况更好。参见［古希腊］柏拉图：《政治家》，黄克剑译，97~98页，北京，北京广播学院出版社，1994。
③ 参见［美］麦金太尔著，万俊人等译：《谁之正义？何种合理性》，1页，北京，当代中国出版社，1996。

法律的特点在于规范性①，没有规范就无所谓法律。法的这种规范性使实质价值物化为一种制度，可以为社会正义的客观提供更为稳定的制度保障。因此，法治的第一个环节就是立法，立法是要把一种社会公认的实质价值予以规范的确认。这种实质价值就是存在于这个社会的基本结构之中的社会正义。② 因此，法律只不过是对这种根植于社会结构之中的社会正义的一种确认而已。从刑法上来说，它不涉及对权利与义务的分配，而是规定犯罪与刑罚，尤其是在法律上确认什么行为是犯罪。这种行为的犯罪性当然是由立法者所规定的，但立法者并不能发明犯罪，更不能制造犯罪。犯罪本身是由一定的社会生活条件所决定的，立法只不过是对此的确认而已。当然，刑法对于犯罪的规定并不是一种镜式的消极反映，而是要把社会上的犯罪现象经过分析归纳，纳入刑法的逻辑体系之中。在此，存在一个在立法上如何反映的问题。如果说，如何反映尚属一个立法技术问题。那么，对于犯罪与刑罚如果在刑法中不是加以明文确认，而是任由法官根据实质理性确定，这就潜存着侵犯人权的危险。显然，这里存在一个中国古人所说的"法有限，情无穷"的矛盾。所谓"法有限"，是指法律条文有限、立法的理性认识能力有限，不可能在一部刑法典中将社会中存在的各种犯罪行为都在刑法条文中加以规定。更何况，社会生活是向前发展的，犯罪现象是不断更新的，这就是所谓"情无穷"。因此，有限的"法"难以规范无穷的"情"，这就是韦伯所

---

① 美国学者指出：把规则看作关于法律允许或要求什么行为的一般性陈述，强调的是规则的规范性。也就是说，规则通过规定在一般情况下人们应该或不应该做什么来指导人们的行为。规则可能包含一个描述性部分，这种情况出现在该规则规定在什么状况下要履行某种义务时。参见［美］伯顿著，张志铭、解兴权译：《法律和法律推理导论》，17页，北京，中国政法大学出版社，1998。
② 罗尔斯指出：对我们来说，正义的主要问题是社会的基本结构，或更准确地说，是社会主要制度分配基本权利和义务，决定由社会合作产生的利益之划分的方式。参见［美］罗尔斯著，何怀宏等译：《正义论》，5页，北京，中国社会科学出版社，1998。

说的"法逻辑"与"通过法来满足实质需求的需要"之间的矛盾。① 面对这种矛盾，还要不要选择法？法的形式主义本身意味着对满足实质理性的手段的限制与约束。我认为，法治的选择是必要的，而且也是唯一的正确选择。因此，尽管在实质理性通过法律的确认转化为形式理性的时候，由于形式主义的法逻辑的特性所决定，实质理性必然有所丧失。但这种丧失是应当付出的，是实行法治的代价。

实质理性一旦转化为形式理性，就应当坚守这种形式理性，这是一个司法的问题。实质理性在立法中加以确认，这仅仅是法律规范的形成。如果这种法律规范不在现实生活中发挥作用。那么，它只能是一纸具文。司法是法律适用的过程。这里存在一个司法的逻辑。显然，司法逻辑与立法逻辑是不同的。在司法过程中，将抽象的法律规范适用于具体的案件事实，存在一个从一般向个别的演绎过程。这也是从法律所确认的一般正义向个案处理的个别正义的转化过程，因而是正义的实现过程。这个过程，韦伯称为法律决疑论。② 在司法活动中，是否坚守形式理性，是法治与人治的分水岭。在人治社会里也有法，甚至存在相当完备的法律体系。因此，有法与无法不能区分法治与人治。法之存在，只是法治的必要条件，但不是充分条件。关键问题在于：这种法是否在司法活动中得到了切实的贯彻。中国古代社会，在儒家伦理化的主导下，以礼入法，出礼入刑，在礼、

---

① 韦伯指出了逻辑合理与实体合理之间的紧张关系。逻辑合理是指通过逻辑分析来披露各种事实的法律意义，从而形成和适用高度抽象的法律概念。这一逻辑合理过程削弱了外部要素的意义，并缓冲了具体的形式主义的僵硬性。但是，与"实体合理性"的对应突出了，因为实体合理性意味着法律问题是在规范的影响下解决的，而不是通过将抽象的意义解释加以逻辑上的一般化来解决。实体合理化所依据的规范包括道德命令、功利的和其他实用的规则以及政治信条。所有这些都不同于外部性的形式主义及其所利用的逻辑抽象。参见［德］韦伯著，张乃根译：《论经济与社会中的法律》，62页，北京，中国大百科全书出版社，1998。

② 韦伯指出：最基本的法律思维过程，即普遍化的思维过程。在此，这是指如何将一项或多项"原则"适用于具体案件的理性演绎。这一演绎过程一般也依赖于先前或同时进行的对直接维系判决的事实所作的分析。相反，"法律命题"的进一步阐述，将影响到对潜在的相关事实所作的限定。这一过程既依赖于又促进了法律决疑论。然而，并非任何决疑论的良好方法都会产生"高度逻辑的理想化法律命题"，或者与其发展并论。在各种外部要素的并列组合基础上，已经产生了非常全面的法律决疑义。参见［德］韦伯著，张乃根译：《论经济与社会中的法律》，60页，北京，中国大百科全书出版社，1998。

法之间存在表里关系。因此，法官的使命不是实现法的价值，或者说，法没有自身的独立价值。只有礼所蕴涵的伦理内容才是法官所追求的价值，为追求这种伦理价值，往往牺牲法律的形式。① 韦伯在论述中国古代的法律制度时，将中国古代法律描述为一种世袭结构，这是与世袭制的国家形态相联系的。在这种世袭制的国家中，缺乏理性的立法与理性的审判，因而存在这样一个命题："专横破坏着国法。"法官对任何大逆不道的生活变迁都严惩不贷，不管有无明文规定。最重要的则是法律适用的内在性质：有伦理倾向的世袭制追求的并非形式的法律，而是实质的公正。② 因此，这是一种韦伯所说的卡迪司法（Kadi-Justiz，Kadi 系伊斯兰教国家的审判官）。在这种卡迪司法中，法官承担的不是护法使命，而是沉重的伦理使命。因此，法官往往无视法律条文，径直根据伦理道德观念，尤其是儒家教义，对案件作出判决。③ 在这种法律制度中，法的形式理性是得不到遵守的，更强调的是伦理意义上的实质合理性。可以说，我国古代从来就不曾存在过形式理性。因此，法治强调的是法的独立价值，这种价值的内容虽然是由社会正义、伦理道德、甚至风俗习惯和人情世故所决定的，但法一旦成为法，就具有

---

① 我国学者指出：儒家伦理法的内容包括以下三个层面：第一，儒家伦理法是把宗法家族伦理作为大经大法的法文化体系。第二，在这个体系中，宗法家族伦理被视为法的渊源，法的最高价值，伦理凌驾于法律之上，伦理价值代替法律价值，伦理评价统率法律评价，立法、司法悉以伦理为转移，由伦理决定其弃取。第三，在现实的社会生活和政治生活中，以伦理代替法律，伦理与法律之间没有明确的界限，宗法伦理道德被直接赋予法的性质，具有法的效力，从而形成法律伦理化和伦理法律化的双向强化运动。参见俞荣根：《道统与法统》，200 页，北京，法律出版社，1999。
② 参见［德］韦伯著，王容芬译：《儒教与道教》，154～155 页，北京，商务印书馆，1997。
③ 著名学者冯友兰描述了作为清末县官的父亲的判案情形：在一件案子结束的时候，父亲就用朱笔写了"堂谕"。"堂谕"就等于判决书，但是其中并不引用法律条文，只是按照情理就判决了。有一件案子，情节是三角恋爱或多角恋爱的事，父亲于审讯之后，写了一个堂谕，这个堂谕是一篇四文骈体文章。文章叙述了事情的经过，然后作出判决说：呜呼！玷白璧以多瑕，厉实阶离魂倩女；梦朱丝而不治，罪应坐月下老人。所有两造不合之处，俱各免议。此谕。这样的判决书，现在我们看起来，简直是个笑话。可是当时，据说是一县传诵。参见冯友兰：《三松堂自序》，20 页，北京，人民出版社，1998。上述情形绝非个例。我国学者贺卫方对宋代的司法判决做了研究，指出：这类撇开法律而径直依据情理或其他非成文法渊源判决案件的情况不仅存在于宋代，实际上，它的历史至少可以追溯至汉代的春秋决狱，晚至清代仍然如此。不独如此，那些受到称道、传至后世以为楷模者往往正是这种参酌情理而非仅仅依据法律条文的司法判决。参见贺卫方：《司法的理念与制度》，193 页，北京，中国政法大学出版社，1998。

法的规范品性,按照其自身的法逻辑演绎,并规范社会生活。

作为刑事法治的首要之义的形式理性与实质理性,在刑法中表现得极为明显。显然,刑法需要强调实质理性,这就是坚持犯罪的社会危害性命题,对于没有社会危害性的行为不应在刑法中被规定为犯罪。但刑法更需要关注形式理性,这就是坚守罪刑法定主义原则,法无明文规定不为罪,法无明文规定不处罚。罪刑法定原则是刑法法治的基本蕴涵,也是法治刑法与专制刑法的根本区分。美国学者罗尔斯在论述法治时,明确地将罪刑法定视为法治的重要原则之一,指出:法无明文不为罪的准则(Nalls Crimen sine Lege)及其暗含的种种要求也产生于一个法律体系的观念中。这个准则要求法律为人所知并被公平地宣传,而且它们的含义得到清楚的规定;法令在陈述和意向两方面都是普遍的,不能被当成损害某些可能被明确点名的个人(褫夺公民权利法案)的一种手段;至少对较严重的犯法行为应有严格的解释;在量刑时不追溯被治罪者的既往过错。上述要求暗含在由公开规则调节行为的概念中。① 罪刑法定虽然是形式理性的体现,表明了刑法法治所要求的形式主义特征。但在罪刑法定原则中包含着重大的实质内容,这就是对立法权和司法权的限制,在国家刑罚权与个人的自由之间划出一条明确的界限。因此,罪刑法定原则具有自由的价值取向。对此,罗尔斯指出:如果法无明文规定不为罪的准则,比方说,由于模糊的、不精确的法规而受到侵犯的话,那么我们能够自由地去做的事情就同样是模糊的、不精确的。我们的自由的界限便是不确定的。在这种情况下,人们对行使自由就会产生一种合理的担心,从而导致对自由的限制。② 在我国刑法理论中,由于长期以来受到社会危害性理论的影响,实质合理性的冲动十分强烈,形式合理性的理念十分脆弱。根据社会危害性理论,一切行为凡是具有社会危害性或者社会危害性达到严重程度的,就应当作为犯罪处罚,社会危害性是犯罪的本质特征,它决定着刑事违法性。这样,社会危害性就被视为犯罪的第一性的特征,而刑事违法性则是犯罪的第二性特征。

---

① 参见[美]罗尔斯著,何怀宏等译:《正义论》,228页,北京,中国社会科学出版社,1988。
② 参见[美]罗尔斯著,何怀宏等译:《正义论》,229~230页,北京,中国社会科学出版社,1988。

社会危害性理论可能导致超越规范的解释，其潜藏着破坏罪刑法定原则的危险性。正如我国学者所批评的那样：社会危害性并不具有基本的规范质量，更不具有规范性。它只是对于犯罪的政治的或者社会道义的否定评价，不具有实体的刑法意义。如果要处罚一个行为，社会危害性说就可以在任何时候为此提供超越法律规范的根据。因为，它是犯罪的本质，在需要的情况下是可以决定规范形式的。社会危害性说不仅通过其"犯罪本质"的外衣为突破罪刑法定原则的刑罚处罚提供一种貌似具有刑法色彩的理论根据，而且也在实践中对于国家法治起着反作用。[1] 由此可见，在实行罪刑法定原则的刑法制度中，我们应当通过完善的立法，将具有社会危害性的行为确认为犯罪。在司法活动中，只能以是否符合刑法规定，即行为是否具有刑事违法性作为区分罪与非罪的唯一标准。因此，在司法活动中，当实质合理性与形式合理性发生冲突的时候，我认为应当选择形式合理性而放弃实质合理性。唯此，才能坚守法的独立价值，才能通过法律实现社会正义。在这种情况，虽然牺牲了个案公正，使个别犯罪人逍遥法外；但法律本身的独立价值得以确认，法治的原则得以坚持，这就有可能实现更大程度的社会正义。

二、法律真实与客观真实

法律是处理纠纷的，因而具有决疑论的性质。那么，法律的这种决疑又是以什么为根据以及达到何种目的的呢？这里涉及法律真实与客观真实的问题。这个问题的解决，对于刑事法治的实现具有重要意义。

真实是指人的主观认识与客观情况相一致，即主观与客观的统一。[2] 查明案件真相是法律判决的前提与基础。对于真的追求，是人的一种永恒冲动。因此，真是最古老的哲学范畴之一，大多数哲学家和哲学派别都把真看作是主体认识的

---

[1] 参见李海东：《刑法原理入门（犯罪论基础）》，8页，北京，法律出版社，1998。
[2] 在哲学上，主观和客观的统一是真。主观与客观的统一过程，就是求真的过程。参见齐振海、袁贵仁主编：《哲学中的主体和客体问题》，276页，北京，中国人民大学出版社，1992。

最高理想和哲学追求的最高境界。在法律中也求真，求的是案件事实之真实。可以说，整个法律裁判就是围绕着发现案件真相而展开的。就此而言，从古至今的诉讼活动所追求的目标是共同的。在法律中，真实表现为案件真实的真实。因此，真实是事实的属性。实事求是从哲学上说，这里的"事"指"事实"①，这里的"是"指"真实"。因此，实事求是就是一个从事实出发求得真实的过程。如果说，在哲学上可以作出如上解说，那么，在法律中，是否有所不同呢？回答是肯定的。法律中的案件事实是一种规范性事实。例如，刑法中设定了每一种犯罪的构成要件，因此，刑事案件中的事实是构成事实。对此，日本学者小野清一郎指出：刑事追诉的直接目的，在于确认被告人是否犯有一定的犯罪事实。这里所说的犯罪事实，是符合犯罪构成要件的事实。刑事程序一开始就以某种构成要件为指导形象去辨明案件，并且就其实体逐步形成心证，最终以对某种符合构成要件的事实达到确实的认识为目标。这就是刑事诉讼中的实体形成过程。如果从证据法的观点来讲，刑事诉讼中的主要证明事项就是构成案件事实。② 由此可见，这里的构成事实，即案件事实是证明对象，有待证据证明的客体。因此，案件事实不等于客观真实，客观真实是须经过证明而达到的结论。案件事实不仅是实体法上有待证据证明的事实，而且也是程序法上可以用作证据使用的事实，这同样是一种法律事实。例如日本学者谷口安平指出：辩论原则里所讲的"事实"其实已经不是现实生活中本来形态的事实，而是经过了法的加工的所谓"法的事实"。当然，事实本身是一种存在于法律之上现实生活之内的现象。把这种现象和法联系起来的则是称为"演绎"的法律技术性操作。经过这样的操作，事实才具有了法的含义，但是，这时的"事实"就不再是本来形态的事实，而是作为一种失去了许多细节并经过点染润色的思维产物存在于法的世界里。辩论原则中的

---

① "事"既可理解为"事情"，也可理解为"事实"。我国学者认为，事情和事实是有区别的：事情既可以就（事情的）发生、演变、结束来指一件事情，也可以就事情已经完成来指一件事情。事实都只能就（事情）的确发生了、现成摆在那里来指一件事情。参见陈嘉映：《事物，事实，论证》，载赵汀阳主编：《论证》，1999年卷，6页，沈阳，辽海出版社，1999。

② 参见［日］小野清一郎著，王泰译：《犯罪构成要件理论》，137页，北京，中国人民公安大学出版社，1991。

所谓"事实"必然是这样的"法的事实"。因为起诉时所请求的救济必须立足于一定的法律规范，只是在能够对这个救济请求提供根据或进行反驳的限度内，才有必要进行有关"事实"的主张。如果与在这里起作用的法律框架没有内在的关联，提出或主张的事实对于该案件的处理来说也就失去了意义。① 因此，我们不能笼统地理解案件事实。而是应当区分两种事实：一种是作为证明对象的事实，另一种是作为证明手段的事实。前者为案件事实，即实体法上的事实；后者为证据事实，即证据法上的事实。② 在英美关系中，构成证据的事实称为证据性事实（evidential fact），作为证据对象的事实称为主要事实（principal fact，main fact）。③ 那么，作为我国法律原则之一的"以事实为根据，以法律为准绳"中的事实，又究竟是案件事实呢，还是证据事实？对此，一般理解为是案件事实，即主要是从实体法的角度来理解这里的事实的。当然，作出法律的实体处置，例如刑法中定罪量刑所依据的是这种案件事实。但这种案件事实又是以有证据证明为前提的。没有证据证明，这种案件事实在法律上就不能成立。④ 在这个意义上说，证据事实是证明案件事实的事实，即所谓事实之根据。⑤ 因此，"以事实为根据"，同样应当从证据法的角度加以理解，它是实体法上的事实与证据法上的

---

① 参见［日］谷口安平著，王亚新、刘荣军译：《程序的正义与诉讼》，82页，北京，中国政法大学出版社，1996。

② 我国学者指出：事实是为论证服务的。事实是就能够作证、能够依以推论来说的，我们根据事实得出结论，推论出曾发生另一件事情，等等。事实是从推理的证据方面来说的，至于这些证据如何应用以及这些证据之间的关系，则不称作"事实"。他两次受贿，一次67万，另一次58万，法庭要确定的是这两次受贿的事实。参见陈嘉映：《事物，事实，论证》，载赵汀阳主编：《论证》，1999年卷，7、9、10页，沈阳，辽海出版社，1999。上述论述似有把案件事实与证据事实混同起来之嫌。受贿这是案件事实，这一事实没有证据证明。因此证据事实才有论证性或曰证明性。

③ 参见沈达明：《英美证据法》，23页，北京，中信出版社，1996。

④ 案件事实可以分为有证据证明的与无证据证明的两种情形。例如，一个人被杀。这是一个事实，这一事实的存在当然也须证据证明，例如有尸体、有凶器，并且排除自杀等。但在对一个嫌疑人犯杀人罪的指控中，关键在于有无证明其为凶手。若无证明，则该嫌疑人为凶手，这一事实在法律上不能成立，但这不否定被害人死亡这一事实的存在。

⑤ 北京市京都律师事务所主任田文昌律师于1999年10月21日在北京大学刑事法理论研究所举办的关于程序正义的学术沙龙活动上的发言。参见陈兴良主编：《法治的使命》，70页，北京，法律出版社，2001。

事实的统一。

在诉讼发展史上，对于案件真实的认识，经历了一个漫长的演变过程。意大利著名学者维柯区分了三种裁判[1]：第一种是神的裁判，祈神们为自己的案件的公道作见证。第二种是常规裁判，这种裁判遵行极端拘泥于文字程式。第三种是人道的裁判，这种裁判主要考虑的是事实的真相，根据良心的指使，法律在需要时对每件事给予帮助，只要它是各方事业的利益平等所要求的。与上述三种裁判相适应，大体上存在以下三种证据制度[2]：第一种是神示证据制度，通过神灵宣誓的方式证明其所提供的事实或者提出的主张是真实的。第二种是法定证据制度，法律预先规定了各种证据的证明力及判断和运用证据的规则，法官据此作出裁判。第三种是自由心证证据制度，证据的取舍及其证明力，由法官或陪审团根据自己的理性和良心自由判断，形成确信并依此认定案情。[3] 在以上三种证据中，神示证据制度实际上尚未将案件事实与证据事实加以区分，由神灵直接决定案件真实。其中水审、火审、决斗以及卜卦、抽签等神示形式都反映了在案件审理中宗教迷信的色彩。当然，由于当时的神灵崇拜，经过神示也可能迫使当事人道出真情。因此，神示证据是获取证据以证明案件事实的一种原始形态。法定证据制度中，案件事实与证据事实已经加以明确区分，并对证据的证明力及收集与判断规则由法律加以确立，具有明显的形式主义特征。由于法定证据制度是与刑讯相联系的，刑讯成为获取证据的合法形式。因此，贝卡里亚将刑讯称为合法的

---

[1] 参见［意］维柯著，朱光潜译：《新科学》，下册，512页，北京，商务印书馆，1989。
[2] 参见江伟主编：《证据法学》，10页，北京，法律出版社，1999。
[3] 我国学者认为，自由心证制度经历了一个从传统自由心证到现代自由心证的演变过程。传统自由心证主张，判断证据属于法官职责范围的事，他人无权干涉。法官有权用自己的方式和逻辑，来决定证据的取舍。现代自由心证则包含两方面的内容：一方面法官具有自由判断证据的职权和职责，其他人无权随意干涉；另一方面法官自由裁量证据的行为受到法律规则尤其是证据规则的制约，其行为必须符合基本的证据法则。参见叶自强：《从传统自由心证到现代自由心证》，载陈光中、江伟主编：《诉讼法论丛》，第3卷，383～384页，北京，法律出版社，1999。这种现代自由心证由于受一定的证据规则限制，因而也被称为"半自由心证制度"。参见樊崇义主编：《刑事诉讼法学研究综述与评价》，201页，北京，中国政法大学出版社，1987。

暴行。其结果是使强壮的罪犯获得释放，并使软弱的无辜者被定罪处罚。① 自由心证证据制度，是在否定法定证据制度基础上发展起来的，因此也是在明确区分案件事实与证据事实基础上，按照理性对证据事实加以判断，从而形成内心确信。② 上述裁判制度与证据制度尽管在外在形态上有所差别，但都是为了追求案件真实，这是毫无疑问的。当然，由于各种证据制度的特点所决定，其所达到的证明程度是有所不同的。即便是在当今世界，大陆法系与英美法系同样存在证明程度上的不同要求。

大陆法系国家由于其职权主义的诉讼模式所决定，职权机关在诉讼证明活动中起主导作用。因此，在诉讼目的上实行实体真实主义，在诉讼活动中追求实体真实，即法官认定的案件事实必须与实际上发生的案件事实一致。为此，法官为查明案件事实直接行使职权调查。英美法系国家由于其当事人主义的诉讼模式所决定，当事人在诉讼证明活动中起主导作用，法官是一个消极的裁判者。因此，英美法系国家在诉讼目的上实行形式真实主义，在诉讼活动中追求法律真实，即当事人主张并符合证明标准的程序上的真实。③ 显然，大陆法系国家对证明程度的实体真实标准与英美法系国家对证明程度的法律真实标准是存在理念上的差别的。④ 由此而决定了两大法系在诉讼制度上的各自特色。

我国诉讼活动历来追求的是客观真实。之所以如此，主要是由以下三个原因决定的：（1）诉讼模式。我国实行大陆法系国家的职权主义，司法机关在诉讼活

---

① 贝卡里亚提出：两个同样的无辜者或罪犯，强壮勇敢的将获得释放，软弱怯懦的将被定罪处罚。其根据就是这样一种明确的推理："我，法官，责任是找出这一犯罪的罪犯。你，强壮者，能抵御住痛苦，我释放你。你，软弱者，屈服了，我就给你定罪。"参见［意］贝卡里亚著，黄风译：《论犯罪与刑罚》，33页，北京，中国大百科全书出版社，1993。
② 自由心证在很大程度上是建立在科学证据理论之上的。德国学者拉德布鲁赫指出：科学证据理论的现状是：一方面从心理学上对各式各样轻信误解进行深入分析，从而降低了人证的证明价值；另一方面对例如指纹、血迹等勘查对象用改进技术进行分析，相应提高了物证的证明价值。参见［德］拉德布鲁赫著，米健等译：《法学导论》，124页，北京，中国大百科全书出版社，1997。
③ 参见江伟主编：《证据法学》，34页，北京，法律出版社，1999。
④ 我国学者对职权主义和当事人主义诉讼模式与实体真实和形式真实的关系及其利弊进行了法理分析。参见左卫民：《刑事程序问题研究》，1页，北京，中国政法大学出版社，1999。

动中占绝对的主导地位。尤其是在刑事诉讼中,公、检、法三机关的设置建构了一条司法流水线,被告人只不过是这条司法流水线上的"物件"——消极的司法客体。因此,对于案件真实的证明活动主要通过司法机关的职权活动得以完成。(2) 司法理念。我国长期以来认同的是专政的司法理念,在这种司法理念的指导下,注重实体真实,轻视程序正义。因此,对于客观真实的追求就成为司法机关的主要职责。(3) 哲学基础。我国诉讼活动坚持实事求是的思想路线,这种思想路线是建立在对于客观事物的可知论的基础之上的,因而强调案件事实的客观性以及主观认识的能动性,反映了一种认识论的乐观主义。[①] 随着我国诉讼制度的改革,在庭审活动中引入了当事人主义的因素,对职权主义加以适当限制,形成庭审活动一定程度的对抗性。因而,对于我国诉讼活动所追求的客观真实这一要求提出了越来越多的质疑,法律真实的理念日益为学者所认同。

就法律真实与客观真实的关系而言[②],客观真实是诉讼活动所追求的终极目标,是一种司法理想,这一点大致是不会错的。但是,能否将客观真实当作司法操作的具体标准,对此不无疑问。司法机关处理案件,尤其是刑事案件,其特殊性在于:案件事实发生在前,司法审理在后,通过诉讼中的证明活动力图再现或者复原案件事实,这是一种案件事实的重构。在一般情况下,参与诉讼活动的专业法律人士包括法官、检察官和律师都没有目睹案件事实发生的经过,因此,只有通过一定的证据事实(已知)才能推断出案件事实(未知),从而产生对案件事实确已发生的内心确信。由于客观原因与主观原因所决定,这种对案件事实的

---

① 我国学者指出,认识论的乐观主义认为,由确实充分的证据所达到的案件真实应当是一种完全排除盖然性因素的绝对确定的客观事实。应当说,这种认识论上的乐观主义,不免带有理想化的色彩。参见龙宗智:《相对合理主义》,427页,北京,中国政法大学出版社,1999。

② 在论及客观真实与法律真实的关系时,我国学者指出:从理想状态而言,判决所依据的事实,必须是客观真实的事实,即事实真相。然而,受认识能力、认识手段等主客观条件的限制,司法裁判绝对地以客观真实的事实作为根据有时是根本不可能的。法院裁判,依据的事实是通过法庭调查、法庭辩论等环节而被法院认定的事实——有证据支持的事实,即"法律事实"。这种"法律事实"是以客观事实为基础的,经过严格的法定程序所确定,就本质而言,它是客观事实的模拟。参见公丕祥、刘敏:《论司法公正的价值内涵及制度保障》,载信春鹰、李林主编:《依法治国与司法改革》,203~204页,北京,中国法制出版社,1999。

重构不可能完全再现案件的原貌,只是接近于案件真相。这里的客观原因是指案件事实对于司法者来说呈现出一种"过去时",具有已然性,随着时间的消逝,大量的证据材料会湮灭,从而为案件真相的证明带来困难。这里的主观原因是指人的思维能力的非至上性,会产生认识上的偏差。即使是目睹案件发生经过的直接证人,由于认识水平、客观环境、复述能力以及利害关系所决定,其证言也具有一定的或然性,不能完全地确信。因此,我国学者对客观真实的观点提出了质疑,认为客观真实只是一个理想的目标,而由于刑事诉讼证明的特殊性,即案件一旦发生就无法再现,对刑事案件事实的查明是根据已知证据进行逆向推理的过程,这种推理并不可能与客观事实完全相符,只能是对发生过的事实进行一种近似于确定的证明,但绝不是查明了客观真实。[①] 因此,作为司法操作的证明标准,客观真实是脱离实际的,而法律真实才是可知的。法律真实是建立在认识的相对性的基础之上的,否定认识论上的绝对主义。根据法律真实的理念,案件事实的发生是一种客观情况,不依人的主观意志为转移。但在对该案件事实是否为某一行为人所实施进行判断的时候,这种判断是建立在有关证据之上的,是一种从已知到未知的司法认知活动,因而不能认为这种主观认识与客观事实能够完全一致,不能否认这种主观判断具有一定的盖然性。正因为如此,才要求法官将判断更大程度上建立在证据之上,并且需要建立证据规则。

通过证据确定案件事实,这是法律真实的应有之义。法律真实不同于客观真实之处在于:客观真实是一种绝对的、自在的真实,而法律真实是一种相对的、自为的真实。法律真实是建立在证据事实基础之上的,因而是可以通过证据事实推知与获得的真实。在法律真实模式中,证据具有举足轻重的地位;法官的内心确信来自证据,没有证据就无从确定案件事实。在这种情况下,实体法上的案件事实的查明当然具有重要意义,但在以证明过程为核心的诉讼活动中,案件事实是有待证明的客体,证明活动主要围绕证据而展开。正如我国学者指出:"事实"

[①] 参见关旭:《刑事诉讼中的证明标准》,载樊崇义主编:《刑事诉讼法专论》,219 页,北京,中国方正出版社,1998。

并不能自动成为审判的依据，而只有当事实依法作为"证据"进入审判程序时方能成为审判的依据。① 这当然是对以对抗制为基础的美国审判程序的描述，但它所昭示的证据中心论的理念是应当肯定的。因此，法律真实是建立在证据之上的，在现有证据情况下是最大限度的真实，是一种可证明的真实。法官判决的既判力是建立在这种法律真实基础之上的，从根本上来说是一种法律拟制或者推定的真实。这种真实虽然可能接近于客观真实，但永远也不可能等同于客观事实。在这种情况下，法官只对证据负责，从证据中求真实。对于超出证据的客观真实，法官是不可能负责的。因此，有错必究与错案追究的制度，也只能建立在法律真实的理念之上。换言之，这里的错与对不能以客观真实为标准而只能以法律真实为标准。② 也就是说，在现有证据情况下作出了的判决，即使不符合客观真实，也不能认为是错案。例如，我国刑事诉讼法确认了"证据不足、指控的犯罪不能成立的无罪判决"，这是疑罪从无的表现，也是无罪推定原则的体现。在司法活动中，疑罪③是存在的，甚至为数不少。疑罪的存在本身就是对客观真实论的一种否定，表明并非每一个案件事实都能够获得这种客观真实。对于疑罪的态度充分反映出一个国家的刑事诉讼制度的法治程度。我国封建社会长期以来实行的是疑罪从轻的原则，这实际上是有罪推定的逻辑结论。而在实行无罪推定原则的情况下，疑罪从无是必然结论。证据不足的疑罪从无表明：在客观真实不能通过证据获得的情况下，只能在法律上推定为无罪。这种无罪是根据现有证据作出

---

① 参见李文冠：《美国刑事审判制度》，29页，北京，法律出版社，1999。
② 我国学者认为，在对抗制的情况下，由于举证责任是由当事人来担的，因此，某些错误是诉讼当事人自身造成的。这样，从逻辑上说，当事人应当对自己行为的后果承担责任。但是，有错必纠的原则也势必受到根本性的动摇，同时演化出司法机关反对对于由于自身错误造成的错案承担责任的原则。参见贺卫方：《司法的理念与制度》，157页，北京，中国政法大学出版社，1998。我认为，错案追究制是指司法机关应对司法机关自身错误承担责任，这是正确的，因为法官只对法律真实负责。而有错必究原则则应有一定的限制。例如一事不再理、二审终审等，应当维护司法判决的稳定性，不得随意以客观真实否定既判力。当然，在法律规定范围内，仍然存在有错应究的问题。
③ 疑罪有刑事诉讼法上的疑罪与刑法上的疑罪之分：前者是证据不足的疑罪，后者是定性的疑罪。《唐律》中将疑罪之疑分为事之疑与理之疑，亦即上述区分。参见陈兴良主编：《刑事疑案研究》，2页，北京，中国检察出版社，1992。我在这里讨论的疑罪是指证据不足的疑罪。

的判断，尽管可能与客观真实不相符合，但这种判决具有既判力。

通过证据规则确定证据的合法有效性，这也是法律真实的应有之义。对案件事实的认识，当然具有认识的一般特征。但毕竟是一种特殊的司法认知活动。[①]在长期的司法活动中，总结出一些证据规则，反映了司法认知活动的规律性，因而是应当遵循的。在中世纪的法定证据制度中，对证据的审查判断规定了大量的规则，由此限制与约束法官的自由裁量权，使法官像演算数学公式一样被动而机械地根据证据规则计算证据的证明力，并据此认定案情。虽然法定证据制度具有僵硬性与机械性，限制了法官在证据审查中的主观能动性，因而导致形式真实与实质真实的脱离。但对证据的审查判断活动予以规范，这一点仍然是值得肯定的。传统的自由心证制度完全否定证据规则，直接诉诸法官的理性与良心，由此形成内心确信，在很大程度上使法官从烦琐的证据规则中解脱出来，有助于查明案件真相。但这种没有任何证据规则的绝对的自由心证是难以实现的。为此，在立法上许多国家设定了规范法官或事实审理者随意判断的规则，如自由排除规则、非法取得证据的排除规则、证据释明规则、证人拒绝权规则等[②]，因此，证据规则在诉讼活动中起着重要作用。它不仅规范当事人，而且规范司法机关，成为诉讼参与者共同的法律准则。只有在遵循这种证据规则情况下的证据才具有法律上的证明力，否则就将归于无效，而不论这种证据是否能够证明案件真相。例如，美国联邦最高法院依据《美国宪法修正案》第4条，通过发布案例的方式，逐渐确立了一套较为完整的法律体系，规定任何通过非法逮捕、搜查、扣留所得的证据，一律不得进入司法程序，这一规定叫作"排除规定"，所谓排除，指的

[①] 这种特殊性表现在证明的相对性，这种相对性表现为：诉讼审判乃以多元化的价值为其内在希求，对案件事实的真理性认识只是价值之一，而非全部，尚需顾及其他诉讼价值。而且，诉讼中的证明所指向的对象或客体不是自在的事实，而是自为的事实。这种作为认识客体的主体意识在其发展历程上是转瞬即逝，而且一去不复返的。那么，对案件事实的证明注定便是残缺不全的。诉讼审判要得以进行，必须正视并依赖这种残缺不全的证明。其结果，证明的相对性原理被赋予了合理性和现实性。参见江伟主编：《证据法学》，50～51页，北京，法律出版社，1999。

[②] 参见江伟主编：《证据法学》，17页，北京，法律出版社，1999。

是排除非法得来的证据。例如,"布鲁尔诉威廉姆斯"一案①,就是因为警察在没有给嫌疑人发出"米兰达警告"②的情况下进行了审讯,因而犯人所作的供词,以及根据供词所发现的女孩的尸体这些事实都不得作为证据进入司法程序。在证据排除规则的情况下,就会出现法律真实与客观真实的矛盾:就非法证据能够证明案件真相而言,它具有客观真实性;就非法证据由于其获得的非法性,应当予以排除而言,则维持了法律真实。因为法律真实本身具有拟制性,是遵守法律规则、建立在合法证据之上的真实。在这种情况下,为了实现法律真实就应当牺牲客观真实。尽管其结果是使个别有罪的人逍遥法外,但能够在更大程度上实现法律真实,因而是一种必要的丧失。由此可见,法律真实不仅是建立在证据之上的,而且是在遵循证据规则的情况下获得的。除此,便无法律真实可言。

通过对合法有效证据的判断形成内心确信,这同样是法律真实的应有之义。

---

① 1986年12月24日,一个叫帕米拉的10岁小女孩随父母去艾奥瓦州的德茂恩市看摔跤比赛。比赛中帕米拉一个人去厕所,之后再也没有回来。警察接到报告后立即进行调查,发现一个叫威廉姆斯的人可能是劫持者,威廉姆斯刚从一所精神病院逃走不久,有人曾见他在体育馆外将一捆东西装进一辆汽车。12月26日,德茂恩市警察接到邻近达芬堡市警察局的电话,说威廉姆斯已向他们自首,并让德茂恩市的警察前去把他押回。德茂恩市派了两名警察开车前去。当时达芬堡的法庭已为威廉姆斯指定了辩护律师,该律师同前来押解的两名警察商定,在押解途中不得对威廉姆斯作任何审讯。在赶回德茂恩市的途中,一名警察对威廉姆斯这样说:希望你看看天气,天在下雨。气象台说还要下大雪,我想你是唯一知道小帕米拉埋在什么地方的人,如果雪一盖,你自己就找不着了。我们何不去把她找到了,她的父母也好用基督教的丧礼把她埋了。听了这一番话,威廉姆斯果然带着警察,来到他杀死并埋葬小帕米拉的地点,并在那里挖出了孩子的尸体。在后来的审判中,警察出庭作证,将如何找到帕米拉尸体的前后过程告诉了法庭,审判结果,威廉姆斯被判有罪。但被告在上诉中提出,警察当时在车里对威廉姆斯说的一番话,实际上是审讯,而审讯前警察并没有给威廉姆斯"米兰达警告",因此,审讯是违法的,而由此所得的证据也都是违法的,不应被允许进入审判程序。也就是说,法庭在审判时,不应允许警察就那天押解过程中所发生的事情作证,因而审判结果必须推翻。联邦最高法院同意被告这一观点,因此推翻了审判结果。参见李文冠:《美国刑事审判制度》,10~11页,北京,法律出版社,1999。

② 米兰达警告内容是:在审讯之前,警察必须明确告诉被捕者,(1)他有权保持沉默;(2)他如果选择回答,那么他所说的一切都可能会被用作对他不利的证据;(3)他有权在审讯时由律师在场陪同;(4)如果他没有钱请律师,法庭有义务为他指定律师。参见李文冠:《美国刑事审判制度》,52页,北京,法律出版社,1999。

在证据证明的程度上，我国历来规定为事实清楚、证据确实充分。[①] 这一证明程度体现的是对客观真实的追求，是一种客观标准。而无论是大陆法系国家的自由心证还是英美法系国家的排除合理怀疑，都以主观认识作为证明程度的标准，是一种主观标准。英美法系国家的排除合理怀疑又称为超越合理怀疑（beyond reasonable doubt），这里的合理怀疑，显然是法官的一种主观认识状况，指那种能够使一个谨慎的人在做某件重要的事情之前产生迟疑的怀疑。在刑事诉讼中，检察官的证据，必须是能够证明到"超越合理怀疑"的程度。也就是说，在听完了检察官所有的证据，并把被告的反驳证据考虑在内，如果你觉得自己对被告就是罪犯这一点还有"合理的怀疑"，那么被告就不能被判有罪，就应该无罪释放。[②] 因此，是否存在合理怀疑，是法官的一种主观判断。自由心证制度之所谓心证，就是指内心确信。这种内心确信是指法官斟酌口头辩证的全部旨意及调查取证的结果，并依据理性和良心进行自由判断，在内心对案情达到确信。这种确信是一种高度盖然性，即达到排除一切怀疑，接近必然发生的程度。[③] 因此，自由心证同样是诉讼主观标准。那么，证据证明程度到底是应采客观标准呢，还是主观标准？我认为，这个问题归根到底还是与证据证明所要达到的是客观真实还是法律真实有关。事实清楚、证据确实充分所达到的是一种客观真实，但这一客观真实的状态只是努力接近的目标而难以完全达到。况且，这种客观真实是通过法官的主观认识反映出来的，因此，证据证明所要达到的程度是对主观认知状态的一种要求。在这个意义上说，主观标准是可取的。主观标准所追求的是法律真实，是法官通过对证据事实的审查判断形成的内心确信，排除了合理怀疑。在这种情况下所达到的是一种法律真实，是法律所认可的真实。

---

① 我国学者指出：长期以来，我国许多诉讼法学者强烈批判自由心证理论和制度，强调判断证据应当遵循客观标准，作为定案的证据要确实和充分。但是这种理论上的努力似乎并没有对司法实践造成多大的影响力。这种观点认为，我国目前实行的是秘密的自由心证，主张自由心证制度有其客观必要性，但同时有其弊端，这些弊端是需要克服的，应当建立现代自由心证制度。参见叶自强：《从传统自由心证到现代自由心证》，载陈光中、江伟主编：《诉讼法论丛》，第3卷，398~399页，北京，法律出版社，1999。
② 参见李文冠：《美国刑事审判制度》，15页，北京，法律出版社，1999。
③ 参见上海社会科学院法学研究所编译：《诉讼法》，213页，北京，知识出版社，1981。

客观真实还是法律真实，实际上是一个刑事法治在证据法上的选择问题。刑事法治是以法律真实为其价值诉求的，要求证据的合法性，违法取证将导致证据力的消灭。因此，在查明案件事实与保障人权两者之间取得某种平衡，追求形式真实。而客观真实则体现了对实质真实的追求，为达到这种客观真实，往往可以不择手段，甚至将刑讯合法化。现在刑讯虽然已为法律所明令禁止，但追求客观真实的冲动，往往忽视证据获取的合法性，甚至不惜投入大量司法资源，牺牲诉讼经济原则。即便如此，在实际上这种超法律的客观真实也是可望而不可即的。因此，在刑事法治的制度建构中，证据证明活动应当以法律真实为核心，建构有关证据规则与证据标准。通过法官的自由心证达到内心确信，从而实现刑事法治的实体价值。

三、程序正义与实体正义

法是以维持一种正义的秩序为使命的，这种正义的秩序可以视为法所追求的实体正义。刑法在维护社会秩序中发挥着重要的作用，因而实体正义更是刑法的皈依。从实体正义上来说，刑法具有社会保护与人权保障两大机能，由此而协调社会与个人的关系，最终实现刑法的实体正义。但是，实体正义的实现不能离开一定的程序。因为实体与程序是实现法的正义的两种法律制度设计：前者解决案件处理的公正标准问题，后者解决案件处理的正当程序问题，两者不可偏废。长期以来，我国司法活动存在重实体轻程序的倾向，严重地妨碍了程序法的适用。因此，程序正义的理念乃是刑事法治的重要内容。

这里引起我们思考的问题是：程序是否具有独立于实体的价值？这里涉及程序与实体的关系问题。程序是相对于实体而言的。如果说，实体法是权利的设定与义务的分配；那么，程序法就是权利实现与义务履行的过程与步骤。从终极意义上说，程序的设置是为实现实体价值。那么，程序是否具有自身的独立价值呢？美国学者罗尔斯曾经将程序的正义分为以下三种：第一种是纯粹的程序正义（pure procedural justice），指的是关于什么才是合乎正义的结果并不存在任何标

准，存在的只是一定程序规则的情况。例如不需要任何技术的赌博，只要严格遵守其程序规则，得到什么样的结果则都被视为是合乎正义的。第二种是完善的程序正义（perfect procedural justice），指的是在程序之外存在着决定结果是否合乎正义的某种标准，且同时也存在着使满足这个标准的结果得以实现的程序这样的情况。例如在把蛋糕完全均等地分给数人的场合，达到均分的结果才合乎正义，且存在实现均分的程序。这就是动手切蛋糕的人最后领取自己的一份。他为了使剩给自己的蛋糕尽可能多一些会尽最大努力来均切蛋糕，其结果则是均分结果的实现，所以这样的程序合乎于正义。第三种是不完善的程序正义（imperfect procedural justice），指的是当然在程序之外存在着衡量什么是正义的客观标准，但是百分之百地使满足这个标准的结果得以实现的程序却不存在。罗尔斯认为，刑事审判就是不完善的程序正义的适例。刑事审判期望的结果是：只要被告犯有被控告的罪行，他就应当被宣判为有罪。审判程序是为探求和确定这方面的真实情况设计的，但看来不可能把法规设计得使它们总是达到正确的结果。即使法律被仔细地遵循，过程被公正恰当地引导，还是有可能达到错误的结果。一个无罪的人可能被判作有罪，一个有罪的人却可能逍遥法外。在这类案件中我们看到了这样一种误判：不正义并非来自人的过错，而是因为某些情况的偶然结合挫败了法律规范的目的。不完善的程序正义的基本标志是：当有一种判断正确结果的独立标准时，却没有可能保证达到它的程序。① 从上述三种程序正义来看，前两种程序正义都可以包摄实体正义。因此，只要严格地遵循正当程序，就会理所当然地实现实体正义，即使实体不正义，人们也会安分地接受。而在第三种程序正义中，存在程序正义与实体正义两个互相独立的正义标准。程序正义不见得一定能够获得实体正义，实体正义也不见得一定要通过程序正义来实现。在这种情况下，程序正义是否具有独立价值的问题实际上涉及对实体正义与程序正义这两种正义结果的比较。我认为，实体正义与程序正义相比，前者具有相对性，后者具有绝对性。程序正义的绝对性是较易理解的，因为程序是通过一系列刑事法律规

---

① 参见［美］罗尔斯著，何怀宏等译：《正义论》，80页，北京，中国社会科学出版社，1988。

则加以建构的,遵守这些规则谓之合法,违反这些规则谓之非法。合法为正义,违法为非正义,两者界限明确,它不取决于人的主观感受,而在很大程度上取决于法律规则之准绳作用。实体正义的相对性,似乎不易理解,需要专门论证。实体正义的相对性,我认为表现在以下几个方面:首先,绝对的实体正义是不可得的,在刑事诉讼中客观真实当然是人所苦苦追求的最高诉讼境界,但由于客观与主观的限制所决定,实际上无法达到。在客观真实不可得的情况下,人们退而求其次,追求法律真实。从这个意义上来说,实体正义具有相对性。其次,实体正义没有一个绝对确定的衡量尺度。即便是罪与非罪的界限,也不像数学公式所表示的那样精确。至于量刑,对某一犯罪事实在法定刑内到底是判 3 年还是判 5 年,很难说有一个精确的标准。最后,实体正义具有一定的主观感受性,即便是实体处理不那么尽如人意,但经过正当程序的审查,也能够使人接受。正如日本学者谷口安平指出:正当程序有使由于程序进行蒙受了不利结果的当事者不得不接受该结果的作用。例如,进行诉讼而遭败诉的当事者经常对判决感到不满,但因为自己已经被给予了充分的机会表达自己的观点和提出证据,并且由相信是公正无私的法官进行了慎重的审理,所以对结果的不满也就丧失了客观的依据而只能接受。这种效果并不是来自判决内容的"正确"或"没有错误"等实体性的理由,而是从程序过程本身的公正性、合理性产生出来的。由程序本身产生的正当性还具有超越个人意思和具体案件的处理,在制度层次上得到结构化、一般化的性质。[1] 程序的这种功能,我国学者称为吸收不满的功能。[2] 因此,程序正义能够强化当事人对实体正义的认同。反之,即或实体处理是公正的,由于违反了正当程序,当事人同样难以对实体正义认同。因为在这种情况下,他受到了一种不公正的待遇,因而销蚀其实体上的正义的满足感。因此,程序正义的独立价值应当得到充分强调。美国学者萨默斯首次提出了法律程序的独立价值标准问题,并

---

[1] 参见[日]谷口安平著,王亚新、刘荣军译:《程序的正义与诉讼》,11 页,北京,中国政法大学出版社,1996。

[2] 清华大学张程教授于 1999 年 10 月 21 日在北京大学刑事法理论研究所举办的关于程序正义的学术沙龙活动上的发言。参见陈兴良主编:《法治的使命》,71 页,北京,法律出版社,2001。

对这种与程序的工具性相对的价值标准——即所谓的"程序价值",在理念、标准及对法律程序的作用等方面的独立性问题进行了较为系统的分析和论证。① 程序的独立价值观念的确立,使我们突破了程序工具主义的思想桎梏,以一种全新的观念来认识程序的意义。在刑事审判,其实包括所有的诉讼活动中,尽管是一种所谓不完善的程序正义,但这种程序正义的不完善性,是可以通过规则设置与制度建构加以弥补的。正如我国学者指出:为了弥补不完善的程序公正的场合,并确保正当结果,需要借助于程序公正的正当化作用。普遍的做法是采取法律机制,即通过追加一种所谓半纯粹的程序公正使结果正当化,常见的有陪审制度、当事人主义的参与保障等措施。具体说来,当事人自认的事实,法院可直接予以认定;当事人诉讼外和解,可以直接产生诉讼法上的效果,以及刑事诉讼中无罪推定原则和民事诉讼中的宣告失踪、宣告死亡程序。在这里,理论上是不完善的程序公正,在制度上却作为完善的或纯粹的程序公正而发挥了作用。②

尽管采取了上述补救措施,仍然不能保证通过程序正义一定能够实现实体正义。再者,也可能违反程序正义而获得了实体正义,例如,通过刑讯获取案件真相。在这种情况下,程序正义与实体正义存在着冲突,对此如何进行价值选择呢?换言之,实体正义为什么只能通过程序正义而获得?为什么不能通过程序违法而获得?我认为,这个问题实际上是在刑事法治的建构中如何限制司法权,从而保障被告人的正当权利的问题。如果说,迟到的正义是非正义,那么,违反程序获得的正义同样也是非正义。实体正义之所以必须通过正当程序获得,这是由刑事法治的性质所决定的。美国学者道格拉斯指出:正是程序决定了法治与恣意的人治之间的基本区别。③ 如果将上述引言中的程序一词加上正当两字,也许更为确切。正当程序是法治,尤其是刑事法治的题中之意。可以说,没有正当程序,也就没有刑事法治。因为程序是人权保障机能的载体。在刑事诉讼中,存在

---

① 参见陈瑞华:《通过法律实现程序正义——萨默斯"程序价值"理论评析》,载强世功、李光昱主编:《北大法律评论》,1998年第1卷,81页,北京,法律出版社,1998。
② 参见肖建国:《程序公正的理念及其实现》,载《法学研究》,1999(3)。
③ 参见季卫东:《法治程序的建构》,1页,北京,中国政法大学出版社,1999。

着如何处理国家的司法权力与个人的诉讼权利之间的关系问题。我国学者指出：刑法属于授权性规范，刑事诉讼法则属于限权性规范。刑法设定了国家的刑罚权，刑事诉讼法则为国家刑罚权的正确、适度行使设置规则和界限。[1] 在以上论述中，刑事诉讼法属于限权性规范这是没有问题的，即或是刑法实际上同样具有限权性。罪刑法定原则所昭示的"法无明文规定不为罪，法无明文规定不处罚"的内容就具有对司法权的限制机能。因此，刑法对于司法权是一种实体性限制，刑事诉讼法对于司法权是一种程序性限制。刑事法治中的司法权，同时受到上述实体与程序的双重限制。这表明，司法权只有在刑事诉讼活动中，按照一定的司法程序才能得以行使。刑事诉讼活动之所以要通过程序对司法权加以严格限制，是因为在诉讼活动中，司法机关代表着国家行使司法权（包括侦查权、检察权和审判权）。由于国家垄断着司法资源，因而十分强大。如果不加以程序的限制，就会变成法律的利维坦。而被指控为犯罪人的被告，作为个人在庞大的国家司法机器面前，是显得十分渺小的。正是正当的法律程序，赋予被告人以各种诉讼权利，使之得以在刑事诉讼中与作为国家公诉人的控方形成法律上的控辩平等关系。因此，重视程序的独立价值的真谛在于保障被告人的合法权益，真正使法律不仅成为自由公民的大宪章，同时也成为被告人的大宪章。因此程序并不仅仅是一种法律程式，更不能简单地视为形式主义，它包含着实体内容，是刑事法治中为保障被告人的权利而设置的一种法律制度。由此出发，我们在面对程序正义与实体正义冲突的情况下，应当选择前者而非后者。也就是说，要真正实现程序的独立价值，注重程序对于被告人合法权益的保障，我们应当重构程序与实体的关系，使程序对于实体的从属地位改变成为程序对于实体的优先地位。

在刑事法中，实体是指某一行为是否构成犯罪以及处以何种刑罚，也就是通常所说的定罪量刑。实体正义是指保证定罪准确、量刑均衡，从而实现司法公正。因此，对实体正义的追求始终是法律的强烈冲动。程序是指司法机关在追究

---

[1] 参见汪建成：《刑法和刑事诉讼法关系新解》，载陈光中、江伟主编：《诉讼法论丛》，第3卷，47～48页，北京，法律出版社，1999。

刑事责任时所遵循的方法、手段以及其他规制。就程序法与实体法的关系而言，程序设置的目的是为实现实体法所追求的公正价值。在这个意义上，程序法具有辅助性，被称为从法、助法，而实体法则是主法。① 但实体法与程序法这种逻辑上的主辅关系，丝毫也不能贬低程序法上的意义。实际上，实体权利是通过一定的程序加以确认并实现的。在这个意义上说，没有程序就没有权利。正如日本学者谷口安平指出：无法为所主张的权利举证，该权利实际上就会变得毫无意义。② 因此，应当强调程序对于实体的优先地位。所谓程序对于实体的优先地位，表现在以下三个方面：(1) 程序先行。程序先行是指一定的实体问题的处理必须在程序框架内进行，无程序则无实体之处理。在这个意义上，程序优先体现为一种程序先行，即无程序则无实体。正如没有铁轨，就不可能有飞驰的列车，列车只能行驶在铁轨上，列车行驶止于铁轨的尽头，否则将颠覆。以往，我们往往认为实体法所构造的是一个"法的空间"。实际上，程序与法的空间的形成同样具有密切联系。诉讼过程就是一个法的空间的形成过程，程序规制同样是这一法的空间的支撑力量。③ 因此，立法是这个法的空间的构造，司法则只能在这一法的空间内进行。(2) 程序优越。程序是法的内在生命，只有程序才能最大限度地保证实体正义，从而实现法律的公正价值。在实体正义与程序正义相抵触的情

---

① 关于实体法与程序法的关系，在理论上存在主从论、同等论与阶位论等各种观点。主从论认为实体法和程序法之间的关系是主从关系。实体法是内容和目的，程序法是形式和手段，实体法决定程序法，没有实体法，程序法也就失去了存在的价值和意义，程序法依附于实体法而存在。同等论认为，实体法和程序法之间的关系是同等关系。对解决社会冲突而言，二者具有同等的重要性。阶位论认为，实体法和程序法之间的关系是一种逻辑上的阶位关系，实体法是下阶位的法，程序法是上阶位的法，程序法先于、优于实体法。参见李佑标：《试论实体法与程序法的关系》，载陈光中、江伟主编：《诉讼法论丛》，第2卷，84页，北京，法律出版社，1998。

② 参见［日］谷口安平著，王亚新、刘荣军译：《程序的正义与诉讼》，64页，北京，中国政法大学出版社，1996。

③ 我国学者论述了程序在法的空间形成过程中的重要意义，指出：作为法的空间形成过程的程序结构与诉讼、审判的终局以及司法本身在社会、政治体系中发挥的正统性再生产功能有密切的联系。或者说，具有这种特性的程序结构在每一个案件处理中得到的具体实现汇积起来，就构成了审判程序和司法本身发挥上述功能的微观基础。参见王亚新：《民事诉讼的程序、实体和程序保障》（代译序），载［日］谷口安平著，王亚新、刘荣军译：《程序的正义与诉讼》，14页，北京，中国政法大学出版社，1996。

况下，应当选择程序正义，这是刑事法治的必然要求。（3）程序对实体的否定。程序先行与程序优越尽管都表达了程序优先的意蕴，但仅此还不够。程序优先于实体地位的根本内容还意味着程序对实体的否定。这里所谓程序对实体的否定，是指违反程序将导致实体（无论是否正义）无效的法律后果。例如刑讯逼供所获得的证据无效；未经庭审质证的证据无效；违反程序的判决无效，且不得再作不利于被告人的裁决等等。唯此，才能完全彻底地实现程序的独立价值。

德国著名法学家拉德布鲁赫指出：如果将法律理解为社会生活的形式，那么作为"形式的法律"的程序法，则是这种形式的形式。[①] 它如同桅杆顶尖，对船身最轻微的运动也会作出强烈的摆动。因此，程序法对社会生活变化的反映是最敏感的。根据拉德布鲁赫的看法，程序法的发展以极其清晰的对比反衬出社会生活的逐渐变化。尤其是刑事程序的历史，清楚地反映出国家观念从封建国家经过专制国家，直到宪政国家的发展转变过程。[②] 可以说，对程序的重视程度，标志着一个国家的法治文明程度。刑事法，关系到公民的生杀予夺，更须加以严格的程序限制。

（本文原载陈兴良主编：《刑事法评论》，第6卷，北京，中国政法大学出版社，2000）

[①] 我国学者指出：实质正义的反对概念是形式主义，而程序并不等同于形式。程序的基础是过程和互动关系，其实质是反思理性。程序是相对于实体结果而言的，但程序合成物也包含实体的内容。程序在使实体内容兼备实质正义和形式正义的层次上获得一种新的内涵。这就是新程序主义的观点。参见季卫东：《法治程序的建构》，76页，北京，中国政法大学出版社，1999。

[②] 参见［德］拉德布鲁赫著，米健等译：《法学导论》，120页，北京，中国大百科全书出版社，1997。

中国刑事司法制度：理念、规范、体制之考察

中国目前面临着一个社会结构的转型问题，这一社会转型的境况成为中国各种社会现象分析的基本背景。法律制度的考察，包括刑事司法制度的考察，莫不如此。从法律制度来看，中国随着社会转型正在逐渐地完成从人治到法治过渡的法律现代化进程。尤其是建设社会主义法治国家目标的确定，使得中国法制发展的走向更为明确，在刑事司法领域，同样可以感受到社会转型背景下的法律现代化所带来的对传统刑事司法制度的猛烈撞击以及刑事司法制度变革的迫切呐喊。以下，我将对中国刑事司法制度从理念、规范、体制三个层面进行考察，力图勾勒出中国刑事司法制度演进的基本线索，给出中国刑事司法制度变革中面临的基本问题，并触摸中国刑事司法制度发展的基本脉络。

一、中国刑事司法制度：理念嬗变

任何一项制度的改变，都必然是理念先导。只有在正确的司法理念指导下，刑事司法制度的改革才能顺利地进行。中国当前首先面临的是观念转变的问题，即从传统的以专政为核心的司法理念向法治的以人为本、以法为本的司法理念的

转变。这一转变可以提供刑事司法制度改革的思想资源。在我看来，司法观念的嬗变主要包括以下三个方面：

（一）从社会保护向人权保障倾斜

刑事司法制度的建构，必有其追求的价值内容，在任何一个社会都不例外。刑事司法制度的价值诉求，无非是社会保护与人权保障这两个基本方面。在不同社会，社会保护与人权保障这两者的偏重有所不同：在一个以社会为本位，注重社会秩序维持的社会里，社会保护被确立为刑事司法制度的首要价值目标。因此难免以牺牲公民个人的自由与权利为代价，甚至不惜践踏公民个人的自由与权利。而在一个以个人为本位，注重个人自由的维护的社会里，人权保障成为刑事司法制度的存在根基。为维护公民个人的自由与权利，即使造成某种程度上的社会秩序的混乱也在所不惜。当然，从理论上说，社会保护机能与人权保障机能应当和谐地统一起来，并且在一般情况下也确实能够获得某种程度的统一。但当两者发生冲突的情况下，取舍之间凸显出一个社会刑事司法制度的基本价值诉求。中国古代社会以注重社会秩序轻视个人自由而著称，被称为是一种以家庭为本位的社会，因而法律形态也可以说是一种家族法。对此，中国学者瞿同祖指出：从家法与国法，家族秩序与社会秩序的联系中，我们可以说家族实为政治法律的单位，政治、法律组织只是这些单位的组合而已。这是家族本位政治法律的理论的基础，也是齐家治国一套理论的基础，每一家庭能维持其单位内之秩序而对国家负责，整个社会的秩序自可维持。[①] 在这种法律制度的建构中，个人是微不足道的，而家庭以及由其构成的社会却是至高无上的。所以，刑法注重对社会利益的保护是势所必然。新中国成立以来，在计划经济的体制下，中国是一个政治国家的一元社会。在这种情况下，刑法作为专政工具必然以保护社会利益为根本使命。在经济体制改革以后，引入了市场机制，中国正在从市民社会与政治国家合一的、一元的社会结构向市民社会与政治国家分立的二元社会结构转型。因此，个人的命运，包括个人的自由与权利，越来越受到关注。这种从社会保护向人权

[①] 参见瞿同祖：《瞿同祖法学论著集》，28页，北京，中国政法大学出版社，1998。

保障的倾斜，在刑事立法上得以体现。刑法中，权利保障的刑法价值被突出到一个极其显要的位置上，尤其是修订后的《刑法》第 3 条确立的罪刑法定原则，体现了刑法作为犯罪人的大宪章，同时也是善良公民的大宪章的对刑罚权的限制功能。在刑事诉讼法中，当事人，包括被害人与被告人的诉讼权利都得以加强，注重调动有关诉讼当事人与参与人在刑事诉讼活动中的积极性。刑事诉讼的职权因素有所减弱，当事人因素有所加强。凡此种种，都说明在法治社会的刑事司法制度中，个人的自由与权利应当并且正在成为其重要的价值诉求。

（二）从实质合理性向形式合理性转变

合理性（rationality）是德国著名学者韦伯在分析社会结构时提出的一个重要观念。韦伯把合理性的概念应用于社会结构分析时，作出了形式合理性和实质合理性的区分。形式合理性具有事实的性质，它是关于不同事实之间的因果关系判断；实质合理性具有价值的性质，它是关于不同价值之间的逻辑关系判断。形式合理性主要被归结为手段和程序的可计算性，是一种客观合理性；实质合理性则基于属于目的和后果的价值，是一种主观的合理性。在韦伯看来，形式合理性和实质合理性处于一种永远无法消解的紧张对立关系之中。在对待法的态度上，也存在着韦伯所说的"法逻辑的抽象的形式主义和通过法来满足实质要求的需要之间无法避免的矛盾"[①]。法是用来满足社会正义的，但法又有自身的形式特征。例如，法的对象是一般的，当一般正义得以满足的时候，个别正义可能难以兼顾。在这种情况下，是牺牲个别正义以保全法的形式，还是相反？这也正是人治与法治的分野：人治不是说没有法，甚至也可能存在完备的法制，而在于是否以法为终极的判断标准，即法治的实现，在某些情况下会牺牲社会的实质正义。法治意味着一套形式化的法律规范体系，对形式合理性具有强烈的冲动。而在以人治为特征的中国古代社会，虽然也有较为完备的法典，但由于在儒家思想的主导下，对伦理道德的实质正义的追求的结果必然将形式的法予以弃置，因而在更大程度上是韦伯所说的"卡迪司法"。韦伯指出：儒家主导的中国法文化缺乏自然

---

① [德] 韦伯著，林荣远译：《经济与社会》，下卷，401 页，北京，商务印书馆，1997。

法与形式法的逻辑（Rechtslogik），儒家司法是根据被审者的实际身份以及实际情况，或者根据实际结果的公正与适当来判决的一种"所罗门式的"卡迪—司法（Kadi-Justiz，Kadi 系伊斯兰教国家的审判官）。① 新中国成立以来，基于对某种政治理想的追求，法治的观念在中国始终没有建立起来，甚至社会长期处在"无法"的状态。随着走向法治，法律纷纷出台，但这种法如何能够得以切实贯彻而不至于成为虚置的文本，仍然是一个大问题。在刑事法领域，法律施行是得到国家权力的保证的，因而贯彻得好一些。但这里也始终存在一个实质合理性与形式合理性的冲突。可以说，形式合理性的理念正在逐渐生成，实质合理性的冲动正在受到抑制。在刑法上，长期以来坚守的是社会危害性理论。根据这种理论，社会危害性是犯罪的本质特征，甚至是刑法的基石。凡是具有严重的社会危害性的行为，法律有规定的，应当依照法律规定认定为犯罪；法律没有规定的，应当依照类推定罪。在某种意义上说，类推制度在刑法中的设立，就是实质合理性的冲动压倒形式合理性的结果。随着罪刑法定原则的确立，类推制度的废止，在刑法中形式合理性的诉求战胜了实质合理性。罪刑法定原则意味着对国家刑罚权的限制，这种限制是以形式的法来实现的，因而对于保障公民个人的自由与权利来说，具有实质的价值内容。尽管实行罪刑法定会使个别或者少数严重的危害社会行为因无明文规定而逃脱法律制裁，似乎在实质合理性上有所丧失，但这是一种必要的代价。非此不能实现法治的价值，以破坏法治而实现的实质合理性是得不偿失的。在刑事诉讼法上，长期以来坚守的是实事求是的原则，追求实体正义，忽视程序正义。由于犯罪案件是一种已逝的存在，在刑事诉讼中对于犯罪事实的复原只具有相对意义，而不能原样复原。② 在这种情况下，为了保证最大限度的

---

① 参见［德］韦伯著，洪天富译：《儒教与道教》，174 页，南京，江苏人民出版社，1993。
② 我国学者提出了客观事实与法律事实的问题，实事求是之事，是客观事实还是法律事实？客观事实如何转化为法律事实？客观事实与法律事实何以具有同一性？凡此种种，都需探讨。由于人的思维的非至上性，案件事实的完全复原几乎是不可能的，而且代价太大。正如我国学者指出的：以实事求是的原则引申出来的判决要建立在弄清案件事实真相的基础之上的以事实为根据的原则，只是一种司法理想。这一原则把司法理想与司法操作相混淆，在司法实践中是很难实现的。参见贺卫方：《司法的理念与制度》，153 页，北京，中国政法大学出版社，1998。

实质正义，只能通过一套严密设计的司法程序与法律规则进行法律推导，包括推定，例如，无罪推定等原则的适用。因此，程序正义虽然是形式的合理性，但都是为了保证更大程度的实体正义。如果摆脱司法程序，以追求所谓实体正义为名践踏司法程序、违背法律规则，法治必然被破坏殆尽。由于在刑事诉讼法中确立了无罪推定原则，程序的价值受到重视，一种形式合理性的思维正在形成。

（三）从实体正义向程序正义偏重

实体与程序是保证司法公正的两种法律制度设计：前者解决案件处理的公正标准问题，后者解决案件处理的正当程序问题，两者不可偏废。但在中国刑事司法活动中，长期以来存在着重实体轻程序的倾向，严重地妨碍了司法公正的实现。对于程序法的轻视，除了在学理上没有正确地认识实体与程序的关系[①]以外，根本原因还是在于没有正确地处理在刑事诉讼活动中国家的司法权力与个人的诉讼权利之间的关系。质言之，轻视程序实际上是忽视对被告人合法权益的保障。正如我国学者指出：刑法属于授权性规范，刑事诉讼法则属于限权性规范。刑法设定了国家的刑罚权，刑事诉讼法则为国家刑罚权的正确、适度行使设置规则和界限。[②] 因此，根据刑法获取的国家刑罚权，只有在刑事诉讼活动中，经过一定的司法程序才能得以行使。在诉讼活动中，国家的司法权力与个人的诉讼权利相对抗。在这一对抗中，司法权力强大，而个人权利弱小。为保证司法公正，必须通过诉讼程序严格司法机关的活动。保护被告人的合法权益，重视程序的重要意义也正在于此。随着刑事诉讼法的修正，程序的独立价值越来越被学界所认可，并逐渐为司法人员所认同。我认为，程序理念的形成并深入人心，是法治的一个重要标志。没有严格的程序，也就谈不上真正的法治。在程序正义的理念

[①] 关于实体法与程序法的关系，在理论上存在主从论、同等论与阶位论等各种观点。主从论为传统观点，被有些学者认为是重实体轻程序思想的理论基础，同等论即实体法和程序法为同等关系，阶位论，即实体法和程序法为逻辑上的阶位关系，正在取代主从论而受到中国诉讼法学界的重视。参见李佑标：《试论实体法和程序法的关系》，载陈光中主编：《诉讼法理论与实践》，1997年卷，28页以下，北京，中国法学会诉讼法学研究会，1998。

[②] 参见汪建成：《刑法和刑事诉讼法关系新解》，载陈光中主编：《诉讼法理论与实践》，1997年卷，25页，北京，中国法学会诉讼法学研究会，1998。

中，不仅对司法机关的诉讼活动应当遵循法定程序提出了严格要求，更为重要的是应当保障被告人的诉讼权利。因此，程序并不仅仅是一种法律程式，而是具有实体内容的一种法律制度。

以上三个方面的观念嬗变表明，在刑事司法中，人权保障的观念、形式合理性的观念、程序正义的观念正在中国形成，构成刑事法治的基本观念。

二、中国刑事司法制度：规范设置

司法，所司法者法也。因此，法，即规范，是司法之本。在刑事司法活动中，司法之法为刑事实体法与刑事程序法。随着1996年刑事诉讼法的修正和1997年刑法的修订，中国刑事法律规范在法治的轨道上大有进步。但在这些法律规范的设置及适用上，仍然存在一些问题。对此加以深入的考察，必将有益于刑事法治的建设。

（一）刑法的修订及其实施中的问题

1979年刑法是建立在计划经济体制之上的，它所反映的是以中央集权、高度垄断集中为特征的社会现状。从20世纪80年代初开始，中国启动了以经济体制改革为先导的深刻的历史变革，社会进入了一个现代化的急剧变动过程当中，社会结构发生了重大的变化。在这种社会背景下，1979年刑法从它的实施开始，就滞后于日益发展的社会生活。为此，立法机关从1981年就开始以单行刑法与附属刑法两种方式，对1979年刑法进行修改补充，包括对刑法总则与刑法分则的修改补充。1997年刑法修订是在建立社会主义市场经济法律体系这样一个立法框架下进行的，因此，对于刑法修订的指导思想也应当由此分析。市场经济是法治经济，尽管人们对其含义还有不同理解，但这一命题大体上已为学界所认同。市场经济是法治经济，首先在于市场经济对法治具有内在需求。市场经济内在地需要规则和程序，包括刑事规则以及由此维护的社会秩序。在市场经济条件下，刑法调整不仅是必要的，甚至比计划经济体制下，其调整的广度与深度有过之而无不及。因为在市场经济体制下，随着经济关系的多元化，刑法调整的广度

有所扩张；随着经济关系的复杂化，刑法调整的深度有所提高。概言之，刑法可以从市场经济中汲取生命力，在市场经济中大显身手。因为刑法植根于市场经济运行机制的内在要求，同样，市场经济也只有在刑法的切实保护下，才能有条不紊地正常运行。基于对刑法与市场经济的相关性的这样一种认识，刑法修订可以看作是建立市场经济法律体系的努力的一个重要组成部分。市场经济的发展在客观上提出了刑法修订的要求。因此，这次刑法修订的总的指导思想应当是通过修订刑法，使之适应社会主义市场经济的客观需要。这种需要，不仅表现在增设经济犯罪，强化经济刑事立法，维护市场经济秩序；而且表现在推进民主政治，加强刑法的人权保障机能。

通过刑法修订，在内容与形式两个方面刑法规范都有所改善。这种改善首先表现在罪刑法定原则的立法确认上。1979年刑法未规定刑法基本原则，在刑法理论上一般都把罪刑法定作为刑法基本原则加以确认。当然，由于1979年刑法存在类推制度，因而对于当时刑法是否实行罪刑法定原则在理论上存在争论。但在中国刑法学界，绝大多数学者倾向于将罪刑法定确认为刑法基本原则。在我看来，这与其说是一种实然的描述，不如说是一种应然的期待。在这次刑法修订中，首次以法律的形式确认罪刑法定原则。修订后的《刑法》第3条规定："法律明文规定为犯罪行为的，依照法律定罪处刑；法律没有明文规定为犯罪行为的，不得定罪处刑。"这一原则的精神实质是在刑法中确立法治精神：犯罪以法有明文规定者为限，法无明文规定不为罪，法无明文规定不处刑。这样，就为公民自由与国家刑罚权之间划出了一条明确的界限，它有利于对公民的个人权利的保障，是社会主义法治原则在刑法中的直接体现。罪刑法定原则的立法化，废除了1979年刑法中规定的类推制度。从此，中国刑法不再是一个开放性的规范体系，而是一个相对封闭的规范体系。罪刑法定原则的确立，一方面是对立法权本身的限制，否认国家有对公民行为进行事后的刑事追溯的权力，这就是从罪刑法定原则中派生出来的刑法不溯及既往的原则。另一方面，也是更重要的意义，在于对司法权的限制，防止司法机关滥用刑罚权，避免对法无明文规定行为的刑事追究。应当指出，罪刑法定原则的确立，使刑法调整范围相对确定，同时也会带

来一些消极效应，即对法无明文规定的严重危害社会行为不能定罪处刑。在这种情况下，中国的司法制度面临着一种考验，甚至可以说是一种挑战，即在司法操作中能否贯彻罪刑法定原则？在中国刑法学研究会举办的"'98全国新刑法施行讨论会"上，与会代表对过去一年罪刑法定原则贯彻实施中存在的问题进行分析后认为，这一原则已受到司法实践的严重挑战，表现在对法无明文规定的严重危害社会的行为如何处理以及刑法规范中的模糊用语如何理解等问题所选择的解决方式上。[1] 例如，关于已满14周岁的人承担刑事责任的范围，修订后的《刑法》第17条第2款作出了明确规定，只对故意杀人、故意伤害致人重伤或者死亡、强奸、抢劫、贩卖毒品、放火、爆炸、投毒罪应当负刑事责任。但在刑法规定的其他犯罪，包含了上述列举之罪的内容时，能否以犯罪论处？中国学者张明楷以故意决水为例加以说明：已满14周岁不满16周岁的人故意决水，造成他人死亡、重伤及重大财产的损失。刑法显然没有规定已满14周岁不满16周岁的人对决水罪承担刑事责任，但上述决水行为事实上包含了故意杀人的行为，如果行为人明知自己的决水行为会发生他人死亡的结果，并且希望或者放任这种结果发生时，能否认定为故意杀人罪，从而追究刑事责任？如果得出否定结论，或许维护了罪刑法定原则，但不利于保护合法权益；如果得出肯定结论，则存在以下疑问：对于同样的决水行为，为什么已满16周岁的人实施时构成决水罪，而已满14周岁不满16周岁的人实施时构成故意杀人罪？这是需要进一步探讨的问题。[2] 这一问题更为突出地反映在绑架罪上。根据中国《刑法》第239条之规定，在犯绑架罪中，杀害被绑架人的，处死刑，并处没收财产。这里的杀害被绑架人，是指在劫持被害人后，由于勒索财物或者其他目的没有实现以及其他原因，故意将被绑架人杀害的行为。[3] 因此，这是一种典型的故意杀人行为，但被立法者作为绑架罪予以涵括，因而形成刑法理论上的包容竞合，即整体法与部分法之间的法

---

[1] 参见沈海平、张安平：《群贤毕至，疑义共析——'98全国新刑法施行研讨会综述》，载《检察日报》，1998-12-08。

[2] 参见张明楷：《刑法学》，上册，168页，北京，法律出版社，1997。

[3] 参见周道鸾等主编：《刑法罪名精释》，472页，北京，人民法院出版社，1998。

条竞合。那么,已满 14 周岁不满 16 周岁的人实施绑架行为而杀害被绑架人的,是否承担刑事责任呢?对此,中国学者之间存在截然相反的两种观点:一是肯定说,认为由于这种犯罪行为危害性特别大,凡是年满 14 周岁并具有责任能力的人,均可构成。① 二是否定说,认为按照罪刑法定原则和《刑法》第 17 条第 2 款的规定,已满 14 周岁不满 16 周岁的人对这种行为不负刑事责任,但应当责令其家长或者监护人加以管教;在必要的时候,也可以由政府收容教养。② 以上两种观点实际上是形式合理性与实质合理性之间的冲突。罪刑法定原则体现的是形式合理性,但这种形式合理性的理念在司法人员,甚至学者心目中远未达到根深蒂固的程度,不时受到实质合理性的挑战。

应该说,虽然刑法明文确认了罪刑法定原则,但由于以下两个方面的原因,该原则在司法活动中得以切实贯彻还存在相当难度:第一个原因是法律规范的不完善性。罪刑法定原则的实行,以具有一部相对完善的刑法典为前提。只有在绝大部分严重危害社会的行为都在刑法典中有明文规定,并且这种规定十分严谨、严密、严格的情况下,罪刑法定的实行才是可能的。但从目前的情况来看,修订以后的刑法,虽然存在重大进步,但远非尽如人意。③ 在这种情况下,增加了实行罪刑法定原则的难度。第二个原因是司法水平的有限性。罪刑法定原则的实行,对司法能力提出了更高的要求,例如,对刑法的理解与解释,既不超越法律规定的界限,又能够穷尽法律规定的内容,实属不易。但目前中国司法官员的理论素养与业务能力都远远不能适应在严格的罪刑法定原则下司法操作的要求。因此,在司法活动中贯彻罪刑法定原则,绝非立法那样简单。如果要使罪刑法定原则不成为一纸空文或者一条法律标语,而使之成为司法活动的精髓与灵魂,我们还有很长的路要走。

---

① 参见王作富主编:《中国刑法的修改与补充》,176 页,北京,中国检察出版社,1997。
② 参见祝铭山主编:《中国刑法教程》,471 页,北京,中国政法大学出版社,1998。
③ 参见范忠信:《刑法典应力求垂范久远——论修订后的〈刑法〉的局限与缺陷》,载《法学》,1997(10)。

(二) 刑事诉讼法的修正及其实施中的问题

1979年刑事诉讼法为从诉讼程序上保障刑法的正确实施，准确及时地查明案件事实，正确适用法律，惩罚犯罪分子，切实有效地保护公民的合法权益，维护国家安宁和社会秩序，保障和促进社会主义现代化建设事业的顺利发展，发挥了重要作用。但在经济体制改革以后，市场经济条件下如何适应惩治犯罪与保护人权的客观需要，对刑事诉讼法提出了重大课题。在这种情况下，1996年立法机关对刑事诉讼法进行了重要的修改补充，使刑事诉讼制度沿着法制化、科学化和民主化的方向进行了重大改革。其标志着中国法治的加强，受到普遍的好评。刑事诉讼法的修改内容十分广泛，其修改的基本思想是坚持惩罚犯罪与保障人权相结合。因为在当代法治国家里，宪法和法律都赋予司法机关必要的权力，通过刑事诉讼程序，应用法律手段，依法准确及时地惩罚犯罪，以维护国家安定和社会秩序。同时，宪法和法律对司法机关的权力，又加以严格的分工、制约和监督，以权力制约权力，防止其在刑事诉讼过程中徇私枉法，滥用权力，侵犯公民的合法权益。因此，如何保障司法机关正确行使国家权力，使惩罚犯罪与保障诉讼参与人的合法权益相结合，就是修改刑事诉讼法过程中始终考虑的重大问题。[①] 应该说，修正后的刑事诉讼法确立无罪推定原则等一系列重大修改推进了中国刑事诉讼制度向民主法治方向的发展。

在刑事诉讼法的修改中，最引人注目的是无罪推定原则的立法进展。在1979年刑事诉讼法中，并未规定无罪推定原则，在理论上一般认为无罪推定与实事求是是相矛盾的，因而予以否认。当然，对于无罪推定原则的否定，还有更深层次的原因，就是对于犯罪嫌疑人和被告人在法律上的正当权利缺乏思想上的认同，认为无罪推定不利于惩治犯罪。1996年修正后的《刑事诉讼法》第12条规定："未经人民法院依法判决，对任何人都不得确定有罪。"对于这一规定体现了无罪推定原则，在我国刑事诉讼法学界一致认同，但这一规定是否就可称为无罪推定原则，在理论上争议较大。一般认为，该规定确立的是人民法院的统一定

[①] 参见程荣斌主编：《中国刑事诉讼法教程》，61页，北京，中国人民大学出版社，1997。

罪权原则。根据这一原则，人民法院是唯一有权确定某人有罪的机关，其他任何机关、团体、个人都无权作出有罪认定。[①] 因此，除少数学者以外，大部分学者并不认为这一规定就是在我国刑事诉讼法中确立了无罪推定原则。但在价值取向上，又可以分为以下两种观点：第一种观点认为，无罪推定虽然有其合理因素和进步意义，但由于它把犯罪嫌疑人、被告人硬性推定为无罪的人，在刑事诉讼中又要对犯罪嫌疑人、被告人采取强制措施，这种冲突和矛盾的事实是无法解释的。我国刑事诉讼法规定，未经法院依法判决，不得确定任何人有罪的原则，既最大限度地吸收了无罪推定理论的合理因素和进步意义，又避免了它本身存在的不可克服的局限性，是一种实事求是的哲学观。[②] 根据这一观点，现行中国《刑事诉讼法》第 12 条之规定已经十分完善，没有必要也不应当在中国刑事诉讼法中确立无罪推定原则。第二种观点认为，由于未赋予犯罪嫌疑人、被告人沉默权，法律并明确规定犯罪嫌疑人有如实回答侦查人员讯问的义务，在侦查、起诉、审判各阶段均有关于讯问犯罪嫌疑人、被告人的程序设置，因此，很难说在中国刑事诉讼法中已经完全确立了无罪推定原则。对此应当有一个清醒的认识。这反映出法律界和理论界尚未就无罪推定问题完全达成共识，并从一定意义上说明改变立法和执法上的传统观念，摆脱原有司法习惯的不良影响，是何等的艰难和曲折。今后仍需要继续加强对无罪推定原则的研究和宣传，为在我国刑事诉讼中真正确立无罪推定原则、贯彻联合国刑事司法准则而努力。[③] 根据这一观点，现行中国《刑事诉讼法》第 12 条之规定仍有不足，将来应当确立真正意义上的无罪推定。显然，上述两种观点虽然都否认现行中国刑事诉讼法已经确立了无罪推定原则，但其对于无罪推定原则的态度是完全不同的。我个人赞同第二种观点，即尽管现行中国刑事诉讼法在无罪推定的立法上有所进展，但尚未完全确立无罪推定原则。从立法发展方向来看，应当积极推进无罪推定原则的立法，使之在中国刑事诉讼法中完全确立。

---

① 参见陈光中、严端主编：《刑事诉讼法释义与应用》，19 页，长春，吉林人民出版社，1996。
② 参见程荣斌主编：《中国刑事诉讼法教程》，151 页，北京，中国人民大学出版社，1997。
③ 参见陈光中等主编：《联合国刑事司法准则与中国刑事法制》，115 页，北京，法律出版社，1998。

从目前中国刑事诉讼法的规定来看,在以下两个问题上存在着无罪推定立法化的障碍:一是《刑事诉讼法》第 6 条规定的以事实为根据的原则;二是《刑事诉讼法》第 93 条规定的犯罪嫌疑人如实回答义务。以事实为根据,在理论上是指人民法院应当以查证属实的事实真相作为定罪量刑的基础。在这一解释中存在一个理论预设,即一切案件真相都能大白于天下。事实上,这只是一种司法理想。在实践操作中,由于人类的认识能力的局限性,并非每一个案件事实都能查清,这也正是在司法实践中存在各种疑案的原因所在。无罪推定正是考虑到并非一切案件事实都能查清这样一种司法操作上的困难性,在犯罪事实得到确凿证明之前假定被告人无罪。这种无罪是法律上的无罪,并不一定等于事实上的无罪。因此,无罪推定原则在认识论上是承认了人类认识能力的相对性,它与以人类认识能力的绝对性为基础的实事求是的思想方法存在重大差异。因此,如果没有在刑事诉讼认识论上的重大突破,无罪推定原则被中国刑事诉讼法接纳就存在重大的思想障碍。从无罪推定原则还可合乎逻辑地引申出被告人的沉默权规则。沉默权规则的含义是:犯罪嫌疑人、被告人依法可以对有关官员的提问保持沉默或拒绝回答,不因此而受到追究,有关官员则有义务在提问之前告知犯罪嫌疑人、被告人享有此项权利。该项权利只意味着犯罪嫌疑人、被告人不得被强迫提供揭发控告材料,但犯罪嫌疑人、被告人仍可能被强迫接受对他的人身或者衣物的合理检查。[①] 可以说,沉默权是无罪推定原则的应有之义。沉默权规则的确立,排除了犯罪嫌疑人、被告人自证其罪的可能性,使得口供定罪成为不可能。但在实行"坦白从宽、抗拒从严"政策的中国,沉默本身意味着一种抗拒表现,尽管是一种消极因素的抗拒,因而沉默权是不被承认的。因此,中国刑事诉讼法规定了犯罪嫌疑人、被告人如实陈述的义务。当然,刑事诉讼法也并未规定违反这一义务的法律后果。换言之,违反这一义务的后果并非法定的而是酌定的,例如,作为认罪态度而在量刑时予以考虑。刑事诉讼制度虽然是一种程序性规范,但它对于保障被告人的合法权益具有重要意义。尤其像无罪推定原则等内容,包含着深刻

[①] 参见宋英辉:《不必自我归罪原则与如实陈述义务》,载《法学研究》,1998 (5), 142 页。

的价值内容,它的确立与实施,必将引起一场诉讼程序的革命。我们应当意识到,刑事诉讼程序正在走向法治。庭审的实质意义正在得到强化。因此,以无罪推定为内核的刑事诉讼规范的全面确立是可以期待的。

三、中国刑事司法制度:体制安排

刑事司法活动的法治化,最重要的是要有一套合乎正义与效率的体制安排。刑事纠纷的解决从两造当事人的个别行为,上升为一种国家行为,实现了对犯罪的制度性报应。这里的制度,是建构在理性基础之上的。中国刑事司法制度虽然是在进入新时期(始于1978年)后重建的,但仍然存在明显的人治痕迹。为使刑事司法制度适应法治的需要,存在一个体制性转轨。

刑事司法制度是以诉讼结构为核心安排的,因此,司法体制的改革必然涉及诉讼结构的安排。我国学者指出了两种诉讼结构:一是三角结构,原告和被告形成一定的诉讼对抗,法官则是居于其中、踞于其上的仲裁者,由此形成一个等腰的正三角结构。二是线形结构,为在保障公正性的同时有效实现对社会的犯罪控制,需要建立专门的侦查、检控和审判机关并赋予相应的国家权力,不同法律机关在刑事司法的权力分工基础上权力互涉,经过法律的程序化处理,就形成一种平行的、以权力互动为特点的结构,即线性结构。论者认为,这两种诉讼结构,三角结构体现了公正,线形结构体现了效率,不应取其一和舍其一,因而提出两重结构理论,即以三角结构为最基本的诉讼关系,线形结构在不损害三角结构的基本功能的前提下起辅助作用。[1] 应当说,这种刑事诉讼的两重结构理论具有一定的独创性。但它的实现是以存在或者建构诉讼的三角结构为前提的。而且,在三角结构中,法官已经从线形中分离出来,成为超脱于诉讼双方的居中裁判者,原先的线形实际上已经不复存在。在这个意义上,我主张从线形结构向三角结构

---

[1] 参见龙宗智:《返回刑事诉讼理论研究的始点——刑事诉讼两重结构重述》,载陈兴良主编:《刑事法评论》,第2卷,406页,北京,中国政法大学出版社,1998。

转变，在此基础上重构刑事司法体制。

我国传统的诉讼结构是由公、检、法三机关的互相配合、相互制约而构成的，这是一种线形结构，被形象地比喻为三道工序。俗话说，任何比喻都是蹩脚的。但公、检、法三道工序的比喻不能只是以蹩脚论之，这个比喻蕴涵着丰富的司法理论的内容。三道工序，就其设计的主观意愿而言，有防止错案发生之堵截功能。但由于在这三道工序的结构中，被告人只是消极因素的司法客体，是司法流水线上的"物件"，在诉讼中没有其应有的权利与地位。所以，这种诉讼结构深深地打上了专政的司法理念。在这种司法理念指导下，惩治犯罪、保护社会是首要任务，因而公安是与犯罪作斗争的最前线，公安往往把惩治犯罪作为维护社会治安秩序的主要的（如果不是唯一的话）手段。因而，公安为第一道工序，其入口的大小在很大程度上不是取决于法律规定，而是取决于维护社会治安的需要。检察机关作为第二道工序，虽然在批捕环节上有不捕权，在起诉环节上有不诉权，但受到惩治犯罪的专政职能的压力，很难严格依法把关。尤其是批捕与起诉脱节，随着批捕条件的放宽和起诉条件的把严，两者形成强烈反差。而公安在批捕以后移送起诉以前这个阶段基本不受制约，甚至把批捕当成侦查的终结而不是侦查的开始或延续。在审查起诉阶段，检察官只有两次退补机会，而补充侦查的质量普遍不高。在这种情况下，很难指望在审查起诉阶段提高案件质量。因而，强行起诉在所难免。这样，检察机关将刑事案件向最后一道工序——法院移送。在法院审理中，虽有律师介入，但律师作用有限，法院在很大程度上受到公安、检察方面司法惯性的挤压作用，因而定罪率相当之高。在严格依照法律定罪量刑上，就难免大打折扣。由此可见，在这种诉讼程序中，罪刑法定原则难以得到有力的贯彻，被告人的合法权益难以得到切实的保护。在这种诉讼程序中，就公、检、法三机关的地位而言，公安的老大地位难以动摇，而检察的力度、审判的独立难以保证。这种线形结构之不适应刑事法治建设的需要是显而易见的。为此，需要建立刑事诉讼的三角结构。三角结构并非只是现存各机关之间关系的简单变化，而且涉及对各机关的性质的重新界定，这就涉及刑事司法体制的改革问题。

在三角结构中，公安与检察成为控方，应当按照控诉职能的要求重构警检（在某种意义上也是侦诉）关系。这里，首先涉及对公安机关的性质考察。在我国现行司法体制中，公安机关具有行政机关与司法机关的双重性质：就行政职能而言，主要是社会的治安管理；就司法职能而言，主要是刑事案件（除少量经济犯罪案件和某些职务犯罪案件由检察机关自侦以外）的侦查。在这两种职能中，治安管理是目的，刑事侦查成为手段，因而公安机关内部的治安管理职能对刑事侦查职能形成强大的压力与牵制。在这种体制下，综合治理难以落实到位，"严打"成为法宝。我认为，公安机关的行政职能与司法职能应当分离，这就是治安警察与刑事司法警察的分立，将刑事司法警察从公安机关中剥离出来，按照检警一体化的原则，受检察机关节制。检警一体是指为有利于检察官行使控诉职能，检察官有权指挥刑事警察进行对案件的侦查，警察机关在理论上只被看作是检察机关的辅助机关，无权对案件作出实体性处理。这种检警一体化的侦查体制赋予检察官主导侦查的效力，为其履行控诉职能打下了良好的基础。这种检警一体化原则中的警检关系，完全不同于公检法三道工序的结构中的公检关系。在三道工序中，公检之间是互相配合、互相制约的关系，导致检察机关对公安的侦查在理论上有监督权，但实际上除了批捕这样的职能活动以外，其他监督根本就谈不上。而且，法律还赋予公安机关对检察机关的制约权，这实际上是一种反监督权，例如，对不捕、不诉案件的复议等。而在检警一体的制度中，检察官对于刑事司法警察的活动具有主导权，这种主导权实际上是指挥支配权，警察处于受支配的地位。检察官根据庭审控诉犯罪的需要，指导警察收集证据，对于没有证据或者证据不足的案件及时予以撤销。在这种情况下，刑事司法警察的侦查活动不再受公安机关的治安管理职能的主导，惩治犯罪不再是治安管理的主要手段。检警一体化打破了以往公检是两道工序的关系，使之成为一个强有力的控方整体。那么，检警一体削弱了公检两机关之间的制约，使之一体化，是否会对被告人形成更为强大的压力，使被告人的合法权利得不到有效保障呢？回答是否定的，关键在于还需要有控辩平衡、法官独立这样一些制度的配合，将公检法三道工序的线性结构发展成为控辩双方对等、法官居中裁判这样一个三角形结构。检警一体

442

加强了控诉犯罪的力度,但与此同时还要处理好检察机关内部的职能部门之间的关系。对于自侦部门(反贪局)与起诉的关系,应当比照检警一体的做法。对于批捕与起诉的关系,也要很好协调。我认为,批捕应当达到最低限度的起诉条件,否则不应逮捕。在检警一体化的体制下,批捕不是办一个手续,而是直接介入案件侦查,对案件进行审查判断的结果。为了有效地指控犯罪,我认为应当实行检控分离制度。检控的分离,是指将现在起诉部门的工作人员分为主控检察官、检察事务官和检察书记官,由此建立刑事检控制度,设置一种以庭审公诉为中心(或曰龙头),以起诉制约侦查的合理系统,从而理顺诉侦关系,使之与控辩对抗庭审协同。检控检察官分离制度是检警一体原则在检察机关内部的反映。主控检察官与检察事务官具有不同的分工:检察事务官主要面对侦查,对侦查起到强有力的制约;主控检察官主要面对法庭,在庭审中形成与辩方的强有力的对抗。

在三角结构中,辩方是十分重要的,没有与控方势均力敌的辩方,就难以成立三角结构。而恰恰是辩方的法律构造上,在中国刑事法治中是最为薄弱的环节。检察官和辩护人,也就是控辩双方,在诉讼上具有天然的对立性。律师制度之设立,是要为被告人提供法律上的援助,使其能够对抗国家对他的犯罪指控,以维护本人的合法权益。因此,律师辩护的必要性与合理性都是不言而喻的。那么,控辩之间应当是一种什么关系呢?我认为在法律上,主要是指在诉讼地位上控辩之间是一种平等的关系。由于以往在我国三道工序的诉讼结构中,控辩的平等是不存在的,控审的分离也是不彻底的。因而,现在出现一种提法,叫做"检察官当事人化"。我认为,这种提法并不意味着矮化检察官或贬低检察官,而只是呼吁控辩双方在诉讼法律地位上平等的另外一种表述。尽管检察官是代表国家出庭支持公诉,但这并不意味着检察官具有高于辩护人的法律特权。为了平衡控辩关系,有些国家甚至强化律师的权利,使之能够与强大的控方抗衡。没有真正意义上的控辩均衡,律师辩护只能是法律上的摆设,被告人的合法权益就得不到有效保障。在诉讼法理论上,辩方参与刑事诉讼包括两方面:一是消极的防御,即对检察官提出的证据、主张进行证伪,使法官对指控所赖以成立的事实和法律

根据产生怀疑，从而削弱乃至破坏检察官指控的可信性。二是积极的防御，即向法庭提出有利于被告人的证据，积极主动地向法庭证明有利于被告人的事实，从而促使法庭作出对被告人有利的判决。[①] 以上两个方面，对于辩护人来说前者是形式辩护，后者是实质辩护。实质辩护是以辩护人享有充分的调查取证权为前提的，否则，实质辩护无法实现。调查取证是指通过一定手段，向证人或者其他知道案情的人员进行调查，从而获取一定的证据材料的一种活动。中国《刑事诉讼法》第45条对公、检、法三机关的调查取证权作了明文规定，并且赋予这种调查取证权一定的强制性。但对辩护律师的调查取证权利作了严格限制，中国《刑事诉讼法》第37条第1款规定："辩护律师经证人或者其他有关单位和个人同意，可以向他们收集与本案有关的材料，也可以申请人民检察院、人民法院收集、调取证据，或者申请人民法院通知证人出庭作证。"从这一规定来看，辩护律师只是在检察院审查起诉和法院审判期间具有调查取证权，而在侦查阶段没有调查取证权。而且调查取证须经证人或者其他单位和个人同意，若不同意，则不能直接调查取证；在这种情况下，可以申请人民检察院、人民法院调查取证；但这种申请如果未获同意，则仍然无法获取证据。由此可见，辩护律师的调查取证权受到严格限制，这不利于调动辩护律师的积极性，并且也使刑事辩护流于形式。我认为，没有控辩之间的平等权利，尤其是控辩之间的力量过于悬殊，就不可能形成稳定的三角诉讼结构，不利于保障被告人的合法权益。因此，扩大辩护律师的调查取证权是十分必要的。辩护律师不仅在法律地位上而且在各种诉讼权利上与控方保持一种均衡的态势，才能使刑事诉讼更加符合法治的要求。

在三角结构中，法官的地位是最为重要的，构成诉讼的中心。控辩均衡必然带来检法两家关系的重大变化。在现行的司法体制下，检察院有审判监督权，尽管在法庭上不能直接监督，也尽管这种监督实际上只停留在法律上，很难真正落实，但检法同属司法机关，是刑事诉讼中的两道工序，双方是线性关系，即法律

---

① 参见陈瑞华：《刑事审判原理论》，271页，北京，北京大学出版社，1997。

上的平等关系，只是分工不同而已。而随着检察官的当事人化，必然打破检察院与法院之间原有的平等关系，检察院的地位似乎降格到了当事人，因而无法履行其对法院的监督职能。检察院是否应对审判进行监督以及如何监督，这不是本文所要探讨的问题。在此我只是想说明：检察官的当事人化，即控辩平等的形成，将使法官真正能够获得独立与超脱，成为刑事案件的裁判者。在这种情况下，某些传统的观念需要打破。我认为，法院并非是与检察院同一性质的机构。犯罪，就其实质意义而言，是个人与国家（由检警代表）之间的一场纠纷。这里的国家，在很大程度上是指政府，因而在大陆法系各国的司法体制中检察机关大多附属于行政机关，同时又有很强的独立性，但并无司法机关之属性。因此，法院的超然地位是其居中裁判的性质所决定的。法院的独立，不仅是指控审的分立，而且也是指法院对于国家或曰政府的超然。这种审判权的行使，不屈从于任何权力，只服从法律。在这种情况下，罪刑法定和无罪推定才成为可能。也只有在这种情况下，法院的裁断，主要是指通过庭审的确认，具有了终极的意义。尽管控辩双方各有抗诉权与上诉权，但法院的判决一经生效，其法律拘束力就自然产生，任何人不得挑战。由于法官是严格根据法律规定认定犯罪，并依照法律规定裁量刑罚的，控辩双方也只能依照法律与事实履行各自的控诉职能与辩护职能。在这种情况下，庭审成为龙头，检察、侦查都是为庭审胜诉服务的，庭审具有实质意义。庭审的实质化，对于法官的素质提出了更高的要求，同时也带来法院体制的改变。中国目前倡导的是法院独立而非法官独立。法院独立强调的是对行政干预以及其他法律以外的干扰的排斥，使法院独立行使审判职能。由于法官素质的制约，完全的法官独立尚难以实现。通过制度化的措施，使审判水平得以保持。因此，审判委员会对于案件具有最终决定权，院长、庭长瓜分了合议庭的权力，使合议庭形同虚设。结果出现了"审者不判，判者不审"的现象，严重违背司法活动的一般规律。正如我国学者指出，司法是一种讲求亲历性的活动，对当事人言辞的判断，对证人所作证词可信性的判断，都离不开判断者对于被判断者的近距离观察。现代诉讼程序的言词原则和直接原则都是由诉讼活动的这种内在

要求而确定的。① 但审、判分离的情形却使得司法这种亲历性无从实现，同时也使得庭审的意义大为降低。法治的发展，必然要求从法院独立向法官独立过渡，尤其要注重发挥合议庭的作用，使合议庭对更多的案件具有实质上的裁量权。

以诉讼结构为中心的司法体制改革关系到我国社会主义法治的实现，并且是这种法治的制度构造。法治不仅是指制定一些法律，而且还包括设计一些合理的制度。这里观念转变是十分重要的，我国的民主与法治发展到今天这个水平，以往那种把公、检、法三机关简单地看成是专政机关，把惩治犯罪片面地看成是专政职能的思维定式确乎要改变。唯有如此，司法体制的改革才能提到议事日程上来。也只有在司法体制改革的大背景下，公检法的职能定位与诉讼结构的重塑才能成为现实。

（本文原载陈兴良主编：《刑事法评论》，第 5 卷，北京，中国政法大学出版社，1999）

---

① 参见贺卫方：《司法的理念与制度》，122 页，北京，中国政法大学出版社，1998。

中国刑事司法的考察

——以刘涌案和佘祥林案为标本

从上个世纪 80 年代中期开始。中国进入了个改革开放的时代。经济体制改革从农村到城镇，历经二十多年的曲折发展，可以说取得了举世瞩目的成就。在经济体制改革的牵引下，中国的政治体制或多或少地发生着变革，尽管不像经济体制改革那样声势浩大。作为例外的是，中国的司法体制改革（也简称为司法改革）则从上个世 90 年代中期以后一直受到官方的肯定[①]，甚至被某些学者视为是政治体制改革的前奏。本文试图从在中国曾经发生重大社会影响的刘涌案（2003 年）和佘祥林案（2005 年）切入，由此展示中国刑事司法的现状与揭示中国刑事司法改革的进路，对中国的刑事司法改革进行考察。

一、翻案：刘涌的从生到死与佘祥林的从死到生

司法体制是抽象的而案件是具体的，从活生生的个案出发。可以真切地观察中国刑事司法的现状。中国几乎每年都要发生几起轰动全国的案件。成为各种媒

---

① 作为中国司法体制改革启动的标志，1997 年 9 月中国共产党十五大正式确立了依法治国的基本方略并首次在工作报告中提出"推进司法改革"。

体聚焦的题材。其中,发生在2003年的刘涌案和发生在2005年的佘祥林案对于中国刑事司法来说,具有标本的意义。

被告人刘涌被指控组成具有黑社会性质的犯罪组织,非法持有枪支和管制刀具,采取暴力手段聚敛钱财,引诱、收买国家工作人员参加黑社会性质组织或者为其提供非法保护,其作案31起,其中直接或者指使、授意他人实施故意伤害犯罪13起,致1人死亡,5人重伤并造成4人严重残疾,8人轻伤。在辽宁省铁岭市中级人民法院庭审过程中,刘涌等被告人当庭推翻其在侦查阶段向公安机关所作的有罪供述,并称在侦查过程中遭到侦查人员的刑讯逼供。刘涌等被告人的辩护律师也将侦查阶段存在刑讯逼供的问题作为重要的辩护理由,但铁岭市中级人民法院在一审判决书中指出:"经公诉机关调查。认定公安机关具有刑讯逼供行为的证据不充分,对此辩护意见不予采纳。"据此,辽宁省铁岭市中级人民法院一审判决(2002年4月17日)以故意伤害(致人死亡)罪,判处刘涌死刑立即执行。一审宣判后,被告人刘涌以公安机关在侦查过程中存在刑讯逼供口供取得方式违法为由,提出上诉。在二审过程中,辩护人提出被告人在侦查期间的口供不能作为证据使用并提交了能够证实刑讯逼供的相关证据。辽宁省高级人民法院就刑讯逼供问题经复核后认为,不能从根本上排除公安机关在侦查过程中存在刑讯逼供情况。据此,辽宁省高级人民法院于2003年8月11日作出以下判决:"上诉人刘涌论罪应当判处死刑,但鉴于其犯罪的事实、犯罪的性质、情节和对于社会的危害程度以及本案的具体情况,对其可不立即执行。"因而,二审改判死缓。2003年8月16日二审判决公布并经媒体披露以后,二审改判结果受到普遍质疑。因为在二审改判以前,刘涌案被称为是中国涉黑第一案,改判结果出乎公众预料。在该案一审宣判前,对于本案涉及的定性问题、刑讯逼供问题,笔者等13位专家曾经接受本案律师的咨询,因而在二审改判以后笔者认为这一判决结果反映了刑讯逼供非法获取的证据的一定程度的排除,体现了人权保障的法治理念,对此持肯定态度。笔者的这一观点见诸报端,骤然成为舆论集中攻击的焦点。在此后的三个月内,刘涌案成为媒体炒作的热点问题,网络上的评论更是数以十万条地增加。除个别学者以外,绝大部分民众均认为二审改判不当。在这种

情况下，最高人民法院于 2003 年 10 月 8 日以"原二审判决对刘涌的判决不当"为由，依照审判监督程序提审该案。2003 年 12 月 20 日最高人民法院对刘涌案作出终审判决，对刘涌的辩护人在庭审中出示的证明公安机关存在刑讯逼供的证人证言，以取证形式不符合有关法规，且证言之间相互矛盾，同一证人的证言前后矛盾为由，不予采纳。据此，不能认定公安机关在侦查阶段存在刑讯逼供。因此，最高人民法院认为原二审判决对刘涌所犯故意伤害罪的量刑予以改判的理由不能成立，应予纠正，最终判处刘涌死刑，剥夺政治权利终身。在最高人民法院宣告判决之后，刘涌即在当天被立即执行了死刑。

刘涌被执行死刑以后，民意普遍认为正义得到了伸张。只有少数专家认为司法被民意所左右，形式正义被实质正义所击倒，非法证据排除规则未能通过刘涌案获得确认而扼腕痛惜。当时，远在德国波恩的中国人民大学法学院冯军教授冷眼旁观了整个刘涌案的事态演变，将围绕刘涌案的种种表现称为"法治乱象"。中国法院网 2003 年 12 月 23 日发布了《最高人民法院再审刘涌案刑事判决书》，冯军教授阅读之后，彻夜难眠，写了"评《最高人民法院再审刘涌案刑事判决书》"一文[①]，以求与死人和活人对话。

如果说刘涌案像一场闹剧，那么，发生在 2005 年的佘祥林案就是一出喜剧，然而这出喜剧是以佘祥林的一场长达 11 年的悲剧为前奏的。佘祥林是湖北省京山县的一个农民，在派出所当治安巡逻员。1994 年 1 月 20 日，佘祥林的妻子张在玉失踪，其亲属怀疑是被佘杀害。同年 4 月 11 日，在附近村庄的一口水塘发现一具女尸，经张的亲属辨认与张在玉的特征相符，公安机关立案侦查。1994 年 10 月，原荆州地区中级人民法院一审判处佘祥林死刑，佘提出上诉。湖北省高级人民法院经审理认为本案被告人佘祥林的交代前后矛盾，时供时翻，间接证据无法形成证据链，不足以定案。尽管在二审期间，死者亲属上访并组织了 220 名群众签名上书要求对佘祥林从速处决，省高级人民法院仍然于 1995 年 1 月坚

---

① 参见冯军：《评〈最高人民法院再审刘涌案刑事判决书〉》，载陈兴良主编：《刑事法评论》第 14 卷，130 页以下，北京，中国政法大学出版社，2004。

决撤销一审判决，以事实不清、证据不足为由发回重审。1996年12月，由于行政区划变更（京山县由荆州市划归荆门市管辖），京山县政法委将此案报请荆门市政法委协调。经协调决定此案由京山县人民检察院向京山县人民法院提起公诉；因为省高级人民法院提出的问题中至今有3个无法查清，对佘祥林判处有期徒刑。1998年6月，京山县人民法院以故意杀人罪判处佘祥林有期徒刑十五年。同年9月，荆门市中级人民法院裁定驳回上诉，维持原判。判决生效后，佘祥林被投入监狱关押。事情的转机发生在2005年3月28日，佘祥林的妻子张在玉突然归来，由此本案真相大白。3月30日，荆门市中级人民法院紧急撤销一审判决和二审裁定，要求京山县人民法院重审此案。2005年4月13日，京山县人民法院重审此案宣告佘祥林无罪。此时，佘祥林已经付出3 995天囚禁的代价。佘祥林没有杀妻，为什么会在侦查期间供述中承认杀妻呢？冤狱昭雪后，佘祥林愤怒地说，这些供述是在警方的诱供和刑讯逼供下被迫作出的。在1998年的申诉材料中，佘祥林控诉道："我敢说那10天11夜的痛苦滋味并不是每个人都能理解的，鼻子多次被打破后，他们竟将我的头残忍地按到浴缸里，我几次因气力不足喝浴缸里的水呛得差点昏死。"但在张在玉复活之前，佘祥林的申诉材料根本无人理睬。直到佘祥林案平反之后，人们才获知刑讯逼供正是这起冤案形成原因之一。此后，曾经参与佘祥林案侦查的原京山县公安局巡警大队教导员潘余均因不堪重压于5月25日自杀身亡，并写下血字："我冤枉"，成为这起案件中唯一的牺牲者。从佘祥林的妻子张在玉重现开始，媒体对佘案发展的全过程进行了追踪报道。佘祥林在全国人民的瞩目下获得平反，并获国家赔偿，以喜剧而收场。

　　发生在2003年的刘涌案与发生在2005年的佘祥林案似乎是毫无关联的两个案件。在这两个案件的翻案过程中，媒体和广大民众也都认为正义获得了伸张。我曾经有过一个时空倒错的想法：如果佘祥林案发生在2003年，刘涌案发生在2005年，对刘涌案的看法还会那么一致地国人皆曰可杀么？在刘涌案的最高人民法院判决中被否定的非法证据排除规则，恰恰就是避免佘祥林的冤案重现的法律规则。

　　那么，刘涌案和佘祥林案对于我们反思中国的刑事司法又能提供何种答

案呢？

二、刑讯：屡禁不止与排除不能

在刘涌案和佘祥林案的背后，我们都可以发现刑讯逼供的阴影。可以说刑讯逼供已经成为我国刑事司法中的一大顽疾。尤其值得我们深思的是：对于刑讯逼供法律上的严厉禁止与实践中的禁而不止形成鲜明对照。

《刑事诉讼法》第43条、《刑法》第247条、1998年《最高人民法院关于执行〈中华人民共和国刑事诉讼法〉若干问题的解释》第61条、1999年最高人民检察院《人民检察院刑事诉讼规则》第140条中关于严禁刑讯逼供的规定是十分明确的，在司法解释中对非法证据的排除规则作了一定程度的确认。但为什么在司法实践中刑讯逼供屡禁不止、或者难止？我想指出以下三个方面的原因。

（一）羁押体制

刑讯逼供的盛行，尤其是在公安机关侦查活动中的刑讯逼供的存在还具有羁押体制上的原因。在中国现行的司法体制中，实行的是侦羁合一的制度，即侦查机关行使对犯罪嫌疑人、被告人的羁押权。中国专门负责审判前羁押的部门称为看守所，由于目前中国在侦查过程中实行的是以羁押为原则以保释为例外的做法，因而羁押任务十分繁重。看守所隶属于公安机关，是与刑事侦查部门平行的公安机关的内设职能部门。看守所与刑事侦查部门共同设置于同一级公安机关内部并接受统一的指挥和领导，这就使得看守所的羁押工作不得不与刑事侦查活动发生联系，甚至直接服务于刑事侦查工作的需要。[①] 这种看守部门对于侦查部门的从属性，使看守部门在防范刑讯逼供方面的职能大为受限。而且由于侦查部门往往设置在看守所内，看守所恰恰成为刑讯逼供的场所。在个别情况下，甚至羁押地点的法定化问题也没有得到解决。侦查部门将犯罪嫌疑人羁押在看守所以外的非法定羁押场所，更使刑讯逼供公开化。因此，我们提出侦羁分离的建议，使

---

① 参见陈瑞华主编：《未决羁押制度的实证研究》，24页，北京，北京大学出版社，2004。

侦查机关与羁押机关相对分离，由一个相对中立的机关对犯罪嫌疑人、被告人行使审判前的羁押权。在目前中国，较为理想的办法是将看守所从公安机关中分离出来仿照监狱设置、隶属于司法行政机关管理。

（二）法律规则

关于禁止刑讯逼供的法律规则本身同样是不健全的，主要是没有完善的非法证据排除规则。刑法虽然规定刑讯逼供构成犯罪，致人伤残、死亡的，甚至以故意伤害罪、故意杀人罪论处，最重可判处死刑，刑不可谓不重。为什么死刑也未能遏止刑讯逼供？主要还是由于以下两个原因造成的。

一是非法证据排除规则的不彻底性。有关司法解释明确规定对刑讯逼供获取的言词证据应予排除，但对刑讯逼供获取的实物证据未作规定。实际上。实物证据往往是通过言词证据获取的，对犯罪嫌疑人进行刑讯逼供，其目的不在于逼使其认罪，而是逼使其提供获取实物证据的线索，由此证实犯罪。因此，刑讯逼供是自证其罪的手段。如果仅排除言词证据而不排除实物证据。则通过刑讯逼供认定一个人有罪的情况下，再对刑讯逼供者追究刑事责任几乎是不可能的。在中国，刑讯逼供者只有在致人伤残、死亡或者造成冤假错案并被揭露的情况下才有可能被追究刑事责任，而这种情形只占刑讯逼供的极小一部分。在大部分情况下，都通过刑讯逼供获取言词证据，通过刑讯获得的言词证据收集到能够证明犯罪嫌疑人有罪的实物证据，最终使犯罪人受到法律制裁。在这种情况下，刑讯者是打击犯罪的有功之臣，甚至立功受奖，怎么可能被追究刑事责任呢？因此，只有建立完善的非法证据排除规则，将刑讯的后果彻底予以排除，才能杜绝侦查活动中的投机心理，这种投机心理实际上是一种道德冒险，甚至是法律冒险：成则英雄，败则罪犯。

二是刑讯逼供的举证规则的缺失性。司法解释虽然规定对刑讯逼供获取的言词证据应予排除，但刑讯逼供如何证明，这个问题并没有得到解决。目前通常的做法是在被告人提出刑讯逼供的检举以后，检察机关找被检举刑讯的侦查人员，由其出具"未刑讯逼供"的书面材料，以此否认刑讯逼供。除非被刑讯者伤残、死亡，辩方如欲证明刑讯逼供几乎不可能。在刘涌一案中，辩护人找到看管过刘涌的8名现役或退役的武警战士，以公证的形式出具了刑讯逼供的证人证言，被

辽宁高院在二审判决书中予以确认,结论是:"不能从根本上排除刑讯逼供"。正是这种客气但也暧昧的用语引发公众的猜测。在最高法院的再审判决书中,对此节写道:"经查,庭审中公诉人出示的参与刘涌一案的预审、监管、看守人员的证言证明,公安人员未对刘涌及其同案被告人刑讯逼供;辽宁省人民政府依法指定的鉴定医院沈阳市公安医院2000年8月5日至2001年7月9日对刘涌及其同案被告人先后进行的39次体检病志载明,刘涌及其同案被告人皮肤粘膜均无出血点,双下肢无浮肿,四肢活动正常,均无伤情。刘涌的辩护人在庭审中出示的证明公安人员存在刑讯逼供的证人证言,取证形式不符合有关法规,且证言之间相互矛盾,同一证人的证言前后矛盾;不予采信。据此,不能认定公安机关在侦查阶段存在刑讯逼供,刘涌及其辩护人的辩解和辩护意见,本院不予采纳。"在上述判决词中,否定刑讯逼供的三个理由都十分牵强:参与预审、监管、看守人员出具的未刑讯逼供的证言,并无太大的可信性,因为这些人本身就是当事者或者责任者。至于没有伤情也不能成为否认刑讯逼供的根据。刑讯可以分为造成伤害的刑讯与未造成伤害的刑讯,难道未造成伤害就不可能存在刑讯吗?伤情鉴定机构的公开性、公正性同样也是值得置疑的。何况作为鉴定医院的公安医院实际上就是公安局的医院。对于辩护人提供的证明公安人员存在刑讯逼供的证人证言,仅以"取证形式不符合有关法规"而予以否认,至于证言矛盾也未作具体说明。像刘涌案这样,辩护人已经获取刑讯逼供的证据在判决中都不能采纳,那么,在其他案件中刑讯逼供的举证难度可想而知。在佘祥林案中,佘祥林由于刑讯而落下残疾,但在所谓的被害人复活之前,刑讯逼供是不可能被认定的。因此,如何解决刑讯逼供的举证问题的确是十分重要的。笔者认为,对刑讯逼供应当采用举证责任倒置的原则。侦查机关在不能证明自己没有进行刑讯逼供的情况下,就应当认定为其进行了刑讯逼供。为此,侦查机关应当引进讯问时律师在场和讯问过程全程录音、录像等制度,以防范刑讯逼供的发生。中国正在进行这方面的试点,其效果如何尚有待检验。

(三) 司法能力

刑讯逼供当禁止,这是没有异议的,关键是能不能禁止。在能不能禁止中,除了建构起禁止刑讯逼供的体制与规则以外,还存在一个司法能力的考量。中国目前的司法资源有限，破案率较低。中国公安部提出"命案必破"的要求，对各地公安机关的破案形成某种压力。此外，由于重大犯罪的发案率居高不下，治安状况难以令人满意，由此造成对侦查机关的挤压效应。侦查机关在尽早破案的巨大压力下，产生某种焦虑心理，这是可以理解的。令人担忧的是，公安机关会不会为完成破案任务而进行刑讯逼供，对刑讯形成一种依赖？公安部明确承诺，命案必破不会引发刑讯逼供。① 但如何采取有效的防范措施仍然是值得期待的。因此，从根本上来说，只有加大司法资源的投入，提高司法能力，才是杜绝刑讯逼供的必由之路。

三、司法权：依从与独立

无论是刘涌案还是佘祥林案，都反映出一些深层次的体制问题。以下按照检察权、审判权与辩护权这样一种顺序，对有关司法权的问题进行探讨。

（一）强势的警察权

中国的警察权，是由公安机关行使的，而中国督察权之大乃世所独有。中国在社会转型过程中，面临着巨大的犯罪压力，以有限的警力应对复杂的治安形势，这对中国的公安机关来说是一个严峻的考验。在这种情况下，赋予公安机关以较大的权力符合中国的国情。但这里存在一个警察权的悖论：一定限度内的警察权是保障公民权所必需的，而超出这种限度的警察权，则有侵夺公民权之虞。因为，在任何社会里，警察权力与公民权利在一定条件下成反比例关系，即警察权的扩大意味着公民权的缩小，警察权的滥用则往往使公民权化为乌有。为此，公民就面临着一个两难的抉择：当犯罪对公民造成严重侵害时，公民就会倾向于赋予司法机关更大的惩治犯罪的权力，即使由此而牺牲一部分公民权利。当司法权滥用对公民造成严重侵害时，公民又会转而宁可忍受犯罪的侵害也要限制司法权。由于犯罪侵害更容易被社会公众所体认，而司法权滥用的侵害更为隐蔽且不

---

① 公安部："强调命案必破不会引发刑讯逼供"，http://news.sina.com.cn/c/1/2006-05-16/12419876496/html。

易被社会公众所体验。因此,在犯罪高发的社会里,通过扩张司法权惩治犯罪的呼声更容易获得社会认同,在中国也是如此。

在中国社会转型过程中,黑社会性质组织危害一方,对社会治安与公民生命财产形成严重威胁。因此,打黑除暴成为中国公安机关在一个时期内的重要任务。当然由于在刑法中对黑社会性质犯罪组织缺乏严密与规范的法律定义,因而司法机关之间对黑社会性质组织认定标准存在争议。基本上是公安机关更倾向于对黑社会性质组织作较为宽泛的认定,法院则倾向于对黑社会性质组织作较为严格的认定。其中争议之一是:黑社会性质组织的认定是否需要"保护伞"这一条件。这里的"保护伞"是一种形象的说法。即指国家工作人员为其提供保护。全国人大常委会对此作出立法解释,认为"保护伞"只是黑社会性质组织成立的或然性条件,没有"保护伞"同样可以构成黑社会性质组织。公安机关在打黑斗争中既巩固了自身权力,又获得公民的支持。刘涌,就是个发生在中国东北沈阳的黑社会组织。对于刘涌这样的黑社会组织不是要不要打击的问题,而是在打击中要不要遵循法治原则的问题。现在的问题是:如果在打黑过程中,法治原则遭到践踏,则中国的刑事法治将会倒退。因此,在司法改革中,如何对警察权加以限制是一个重大问题。对于警察权限制的基本思路是警察权的分解即由一个机关垄断行使的警察权改变为由多个机关分散行使的警察权,并且个别权力实行非警察化。[①]分权的措施包括:行政警察与司法警察的分立由司法警察机关行使刑事侦查权,并受检察机关的监督与引导。当然,警察权这种调整应当在治安形势较为稳定的社会条件下进行,否则会遇到来自各方面的阻力。

(二)尴尬的检察权

根据中国宪法的规定,检察机关是法律监督机关分别对公安机关和审判机关实行法律监督,并且对贪污贿赂犯罪和侵权渎职犯罪案件行使侦查权。但实际上,由于检察机关处于公安机关与审判机关之中,受到两者的挤压法律监督权难以真正落实。在这个意义上说中国的检察机关处于种名义上的权力与现实上的权力相分离的尴尬境地。中国的刑事司法体制,是由公安、检察、法院(俗称公检

---

① 参见陈兴良:《限权与分权:刑事法治视野中的警察权》,载《法律科学》,2002(1)。

法）形成的一条司法流水线。公安机关对一般犯罪案件行使侦查权，检察机关虽然具有侦查监督权，但这种权力只能在督促公安机关打击犯罪方面发挥作用，例如立案监督，对于公安机关应当立案而不立案的，检察机关有权要求公安机关立案。但在侦查的合法性等人权保障方面，由于检察机关本身所具有的控方角色，事实上是难以发挥作用的。这里存在一个角色冲突问题，这就是"既当运动员，又当裁判员"，这也是目前中国检察机关的法律监督权受到诟病的主要原因。

在刘涌案和佘祥林案中，我们都看不到检察机关从中发挥的作用。就刘涌案而言，对于辩护人提出的刑讯逼供辩解，检察机关根据最高检察院的司法解释，如果查证属实，对于这种通过刑讯逼供获取的被告人供述，不能作为指控犯罪的证据。但在刘涌案的辽宁高级人民法院二审判决中，检察院对刑讯逼供问题的态度作出如下表述："公诉机关经调查认为：此节（指刑讯逼供）不应影响本案的正常审理和判决。"从这句话可以看出：作为公诉机关的检察院对于刑讯逼供是认可的，只是认为不影响定罪而已。但对刘涌刑讯获取的是指使他人伤害致人死亡的供述，如果刑讯情节能够认定，这一供述就不能作为指控的根据。而刘涌被判处死刑，也主要就是根据这一犯罪事实。因此，公诉机关作出的"此节不应影响本案的正常审理和判决"的表态是于法无据的。至于在佘祥林案中，尽管该案疑点重重。但检察机关并未严格把关，将其起诉到法院。当该案真相大白以后，京山县法院再审该案，就使检察机关处于十分被动的状态。根据庭审纪实，在庭审中辩护人与公诉人有这样一个耐人寻味的对话[①]：

  辩护人：检察机关今天派两名公诉人支持公诉，人民检察机关是公诉机关，应该指控犯罪，公诉人显然未尽职责。

  公诉人：检察机关是法律监督机关，其职责不仅是指控当事人有罪，还可以监督法律活动是否合法，所以，公诉方可以提出有罪的证据，也可以提出无罪的证据，出庭是司法工作者应该履行的天职。

我们的刑事诉讼法还没有为这种专门宣告被告人无罪的案件设计庭审程序，

---

① 参见：《当庭举证前妻在世，检方被指未尽职责》，载《新京报》，2005-04-14。

因此以指控犯罪身份出庭的公诉人才被辩护人指责为未尽职责。至于公诉人回答检察机关作为法律监督机关可以监督法律活动是否合法，可以提出无罪的证据，但在佘祥林案中，却未对刑讯逼供进行监督，未发现无罪证据，失职应是在这个意义上而言的。因此，在中国的刑事司法改革中，对于检察机关而言，我认为应当强化其对于警察权的控制力度，检警一体化不失为一种可供选择的方案。由于在目前中国的刑事司法体制中，公安机关与检察机关是平行的部门，虽然检察机关具有侦查监督权，实则难以落实。为此，最高人民检察院与公安部的相关部门试图建立"检察引导侦查"的工作机制，这当然是值得肯定的。但引导的力度是有限的，如何推进检警一体才是根本出路。在检警一体的机制中，检察机关在一定程度上引导、指导甚至指挥公安机关的刑事侦查活动，尤其是对侦查活动的合法性进行监督。由此提高在侦查活动中人权保障的程度。

（三）弱势的审判权

审判权是一种裁判权，是狭义上的司法权。在中国目前的刑事司法体制中，审判权在很大程度上受到侦查权和检察权的牵制，处于一种明显的弱势。在刘涌案中，最高人民法院再审改判，从表面上来看是一种强势的表现，但实际上恰恰反映出法院在社会压力面前的虚弱。

审判权的弱势究其原委是由于审判权缺乏应有的独立性。人民法院依照法律规定独立行使审判权，不受行政机关、社会团体和个人的干涉，这本来是宪法的规定，也是宪法赋予人民法院的神圣权力。但由于体制上的原因，法院的独立性并没有实现。在佘祥林案中，政法委的协调成为造成冤案的一个重要原因。政法委是政法委员会的简称，是中国共产党的内设部门，在县以上党的机构中都设有政法委。政法委以党委的名义对同级的公安机关、检察机关和审判机关进行领导，在各个司法机关对某一具体案件存在争议的情况下，政法委往往出面进行个案协调，统一认识，使案件得以处理。例如在有关政法委职能的论述中，一般都涉及政法委对重大疑难案件的协调。在需要协调的重大疑难案件中，就包括政法部门之间有争议的案件，认为政法部门之间在罪与非罪、此罪与彼罪、事实和证据的认定、法律的适用、纠纷与犯罪等重要问题上有分歧，争执不下，难以处理下去的案件，如果某一个或者几个政法部门提出请求党委政法委员会给予协调，

党委政法委员会就应当抓紧做好协调工作，妥善解决意见分歧，依法及时正确地审理好有争议的案件。① 其实，政法机关之间对某一案件存在争议是十分正常的，法院是案件争议的最终裁决者。对法院判决不服的可以通过抗诉等方式提请上一级法院审理。总之，有争议的疑难案件应当在司法体制内通过程序加以解决而不应当诉诸司法程序以外的权力。实际上政法委对个案的协调，在很大程度上侵夺了法院的审判权。因此，经过政法委协调的案件，判决虽然是由法院作出的，实质上法院并无决定权。在佘祥林案中，我们可以清晰地看到政法委协调的作用。根据报道，1996 年 12 月，在湖北省高院发回重审以后，京山县政法委将此案报请荆门市政法委协调。1997 年 10 月，荆门市政法委召开了由荆门市法院和检察院、京山县政法委和有关单位负责人参加的协调会议。会议决定：此案由京山县检察院向京山县法院提起公诉，因为省高级法院提出的问题中至今有 3 个无法查清，对佘祥林判处有期徒刑在冤案揭露以后，荆门市中级法院在一份总结材料中谈到：此案的一个教训是要排除一切干扰，依法独立行使审判权。佘祥林案件的处理结果是经过市、县两级政法委组织有关办案单位、办案人员协调，并有明确处理意见后，由两级法院作出的判决。这种近似于"先定后审"的做法，违背了刑事诉讼法的有关规定，是导致冤案发生的重要原因。审判机关应严格依法办案，即使有关部门组织协调，法院也必须依法独立审判。② 因此，如何加强审判权的独立性，是刑事司法改革中亟待解决的问题。在此，存在一个党的领导与司法独立的关系如何处理的问题。党的领导是中国宪法规定的原则党对司法工作的领导也是不可否定的。关键问题在于：党对司法工作的领导如何开展？我认为党对司法工作的领导不能违反司法活动的规律，不能违反人民法院依法独立行使审判权的宪法规定。党对司法工作的领导主要体现在刑事政策的确立以及政治、思想和组织的领导，至于个案协调不能归入政法委职责范围。事实上，法院服从法律。依法办案就是最大的服从党的领导。虽然党对司法工作的领导是中国政治体制的语境下所特有的问题，但理顺党与司法的关系是中国刑事司法改革的

---

① 参见林中梁：《各级党委政法委的职能及宏观政法工作》，584 页，北京，中国长安出版社，2004。
② 参见：《冤案是怎样造成的？——湖北佘祥林"杀妻"案追踪》，载《检察日报》，2005－04－08。

应有之义。

(四) 软弱的辩护权

在中国现行的刑事司法中，辩护权是最为弱小的。在佘祥林案中，尽管律师为其作了无罪辩护，但并没有发生任何作用。这种"你辩你的，我判我的"现象，对于刑辩律师的职责是一种藐视。我发现，在中国的刑辩中无罪护率很高，与此同时无罪辩护的采纳率却很低。在刑辩律师与法官之间，对同一个案件的见解存在巨大的差异。尽管刑辩律师有滥用无罪辩护之嫌，但据我的观察主要还是由于法律价值观念的差别造成的。刑辩律师是从刑事法治之应然进行辩护的，而法官则根据中国刑事法治的实然作出判决。只有等到冤狱揭露以后，才回过头想起律师的无罪辩护意见。因此，为佘祥林作无罪辩护的何大林律师尽管辩护意见未被采纳，在佘祥林案平反后，被法律媒体选入中国律师风云榜（2005）。[①] 至于刘涌案，由于被告人刘涌本身所拥有的资源其家属聘请的是强大的律师团队，领衔者是中国律师协会刑事辩护委员会主任田文昌律师。因此，辩护律师在刘涌案的审理中尽其所能地履行了职责，尤其是对刑讯逼供的取证，在中国目前的司法体制下几乎是不可能完成的任务，但他们却奇迹般地完成了，并且对辽宁高院的二审改判发生了重要作用。尽管因最高人民法院的再审改判，刘涌由死而生之后又由生而死，律师的努力化为灰烬，但是在最高人民法院再审改判以后，田文昌律师仅因为刘涌辩护而受到指责，被称为"黑律师"。田文昌律师在长期律师执业生涯，尤其是刑事辩护中一点点积累起来的声誉与光环几乎毁于一案。当然，刘涌案只是个别例子，但刑事辩护权之不彰是不争的事实。

中国刑事辩护律师的权利在法律上少得可怜，即使法律规定的权利也受到种种限制难以兑现。例如侦查阶段的律师会见权，《刑事诉讼法》第96条第1款明确规定："受委托的律师有权向侦查机关了解犯罪嫌疑人涉嫌的罪名，可以会见在押的犯罪嫌疑人，向犯罪嫌疑人了解有关案件情况。"由于刑事诉讼法未规定如何安排会见，公安机关往往以各种理由搪塞不予安排，为此甚至有律师将看守所告上法院的。在这种情况下，1998年最高人民法院、最高人民检察院、公安

[①] 参见《中国律师》，2006（5），94页。

部、国家安全部、司法部、全国人大常委会法制工作委员会作出《关于刑事诉讼法实施中若干问题的规定》，其中第 11 条明确规定："律师提出会见犯罪嫌疑人的，应当在四十八小时内安排会见，对于组织、领导、参加黑社会性质组织犯罪、组织、领导参加恐怖活动组织罪或者走私犯罪、毒品犯罪、贪污贿赂犯罪等重大复杂的两人以上的共同犯罪案件，律师提出会见犯罪嫌疑人的应当在五日内安排会见。"即便有如此明确的规定，仍然存在侦查阶段律师会见难的问题。

律师不仅在辩护职责的行使上困难重重，而且还存在执业风险，这一风险来自《刑法》第 306 条，该条规定的罪名被称为律师伪证罪。根据《刑法》第 306 条第 1 款规定，律师伪证罪是指在刑事诉讼中，辩护人、诉讼代理人毁灭、伪造证据，帮助当事人毁灭、伪造证据。威胁、引诱证人违背事实改变证言或者作伪证的行为。在上述三种行为中，最为要命的是引诱证人违背事实改变证言。这里的"引诱"以及"违背事实"都难以作出客观的判断，许多律师因此被追究刑事责任，律师将这一现象称为职业报复。因此，每年的全国律师大会上，取消《刑法》第 306 条的呼声不断。

在中国刑事司法改革中，加强律师的刑事辩护权，是一个重要问题。由于律师辩护权弱小因而在刑事诉讼中，律师一般只作形式辩护与消极辩护很难真正开展实质辩护与积极辩护。为此，我认为应当取消《刑法》第 306 条，在刑事诉讼法中赋予律师调查取证等实质性权利从而形成积极的控辩平衡。

四、冲突：在民意与法意之间

刑事司法体制改革是社会变革的一部分，与社会息息相关，应当获得社会公众的认同。但正是在这一点上，民意纷扰，尤其是随着媒体，包括网络媒体的介入，呈现出种种乱象。在此，存在一个如何正确处理民意与法意的关系问题。

（一）司法对民意的吸纳与排拒

民意，顾名思义，是指民众意志或者意见，它本来是一个政治学上的概念。例如卢梭就曾经提出过公意的概念，并将其与众意加以区分，认为公意是以公共

利益为依归的，而众意则着眼于私人利益，是个别意志的总和。① 民意与卢梭所说的公意和众意具有一定的相似性，又不能完全等同。我国学者指出：民意是社会上大多数成员对与其相关的公共事物或现象所持有的大体相近的意见、情感和行为倾向的总称。② 在一个民主社会，司法应当获得社会认同。因此，司法必然受到民意的影响。当然，司法与民意的关系是十分复杂的，这主要是由司法的精英性和民意的大众性之间的矛盾所决定的。

在刑事司法活动中，对司法发生影响的民意，主要表现为民愤与民情：前者是不利于被告人的民意，后者是有利于被告人的民意。司法机关如何正确面对这种民意，就成为一个重要的问题。在佘祥林案中，"死者"的亲属上访并组织了220名群众签名上书要求对"杀人犯"佘祥林从速处决。这种民意影响司法机关对案件的处理结果，当然也都没有完全实现。因为司法是专门性的工作，作为非专业人员的公众是难以对专业问题作出判断的。在这个意义上说，司法对于民意不能盲目附和，而应与之存在一定程度的间隔。220名群众签名要求对佘祥林从速处决是以佘祥林是杀人犯这一事实为前提的，而这一事实恰恰是司法机关应当通过司法活动予以判定的。在杀人罪不能成立的条件下，对于从速处决的民意是决不能听从的。因为一旦出现冤案，责任者是司法机关而非民众，民众的意见只是一种参考。

中国的司法宣称是人民司法，因此法院是人民法院，检察院是人民检察院。在这种情况下，民意如何在司法活动中得以体现，确实是值得研究的。在司法改革中，中国的法院在重建人民陪审员制度，中国的检察院在试行人民监督员制度。通过这种制度，吸纳民意的合理成分，使审判与检察获得某种正当性，不失为一种有益的做法

（二）作为民意载体的媒体

在现代媒体发达的社会，民意得以更为广泛、更为迅速，并且以一种难以控制的方式聚合，从而爆发出巨大的精神能量。由此而引发出一个媒体与司法的关

---

① 参见［法］卢梭著，何兆武译：《社会契约论》，修订3版，35页，北京，商务印书馆，2003。
② 参见喻国明：《解构民意：舆论学者的实证研究》，9页，北京，华夏出版社，2001。

系问题，成为法治建设中面临的两难问题。由于司法腐败一定程度的存在，对司法活动进行社会监督成为必要。媒体就是社会监督的一种重要方式，由此而获得了正当性。但我们也必须看到媒体在商业化的背景下，不再是一个中立者，而有其特殊利益之所在，对发行量与点击率的追求，都使媒体可能成为一种炒作工具。而媒体的恶意炒作，可能对司法造成某种不正当的外在压力。

在刘涌案中。媒体深深地介入其中。我国学者曾经对刘涌案的司法进程中媒体报道的情况作过梳理，并对刘涌案的舆论生成以及这种社会舆论对刘涌案的影响进行了考量。[①] 可以说，刘涌案的司法进程在一定程度上受到了媒体的左右，尤其是最高人民法院的再审改判。当然，如果说刘涌案的最终司法结局就是媒体以及社会舆论导致的结果，则并不尽然。媒体并不能最终决定结果，决定判决结果的是某种权力。正如我国学者所指出的那样：最高人民法院提审刘涌案并最终判处刘涌死刑，媒体的所谓舆论监督可能仅仅是一个表面的东西。与其说最高人民法院的提审和改判是媒体报道和舆论促使的结果，毋宁说是政治势力之间较量的结果。[②] 在关于刘涌案的媒体炒作中，笔者所关心的是社会舆论是如何生成的。对刘涌案的媒体报道，并非始于辽宁法院二审改判以后，而是在铁岭中院一审判决之前。大量的媒体报道了沈阳公安机关及检察机关对刘涌案在侦查、起诉等各个阶段和环节的情况，以及公安机关披露的刘涌犯罪集团的种种犯罪事实。换言之对刘涌案媒体报道的基本素材来自控方的披露。正是这些未经庭审的所谓犯罪事实塑造了公众对刘涌等的基本印象，以后大众对辽宁高院二审改判的不满也主要是建立在对刘涌案的媒体报道基础之上的。

通过刘涌案应当对媒体与司法的关系进行反思。媒体既要表达民意，行使对司法机关的舆论监督权，又要尊重司法活动的规律。这确实是一个难题。当然，我们不要轻易地指责媒体，毕竟公众是通过媒体而获得知情权的满足的。我们更不能简单地指责媒体干涉司法独立，或者媒体审判。问题还是在于司法机关本

---

① 参见周泽：《司法审判与媒体报道和舆论之关系新探——兼刘涌案法理解读》，载陈兴良主编：《刑事法评论》第15卷，80页以下，北京，中国政法大学出版社，2004。

② 参见周泽：《司法审判与媒体报道和舆论之关系新探——兼刘涌案法理解读》，载陈兴良主编：《刑事法评论》第15卷，91页，北京，中国政法大学出版社，2004。

身：对于未经审理的案件材料控方能否披露给媒体大肆报道？使判决附和媒体是媒体之过还是裁判者之过？这些问题都值得深思。更为重要的是应当建立起规范媒体与司法关系的法律规则，使两者之间形成良性互动，这才是人民之幸。

（三）专家意见如何面对民意

在目前中国的刑事法治进程中，法律专家发挥了一定作用，无论是立法还是司法解释的制定，或者是重大案件的处理都有法律专家参与其中。然而，法律专家的意见无论是在理念层面还是在规范层面，抑或在个案层面，都与民众认知之间存在较大差距。就理念层面而言，人权保障、程序正义、形式公正这些法治理念很难被民众真正接受，即使是媒体记者，就法律专业而言仍然是民众的代言人，经常提出对超过追诉时效的杀人犯不追诉是否放纵犯罪，对外逃贪官引渡回国承诺不判死刑是否鼓励贪官外逃，对奸淫幼女罪要求对幼女年龄的"明知"是否不利于保护幼女等在法律专业人士看来似乎是十分幼稚的问题。就规范层面而言，"严打"、死刑、黑社会性质组织犯罪，也许是专家与民众之间意见分歧最大的三个法律问题。倡导限制死刑，尤其是倡导对经济犯罪废除死刑的学者几乎遭到民意的激烈抨击。就个案而言，刘涌案是一个例子，除个别法律专家，大多数的法律专家对辽宁高院的二审改判都是持肯定与认同立场的。当然这里特别需要提出讨论的是对刘涌案的专家论证意见问题。

就某一正在审理或者已经结案的案件经当事人请求进行专家论证，并出具专家论证意见书，这是中国当前一种较为通行的做法。当然司法机关，包括最高人民法院与最高人民检察院也会对个案的处理征求专家意见，但由于司法机关是有权机关，专家意见是否采纳以及如何采纳可以直接体现在处理决定中，因而并不需要专家出具书面的论证意见。但一般案件当事人通过律师邀请专家论证。除解决法律问题以外，期望专家的意见能够影响司法机关，因此需要出具书面的专家论证意见。专家提供对案件的咨询意见当然不是无偿的，而是由律师在收取的代理费用中支出。专家论证意见有些可能被司法机关采纳，也有些并不为司法机关所采纳。关键是律师提供的案件材料是否全面，是否充分，专家意见是建立在律师提供的案件材料基础之上的，它只是诉讼一方当事人的意见。在刘涌案中，在一审判决之前，刘涌的辩护律师田文昌也曾经邀请国内几名刑法、刑诉的法律专

家就案件进行论证，其中一个重要问题就是刑讯逼供，专家对刑讯逼供问题的意见为："各被告人提到的刑讯逼供问题可信度较高，因此本案预审笔录是刑讯逼供所致的嫌疑极大。如果情况属实，其刑讯逼供的普遍性和严重程度确实具有典型性，值得引起高度重视。"这一专家意见对铁岭中院的一审判决并没有发生作用，对辽宁高院的二审改判是否发生作用，难以判断。在辽宁高院对刘涌等二审改判以后，引起民意哗然，专家论证意见被认为是辽宁高院二审改判的重要根据，因而备受责难。这里涉及一个问题，就是专家意见会不会干预司法独立？这是人们所关心的。其实，专家意见只是诉讼当事人的一种咨询意见，它对司法机关处理案件只具有参考作用，是否采纳完全在于司法机关。因此，专家意见干预司法独立的理由是难以成立的。至于专家意见是有偿服务，是否会影响专家意见的公正性，这也是为人们所关注的一个问题。就这一问题而言，与其要求专家意见的公正性，不如要求专家意见的客观性。因为只有裁判才有公正性问题，公正性在于不偏不倚取其中。控辩双方的意见都是预设立场的，或者是不利于被告人的指控意见，或者是有利于被告人的辩护意见，对其不能要求公正性而只能要求客观性。专家意见只是指控意见或者辩护意见的一种延伸，只要具有客观性就可采信。当然由于受到律师提供案件材料的局限，专家只能在此基础上发表意见，因而客观性也是难以完全保证的。正因为如此，专家论证意见只是司法机关处理案件的一种参考材料，关键是司法机关本身如何正确对待专家意见。

专家与民众在法律认知上的差别，当然不仅是一个专业与非专业的问题，而且还是一个应然与实然之间的冲突。专家往往更是在应然角度考察问题，而民众更多的是在实然角度观察问题。对于中国来说，刑事法治建设是一个面向将来的问题，因此如何引导民众从实然走向应然，将应然转化为实然仍是中国的法律专家不可推卸的社会责任。

（本文原载《浙江社会科学》，2006（6））

刑事程序的宪政基础

一

刑事程序直接关系到司法公正，因而在刑事程序中如何有效地保障被告人的正当权益，关系到一个国家的法治文明程度。本文拟从宪制的角度对刑事程序的价值进行研究，以期推进我国的刑事法治。

在论及程序法的时候，德国著名法学家拉德布鲁赫曾经指出：如果将法律理解为社会生活的形式，那么作为"形式的法律"的程序法，则是这种形式的形式，它如同桅杆顶尖，对船身最轻微的运动也会作出强烈的摆动。在程序法的发展过程中，以极其清晰的对比反衬出社会生活的逐渐变化，其次序令人联想到黑格尔精神发展过程的正反合三段论。刑事程序的历史，清楚地反映出国家观念从封建国家经过专制国家，直到宪政国家的发展转变过程。[1] 拉德布鲁赫的这段

---

[1] 参见［德］拉德布鲁赫：《法学导论》，120页，北京，中国大百科全书出版社，1997。

话，充分阐明了刑事程序的意义，尤其是把刑事程序的演变与国家性质的演变相关联，将刑事程序上升到了宪制的高度。

刑事程序是为处理犯罪而设置的，因而对于犯罪的不同理解导致刑事程序性质上的重大差别。犯罪概念本身经历了一个漫长的演变过程，刑事程序与此相应地经过了复杂的演变。在古罗马，最初的犯罪是指危害国家安全的行为。英国学者梅因指出，在古罗马共和国的幼年时代，对于严重妨害国家安全或国家利益的每一种罪行，都由立法机关制定一个单独法令来加以处罚。这就是对于一个犯罪（crimen）的最古概念——犯罪是一种涉及重要结果的行为，对于这种行为，国家不交给民事法院或宗教法院审判，而专对犯罪者制定一个特别法律（privilegium）加以处理。因此，每一个起诉都用一种痛苦和刑罚状（a bill of pains and penalties）的形式，而审判一个犯人（criminal）所用的一种诉讼程序是完全非常的、完全非正规的、完全脱离既定的规则和固定条件而独立的。[1] 这里所谓独立于既定的规则和固定条件的诉讼程序，就是指不同于民事诉讼程序的刑事诉讼程序，这是最初始意义上的刑事程序。当然，这种诉讼程序是非常的，并且是以特别法律的形式因案而设的，表明这种诉讼程序尚未程式化，而具有个案处置的特征。

在古罗马社会，犯罪概念是逐渐演变的，当时除危害国家安全的犯罪以外，其他大部分我们今天法律上规定为犯罪的行为都被视为对公民个人利益的侵害，是一种不法行为，因而犯罪行为与民事侵权行为之间并不存在严格的界限。正如英国学者梅因所指出的，根据"十二铜表法"对刑事法律学所作的讨论，可以看到，在罗马法所承认的民事不法行为的开头有窃盗罪（Fartum）。我们习惯上认为专属于犯罪的罪行被完全认为是不法行为，并且不仅是窃盗，甚至凌辱和强盗，也被法学专家和扰害、文学诽谤及口头诽谤联系在一起。所有这一切都产生了"债"或是法锁，并都可以用金钱支付以为补偿。[2] 在这种情况下，犯罪行为

---

[1] 参见［英］梅因：《古代法》，210页，北京，商务印书馆，1959。
[2] 参见［英］梅因：《古代法》，208页，北京，商务印书馆，1959。

与侵权行为没有分别，刑事责任与民事责任没有分离，因而刑事程序与民事程序也没有分立。当时的诉讼，无论是刑事诉讼还是民事诉讼，都由被害人或其代理人作原告向法院直接提出控诉。只有当原告起诉后，法院才受理并进行审判。没有原告，法院不主动追究，即古罗马法谚所表述的："没有原告，就没有法官。"这种诉讼形式，就是弹劾主义诉讼。我国学者指出，弹劾主义诉讼是一种早期的带有原始性的诉讼形式。这种诉讼的出发点是把犯罪人对被害人的侵犯，看成像民事诉讼那样的双方当事人之间的纠纷和讼争。因此，刑事诉讼程序和民事诉讼程序一样，法院平等地对待双方当事人，并把起诉和审判建立在双方当事人的积极性基础上。这种诉讼还保留有氏族公社原始民主平等的痕迹，因为氏族公社成员之间的纠纷，是通过在双方的氏族大会面前平等争诉来解决的。[①] 这种弹劾主义诉讼，是在刑事诉讼和民事诉讼合一情况下的诉讼形式，学说上往往将其视为刑事诉讼的最初形式，其实此时严格意义上的刑事诉讼尚未出现。更何况，当时还明显地保留着原始社会复仇习俗的残余，法律允许在许多情况下对侵犯私人利益的违法行为进行复仇。

专门的刑事程序几乎是和犯罪同时在法律上出现的。梅因描述了古罗马社会把"不法行为"改变为"犯罪"的过程，指出：在一个不能确定的时期，当法律开始注意到一种在"法学汇纂"中被称为非常犯罪（criminal extraordinaia）的新的罪行时，它们才成为刑事上可以处罚的罪行。无疑的，有一类行为，罗马法律学理论是单纯地把它们看作不法行为的；但是社会的尊严的日益提高，反对对这些行为的犯罪者在给付金钱赔偿损失以外不加其他较重的处罚，因此，如果被害人愿意时，允许把它们作为非常（extra ordinem）犯罪而起诉，即通过一种在某些方面和普通程序不同的救济方式而起诉。[②] 由此可见，当犯罪从不法行为中分离出来以后，就对其设置了专门的诉讼程序，这就是刑事程序的产生。在某种意义上可以说，犯罪概念在法律上的确认恰恰是以专门的刑事诉讼程序出现为标

---

① 参见陈光中主编：《外国刑事诉讼程序比较研究》，7页，北京，法律出版社，1988。
② 参见［英］梅因：《古代法》，222页，北京，商务印书馆，1959。

志的。

犯罪概念的确立就是从私犯向公犯的转变过程，是犯罪的私法性质祛除，公法性质得以确认的过程。当犯罪不再是被看作是公民个人之间的纠纷、是单纯地对公民个人的侵害，而是公民个人与国家之间的纠纷、是对国家和社会的侵害的时候，犯罪的观念才算真正成熟。正是这种对犯罪的公法性的认识，导致纠问式刑事程序的产生。正如拉德布鲁赫所指出的，在今天看来，纠问程序的功绩在于使人们认识到追究犯罪非受害人的私事，而是国家的职责。[①] 纠问程序是以国王权力逐渐加强为前提的，普遍通行于中世纪欧洲的君主专制时代。纠问程序具有以下特征：首先，没有被害人或其他人的控告，法院也可主动追究犯罪。具体说，就是没有侦查和起诉机关，审判机关将控诉职能与审判职能集于一身，不待被害人或他人控告，即可主动进行侦查和传讯；如通过侦查和审讯，认为被告有罪，便可直接判处刑罚。其次，被告人在诉讼中，不是诉讼主体，而是诉讼客体，没有诉讼权利，只是被拷问的对象，唯有法院才是诉讼主体。最后，采取法定证据制度。由于在纠问程序中被告人的口供是证据之王，而同时又奉行有罪推定原则，所以在被告人不供认有罪时，法官便对其进行刑讯逼供，极力获得据以定案的口供。[②] 在这种纠问程序中，法官由裁判者变为追究者，被告人只是消极的被追究者，被害人不再享有提起诉讼的权利，法院也不再实行"不告不理"的原则。显然，这是违背诉讼公正原则的。对此，拉德布鲁赫指出：纠问程序的严重错误在于将追究犯罪的任务交给法官，从而使法官与当事人合为一体。如果说此前的控告程序依循的是"没有人告状，就没有法官"，此时根据纠问程序的本质，则允许在没有控告的情况下，由法官"依职权"干预。如果说过去的控告程序是在原告、被告和法官三个主体之间进行，则纠问程序中就只有法官和被控人两方。被控人面对具备法官绝对权力的追诉人，束手无助。[③] 因此，纠问式程序

---

① 参见［德］拉德布鲁赫：《法学导论》，121页，北京，中国大百科全书出版社，1997。
② 参见李心鉴：《刑事诉讼构造论》，84～85页，北京，中国政法大学出版社，1992。关于纠问式诉讼的特点，还可参见陈光中主编：《外国刑事诉讼程序比较研究》，7～8页，北京，法律出版社，1988。
③ 参见［德］拉德布鲁赫：《法学导论》，121页，北京，中国大百科全书出版社，1997。

必然确立了国家在犯罪追究中的绝对地位，有利于提高刑事诉讼效率，有效地打击犯罪。但这种纠问式程序导致司法专横，被告人的诉讼权利得不到应有的保障，成为封建专制的工具。

刑事程序的演变，导致现代刑事程序的建立。现代刑事程序是以人权保障为使命的，体现了人道主义精神。拉德布鲁赫在论述大陆法系职权主义刑事程序的产生时指出：在刑事程序发展过程中，曾有两个因素起着作用：针对犯罪分子而增强的保护国家的要求，导致中世纪刑事程序向纠问程序转化；针对国家而增强的保护无辜人的要求，促使纠问程序大约从1848年开始向现代刑事程序转变。中世纪的刑事程序建立在受害人自诉的基础上，纠问程序以由法官体现的国家追究犯罪为基础。现代的刑事程序吸收了纠问程序中国家、官方对犯罪追诉的原则（职权原则），同时又保留了中世纪的无告诉即无法官原则（自诉原则），并将这两者与国家公诉原则相联结，产生了公诉人的职位：检察官。① 在此，拉德布鲁赫指出了现代刑事程序与纠问式程序的产生动因上的重大区别：前者是基于对无辜者的保护，后者是基于对国家的保护。当然，在法院判决确定以前，无辜者是不确定的，因而这种对无辜者的保护实际体现为对被告人的保护，即使是犯罪人，其正当的诉讼权利同时应受到法律的保护。而控审分立，直接导致纠问程序的瓦解，确立了现代刑事程序。

在刑事程序的演进史中，可以清楚地看到国家与个人的关系的变化，也就是国家权力与个人权利的互相之间的消长。法国学者在对刑事诉讼程序的演变与刑法的演变进行比较后指出：刑事诉讼程序的演变要比刑法本身的演变更加复杂，因为，刑事诉讼程序规则更紧密地触及一个国家的政治组织。制度上的改变，尤其是文明发生重大变动，对刑事裁判形式所产生的影响，要比对具体规定哪些行为是危害社会利益的行为以及如何惩罚这些行为的影响，更加迅速、更加深刻。② 由此可见，刑事程序的变化更能反映出一个社会法治文明的进步。在古代

---

① 参见［德］拉德布鲁赫：《法学导论》，122～123页，北京，中国大百科全书出版社，1997。
② 参见［法］卡斯东·斯特法尼等著，罗结珍译：《法国刑事诉讼法精义》（上），66页，北京，中国政法大学出版社，1998。

社会弹劾程序中,原告与被告的地位是平等的,国家是居中裁判者,实行"不告不理"原则。在这种弹劾程序中,证明犯罪的控告任务由被害人承担,由于个人能力的局限性,致使许多犯罪得不到证明。而犯罪不仅是对于个人的侵害,而且也是对社会的侵害,基于这种对社会利益的保护,为有效惩治犯罪,出现了纠问程序。在这种纠问程序中,国家行使追究犯罪的绝对权力,而被告人则成为消极的被追究者。为使犯罪得以追究,使刑讯合法化,由此获取口供证实犯罪。这种纠问程序虽然有利于惩治犯罪,但却容易刑及无辜,尤其是法官掌握着惩治犯罪的绝对权力,一旦滥用,会对公民造成严重侵害。正是基于对无辜者和被告人的保护,实际上也就是对公民个人的人权保障,纠问程序又演化为现代刑事程序。在现代刑事程序中,恢复了早期的弹劾程序的特征,例如控审分立,不告不理,被告人与公诉人的地位平等。但它又不是古代社会的弹劾程序的简单复原,而是吸取了弹劾程序的某些特征形成现代刑事程序。在某种意义上可以说,现代刑事程序是对古代弹劾程序的否定之否定,这也就是拉德布鲁赫所说刑事程序的演变次序似乎符合黑格尔的正反合三段论。透过刑事程序的形式上的变动,我们看到的是社会生活的变化和国家制度的变化。在现代宪政国家,被告人的刑事诉讼权利上升为宪法权利,刑事程序成为限制刑事司法权的法律规则,这是一种根本性的变化。

二

现代刑事程序,基于人权保障的理念赋予被告人广泛的诉讼权利,从而纳入了正当程序的轨迹。正当程序成为法治的核心概念,刑事诉讼权利也上升为宪法权利。

刑事程序由于其对于被告人的权利保障具有重要意义,因而往往由宪法予以确认。宪法具有确认公民权利之功能,在宪法所确认的公民权利中,相当一部分是刑事被告人的权利。我国学者指出,如果仔细研究宪法,就会发现一个有趣的现象,即各国宪法中规定了大量的与刑事诉讼有关的条款,而其中大部分条款又

是有关刑事诉讼中的人权保护问题的。美国宪法修正案，即《权利法案》(the Bill of Right) 中规定的公民的 23 项基本权利中，有 12 项权利与刑事诉讼密切相关。德国宪法在保障公民在刑事诉讼中的人权方面具有指导和矫正双重功能，构成了公民权利抵御国家权力的天然屏障。《德国基本法》第 1 条至第 19 条、第 101 条 (1)、第 102 条、第 103 条都是有关这方面的规定。在德国，由于刑事诉讼不管在理论上还是在实践中都必须遵守宪法的这些规定，所以有人称刑事诉讼法为"宪法适用法"[1]（applied constitutional law）。被告人的权利之所以受到宪法的格外关注，主要是为了防止国家滥用司法权侵犯公民的个人权利。在这个意义上说：宪法保障被告人的权利，就是保障每一个公民的权利，两者具有性质上的同一性。因此，在各个部门法中，宪法与刑事诉讼法的关系是甚为密切的，刑事诉讼法的适用过程其实也就是宪法的适用过程。日本学者在论及宪法与刑事诉讼法的关系时指出：刑事诉讼法必须根据最高法规的宪法规范解释、运用。这是刑事诉讼法被称为"应用宪法"的原因。在这个意义上说，宪法与刑事诉讼法同为一体。刑事诉讼法重视宪法所要求的人权保障，所以也称刑事诉讼法是"宪法性质的刑事诉讼法"。这个说法具有的含义是：在解释刑事诉讼法时，其大前提是宪法规范。因为宪法与刑事诉讼法同为一体，可以认为这种说法理所当然。它表示这样一种价值判断，即在保障人权与必罚主义相互冲突时，宪法要求的保障人权应该优先。[2] 正是这种人权保障优先的观念，使得现代刑事程序获得了宪政的意蕴。

应当指出，通过刑事程序保障人权，由于刑事程序的构造不同，其方式也是各有差别的。从刑事程序的构造上来说，一般认为可以分成职权主义、当事人主义与混合主义。职权主义是大陆法系国家的刑事程序的构造模式，它注重发挥侦查机关、检察机关、法院在刑事诉讼中的职权作用，特别是法官在审判中的主动作用，而不强调当事人在诉讼中的积极性。当事人主义是英美法系国家的刑事程

---

[1] 汪建成：《论犯罪控制和人权保护》，载陈兴良主编：《刑事法评论》，第 6 卷，208～209 页，北京，中国政法大学出版社，2000。
[2] 参见 [日] 田口守一：《刑事诉讼法》，3 页，北京，法律出版社，2000。

序的构造模式,它强调双方当事人在诉讼中的主体地位,使他们在诉讼中积极主动、互相对抗争辩,而审判机关在形式上只起着居中公断的作用。混合主义则主要是指职权主义与当事人主义结合起来的日本刑事诉讼构造。以上各种诉讼构造尽管在形式上存在差别,但就人权保障而言,却有着共同的使命。我国学者将强调限制国家权力以维护个人权利的英美法系刑事诉讼中的人权称为"对抗式人权"范型;将加强国家的权力以保证个人在法律面前的平等权利的大陆法系刑事诉讼中的人权称为"协和式人权"范型。[1] 对抗式人权范型是建立在对政府的防范基础之上的,将政府视为对人权的最大威胁者,基于对国家刑事追诉权的扩张和膨胀的担心而赋予被告人以充分的诉讼权,以抵制国家司法权。正是在这种紧张的对立关系中,使被告人的人权得以保障。而协和式人权范型是建立在对政府的一定程度的信任的基础之上的,基于对犯罪的担心,社会赋予政府更大的权力以有效地惩治犯罪,通过国家职权的积极行使,实现个人权利,包括刑事被告人权利。这两种刑事诉讼的构造范型相比较而言,当事人主义更注意人权保障,并且通过正当程序实现人权保障;而职权主义更注重控制犯罪,通过实体真实实现人权保障。至于日本的混合主义,是以当事人主义为主而以职权主义为辅。当然,当事人主义与职权主义的区分也不是绝对的。两者有互相接近、互相渗透的趋势。尤其是在人权保障呼声日益高涨的今天,职权主义积极吸收当事人主义的因素,逐渐淡化国家职权的作用。可以说,刑事诉讼的人权保障正在受到高度重视,因而上升为宪法的权利。

刑事诉讼中被告人的诉讼权利,其主体是不言自明的,只有受到司法机关的刑事追诉的人才享有这种权利。由于这些诉讼权利的基本性与重要性,可以称其为刑事诉讼中的人权。目前我国刑事诉讼学界越来越普通地将刑事诉讼中被告人的诉讼权利称为刑事诉讼中的人权,认为刑事诉讼中的人权是程序权(procedural rights)而不是实体权(substantial rights);是基本权(fundamental rights)

---

[1] 参见周长军:《人权向度上的刑事诉讼》,载陈兴良主编:《刑事法评论》,第6卷,227页,北京,中国政法大学出版社,2000。

而不是通常权（ordinary rights）。[①] 这里的程序权是相对于实体权而言的，还不能以此作为刑事诉讼中的诉讼权利是人权的论证根据。而基本权是不可剥夺、不可转让的权利，它正是人权的基本特征。正如美国学者所指出：在美国人的理论中，美国的权利是先于宪法而存在的并高踞于政府之上的，这显然给予人权以至高的地位与意义。权利不是官方赐予，也不是官方慈善的产物。它们不仅是对政府的限制，也是个人的基本权利。未经人民的同意，权利不得被剥夺或中止，某些权利甚至是"不可转让的"，因此即使人们希望放弃这些权利，他们也不可以这样做。[②] 刑事诉讼中被告人具有的诉讼权利，具有这种基本权的性质，因而属于人权。这种权利是被告人所应当享有的，国家法律只是对此加以确认而已。而被告人所享有的这种权利的范围与程度，恰恰反映出一个国家的刑事法治的水平。刑事诉讼中的人权主要是由各国的国内法，包括宪法与刑事诉讼法所规定的，然而，随着国际人权运动的兴起与国际人权法的发展，刑事诉讼中的人权在有关国际人权法中得以确认，由此超越国内法，成为国际法上所规定的人权。当然，国际人权法中规定的刑事诉讼权利并不能成为某国公民享有这种权利的法律依据。但它所确认的这种权利对于各国的刑事诉讼立法具有指导意义与约束作用，是刑事诉讼人权的最低标准。根据我国学者的归纳，从各国宪法、刑事诉讼法以及《世界人权宣言》（1948年）和《联合国人权公约》（1966年）等联合国有关文件看，刑事诉讼中的人权的基本内容包括：（1）任何人在未经判罪前均应假定其无罪。（2）不被强迫作不利于他自己的证言或强迫承认犯罪。（3）除非依照法律所确定的根据和程序，任何人不得被任意控告、逮捕或拘禁，其身体、住所、文件与财产不受无理搜索、扣押。等候审判的人受监禁不应作为一般原则，但可以规定释放时应保证在司法程序的任何其他阶段出席审判。任何因逮捕或拘禁被剥夺自由的人，有资格向法庭提起诉讼。（4）接受关于告发事件的性质与理由的通知的权利。（5）任何人受到刑事控告后，均有由独立与公正的陪审团或法

[①] 参见汪建成：《论犯罪控制和人权保护》，载陈兴良主编：《刑事法评论》，第6卷，213页，北京，中国政法大学出版社，2000。

[②] 参见［美］L.亨金：《权利的时代》，189页，北京，知识出版社，1997。

庭予以迅速的公开审判的权利。(6) 自行辩护及随时获得律师帮助的权利。(7) 准予与对方证人对质的权利。讯问或业已讯问对他不利的证人，应使对他有利的证人在与对他不利的证人相同的条件下出庭和受讯问。(8) 任何人依同一法律及刑事程序被最后定罪或宣告无罪者，不得就同一罪名再予审判或惩罚。(9) 经判定犯罪者，有权申请上级法院依法复判其有罪判决及所科处的刑罚。(10) 任何人受非法逮捕或拘禁者，有权要求执行损害赔偿。被错误定罪而受到刑罚的人，除经证明有关证据之未能及时披露，应由其本人全部或局部负责者外，享有依法得到赔偿的权利。(11) 自由被剥夺之人，应受合于人道及尊重其天赋人格尊严之处遇。① 上述刑事诉讼中的人权涉及整个刑事程序，保障这些权利的实现，就成为刑事程序设置的价值追求之所在。

在上述诉讼权利中，最能体现对被告人的人权保障的宪法意义的是以下四项权利：

（一）无罪推定

无罪推定是法治社会刑事诉讼法的基本原则，对于被告人来说，是指在未经审判前应被假定为无罪的权利。（无罪推定是对被告人作为刑事被告人的人权加以法律保障的逻辑前提。）无罪推定思想的最初倡导者是贝卡里亚。贝卡里亚指出：在法官判决之前，一个人是不能被称为罪犯的。只要还不能断定他已经侵犯了给予他公共保护的契约，社会就不能取消对他的公共保护。② 当然贝卡里亚是在反对刑讯这一特定语境中发表上述观点的，因为在未经审判确认其有罪之前，对被告人加以刑讯折磨，显然是把被告人当作罪犯来对待了，这是不合理的。但上述观点一经发表，就被引申为刑事诉讼的基本原则，使被告人在刑事诉讼中的地位获得了重新确认，从而以司法的逻辑取代了力量的逻辑。③ 这里所谓力量的逻辑，是指在有罪推定的情况下，被告人处于受折磨的地位，他与国家的关系在法律上是不平等的，是被国家力量支配的。这里所谓司法的逻辑，是指在平等的

---

① 参见宋英辉：《刑事诉讼目的论》，105 页，北京，中国人民公安大学出版社，1995。
② 参见［意］贝卡里亚：《论犯罪与刑罚》，31 页，北京，中国大百科全书出版社，1993。
③ 参见［斯洛文尼亚］儒攀基奇：《刑法理念的批判》，243 页，北京，中国政法大学出版社，2000。

条件下构造诉讼关系,在这种诉讼构造中,国家与被告人在诉讼地位上处于平等的关系。如儒攀基奇指出:在刑事诉讼程序中,国家本身成为原告方。国家,这一社会上所有力量的化身,突然之间,必须屈尊作为与国家刑事责难的对象处于平等地位的诉讼主体参与诉讼;最强大的权力主体与最弱小的刑事被告(在法律面前)平起平坐。[1] 以司法的逻辑取代力量的逻辑,是现代刑事诉讼的起点。也只有从这个意义上,才能正确地理解无罪推定对于被告人的人权保障的重大价值。因此,无罪推定原则普遍地被确认为一项宪法原则。例如,1789 年法国《人权宣言》第 9 条规定:"任何人在未经判罪前均应假定无罪。"此后,各国宪法中均有类似规定。例如,意大利 1947 年《宪法》第 27 条规定:"被告人在最终定罪之前,不得被认为有罪。"无罪推定原则还被联合国法律文件所确认。1948 年联合国《世界人权宣言》第 11 条第 1 项规定:"凡受刑事控告者,在未终依法公开审判证实有罪前,应视为无罪,审判时并须予以答辩上所需之一切保障。"1976 年生效的联合国《公民权利和政治权利国际公约》第 14 条第 2 款规定:"受刑事控告之人,未经依法确定有罪以前,应假定其无罪。"凡此种种,都表明无罪推定之于刑事诉讼的人权保障的重要性。可以说,正是无罪推定原则使被告人从封建专制刑事司法中主要作为纠问客体的地位变为享有辩护权的诉讼主体,从而为被告人享有广泛的诉讼权利提供了有力的依据。[2]

(二) 不得自证其罪

基于无罪推定的原则,犯罪的举证责任在控告方,被告人没有自证其罪的义务。不得自证其罪,也称为反对自我归罪的特权 (privilege against self incrimination),它是美国联邦宪法第 5 修正案的内容。不得自证其罪似乎是在刑事诉讼中对于犯罪的证明责任的一种确认,但对于被告人的自证其罪义务的免除,意味着赋予被告人一种沉默权。因此,沉默权是从不得自证其罪原则中自然地引申出

---

[1] 参见[斯洛文尼亚]儒攀基奇:《刑法理念的批判》,243 页,北京,中国政法大学出版社,2000。
[2] 参见宋英辉:《刑事诉讼目的论》,108 页,北京,中国人民公安大学出版社,1995。

来的。① 沉默权使被告人享有一种消极防御的权利，从而平衡了国家权力与个人权利。在纠问式的刑事诉讼中，国家为了发现犯罪真相可以采取一切手段，被告人处于被刑讯纠问的地位，当然是不享有诉讼权利的。而为了保障被告人的人权，就必须限制国家的侦查权、起诉权和审判权，就必须限制国家的侦查权、起诉权和审判权，强化被告人的诉讼地位。沉默权就是赋予被告人对抗国家权力的一种权利，对于被告人是至关重要的。因此，各国刑事诉讼法都对沉默权作了规定，例如德国《刑事诉讼法》第136条第1款规定，嫌疑人（不论是否受到拘留或逮捕）和被告人在整个诉讼过程中都享有"不受限制的沉默权"。日本《刑事诉讼法》第311条第1项也规定，被告人可以始终沉默或对于每个质问拒绝供述。有些国家甚至将沉默权作为宪法权利加以确认，如加拿大1982年《宪法》第7条就被认为包含沉默权的内容。加拿大《宪法》第7条规定：每个人都拥有生命、自由和安全的个人权利，除非根据基本公正的原则，否则该权利不允许被剥夺。加拿大学者指出：第7条被用来导致沉默权的产生，该权利中，当警察试图通过用计策来诱使被告说出本不想告诉他们的话时，被告有权保持沉默，并且根据该权利，还禁止运用秘密记录疑犯与第三人的对话的调查手段。② 沉默权不仅在各国国内法中得以确认，而且也被载入国际人权法，成为最低限度的国际刑事司法准则之一。例如，1986年联合国《公民权利和政治权利国际公约》第14条第3款规定：在就对于其提出的任何刑事指控作出决定时，每个人都平等地享有"不得被强制自证其罪或者供认罪行"的最低限度的保障，即在整个诉讼过

---

① 关于反对自我归罪的特权与沉默权的关系，我国学者孙长永认为二者既有密切联系，又有一定的区别。联系在于：沉默权与反对自我归罪的特权是基于相同的根据而产生的，而且经历了同一历史发展过程，反对自我归罪的特权必然要求在个人成为政府追究的犯罪嫌疑人和被告人时有权保持沉默。广义上的沉默权与反对自我归罪的特权在外延上是基本重合的。二者的区别在于：沉默权是以否定一切陈述义务为前提的，它意味着知情人、犯罪嫌疑人和被告人可以拒绝回答一切提问，也可以决定不为自己作证或辩解，而且无须说明理由；而反对自我归罪的特权则是以有评述或作证义务为前提的，只有对于可能使自己受到刑事追究的问题才能拒绝回答，因而必须针对具体问题分别主张权利，并且要附具理由予以释明，参见孙长永：《侦查程序与人权——比较法考察》，280页，北京，中国方正出版社，2000。

② 参见［加］阿老·W.麦威特：《宪法保障》，载江礼华、杨诚主编：《外国刑事诉讼制度探微》，302页，北京，法律出版社，2000。

中享有沉默权。此外，1985年联合国《少年司法最低限度标准规则》重申：根据法的正当过程，保持沉默的权利是"公正合理的审判"所应包括的基本保障之一。

（三）正当程序

刑事诉讼活动的结果涉及对公民的生杀予夺，必须受到严格的程序限制。为此，刑事诉讼法设置了正当程序保障被告人的权利。这种正当程序是对司法机关刑事追诉活动的一种法律限制，同时也就意味着赋予被告人某种权利，使他能够根据正当程序接受法律的审判。关于正当程序的观点，一般认为源自美国宪法。美国宪法第5修正案规定：不得不经由法律正当程序（Due Process of Law），即被剥夺生命、自由与财产。第14修正案规定：各州不得不经由法律正当程序，即剥夺任何人的生命、自由或财产。这些规定创设了法律正当程序的思想，体现了对被告人的人权的宪法保护。此后，这种正当程序的规定被各国宪法所吸收，成为宪法的不可或缺的内容之一。例如，加拿大《宪法》第8条就有关于刑事程序的内容，规定：任何被控诉的人有权：（1）被毫不迟疑地告知其特定的罪行；（2）在合理的时间内受审；（3）非强迫性地作为诉讼程序中的证人来对抗与该罪有关的人；（4）根据公正的法律和一个公正独立的公开听证，在未被证实有罪之前，就被推定为无罪；（5）没有正当理由，不能拒绝合理的解释；（6）除非根据军事法进行的军事审判案件，由陪审团审理的案件最高刑为5年或5年以上有期徒刑；（7）某一项作为或不作为不被认定有罪，除非在作为或不作为之时，根据加拿大法或国际法或根据公认的一般法律原则构成犯罪；（8）如果最终被宣判无罪，就不能再次进行审判；如果最终宣判有罪并受到惩罚，就不应再次受到审判或惩罚；（9）如果被判有罪并且对该罪的处罚在发生和宣判时有所不同，那么采取从轻的处罚。上述规定赋予了被告人在刑事诉讼过程中广泛的权利，从而形成对被告人人权保障的正当程序。生命、自由与财产均是公民的基本人权，是受宪法保护的，非经正当法律程序不得剥夺公民的生命、自由与财产的权利。正是从这个意义上，对于被告人的诉讼权利的保障具有了直接的宪政意义。

（四）辩护权

被告人有权获得辩护，这种辩护既可以是自我辩护，也可以是他人为自己辩

护。因此，辩护权是宪法赋予被告人的诉讼权利之一。辩护权是被告人的基本权利，也是保证不被错误定罪的一项积极权利。从刑事诉讼的历史演变来看，被告人的辩护权有一个逐渐扩大的过程，以至于刑事诉讼的历史被认为就是扩大辩护权的历史，此言不谬。在刑事诉讼理论上，一般把被告人的自我辩护称为辩解，而将被告人委托辩护人的辩护，即律师辩护，称为辩护。因此，辩护，在一般情况下都是指他人为自己辩护。在这个意义上，被告人委托辩护人，从辩护人处获得有效辩护的权利称为辩护权。[1] 辩护权是被告人的一项宪法权利，并且在刑事诉讼法中得到广泛的确认。

　　刑事诉讼中的人权，之所以成为宪法性权利，我认为主要是由被告人的特殊地位所决定的。宪法的功能在于确认公民权利并限制国家权力，划清权利与权力的界限。宪法确认的公民权利，大多指普通公民所应当享有的权利，包括政治权利、经济权利和社会权利等。这些权利对于公民来说是十分重要的，它也体现公民在一个国家中的社会地位。但是，宪法权确认与保障这些普通公民的权利是远远不够的。还应确认与保障刑事被告人（这些被国家追诉机关或者个人指控实施了犯罪并处在诉讼程序中的当事人）的权利。由于刑事被告人处于被追究的这样一种不利的法律地位，对他们的诉讼权利的确认与保障，使他们受到公正的司法审判，显得尤为重要。因为这些被告人是被指控为罪犯的公民，国家与被告人的关系是国家与个人关系的一个缩影。我认为，每一个公民都是一个潜在的被告人。这并不是在每一个公民都有可能实施犯罪这个意义上说的，而是指每一个公民都有可能受到国家追诉机关的指控。在这个意义上说，保障刑事被告人的权利，实际上是在保障每一个公民的权利。李斯特曾经说，刑法不仅是善良公民的大宪章，而且应当是犯罪人的大宪章。就此引申，刑事诉讼法更应当是被告人的大宪章。那么，宪法呢？毫无疑问，宪法是犯罪人大宪章的大宪章。由此可见，只有从宪法意义上确认并保障刑事被告人的诉讼权利，才能使这些权利更为有效地得以实现。

---

[1] 参见［日］田口守一：《刑事诉讼法》，90页，北京，法律出版社，2000。

三

我国曾是一个具有封建专制传统的国家，在刑事诉讼活动中，被告人根本没有任何权利可言，而只是刑讯的客体。司法官通过对被告人的合法刑讯获取口供，以此作为定罪的根据。这种刑事诉讼活动的特征，被我国学者称为司法官员活动的纠问化，他们还指出：传统社会的一个基本特点在于国家权力极其强大而且缺乏外在监督，这体现到司法活动中，就必须导致司法的独断专横，使司法权力无限扩张且缺乏有力的监督。刑事诉讼中事实上表现司法机关与被告人之间的行政垂直关系。司法官员在诉讼中处于主导地位，具有极大的自由裁量权。他自始至终控制着诉讼活动，决定着对案件情况的曲直判断及证据的取舍等，完全处于单方面的司法进攻的地位。① 在这种情况下，被告人处于消极的被动地位，是刑事诉讼的客体。司法官员与被告人之间是一种隶属关系，或者说是主体与客体之间的关系。可以说，在中国封建专制社会，司法官员与被告人之间的这种隶属关系，正是当时社会里国家与个人之间关系的一种反映。在专制的国家里，正如孟德斯鸠所指出：绝无所谓调节、限制、和解、条件、等值、商谈、谏诤这些东西；完全没有相等的或更好的东西可以向人建议；人就是一个生物服从另一个发生意志的生物罢了。在那里，人们不得不把坏的遭遇归咎于命运之无常，也不得不表示对将来厄运的畏惧。在那里，人的命运和牲畜一样，就是本能、服从与惩罚。② 这是一个绝对服从的关系，在刑事诉讼中是没有任何权利可言的。

新中国成立以后，我国在相当长的一个时期内，实行的是计划经济体制。在这种体制下，国家对社会采取的是严密的控制，公民个人缺乏应有的权利和自由。至于被告人，被认为是专政对象，当然就更没有权利可言。乃至20世纪80年代以后，我国进入一个社会历史发展的新时期，开始从计划经济向市场经济转

---

① 参见左卫民：《刑事程序问题研究》，18页，北京，中国政法大学出版社，1999。
② 参见［法］孟德斯鸠：《论法的精神》，上册，27页，北京，商务印书馆，1961。

变，我国由此进入了一个走向权利的时代。当然，被告人的权利，由于权利主体的特殊性，在权利发展中，是滞后于其他权利的，在某种意义上，我们也可以将被告人权利的实现程度视为一个社会的权利保障程度的标志。

我国《刑事诉讼法》第 1 条就明文规定，刑事诉讼法是根据宪法制定的。在论及刑事诉讼法与宪法的关系时，我国学者指出：刑事诉讼法的所有规定，从指导思想、任务、基本原则到诉讼制度、程序，所有的具体规定，都必须符合宪法的有关规定，而不能同宪法规定的精神相抵触。否则，就要失去法律效力。刑事诉讼法是根据宪法制定的，刑事诉讼法的全部内容都体现了宪法的基本精神。[①]从宪法与刑事诉讼法相关规定的内容来看，主要涉及两个方面：一是对司法机关职权的规定，二是对于被告人权利的规定。在上述两者中，我们更为关注的是被告人权利的规定。从宪法规定来看，被告人的权利包括以下几项：（1）正当程序。《宪法》第 37 条规定，中华人民共和国公民的人身自由不受侵犯。任何公民，非经人民检察院批准或者人民法院决定，并由公安机关执行，不受逮捕。禁止非法拘禁和以其他方法非法剥夺或者限制公民的人身自由，禁止非法搜查公民的身体。《宪法》第 39 条规定，中华人民共和国公民的住宅不受侵犯。禁止非法搜查或者非法侵入公民的住宅。上述规定涉及不受非法逮捕的权利、不受非法拘禁的权利，不受非法搜查的权利等。这些规定设置了某种程序，以保证公民不受非法逮捕、非法拘禁、非法搜查。这实际上也就是赋予被告人只有经过合法程序才能被逮捕、被拘禁、被搜查的权利。（2）辩护权。《宪法》第 125 条规定，被告人有权获得辩护。这是宪法赋予被告人的重要的诉讼权利，也是宪法中唯一直接针对刑事诉讼中的被告人授权性条款。但我国宪法并不是将辩护权规定在公民权利一章，而是规定在国家机构一章。因此，立法者更为注重的是辩护权对于保障司法机关正确地审理刑事案件的重要性，而不是着眼于对被告人权益的保障。

从以上对宪法内容上的规范分析可以看出，我国宪法对于被告人诉讼权利的规定是存在缺陷的，没有在宪法上完整地确认被告人的权利。为克服这种缺陷，

---

① 参见程荣斌主编：《中国刑事诉讼法教程》，23 页，北京，中国人民大学出版社，1993。

我国宪法应当在以下三个方面对宪法关于被告人权利的规定加以完善。

(一) 无罪推定原则的入宪问题

在刑事诉讼法中，从古代专制社会的有罪推定到现代法治社会的无罪推定，这是一个历史性的进步。有罪推定是不能证明无罪就有罪，这种原则就成为刑讯制度的理论基础。而无罪推定是不能证明有罪就是无罪，它为保护被告人的合法权益提供了逻辑起点。在相当长的一个时间里，我国刑事诉讼学界基于实事求是的理念，在理论上对无罪推定持否定态度，同时，基于意识形态上的原因，在实践上将无罪推定视为禁忌。随着改革开放的发展，无罪推定在理论上的价值得到肯定，在意识形态上也被解禁。1996年修改刑事诉讼法时，我国学者明确提出应当在刑事诉讼法中确认无罪推定原则，认为无罪推定是现代文明国家以司法程序处理刑事案件时共同实行的一项重要原则，是各国公民依法享有的基本权利的一个重要方面。此次修改刑事诉讼法，应当将其明确写进新法典中，确认为我国刑事诉讼的一项基本原则。[①] 修正后的《刑事诉讼法》第12条作出了以下规定："未经人民法院依法判决，对任何人都不得确定有罪。"对于这一规定，我国刑事诉讼法学界一般称为未经法院依法判决不得确定有罪的原则，认为它只是解决了定罪权由法院依法行使的问题，从诉讼构造上来说，具有使侦查本位向审判本位转移的功能，但并不认为它就是无罪推定原则。例如，我国学者指出：无罪推定虽然有其合理因素和进步意义，但由于它把犯罪嫌疑人、被告人硬性推定为无罪，有其局限性，难以为司法实践所接受，既然推定是无罪的人，在刑事诉讼中又要对犯罪嫌疑人、被告人采取强制措施，这种冲突和矛盾的事实是无法解释的。我国规定"未经法院依法判决，不得确定任何人有罪"的原则，既最大限度地吸收了无罪推定理论的合理因素和进步意义，又避免了它本身存在的不可克服的局限性，是一种实事求是的哲学观。[②] 以上论述表明，我国学者对于无罪推定的认识还远远没有达到理性的程度。其实，对被告人推定为无罪和对被告人采取

[①] 参见陈光中、严端主编：《中华人民共和国刑事诉讼法修改建议稿与论证》，2版，108页，北京，中国方正出版社，1999。

[②] 参见程荣斌：《中国刑事诉讼法教程》，15页，北京，中国人民大学出版社，1997。

强制措施并不矛盾。推定无罪恰恰是为指控有罪提供逻辑起点,采取强制措施只不过是指控有罪的步骤而已。在某种意义上来说,无罪推定与实事求是也不是矛盾的,无罪推定只不过是实现实事求是的方法而已。从法律本文上来分析,我国《刑事诉讼法》第12条的规定与法治国家关于无罪推定的规定差别不大。基于无罪推定的规定,一般有正反两种模式。正面规定的典型是法国人权宣言:"任何人在其未被宣告为犯罪之前,应当被假定无罪。"反面规定的是意大利宪法:"被告人在最终定罪之前,不得被认为有罪。"我国《刑事诉讼法》第12条规定,类似于意大利宪法关于无罪推定的规定。当然,由于我国《刑事诉讼法》第43条规定犯罪嫌疑人对侦查人员的提问有如实回答的义务,这与无罪推定所包含的沉默权是相悖的。因此,从客观上来说,就用《刑事诉讼法》第12条不能认为已经完全确立了无罪推定原则。关键在于,对此我们是感到遗憾还是认为适当。在我看来,无罪推定是刑事司法的最低准则,也是法治社会的刑事诉讼法的内在生命,不仅在刑事诉讼法中应当完全确认无罪推定原则,而且应当将其入宪,上升为宪法原则。没有宪法关于无罪推定原则的确认,对被告人诉讼权利的保障就是缺乏宪法基础的。当然,无罪推定原则入宪是一个极为艰难的过程,需要司法观念上的进一步突破。尽管无罪推定原则入宪尚有待时日,但我认为这一目标还是可以期待的。

(二)刑事被告人诉讼权利的宪法确认

我国刑事诉讼法对被告人的诉讼权利作了规定,我国学者按照刑事被告人的诉讼权利的功能,将我国刑事被告人享有的法定诉讼权利分为以下三种:一是以维护刑事被告人的人身健康、自由等项实体权益为宗旨的各项诉讼权利;二是以辩护权为核心的各种诉讼权利;三是有关的救济诉讼权利。[①] 在宪法中,只有对辩护权的规定,而没有对其他诉讼权利的规定。我国学者指出:在宪法中无刑事诉讼中被告人权利的专门规定。被告人在诉讼中的各种权利是公民基本权利与人

---

① 参见夏勇主编:《走向权利的时代——中国公民权利发展研究》,464页,北京,中国政法大学出版社,2000。

身自由的重要组成部分,大部分国家的宪法都将被告人享有的权利一一列举,我国宪法亦应有所规定。① 我认为,这一见解是极为正确的。宪法是根本大法,只有在宪法中确认了刑事被告人的诉讼权利,刑事诉讼法中规定的刑事被告人的诉讼权利才有所本。我认为,宪法对刑事被告人的诉讼权利的确认,并不是一个形式问题,而是具有实质意义的。这种实质意义在于:将对刑事被告人诉讼权利的保护上升到宪法的高度,表明国家对刑事被告人诉讼权利的重视程度。更为重要的是,它为刑事诉讼法中确认刑事被告人的诉讼权利提供了宪法根据,据此可以对刑事诉讼立法与刑事诉讼活动进行违宪审查。

(三) 司法机关职权的宪法性限制

司法机关在刑事诉讼活动中行使各种职权,这种职权的滥用就会侵犯刑事被告人的人权。为此,在宪法上应当对司法机关在刑事诉讼中的职权加以有效的限制。我国宪法在国家机构一章中对人民法院和人民检察院作了规定,确认人民法院的审判权和人民检察院的检察权,并且在第135条规定:"人民法院、人民检察院和公安机关办理刑事案件,应当分工负责,互相配合,互相制约,以保证准确有效地执行法律。"这一规定,主要涉及公、检、法机关在刑事诉讼活动中互相制约的内容,具有一定的限权性,但仅此还是不够的。由于公、检、法三机关的职权主要规定在刑事诉讼法中,而在宪法中又未对此作出限制性的一般规定,因而我国司法机关在刑事诉讼中的职权是缺乏应有限制的。现以判决前羁押为例。判决前羁押,又称为审前羁押,是指刑事诉讼中的专门机关对涉嫌犯罪者在法庭审判前予以关押的一种暂时剥夺其人身自由的强制措施,包括审前拘留、逮捕等。由于判决前羁押涉及对犯罪嫌疑人的人身权利的剥夺,这种羁押权一旦滥用将会侵犯人权。因此,各国宪法一般都在宪法上对这种羁押权作了限制性的规定。例如,英国1679年的《人身保护法》,规定了被羁押者可以向法官申请人身保护令,可以要求被保释。对于依人身保护令而被释放者以及被保释者不得以同一原因再次被羁押,故意违反者,将被科处罚金。《人身保护法》除建立了人身

---

① 参见左卫民:《刑事程序问题研究》,56页,北京,中国政法大学出版社,1999。

保护令状制度和保释制度外，还规定了司法救济，对于遭受错误羁押的人给予经济补偿。在有关的国际公文中也确认了对羁押提出异议的权利。所有被羁押者，无论他们是受到刑事指控被拘禁，还是受到某种形式的行政拘留，都有权启动法律程序，向司法机关对羁押的合法性提出异议，如果这种羁押被发现是非法的，被羁押者应被释放。这个权利也被规定在《公民权利和政治权利国际公约》第10条第4款，并且在《保护羁押或监禁人的原则》第32条中得以再次重申。这一程序的典型范例是人身保护令状（habeas corpus）和人身保护程序（amparo proceedings）。我国宪法虽然规定了任何公民非经人民法院决定或者人民检察院批准，不受逮捕，但司法机关享有几乎不受限制的判决前羁押权，尤其是没有授予刑事被告人对羁押的合法性和合理性提出异议的权利。作为控方的公安机关可以自行决定对犯罪嫌疑人刑事拘留达30天之久；检察机关可以从自行决定或者批准逮捕犯罪嫌疑人。可以说，在判决前羁押上，是缺乏司法审查程序的，因而难以对羁押权实行有效的控制。在这种情况下，超期羁押极为普遍，刑讯逼供屡禁不止。为此，我国学者指出，在进一步的改革中应逐步探讨在侦查和起诉机关，或者说在拘留和逮捕的执行机关以外建立监督机制。例如，由人民法院对拘留和逮捕的合法性进行最后审查，并由其决定对犯罪嫌疑人是否继续羁押，或采取其他的强制措施。① 我认为，这一构想是可取的，应当在宪法中规定对审判前羁押的司法审查程序。只有这样，才能确定刑事被告人的人身权利不受非法侵犯。

（本文原载陈兴良主编：《刑事法评论》，第9卷，北京，中国政法大学出版社，2001）

---

① 参见陈光中、[加] 丹尼尔·普瑞方廷主编：《联合国刑事司法准则与中国刑事法制》，205页，北京，法律出版社，1998。

诉讼结构的重塑与司法体制的改革

我国传统的诉讼结构是由公、检、法三机关的互相配合、互相制约构成的,这是一种"线性结构",被形象地比喻为三道工序。俗话说,任何比喻都是蹩脚的。但公、检、法三道工序的比喻不能只是以蹩脚论之,这个比喻蕴涵着丰富的司法理念的内容。三道工序,就其设计的主观意愿而言,有防止错案发生之堵截功能。但由于在这三道工序的结构中,被告人只是消极的司法客体,是司法流水线上的"物件",在诉讼中没有其应有的权利与地位。所以,这种诉讼结构被深深地打上了专政的司法理念的烙印。在这种司法理念指导下,惩治犯罪、保护社会是首要任务,因而公安是与犯罪作斗争的最前线,公安往往把惩治犯罪作为维护社会治安程序的主要的(如果不是唯一的话)手段。因而,公安作为第一道工序,其入口的大小在很大程度上不是取决于法律规定,而是取决于维护社会治安的需要。检察机关作为第二道工序,虽然在批捕环节上有不捕权,在起诉环节上有不诉权,但受到惩治犯罪的专政职能的压力,很难严格依法把关。尤其是批捕与起诉脱节,随着批捕条件的放宽和起诉条件的把严,两者形成强烈反差。而公安在批捕以后移送起诉以前这个阶段基本上不受制约,甚至把批捕当成侦查的终结而不是侦查的开始或延续。在审查起诉阶段,检察官只有两次退补机会,而补

充侦查的质量普遍不高。在这种情况下，很难指望在审查起诉阶段提高案件质量。因而，强行起诉在所难免。这样，检察机关将刑事案件向最后一道工序——法院移送。在法院审理中，虽有律师介入，但律师作用有限，法院在很大程度上受到公安、检察方面司法惯性的挤压作用，因而定罪率相当之高，在严格依照法律定罪量刑上，就难免大打折扣。由此可见，在这种诉讼程序中，罪刑法定原则难以得到有力的贯彻，被告人的合法权益难以得到切实的保护。在这种诉讼程序中，就公、检、法三机关的地位而言，公安的老大地位难以动摇，而检察的力度、审判的独立难以保证。

在我国现行司法体制中，公安机关具有行政机关与司法机关的双重性质：就行政职能而言，主要是社会的治安管理，就司法职能而言，主要是刑事案件（除少量经济犯罪案件由检察机关自侦以外）的侦查。在这两种职能中，治安管理是目的，刑事侦查成为手段，因而公安机关内部的治安管理职能对刑事侦查职能形成强大的压力与牵制。在这种体制下，综合治理难以落实到位，"严打"成为法宝。笔者认为，公安机关的行政职能与司法职能应当分离，这就是治安警察与刑事司法警察的分立，将刑事司法警察从公安机关中剥离出来，按照检警一体化的原则，受检察机关节制。

检警一体化是指为有利于检察官行使控诉职能，检察官有权指挥刑事警察对案件进行侦查，警察机关在理论上只被看作是检察机关的辅助机关，无权对案件作出实体性处理。这种警检一体化的侦查体制赋予检察官主导侦查的权力，为其履行控诉职能打下了良好的基础。这种检警一体化原则中的检警关系，完全不同于公检法三道工序的结构中的公安、检察关系。在三道工序中，公检之间是互相配合、互相制约的关系，导致检察机关对公安的侦查在理论上有监督权，但实际上除了批捕这样的职能活动以外，其他监督根本就谈不上。而且，法律还赋予公安机关对检察机关的制约权，这实际上是一种反监督权，例如对不捕、不诉案件的复议等。而在检警一体的制度中，检察官对于刑事司法警察的侦查活动具有主导权，这种主导权实际上是指挥支配权，警察处于受支配的地位。检察官根据庭审控诉犯罪的需要，指导警察搜集证据，对于没有证据或者证据不足的案件及时

予以撤销。在这种情况下，刑事司法警察的侦查活动不再受公安机关的治安管理职能的主导，惩治犯罪不再是治安管理的主要手段。检警一体化打破了以往公检是两道工序的关系，使之成为一个强有力的控方整体。那么，检警一体削弱了公检两机关之间的制约，使之一体化，是否会对被告人形成更为强大的压力，使被告人的合法权利得不到有效保障呢？回答是否定的，关键在于要有控辩平衡、法官独立这样一些制度的配合，将公检法三道工序的线性结构改造成为控辩双方对等、法官居中裁判这样一个三角形结构。

检警一体化加强了控诉犯罪的力度，但与此同时还要处理好检察机关内部的职能部门之间的关系。对于自侦部门（反贪局）与起诉的关系，应当比照检警一体化的做法。对于批捕与起诉的关系也要很好地协调。笔者认为，批捕应当达到最低限度的起诉条件，否则不应逮捕。在检警一体化的体制下，批捕不是办一个手续，而是直接介入案件侦查，对案件进行审查判断的结果。为了有效地指控犯罪，笔者还提出检控检察官分离制度。这一做法在目前司法体制下可行，不妨先搞试点。但从长远来看，纳入检警一体化的体制中，检控检察官分离制度还要进行更大的调整。检控检察官的分离，是指将现在起诉部门的工作人员分为主控检察官、检察事务官和检察书记官，由此建立刑事检控制度，设置一种以庭审公诉为中心（或曰龙头），以起诉制约侦查的合理系统，从而理顺诉侦关系，使之与控辩对抗庭审协同。检控检察官分离制度是检警一体化原则在检察机关内部的反映。主控检察官与检察事务官具有不同的分工：检察事务官主要面对侦查，对侦查起到强有力的制约；主控检察官主要面对法庭，在庭审中形成与辩方的强有力的对抗。

这里需要重点说一下现在公诉人在法庭上的表现。从现在的情况看，公诉人的表现令人不满，沉默寡言的公诉人与口若悬河的辩护人形成鲜明的对照。那么，难道律师个个都能言善辩，而公诉人个个都笨嘴拙舌吗？非也，此乃制度使然。律师作为受聘的辩护人，其义务在于依法维护被告人的合法权益，其职业动力十分强大。而且，除了法庭审理以外，律师没有其他机会与场合（私下与法官交换意见，甚至个别与法官的"勾兑"当然存在）展示自己的工作成果。换言

之，律师所做的一切工作都只能在法庭上显示出来。因此，尽管现在还存在"你辩你的，我判我的"这种现象，刑事辩护意见的采纳率相当之低，但律师仍然在法庭上滔滔不绝地发表辩护意见。因此，这里存在一个制度主导的问题。反观检察官，并非没有辩才，没有口才，而是制度塑造了"不讲理"的公诉人形象。这里的"不讲理"，并非无理可讲，而是不用讲理因而懒得讲理。以往，一切犯罪事实与证据都在案卷中明白无误地记载着，只要移送案卷，法官就可获得对犯罪的确证。在这种情况下，庭审没有实质的意义。既然公诉人不用讲理也能胜诉（定罪），那又何必多费口舌去讲理呢？因此，检察官的工作重心在庭前书面审理，出庭只是走一个形式。这种诉讼制度对于公诉人的抗辩没有激励作用。这里存在一个观念问题：到底什么是犯罪？我认为，只有在以下三个特征同时具备的情形下才是犯罪：首先，只有法律规定的才是犯罪，法律没有规定的就不是犯罪，这是刑法意义上的犯罪概念。根据罪刑法定原则，如果法律没有规定，即使行为的社会危害性再大，也不是犯罪。其次，只有有证据证明的才是犯罪，没有证据证明的就不是犯罪，这是证据意义上的犯罪概念。在许多情况下，某一犯罪确实（内心确信）是某人实施的，但只要没有确凿证据证明，就不能认为是犯罪。最后，也是十分重要的一点，就是只有经庭审确认的才是犯罪，没有经过庭审确认的就不是犯罪，这是程序意义上的犯罪概念。如果说，刑法意义上与证据意义上的犯罪概念我们多少还能认同一些的话，那么程序意义上的犯罪概念接受起来要困难得多。因为，长期以来，由于重实体（真相）、轻程序（正义）的思想支配，很难想象一个证据确凿的犯罪案件只因在法庭上没有把证据充分展示出来，没有把法理说透或者因为程序违法就可以作出无罪判决。我认为，在严格的起诉书一本主义的制度下，案卷里有罪与法律上有罪是两个不同的概念。法官不看案卷，不知案卷里有什么材料，一切证据都应当在法庭上经过质证、认证才能有效，一切法理都应在法庭上进行详尽的阐述，构成犯罪的理由都应在法庭上进行周密的论证。如果案卷里有罪，但这种有罪的证据没有在法庭上充分展示，有罪的道理没有在法庭上充分说透，法官完全可以作出无罪判决。唯有如此，才能真正实现程序正义。只有在这种体制下，检察官才能像律师一样，决战在法庭，

而不是功夫在庭前。当然,我国现行的庭审方式与起诉书一本主义还有相当的距离。但1996年修改后的刑事诉讼法对庭审方式进行了改革,在庭审实质化方面迈出了重要的一步。抗辩制的形成对检察官既是压力也是动力,既是挑战也是机遇。说是压力和挑战,是因为长期以来形式化的庭审体制使检察官的辩论功能衰退了、萎缩了,马上适应激烈的对抗制还有很大的困难。说是动力与机遇,是因为抗辩机制促使检察官在法庭上积极表现,积极表现成为公诉人胜诉的保证,从而也为检察官在法庭上一展风采提供了广阔的舞台。因此,主控检察官的设置,就是为了从人员素质上保证在法庭上的指控水平。应当吸收一些高学历、高学位的人才,培养专家型的主控检察官,他们不仅要有很强的法律业务水平,还要有很强的辩论说理能力。当这样一批主控检察官脱颖而出的时候,法庭上控辩双方才能势均力敌,棋逢对手,庭审才具有实质上的意义。

检察官和辩护人,也就是控辩双方,在诉讼上具有天然的对立性。律师制度之设立,是要为被告人提供法律上的援助,使其能够对抗国家对他的犯罪指控,以维护本人的合法权益。因此,律师辩护的必要性与合理性都是不言而喻的。那么,控辩之间应当是一种什么关系呢?我认为在法律上,主要是指在诉讼地位上控辩之间是一种平等的关系。由于以往在我国三道工序的诉讼结构中,控辩的平等是不存在的,控审的分离也是不彻底的,因而,现在出现一种提法,叫做"检察官当事人化"。我认为,这种提法并不意味着矮化检察官或贬低检察官,而只是呼吁控辩双方在诉讼法律地位上平等的另外一种表述。尽管检察官是代表国家出庭支持公诉,但这并不意味着检察官具有高于辩护人的法律特权。为了平衡控辩关系,有些国家甚至强化律师的权利,使之能够与强大的控方抗衡。没有真正意义上的控辩均衡,律师辩护只能是法庭上的摆设,被告人的合法权益就得不到有效保障。

控辩均衡必然带来检法两家关系的重大变化。在现行的司法体制下,检察院有审判监督权,尽管在法庭上不能直接监督,也尽管这种监督实际上只停留在法律上,很难真正落实,但检法同属司法机关,是刑事诉讼中的两道工序,双方是线性关系,即是法律上的平等关系,只是分工不同而已。而随着检察官的当事人

化，必然打破检察院与法院之间原有的平等关系，检察院的地位似乎降格到了当事人，因而无法履行其对法院的监督职能。检察院是否应对审判进行监督以及如何监督，这不是本文所要探讨的问题。在此我只是想说明：检察官的当事人化，即控辩平等的形成，将使法官真正能够获得独立与超脱，成为刑事案件的裁判者。在这种情况下，某些传统的观念需要打破。我认为，法院并非是与检察院同一性质的机构。犯罪，就其实质意义而言，是个人与国家（由检警代表）之间的一场纠纷。这里的国家，在很大程度上是指政府，因而在大陆法系各国的司法体制中检察机关大多附属于行政机关，同时又有很强的独立性，但并无司法机关之属性。因此，法院的超然地位是其居中裁判的性质所决定的。法院的独立，不仅是指控审的分立，而且也是指法院对于国家或曰政府的超然。这种审判权的行使，不屈从于任何权力，只服从法律。在这种情况下，罪刑法定和无罪推定才成为可能。也只有在这种情况下，法院的裁断（主要是指通过庭审的确认），才具有了终极的意义。尽管控辩双方各有抗诉权与上诉权，但法院的判决一经生效，其法律拘束力就自然产生，任何人不得挑战。由于法官是严格根据法律规定认定犯罪，并依照法律规定裁量刑罚的，控辩双方也只能依照法律与事实履行各自的控诉职能与辩护职能。在这种情况下，庭审成为龙头，检察、侦查都是为庭审胜诉服务的，庭审具有实质意义。也只有在这种情况下，检警一体、共同成为控方才具有了现实合理性。

　　以诉讼结构为中心的司法体制改革关系到我国社会主义法治的实现，这里观念的转变是十分重要的，我国的民主与法治发展到今天这个水平，以往那种把公检法三机关简单地看成是专政机关，把惩治犯罪片面地看成是专政职能的思维定式确乎要改变。唯有如此，司法体制的改革才能提到议事日程上来。也只有在司法体制改革的大背景下，公检法的职能定位与诉讼结构的重塑才能成为现实。

（本文原载《人民检察》，1999（1））

限权与分权：刑事法治视野中的警察权

对于任何一个社会来说，警察职能都是不可或缺的，它是国家职能的重要组成部分。然而，警察权在一个社会中的实际运作状态，却在相当程度上标志着这个社会法治文明的发展水平。因为，警察权力与公民权利在一定条件下成反比例关系，即警察权的扩大意味着公民权的缩小，警察权的滥用往往使公民权化为乌有。由此可见，这里存在一个警察权的悖论：一定限度内的警察权是为保障公民权所必需的，而超出这种限度的警察权，则有侵夺公民权之虞。因此，如何勘定警察权的边界，就成为一个重大问题。

一

论及警察权，首先有必要讨论警察一词。在我国，警察是指某人员而非机关，机关称为公安机关（还包括安全机关）。在相当一个时期内，警察被视为旧法术语而被弃用，改称公安人员。及至 20 世纪 80 年代以后，警察一词才在我国法律上复活。例如，1957 年我国颁布了《中华人民共和国人民警察条例》，但此后，尤其是在"文化大革命"时期，警察一词在社会生活中消失，直至 1980 年

《人民警察使用武器和警械的规定》颁布，警察的用法才逐渐恢复。1995年颁布的《中华人民共和国人民警察法》正式确立了警察的法律地位。但作为机关，我国一直沿用公安机关这一称谓，而未称警察机关。在大陆法系国家，警察与警察机关是通行的称谓。法国学者指出，"police"一词在实际使用中有各种不同的含义。例如，当我们说，"警察部门"（services de police）执行"警察领导机关"（autorité de police，警察权力机关、警察当局）依据它们"维护治安的权利"（pouvoir de police）而作出的决定，这时我们就可以看出这些含义的差别。从广义上理解，"police"（治安）一词包括公共权力机关强制要求公民遵守的全部规则。所以，"维护治安的权力"（pouvoir de police）就是强制实施这些规则的权力。这一意义上的 police 便囊括了法律的各个分支。从狭义上并且限于从行政法的范围内理解，"police"（公安）一词指"通过总体的或个别的途径，采取某些特定的适当措施，以确保公共安宁、安全与公共卫生为目的的活动"。"公安领导机关"（autorités police）是经授权行使这方面职权的行政领导机关（autorités administratives）。在日常语言中，"police"（警察）一词则仅指"保证执行警察领导机关为实现上述基本目的，决定采取的一般的或个别的指令以及适当措施为职责的全体公务人员"[1]。由此可见，在法国，警察既指人员又指机关。由于警察一词是在人员与机关双重意义上使用的，因此，警察权既指作为执行警务活动的人员的权力，也指作为警察机关的权力。在更多的时候，是在后者的意义上使用的。例如，我国学者指出：警察权是指由国家宪法、法律赋予警察机关执行警察法规范，实施警务活动的权力[2]。在这一定义中，将警察权的主体界定为警察机关，我认为是有一定道理的。当然，对于警察权的内容，在学理上还是存在分歧的。例如，我国学者认为，警察权有广义、狭义之分。广义的警察权是指国家赋予公安机关的一切权力，包括履行警察刑事职能和行政管理职能中所运用的一切权力。狭义的警察权，仅指国家赋予公安机关在进行公安行政管理过程中所运

---

[1] [法]卡斯东·斯特法尼等著，罗结珍译：《法国刑事诉讼法精义》（上），302页，北京，中国政法大学出版社，1998。

[2] 参见惠生武：《警察法论纲》，127页，北京，中国政法大学出版社，2000。

用的权力,即警察行政权。① 我认为,警察权是警察行政职权与警察刑事职权的统一。

警察权存在的正当根据在于维护社会治安,这是毫无疑问的。从历史发展来看,警察的这种社会职能存在一个演变过程。警察,其词源可追溯至雅典语和拉丁语,当时一般是指宪法或者有秩序的共同社会的意思。其后,在中世纪的法国,与封建领主的统治权相联系,为了公共秩序和福利而承认了作为特别统治权的警察权。进而,16世纪以后,警察一词被用来表示一切国家行政,人们开始称依公权力维持一般社会秩序这件事本身为警察。随着时代的发展,国家作用的内容不断扩大,同时也不断分化,司法、外交、军政以及财政等,从警察中分离出去。在近代国家中,警察只意味着与社会公共福利及维持秩序有直接联系的内务行政。其后,内务行政范围逐步扩大,在警察国家、绝对主义国家中,发挥了巨大的作用。进入18世纪以后,随着法治国家思想的展开,自然法思想得以普及和深入人心,对人权的尊重得以强调,警察才被限定为以保护个人的权利和维持治安为目的。② 由此可见,警察职能是随着社会发展,尤其是随着国家的演变而不断地变化的。警察从一般统治权的概念,到以维护社会治安为职责的特别统治权的概念,变化是十分巨大的。总体来看,警察越来越变成一个职业化、专门化的概念,从而与社会治安有了密切的联系。这里所谓社会治安意味着社会的秩序与安全。当然,这种秩序与安全是以牺牲公民个人的自由与权利为代价的,因而必须建立在法治的基础之上。对此,法国学者指出:治安的概念是一个相当模糊的概念。然而,尽管它被赋予不同的定义,人们似乎仍一致认为:治安包含着来自权力机关的法令,该法令以一种预防的方式来限制个人活动的自由发展。③ 由于警察权的行使涉及对公民个人自由与权利的限制,因此,警察权的行使必须遵守一定的原则。这种原则包括以下内容。

---

① 参见高文英、严明:《警察法学教程》,12页,北京,警察教育出版社,1999。
② 参见杨建顺:《日本行政法通论》,302页,北京,中国法制出版社,1998。
③ 参见[法]莱昂·狄骥著,王文利译:《宪法学教程》,87页,沈阳,辽海出版社、春风出版社,1999。

（一）警察公共原则

警察公共原则是指警察权行使具有一定的边界，这就是以维护公共秩序为必要，除此以外，警察权不得干涉。日本学者指出：警察公共原则又包括三项原则，即不可侵犯私人生活原则、不可侵犯私人住所原则以及不干涉民事原则。[①] 由此可见，只有出于公共需要，才能行使警察权，而对于私人领域，警察权不得介入，这是警察权行使的首要原则。在理解警察公共原则的时候，关键在于如何区分公共领域与私人领域。黑格尔曾经论述警察在市民社会中的作用，这里的警察，原文为 Polizei，在黑格尔的用语中，指广义的内务行政而言，除了军事、外交、财政以外，其他一般内政都包括在内。黑格尔指出，犯罪是作为恶的任性的那种偶然性，普遍权力必须防止它或把它送交法院处理。除了犯罪以外，在本身合法的行动方面和在所有物的私人使用方面被容许的任性，也跟其他个别的人以及跟法院以外实现共同目的的其他公共机关发生外在联系。通过这一普遍的方面，私人行动就成为一种偶然性，这种偶然性越出主体权力控制之外，而对别人造成或可能造成损害或不法。这诚然只是一种损害的可能性，但结果竟于事丝毫无损，这一点却不能同样作为一种偶然性。问题是这些行为含有不法的方面，从而是警察监督和刑事审判的最后根据。[②] 根据黑格尔的观点，警察权的使命在于消除阻挠任何一个目的的偶然性，维持一种外部秩序。当然，警察权也会扩张，如同黑格尔所说，当反思极为发达时，警察会采取一种方针，把一切可能的事物都圈到它的范围内来，因为在一切事物中，都可找到一种关系使事物成为有害的。在这种情况下，警察可能在工作上吹毛求疵，干扰个人的日常生活。尽管这是多么惹厌，然而毕竟无法划出一条客观的界线来。看来，黑格尔的观点是悲观的，似乎公共领域与私人领域没有一条截然可分的界线。

我认为，尽管公共领域与私人领域的区分是相对的，但仍然是可以区分的，这种区分应当由法律加以规定。这里涉及个人自由与限制的关系：个人自由是目

[①] 参见 [日] 田口守一著，刘迪等译：《刑事诉讼法》，37 页，北京，法律出版社，2000。
[②] 参见 [德] 黑格尔著，范扬、张企泰译：《法哲学原理》，28 页，北京，商务印书馆，1961。

的，限制自由是为了更好地实现自由。1789年法国《人权宣言》第4条规定："自由就是指有权从事一切无害于他人的行为。因此人的自然权利的行使，只以保证社会上其他成员能享有同样权利为限制。此等限制仅能由法律规定之。"法国学者在解释这一规定时指出：这些为使社会生活成为可能而对个人自由进行的限制，只能由法律来确定（1789年《人权宣言》第4条）。这意味着，首先，这些限制只能由负责制定法律的专门机构进行确定；其次，这些限制的确立只能通过整体的抽象的方式来决定，不考虑诉讼事件和个人，而并不依据为某个确定的个人或事件作出的个别的、具体的决定来限定；最后，这些基于整体利益而施加在每个人的个人自由之上的限制对所有人都应该是一视同仁的，这正是平等原则所得出的直接结果。① 通过法律限制公民个人的自由和权利，由此使警察权获得了存在的根据。因而，警察权的行使也应当严格地以法律规定为界限。在这个意义上说，公民个人权利与警察权之间存在一种对应关系。但在逻辑上，对于公民来说只要法律没有禁止的，都是可以做的。所以，公民的权利既包括法定的权利，也包括非法定的权利。而对于警察机关来说，只要法律没有规定的，都是不能做的。所以，警察权只能表现为法律规定的职权，法律规定就是警察权的边界，不得逾越。就警察权与警察职权的关系而言，我国学者指出：这是两个有着密切关联但又不完全等同的概念。警察权是警察机关依法进行警务活动的权力，是各种警察职权的集合体；警察职权则是具体警察机关所拥有的权力，它与警察机关的法律层级地位、职责和任务相适应，是警察机关实施警务活动的资格和权能，也是警察权的具体配置和转化形式。② 我认为，警察权与警察职权是抽象与具体的关系。警察职权是警察权的具体表现，是由各种法律明文规定的。因此，警察权的行使必然以一定的法律为根据。正是这种法律规定，体现了对警察权的限制，从而保证警察权的公共性。

---

① 参见[法]莱昂·狄骥著，王文利译：《宪法学教程》，181页，沈阳，辽海出版社、春风文艺出版社，1999。

② 参见惠生武：《警察法论纲》，128页，北京，中国政法大学出版社，2000。

(二) 警察责任原则

警察责任原则是指只对负有责任者行使警察功能。① 警察责任原则是由警察权的性质所决定的，警察权的使命在于维持公共秩序，这种公共秩序主要是人们在社会生活中自发地形成的，而不是纯人为地建构的。因此，只有在这种公共秩序遭受破坏的情况下，才有动用警察权之必要。警察责任原则意味着，只有对于那些破坏公共秩序进行违法犯罪活动的责任者，为维护法律实施，维持公共秩序，才能对其行使警察权。警察责任原则将警察权行使范围限制为责任者，对于非责任者不能行使警察权，我认为是完全正确的。如果对非责任者行使警察权，就是警察权的滥用，这是法治社会所绝对不允许的。在警察权中，有相当一部分是处罚权，主要是行政处罚权。这种处罚权是一种派生权，具有第二性，也可以说是救济权，它是以存在违法行为为前提的，只有对于那些违法行为，才能予以处罚。因此，警察责任原则是对警察权，尤其是对处罚权发动的限制。

(三) 警察比例原则

警察比例原则是指警察功能仅止于维持公共秩序必要的最低限度。其条件与状态，与秩序违反行为产生的障碍应成比例。② 警察权的设置与行使，目的都是维护社会秩序和公共安全，因此，警察权限应当与此形成比例关系，即维护的公共利益越是重大，赋予警察的权限也应当相应地大一些，反之亦然。尤其是在警察处罚权的行使中，要使处罚程度与违法程度相适应，两者应成比例。我国有关法律对于警察处罚的规定，都有一定的幅度，在此幅度之内，警察享有自由裁量权。自由裁量权的行使，应当使处罚程度与违法程度相适应。唯有如此，才能做到公正。

(四) 警察程序原则

警察程序原则是指警察权的行使应当严格按照法定的程序。警察权的行使，涉及对公民个人自由与权利的限制，因此，只有经过法定程序才能保证警察权行

---

① 参见〔日〕田口守一著，刘迪等译：《刑事诉讼法》，37 页，北京，法律出版社，2000。
② 参见〔日〕田口守一著，刘迪等译：《刑事诉讼法》，37 页，北京，法律出版社，2000。

使的正当性。我国学者指出：警察机关必须依照法定程序行使警察权，不得违反法定程序。实施具体警察职权，应符合与其相应的程序要求，如审查、审议、传唤、讯问、取证、裁决等，要按照法定程序的一般要求，如说明理由，表明身份等。除了应当遵守警察机关内部关于行使权力的程序制度外，如审批制度、证明文件制度等，还应遵循行使权力时的法定程序，如调查、取证、告诫、询问、裁决、执行等程序的规定，并且对警察权的行使实行监督、申诉、复议、诉讼等制约制度。这不仅有利于保障相对人的合法权益，也有助于警察机关正确地行使权力。[1] 可以说，法定程序是对警察权行使的一种法律限制，为防止警察权滥用与扩张，应当将警察权纳入程序的轨道。

二

警察机关，在世界各国一般均分为行政警察与司法警察。例如，日本学者指出：警察活动，大体分为行政警察活动和司法警察活动。[2] 由此可见，行政警察活动与司法警察活动具有性质上的差别。法国学者在论及这种差别时指出：警察部门的作用，从总体上说，主要是保障具有治安性目标的立法、条例与个人签署的规章得到遵守。行政警察与司法警察两者都为此作出努力，但是两者是通过不同的途径作出这种努力的。法国学者指出：行政警察所作的努力集中在预防犯罪方面。对于行政警察而言，就是要防止社会秩序受到扰乱，并且在必要情况下，尽可能地恢复受到扰乱的秩序。行政警察应当通过现场指挥，以其指令，并且在必要时，以其行动，让人们遵守法律与条例、规章，同时尊重人们的自由。但是，在行政警察的这一作用并未完全实现，社会秩序实际受到扰乱，行政警察只能通过其权力范围内的手段部分恢复受到扰乱的秩序时，如果有人实行了某种犯罪，这时就有必要查找谁是犯罪行为人，以便对他们提起公诉。这种调查职能已

---

[1] 参见惠生武：《警察权论纲》，144页，北京，中国政法大学出版社，2000。
[2] 参见[日]田口守一著，刘迪等译：《刑事诉讼法》，40页，北京，法律出版社，2000。

不再属于预防性质,而属于制裁性质(或者更确切地说,具有对制裁给予合作的性质)。这一调查职责(fonction d investigation)是司法警察应当履行的职责,它明显不同于行政警察的职责。① 法国学者以预防犯罪与制裁犯罪作为行政警察与司法警察的职责划分,我认为大体上是准确的。司法警察和行政警察不仅职责不同,而且行使权力的法律根据也是有所不同的。司法警察是指进行犯罪的搜查、嫌疑人的逮捕等活动,这本来是刑事司法权的作用,适用刑事诉讼法。与此相对,作为行政作用的一部分,为了行政上的目的而进行有关活动的警察称为行政警察,适用各种各样的行政法规。② 因此,行政警察主要使命在于维护治安,司法警察主要使命在于侦破犯罪。治安与犯罪,两者既有关联又有区别。犯罪状态是治安好坏的一个十分重要的指数。因此,惩治犯罪有助于治安的维护。但治安又有其自身的特点,它还取决于一般的社会秩序。由此可见,行政警察与司法警察的职能既有联系与衔接,又有区别。正是这种区别性,成为行政警察与司法警察分立的主要根据。

我国公安机关是警察机关,除国家安全机关以外,绝大部分警察权都由公安机关行使。尽管警察在组织上没有划分为行政警察与司法警察,但在警察职权上,仍然可以划分为警察行政职权与警察刑事职权。警察行政职权是指国家依法赋予警察机关及警务人员在进行警察行政管理过程中,为履行警察职责行使的权力。警察刑事职权是指国家通过法律赋予警察机关及其警务人员,在履行警察刑事职能的过程中实施的有关刑事犯罪对策方面的职权。③ 在我国,警察的这两种职权是由同一个机关行使的,即统一由公安机关行使,只不过在公安机关内部存在部门上的划分而已。因此,在我国没有通常意义上的行政警察与司法警察的分设。尤其是在我国法律上,司法警察是一个警种,指在审判、检察机关的警察组

---

① 参见[法]卡斯东·斯特法尼等著,罗结珍译:《法国刑事诉讼法精义》(上),304页,北京,中国政法大学出版社,1998。
② 参见杨建顺:《日本行政法学通论》,303页,北京,中国政法出版社,1998。
③ 参见[法]卡斯东·斯特法尼等著,罗结珍译:《法国刑事诉讼法精义》(上),146、168页,北京,中国政法大学出版社,1998。

织中从事司法诉讼事务活动的警务人员。这个意义上的司法警察与外国的司法警察是两个完全不同的概念，相当于外国的司法警察的是刑事警察，即从事刑事犯罪侦查、预审、执行刑罚的警察。从我国公安机关的设置来看，警察权的设置与行使具有以下三个特征：

第一，垄断性。我国警察权主要由公安机关集中统一行使，形成一种高度垄断的警察体制。我国警察机关除一般警察机关以外，还有专业警察机关，专业警察机关建立在铁路、交通、民航、林业、海关等行业中，但在业务上受中央警察机关垂直领导，不受地方警察机关辖制。在这种行业性的警察机关中，随着这些行业的企业化，形成企业办警察的现象，其不合理性日益明显。但这些专业警察机关由于受到中央警察机关的垂直领导，因而并没有削弱警察权的垄断性。

第二，广泛性。我国公安机关行使的警察权极为广泛，涉及社会生活的各个方面。以警察行政职权而论，包括以下权力：（1）治安管理权，即维护社会治安秩序，进行治安管理的职权。治安管理权通常由公安机关的治安管理部门行使。（2）道路交通管理权，即维护交通安全和交通秩序，处理交通事故的职权。道路交通管理包括对车辆的管理、对道路的管理、对驾驶人员的管理、对乘客和行人的管理等。道路交通管理权通常由公安交通管理部门行使。（3）消防监督权，即为保护公共财产和公民生命、财产的安全，依法进行火灾预防、补救以及对防火安全进行检查、督促、审查、鉴定、检验的职权。消防监督权通常由消防管理部门行使。（4）户政管理权，即对本辖区内居住的全部人口进行登记造册，实施经常性管理的职权。户政管理权通常由户政管理部门行使。（5）出入境管理权，即对本国公民的出、入境和外国人的出、入境以及居留进行审查、批准、监督的职权。出入境管理权通常由出入境管理部门负责。上述警察行政职权涉及广泛的社会生活领域，警察行政管理的范围是十分宽泛的。以警察刑事职权而论，包括以下主要权力：（1）侦查权，即警察机关为收集证据，审查证据，揭露犯罪，查缉犯罪嫌疑人而进行专门调查取证的职权。（2）刑事强制权，即警察机关为保证刑事诉讼活动的进行，防止犯罪嫌疑人、刑事被告人和罪犯逃避侦查、审判和监管，依法对上述人员采取限制人身自由措施的职权。（3）刑罚执行权，即警察机

关依法将已经发生法律效力的刑事判决、裁定所确定的刑罚内容,付诸实施的权力。根据我国法律规定,监禁刑由监狱机关执行,管制、剥夺政治权利、缓刑等由公安机关执行。在刑事司法活动中,我国公安机关也享有广泛的警察权,表现为控制犯罪的权力安排。

第三,重大性。我国公安机关不仅行使着广泛的警察权,而且警察权涉及对公民的自由、权利、财产的限制乃至剥夺,这是一种十分重大的权力。这些重大权力主要包括以下几种:(1)行政拘留权,指对于违反治安管理处罚条例的行为,公安机关依法在短期内剥夺其人身自由的权力。行政拘留的期限,法律规定为1日以上、15日以下;如果一人实施两种以上违法行为,都被处以行政拘留的,则合并执行期限可以超过15日。(2)刑事拘留权,指对应当逮捕的犯罪嫌疑人,公安机关在法定的紧急情况下,依法剥夺其人身自由的权力。按照法律规定,公安机关在有下列情形之一时,可先行拘留:1)正在预备犯罪、实行犯罪或者在犯罪后及时被发觉的;2)被害人或者在场目睹的人指认犯罪的;3)在身边或者住所处发现有犯罪证据的;4)犯罪后企图自杀、逃跑或者在逃的;5)有毁灭、伪造证据或者串供的可能;6)不讲真实姓名、住址,身份不明的;7)有流窜作案、多次作案、结伙作案重大嫌疑的。尽管法律对刑事拘留的案件作了如上规定,但在一般情况下,先拘后捕是公安机关办理刑事案件的一般程序。换言之,公安机关并不严格按照上述法定事由决定刑事拘留,只要有必要,公安机关都先行拘留。刑事拘留的期限,一般为3日;在特殊情况下可以延长1日至4日;对于流窜作案、多次作案、结伙作案的重大嫌疑分子,可以延长至30日。虽然法律对于刑事拘留期限延长的条件有概括的或者列举的规定,但在实际操作中,这些适用条件并不起作用。只要公安机关认为需要,就可将刑事拘留时间延长至30日。(3)劳动教养决定权。劳动教养涉及对公民人身自由权剥夺长达3年到4年之久,但在实际操作中由公安机关一家决定适用。上述这些我国公安机关行使的警察权,都涉及对公民重大权益的剥夺,但公安机关都可单方面决定。

从我国警察权上述三个特征可以看出,我国公安机关行使的警察权是巨大的,对社会生活的各个方面都有影响,对于公民的自由与权利享有限制乃至于剥

夺的权力。这种状态，是由以往建立在计划经济之上的国家体制所决定的。在这种国家体制之下，国家权力无所不在，统辖整个社会生活。由于国家权力的极度膨胀与扩张，个人依附于国家而存在，形成一元政治国家。正如我国学者指出：计划经济体制没有约束，而是极大地强化了国家权力。在这一时期，经济高度一体化、国家与社会高度一体化。计划体制要求政府权力全面介入和操纵经济活动的各个环节，企业成为政府的附属物，经济成为政治权力操纵的对象。计划经济所要求的权力限制，只是上级对下级的限制，而且这是一种不规范的限制，它不能构成对权力总量的限制，不能构成对权力作用于公民个人自由的限制。[①] 在这种政治国家，警察权就成为国家统治权的重要内容。因此，在某种意义上说，政治国家也就是警察国家。随着我国实行经济体制改革，从计划经济向市场经济转轨，出现了政治国家与市民社会二元分立的格局。市场经济是一种以竞争为其原动力的经济形式，竞争是以自由为前提的，没有自由就没有竞争。竞争是与垄断相排斥的，计划在一定意义上说就是一种垄断。在市场经济体制下，经济上的自由必然带动社会结构的转变，进而对传统的一元的政治国家形成冲击。在这种情况下，公民自由和权利的扩大就势在必然。由此可见，政治上的自由与经济上的自由具有内在同一性。正如美国学者萨缪尔森指出："从帝王专制下得来的政治自由和从国家法令的干预下解放出来的自由市场价格制度，这二者是密切相关的。"[②] 在政治国家与市民社会二元分立的社会，国家权力必然受到公民权利的限制，国家与个人不再是单方的限制关系，而是双方的互动关系。基于以上分析，我认为警察权同样面临着缩小与限制的命运。

不可否认，在我国从计划经济向市场经济转变过程中，随着现代化进程的启动，我国在经历着一次又一次的犯罪浪潮。20世纪80年代中期，我国出现了新中国成立（1949年）以来第四次犯罪高峰期。前三次高峰期刑事大案最多为5

---

① 参见孙国华：《市场经济是法治经济》，141页，天津，天津人民出版社，1995。
② [美]萨缪尔森著，高鸿业等译：《经济学》，上册，333页，北京，商务印书馆，1988。

万起，而第四次高峰期时则达 10 万起以上。① 从 1983 年开始我国对严重刑事犯罪实行"严打"，在一个时期内"严打"有效地刹住了犯罪分子的嚣张气焰，使犯罪率有所下降，治安状况有所好转。但是，进入 90 年代以后，随着改革开放逐步深入扩大，市场经济迅速发展，各种社会矛盾明显暴露，犯罪像洪峰一样逐年上涨。90 年代中期发案率上升到 80 年代前半期的 8 倍，而且居高不下。由此，我国出现第五个犯罪高峰。② 在这种犯罪压力之下，社会出现了对警察在处理犯罪中的更高期待。因而，在短时间内，我国警察权的限制是不可能的，甚至还会有扩张的趋势。社会为避免受到犯罪的侵害，不得不忍受警察权带来的对公民个人自由与权利的限制。但是，随着犯罪得到有效的遏制，尤其是随着我国刑事法治发展，警察权的缩减与限制是十分必要的。我认为，对我国警察权的缩减与限制，主要通过分权的途径，即由一个机关垄断行使警察权改变为由多个机关分散行使警察权，并且个别权力也可以非警察化。

首先，行政警察与司法警察应当分立。警察行政职权与警察刑事职权由不同的警察机关行使，这是警察权分立的第一个步骤。在我国目前大一统的警察权体制下，警察行政职权与警察刑事职权是由同一个机关行使的。这种体制有利于控制犯罪，即把警察行政职权作为警察刑事职权的辅助手段，使犯罪能够得到更为有效的惩治。例如，日本学者指出：警察的任务是实施预防、镇压犯罪及搜查、逮捕犯罪嫌疑人等与犯罪相关的各种活动，维护公共安全和秩序。与犯罪有关的警察活动是犯罪的预防和搜查，是事前防止犯罪发生的警察活动，它以设置警戒体制、制止犯罪行为或清除诱发犯罪的因素等防范活动为内容。所谓搜查，是指在犯罪发生之后，收集证据，羁押犯罪嫌疑人，为审判做准备活动。③ 上述预防犯罪主要是行政警察的职责，对犯罪的搜查，则是刑事警察的职责。在犯罪发生以前，行政警察的犯罪预防活动中能够得到各种各样的犯罪线索，在行政警察与

---

① 参见《中国现阶段犯罪问题研究论文集》，第 1 集，41 页，北京，中国人民公安大学出版社，1989。
② 参见曹凤：《第五次高峰——当代中国的犯罪问题》，14 页，北京，今日中国出版社，1997。
③ 参见［日］大谷实著，黎宏译：《刑事政策学》，166 页，北京，法律出版社，2000。

刑事警察一体化的情况下,更加有利于打击犯罪。但与此同时,也带来一个负面影响,也就是公安机关凭借警察刑事职权的行使以完成警察行政职责。也就是说,通过警察刑事职权的行使,将尽可能多的不稳定分子送入司法流水线,造成对检察院与法院的压力。因为在我国目前刑事司法体制下,犯罪的决定权实际上掌握在公安机关手里,公安机关是公、检、法这条司法流水线的入口,一旦进入这条司法流水线,启动刑事司法程序,定罪就几成定局。在这种情况下,通过惩治犯罪缓解社会治安的压力,就成为公安机关完成其职责的一条捷径。只有将警察行政职权与警察司法职权分离,将警察司法职权纳入检察官的约束之下,使警察刑事职权成为收集证据、指控犯罪的一项辅助性工作,定罪权完全由法官行使,才能有效地改变警察刑事职权为警察行政职权服务的不正常状况。在这种情况下,作为承担维护治安、预防犯罪使命的行政警察,就必须通过行政手段而非刑事手段做好犯罪预防工作,从而防止警察刑事职权的滥用。行政警察与司法警察的分立,也是大陆法系国家之通例。将司法警察从警察中分离出来,就是要独立地设立司法警察局或者刑事侦查局。司法警察局在地方(地、县)与公安机关在组织体制上分离,但在省和中央分别归属于公安厅和公安部统一领导,也就是对司法警察实行垂直领导,与地方公安机关不存在组织上的归属关系,只存在业务上的协作关系。由此可见,这种分离只是相对的分离而不是绝对的分离。

除了行政警察与司法警察分立以外,行政警察内部还要根据职责分工进一步分立。例如,目前已经具有相对独立性的消防局、交通管理局、出入境管理局和看守所都可以独立。此外,户籍管理具有民政的性质,其业务可以归入民政局。剩下的狭义上的警察职责就是维护治安、行使治安处罚权,履行这一职责的机关可以称为警察局或者治安警察局。

通过以上改造措施,虽然中央或者省(自治区或直辖市)还存在统一的警察机关,但地方的警察机关行使的警察权已被分解。我认为,这种有限的分权可以防止警察权的滥用。在学说史上,分权的思想可以追溯到洛克,此后孟德斯鸠进一步发展了分权思想。这里所说的分权,一般是指三权分立,即立法权、行政权与司法权的分立。分权的目的在于以权力约束权力。因为根据孟德斯鸠的观点,

一切有权力的人都容易滥用权力，这是万古不易的一条经验。有权力的人们使用权力一直到遇有界限的地方才休止。从事物的性质来说，要防止滥用权力，就必须以权力约束权力。① 我认为通过分权以约束权力，不仅适用于立法权、行政权和司法权，而且也适用于行政权或者警察权。一个部门或者一个机关权力过于集中，就难以防止这种权力的滥用。适当地分权，可以使权力之间起到一种制衡的效果，对于警察权也是如此。

三

警察刑事职权是警察权的重要组成部分，从各国法律规定来看，警察刑事职权的主要内容就是侦查权，以及为保证侦查顺利进行而适用的刑事强制措施权。在刑事诉讼法上，侦查是指有侦查权的机关、人员收集、审查证据，揭露犯罪事实，证实犯罪人，为起诉和审判做准备的诉讼活动。由于侦查与起诉、审判是紧密相连的诉讼程序，因此，侦查在刑事诉讼程序中的地位以及与其他程序的关系，就是一个值得研究的问题。这个问题，在刑事诉讼理论上称为侦查构造论。关于侦查构造论，在日本刑事诉讼法学界存在以下三种观点②：一是纠问式的侦查观，即在纠问主义诉讼结构中的侦查活动的性质。在这种侦查活动中，侦查机关具有单方面的强制权，而犯罪嫌疑人只是消极的侦查客体。二是控辩式的侦查观，即在控辩主义诉讼结构中的侦查活动的性质。在这种侦查活动中，控辩双方在法律地位上是平等的，侦查机关不得单方面对犯罪嫌疑人实行强制，但侦查是为将来的审判做准备，为了确保被告人与证据，法院可以实施强制。三是诉讼上的侦查观，认为侦查程序就是由检察官、警察以及被害人组成的诉讼构造，侦查程序是具有独自地位的独立程序，而不是审判的准备程序。我认为，上述三种侦查构造的观点，表明对于侦查在刑事诉讼中的地位的各自不同的认识。这里涉及

---

① 参见［法］孟德斯鸠著，张雁深译：《论法的精神》，上册，154页，北京，商务印书馆，1961。
② 参见［日］田口守一著，刘迪等译：《刑事诉讼法》，25页，北京，法律出版社，2000。

到底是侦查中心还是审判中心的问题。如果坚持以侦查为中心，那么审判对于侦查只具有依赖性，必然强调侦查在刑事诉讼中的重要地位。如果坚持以审判为中心，那么侦查只不过是审判的一种预备活动而已。正确地认识侦查程序在刑事诉讼中的地位，我认为一方面要看到侦查程序是刑事诉讼的启动程序，没有侦查也就没有审判。当然，有侦查也并不必然导致审判，例如在不起诉等情况下就是如此。由此可见，侦查程序在刑事诉讼中具有一定的独立性。另一方面又要看到侦查程序毕竟不是决定犯罪嫌疑人的最终命运的程序，在绝大多数情况下，侦查是为审判做准备，因此不可否认侦查具有对于审判的一定依附性。基于这样一种认识，我认为侦查活动一方面是侦查机关一种自主的活动，另一方面侦查活动又要受到有关的限制。这里涉及侦查活动的性质问题，有必要深入研究。

关于侦查程序的性质，在大陆法系理论上，存在行政程序说与司法程序说之分。[①] 行政程序说认为，侦查程序是由作为行政官署的侦查机关主宰的，以发现犯罪嫌疑人和犯罪事实为中心任务的程序。侦查程序在相当大的程度上具有不同于司法程序的特点，它不容易受到法律的约束，在侦查行为的效果上，首先注重的是合目的性，而不是合法性。侦查程序本质上乃是行政程序。司法程序说认为，侦查程序固然须强调国家机关的权力，并且具有相当的隐蔽性，但它必须遵守法定的程序，即使是从查明事实真相的角度出发，也有必要对侦查程序进行法律约束。考虑到对侦查程序的法律约束的要求以及保障市民社会基本人权的需要，侦查程序虽然不能与审判程序同等对待，但可以被视为一种类似的司法过程。因此，侦查程序是一种司法程序。我认为，侦查程序到底是行政程序还是司法程序，关键在于如何理解行政与司法。就行政而言，是一种公共管理活动。如果把侦查活动视为一种行政活动，侦查机关就是行政主体，犯罪嫌疑人就是行政相对人，是行政客体。因此，侦查活动就是侦查机关与犯罪嫌疑人之间的一种追查与被追查的关系。就司法而言，是一种裁判活动。如果把侦查活动视为一种司法活动，那么在侦查活动中除了侦查机关和犯罪嫌疑人以外，必须要包括作为裁

---

① 参见孙长永：《侦查程序与人权——比较法考察》，1页，北京，中国方正出版社，2000。

判者的第三方——法官的参与。在这种侦查构造中,侦查活动就不是一种简单的侦查机关与行政相对人之间的追查与被追查的活动,而是侦查机关与犯罪嫌疑人的一种追查与反追查的活动,这里的反追查意味着犯罪嫌疑人享有同侦查机关对抗的权利。法官就成为中立的裁判者,保证侦查活动依法进行。我国学者一般认为,侦查活动兼具司法和行政双重特征。侦查活动为正确判明案件事实、最终实现国家刑罚权的司法活动提供基础、创造条件,因此是一种广义上的诉讼活动,即具有司法性质;同时,侦查活动具有纵向管理特征和行政组织方式,因此又具有显著的行政性。我认为,侦查活动为司法活动提供基础、创造条件尚不足以表明侦查活动本身具有司法性,只有在法官参与下的侦查活动才具有司法性。

在刑事法治中,侦查活动应当改变单纯行政程序的性质,引入司法裁判机制,使侦查活动兼具行政性与司法性。侦查活动的行政性表现为侦查程序的职权性和裁量性,即侦查机关有权在法律规定的限度内依职权主动进行侦查,并享有广泛的自由裁量权。侦查活动的司法性表现为官方的侦查行为必须尽可能地做到客观公正,并且受到法律的严格约束。① 行政性是为了保证侦查活动的效率,使犯罪得以及时证明,犯罪人受到及时惩治。司法性则是为了保证侦查活动的合法性,避免在侦查活动中造成对犯罪嫌疑人的合法权益的损害。

我国公安机关在侦查活动中享有广泛的警察刑事职权。公安机关人民警察的侦查权,是指公安机关人民警察为查明和证实犯罪、查获犯罪人,而依法采取专门调查工作和有关强制性措施的权力。② 公安机关人民警察的侦查权,也称为警察侦查权。由于警察在侦查活动中起重要作用,因而各国法律都赋予警察在侦查过程中一定权力,授权他们采取各种侦查行为,以保证侦查的正常进行。例如,各国刑事诉讼法规定的侦查行为主要有:讯问被告人或犯罪嫌疑人,询问证人,勘验,检查,搜查,鉴定,侦查实验,对质和辨认,查封和扣押,通缉,等等。此外,警察还有采取刑事强制措施的权力。刑事诉讼中的强制措施,是法定机关

---

① 参见徐静村主编:《刑事诉讼法学》(上),183页,北京,法律出版社,1997。
② 参见杨玉梅、邢曼媛:《公安机关人民警察权力简论》,16页,北京,群众出版社,1999。

为了使犯罪嫌疑人或被告人接受审讯,保全证据及保证刑罚之执行,在诉讼进行中所采取的暂时限制其人身自由的强制方法。从强制措施的种类上说,传唤、拘留、逮捕、羁押基本上为各国刑事诉讼法所共有,当然有的国家在提法上有所差别,但在含义上则基本相同。①

我国公安机关的侦查权,一般认为包括以下内容②:(1)传唤权,即公安机关人民警察在侦查阶段通知犯罪嫌疑人于指定的时间自行到达指定地点或到其住处接受讯问的权力。(2)讯问犯罪嫌疑人权,即公安机关人民警察为了查明案件事实和其他有关情况,依照法律程序,以言词方式对犯罪嫌疑人进行审问的权力。(3)询问证人、被害人权,即公安机关人民警察依照法定程序,以言词的方式向了解案件真实情况的人、受犯罪行为侵害的人进行调查的权力。(4)勘验、检查权,即公安机关人民警察依法对与犯罪有关的场所、物品、尸体或人身等亲临查看、寻找和检验,以发现和固定犯罪活动所遗留下的各种痕迹和物品的权力。(5)搜查权,即公安机关人民警察为了收集犯罪证据,查获犯罪人,对犯罪嫌疑人以及可能隐藏犯罪嫌疑人或犯罪证据的人身、物品、信息和其他有关地方,依法进行搜索、检查的权力。(6)扣押物证、书证权,即公安机关人民警察在勘验、搜查中,对发现的可用以证明犯罪嫌疑人有罪或无罪的物品、文件,依法予以扣留的权力。(7)鉴定权,即公安机关人民警察在侦查刑事案件的过程中,为解决案件中的某些专门性问题,依法指派或者聘请有专门知识的人进行鉴别和判断的权力。(8)通缉权,即公安机关人民警察在侦查刑事案件的过程中,对应当逮捕而在逃的犯罪嫌疑人,依法通令缉拿归案的权力。(9)技术侦查权,即公安机关人民警察在侦查过程中依法运用现代科学技术侦破刑事案件,发现罪犯和查找罪证的权力。在警察侦查中,除上述权力以外,我国公安机关还享有刑事强制措施权。公安机关在侦查活动中,可以采取限制或剥夺犯罪嫌疑人、被告人的人身自由的强制方法,包括:拘传、取保候审、监视居住、拘留、逮捕。在

---

① 参见杨玉梅、邢曼媛:《公安机关人民警察权力简论》,270页,北京,群众出版社,1999。
② 参见陈光中主编:《外国刑事诉讼程序比较研究》,135页,北京,法律出版社,1988。

上述刑事强制措施中，除逮捕需经人民检察院批准或人民法院决定以外，其他强制措施均可由公安机关直接决定采用。

从上述情况可以看出，我国公安机关在侦查活动中享有广泛且巨大的警察权，它虽然有助于对犯罪的有效控制，但如果不加限制而被滥用，就会带来侵犯人权的消极后果。从刑事法治的理念出发，我国侦查活动中的警察权的合理构造，应当考虑以下三个问题：

（一）侦查制约

警察侦查是我国侦查的主要形式，承担着主要的侦查职责。但从刑事法治的标准来看，这种形式存在侦查过于集中的倾向。我认为，侦查机制的改造应考虑警察机关内部的适当分权，以加强互相之间的制约。

1. 侦羁分离

侦羁分离，是指侦查机关与羁押机关的相对分离，即看守所独立于侦查机关。看守所是在审判前暂时羁押被采取强制措施的犯罪嫌疑人的场所。我国的看守所隶属于公安机关的预审部门，预审部门对看守所进行监管。因此，看守所也就是预审部门的办公场所。这种看守所隶属于侦查机关的体制，虽然有利于提高侦查效率，但同时也造成一些弊端，这就是为刑讯逼供提供了便利条件。由于看守所隶属于侦查机关，因此看守所的职责就不仅是看管犯罪嫌疑人，而且也有破案或者至少协助破案的职责。犯罪嫌疑人一旦被采取强制措施进入看守所，就在侦查机关的一手控制之下。虽然我国检察机关有对监所检察的职权，但并不能从根本上解决问题。犯罪嫌疑人如果不在一个相对中立的机关的羁押之下，很难防止侦查活动中侵犯犯罪嫌疑人权利的现象的发生。

关于羁押场所的中立性，是各国刑事诉讼活动中都会遇到的一个问题。例如，日本刑事诉讼法规定，羁押关押场所是监狱，监狱包括警察的看守所。警察看守所被称为"代用监狱"，实务中犯罪嫌疑人的羁押关押场所大多使用代用监狱。对此，在日本刑事诉讼法学界存在以下两种观点：一是代用监狱存置论，主张保留代用监狱，理由是全国只有117座拘留所，而警察的看守所则比较多。从讯问犯罪嫌疑人等侦查需要来看，犯罪嫌疑人人身羁押在附近的侦查机关比较方

便。二是代用监狱废止论,认为把羁押关押场所定在代用监狱,人身终日在侦查当局的控制之下,可能出现强迫自首的情况,羁押关押场所原则上应定在拘留所,代用监狱应作为例外。对此,日本学者田口守一的观点是:这个问题与讯问犯罪嫌疑人问题有关。如果能消除讯问的封闭性,保障讯问的任意性,就会降低羁押场所问题的重要程度。如果不改善问题,那么根据代用监狱例外说的主张,否认、沉默案件和重大案件的羁押,尤其应该将犯罪嫌疑人羁押在拘留所。不过,如果能够给予犯罪嫌疑人会见等便利,也可以在代用监狱中执行羁押关押。① 由此可见,日本学者对这一问题的观点带有一定的折中味道,但关键在于:讯问的封闭性与任意性,恰恰是侦查机关为取得侦查效果所刻意追求的。在羁押场所隶属于侦查机关的情况下,这种讯问的封闭性与任意性怎么可能避免呢?在英国,为改变警察将犯罪嫌疑人置于一种"帮助警察进行调查"(helping the Police with their inquiries)的不利境地,《警察与刑事证据法》创立了一种新的警官类型,叫做看守官。第一个"指定"的警局——有条件在相当长时间内羁押犯罪嫌疑人的警局——在任何时间都必须有一名看守官值班。看守官应当由警士(Sergeant)以上警衔的警官担任,但无须专门的培训。看守官一职极其重要,它承担着保障犯罪嫌疑人权利的重要职责。看守官独立于对被羁押犯罪嫌疑人的任何调查程序。因而,当一名警官履行看守官职责时,他不得参与从犯罪嫌疑人那里收集证据的调查活动,也不得参与针对犯罪嫌疑人的证据收集活动。② 这种独立的看守官的设立能够在一定程度上保障犯罪嫌疑人的权利。

以上做法,在我国看守所体制改革中值得借鉴。我认为,在目前的体制下,要进一步加强对监所检察的工作力度,使驻所检察员享有更大的监督权,从而承担起保障犯罪嫌疑人权利的职责。从长远来看,应当将看守所从公安机关分离,

---

① 参见[日]田口守一著,刘迪等译:《刑事诉讼法》,56~57页,北京,法律出版社,2000。
② 参见[英]安祝·桑达斯、瑞查德·扬:《英国警察权力与犯罪嫌疑人权利的立法平衡与实践》,载陈光中、江伟主编:《诉讼法论丛》,192页,北京,法律出版社,2000。

隶属于司法行政部门①，从而形成对警察侦查权的制约。

2. 侦鉴分离

侦鉴分离是指侦查机关与鉴定机关的相对分离，即司法鉴定部门独立于侦查机关。在我国刑事诉讼法中，鉴定被认为是一种侦查行为。例如，我国学者指出：侦查中的鉴定，是指鉴定人接受司法机关的委托或者聘请，运用专业知识对案件中的某些专门性问题进行分析研究和鉴别的一种行为。② 因而，我国将刑事诉讼中的所有鉴定都称为司法鉴定。根据我国刑事诉讼法及司法解释的规定，公、检、法三机关都有司法鉴定决定权，而犯罪嫌疑人和被害人则只有司法鉴定的申请权。我认为，刑事诉讼活动中的鉴定不应一概称为司法鉴定，而应分为侦查鉴定与司法鉴定。侦查鉴定是由侦查机关自行决定指派或者委托鉴定人所作的鉴定。这种鉴定是侦查的一种辅助手段，通常由公安机关自设的技术部门作出。这种鉴定具有内部性、单方性，是侦查行为之一种。侦查鉴定不能等同于司法鉴定，司法鉴定应当是由中立的第三方作出的鉴定，这种鉴定结论才具有证据的效力。因此，在审判阶段，除非被告人没有异议，否则侦查鉴定不能当然地被采纳为定罪证据。我国目前普遍存在自侦自鉴的现象，即在同一个案件中，鉴定人既参加鉴定活动又参加侦查活动。我国学者提出鉴定活动与侦查活动分离原则，即公安机关的部门鉴定机构必须相对独立，不能设置在侦查部门之内。③ 我认为，这一观点是有道理的。侦鉴分离是公安机关内部加强鉴定活动对侦察活动制约的一种手段。作为司法鉴定，更应当强调它的独立性、中立性与权威性。

（二）控辩平衡

在侦查程序中，警察机关的侦查活动具有主动性与主导性，这是毫无疑问的。但这并非意味着在侦查程序中，犯罪嫌疑人只是被追查的消极客体。为保障

---

① 我国学者指出：看守所不独立于侦查机关，就不可能杜绝羁押场所内的违法行为。必须将看守所从公安局分割出来，可以仿监狱设置，人事、财政等均由司法局管理。参见唐亮：《中国审前羁押的实证分析》，载《法学》，2001（7），35页。

② 参见徐静村主编：《刑事诉讼法学》（上），200页，北京，法律出版社，1993。

③ 参见邹明理：《我国现行司法鉴定制度研究》，62页以下，北京，法律出版社，2001。

犯罪嫌疑人的人权,各国刑事诉讼法都规定了犯罪嫌疑人在侦查程序中享有一定的权利。这些权利包括:(1)获知本人被告发的权利。犯罪嫌疑人有要求告知被控告犯罪的权利。(2)辩护权,包括犯罪嫌疑人自己为其辩护和聘请(或依法指派)律师为其辩护的权利。例如美国宪法第6条修正案规定:在所有的刑事诉讼中,被告人享有⋯⋯接受律师帮助自己辩护的权利。美国纽约州《刑事诉讼法》第17010条和第18010条规定,被传讯的被告人,在被传讯时及在此以后的任何诉讼阶段,有权得到律师的帮助。如果他应传出庭时没有律师,他有下列权利:1)要求为得到律师而暂停诉讼;2)不受控制地、用书信或电话的方式为得到律师而自由地与外界联系,告知亲友他已被控犯罪;3)如果他因经济原因不能得到律师帮助,可以要求法院为其指定律师,除非由于起诉书仅控告一个或数个交通肇事罪而不适用本项规定。(3)沉默权或拒绝回答权。沉默权是各国刑事诉讼法所普遍确认的一项权利。沉默权通常是在刑事诉讼中产生的,主要发生在侦查、预审或审查起诉、审判阶段。根据各国法律的规定,在这些阶段讯问犯罪嫌疑人和被告人时,被讯问人有权保持沉默。沉默权赋予犯罪嫌疑人以一种拒绝回答权,它的理论基础是无罪推定原则。正如英国学者提出:沉默权是无罪推定原则的重要组成部分。既然国家指控一个公民有罪,那么,就必须承担举证责任。只有已经以适当的方式履行了该项责任,惩罚才具有正当性。[①](4)申请调取证据、询问证人、鉴定人和翻译人员的权利。(5)了解侦查案卷材料或案情的权利。例如美国联邦法院制定了先悉权原则,根据此项原则,被告人及其律师可以查阅被告人向警察官员或大陪审团所作的供词或陈述。(6)提出申诉或提出某些申请的权利。上述权利的规定,使得犯罪嫌疑人在侦查程序中,在一定程度上能够形成与警察侦查的对抗性,从而达致控辩平衡。

在我国侦查程序中,犯罪嫌疑人的权利没有得到充分保障。例如,各国刑事诉讼法都规定了在侦查程序中,犯罪嫌疑人享有获得辩护,尤其是律师辩护的权

---

① 参见〔英〕安祝·桑达斯、瑞查德·扬:《英国警察权力与犯罪嫌疑人权利的立法平衡与实践》,载陈光中、江伟主编:《诉讼法论丛》,191页,北京,法律出版社,2000。

利。在我国《刑事诉讼法》中，犯罪嫌疑人在侦查程序中的辩护主要是指自我辩护，即当侦查人员对犯罪嫌疑人进行讯问时，犯罪嫌疑人对被指控的罪行可以进行辩解，即犯罪嫌疑人可以辩解自己无罪。即使在承认有罪的情况下，也可以提出证明自己罪轻、减轻或免除刑事责任的证据。在侦查程序中，律师辩护是不被允许的，但法律规定犯罪嫌疑人可以聘请律师为其提供法律咨询、代理申诉、控告。这一规定使律师介入刑事案件的时间提前到侦查阶段，在一定程度上扩大了犯罪嫌疑人的诉讼权利。但由于在司法实践中，律师在侦查阶段为犯罪嫌疑人提供法律援助还受到各种阻力，因而犯罪嫌疑人在侦查程序中的辩护权难以真正落实。更为重要的是，我国刑事诉讼法不仅没有规定犯罪嫌疑人在侦查程序中享有沉默权，而且规定了犯罪嫌疑人具有如实陈述的义务。我国《刑事诉讼法》第93条规定：犯罪嫌疑人对侦查人员的提问，应当如实回答。但是对与本案无关的问题，有拒绝回答的权利。在解释上述规定时，我国学者指出：侦查人员向犯罪嫌疑人提问时，犯罪嫌疑人对侦查人员的提问，应当如实回答，即既不夸大，也不缩小，更不得隐瞒。这是我国法律对犯罪嫌疑人的要求，是本着实事求是的精神和原则提出的。同时又规定对与本案无关的问题，犯罪嫌疑人有拒绝回答的权利。这样规定是为了保证讯问紧紧围绕查明案情、揭露犯罪这一中心问题进行，防止涉及与案件毫无关联的国家秘密或纯属个人隐私等现象的发生。[1] 由此可见，这一规定主要体现的是查明犯罪、证实犯罪的这种犯罪控制理念，而没有体现对犯罪嫌疑人的权利保障。尤其是这一规定使犯罪嫌疑人处于一种自证其罪的地位，从而与无罪推定原则形成明显的价值冲突。至于把拒绝回答与本案无关的问题的权利，说成是犯罪嫌疑人的诉讼权利[2]，恰恰表明在我国侦查程序中犯罪嫌疑人没有权利。因为对于与本案无关的问题，侦查人员根本不应当讯问，它不属于讯问内容，这应当是讯问的起码准则。侦查人员违反这一准则，犯罪嫌疑人拒绝回答，岂能成为犯罪嫌疑人的诉讼权利？

---

[1] 参见陈光中、严端主编：《中华人民共和国刑事诉讼法释义与应用》，138页，长春，吉林人民出版社，1997。

[2] 参见程荣斌主编：《中国刑事诉讼法教程》，399页，北京，中国人民大学出版社，1997。

根据以上分析,我认为在我国侦查程序中,警察权与犯罪嫌疑人的权利是严重失衡的。正如我国学者指出:在我国刑事侦查程序中,犯罪嫌疑人承担着被迫自证其罪的义务,辩护律师所能提供的帮助极为有限,犯罪嫌疑人的诉讼主体地位受到极大的削弱,甚至成为诉讼的客体。[1] 这种状况表明,我国刑事法治还处在一个低水平上,犯罪嫌疑人的权利还没有得到充分的保障。为了实现在侦查程序中控辩之间的平衡,使侦查活动不仅成为查明犯罪、证实犯罪的活动,而且也成为保障人权、尊重人权的活动,我认为侦查程序应当进一步强调犯罪嫌疑人的权利。首先,在落实侦查阶段律师提供法律援助权利的基础上,引入律师的实质辩护权,包括调查取证等权利,从而形成积极的控辩平衡。在我国1979年刑事诉讼法中,律师介入是在提起公诉以后,在侦查和审查起诉阶段律师不能介入。1996年刑事诉讼法修改中,将律师介入时间提前到侦查阶段,这是一个历史性的进步。但刑事诉讼法将审判前律师介入的活动定性为提供法律援助而不是辩护。这里的提供法律援助,刑事诉讼法规定为提供法律咨询、代理申诉、控告,即就犯罪嫌疑人涉嫌的实体法问题,在侦查中犯罪嫌疑人的权利义务问题等提供法律咨询;代犯罪嫌疑人申请解除强制措施;代犯罪嫌疑人控告侦查人员的刑讯逼供、变相拘禁行为。但法律同时对这种律师提供法律援助权利的行使规定了两点限制:一是涉及国家秘密的案件,犯罪嫌疑人聘请律师,应当经侦查机关批准。二是律师会见在押的犯罪嫌疑人,侦查机关根据案件情况和需要可以派员在场。涉及国家秘密的案件,律师会见在押犯罪嫌疑人,应当经侦查机关批准。由于侦查机关在思想认识上并未摆正犯罪侦查与人权保障的关系,因而法律规定的在侦查阶段获得律师法律援助的权利得不到切实的落实,主要表现就是对律师会见权加以限制或者剥夺,使得律师在侦查阶段会见犯罪嫌疑人十分困难,当然也就说不上提供切实的法律援助。在这种情况下,侦查活动仍是在相对封闭的条件下进行的,刑讯逼供、违法取证等现象难以杜绝,而法律赋予律师代犯罪嫌疑人行使的控告权也无法实现。我认为,刑事诉讼法规定的在侦查阶段的律师法律援

---

[1] 参见陈瑞华:《刑事诉讼的前沿问题》,335页,北京,中国人民大学出版社,2000。

助权要依法加以落实。不仅如此,还要赋予在侦查阶段律师的实质辩护权,例如侦查人员讯问时的在场权、调查取证权等。只有这样,才能提升侦查阶段控辩的对抗性,保障犯罪嫌疑人的合法权利。

其次,赋予犯罪嫌疑人沉默权,改变犯罪嫌疑人自证其罪的情况。从刑事诉讼发展史来看,沉默权是在反对纠问式诉讼的斗争中确立起来的一项诉讼权利,其要旨在于当一个公民被指控为罪犯的时候,他有权拒绝向控方提供可能对其不利的任何信息,从而在刑事诉讼过程中保持沉默。沉默权,建立在以下三个理念基础之上:(1)无罪推定。无罪推定是指任何公民未经法定程序而由有权机关确定有罪之前,均应被假定为无罪。根据无罪推定的原则,举证责任应当由控方来承担,被告人没有自证其罪的义务。在这种情况下,被告人保持沉默,不作不利于自己的供述,就不应当带来任何不利于自己的法律后果。在这个意义上说,沉默权的实质就是反对自我归罪的特权。因此,沉默权是无罪推定原则的题中应有之义。如果没有实行沉默权,那么就不可能具有真正意义上的无罪推定。(2)人权保障。在人权理论上,可以将人权分为实体上的人权与程序上的人权。实体上的人权直接涉及终极利益的处置,当然是十分重要的。程序上的权利虽然具有工具价值,但是,这种权利对于保障实体上的权利具有重要意义。可以说,离开了程序上的权利,实体上的权利就不可能真正实现。因此,沉默权作为一项程序上的权利,对于保证刑事诉讼的公正具有重要意义。沉默权意味着被告人在刑事诉讼过程中的自主性:在必要的情况下,提供有利于本人的供述;否则,保持沉默。在这种情况下,被告人才是诉讼的主体而不是诉讼的客体。(3)诉讼人道。纵观整个刑事诉讼的历史,可以清晰地发现一条从野蛮到文明的发展线索。在严刑拷问与刑讯逼供的刑事诉讼制度中,唯一的目的就是要被告人招供。因而,被告人对于刑讯的肉体承受能力就成为区分有罪与无罪的标准。在这种诉讼制度中,人无任何尊严可言,人不成其为人。在被告人具有沉默权的情况下,刑讯就失去了其存在的合法性与合理性根据。因而,沉默权是诉讼文明的重要标志。

长期以来,我国的刑事诉讼活动实行"坦白从宽,抗拒从严"的政策,并且在刑事诉讼法中明文确认了被告人的如实陈述的义务。根据我国刑事诉讼法的规

定,被告人应当如实回答司法人员的讯问,并且将是否如实回答作为被告人的认罪态度好与不好的一个检验标准。在这种情况下,被告人是不享有沉默权的。尽管我国刑事诉讼法规定了无罪推定的原则,但由于未实行沉默权制度,因而无罪推定原则的实行是不彻底的。尤其是在我国司法实践中,还存在着大量的刑讯逼供的现象。刑讯逼供现象存在的原因是十分复杂的,但没有赋予被告人以沉默权不能不说是一个重要的原因。因此我认为,随着我国刑事法治的加强,要逐渐地使我国的刑事法治民主化、科学化,就必然要引入沉默权制度,这是大势所趋。当然,沉默权的规定与惩治犯罪的需要之间是存在一定的矛盾的。沉默权体现的是对被告人权利的保障,这是人权思想的表现;而惩治犯罪的需要体现的是对社会的保护。当两者发生冲突的时候,到底是前者优先还是后者优先,这确是一个两难的选择。我认为,应当把人权保障放在一个重要的位置上,而且对犯罪的惩治也应当以一种人道的与文明的方式进行,唯有如此,才能实现刑事法治。沉默权之引入我国刑事诉讼程序,尤其是引入侦查程序,将会给我国侦查阶段的控辩关系带来重大影响,对于保障犯罪嫌疑人的权利具有十分重大的意义。当然,沉默权的引入,对于控制犯罪也会造成一定的冲击,这也正是否定沉默权的某些学者所担忧的。我认为,这个问题需要通过提高侦查人员的自身素质来解决,尤其是要克服在办案当中过分依赖犯罪嫌疑人口供的习惯,改变口供中心主义。同时,也要有一些沉默权的例外规定,从而取得控辩之间的平衡。

(三)司法审查

基于公、检、法三机关互相制约、互相配合这样一种司法流水线式的刑事司法体制,在我国是不存在对侦查活动的司法审查的。而在法治国家,对侦查活动进行司法审查是司法的题中之义,唯此才能使侦查活动具有诉讼性。

对侦查活动的司法审查,主要是指侦查活动中采取的剥夺或者限制人身自由或者其他权益的强制性措施,除例外情形以外,由司法机关作出决定,而侦查机关自身无权决定。从各国司法制度来看,均实行所谓令状主义。令状主义来自1679年英国的《人身保护法》,该法规定了被羁押者可以向法官申请人身保护令,可以要求被保释。对于依人身保护令而被释放者以及被保释者不得以同一原

因再次被羁押,故意违反者,将被科处罚金。当然,随着控制犯罪的需要的加强,英国对警察逮捕权的司法制约机制也有弱化的趋势。[①] 但从总体上说,通过令状制度对侦查机关的羁押加以限制,这是各国立法之通例。

我国目前公安机关具有刑事拘留权,而逮捕权则由检察机关或法院行使。就刑事拘留权而言,是公安机关一家之权力,缺乏制约。就逮捕权而言,检察机关或法院的行使可以起到对公安机关的制约作用。当然,在检察机关直接管辖的案件上,同样存在自侦自捕的问题。从刑事法治的长远发展来看,将司法审查机制延伸到审判之前,从而有效地保障被告人的正当权益是完全必要的。但在当前,通过强化检察机关对公安机关的制约,使检察官担负起一定程度上的法官之前的法官之职能,未必不是一种可行的办法。当然,检警双方同属控方,具有诉讼利益上的一致性,只有通过扩大实质上的辩护权,才能取得控辩平衡。

(本文原载《法律科学》,2002(1))

---

① 参见吴宏耀:《英国逮捕制度的新发展》,载《国家检察官学院学报》,2001(2),116~119页。

从"法官之上的法官"到"法官之前的法官"

——刑事法治视野中的检察权

当前,司法改革成为社会关注的一个热门话题。在关于司法改革的讨论中,焦点之一是检察体制的改革。本文拟从刑事法治的理念出发,对检察权的设置与行使及其正当根据进行法理分析。

一

论及检察权,不能不从司法权谈起。司法权(judicial power)虽然是一个通用的概念,但在理解上仍然存在分歧。就司法权的核心内容而言,应当是一种裁判权。当然,我国对于司法权往往加以广义的理解,认为司法权包括审判权与检察权。[①] 我国不太习惯将司法权称为裁判权,而代之以审判权,以此概括法院的职权。由此,法院被称为审判机关。其实,我国目前的法院职权不仅

---

① 我国学者认为,司法权从广义上包括审判权和检察权,狭义上仅指审判或裁判权。随着现代社会立法和司法的发展,司法权也不限于审判权,还包括宪法和法律的解释权、违宪审查权,甚至还包括司法行政权。参见王利明:《司法改革研究》,8页,北京,法律出版社,2000。我认为上述对司法权的解释有过于宽泛之嫌。法律解释权并非一项独立权能,分属于立法权、司法权与行政权。至于司法行政,是行政权的题中之意。

包括裁判权，还包括司法行政权、判决的执行权。严格来说，这都是行政权而非司法权。① 相对于审判权，我国经常使用的另一个概念就是检察权。如果说，审判权作为司法权大体上没有异议，那么，检察权是否属于司法权则存在观点聚讼。正如同把法院的职权称为审判权，我国把检察院的职权称为检察权，以此与检察机关的名称相对应。可以说，以法律监督为内容的检察权是一个从内容到形式都十分中国化的概念。我认为，重要的不是概念本身，而是这一概念所反映的内容是否具有正当性。

那么，什么是检察权呢？对于这个问题，无论对检察权持肯定态度的学者还是持否定态度的学者，均基本一致地将检察权定义为法律赋予检察机关的职权。② 因此，检察权的界定，应当从"检察"二字的辨析入手。我国学者认为，"检察"，从字面意义上看，是检验、比较、分辨、审看的意思。作为一种执法活动，指检察机关根据法律的授权，对法律执行和遵守情况进行的监督。③ 上述界定，力图将检察与法律监督相等同。因此，检察权从根本上说被认为是一种法律监督权。正是在法律监督权这一点上，引发了对我国检察权的争论。

法律监督权是我国宪法和法律赋予检察机关的权能，也被认为是检察权的核心。因此，检察机关在我国被认为是法律监督机关。我国学者将法律监督理解为

---

① 我国学者对我国法院体制的行政化倾向作了分析，其现象包括：（1）法院及法院法官的行政化；（2）法院相互关系的行政化；（3）法院内部审判业务运作方式的行政化；（4）法院人事管理的行政化。参见张卫平：《论我国法院体制的非行政化——法院体制改革的一种基本思路》，载《法商研究》，2000（3），4页以下。我认为，我国法院体制的行政化更重要的一个表现是：法院职权的行政化，即除行使审判权以外，还使司法行政权和判决的执行权。这里的判决的执行权，除判处监禁刑由监狱执行，判处管制由公安机关执行以外，其他的刑事判决、民事判决、行政判决均由法院执行。法院职权的行政化，淡化了法院作为裁判机关的性质。因此，我国学者建议将民事（包括经济）、行政案件的执行权从司法中分离出去，与刑事案件的执行权统一移转给行政机关行使，让法院专司裁判。参见贺日升：《司法改革：从权力走向权威——兼谈对司法本质的认识》，载《法学》，1999（7），10页。

② 前者的观点，认为检察院在刑事诉讼中主要行使四项职权，即对刑事诉讼实行法律监督权、批准逮捕权、侦查权和公诉权。参见张穹主编：《人民检察院刑事诉讼理论与实务》，9页以下，北京，法律出版社，1997。后者的观点，认为检察权即国家赋予检察机关职务范围内的权力。参见郝银钟：《中国检察权研究》，载陈兴良主编：《刑事法评论》，第5卷，92页，北京，中国政法大学出版社，2000。

③ 参见张穹：《当代检察机关的架构》，载《检察日报》，1999-05-29。

518

运用法律规定的手段，依照法律规定的程序，针对特定的对象进行的、能够产生法定效力的监督。在我国，法律监督特指人民检察院通过运用法律赋予的职务犯罪侦查权、公诉权和诉讼监督权，追诉犯罪和纠正法律使用中的违法行为来保障国家法律在全国范围内统一正确实施的专门工作。[①] 将检察权界定为法律监督权，在我国是具有充分法律根据的，这是一种实然表述。但从应然性上考察法律监督权的正当性，就产生了观点上的明显分歧。

首先，法律监督权与检察职能的关系如何理解？对此，在理论上存在争议：第一种观点是将法律监督权与检察职能并列，认为两者属于检察权。因此，检察权既包括人民检察院在刑事诉讼中的各种职权，如侦查权、公诉权，还专指人民检察院对刑事诉讼实行专门监督。[②] 第二种观点反对将公诉职能与法律监督职能视为两个彼此独立的职权，认为检察机关的法律监督职能和公诉职能是一种职能的两面，一个问题的两个方面。[③] 按照上述第二种观点，公诉职能与法律监督职能具有同一性。换言之，法律监督职能体现为公诉职能，并通过公诉职能实现，没有独立于公诉职能以外的法律监督职能。如果把审查起诉理解为法律监督，那么，被害人自诉为什么就不是法律监督？如果把抗诉理解为法律监督，那么，被告人上诉为什么就不是法律监督？这里的法律监督的客体是谁：法院还是被告人？指称不明。[④] 其实，对于法院来说，不告不理，告诉才理是一种常识。就不

[①] 参见张智辉：《"法律监督"辨析》，载《人民检察》，2000（5），43页。该文认为，法律监督与监督法律的实施是两个不同的概念，并将法律监督与其他监督加以区分。

[②] 我国学者认为，对刑事诉讼实行法律监督，是人民检察院法律监督职能在刑事诉讼中的体现。这种监督具有以下特征：（1）国家性和权威性；（2）特定性和专门性；（3）合法性和强制性。参见张穹主编：《人民检察院刑事诉讼理论与实务》，9页，北京，法律出版社，1997。

[③] 参见沈丙友：《公诉职能与法律监督职能关系之检讨》，载《人民检察》，2000（2），14页。

[④] 关于监督客体，我国学者提出这样一种观点，认为提起公诉、支持公诉从广义上也属于法律监督的范畴，但是其监督对象是构成犯罪依法应当追究刑事责任的人，监督目的是代表国家将被告提交法庭，使其接受国家司法机关的审判。而刑事审判监督是狭义上的法律监督，针对的是人民法院的审判活动是否合法，监督的目的是保障统一正确地行使审判权。参见张穹主编：《人民检察院刑事诉讼理论与实务》，377页，北京，法律出版社，1997。

告不理来说，起诉确实具有启动审判程序之功能，而且通过诉因制度①，限制法官的审理范围，从而体现程序公正的价值，有效地制约国家权力的膨胀，充分保障被告人的权益。但将这种起诉职能理解为法律监督，未免会使法律监督虚无化。如果按照上述第一种观点，在公诉职能以外，又有一种法律监督职能，则这种法律监督职能的行使会带来第二个问题，即能否既当运动员又当裁判员？

如果不甚恰当地将刑事司法活动比拟为一种竞技活动，那么，控辩双方是运动员，而法官是裁判员。在这种情况下，作为当事人的检察官如果享有对法官的法律监督权，那么，确实存在一个既当运动员又当裁判员的悖论。这里的运动员，是指检察官本身是刑事诉讼的当事人，具有控方的身份。这种控方的地位决定了检察官具有胜诉的欲望。由于公诉权只是一种程序性权力，即所谓司法请求权，它本身不具备终结性即最终判定性和处罚性，而是国家刑罚权实现的准备和条件，在刑事司法过程中具有承前启后的作用，它所包含的实体性要求只有通过审判才能最终实现。② 在这种情况下，如果检察官享有对法官的法律监督权，势必破坏控辩之间的对等关系，动摇法官的中立地位，使检察官成为"法官之上的法官"。

检察官之所以不能成为"法官之上的法官"，这是由控审关系所决定的。控诉与审判是两项基本的诉讼职能，控审分离是现代刑事诉讼的基本原则。控审分离表示，控诉和审判这两种职能应当由不同的诉讼主体来承担。唯有如此，才能

---

① 我国学者指出：诉因，一般是指构成犯罪事实的主张。在当事人主义诉讼结构中，为了使辩护一方充分行使其防御权，检察官在起诉书中，除了记载具体事实外，还必须明示其诉因，具体指定所起诉的犯罪事实，法院只能就其诉因加以审判。参见郝银钟：《论"复印件主义"公诉方式》，载陈兴良主编：《刑事法评论》，第 6 卷，483 页，北京，中国政法大学出版社，2000。

② 参见徐静村主编：《刑事诉讼法学》（上），220 页，北京，法律出版社，1997。公诉权又可以分为程序公诉权和实体公诉权。行使具体的公诉权力，须满足一定的条件。公诉机关提起公诉，如果该项起诉符合法律程序上的条件（如管辖、时效等），法院就发生相应程序——对案件进行审理，这种引起诉讼程序发生意义上的公诉权，或称形式公诉权。行使程序公诉权的内在根据是实体公诉权。这种实体公诉权力基于国家维护内部安全即统治秩序的职能，它伴随被告人实施犯罪行为而发生，即被告人一旦实施刑法所界定的犯罪行为并应受刑事处罚，即产生国家对其进行追诉的权力，这种权力是国家刑罚权在公诉阶段的表现。参见陈兴良主编：《刑事法评论》，第 6 卷，221 页，北京，中国政法大学出版社，2000。公诉权作为司法请求权，主要是就实体公诉权而言的，是向法院提出追诉的请求。

实现审判的公正性。审判作为一种司法裁判活动，具有中立性。[1] 因为审判包括审和判两个方面：审是指审理，这种审理活动是由各个诉讼参与人参加的，在这种审理活动中法官是主持者。判是指裁判，即判断。在刑事诉讼中，是指对有罪还是无罪、罪重还是罪轻的一种判断。在这个意义上，裁判仅是一种判断权。[2] 就审和判两个方面的比较而言，审是判的前提与基础，判是审的结论与后果，因此，判是核心。如果说，审是在法官主持下通过各方诉讼当事人的职能活动完成的，那么，判是由法官独立完成的。正是在这个意义上，法官的审判要求具有中立性，它不受制于任何人。因此，法官所持的是一种纯粹而超然于控辩双方的法的立场。只有控审分离，法官的这种法的立场才能保持其纯粹性与超然性。对于法官的判决，除终局性判决以外，控辩双方都可以提起上诉[3]，以启动上一审级的审判。尽管如此，法官判决的中立性是毋庸置疑的。我国法律虽然将起诉与审判权分别赋予检察院和法院行使，但又赋予检察机关以法律监督权。1979年《刑事诉讼法》第112条第2款规定："出庭的检察人员发现审判活动有违法情况，有权向法庭提出纠正意见。"这一规定被认为是赋予了检察官对审判活动的法律监督权。1996年修正的《刑事诉讼法》第169条将上述规定修改为："人民检察院发现人民法院审理案件违反法律规定的诉讼程序，有权向人民法院提出纠正意见。"上述规定将监督主体由出庭的检察人员修改为人民检察院，由此引出刑事诉讼法修改以后，公诉人是否还有当庭监督的权力的争论。学理上一般认

---

[1] 我国学者认为，司法（即审判）应当中立，这是由司法权（即审判权）的性质和特征决定的。参见齐延平：《司法权中立的内容构成》，载《法商研究》，1999（4），103页。该文对司法权中立的内容作了分析。

[2] 我国学者指出：在国家权力结构中，行政权与司法权虽然同属执行权，但两者有区别。它们之间最本质的区别在于：司法权以判断为本质内容，是判断权，而行政权以管理为本质内容，是管理权。参见孙笑侠：《司法权的本质是判断权——司法权与行政权的十大区别》，载《法学》，1998（8），34页。关于司法是一种判断，我国学者还指出：所谓司法，是指司法机关（法院）依法对争议所作的具有法的权威的裁判。参加贺日升：《司法改革：从权力走向权威——兼谈对司法本质的认识》，载《法学》，1999（7），7页。

[3] 我国将控方的上诉称为抗诉，以区别于被告人的上诉，似有控辩不对等之嫌。其实，无论是抗诉还是上诉，其功能都在于启动上一审级的审判，没有实质性的区别。

为，检察官仍然具有当庭监督的权力。① 其实，对于法院的庭审活动中的违法行为，不仅检察官可以当场纠正，被告人及其辩护人难道就无权当场纠正？如果被告人及其辩护人也可以当场纠正，是否意味着被告人及其辩护人也享有法律监督权呢？当然，由于刑事诉讼法的专门授权性规定，检察官对于庭审活动享有引人注目的法律监督权，并且这种法律监督权是独立于公诉职能的。由此，在一定意义上说，检察官就成为"法官之上的法官"②。显然，检察官不能成为"法官之上的法官"，这是从控审分离原则中引申出来的必然结论。③ 相对于法官的裁判权，检察官的公诉权只能是一种司法请求权，它本身不是裁判权，因而不具有司法权的性质。在这个意义上说，公诉权是一种行政权，即犯罪追诉权。它以追究被告人刑事责任、遏制犯罪、恢复被破坏了的法律秩序为使命。为此，必须通过起诉，指控并支持控诉以确定被告人刑事责任的有无及轻重。④ 正是公诉权的这种行政性，决定了在刑事诉讼中，行使公诉权的检察官是与被告人在法律地位上

---

① 我国学者指出：要根据违法情形的轻重和程度，尤其是违法行为能否影响公正裁判，采用不同方法和程序，加以纠正。对于一般违法行为，检察人员可以口头提出，当场纠正；对于较严重的违法行为，检察人员可以先口头提出纠正，然后再辅以书面纠正意见，即适用违法监督通知书的方式，以示严肃认真，令其纠正；对于违法行为可能影响公正审判的，检察机关可以在抗诉期间，依法提出抗诉，按照二审程序给以纠正。参见陈光中、严端主编：《中华人民共和国刑事诉讼法释义与应用》，228页，长春，吉林出版社，1996。

② 我国刑事诉讼中控、辩、裁三方的法律关系没有理顺。一方面是在庭审活动中检察官的法官化；另一方面是法官的检察官化。正如我国学者所指出：在我国的审判程序中，审判人员不是超越控、辩，居中裁判，而是过于热心地投身于形同追查的法庭调查之中。查证什么，怎样查证，均由其一手决定，并亲自实施，从而使裁判活动不可避免地带着追诉的成分，因而实际上或多或少地也行使着控诉职能，致使控诉与裁判融为一体，似分非分。参见李心鉴：《刑事诉讼构造论》，252页，北京，中国政法大学出版社，1992。这种状况，在1996年刑事诉讼法修改以后有所改变，但法官的中立地位仍然有待加强。

③ 我国学者在论及检察官的诉讼地位时指出：检察官作为公诉人，有权对法庭审判活动实施法律监督，但这种监督实际上是他基于公正地追诉犯罪这一角度对法官所进行的制约和平衡，而没有任何特殊性和独立性。事实上，被告人及其辩护人也同样有权对法官进行相似的监督和制约。与被告方一样，检察官的这种诉讼监督和制约并不能使它处于"法庭之上"的地位。参见陈瑞华：《刑事审判原理论》，242页，北京，北京大学出版社，1997。这里检察官处于"法庭之上"的地位，类似于本文所称检察官成为"法官之上的法官"。

④ 参见徐静村主编：《刑事诉讼法学》（上），221页，北京，法律出版社，1997。

对等的当事人，这就是所谓"检察官的当事人化"①。在审判程序中，检察官只有归位为刑事诉讼中的当事人，行使公诉权，才能形成与被告人的对等地位，使之具有"平等的武装"②（equality of arms），以保证法官在具有中立性与超然性的情况下作出裁判。

二

检察官不能成为"法官之上的法官"，那么，是否可以成为"法官之前的法官"呢？我的回答是肯定的。这里涉及检警关系（在一定意义上也就是侦检关系），即检察机关与警察机关的关系。我国公安机关行使警察权，这里的警察权是一种行政权，对此并无争议。在警察权中包含侦查权，由于侦查行为是刑事诉讼行为，因而公安机关也往往被称为司法机关。如果基于司法机关即行使司法权的机关这样一种逻辑，侦查权也会被认为是一种司法权。③ 我认为，司法权是一种裁判权，侦查活动只是为法官裁判奠定基础，因此，不能认为侦查权是一种司

---

① 日本学者指出：应该尽可能分散检察官权限，同时应该确定当事人主义的地位，探索如何调和检察官的权限与现行法的当事人主义诉讼结构。参见［日］田口守一著，刘迪等译：《刑事诉讼法》，107页，北京，法律出版社，2000。法国学者将检察官称为"主当事人"（partie principale），或"公众当事人"（partie publique）。法国学者指出：在刑事诉讼中，检察机关是诉讼的一方当事人。与民事案件的情况有所不同，检察机关在刑事案件中始终是主要当事人，而在民事案件中，检察机关有时是主要当事人，有时或者更为常见的是检察院仅仅是就两个对立个人之间的争议提出意见的从当事人。这是因为，在刑事诉讼中进行公诉的始终是检察机关，即使是在公诉由受到损害的当事人发动的情况下，检察机关仍然是主要当事人。参见［法］卡斯东·斯特法尼等著，罗结珍译：《法国刑事诉讼法精义》（上），131～132页，北京，中国政法大学出版社，1998。

② "平等武装"这一表述最早被欧洲人权委员会所使用，该委员会认为，检察官与被告人（在刑事诉讼中）的程序平等（procedural equality）一般可称为平等武装，这是公正审判的一项内在要素。参见陈瑞华：《刑事审判原理论》，261页，北京，北京大学出版社，1997。

③ 我国学者认为侦查行为兼具司法和行政双重特性。侦查活动为正确判明案件事实最终实现国家刑罚权的司法活动提供基础，创造条件，因而是一种广义的诉讼行为，即具有司法性质。同时，侦查活动具有纵向管理特征和行政组织方式，因此又具有显著的行政性。参见徐静村主编：《刑事诉讼法学》（上），183页，北京，法律出版社，1997。

法权。在某种意义上我们可以采用追诉这个概念，以此涵括侦查权和公诉权。①追诉权是国家专门机关对犯罪的一种追究活动，这种活动的目的是使犯罪受到法律的追究。因此，我认为追诉权本身并不是司法权而是行政权。追诉权使警察、检察官成为一体化的控告方，而与辩护方形成对峙关系。

追诉权行使的主体，通常包括警察和检察官。可以说，追诉权中的侦查权主要是由警察来行使的。但警察权不止于侦查权，更主要的是行使治安管理职能。在法国，警察分为行政警察与司法警察。法国学者在论述行政警察与司法警察的区别时指出：行政警察所做的努力集中在预防犯罪。对于行政警察而言，就是要防止社会秩序受到扰乱，并且在必要情况下，尽可能快地恢复受到扰乱的秩序。行政警察应当通过现场指挥，以其指令，并且在必要时，以其行动，让人们遵守法律与条例、规章，同时尊重人的自由。但是，在行政警察的这一作用并未完全实现，社会秩序实际受到扰乱，行政警察只能通过其权力范围内的手段部分恢复受到扰乱的秩序时，如果有人实行了某种犯罪，这时就有必要查找谁是犯罪行为人，以便对他们提起公诉。这种调查职能已不再属于预防性质，而属于制裁性质（或者更确切地说，具有对制裁给予合作的性质）。这一调查职责（forction d investigation）是司法警察应当履行的职责，它明显不同于行政警察的职责。② 尽管行政警察与司法警察具有职能上的密切联系，但两者的职能分工也是十分明显的，侦查权主要是由司法警察来行使。那么，司法警察是否独立地行使侦查权呢？从各国法律规定来看，司法警察的侦查权是在检察官的指挥下行使的。这里

---

① 追诉权是依照国家法律规定，为了对犯罪嫌疑人适用刑罚，进行查证、指控、要求审判机关作出公正判决的一系列职能活动的总和，它与审判权是刑事诉讼宏观阶段职能不同的两项权力。作为侦查、起诉等控诉性质的权力则是追诉权实施中具体环节的职能形式，它们与追诉权之间同是包含与被包含、整体与分解的关系。参见高羊生、周志强：《追诉权、检警一体化与我国法律制度之研究》，载陈兴良主编：《刑事法判解》，第3卷，北京，法律出版社，2000。

② 参见［法］卡斯东·斯特法尼等著，罗结珍译：《法国刑事诉讼法精义》（上），304页，北京，中国政法大学出版社，1998。

涉及侦检模式。关于侦检模式，我国学者认为主要有以下三种[①]：（1）主导型，这种类型的国家十分强调刑事司法的高度集中统一，在调查追诉的过程中偏重对诉讼效率的追求，因而为了防止侦查机关可能出现的离心倾向，往往将侦查指挥权、侦查监督权集中赋予检察机关，并在检察机关的统一领导下由双方共同行使侦查权。在侦查的整个过程中，检察机关居于主导地位。（2）指导参与型。采取这种模式的典型国家是美国。虽然从表面上看美国的检察机关与警察机关是一种十分松散的关系，但检察官对警察侦查取证活动的指导参与作用是不容忽视的。（3）协助型。在日本，一般认为，侦查的目的之一是为公诉做准备，而提起公诉和维持公诉的责任属于检察官，这就需要检察官和司法警察职员在犯罪侦查上相互协助，也需要检察官从公诉的角度对司法警察职员的侦查行为进行制约，故日本刑事诉讼法赋予了检察官一定的指挥权。上述各种侦检模式，都在一定程度上体现了侦检的一体化，有利于检察官对侦查活动的有效控制。

侦检一体，实质上就是检警一体。这种一体化的模式，我认为是由刑事诉讼理念所决定的。刑事法治普遍认同的一项基本原则是审判中心主义。审判中心主义指审判（尤其是第一审法庭审判）是决定国家对于特定的个人有无刑罚权以及刑罚权范围的最重要阶段，未经审判，任何人不得被认为是罪犯，更不得被迫处于罪犯的待遇。具体来说，审判中心主义有两层含义：一是在整个刑事程序中，审判程序是中心，只有在审判阶段才能最终决定特定被告人的刑事责任问题，侦查、起诉、预审等程序中主管机关对于犯罪嫌疑人罪责的认定仅具有程序内的含义，对外不产生有罪的法律效果。二是在全部审判程序当中，第一审法庭审判是中心，其他审判程序都是以第一审程序为基础和前提的，既不能代替第一审程序也不能完全重复第一审的工作。[②] 审判中心主义确立了庭审作为刑事诉讼程序的

---

① 参见陈卫东、郝银钟：《侦、检一体化模式研究——兼论我国刑事司法体制改革的必要性》，载《法学研究》，1999（1），58页以下。另有学者认为，考察世界主要国家的立法和实践，在处理刑事程序中的警、检关系方面，主要有以下模式：（1）警、检分立模式；（2）警、检结合模式。参见宋英辉、张建港：《刑事程序中警、检关系模式之探讨》，载《政法论坛》，1998（2），64页以下。

② 参见孙长永：《审判中心主义及其对刑事程序的影响》，载《现代法学》，1999（4），93页。

中心，而庭审又以抗辩形式展开，由此能够实现惩治犯罪与保障人权的双重目的。与审判中心主义相对立的是侦查中心主义，侦查中心主义强调侦查程序在刑事诉讼中的核心地位，仅仅根据侦查阶段做成的调查笔录进行审判，即所谓"书面审判"。也就是说，案件在侦查阶段实际上就已经决定了（所谓侦查中心主义），审判被架空，这就偏离了审判中心主义。[①] 我认为，侦查中心主义还是审判中心主义，实际上是刑事诉讼理念之争。侦查中心主义将侦查放在重要位置上，而侦查活动具有行政性，因而忽视了刑事诉讼的司法性。而审判中心主义将审判放在中心位置上，使侦查以及其他追诉活动从属于审判，而审判活动具有司法性，因而淡化了刑事诉讼的行政性。以审判为中心建构刑事诉讼结构，必然使侦查活动和起诉活动成为审判的一种准备活动，最终服从法院的裁判。因此，就必然以起诉制约侦查，使侦查服从起诉，这就为检警一体提供了理论根据。

我国现行的刑事诉讼程序是由公、检、法三道工序组成的一条司法流水线，因而既不同于侦查中心主义，也有别于审判中心主义，是一种无中心主义，我国学者称为诉讼阶段论。[②] 根据这种诉讼阶段论，侦查、起诉与审判分别是三个独立的诉讼阶段，三个诉讼阶段分别由公安、检察、法院行使侦查权、起诉权和审判权。只是在侦查权上，以公安为主、检察为辅共同行使。公、检、法三机关分别行使职权，互相制约互相配合，成为我国刑事诉讼结构的一大特色。但这种司法流水线式的刑事诉讼结构，虽然是侦查、起诉与审判三个诉讼阶段平行，循序渐进，但由于侦查居于启动的地位，从而不可避免地具有侦查中心主义的倾向。"公安局是做饭的，检察院是端饭的，法院是吃饭的"，这句俗语形象而深刻地描述了我国刑事诉讼的侦查中心主义特征。在这种情况下，侦查活动缺乏应有的控制。

---

① 参见［日］田口守一著，刘迪等译：《刑事诉讼法》，25页，北京，法律出版社，2000。侦查中心主义还是审判中心主义，和采取何种侦查构造论有关。日本学者提出了关于侦查构造论的三种观点：（1）纠问式的侦查观；（2）控辩式的侦查观；（3）诉讼上的侦查观。参见上书，25页以下。关于侦查与审判之间的本位关系的详尽论述，参见陈岚：《侦查程序结构论》，载《法学评论》，1999（6），58页以下。
② 我国学者指出：由于司法领域分工越来越细、分权学说的影响、人权思想的发达以及适应同犯罪作斗争的需要，诉讼职能在不断地分化、发展并不断地整合，传统的审判中心论已为诉讼阶段论所取代。参见樊崇义主编：《刑事诉讼法学》，39页，北京，中国政法大学出版社，1996。

从各国刑事诉讼结构看，对于侦查实行双重控制，一是行政控制，二是司法控制。这里的行政控制主要是指检察官对于侦查的控制，而司法控制主要是法官对于侦查的控制。关于检察官对于侦查的控制，主要涉及检警关系。如上所述，在我国刑事诉讼结构中，公安与检察是并列的两个机关，虽然检察机关享有法律监督权，对于公安机关具有侦查监督权，但由于公安机关与检察机关是一种互相配合互相制约的关系，因而这种侦查监督只是结果的监督而不是过程的监督，是一种静态监督而不是动态监督。因此，缺乏侦查监督的有效性。在这种情况下，我国学者提出了完善我国警检关系的构想①，这种构想基于检察机关实施监督的滞后性和被动性往往导致难以有效预防和及时纠正侦查违法，不利于保障犯罪嫌疑人及其他有关公民的合法权益不受侵犯的现状，认为应当强化警、检关系中的制约机制。更有学者明确提出侦、检一体化模式②，认为应当确立检察官在侦查阶段的主导核心地位，并增强检察机关对侦查程序的监控力度，使侦查机关的所有诉讼程序，特别是调查、取证行为，必须服从检察机关的领导、指挥和监督，从而使检察官真正成为影响侦查、公诉程序进程的核心力量。尽管侦查机关的职能分工仍然是以侦查为本，但不再赋予其完全独立的司法权力，即明确规定侦查权完全是一种依附于检察权的司法权力，废除调整公、检两机关之间相互关系的所谓"分工负责"及"相互制约"的诉讼原则，这是侦、检一体化模式的基本理念。我认为，以侦检一体化为内容的检警一体模式是从侦查中心主义向审判中心主义转变的一项重要而有效的改革措施。检警一体是指为有利于检察官行使控诉职能，检察官有权指挥刑事警察进行对案件的侦查，警察机关在理论上只被看作是检察机关的辅助机关，无权对案件作出实体性处理。③这种警检一体化的侦查

---

① 参见宋英辉、张建港：《刑事程序中警、检关系模式之探讨》，载《政法论坛》，1998（2），66页以下。

② 参见陈卫东、郝银钟：《侦、检一体化模式研究——兼论我国刑事司法体制改革的必要性》，载《法学研究》，1999（1），58页以下。侦、检一体化，我认为就是警检一体，参见陈兴良：《检警一体：诉讼结构的重塑与司法体制的改革》，载《中国律师》，1998（11）。

③ 关于检警一体原则中的检警关系与公检法三道工序的结构中的公检关系的区分，参见陈兴良：《内地刑事司法制度：理念、规范、体制之考察》，载陈兴良主编：《刑事法评论》，第5卷，42页以下，北京，中国政法大学出版社，2000。

体制赋予检察官主导侦查的权力，为其履行控诉职能打下了良好的基础。

我国学者对检警一体化提出质疑，主要理由有三[①]：其一，从现代检察制度设立的意义看，需要保持检警的适当分离以形成必要的"张力"，从而维持对侦查进行"过滤"以及对侦查活动实施法律控制的机制。其二，将刑事警察从警察机关剥离，将大大损害刑事警察的侦查能力。其三，由检察官全面负责刑事侦查在一定程度上是强其所难，不利于保证侦查的专业化和实现侦查的效能。针对上述三点理由，我提出以下三点为检警一体化辩护理由：首先，检警一体化并不是否认检警的分离，而是以这种分离为前提的职能上的一体，而非组织体制上的一体。因此，检警一体是为了更有效地加强对侦查活动的法律控制。其次，在检警一体化原则下，行政警察与刑事警察（即司法警察）在职能上剥离，而且刑事警察的侦查活动将服从检察官的指挥，可以增强侦查活动的有效性与合法性，而不是相反。至于侦查能力，取决于各种因素，离不开各个机关，乃至社会公众的配合与协助，并不会因为行政警察与刑事警察的分离而下降。例如，缉私警察队伍的建立，事实证明有利于侦破走私犯罪案件。以后还将建立税务警察等，警察机关的专门化可以说是一个发展方向。最后，由检察官主导侦查活动，并不是由检察官包办侦查活动。警察从事一线侦查，检察从事二线侦查。[②] 两者分工不同，正可以各显其能。侦查活动是一种查获犯罪并保全犯罪证据的活动。因此，

---

① 参见龙宗智：《评"检警一体化"——兼论我国的警检关系》，载陈光中主编：《依法治国司法公正——诉讼法理论与实践（1999年卷）》，372页以下，上海，上海社会科学出版社，2000。关于否定检警一体化的理由，还可以参见倪兴培：《论司法权的概念与检察机关的定位——兼评侦检一体化模式（下）》，载《人民检察》，2000（4），48页以下。

② 关于警察侦查与检察侦查，日本刑事诉讼法的基本模式是：警察侦查结束后，案件移送检察官实施检察侦查。因此，检察侦查对于移送案件，从维持公诉的角度看，原则是补充侦查。警察侦查是犯罪发生后在真相不明的状态下开始侦查，检察侦查是在真相大致查清后实施，因此，两者性质不同。但是，(1) 关于人身案件的侦查，因为移送后多被羁押在警察拘留所（代用监狱），所以存在检察侦查与警察侦查同时实施的倾向；(2) 检察官直接受理的案件是检察侦查，从现实上看其性质与警察侦查没有不同，因此两者不做严密的划分。参见［日］田口守一著，刘迪等译：《刑事诉讼法》，38页注①，北京，法律出版社，2000。

侦查活动可以分解为两部分：一是查获犯罪，即所谓破案，也就是专门调查。①二是保全证据，这是为证明犯罪而实施的调查取证活动。破案，具有经验性，是警察侦查的内容。而保全证据，则具有法律性，是检察侦查的内容。我认为，对于侦查内容的上述区分是符合实际的。检察官主导侦查活动，主要是指在保全证据中起指挥作用，在刑事警察的协助下完成。这一任务，检察官完全能够承担，而且是最佳的承担者。因为警察往往缺乏法庭意识与证据意识，往往认为只要将刑事案件破获，就万事大吉。而只有检察官最清楚在法庭上证明犯罪需要哪些证据，可以及时指挥警察搜集为庭审所必需的各种证据。

三

检警一体化，只是强化了检察官对侦查活动的行政控制。更为重要的是，检察官还应当具有对侦查活动的司法控制权。只有在这个意义上，检察官才能成为"法官之前的法官"。这里涉及检察机关的批准逮捕（简称批捕）权的问题。② 对于侦查活动的司法控制，在法治国家一般是由法官（主要是预审法官）承担的。我国学者指出：侦查程序中存在的最大"诉讼"问题是如何对那些涉及公民权益的侦查行为进行司法审查的问题。在这方面，西方各国普遍建立了由法官颁布许可令的"令状制度"。无论是逮捕、搜查、扣押、窃听还是羁押、保释或者其他强制性措施，司法警察或检察官都要事先向法官或者法院提出申请，后者经过专门的司法审查程序，认为符合法定的条件后，才能许可进行上述侦查活动。这样，强制措施的实施必须取得法官的授权和审查。侦查机构只能在法定特殊情况

---

① 侦查与侦察这两个概念是有区别的。可以说，侦查包含侦察，前者是后者的上位概念。日本学者指出：警察侦查是事实性、技术性以及有目的性的侦查，而检察侦查是法律性、规范性、规制性的侦查。参见［日］田口守一著，刘迪等译：《刑事诉讼法》，98～99页，北京，法律出版社，2000。
② 实际上不止批捕权，还涉及立案批准权、其他强制措施的批准权、将在下文论述。

下才能自行实施上述措施，但要立即送交法官或者法院作出决定。[①] 上述侦查控制模式，体现了"司法最终裁决"原则，即法院的司法裁判不限于庭审，而是向前延伸到整个追诉过程中，尤其是对侦查活动实行严格的司法控制。应该说，这一模式更能体现控辩对等、保障犯罪嫌疑人的权利这一现代刑事法治原则。因为基于"没有裁判，就没有司法"的理念，任何司法活动都必须要有裁判，而且这种裁判还必须是由中立的第三方基于法的立场而作出的。而检警双方同属于追诉方，由追诉者自行决定对被追诉人，即犯罪嫌疑人、被告人的强制措施，在没有充分的法律保障的情况下，不利于保障被追诉人的权利。

我国刑事诉讼程序，基于诉讼阶段论的理念，分为侦查、起诉、审判这三个互相衔接的阶段。侦查实行职能分工，除检察机关管辖渎职侵权犯罪案件和国家工作人员职务犯罪案件的侦查以外，其他绝大部分案件都由公安机关管辖（其中，危害国家安全的犯罪案件由国家安全机关管辖）。公安机关（包括国家安全机关，下同），在侦查过程中，享有立案权、撤案权、搜查权、扣押权、通缉权、传唤权、拘传权、刑事拘留权。由此可见，公安机关享有广泛的权力。以刑事拘留权为例，根据我国《刑事诉讼法》第69条的规定，公安机关对被拘留的人，认为需要逮捕的，应当在拘留后的3日以内提请人民检察院审查批准。在特殊情况下，提请审查批捕的时间可以延长1日至4日。对于流窜作案、多次作案、结伙作案的重大嫌疑分子，提请审查批捕的时间可以延长至30日。外国警察没有这么大的权力，涉及剥夺犯罪嫌疑人的人身自由的，均由法官批准。只是警察可以在紧急情况下采取无证逮捕。在日本无证逮捕或收到被扭送的嫌疑人后至请求法官批准羁押的时限，总计不得超过72小时。在英国，警察进行无司法令状逮捕后应在24小时以内移送治安法院，对被怀疑从事恐怖活动者羁押期限可延长

[①] 参见陈瑞华：《刑事侦查构造之比较研究》，载《政法论坛》，1999（5），93页。作为例外的是法国，法国的侦查活动由预审法官领导，有权直接采取强制措施。法国学者指出：预审法官的职权，归结起来，一方面是查找证据，另一方面是以司法裁判权性质的决定对证据作出评判。因此，预审法官既是负责查找证据的侦查员（agent d'information），又是法庭（juridiction）。参见［法］卡斯东·斯特法尼等著，罗结珍译：《法国刑事诉讼法精义》（上），385页，北京，中国政法大学出版社，1998。

至 48 小时，在特殊情况下，内政大臣可以下令延长 5 日。① 我国警察享有如此之大的侦查权，是有悖于刑事法治理念的。我认为，一个国家的刑事法治水平与警察权的大小是成反比的：警察权越大，刑事法治水平越低；警察权越小，刑事法治水平越高。② 当然，警察权的大小只是衡量一个国家刑事法治水平高低的一个指数。有鉴于此，我国学者提出在侦查程序中构建中立司法机构的审查和控制机制，建立所谓的"程序性裁判"制度，使侦查程序中所有的重大限制人身权利和自由的行为都纳入司法审查和诉讼的轨道。③ 在我国刑事诉讼结构中，对公安机关侦查活动实行监督的是检察机关，检察机关的侦查监督措施主要是指立案监督。《刑事诉讼法》第87条规定：检察机关认为公安机关对应当立案侦查而不立案侦查的，应要求公安机关说明不立案的理由。检察院认为公安机关不立案理由不能成立的，应当通知公安机关立案，公安机关接到通知后应当立案。我认为，加强对公安机关侦查活动的监督是十分必要的，目前引入法院的司法审查程序尚有一定难度。在这种情况下，将目前公安机关享有的立案权、撤案权以及采取拘留、扣押、搜查等强制性侦查措施的权力赋予检察机关，从而形成对公安机关的侦查活动的有效控制，是较为可行的方法。

这里需要讨论的重大问题是批捕权由谁行使。我国刑事诉讼法规定，批捕权由检察机关行使。因此，批捕被认为是侦查监督的重要形式，各级检察机关内设机构中，将行使批捕职权的部门称为侦查监督部门就是一个明证。基于批捕权具有程序性裁断的性质，我国学者提出了批捕权的优化配置的命题，认为：在刑事诉讼中，批捕权是一项重要的司法权力，应该由人民法院来行使；并应通过设置

---

① 参见徐静村主编：《刑事诉讼法学》（上），210~211 页，北京，法律出版社，1997。
② 日本学者指出：警察权的目的是维持社会公共秩序。实施警察权必须遵守下述三项原则：第一，警察公共原则，其中又包括三项原则，即不可侵犯私人生活原则、不可侵犯私人住所原则以及不干涉民事原则。第二，警察责任原则。即只对负有责任者行使警察功能。第三，警察比例原则。警察功能仅止于维持公共秩序必需的最低限度。参见［日］田口守一著，刘迪等译：《刑事诉讼法》，37 页，北京，法律出版社，2000。
③ 参见陈瑞华：《刑事侦查构造之比较研究》，载《政法论坛》，1999（5），101 页。该文未对"程序性裁判"主体作具体论述。据我向陈瑞华博士咨询，"程序性裁判"的主体是法官。

上诉程序，来保障其公正实现。具体运作程序可设定为：在刑事诉讼中，侦查人员及检察官认为需要逮捕犯罪嫌疑人或被告人时，应当向法院提出请求书，并须向法庭公开逮捕的理由。如果法官认为完全符合逮捕条件时，应该裁定批准逮捕，并及时签发逮捕证；如果法官认为理由不成立或不充分时，应裁定不予批准逮捕，并应在裁定书中阐明不批准逮捕的理由。当侦查人员及控、辩双方对法庭裁定持有异议时，都有权在法定期间内向上一级法院提出上诉。[1] 这一观点的提出，引起了强烈反响，并引出了反驳意见，主要理由是：(1) 批捕权是法律监督权的重要组成部分，它由专门的法律监督机关——人民检察院来行使是合乎逻辑也是合乎法律的。(2) 由检察机关行使批捕权是与我国的刑事诉讼体制和诉讼目的相符合的。(3) 我国检察机关行使批捕权已经形成了完善的监督体制和有效的救济程序。[2] 关于批捕权到底是由检察官行使还是由法官行使的争论，主要集中在以下三个问题上：一是应然与实然。主张批捕权应由法官行使的观点从应然性角度进行了法理论证，尤其从控辩对等理念出发，认为对于承担控诉职能的检察机关来说，如果再享有批捕的权力，不仅打破了控辩双方的平等性，使得控辩双方平等对抗原则难以真正发挥作用，而且也使得辩护一方的诉讼地位呈客体化趋势，程序的正当性也就难以体现出来。由于法官能够对控辩双方保持一种不偏不倚的超然中立态度，这样更有助于公正地把握批捕权的运作。[3] 这在法理上是能够成立的。而主张批捕权应由检察官行使的观念则偏重于从实然性角度加以辩

---

[1] 参见郝银钟：《论批捕权的优化配置》，载《法学》，1998 (6)，49 页。进一步的论述，参见郝银钟：《批捕权的法理与法理化的批捕权——再谈批捕权的优化配置及检察体制改革兼答刘国媛同志》，载《法学》，2000 (1)，19 页以下。

[2] 参见刘国媛：《也谈批捕权的优化配置——与郝银钟同志商榷》，载《法学》，1999 (6)，28 页以下。另见张智辉：《也谈批捕权的法理——"批捕权的法理与法理化的批捕权"一文质疑》，载《法学》，2000 (5)，37 页以下。值得注意的是该文的以下这段总结性的观点：笔者并不认为由检察机关行使批捕权是最好的办法，但是，与法院或其他任何机关行使批捕权相比，检察机关行使批捕权更为适当，因此不失为最优化的权力配置。正是基于这一点，笔者建议，在法院内部没有设立预审法官的情况下，批捕权应当统一交由检察机关行使。同时通过立法赋予法院根据当事人的申请对检察机关的批捕权进行审查裁定的权力，以防止批捕权的不当行使。参见张智辉：《也谈批捕权的法理——"批捕权的法理与法理化的批捕权"一文质疑》，载《法学》，2000 (5)，39 页。

[3] 参见郝银钟：《论批捕权的优化配置》，载《法学》，1998 (6)，47 页。

护，论证差强人意。但其中提出如果由法院行使批捕权，致使法院在审判之前陷于与审判结果的利害关系之中的观点，似有一定道理。当然，如果由预审法庭（官）来承担批捕职能，则不存在这个问题。二是批捕权的性质。主张由法官行使批捕权的观点是认为批捕权是一种程序性裁判权，具有司法权的性质，而检察机关是行政机关，因此不应由检察官行使批捕权。[①] 而主张由检察官行使批捕权的观点，虽然明确承认批捕权是一种程序性权力，但对这种权力的性质未作深入分析，只是强调检察机关作为代表国家行使公诉权的追诉机关，为了保障侦查活动和公诉活动的顺利进行而行使批捕权，自然是顺理成章的。[②] 我认为，批捕权是一种裁判权，是一种程序性裁判权。例如，日本刑事诉讼法中，把逮捕包括在"羁押的裁判"中。[③] 因此，批捕权具有司法权的性质。它与起诉权不同，起诉权只是一种司法请求权，因此是行政权而非司法权。当然，肯定批捕权是司法权，并不能从检察权是行政权，而行政机关不能享有司法权中得出检察机关不应享有批捕权的必然结论。三是批捕权与法律监督权的关系。主张由法官行使批捕权的观点认为，检察机关的侦查监督仅指对侦查活动是否合法进行监督，并不包括审查批捕。[④] 而主张由检察官行使批捕权的观点则认为，批捕权的设置，无论是从立法原意，还是从司法实践上讲，都体现了其监督权的属性。[⑤] 就这一问题而言，我认为批捕权显然具有侦查监督之内涵，这是不能否认的。当然，这与检察机关是否具有法律监督机关的性质是两个问题。即使检察机关不是法律监督机

[①] 论者认为，检察权在本质意义上应隶属于国家行政权，检察机关应当定位为行政机关。参见郝银钟：《中国检察权研究》，载陈兴良主编：《刑事法评论》，第5卷，128页，北京，中国政法大学出版社，2000。

[②] 参见张智辉：《也谈批捕权的法理——"批捕权的法理与法理化的批捕权"一文质疑》，载《法学》，2000（5），38页。

[③] 参见［日］田口守一著，刘迪等译：《刑事诉讼法》，53页，北京，法律出版社，2000。

[④] 参见郝银钟：《论批捕权的优化配置》，载《法学》，1998（6），48页，顺便指出，论者对检察机关的法律监督权是持否认观点的，认为检察机关在我国宪政体制以及在刑事诉讼中都不应该定位为国家法律监督机关。检察官在刑事诉讼中只能是承担控诉职能的具有国家公务员性质的公诉人。参见郝银钟：《检察机关的角色定位与诉讼职能的重构》，载陈兴良主编：《刑事法评论》，第4卷，311页，北京，中国政法大学出版社，1999。

[⑤] 参见刘国媛：《也谈批捕权的优化配置——与郝银钟同志商榷》，载《法学》，1999（6），28页。

关同样也可以被赋予批捕权。反之，也不能简单地认为批捕权是一种法律监督，而检察机关是法律监督机关，因此得出结论：批捕权应由检察机关行使。我认为，这是一种实然的推理，而非应然的论证，缺乏说服力。

基于以上考虑，我认为，根据我国当前的刑事司法体制，在检警一体化的前提下，由检察官行使批捕权，以此作为对警察侦查的一种司法控制形式，是可取的。当然，检察机关自行侦查案件的批捕权，拟由法院行使批捕权为好。主要理由在于：我国检察机关在刑事诉讼中的法律地位具有特殊性，尤其是在一府两院的体制没有改变的情况下，检察机关历史形成的这种法律地位应当受到尊重。随着刑事法治的发展，更应当受到限制的是警察权而不是检察权。就此而言，以检察权制约警察权具有客观上的妥当性。在检警一体化的情况下，由检察机关对公安机关的侦查活动实行行政的与司法的双重控制，能够在一定程度上保障犯罪嫌疑人的诉讼权利。因此，应当使检察官成为"法官之前的法官"[①]，对公安侦查活动行使包括批捕在内的司法裁判职能。

四

检察官成为"法官之前的法官"，使检警关系发生重大变化，为审判中心主义的实现创造了条件，同时也带来检察权行使方式的改革。

检察机关实行检察一体原则，这是各国检察制度的通例。检察一体是指各级检察机关、检察官（检察人员）依法构成统一的整体，各级检察机关、检察官在

[①] 法国有立席司法官（magistrat debout 或 magistrat du parquet）与坐席司法官（magistrat du siege 或 magistrat assis）之分。检察院的司法官在刑事法庭上被称为"parquet"。这是借指检察官在法庭上的席位（也用来指称"检察院"）。"parquet"一词在法语中有"地板"或"镶木地板"之意。这一名称来自旧制度时期，那时的国王检察官或律师与审判法官不在同一审判席上就座，而是同受到审判的人以及他们的代理人一样，站在审判法庭地板上进行诉讼。这一名称至今仍得到保留，尽管现在检察院司法官也同审判司法官一样，在法庭同一排座位上就座。参见［法］卡斯东·斯特法尼等著，罗结珍译：《法国刑事诉讼法精义》（上），122~123页，北京，中国政法大学出版社，1998。这里的立席司法官也称为站着的法官，坐席司法官是坐着的法官。由此可见，将检察官比喻为法官是有来由的，这也可以看作是"法官之前的法官"的一个佐证。

履行职权、职务中根据上级检察机关、检察官的指示和命令进行工作和活动。①检察一体原则体现了检察机关的行政性,检察官基于"上命下从"原则行使职权。但检察事务又具有司法性,因而检察一体并不否认检察官行使职权的独立性。例如,日本检察官制度的特色在于:行使检察权的不是检察厅,而是各个检察官。尽管检察权由各个检察官独立行使,但检察官在全国作为一个整体活动,检察官的决定被认为是检察机关整体的决定,这就叫检察官一体原则。② 因此,检察一体是以检察官履行职务的独立性为前提的。在这个意义上,日本检察官在执行检察事务时被视为"各自独立的官厅",即检察官是以自己的名义并由自己负责来处理分配给他的检察事务。③ 检察官行使职权的独立性是司法活动的亲历性的必然要求,符合司法活动的规律。

我国检察机关长期以来具有明显的行政化管理的特征,实行的是"检察人员承办,部门负责人审核,检察长或者检察委员会决定"的办案制度。在这种情况下,检察官作为案件的承办人实际上并没有对案件的决定权,而是听命于科(处)长和主管检察长,对案件审理采用行政手段管理,既挫伤了承办人的积极性又降低了办案效率。为此,我国检察机关推行了主诉检察官办案责任制度。主诉检察官制虽然被定位为一种办案责任制④,但它已经涉及检察权行使方式上的改革,即向检察官独立行使职能迈出了第一步,因而具有重要意义。

在推行主诉检察官办案责任制过程中,提出了一个检控分离的问题。我国学者指出:为了更好地适应刑事诉讼法修改后控辩双方对抗力度加大、程度加深的庭审方式,建立和推行检控检察官分离制度是一种可尝试的刑事检察办案制度。该制度的内容是:在现有法律框架内,通过对检察机关内部机构设置的某种调整及对检控检察官职务、职责的定位,建立一种主控检察官、事务检察官和检察书

---

① 参见张穹主编:《人民检察院刑事诉讼理论与实务》,18 页,北京,法律出版社,1997。
② 参见[日]田口守一著,刘迪等译:《刑事诉讼法》,105~106 页,北京,法律出版社,2000。
③ 参见张穹主编:《人民检察院刑事诉讼理论与实务》,19 页,北京,法律出版社,1997。
④ 关于主诉检察官办案责任制的定位,参见龙宗智:《为什么要实行主诉检察官办案责任制——论主诉检察官办案责任制》,载《人民检察》,2000 (1),19 页。

记官组成的刑事检控检察官分离制度。在这种制度下，主控检察官与事务检察官具有不同的分工：事务检察官主要面对侦查，对侦查进行动态的制约；主控检察官主要面对法庭，在庭审中形成与辩方的有力对抗，从而形成一种以庭审公诉为中心，以起诉制约侦查的合理办案机制。[1] 检控分离制度以主控检察官为主导，由事务检察官主要承担对侦查活动的控制，从而理顺公、检、法的关系，具有一定的意义。尤其需要指出的是，事务检察官的职责主要在于对警察侦查实行控制，以往这种控制主要是通过对案卷的书面审查，采取退回补充侦查（根据刑事诉讼法规定，以两次为限）实现的。这种退回补充侦查具有事后补救的性质，由于时过境迁，侦查人员工作重点的转移，效果不能尽如人意。在这种情况下，某些检察机关实行捕诉合一的办案机制。在这种捕诉合一的办案机制下，以一名检察官为主，辅之以数名助理检察员、书记员组成相对独立的执法主体，主控检察官在检察长领导下，独立承担案件审查批捕、审查起诉、提起公诉的全部法律职能，相对独立地行使权力和承担义务。[2] 这种捕诉合一的办案机制，改变了传统的捕诉分立、起诉制约批捕的刑事检察办案机制，突出了对侦查活动的制约。由于批捕与起诉由同一名检察官承担，因而在批捕条件上就会按照最低限度的起诉条件来掌握，使审查批捕真正成为公诉前期的预备阶段，从而有效地提高了公诉案件的质量。当然，无论是检控分离还是捕诉合一，都还是在现行法律框架内的改革，没有从根本上触及检察关系。实现检警一体化、检主警辅的侦查控制模式，尚有待于立法的修改。

在刑事法治背景下，检察权的行使，我认为应当以控制公安机关的侦查活动为方向。由于检警同为控诉方，具有共同的利益追求，所以，检察官之成为"法官之前的法官"还须引入辩护方的制约机制。换言之，在侦查阶段就应当形成即

---

[1] 参见王新环：《检控分离制度研究》，载陈兴良主编：《刑事法评论》，第 4 卷，359 页，北京，中国政法大学出版社，1999。

[2] 参见全弛：《主控检察官制——刑事检察机制的新探索》，载《人民检察》，2000（4），26 页。

对立又对抗的控辩关系。在刑事诉讼理论上，存在审问式模式与弹劾式模式之分。① 审问式模式是一种两方组合：控辩双方对立而不对抗，并且地位不对等，没有中立的裁判者。弹劾式模式是一种三方组合，控辩双方对立而对抗，并且法官作为第三方介入侦查，居于三角结构的顶端。② 如前所述，我国目前在侦查程序中引入法官的裁判尚不具备条件。在这种情况下，通过加强辩护方在侦查程序中的抗辩能力，与警察侦查形成对立而对抗的关系。在此基础上，由检察官承担裁判者的角色，形成审前的三角结构。在庭前，无论是侦查阶段还是起诉阶段，检察官是"法官之前的法官"：对于是否立案，是否采取强制措施和是否起诉享有裁判权。一旦决定起诉，进入庭审程序，检察官行使控告权，辩护人行使辩护权，法官居中审判。因此，在庭审的三角结构中，检察官是当事人，不能成为"法官之上的法官"。

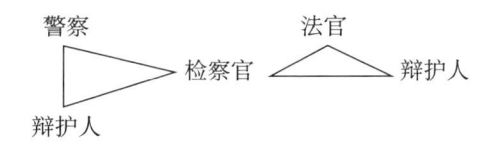

五

经过上述理论跋涉，我们可以最终回到检察权性质这个问题上来。撇开检察权与法律监督权的关系不说，就检察权是行政权、司法权还是具有行政权与司法权两重属性而论，我赞同双重属性说。在一定意义上，也可以说检察机关是准司法机关，享有一定的司法权。

把检察权定性为行政权的观念，是基于对司法权特征的认识，认为司法权与

---

① 关于侦查的审问式模式与弹劾式模式以及两种侦查模式的利弊比较，参见左为民：《价值与结构——刑事程序的双重分析》，105页以下，成都，四川大学出版社，1994。
② 两方组合与三方组合，被我国学者称为侦查程序横向结构的两种模式。参见陈岚：《侦查程序结构论》，载《法学评论》，1999（6），62页以下。

行政权相比,具有以下特征:(1)终结性;(2)独立性;(3)中立性;(4)消极性和被动性;(5)个别性;(6)专属性或不可转授性。通过以上分析得出结论:检察权的权力特征和其机构设置与国家司法权的内在属性是完全背离的。检察机关只能成为代表国家承担控诉职能的公诉人,而公诉权在本质上只是一种相对的请求权而非裁判权。[1] 而把检察权定性为司法权的观点,例如德国学者,主要是基于检察权与审判权的"接近度"以及检察官与法官的"近似性"[2]。我国学者也有类似的观点,认为检察机关参加司法活动,在办理有关案件中采取措施,作出决定,是对个案具体事实适用法律的活动,符合司法权的特征。[3] 我国通说是把检察机关定性为法律监督机关,检察机关行使的是法律监督权,检察权即法律监督权。我国检察权是作为一项相对独立的基本的国家权力而出现的,在国家机构体系中,它只受国家权力机关的领导和监督,与行政权、司法(审判)权处于平行的地位,而不同于西方国家把检察权附属于行政或司法权的那种政体结构。[4] 基于这种检察权自成一体的观点,对检察权的属性进一步加以分析,从而得出双重属性说,即检察机关兼有司法权和行政权的双重属性。在分析检察权的双重属性时,一般都认为检察一体使检察机关具有组织体制上的行政性,侦查权具有行政性,而公诉权具有司法性。[5] 由此可见,在检察权的性质问题上,存在重大分歧。

我认为,对于检察权的性质,首先要从司法权的本质属性来分析。司法权的本质在于判断,这种判断是以一定的纠纷存在为前提的,而且这是一种第三者的

---

[1] 参见陈卫东、郝银钟:《实然与应然:关于侦检权是否属于司法权的随想——兼答王天国先生》,载《法学》,1999(6),27页。

[2] 龙宗智:《论检察权的性质与检察机关的改革》,载《法学》,1999(10),3页。检察权的司法权说主要是德国学者的观点,例如,德国学者戈尔克称:检察官虽非法官,但"如同法官般"执行司法领域内的重要职能。参见上文,3页。

[3] 参见徐益初:《论检察权性质及其运用》,载《人民检察》,1999(4)。

[4] 参见王桂五:《略论检察官的法律属性》,载《人民检察》,1989(9)。

[5] 上述观点,参见谢鹏程:《论检察权的性质》,载《法学》,2000(2),14页以下;以及龙宗智:《论检察权的性质与检察机关的改革》,载《法学》,1999(10),3页以下。

判断。① 这种判断，实际上就是一种裁判。只要存在中立的裁判，其活动就具有司法性。现在，在行政活动中也引入了裁判（如听证程序等），因而出现了所谓行政司法化的倾向，即以司法方式行使行政权。同样，在司法活动中，如果控审不分，实行纠问式诉讼，也同样不会有真正的司法性，而只能是司法行政化，基于这种理解，我认为，在刑事诉讼中，侦查权与公诉权具有行政性。除审判权具有司法性以外，批捕权和不起诉权也都具有一定的司法性。

侦查权的行政性受到普遍认同，认为检察机关直接组织检察院人员实施侦查的行为，因其严密的组织结构和监督指挥关系，且突出行为的实效（破案），具有明显的行政性质。② 这一对侦查权的行政性的理解同样适用于警察侦查。警察侦查主要使命在于破案，这种破案侦查行为当然具有行政性。在这个意义上的警察侦查权属于警察权，是一种行政权。同样，检察机关管辖案件的侦查权，也属于行政权。检察侦查即基于检警一体原则，对警察侦查的行政控制权，例如日本刑事诉讼法规定检察官拥有以下三项权能：（1）一般命令权；（2）一般指挥权；（3）具体指挥权，都具有行政权的性质。但侦查程序中采取强制措施的权力，例如羁押，包括我国的刑事拘留和逮捕，则具有司法性。因此，它不应包括在侦查权中，而是对侦查进行司法控制的权力。在日本，逮捕证请求权人是检察官或司法警察。接到逮捕证请求后，法官审查逮捕理由与必要性，签发逮捕证。在这种情况下，由法官进行"羁押的裁判"③。而在我国刑事诉讼中，刑事拘留权由公安机关行使，在这个意义上说，使公安机关享有了一定的司法权。我认为，侦查程序中具有司法性质的裁判权，应由检察官行使，使警察权纯行政化，通过检察官的司法权限制警察权，此谓"法官之前的法官"。当然，检察机关自行侦查的案件，其刑事拘留和逮捕权由法官行使较为妥切。

---

① 我国学者指出：司法判断是针对真与假、是与非、曲与直等问题，根据特定的证据（事实）与既定的规则（法律），通过一定的程序进行认识。参见孙笑侠：《司法权的本质是判断权——司法权与行政权的十大区别》，载《法学》，1998（8），34 页。
② 参见龙宗智：《论检察权的性质与检察机关的改革》，载《法学》，1999（10），3 页。
③ ［日］田口守一著，刘迪等译：《刑事诉讼法》，49 页，北京，法律出版社，2000。

起诉权，即公诉权，被认为是具有司法性质的权力。尤其是不起诉决定，与法院的免予刑事处分和无罪判决具有相似的效力，是具有裁断性、终局性、法律适用性等司法特征的"司法"行为（适用法律进行裁决）。① 我认为，公诉权与不起诉权虽有关联，但又有区别，不可视为一体。公诉权是指检察官提起、维持公诉的权限。② 因此公诉权中并不必然包括不起诉权。不起诉权是与起诉裁量主义相联系的。在诉讼理论上，关于起诉存在起诉法定主义与起诉裁量主义之分。如果具备犯罪嫌疑与诉讼条件则一定起诉，这是起诉法定主义。与此相对，虽然具备犯罪嫌疑与诉讼条件，但在不必要起诉时，由检察官裁量作出不起诉决定，这是起诉裁量主义。在起诉法定主义的情况下，有案必诉，当然也就不存在裁量权，因而这种起诉权只是一种行政权而不具备司法性。在起诉裁量主义的情况下，检察官享有不起诉权，这种不起诉权具有裁判性，是一种消极的裁判权，因而是一种司法权。只不过在这种司法权的行使方式上，以往采取一种行政方式行使，而现在某些检察机关正在试行的不起诉案件听证制度，则使不起诉这种司法权的行使方式司法化。③ 在提起公诉以后，公诉权就成为一种司法请求权，包括求罪权与求刑权。在这个意义上的公诉权不具有司法性，是一种刑事追诉权，具有行政权的属性。

综上所述，我认为刑事法治视野中的检察权具有行政权与司法权的双重属性。关于行政权与司法权的关系，应当内在地加以协调。检察官在行使行政权的时候，是诉讼当事人，不能成为"法官之上的法官"。当检察官在行使司法权的时候，具有"法官"的职能，是"法官之前的法官"。

（本文原载《中外法学》，2000（6））

---

① 参见龙宗智：《论检察权的性质与检察机关的改革》，载《法学》，1999（10），5页。
② 参见[日]田口守一著，刘迪等译：《刑事诉讼法》，114页，北京，法律出版社，2000。
③ 关于不起诉案件听证制度，参见刘少英、邓中文：《建立不起诉案件听证制度的若干问题》，载陈兴良主编：《刑事法判解》，第2卷，334页以下，北京，法律出版社，2000。

为辩护权辩护：刑事法治视野中的辩护权

美国哈佛大学法学院教授艾伦·德肖微茨曾经说过：我在给一年级法学院学生上第一堂课时总是对他们说："从统计数字上看，你们之中的人最终受到刑事起诉的比当刑事诉讼被告辩护律师的要多。"由此可见，刑事辩护是一个危险的至少是有风险的职业。因此，德肖微茨提出了"为辩护人辩护"这样一个命题，作为他的名著《最好的辩护》一书最后一章的题目，这是意味深长的。辩护人之所以需要辩护，是因为人们往往对辩护人存在一种偏见，在我国这样法治尚不发达的国家尤其如此。这种偏见就如同德肖微茨所生动地揭示的那样：有时你得提醒公众，在刑事案件诉讼中被告辩护律师并没有犯罪，正像产科医生自己并没有生孩子一样，犯罪的只是他们的委托人。[①] 他们的委托人又何尝都是罪犯呢？辩护律师的职能就是依法为被告人辩护：无论是无罪的被告人还是有罪的被告人。

一

辩护权，相对于警察权、检察权与审判权而言，它是一种权利而非权力。因

---

① 参见［美］艾伦·德肖微茨著，唐交东译：《最好的辩护》，444页，北京，法律出版社，1994。

此，两者在法律性质上是完全不同的。关于辩护权，在刑事诉讼法理论上存在各种理解。一般认为，辩护权有广义与狭义之分。这种广义与狭义之分又可以分为以下两种情形：一是辩护权内容上的广义与狭义之分。狭义上的辩护权是指被指控的人针对指控进行反驳、辩解以及获得辩护帮助的权利。狭义上的辩护权又通过陈述权、提供证据权、提问权、辩论权、获得辩护人帮助权等得以具体化。广义上的辩护权除包括狭义辩护权之外，还包括其延伸部分，如证据调查请求权、上诉权、申诉权，等等，甚至可以说辩护权是被指控人所有诉讼权利的总和，因为被指控人各项诉讼权利的行使，其总体目的均在于针对刑事追诉进行防御，维护自身的合法权益。[1] 二是辩护权主体上的广义与狭义之分。狭义上的辩护权仅指被指控人（犯罪嫌疑人、被告人）自己行使的辩护权；广义的辩护权利包括辩护人为其当事人进行防御所拥有的各项诉讼权利。[2] 对于以上两种广义与狭义的辩护权，本文当然都会涉及。但从主体上来说，本文更为关注的是辩护人为被指控人进行辩护的权利。从这个意义上说，本文更多地涉及刑事辩护职能及制度。

辩护职能在刑事诉讼活动中的出现，以及辩护人的职业化是法治演进过程中的一个重大发展。刑事辩护制度是伴随着弹劾式诉讼而产生的，一般认为可以追溯到古希腊。古希腊诉讼的形式主要表现为弹劾式诉讼，其特征是：实行不告不理，程序的启动取决于当事人；法官居中裁断，在诉讼中处于消极的仲裁者地位；当事人双方在法庭上的地位和权利平等，可以进行对质和辩论；审判一般公开进行。[3] 这时的诉讼尚没有后世的刑事诉讼与民事诉讼之分。因此控告者与被控告者的法律地位是平等的。在这种审判中，诉讼双方广泛地采用了辩论方式。古希腊著名作家色诺芬写过一本书，叫《申诉篇》，展示的是苏格拉底在受审时为自己所作的辩护。这也许是我们现在所能见到的最为古老的一份自我辩护词，它显示了古希腊诉讼制度的某些特征。这种辩论可以由被告人本人进行，即自己行使辩护权，也可以委托他人进行。这种由他人代为行使辩护权的情形，类似于

---

[1] 参见熊秋红：《刑事辩护论》，6~7页，北京，法律出版社，1998。
[2] 参见田文昌主编：《刑事辩护学》，131页，北京，群众出版社，2001。
[3] 参见王国枢主编：《刑事诉讼法学》，19页，北京，北京大学出版社，1989。

现代法治社会的辩护制度。当然，在古希腊还没有出现职业的辩护人。通常认为，职业辩护人，即现在所说的律师是在古罗马出现的。在古罗马弹劾式诉讼中，被告人与原告人处于平等地位，享有同等的权利，承担同等的义务。审理案件的程序通常是由原告提出控告的理由和证据，再由被告提出反驳的理由和证据，然后由法官作出裁决。被告人拥有辩护权，可为自己的利益从事诉讼防御。审判采取对质、言词、公开的方式，被告人还可以请精通辩术的辩护人（ortor）为自己辩护。法官居中裁判，辩护权的存在以及代言人、辩护人等的出现，标志着早期刑事辩护制度已基本形成。公元1世纪，罗马进入帝国时期以后，原来实行的诉讼代理和辩论的原则，逐渐发展成为律师（advocatus）辩护制度。罗马皇帝对于辩护人的作用论述如下："首先所有的律师均为他们的诉讼当事人提供保护，以使他们不超越争讼功利所要求的限度，不超越争吵和诅咒的限度，使他们做诉讼所要求做的事情，避免侵害他人。"[1] 由此可见，古罗马统治者已经看到律师参与辩护，既可保护诉讼当事人，又可维护诉讼程序。及至中世纪的封建制社会，欧洲大陆普遍实行纠问式诉讼。在这种纠问式诉讼中，控诉、辩护和审判三种诉讼职能的区分不复存在。控诉职能与审判职能由同一司法机构承担，辩论程序被取消，辩护职能萎缩，乃至于消亡。对于纠问式诉讼与封建专制的关系，有的学者提出：纠问式刑事诉讼模式乃至作为其根基的法哲学，都具有自命不凡、傲慢无理和专制集权的特征。[2] 在这种情况下，诉讼就演化成为国家单方面的、赤裸裸的、随心所欲的暴力，刑事辩护当然也就不复存在。

在英国中世纪，刑事辩护制度被保留下来并得以发展。英国的法律辩护人大约萌芽于益格鲁——撒克逊时代的阿尔弗雷德大王统治时期，当时被人们称做 forespeca，意为中间人。到10世纪时，改称为 narrator，具有辩护人的意思。[3] 这里所谓法律辩护人，是指协助当事人进行和完成法庭诉讼活动的人。对于他在法

---

[1] 熊秋红：《刑事辩护论》，28页，北京，法律出版社，1998。
[2] 参见［斯洛文尼亚］卜思天·M. 儒攀基奇著，何其新等译：《刑法——刑罚理念批判》，225页，北京，中国政法大学出版社，2002。
[3] 参见程汉大主编：《英国法制史》，119页，济南，齐鲁书社，2001。

庭上的所言所行，诉讼当事人可以承认代表自己，也可以予以否认。最初，辩护人几乎全是当事人的亲朋好友，而不是以诉讼为业的法律专家。约翰国王时期，辩护人作为一种职业已初显端倪。到亨利三世时期，诉讼当事人聘用法律专家进行法庭辩护的现象越来越普遍，辩护人日益职业化。尤其是从爱德华一世时起，随着司法工作对法律专业知识要求的不断提高，职业法官开始从精通法律知识和司法经验丰富的职业辩护律师中选任。1290年，国王任命的4个普通诉讼法庭的法官和王座法庭的首席法官都是出类拔萃的职业律师，职业法官群体与职业律师群体逐渐紧密地融合在一起。到14世纪初，法官必须从职业辩护律师中任命已成为一条不成文的习惯法原则，如果任命没有适当法律职业背景的人作法官，会被人们当做是一件不可思议的事。英国律师制度的成熟与英国法治的发展是同步的，律师刑事辩护职能的实现成为英国法治的一个重要特征。

大陆法系国家近代的刑事辩护制度是在18世纪以后随着启蒙思想家的呼吁而重新建立的。尤其是在法国大革命以后，1789年法国的《人权宣言》第9条规定了无罪推定原则，从而为刑事辩护制度的确立提供了根据。1808年法国刑事诉讼法典则确认了被告人享有辩护权的刑事诉讼原则。当今世界各国无不把辩护权规定为被指控人的首要权利，并且建立了刑事辩护制度，帮助被指控人行使辩护权。

被指控人有权获得辩护在现代不仅成为各国国内法原则，而且也成为联合国人权活动的基本原则之一，在一系列国际文件中得以规定。例如1948年联合国大会通过并宣布的《世界人权宣言》第11条规定："凡受刑事指控者，在未经获得辩护上所需的一切保证的公开审判而依法证实有罪以前，有权被视为无罪。"在这一规定中，刑事辩护的获得及其保障成为公开审判的内容之一，并且成为认定被指控人有罪的前提之一。联合国《公民权利和政治权利国际公约》第14条第3项规定："在判定对他提出的任何刑事指控时，人人完全平等地有资格享受以下的最低限度的保证：……（丁）出席受审并亲自替自己辩护或经由他自己所选择的法律援助进行辩护；如果他没有法律援助，要通知他享有这种权利；在司法利益有此需要的案件中，为他指定法律援助，而在他没有足够能力偿付法律援

助的案件中，不要他自己付费。"这一规定确认了受指控人的辩护权和法律援助权。其实，法律援助权也是为了更好地保护辩护权的实现。因为刑事法律援助，是国家对因经济困难而没有法律帮助的当事人减、免费用而为其提供法律帮助的一项制度。根据该公约的规定，受到刑事追诉之人如果没有辩护人对其进行法律帮助，而司法利益又有此需要时，为他指定法律援助人。意即除自行辩护以外，在没有委托辩护人而司法利益又需要对其进行法律帮助的情况下，受到刑事追诉之人有权获得刑事法律援助。① 关于律师及无正式律师身份但行使律师职能的人在推进正义和公共利益方面所起的重要作用，1990 年在古巴首都哈瓦那召开的第八届联合国预防犯罪和罪犯待遇大会通过了《关于律师作用的基本原则》，其中确认的律师辩护制度成为国际刑事司法的准则之一，对各国司法制度的改革产生了重大影响。该基本原则第 1 条明确规定：所有的人都有权请求由其选择的一名律师协助保护和确立其权利并在刑事诉讼的各个阶段为其辩护。当前，刑事辩护已经成为刑事司法中律师的一个重要法律职能，辩护律师成为刑事诉讼活动的不可或缺的当事人。可以说，刑事辩护职能的实现程度在一定意义上决定着一个国家刑事法治的水平。

中国古代法律文化中，从来就没有刑事辩护的内容。中国古代法律制度中，代为拟定诉状者，即为他人提供法律帮助的人，称为讼师。② 讼师的存在，表明在当时的法律活动中存在着法律帮助的客观需要。但讼师参与诉讼活动，同样会危及封建专制下的司法权威。因此，中国古代法律对讼师的活动严格加以限制，并且设立了教唆词讼罪。《唐律·斗讼》规定："诸为人作辞牒，加增其状，不如所告者，笞五下。若加增罪重，减诬告一等。"这一规定将为人作诉状时擅自夸大和增加事实，与委托人所告情事不符的行为以犯罪论处。就此而言，尚有一定

---

① 参见陈光中主编：《〈公民权利和政治权利国际公约〉批准与实施问题研究》，275 页，北京，中国法制出版社，2002。
② 中国古代不仅有讼师，而且还有讼学。所谓讼学，即是教人词讼之学，也就是专门教人如何打官司的学问。有了这样专门的学问，就会有专门从事这项活动的人，这就是讼师。讼学与讼师，实际上就是指有关诉讼的知识和职业。参见陈景良：《讼学与讼师：宋代司法传统的诠释》，载《中西法律传统》，206 页，北京，中国政法大学出版社，2002。

合理性，但问题在于如其所告还是不如其所告的裁量权完全在于官方，因而为人作诉状的讼师具有极大的风险。《唐律·斗讼》还禁止讼师以牟利为目的为他人提供法律帮助，将收费的代拟辞状行为一概视为犯罪，而不论其内容虚实。在这种情况下，讼师就不可能作为一种职业合法地发展起来，而只是一种法外职业，半公开地存在于民间。代拟辞状距离刑事辩护甚为遥远。我国学者曾经将中国古代的讼师与现代社会的律师从职能上作了比较，指出：讼师在当时的司法制度中所起的作用与现代社会中律师所起的作用有很大的不同，最突出的是，讼师不可以像律师那样代表两造，辩论于公庭之上。他们的几乎所有的工作，都是在庭外进行。于是，当事人之间对立的利益诉求就无法上升为一种不同法律理由之间的深入对话，律师参与对于证据规则发展的推动也不可能出现，专业人士之间势均力敌的对抗导致法官的中立和司法权的消极行使也难以获得。① 由此可见，讼师在当时的司法制度中是不可能发挥重大作用的，它只是一种体制外的存在。即使如此还被严格限制，甚至禁止。正如我国学者指出：对古代讼师而言，其言谈举止稍有不慎，便难逃法律为他们预设的罗网。而更为可怕的是，那些地方官对他们抱有本能的和根深蒂固的成见，它使讼师随时面临受到惩罚的危险，从而不敢轻易助人诉讼。而对目不识丁的广大百姓而言，如果得不到必要的帮助，只会加深其对诉讼的畏惧和疑虑，许多人最终会放弃兴讼的念头。这正是古代统治者设置教唆词讼罪，千方百计打击和摧残讼师的目的所在。②

我国现代的律师制度是清末伴随着帝国主义列强的入侵而进入中国社会的。清朝末年，外国列强通过与清政府签订不平等条约而获得领事裁判权，也就是治外法权。正是在实施领事裁判权的过程中，律师制度被引入中国，促进了近代中国律师业的发展。而与领事裁判权相联系的律师业的发展，又进一步刺激了中国社会已然形成的对律师制度的需求。③ 由于律师制度对于中国社会来说是舶来

---

① 参见贺卫方：《司法独立在近代中国的展开》，载《法治和良知自由》，189～190 页，北京，法律出版社，2002。
② 参见马作武：《中国古代法律文化》，174 页，广州，暨南大学出版社，1998。
③ 参见徐家力：《中华民国律师制度等》，1 页，北京，中国政法大学出版社，1998。

品，在中国建成法治社会之前，律师制度曾几度兴废，始终水土不服。1949年中华人民共和国成立以后，虽然在宪法上确认了被告人的辩护权，但由于受到法律虚无主义思想影响，在长达二十多年时间里，中国律师制度完全被取消。1979年以后，随着我国法制的重建，律师制度也得以恢复，刑事辩护就是律师制度恢复以后律师的主要职能。随着1996年我国刑事诉讼法的修改，我国律师的刑事辩护职能有所强化，但在现实中律师辩护制度仍然困难重重。

如果我们不是仅仅满足于对律师辩护制度演变的历史过程的描述，而是从更深层次的制度层面分析律师辩护与刑事法治的关系，那么，我们可以得出以下结论：律师辩护制度在一个社会的存在与发展是取决于一定条件的。这些条件包括：

（一）民主制度

律师辩护制度在其产生之初，就和古希腊的民主制相联系。同样，律师辩护制度的发展也是以民主制为条件的。我国学者在描述古希腊刑事辩护制度的产生时指出：刑事辩护制度之所以发轫于古希腊，与当地发达的民主意识和浓厚的辩论氛围密不可分。雅典在历史上进行了多次著名的社会改革，使审判机构不断向民主化方向推进，为辩护制度的存在和发展创造了良好的司法环境。公元前594年的梭伦改革废除了以重刑闻名的德拉古法，推出了一种新型的审判组织——陪审法庭。公元前509年，平民领袖克里斯梯尼政权的改革则扩大了平民参加陪审法庭的机会，规定年满20岁的公民都有当选陪审员的资格。公元前443年到公元前429年，民主派领袖克里伯利执政时期，继续深化民主改革，制定了一系列带有宪法性质的法律，其中包括增强陪审法庭民主性的一系列措施。陪审员从年满30岁的男性公民中抽签选出，法官由陪审员选举产生，设10个陪审法庭，共5 000成员，法庭可以不受原有法律的约束，依公正原则推理和创制新的法律。[1]正是在雅典的这种民主氛围中，刑事辩护应运而生。刑事辩护所具有的说理性而非压制性、说服性而非强制性的特征，都是与民主制相通的。在一个专制社会

---

[1] 参见田文昌主编：《刑事辩护学》，18页，北京，群众出版社，2001。

里，刑事辩护制度当然是不见容于专制制度的。例如在我国古代法律制度中，行政与司法合一，司法审判权由各级行政机关行使。对于刑事案件的审判，是审判者代表国家，依据法律惩处犯罪。在这种情况下，被指控人处于被审判的地位，无任何权利可言，当然也不允许他进行任何形式的辩护，更不用说律师辩护。清末民初学者顾家相在分析为什么中国古代社会的法律制度下不允许律师的存在时指出："中国唯尊君权，故有司得以专制。听断之际，或隐恶而扬善，或舍短而从长，但当持其大细，不收苛求小节，苟能奖以温语，宠以虚名，即私债、公财不妨减子而让母。如或宽其前愆，杜其后患，即廷斥、面辱亦当忍受而属从。盖审断之道，不一而足。要有准乎情理而不必尽拘律例者，亦安用律师为耶？故中国之民于官长之听断平允者，恒称颂之。即稍有畸轻畸重，而便能了事，亦相与安之。君权之国体制固定尔也。"[①] 由此可见，中国古代的讼师受到制度性压制而未能演变成为现代的律师制度，与中国古代的专制制度有着密切联系。只有在民主体制下，刑事审判真正成其为一种诉讼，而非专制压迫的工具，刑事辩护制度才能找到其生长的政治社会基础。

（二）诉讼构造

通常认为，刑事诉讼在其历史演进过程中存在三种不同的诉讼构造，这就是弹劾式诉讼与纠问式诉讼，以及在此基础上形成的混合式诉讼。弹劾式诉讼作为一种刑事和民事不加区分的诉讼类型，早在中世纪以前（如古希腊、古罗马共和时期等）就已经存在。纠问式诉讼作为最早形成于教会法之中的诉讼类型，在古罗马共和国末期即已实行于欧洲世俗法院，到罗马帝制时期，纠问式诉讼已经成为欧洲各国普遍采用的诉讼类型。随着欧洲18、19世纪资产阶级革命的完成和各国宪政制度的改革，各国刑事诉讼制度发生根本的变化，大陆法系国家普遍实行了一种混合式的诉讼制度，也就是通过将历史上曾出现过的弹劾式与纠问式诉讼加以混合而创制的新的刑事诉讼制度。英国由于受罗马法的影响甚微，因而一

[①] 顾家相：《中国严禁讼师外国重用状师名实异同辨》，转引自徐家力：《中华民国律师制度史》，28页，北京，中国政法大学出版社，1998。

直保留了原始弹劾式诉讼的构造特征。经过长期的缓慢演化，英国及其前殖民地国家和地区的刑事诉讼制度也对大陆法系刑事诉讼制度的一些特点加以吸收，从而形成了不同于古代弹劾式诉讼的现代对抗式诉讼制度。因此，欧洲大陆法国家和英美法国家的刑事诉讼制度，都可以称为混合式诉讼。① 尽管现代各国的刑事诉讼构造均非纯弹劾式的或者纯纠问式的，而是两者在一定程度上结合的混合式诉讼，但在这种混合式诉讼构造中，弹劾式诉讼的控辩审这一基本架构是必不可少的，是更为基础的，只是在此前提下吸收一定的纠问式诉讼的因素而已。

    刑事辩护职业与刑事诉讼构造也是具有密切关系的。可以说，只有在弹劾式的诉讼中才有刑事辩护的职能。因为在弹劾式诉讼中，控辩双方是平等的，可以互相辩论，由此才能发展出律师辩护制度。正如法国学者指出：从政治上看，控诉式诉讼程序（即弹劾式诉讼）与民主制度比较协调，而民主制度都要比较广泛地组织公民参与公共事务管理，并且在个人、个人权利同国家的关系中，给予前者突出的地位。所以，控诉式诉讼程序是一种极有效的保证受追诉人利益的诉讼程序。② 而在纠问式诉讼中，由于君主权力的介入，国家在追究犯罪方面职权的加强，控审合一，辩护职能则萎缩及至于消亡。正如意大利学者指出：随着纠问式诉讼的确立，控告（Accusatio）所引发的范围广泛的辩论失去了一切存在的理由，因此，辩护也变得不那么至关重要。③ 在纠问式诉讼中，辩护权之所以被限制，甚至被取消，主要是因为它在一定程度上妨碍了对犯罪的追究，而纠问式诉讼所要做的正是要竭力防止过分尊重个人权利而不能确保对犯罪人进行追究的情形发生。因此，在这种纠问式诉讼中，辩护权基本上被牺牲殆尽。中国古代刑事诉讼中之所以不存在辩护职能，也同样可以从诉讼构造中去寻找原因。因为在审判方式上，中国古代采取的是纠问式审讯。审判衙门内，主审官就案件的具体情节，讯问当事人。主审官讯问的目的，在于通过讯问了解案情、掌握事实。当

---

① 参见陈瑞华：《刑事诉讼的前沿问题》，117 页，北京，中国人民大学出版社，2000。
② 参见 [法] 卡斯东·斯特法尼等著，罗结珍译：《法国刑事诉讼法精义》（上），67 页，北京，中国政法大学出版社，1998。
③ 参见 [意] 朱塞佩·格罗索著，黄风译：《罗马法史》，372 页，北京，中国政法大学出版社，1994。

事人就主审官所问，就其所知，加以回答。当事人的任务，只是将自己亲身体认的与案件有关的事实向主审官说明，以求得主审官代表国家与法律，为自己作主。至于对事实的最终认定，尤其是对于与案件相关的法律条款的理解和适用，那是主审官的任务，其他人不得参与。[1] 在这种纠问式诉讼构造中，被指控人是没有辩护权的，他/她只是被审讯的对象，有罪与无罪或者罪重与罪轻，全凭主审官发落与裁断。因此，辩护职能也就没有存在的余地。

现代世界各国普遍采取混合式诉讼构造，但大陆法系与英美法系的诉讼构造在侧重点上是有所不同的。大陆法系国家的诉讼构造具有职权主义之特征，因而具有更多的纠问式诉讼特征，而英美法系国家的诉讼构造具有当事人主义特征，因而具有更多的弹劾式（对抗制）诉讼特征。因此，刑事辩护职能在大陆法系国家和英美法系国家的刑事诉讼中的发挥是有所不同的。我国学者将英美法系国家的辩护制度称为自由辩护模式，而把大陆法系国家的辩护制度称为有限辩护模式，并对两者进行比较，指出：在英美法系国家，由于被追诉人和辩护人享有的诉讼权利比较充分和广泛，受到的限制和约束较少，我们可以将这些国家刑事辩护制度的模式概括为"自由辩护模式"。相对于英美法系而言，大陆法系国家的刑事辩护制度具有一些不同的特征，主要体现在被追诉人及其辩护人的诉讼权利在某些方面受到一些限制，不像英美法系那样无孔不入。因此，我们将其辩护模式概括为"有限辩护模式"[2]。尽管目前在大陆法系国家的诉讼制度改革中，有放宽对刑事辩护限制的趋势，但相对于英美法系的"自由辩护模式"而言，大陆法系的刑事辩护还是有限的。这种有限性，恰恰决定于大陆法系的职权主义的刑事诉讼构造。

（三）诉讼价值

在论及诉讼价值时，不能不提及美国著名学者赫伯特·帕克关于刑事诉讼的正当程序模式和犯罪控制模式的分类的伟大思想。根据帕克的观点，在正当程序模式和犯罪控制模式之间存在着一场意识形态的拔河比赛。正当程序模式主要考

---

[1] 参见徐家力：《中华民国律师制度史》，27页，北京，中国政法大学出版社，1998。
[2] 田文昌主编：《刑事辩护学》，46~62页，北京，群众出版社，2001。

虑防止无辜者被宣告有罪。帕克将正当程序模式比喻成一条布满荆棘的道路：刑事司法制度在宣告有罪的道路上设置了许多程序障碍，每个案件必须清除每一处阻碍。遇到每处障碍，法院必须决定是否有充分的证据以及证据是否能证明将案件诉至下一阶段，即下一个程序障碍。正当程序模式将个人权利置于效益之上。按照正当程序模式，如果法院忽视了个人的权利和宣告无辜者有罪，法院的合法性将受到最大的威胁。正当程序规则被认为是确保法院诉讼程序可视性和对公众负责的一种手段。相反，犯罪控制模式则基于对犯罪行为的控制，是至今为止刑事诉讼程序最重要的职能而形成的理论。如果罪犯逍遥法外，遵守法律的公民则成为在自己家里受惊吓的囚犯。司法制度越能有效地追诉犯罪分子，就越能有效地控制犯罪。犯罪控制模式认为刑事司法官员在诉讼开始阶段就能审查出无罪者，没有被审查出来则可能有罪并可以继续迅速诉讼。没有不必要的延误程序而作出最终判决是提高效益的一种方法。这种模式认为处罚一些无辜者抵得上社会为防止市民免受掠夺性犯罪所付出的代价。只要这些错误并不阻碍惩治犯罪，市民就可以忍受。犯罪控制模式强调有效地处理案件，所以它又被称为"装配线司法"，每个案件就像是一条装配线上的产品。按照犯罪控制模式，如果法院被认为纵容罪犯或不能有效地镇压犯罪，则构成对刑事法院最大的威胁。[①] 显然，这两种诉讼模式的诉讼价值取向是有所不同的。因而它们对刑事辩护职能的态度也是各不相同的。

正当程序模式的诉讼价值取向是被指控人的权利，而刑事辩护职能对于保障被指控人的合法权利来说是十分重要的。因此，正当程序模式更为注重律师辩护权的行使，将其视为刑事诉讼的重要组成部分。而犯罪控制模式的诉讼价值取向是社会效益，强调有效地惩治犯罪。在这种情况下，律师的刑事辩护职能就成为迅速处理案件的一种障碍。因此，犯罪控制模式对辩护权是持一种排斥态度的。极端的犯罪控制模式甚至将律师辩护看做是对控制犯罪的一种障碍。从大陆法系

---

① 参见［美］爱伦·豪切斯、泰勒·斯黛丽、南希·弗兰克著，陈卫东、徐美君译：《美国刑事法院诉讼程序》，22～23 页，北京，中国人民大学出版社，2002。

与英美法系各国的刑事司法制度来看，它们往往在正当程序与犯罪控制之间获得某种平衡。因而，一般来说在世界各国不存在绝对的正当程序模式，也不存在绝对的犯罪控制模式，但有可能偏向于正当程序模式或者偏向于犯罪控制模式。在某种意义上我们可以作出以下判断：英美法系国家是更倾向于正当程序模式的，而大陆法系国家则是较偏向于犯罪控制模式的。这种在诉讼价值取向上的差别，也在一定程度上影响律师辩护职能的实现。

二

律师辩护权是一种根本的权利，被指控人的辩护权是第一性的权利，而律师辩护权则是第二性的权利。因此，律师辩护权是依附于被指控人的辩护权而存在的，并且前者是实现后者的手段与途径。自我辩护是人的一种本能，在自我辩护能够充分实现辩护目的的情况下，他人辩护当然是没有必要的。但在刑事诉讼中，由于以下两个方面的原因，律师辩护是不可或缺的：首先，被指控人所处的特殊地位使得自我辩护难以实现辩护目的。在通常情况下，被指控人往往被采取了某种刑事强制措施，处于丧失人身自由的羁押状态，因而不可能调查取证，为本人进行实质性的辩护。其次，在现代法治社会，法律的专业性日益加强。在大陆法系国家，成文法的单一化格局已被打破，刑法典不再是定罪量刑的唯一根据。大量散在型的附属刑法存在于各种法律之中，非专业人士难以尽揽。在英美法系国家的判例法制度下，判例浩瀚，适用程序复杂。如果没有律师的帮助，当事人如坠云海。法律的专业化使得律师的辩护职能成为刑事审判有效进行的必要保障。因此，在现代法治社会，没有律师辩护职能的充分发挥，司法公正是难以实现的。在某种意义上，我们可以把律师辩护率看做衡量一个国家的刑事法治水平的指数。

从法理上论证刑事辩护的正当性，在理论上存在各种学说，例如我国有的学者将无罪推定原则、程序主导理论和对立统一规律视为刑事辩护制度的理论基础。[①]

---

① 参见熊秋红：《刑事辩护论》，79页以下，北京，法律出版社，1998。

还有学者则强调程序公正,认为刑事辩护制度虽然与案件事实的发现有密切的关系,但由于它对案件事实的发现并不总是有着积极意义,因此,刑事辩护制度不可能仅仅建立在事实发现的理论基础上。相反,从刑事辩护制度产生的那一天起,它就是为保护被追诉人的合法权利服务的,而其保护的合法权利的核心是诉讼权利,只有诉讼权利得到保障,实体权利才有保障。因此,辩护制度如果不建立在程序公正的理论基础上,是无法得到完整而彻底的说明的。[1] 另有学者认为,刑事辩护制度的法理基础是相对制度。所谓相对制度,是指无论某种观点看来多么有理,或某种主张看来多么正当,都允许另一方面的意见存在,而且提出主张者必须和否认主张的权威行使者分开。就诉讼而言,一方面,允许持不同主张的诉讼当事人都作为司法制度中的合理存在,而不允许"话语霸权"——只让我说话,不让你说话;另一方面,还要求诉讼当事人,即使是代表国家的原告人(通常是检察官),必须和裁判官相分离,因为司法正义有一个基本的理念:任何人不能充当自己案件的法官。[2] 我认为,上述各种观点都对刑事辩护职能进行了法理上的论证,但侧重点又有所不同。归纳起来,刑事辩护的正当性根据可以从以下三个方面得以说明:

(一)价值论根据:人权保障

刑事辩护存在的价值到底是什么?这是一个在刑事诉讼法理论上存在争议的问题。真实发现理论认为,刑事辩护制度的设立服务于发现真实的刑事诉讼目的。因此,刑事辩护制度具有有利于揭示案件事实真相的工具性价值。公平裁判理论认为,设立刑事辩护制度,对警察、检察官单方发现事实的规则进行有争论的说明,赋予被指控人反对自我归罪的特权以抑制政府的有利地位和确保政府不强迫被指控人进行供述,从而使得被指控人能够富有影响地参加诉讼,同时带给被指控人更多的公平和接受裁判结果的自愿性。真实发现与公平裁判相结合的理论认为,真实发现与公平裁判是不可分的,设立刑事辩护制度在发现真实与公平

---

[1] 参见田文昌主编:《刑事辩护学》,129页,北京,群众出版社,2001。
[2] 参见龙宗智:《刑事庭审制度研究》,346~347页,北京,中国政法大学出版社,2001。

裁判两方面均有积极意义。权利理论认为，在刑事诉讼中，赋予被指控人辩护权，建立刑事辩护制度，旨在为政府提起和赢得诉讼设置障碍。根据这种观点，真实发现或者公平裁判或者二者相结合均是刑事诉讼的价值目标。然而，刑事诉讼还有一个附加的政治性目标，即确保起诉方的权力不被作为一种一般性的权力加以使用，因此，赋予被指控人权利可防止政府权力滥用，从而保护所有公民不受非法侵害。①

在以上各种理论中，我赞同权利理论。真实发现说以刑事辩护制度有利于发现案件真实作为其存在的根据，这是不确切的。诚然，在一定意义上刑事辩护对于发现案件真实是具有积极意义的，但这只是刑事辩护制度的一个附属性效果，它不足以成为刑事辩护制度存在的充足理由。事实上，在某些情况下，刑事辩护与发现真实是有矛盾的。例如，辩护律师获悉不利于当事人的证据，但没有义务披露，否则会有损于辩护律师的职责。而且，辩护律师通过限制控方的权力而保护当事人的权利，也会在一定程度上不利于发现案件真实。正如美国学者指出：被告辩护律师，特别是为确实有罪的被告辩护时，他的工作应是用一切合法手段来隐瞒"全部事实"。对被告辩护律师来说，如果证据是用非法手段取得的，或该证据带有偏见，损害委托人的利益，那么，他应当反对法庭认可该证据，尽管该证据是完全真实的。② 因此，当把发现案件真实当做刑事辩护制度存在的根据时，不利于发现案件真实就成为否认刑事辩护制度正当性的理由。对此，我国学者曾经作过十分详细的论述：如果说我们仅仅是为了有利于发现案件真相而设立刑事辩护制度，那么，是无法正确解释刑事辩护制度不断进步、发展的动力和原因的，因为刑事辩护制度就像一把双刃利剑，它在帮助发现案件真实的同时，又在毁灭案件真实，两项相抵，似乎辩护制度没有太大的作用；如果说是追诉机关侦查能力提高的同时带动了辩护制度的发展的话，那么，仅仅是为了发现案件真实，可以同时抑制辩护制度的发展，不是能更好地达到目的吗？也就是说，仅仅

---

① 参见熊秋红：《刑事辩护论》，116~119 页，北京，法律出版社，1998。除上述理论以外，还有交易刺激理论、标准理论等，参见上书，120 页。
② 参见［美］艾伦·德肖微茨著，唐交东译：《最好的辩护》，8 页，北京，法律出版社，1994。

为辩护权辩护：刑事法治视野中的辩护权

从发现真相的角度，根本无法正确地说明刑事辩护的理论基础，更不可能为我国刑事辩护制度的进一步发展找到坚实的理论基础。[①] 公平裁判也是刑事诉讼的目的之一，刑事辩护通过与控诉方形成对抗关系，使法官达到"兼听则明"的效果，显然有益于实现裁判公正。但公平裁判是整个刑事诉讼的理想境界，而不能作为刑事辩护制度的正当性证据。至于真实发现与公平裁判的结合，同样也不能成为刑事辩护制度的正当性根据。我认为，保障被告人的权利才是刑事辩护制度存在的唯一根据。正如美国学者指出：刑事辩护律师的职责是在法律允许的范围之内积极、有力且全面地为其当事人辩护。[②] 而刑事辩护制度的正当性也只能从保障被告人权利这一点得到论证。

被告人的权利之所以应当得到保障，是因为在强大的国家机器面前，被告人是一个弱者。在刑事诉讼中，主要是围绕着国家对被告人的刑事追诉而展开的。国家为达此目的，动用司法权，包括采取各种限制甚至剥夺被告人的人身自由的强制措施。一旦刑事追诉成功，更会涉及对被告人的生杀予夺。在这种情况下，如果被告人的权利得不到保障，就会造成不可逆转的重大伤害。事实已经说明，依靠司法机关的自我约束与谨慎从事是难以保障被告人的权利的。为此，必须通过刑事辩护，使被告人获得专业的法律援助，必须在国家的刑事追诉过程中能够保障被告人的合法权利。因此，人权保障就成为刑事辩护制度正当性的价值论根据。

（二）制度性根据：无罪推定

为使被告人的权利不受非法侵犯，必须具有某种制度建构。而这种制度建构的基础，就是无罪推定原则。一般认为，在封建专制社会的刑事诉讼中是实行有罪推定原则的。在各种实行有罪推定的司法制度中，任何被指控的人都被假定为有罪，可以不经过司法程序而直接将其作为罪犯看待，或者虽然只能经过司法程序才能定罪，但这种司法程序是以被告人为罪犯而展开的。因此，某人一旦被指

[①] 参见田文昌主编：《刑事辩护学》，103～104 页，北京，群众出版社，2001。
[②] 参见 [美] 克里斯蒂娜·阿库达斯：《刑事辩护律师的职责》，载江礼华、杨诚主编：《美国刑事诉讼中的辩护》，22 页，北京，法律出版社，2001。

控犯罪而被追诉,在法院判决有罪以前就被视为犯罪人。由此,被告人应当承担证明自己无罪的责任。有罪推定的逻辑是,不证明无罪就是有罪。因此,在有罪推定原则下,被告人至多可以作一些自我辩解,而根本没有辩护权,更不存在律师辩护。可以说,从被告人的辩解原则到辩护人的辩护的历史性变化是以无罪推定原则为基础的。正如我国学者指出:被告人就刑事指控可以提出无罪或者罪轻的辩解活动,自古就有,但刑事被告人的辩护权,则是在无罪推定被确立为刑事诉讼法的原则以后才出现的现象和概念。[1] 无罪推定原则在贝卡里亚那里,有如下的经典表述:在法官判决之前,一个人是不能被称为罪犯的。只要还不能断定它已经侵犯了给予他公共保护的契约,社会就不能取消对他的公共保护。[2] 在此,贝卡里亚强调了一个人在未被法官定罪以前,仍然享有社会对他的公共保护,而并非处于完全没有权利的境地。无罪推定经启蒙思想家的倡导,最终为1789年的法国《人权宣言》所确认。该宣言第9条规定:"任何人,在被宣判有罪之前,都推定为无罪。即使断定必须逮捕时,不是为了确保其人身所必需的一切严酷行为,都应受到法律的严厉禁止。"此后,无罪推定原则被世界各国刑事诉讼法普遍确定为基本原则,并载入国际人权公约。例如于1949年12月10日联合国大会通过的《世界人权宣言》第11条第1款规定:"凡受刑事控告者,在未经依法公开审判证实有罪前,应视为无罪,审判时并须予以答辩上所需之一切保障。"于1976年生效的《公民权利和政治权利国际公约》第14条第2项规定:受刑事控告之人未经依法确定有罪之前,应假定其无罪。正是无罪推定原则在刑事诉讼法中的确立,使得刑事辩护获得制度性保障。因此,无罪推定原则与刑事辩护制度之间存在密切关联。

　　无罪推定的逻辑是:不能证明有罪即是无罪。因此,在无罪推定原则下的刑事诉讼活动中,无罪是不需要证明的,需要证明的是有罪。就此而言,无罪推定原则首先解决的是有罪的举证责任问题。根据无罪推定原则,证明有罪的责任由

---

[1] 参见王敏远:《刑事辩护概念的发展》,载陈卫东主编:《司法公正与律师辩护》,28~29页,北京,中国检察出版社,2002。

[2] 参见[意]贝卡里亚著,黄风译:《论犯罪与刑罚》,31页,北京,中国大百科全书出版社,1993。

控诉方承担，被告人不承担证明自己有罪或者无罪的责任。既然被追诉人被假定是无罪的，那么，要推翻这种推定，就必须由刑事诉讼的启动者，即代表国家追究被告人刑事责任的控诉方承担证实被告人有罪、推翻这种假定的责任。无罪推定同时是一种可反驳的假定。[1] 如果控诉方的证明没有达到足够的程度而足以推翻这种假定，那么，经过判决，被告人无罪的推定就会变成无罪的判定，被告人在法律上就会被认为是无罪的人，而不管客观上被告人是否实施了犯罪。由于是控诉方承担举证责任，被告人就没有自证其罪的义务。因此，辩护权具防御性，它是一种防御权。辩护权的防御性表现在：辩护权针对控诉权而存在，没有控诉权也就没有辩护权。控诉权具有攻击性，辩护权则具有防御性；辩护权的行使旨在对抗控诉方的指控，抵消其控诉效果；辩护权是被指控人进行自我保护的一种手段。[2] 由此可见，辩护权与控诉权是有区别的，控诉权伴随着举证责任，而辩护权尽管也包含对辩护意见的证明性，例如无罪辩护，辩护人应当提出证明被告人无罪的事实与根据，但辩护人不负无罪的证明责任，在没有证明被告人无罪的事实与根据的情况下，辩护人就可以推翻控诉方的有罪控诉，使其在法律上不成立，同样也可以使被告人无罪。因此，无罪推定原则使辩护权获得了制度上的支撑。

无罪推定原则假定被告人在法官判决有罪之前是无罪的，因而确立了被告人的诉讼主体的法律地位，也为刑事辩护奠定了基础。在有罪推定的刑事诉讼制度中，被告人不是刑事诉讼的主体而是刑事诉讼的客体，处于被刑讯的对象的地位。在封建专制社会里，刑讯是合法的，通过刑讯获取有罪供述以对被告人定罪，这是刑事诉讼的基本内容。贝卡里亚曾经将刑讯称为合法的暴行，指出：为

---

[1] 推定与假定都是指法律上的一种拟制，它是有条件的，并且在通常情况下是可反驳的。我国学界关于无罪推定原则也有学者倾向于称为无罪假定，参见林欣：《无罪推定，还是无罪假定》，载《中国社会科学》，1983 (3)。实际上，正如我国学者指出：无罪推定作为一个长期沿用的刑事司法专业术语，早已具有人所熟知的确定内涵，无罪推定即无罪假定，应当不至于因译名上的某些不足致使对无罪推定原则产生歧义或误解。参见陈光中等主编：《联合国刑事司法准则与中国刑事法制》，104 页，北京，法律出版社，1998。

[2] 参见熊秋红：《刑事辩护论》，7 页，北京，法律出版社，1998。

了迫使罪犯交代罪行，为了对付陷于矛盾的罪犯，为了使罪犯揭发同伙，为了洗涤耻辱——我也不知道这有多么玄虚和费解，为了拷问不在控告之列的另外一些可疑的罪行，而在诉讼中对犯人进行刑讯，由于为多数国家所采用，已经成为一种合法的暴行。[1] 在这种情况下，被告人是没有任何辩护权的，任何辩解只能带来更为残酷的刑讯。只有在无罪推定原则下，由于假定在法官判决之前被告人是无罪的，才能赋予被告人一定的诉讼权利，包括辩护权。正如我国学者指出：根据无罪推定原则，被指控人在未经司法程序（通常指生效判决）确认为有罪以前，应在法律上假定其无罪。由此出发，被指控人不仅不能被拷问，而且他应当有权利申辩自己无罪。被指控人是否有罪是诉讼过程中有待证实的问题，追诉机关应当认真听取被告方的辩护意见。[2] 因此，辩护权是以无罪推定为其制度保障的，离开了无罪推定，辩护权就难以真正实现。

（三）方法论根据：相对制度

辩护权正当性的方法论根据，在理论上存在各种不同的表述，其中对立统一规律与相对制度就是其中具有影响力的两种。对立统一规律是我国学者所采取的一种表述，认为刑事诉讼活动的基本内容是查明已经发生的客观存在的案件事实，在此基础上正确适用法律，惩罚犯罪分子，保障无辜的人不受刑事追究。作为一种认识活动或者证明活动，它离不开唯物辩证法的指导。对立统一规律是我国建立刑事辩护制度的理论基础，这是我国学者的共识。[3] 对立统一规律是马克思唯物辩证法的哲学原理之一。我国的刑事诉讼法理论引入这一规律来论证刑事辩护的方法论上的正当性，应该说，具有意识形态上的妥当性。在刑事诉讼中，控辩双方是对立统一的，没有控诉也就没有辩护，两者缺一不可。就此而言，对立统一规律具有一定说服力。但是，对立统一规律在对刑事辩护正当性的论证上也存在不足。没有控诉也就没有辩护，这只是说明了辩护权的防御性与消极性，说明了控诉权对于辩护权的先在性与决定性。但却不能反过来说，没有辩护权就

---

[1] 参见［意］贝卡里亚著，黄风译：《论犯罪与刑罚》，31页，北京，中国大百科全书出版社，1993。
[2] 参见熊秋红：《刑事辩护论》，85页，北京，法律出版社，1998。
[3] 参见熊秋红：《刑事辩护论》，104页，北京，法律出版社，1998。

没有控诉权。事实上，控诉权并不以辩护权存在为前提，不受辩护权制约的控制权在历史上曾经长期存在而被视为当然。即使在中国，对立统一规律自1949年新中国成立以来从来都是意识形态上的指导思想，但为什么在相当长的时间内刑事辩护被否弃？

相对制度，是西方国家对刑事辩护理论根据的一种表述。例如，美国著名法学家朗·富勒指出：公平的审问必须慎重地顾及互相争执的双方，使双方都能得到同样的重视和评判。要让法官知道一项辩论究竟有力到什么程度，必须让他先从殚精竭虑而申辩的人那里听取辩词。这就是律师的工作，他的职责不在判决而在说服。我们并不要求律师以一种超然的和毫不偏袒的方式报告案情，而是要求他处理案情使之显得最为有利于他的委托人。他不是像珠宝商，慢慢地在光线之下转动钻石，使它的每一片小平面都能全部显露。相反，律师好比把钻石稳定于一个角度，使它单独的一个面特别惹目。律师的职责是帮助法官和陪审员以利害关系的目光来看待案件，因而同情于他的诉讼委托人在命运摆布之下的境遇。[①] 如果说，对立统一规律是从控辩双方的关系上论证辩护权的正当性，那么，相对制度就是从刑事辩护对法官判决形成的影响这一角度论证辩护权的正当性。相对制度说明了刑事辩护对于使法官摆脱偏见的羁绊，使法官的判决不偏不倚的重要性。在这个意义上，正如同中国古人所云：兼听则明，偏听则暗。我国学者也逐渐地采用相对制度的理论作为刑事辩护制度的法理基础，指出：所谓相对制度，是指无论某种观点看来多么有理，或某种主张看来多么正当，都允许另一方面的意见存在，而且提出主张者必须和认否主张的权威行使者分开。就诉讼而言，一方面，允许持不同主张的诉讼当事人都作为司法制度中的合理存在，而不允许"话语霸权"——只让我说话，不让你说话；另一方面，还要求诉讼当事人，即使是代表国家的原告人（通常是检察官）必须和裁判官相分离，因为司法正义有一个基本的理念：任何人不能充当自己案件的法官。[②] 由此可见，相对制度的法

---

① 参见［美］哈罗德·伯曼编，陈若桓译：《美国法律讲话》，25页，北京，三联书店，1988。
② 参见龙宗智：《刑事庭审制度研究》，346~347页，北京，中国政法大学出版社，2001。

理对于刑事辩护的正当性作了较为充分的论证。

　　比较对立统一规律与相对制度，我认为后者更为确切。因为对立统一规律只描述了控辩双方互相对立与互相依存的关系，就此还难以完全说明刑事辩护存在的正当性。而相对制度，则从裁判权的相对性角度，论证了刑事辩护对于保证司法公正的必要性。相对是对应于绝对而言的，相对与绝对是一对哲学范畴，但同样具有价值内容。绝对在一定程度上被理解为极权、不受任何限制，在这个意义上，专制主义国家也可以说是绝对主义国家。① 而相对则在一定程度上被定义为有限的、受控制的。例如，美国学者将西方的宪政历史描述成控制国家，使国家建立在立宪主义基础之上的历史。这里的立宪主义，指国家的强制性权力受到了约束这种观念。② 因此，立宪主义国家也可以说是相对主义国家。基于以上对于绝对与相对的理解，在司法活动中的绝对制度，就是一种不受限制、单方面的司法权。如同孟德斯鸠指出：在专制的国家，绝无所谓调节、限制、和解、条件、等值、商谈、谏诤这些东西；完全没有相等的或更好的东西，可以向人建议；人就是一个生物服从另一个发生意志的生物罢了。③ 在这种专制社会里，司法权不受任何限制，因而不允许辩护的存在。在司法活动中的相对制度，司法权是受限制的，因而是相对的，刑事辩护职能形成对司法权的一种制约，法官的判决是从控辩双方的辩论中引申出来的。正如美国学者富勒指出：相对制度的要义即当事人每一方都有机会参加协助获致一项判决，而此种"参加"是采取提供证据和辩论的方式。④ 相对制度奠定了刑事辩护职能的正当性根据，在没有辩护的情形下形成的判决是不合理的、不公正的。

---

　　① 英国学者佩里·安德森提出了绝对主义国家这一命题，参见［英］佩里·安德森著，刘北成、龚晓庄译：《绝对主义国家的系谱》，上海，上海人民出版社，2001。
　　② 参见［美］斯科特·戈登著，应奇等译：《控制国家——西方宪政的历史》，5页，南京，江苏人民出版社，2001。
　　③ 参见［法］孟德斯鸠著，张雁深译：《论法的精神》（上册），27页，北京，商务印书馆，1961。
　　④ 参见［美］哈罗德·伯曼编，陈若桓译：《美国法律讲话》，3页，北京，三联书店，1988。

三

刑事辩护权是通过律师的职能活动行使的。因此，对辩护权的深入研究不能不考察作为辩护权主体的律师。

律师作为一种法律职业者，是伴随着法律活动的发展而出现的。在中国古代，法官与讼师始终处于官民的对立之中，法律活动必然在客观上需要讼师，但讼师在司法体制中始终未能被赋予合法地位，而处于被否认、被禁止的境地。讼师的地位得不到社会、法律的正当评价，也就必然无法堂堂正正地走向司法正途，讼师只能成为士大夫的对立面，而无法成为其后备队伍。因此，司法职业化的途径因讼师的命运而被斩断。[1] 在这种情况下，讼师是没有独立的、合法的法律地位的，更不能与其他法律职业相贯通。而在西方历史上，法官与律师从一开始就实现了一元化。我国学者指出：在英国的历史上，由于律师与法官走向了一元化道路，律师在诉讼中始终是一个不可或缺的环节，发挥着重要的作用。尽管在英国的历史上，律师如同中国的讼师一样曾因嗜利而受到过社会的道德谴责，但 13 世纪后英国通过立法及法官的指令规范了律师的职责、纪律与资格，又通过四大律师学院的教育，陶冶了他们的情操，好的律师不仅在社会上享有殊荣，他们同时也是法官队伍的后备力量。律师作为一个职业群体，不仅在具体的案件中，帮助当事人寻求最合适的令状形式以维护当事人的合法权益，而且还作为一种抗衡机制，参与诉讼活动，从而使法官寻求法、发现法、宣示法具有更大的权威性，从而在社会上筑起一道调解社会矛盾、缓和冲突的巨大防线，在民众的心目中筑起了一块公正、权威的丰碑。[2] 显然，在这种统一的司法职业中，律师获得了某种政治上的正确性，这成为其执业的保障。当然，法官与律师仍然存在朝

---

[1] 参见陈景良：《讼学与讼师：宋代司法传统的诠释》，载《中西法律传统》，231 页，北京，中国政法大学出版社，2002。

[2] 参见陈景良：《讼学与讼师：宋代司法传统的诠释》，载《中西法律传统》，231 页，北京，中国政法大学出版社，2002。

野对立,日本学者将法官和检察官称为在朝法曹,律师则是在野法曹,这是有一定道理的。正是律师的这种在野性,使之获得了独立于官方的地位,能够更为有效地维护当事人的合法权益。

关于我国律师职业的定位,在立法上存在一个从国家法律工作者到社会法律工作者的转变过程。在 1980 年《律师暂行条例》中明文规定:"律师是国家的法律工作者。"这一国家法律工作者的定位,反映了在当时计划经济体制下基于国家立场对律师性质的一种认识。我国学者在论及对律师的这一定位时,作了以下论证:我国是有着几千年的封建历史的国家,封建主义的人治、诉讼专制、擅断容不得辩护所代表的民主与法制。封建主义思想所支配的"官本位"和"官贵民贱"、重人轻法的思想是十分严重的,甚至在许多国家干部、知识分子等的头脑中尚有很大影响,这种影响是潜移默化地存在于人们的头脑中,不可能短时间内根除。而在我国法制尚不健全的情况下,将律师规定为国家的法律工作者,无疑使律师具有了较大的权威性。而且,律师作为国家法律工作者对改变人们不正确的传统观念,确立律师与法院审判员同等法律地位,是有利于发挥律师的作用,是保证律师执行职务,开展业务,保障律师自身合法权益的有效措施。[①] 上述论断不无道理,但这种将律师视同国家法律工作者的定位与律师维护当事人的合法权益这一职责之间存在着深刻的矛盾。因为它在一定程度上混淆了律师与警察、检察官、法官的职能,难以保证律师公正地履行其职责。

我认为,研究律师职业的定性,首先需要揭示律师职业的特点。律师作为法律工作者,其特点主要是相对于官方法律工作者(法官、检察官)而言的,体现在以下四个方面:(1)业务性。律师职业不同于官方法律职业,它具有业务性,即其所从事的是一种业务活动而非职务活动。职务活动表现为一定权力之行使,是代表国家对社会的管理活动。法官行使审判权,检察官行使检察权,其职务活动无不包含权力之意蕴。而律师所从事的业务活动,具有事务性的特征,是凭借本人的法律知识从事法律业务活动,而不具有行使权力的内容。(2)平等性。律

[①] 参见陈卫东、王家福主编:《中国律师学》,52~53 页,北京,中国人民大学出版社,1990。

师在从事业务活动中，不具有行使权力的内容，因而它与当事人之间具有一种平等的权利与义务的关系，这种权利与义务的关系通过契约（例如委托合同）加以确定，并成为律师从事职业活动的基本准则。（3）有偿性。律师向当事人提供法律服务是有偿的，表现为一种等价交换的关系。在这个意义上，律师与当事人之间是雇佣关系，因而律师机构具有营利冲动，是一种特殊的经营组织。而官方法律职业在一般情况下不具有这种有偿性。当然，在特定条件下，例如在民事诉讼中，法院根据诉讼标的收取一定的诉讼费用，似乎给人以有偿的感觉。但在诉讼费用中，案件受理费具有国家税收的性质，其他费用负担的意义也主要在于减少讼累。（4）自律性。律师职业管理不同于行政管理，主要是通过组成律师协会实行自治。随着律师行业管理的加强，律师职业的独立性也进一步加强，同时也对律师职业提出了更高的自律要求。根据律师职业的以上特点，我认为将律师职业界定为社会自由职业是最恰当的，这一定性有益于律师职业的发展。

应当指出，以往在我国理论上与现实生活中，对于自由职业存在一定的误解。在一些人看来，自由职业就是江湖游医式的社会闲散人员，就是不受法律约束的。其实，自由职业之所谓自由，并非不受任何管理，自由职业者在从事业务活动的时候只能在法律范围内活动。应该说，自由职业是相对于官方职业（公职）而言的。律师职业作为自由职业，就是指区别于法官、检察官这些官方职业的一种法律职业。值得注意的是，于1997年施行的《律师法》将律师界定为依法取得律师执业证书，为社会提供法律服务的执业人员，即社会法律工作者。应该说，这一定性比国家法律工作者的定性更为科学。从国家法律工作者到社会法律工作者的转变，表明我国对律师性质认识上的一大飞跃，具有历史进步意义。如果把这里的社会理解为在与国家相区分意义上的市民社会，那么，社会法律工作者具有一定的自由职业的意蕴。

将律师职业定为自由职业，表明律师职业具有不被官方干预的相对独立性，有利于提高律师职业的威信与地位，充分发挥律师在法治建设中的作用。在一个市民社会里，官方权力的行使必然受到来自社会的制约。由于一般民众并不精通法律，需要通过律师介入个案的诉讼活动或者非讼活动，起到对官方权力的制约

作用，从而保障当事人合法权益不受侵犯。而律师这一职能的实现，必然以律师职业的相对独立性为前提。如果律师职业不是自由职业，而是官方职业，受到行政权力的限制，成为权力的附庸，那么律师就无法取信于当事人，更遑论对官方权力的制约。由于律师必须依法履行职责，因而它所具有的相对独立性不仅不会成为社会的离心因素，恰恰相反，通过律师的业务活动，求得社会公正，更有助于社会的稳定。美国学者对律师的独立性进行了论述，认为律师存在两种独立性：一是独立于国家。基于自由辩护的观念，律师在为个人权利辩护时，必须维护当事人的利益，而不受外界的干扰，尤其是不受国家官员的干扰。二是独立于当事人。自由辩护观念的支持者强调律师对国家官员和国家事务的非附庸性，另一方面，作为从事公职（指公共职责）的律师的观念的信念的信仰者则强调，律师应当独立于市民社会的各种特殊利益，包括应独立于他们当事人的利益。[①] 律师独立于国家，是律师职能发挥的必要前提。在刑事诉讼中，律师独立于国家是指律师具有与控方对抗的法律地位和诉讼权利，即所谓平等的武装，从而能够为被告人进行实质辩护，保障被告人的合法权益。而律师独立于当事人，是指律师与被告人之间虽然是一种委托关系，但律师不是被告人的代言人。作为被告人聘请的律师，他/她当然要维护被告人的权益，但律师只能依法行使辩护，事实与法律是刑事辩护的基础。在辩护过程中，律师不能无原则地迁就被告人的无理要求，只能依据事实和法律独立地进行辩护。我国刑事诉讼法赋予律师拒绝辩护的权利，为维护律师的独立性创造了条件。

四

律师在刑事辩护中辩护权的行使，必须要有法律的保障。从我国的刑事诉讼法来看，当然规定了律师的某些权利，但这些权利的行使在现实生活中还存在很

[①] 参见［美］罗伯特·戈登著，周潞、嘉艾译：《律师独立论——律师独立于当事人》，13、16页，北京，中国政法大学出版社，1992。

大的障碍。因此，律师的辩护权如何在司法实践中得以贯彻落实，是我国目前刑事法治建设中面临的一个重大的问题。

（一）会见权

律师为了履行辩护职责，必须会见犯罪嫌疑人、被告人。由于我国对犯罪嫌疑人、被告人广泛地实行判决前羁押措施（刑事拘留或者逮捕），因而会见只能到羁押场所。会见权是律师行使辩护权的前提与基础，因此，有关国际公约对此都作了规定。例如，《关于律师作用的基本原则》专门规定了受到刑事追诉之人与律师的联系权和会见权。该基本原则第 7 条规定："各国政府还应确保被逮捕或拘留的所有的人，不论是否受到刑事指控，均应迅速得到机会与一名律师联系，不管在何种情况下至迟不得超过自逮捕或拘留之时起的 48 小时。"第 8 条规定："遭逮捕、拘留或监禁的所有的人应有充分机会、时间和便利条件，毫无迟延地在不被窃听、不经检查和完全保密情况下接受律师来访和律师联系协商。这种协商可在执法人员看得见但听不见的范围内进行。"这一规定不仅要各国政府必须在一定时间内确保被指控之人与律师保持联系，而且对于会见的形式都作了具体规定。我国的刑事诉讼法和相关司法解释也都对律师会见权作了规定，但在会见权的落实上还存在各种障碍，尤其是侦查阶段的律师会见更是难上加难。根据 1979 年刑事诉讼法的规定，刑事案件只有在提起公诉以后，律师才能开始介入，履行辩护职责。而在侦查阶段与审查起诉阶段，律师是无权介入的。因此，当时在我国刑事诉讼法学界提出了律师提前介入的命题。经过长时间的论证，在 1996 年刑事诉讼法修改中，采纳了律师提前介入的建议。《刑事诉讼法》第 96 条规定：犯罪嫌疑人在被侦查机关第一次讯问后或者采取强制措施之日起，可以聘请律师为其提供法律咨询，代理申诉、控告，受委托的律师有权向侦查机关了解犯罪嫌疑人涉嫌的罪名，可以会见在押的犯罪嫌疑人，向犯罪嫌疑人了解有关案件情况。律师会见在押的犯罪嫌疑人，侦查机关根据案件情况和需要可以派员在场，涉及国家秘密的案件，律师会见在押的犯罪嫌疑人，应当经侦查机关批准。虽然我国刑事诉讼法规定在侦查阶段，律师不是为犯罪嫌疑人进行辩护，而是提供法律咨询，但这种法律咨询也是以会见为前提的。同时，在会见中，律师

还可以了解案情，从而为将来的辩护奠定基础。但在司法实践中，侦查阶段律师会见受到以下各种限制：

1. 会见批准的限制。根据刑事诉讼法的规定，只有涉及国家秘密的案件，律师会见在押的犯罪嫌疑人，才需要侦查机关的批准。其他案件的会见，则不需要批准。但侦查机关往往以涉密为由对所有案件的会见都行使批准权，否则不予安排会见。尽管六部委《关于刑事诉讼法实施中若干问题的规定》（以下简称《六部委规定》）中明确指出："对于不涉及国家秘密的案件，律师会见犯罪嫌疑人不需要经过批准。"但一些侦查机关仍将批准作为律师会见在押犯罪嫌疑人的必经程序，这一限制显然是非法的。

2. 会见时间的限制。为落实律师会见权，《六部委规定》作出规定，律师提出会见犯罪嫌疑人的，应当在48小时内安排会见；对于组织、领导、参加黑社会性质组织罪，组织、领导、参加恐怖活动组织罪或者走私犯罪、毒品犯罪、贪污贿赂犯罪等重大复杂的两人以上的共同犯罪案件，律师提出会见犯罪嫌疑人的，应当在5日内安排会见。这一规定的内容是明确的，即会见应当在律师提出以后的48小时或者5日内完成。但是最高人民检察院《人民检察院刑事诉讼规则》第151条规定："对于不涉及国家秘密的案件，律师提出会见在押的犯罪嫌疑人的，人民检察院应当在四十八小时以内安排会见的具体时间；对于贪污贿赂犯罪等重大复杂的两人以上的共同犯罪案件，可以在五日内安排会见的具体时间。"根据这一规定，48小时内或者5日内会见就被解释为安排在48小时以外或者5日以外的任何一个时间会见。我认为，这绝不是一种文字游戏，对于《六部委规定》的曲解只能表明某些部门对于在尽可能短的时间内安排律师会见这一规定的抵触心理。关于会见的见面时间和次数，法律也没有限制，但在司法实践中，某些部门往往加以限制，每次会见一般为30分钟，只能会见一次或者两次。这种限制，使得律师无法及时地、充分地了解案件情况，因而不能为犯罪嫌疑人提供有效的法律服务。

3. 会见内容的限制。关于会见的内容，法律规定包括两个方面：一方面是向犯罪嫌疑人提供法律咨询，另一方面是向犯罪嫌疑人了解案情。但在司法实践

中，会见内容也受到诸多的限制。某些侦查部门要求律师会见犯罪嫌疑人前要向看守所提供会见内容或者提供会见的内容提纲，会见时不允许超过提纲的询问范围，限制律师向犯罪嫌疑人了解有关案件情况；有的在场侦查人员还直接发问和插话；某些侦查部门不允许律师制作会见笔录；一些看守所要求律师会见犯罪嫌疑人时，由律师自备手铐，会见前先为犯罪嫌疑人戴上手铐；某些侦查部门将律师提供法律咨询仅限于宣读法律条文或对法律条文本身进行解释；还有的地方看守所采取摄像、录音等监控手段，使律师和犯罪嫌疑人精神高度紧张，无法进行正常的会见和交谈。凡此种种，都使得律师会见效果受到影响。

某些侦查部门之所以对律师会见采取各种抵制措施，主要是这些部门的人员将惩治犯罪与人权保障对立起来，以不利于侦查为由排斥在侦查阶段律师会见犯罪嫌疑人。例如，我国学者在山东省烟台市调研时，曾经与公安机关的同志就律师会见问题进行了交流。公安机关的同志普遍认为，公安机关的侦查卷宗属于国家秘密，如果允许律师介入，将对案件的侦破带来极为不利的影响，具体地说就是加大公安机关的破案难度，许多案件将破不了。因为侦查机关在实践中侦破案件，主要是通过犯罪嫌疑人的口供进一步寻找其他证据，如果没有犯罪嫌疑人的口供，案件证据将很难得到，自然难以破案。因此为了保障案件能够及时侦破，公安机关基本上不批准律师会见犯罪嫌疑人，偶尔批准的只是占相当少的比例。每年四五百起案件中，大概只有一二十起案件批准律师会见犯罪嫌疑人，其他大部分案件都不允许会见。① 在这种观念的指导下，在律师会见问题上抵制、限制甚至刁难也就不足为怪了。在世界各国，律师会见当事人是天经地义的"自然"权利，在中国尽管有法律明文规定，但仍然是一项需要通过行政诉讼来实现的权利。我国已经出现数起争取会见权的行政诉讼案件，其中著名的一起是湖南晨晖律师事务所主任廖建华诉湖南省娄底市公安局侵犯会见权案。② 该案的大致情况如下：1999年2月8日，湖南省晨晖律师事务所接受了进入审查起诉阶段的在押

---

① 参见陈卫东主编：《刑事诉讼法实施问题调研报告》，223页，北京，中国方正出版社，2001。
② 参见陈光中主编：《刑事诉讼法实施问题研究》，33~34页，北京，中国法制出版社，2000。

犯罪嫌疑人宁孝检的近亲属的委托，指定廖建华律师担任辩护人。当天，廖建华律师将授权委托书送至湖南省人民检察院娄底分院刑检二科，获得了"移送起诉意见书"及其他有关材料。2月8日下午和2月12日上午，廖建华律师持"律师执业证""律师会见犯罪嫌疑人、被告人专用介绍信""授权委托书"和"移送起诉意见书"两次会见了犯罪嫌疑人。因为案情需要，2月24日廖建华律师再次要求会见，但看守所拒绝，理由是：律师会见犯罪嫌疑人必须经办案机关批准，律师必须持办案机关签有"同意会见"字样的专用介绍信才能被允许会见。前两次之所以允许律师会见，是因为值班干警不熟悉业务。2月25日，廖建华律师向娄底市中级人民法院递交了行政起诉状，要求确认娄底市公安局在审查起诉阶段不允许律师会见犯罪嫌疑人的行为违法，要求判令娄底市公安局赔偿律师经济损失52.24元。1999年5月18日，一审法院作出判决：（1）确认被告娄底市公安局在审查起诉阶段不许可原告廖建华律师会见在押犯罪嫌疑人的具体行政行为违法；（2）由被告赔偿原告车旅费16元，误工损失费18.12元，共计34.13元；（3）案件受理费200元由被告承担。被告不服一审判决，向湖南省高级人民法院提出上诉。在二审期间，娄底市公安局出示了公安部的意见：是否允许律师会见是公安机关的权力，不属行政诉讼的范围。1999年8月30日，湖南省高级人民法院终审判决：驳回娄底市公安局的上诉，维持原判。《刑事诉讼法》与《六部委规定》已经白纸黑字地写明除涉及国家秘密的案件以外的其他案件，律师会见不需要批准。而娄底市公安局还出示了公安部的意见：是否允许律师会见是公安机关的权力。人们不禁要问：公安机关的这一权力是谁授予的？

我认为，这一问题的根本解决，除有关侦查部门改变观念以外，唯一可行的制度性措施是羁押场所的独立化与中立化。现在羁押犯罪嫌疑人、被告人的看守所都归公安机关管理，已经成为公安机关的一个内设部门，因而听命于公安机关。我认为应将看守所划归司法行政部门管理，使之独立于公安机关。看守所对被羁押者的人身负责，保障各种诉讼当事人，包括警察、检察官和律师一视同仁地依法会见犯罪嫌疑人和被告人。唯有如此，才能破除侦查机关对律师会见的限制。

(二) 阅卷权

阅卷权是我国律师在履行辩护职责中的一项十分重要的权利,尤其是在目前我国律师缺乏足够的取证权的情况下,对于案情的了解除通过会见被告人以外,主要就是通过阅卷这一途径。案卷在我国刑事诉讼中发挥着重大作用,这与我国的刑事诉讼活动仍在很大程度上依赖口供定罪具有密切的联系。案卷主要记载的是犯罪嫌疑人、被告人的口供与证人证言,这些材料对于定罪具有重要意义。我国《刑事诉讼法》第36条规定了律师的阅卷权:辩护律师自人民检察院对案件审查起诉之日起,可以查阅、摘抄、复制本案的诉讼文书、技术性鉴定材料;辩护律师自人民法院受理案件之日起,可以查阅、摘抄、复制本案所指控的犯罪事实的材料。在审查起诉阶段和审判阶段,律师可以依法查阅法律规定的案卷材料。从法律规定来看,在审查起诉阶段,律师所能看到的只是一些程序性文书与技术性鉴定材料。除起诉意见书以外,其他材料对于了解案情帮助并不很大。因此,辩护律师一般只有在起诉以后,才能到法院查阅案卷材料。

律师阅卷权的问题主要在于如何确定阅卷的范围,即"本案所指控的犯罪事实的材料"到底包括什么内容。我国在1979年刑事诉讼法中规定,律师可在开庭前到法院查阅检察机关向法院移送的全部案卷。而在1996年刑事诉讼法修改以后,为防止法官在庭审前形成预断,法律将检察机关向法院移送案卷材料的范围限制为证据目录、证人名单和主要证据复印件或者照片。在这种情况下,引发了对辩护律师阅卷范围的争议:在司法实践中,一般都把辩护律师的阅卷范围限于检察机关向法院移送的有关案件材料,但更多的学者则主张自人民法院受理案件之日起,应当允许辩护律师去检察院查阅全部案卷材料。[1] 我认为,对于这个问题,刑事诉讼法的规定并不十分明确。在这种情况下,我国司法机关都将其理解为检察院移送给法院的案卷材料,在司法实践中也是这样来执行的。因此,我国辩护律师的阅卷范围甚至比1996年刑事诉讼法修改以前还要狭窄。为限制法官审前预断而减少移送案卷内容,不经意间成为对辩护律师阅卷范围的一种收

---

[1] 参见陈光中主编:《刑事诉讼法实施问题研究》,42～43页,北京,中国法制出版社,2000。

缩，这很难说是立法本意。对于辩护律师阅卷权受到限制，我国学者作了批评，认为辩护律师阅卷权受到限制，不仅不利于律师辩护而且影响我国新的审判模式的确立，进而不利于实现公平审判和提高审判效率。① 应该说，这一批评是有道理的。实际上，法官与辩护律师在刑事诉讼中的地位是有所不同的。法官作为居中裁判者，为防止其先入为主，对其案前接触案件事实的范围加以限制是完全必要的。而辩护律师作为辩护人，在调查取证权已经受到重大限制的情况下，如果阅卷权还受到进一步的限制，就无法履行辩护职责，或者使这种辩护流于形式。

目前，我国在司法实践中正在进行控辩双方证据展示的试点。证据展示，又称为证据开示，是指控辩双方在审判前或在审判过程中相互交换证据材料的制度。证据展示是在英美法系国家对抗制诉讼模式中发展起来的制度。在这种制度下，控辩双方应该按照法律规定的开示范围，在预审法庭出示其所掌握的有关证据，以实现控辩之间的资源平衡，确保控辩双方尽可能做到平等武装，进而保证被告人获得公正的审判。我国学者在论证建立中国证据展示制度的可行性时指出：刑事诉讼中，控辩双方为了查明案情都要收集相应的证据，其中检控方因拥有获取证据的权力优势和手段优势，也占据着案件大部分证据信息的控制优势。相对于检控方，辩护方则处于明显劣势。在这种格局下，如果允许检控方垄断并利用占优势的证据信息与辩护方对抗，显然与民主的"知情"要求是相背离的。相反，证据展示制度则通过证据信息交换实现了控辩双方对信息资源的共享，这不仅有助于公民（被告人及其辩护人）理解各种问题，并在理解的基础上与检控方展开平等有效的对话（辩论），而且满足了诉讼民主的基本要求。② 尽管这里论述的是诉讼民主问题，但证据展示对于强化辩护律师对案件事实的掌握与了解，显然是有所助益的，它也能够在一定程度上弥补辩护律师阅卷范围过窄的缺憾。当然，我国也有学者对于证据开示能否解决辩护律师的阅卷范围受到限制所

---

① 参见李奋飞：《辩护律师阅卷权的受制及其矫正》，载陈卫东主编：《司法公正与律师辩护》，398页以下，北京，中国检察出版社，2002。
② 参见黄京平等：《建立中国证据展示制度可行性研究》（下），载陈兴良主编：《刑事法判解》，第4卷，289页，北京，法律出版社，2002。

带来的缺陷是持质疑态度的，认为证据开示是在人民检察院提起诉讼后、人民法院审理前进行，这对辩护律师来说过于滞后。对于辩护律师来说，最为迫切的是允许其到人民检察院查阅业已侦查终结的案卷材料。① 由此可见，证据展示与阅卷权两者仍然存在一定的区别。

（三）取证权

通过调查获取证据，从而为当事人进行实质性的辩护，这是履行刑事辩护职能所必需。可以说，没有律师取证权，也就不可能有实质辩护，辩护只能流于形式。

我国刑事诉讼法对律师取证权作了规定，但又有诸多的限制，表明立法者对于律师取证权是持极大的保留态度的。这种限制主要表现为以下三个方面：第一，侦查阶段律师没有取证权。侦查是检控方收集有罪证据的一种职能活动，尽管我国《刑事诉讼法》第43条规定："审判人员、检察人员、侦查人员必须依照法定程序，收集能够证实犯罪嫌疑人、被告人有罪或者无罪、犯罪情节轻重的各种证据。"但实际上，由控方的立场所决定，侦查机关收集的主要是犯罪嫌疑人有罪或者罪重的证据。在这种情况下，如果不允许辩护律师同时收集犯罪嫌疑人无罪或者罪轻的证据，就使得侦查活动是控方单方面的行为，不具有诉讼的性质。因此，在侦查阶段引入律师的取证权涉及对侦查程序的一种根本性改造。从控辩平衡的角度来说，侦查阶段辩护律师应当享有取证权，唯此才能防止侦查机关片面地收集证据，保证侦查活动的公正性。第二，在审查起诉阶段和审判阶段，律师享有取证权，但这种取证权是残缺不全的。根据我国《刑事诉讼法》第37条的规定："辩护律师经证人或者其他有关单位和个人同意，可以向他们收集与本案有关的材料，也可以申请人民检察院、人民法院收集、调取证据，或者申请人民法院通知证人出庭作证。辩护律师经人民检察院或者人民法院许可，并且经被害人或者其近亲属、被害人提供的证人同意，可以向他们收集与本案有关的

---

① 参见李宝岳：《再论辩护律师的阅卷权》，载樊崇义主编：《刑事诉讼法专论》，159页，北京，中国方正出版社，1998。

材料。"这一规定虽然被我国学者称为关于律师调查取证权的规定,但从法条的措辞来看,律师收集的只能是材料,而收集证据只能经律师申请由人民检察院、人民法院进行。在这个意义上说,立法者是倾向于否定律师取证权的。即使律师这种收集材料的权利,也是受到严格限制的,即只有经证人或者其他单位和个人同意才可收集材料。至于向被害人或者其近亲属、被害人提供的证人收集材料,则不仅要经上述人员同意,还需经人民检察院或者人民法院许可。在以上这些严格限制下,律师取证权几乎化为乌有。第三,律师取证权缺乏法律保障。在经证人同意才能取证的情况下,如果证人不同意就无法取证,没有中立的裁判机关对证人不同意的理由进行裁断,因而律师取证权没有法律上的补救措施。尽管我国刑事诉讼法也规定了律师有调查取证的请求权,即可以申请人民检察院或者人民法院收集、调取证据。但这一调查取证请求权形同虚设,因为它并无强制性的要求,是否应律师之请求去调查取证,完全取决于检察机关与审判机关。尤其是检察机关,由其控方的立场所决定,动辄拒绝律师调查取证的请求,自在情理之中。在律师没有充分阅卷权的情况下,又无取证权,在强势的控方面前,辩护律师是弱小的,不可能为被告人提供具有实质价值的辩护。

在刑事法治的背景下,强化律师的各种诉讼权利,打造一个与控方势均力敌的辩方,势在必行。我国学者称我国目前的控辩式诉讼结构是一种"控强辩弱的控辩式诉讼结构"[①]。为了改变这种现状,达致控辩平衡,必须赋予辩护律师更多的诉讼权利。

五

刑事律师的辩护权虽然在我国是一项法定权利,但这一权利在立法上受到诸多限制,甚至存在某种立法上的歧视性规定。这绝不是危言耸听,更不用说在司

---

① 周国均:《控、辩平衡与保障律师的诉讼权利》,载《法学研究》,1998(1)。

法中所遇到的各种障碍。《刑法》第306条规定的律师伪证罪[①]就是一个以刑事辩护律师为特定犯罪主体的罪名，它被形象地称为悬在刑事辩护头上的一把达利摩斯之剑。

在1979年刑法中并无关于律师伪证罪的设置。随着1996年刑事诉讼法规定律师介入提前到侦查阶段，为保证侦查活动不受干扰，在《刑事诉讼法》第38条作出了以下禁止性规定：辩护律师和其他辩护人，不得帮助犯罪嫌疑人、被告人隐匿、毁灭、伪造证据或者串供，不得威胁、引诱证人改变证言或者作伪证以及进行其他干扰司法机关诉讼活动的行为。违反前款规定的，应当依法追究法律责任。于1996年通过的《律师法》第45条也进一步明确了前述行为的行政后果与刑事后果：律师提供虚假证据，隐瞒重要事实或者威胁、利诱他人提供虚假证据，隐瞒重要事实的，由省、自治区、直辖市人民政府司法行政机关吊销律师执业证书；构成犯罪的，依法追究刑事责任。及至1997年刑法修订，上述规定在刑法中被确认为罪名：在刑事诉讼中，辩护人、诉讼代理人毁灭证据，伪造证据，帮助当事人毁灭、伪造证据，威胁、引诱证人违背事实改变证言或者作伪证的，处3年以下有期徒刑或者拘役；情节严重的，处3年以上7年以下有期徒刑。这一规定的出台，意味着专门为辩护律师打造了一个罪名，从而增加了辩护律师的执业风险。关于本罪的设置理由，立法机关作了如下说明：在新的刑事诉讼法施行后，辩护人、诉讼代理人在刑事诉讼中的作用得到了进一步的加强，其在刑事诉讼中的权利也相应有所扩大，作为辩护人和诉讼代理人必须依法正确行使法律赋予的权利，不得利用这些权利妨害刑事诉讼的正常进行，所以根据实践中的具体情况和打击犯罪的需要，新的刑法增加关于这一犯罪的规定。[②] 从权利与义务相统一的原理来看，上述立法理由并无不妥，但仍然可以看出立法者对于律师的戒备与防范心理。关键问题在于：《刑法》第306条对于辩护律师来说，意味着一种可怕的归宿——因为为被告人辩护而使自己成为被告人，以至于使刑

---

① 关于《刑法》第306条之罪名，司法解释确认为：辩护人、诉讼代理人毁灭、伪造证据、妨害作证罪，但在现实生活中，尤其在律师界，一般都简称为律师伪证罪，以区别于其他伪证罪。

② 参见胡康生、李福成主编：《中华人民共和国刑法释义》，435页，北京，法律出版社，1997。

事辩护成为律师执业的雷区。

事实上,在律师伪证罪设立以前,律师执业环境就一直是险恶的,以刑事诉讼法修改的前一年即1995年为例,律师在执业中因被人陷害而锒铛入狱者有之,因发表不同意见而被法院工作人员非法拘禁、殴打致伤者有之,因代理案件被对方当事人毁容者有之,被抠出眼珠者也有之,以至于1995年被称为律师蒙难年。① 其中,律师逃亡案就是一个离奇而又典型的案例。

被告人王继生因涉嫌故意杀人,被河南省鹤壁市中级人民法院一审判处死刑。1994年9月13日,被告人王继生的亲戚找到冯志德律师,要求冯做王继生的二审辩护人。办完手续后,冯律师同岳小保律师前往浚县看守所会见被告人。但是,被告人家人递给冯一封被告人写给家人的信,信的内容大致讲自己遭刑讯逼供,屈打成招,不具备作案时间等。冯看后认为这封信很一般,很随便问了一下这封信的来路,得知是从看守所通过熟人转出来的,冯律师并未引起警觉,只是把他作为材料一并收入案卷。冯律师按常规办案,询问被告人。王陈述了不服一审判决的理由和能证明案发当时他没有去过现场的情况。9月27日上午,冯律师、焦律师第二次会见了被告人。下午,律师对王继生和他的家人进行了调查取证。被告人的三弟王继利能证明案发时王继生并不在家,但因为那天他外出,冯律师未找到他而未采其证词。当时被告人家属曾问冯律师:"王继生是否还有救?"冯答:"你们家的人连王继生在家的时间都说不清楚,还是一句老话,不能排除他,也不能肯定他。"说者无意,听者有心。过了几天,有人给冯律师送来了王继生家人重新写的材料,想推翻原来的证词。冯律师认为应以原始调查材料为准,因此并未采纳后来的证明,没有将其写进辩护词,也没有提供给省高级人民法院。1994年10月14日,冯律师将辩护词和整理后的调查材料一并邮往省高级人民法院。一个半月后,冯律师向省高级人民法院询问案件进展情况,方才得知半个月前案件已被发回重审。冯律师当时还分外高兴,以为自己的辩护意见被采纳了。殊不知自己的辩护材料由于寄得太晚,又恰逢省高级人民法院的法官出

---

① 参见杜钢建、李轩主编:《中国律师的当代命运》,292页,北京,改革出版社,1997。

差在外而被搁在承办人的桌上未起任何作用。发回重审的决定实际在冯律师介入之前就已经作出了。所以,发回重审的裁定书上并没有辩护人,也没有将裁定书发给冯律师。发回重审的结果使律师、被告人家属满心欢喜,冯律师也想当然地认为自己是有功之臣。于是,拖上省高级人民法院的法官朋友去吃了一顿饭。席间,被告人家属提出送一些家乡特产和米给冯的法官朋友,冯同意。不久,被告人家属便给省高级人民法院的三名法官送去了三袋花生、三桶油和一些大米。冯律师自己也得了一桶油和几只鸡。

鹤壁市的公、检、法机关对王继生一案的态度非常明确,半年后案件居然以事实不清被省高级人民法院退回,遂认为其中必然有诈。经过侦查,终于有了重大发现:被告人的一个远房亲戚在县武装部任秘书,通过其介绍,被告人家属认识了县看守所的一名看守,于是从看守所传出许多信息,包括被告人要求家人证明案发时他在家的信件。以此为突破口,当地政法机关先后以包庇罪逮捕了武装部秘书,以徇私舞弊罪逮捕了通风报信的看守所民警,以包庇罪逮捕了王继生的几个家人。经过慎重研究,最后决定抓此事件的另一主角——冯志德律师。1995年3月22日下午4时许,几名公安人员在没有出示任何法律手续的情况下,以口头传讯的方式把冯律师从事务所叫到新乡市刑警队。浚县公安局以侦查案件需要为名,对冯律师实行拘传,并带到浚县,开始了长达二十多小时的讯问。3月23日,又以冯有结伙作案嫌疑为由,将其转为收容审查。理由是:冯在获悉被告人通过非法渠道转给其父母的信后,应该意识到他们串了供,应停止辩护活动,将信妥善处理;冯对被告人家属随便发表对案件的看法,"指使"或"暗示"被告人家属重写证据材料;冯不实事求是,只收集对被告人有利的证据,不收集对被告人不利的证据;冯指使被告人家属往省高级人民法院送土特产,为被告人说情开脱罪责;冯的调查活动,是干扰了司法机关的正常办案。冯律师同犯罪分子关在一起,精神压力和痛苦可想而知,身体状况每况愈下,肝区不时隐隐作痛。在其家属的多次请求下,看守所同意让其到医院化验,结论是肝炎。1995年4月21日人民检察院正式以包庇罪批准逮捕冯律师。在取保候审期间,想到一时难以自明的冤案和度日如年的监房,整天与政法干部打交道的冯律师终于失

去了勇气，踏上了茫茫的逃亡之路。

此后，《民主与法制》杂志以《律师为什么逃亡》为题披露了这一案件，并约请有关专家学者点评这个案例。我以《严格保护律师依法履行职责》为题，写了一篇短文，发表对本案的看法。我认为在一个法治社会，律师依法履行职责是严格受到法律保护的。在某种程度上说，对律师执业行为的法律保障，是一个社会法制完善程度的标志。尤其是在刑事辩护活动中，律师的职责是保障被告人的合法权益。在这种情况下，如果律师动辄因包庇罪、伪证罪，甚至玩忽职守罪锒铛入狱的话，那么，还有谁愿意去从事律师这项职业呢？没有律师的社会，不可能是一个健全的法治社会，这是一个已经被历史证明的事实。[①] 在论文中，我提出了律师执业豁免这一命题。

事与愿违，于1996年修改通过的《刑事诉讼法》与《律师法》不仅没有关于律师执业豁免的规定，反而在1997年《刑法》中设置了律师作伪证的专门罪名。这一罪名的设置，使刑事辩护的执业环境雪上加霜，1997年再次被人们称为中国律师的蒙难年。[②] 为此，全国律协还专门成立了维权委员会。根据2000年全国律师维权委员会统计的数据，从1995年以来，已有122个律师因为种种原因被追究、被起诉、被通缉。[③] 据北京市律协提供的数据，1997年以来，北京市律师在执业中被司法机关采取法律措施的案件共有12起。从案由上看，涉嫌伪证罪2起，涉嫌妨害作证罪2起，涉嫌伪造印章罪1起，涉嫌中介机构出具虚假

---

① 本文发表以后，冯志德律师在逃亡途中曾经给我寄来一封长信诉说他的冤情。另有一位在1996年废除免予起诉的刑事诉讼法生效前一天就被人民检察院以包庇罪免予起诉的律师亲口告诉我："我在找检察院申诉，为什么我辩护的被告人被法官宣告无罪，他们还以包庇罪对我免予起诉，刑法规定包庇罪必须是包庇犯罪分子，既然没有犯罪分子，何来包庇？"对这一问题，检察官作了以下绝妙回答："正由于你的包庇，法院才判的无罪。"

② 参见王丽：《律师刑事责任比较研究》，2页，北京，法律出版社，2002。

③ 参见陈兴良主编：《法治的使命》，299页，北京，法律出版社，2001。

证明文件罪 1 起,涉嫌诈骗罪 1 起,纯属司法机关滥用职权的 2 起。① 在律师不断被抓的同时,刑事辩护率则不断下降。2002 年 5 月,从北京律协传出消息,北京律师年人均办理刑事案件的数量已下降到不足 1 件。2000 年北京有律师 5 459 人,全年办理刑事案件 4 300 件,人均办理刑事案件从 1990 年的 2.64 件下降到 2000 年的 0.78 件。北京市全年的刑事案件将近五万件,对比以上数字,律师辩护率不足 10%。在这种情况下,遂有"不敢替'刑事犯罪嫌疑人'辩护的中国律师"一说。② 刑事辩护率之低,原因是多方面的,律师伪证罪的设立不能不说是其中的一个重要原因。

律师伪证罪,在实体规定上存在明显的缺陷。根据《刑法》第 306 条之规定,律师伪证罪包括以下三种行为:一是毁灭、伪造证据,即辩护人、诉讼代理人自己将能够证明案件真实情况的书证、物证以及其他证据予以毁灭,包括烧毁、丢弃、撕掉、涂抹等,使其不能再起到证明案件真实情况的作用;或者辩护人、诉讼代理人自己制造假的书证、物证等,以隐瞒案件的真实情况,使犯罪嫌疑人免予刑事追究或者使无罪的人受到刑事追究。二是帮助当事人毁灭、伪造证据,即辩护人、诉讼代理人策划、指使当事人毁灭、伪造证据,或者与当事人共谋毁灭、伪造证据,以及为当事人毁灭、伪造证据提供帮助等。三是威胁、引诱证人违背事实改变证言或者作伪证,即采用暴力、恐吓等手段威胁证人或者以金钱、物质利益等好处诱使证人改变过去按照事实提供的证言,或者以威胁、引诱手段指使他人为案件作虚假证明,充当伪证的证人。在上述三种行为中,其他行为的特征均是明确的,在认定上不致混淆,唯"引诱证人违背事实改变证言或者作伪证"这一罪状,内容并不明确。例如,这里的"违背事实"如何认定?改变证言前是事实还是改变证言后是事实?由谁来判断?控方往往以自己所取证言陈

---

① 在本文写作之际,传来消息,曾先后担任全国人大常委会原副委员长成克杰和公安部原副部长李纪周的首席辩护律师的张建中,因涉嫌作伪证已被逮捕。据了解,张建中是全国律协维权委员会委员,1999 年被授予北京市十佳律师称号。参见《涉嫌作伪证 名律师被捕》,载《北京青年报》,2002-07-18,1 版。

② 参见胡盈盈、端木正阳:《不敢替"刑事犯罪嫌疑人"辩护的中国律师》,载《中国律师》,2002(3),24 页。

述的内容为事实，因而只要律师介入后证人改变证言的，就认为符合律师伪证罪的这一规定而追究律师的刑事责任。又如，这里的引诱，无论是立法机关还是司法机关，都解释为"以金钱、物质或者其他利益诱使"①，但在司法实践中就有律师因故意采用语言劝导证人改变证言内容的手段，引诱证人违背事实改变原有证言而构成律师伪证罪。例如最高人民法院刑一庭编的《刑事审判参考》2000年第3辑刊登的刘某妨害作证案，就是一个十分典型的案例。

江苏省滨海县人民法院认定，1998年7月上旬，被告人刘某在受委托担任李某受贿一案的辩护人期间，在李某亲友陪同下，分别找证人田某、钱某、刘某、徐某、邓某、蒋某调查时，引诱证人提供虚假证言，并将其收集的证据材料在滨海县人民法院开庭审理李某受贿案件时当庭出示，提出李某的行为不构成受贿罪的辩护意见，致使法院没有当庭认定钱某向李某行贿8 000元的犯罪事实，妨害了刑事诉讼活动的正常进行。滨海县人民法院认为被告人刘某在担任李某受贿一案的辩护人参与刑事诉讼期间，故意采用语言劝导证人改变证言内容的手段，引诱证人违背事实改变原有的不利于李某的证言，致使法庭没有当庭认定钱某向李某行贿8 000元的犯罪事实，妨碍了刑事诉讼活动的正常进行，其行为已构成辩护人妨害作证罪，遂判处其有期徒刑1年，缓刑2年。一审宣判后，被告人刘某不服，以无罪为由，向盐城市中级人民法院提出上诉。二审人民法院经审理，驳回了上诉，维持原判。在这一案件审理中，争论的焦点是如何理解《刑法》第306条规定中的"引诱"。辩方认为，引诱要以利益为诱惑，要有诱饵，引导性的但并未用利益为诱饵的发问，不属于引诱。而控方认为引诱包括非金钱的、非物质利益的其他手段。②但在最高人民法院的《刑事审判参考》中，虽然仍将引诱解释为以金钱、物质利益等好处诱使证人不按照事实的真相提供证言，但又认为滨海县人民法院认定被告人刘某语言劝导证人改变证言的行为构成辩护人妨害作证罪，依法惩处是正确的。在关于裁判理由的说明中，《刑事审判参考》

---

① 胡康生、李福成主编：《中华人民共和国刑法释义》，436页，北京，法律出版社，1997；周道鸾、张军主编：《刑法罪名精释》，660页，北京，人民法院出版社，1998。
② 参见陈颖春：《青年律师，作茧自缚》，载《律师世界》，1999（1）。

没有就如何理解引诱这个争议极大的问题展开评说，而是论述了辩护人妨害作证罪是否以发生危害后果（导致法院宣告无罪）为构成要件的问题。[1] 这不能不说是与对这一重大问题解释的失之交臂，令人扼腕。

在浙江省张耀喜犯辩护人妨害作证罪一案中，同样也围绕律师伪证罪是否必须在客观上以律师用物质、金钱或其他利益引诱证人作伪证为构成要件展开了争论。浙江省衢州市柯城区人民法院一审认定被告人张耀喜在担任盗窃案罪犯陈林鸿的辩护人、参与该案一审诉讼期间，为了使陈林鸿的盗窃数额从巨大降为较大，减轻其罪责，利用诱导性的设问方式，诱使证人李洪涛作了违背事实的伪证，其行为已妨碍了刑事诉讼的正常进行，构成辩护人妨害作证罪。后来，浙江省衢州市中级人民法院二审改判张耀喜无罪，但并不是因为被告人在客观上没有引诱行为，而是已有证据不能充分地证明上诉人张耀喜具有妨害作证的主观故意。在法官评述中，省高级人民法院的法官明确提出：引诱，指引导劝诱，不仅包括物质利益的引诱，也包括非物质利益的引诱，比如劝导证人。[2] 由此可见，如何理解律师伪证罪中的引诱，是一个关键问题。按照一般理解，引诱是可以解释为引导劝诱，但正如法国学者提出：如果把引导性发问纳入引诱范围之中，对于辩护人、诉讼代理人而言是一种过分的要求。引诱没有确切的定义，因此很容易被任意解释，而导致出入人罪。[3] 我认为应对律师伪证罪中的引诱作限制解释，仅指利诱，即以利益引诱，而不包括以诱导性发问的方法使证人改变证言。

如果说，律师伪证罪在实体上的问题可以通过司法解释加以明确的话，律师伪证罪最大的问题还是在于程序上：作为控方的公安机关和检察机关随时可以根据《刑法》第306条律师伪证罪追究律师的刑事责任，加剧了控辩双方力量的失衡。控辩平衡，这是法治社会的刑事诉讼的基本构造。我国刑事诉讼中的控辩双

---

[1] 参见最高人民法院刑一庭编：《刑事审判参考》，第2卷（2000年度精编本），174~177页，北京，法律出版社，2001。

[2] 参见王幼璋主编：《刑事判案评述》，147页，北京，人民法院出版社，2002。

[3] 参见王丽、林维：《辩护人、诉讼代理人毁灭证据、伪造证据、妨害作证罪研究》，载陈兴良主编：《刑事法判解》，第4卷，76、78页，北京，法律出版社，2001。

方，本来就是控强而辩弱。而律师伪证罪的设立，使控方在实体辩论上失利或失势的情况下，以此作为杀手锏，置辩护律师于死地，获得了某种程序上的优越性。我国学者甚至将控方以律师伪证罪追究辩护律师的刑事责任视为一种职业报复，指出：控辩双方在法庭上是对手，这是毋庸置疑的，但这只是履行职务，二者并无根本之利益冲突，更不是你死我活之敌人。然而《刑法》第306条之规定及被滥用，使这种对等关系变得极不平衡，公诉方纷纷通过庭后对律师之刑事追诉来补偿法庭上调查或辩论过程中之劣势。因此，对侦查机关的某些人来说，这条规定是一个有效的职业报复手段。[①] 尽管职业报复之说略有夸张，但也并非危言耸听的无稽之谈。

对于《刑法》第306条的律师伪证罪，律师界一直在抗争。在刑法修订前后，前司法部部长、全国人大法律委员会前主任委员蔡诚为取消刑法修订草案中的律师伪证罪曾多次呼吁，以至一度遭到非议。在刑法修订以后的历年全国人大会议中，都有取消《刑法》第306条的动议。例如在2000年3月的全国人大会议上，以陕西代表团张燕律师为首的30位全国人大代表正式提出了"取消《中华人民共和国刑法》第306条的规定"的议案。尽管这些努力并未导致《刑法》第306条的废弃，但仍然是值得肯定的。在《刑法》第306条未能被取消的情况下，设置适用的特殊程序不失为一个可供选择的方案。例如全国律协提出了设立我国"律师执业案件追诉立案听证审查程序"的建议，我认为是极为可取的。只有经听证程序确认应予追诉，侦查机关始可对律师以违反《刑法》第306条立案追诉。这样，就可以最大限度地从程序上防止《刑法》第306条的滥用。

涉及《刑法》第306条律师伪证罪的一个重大问题是刑事辩护律师的豁免问题。律师刑事责任的豁免权与《刑法》第306条的律师伪证罪是具有相关性的，我国学者认为，确立律师辩护豁免权的前提是取消《刑法》第306条规定，因为它直接与这一权利相违背。[②] 由此可见，只有确立律师刑事责任豁免制度，才能

[①] 参见王丽：《律师刑事责任比较研究》，103、104页，北京，法律出版社，2002。
[②] 参见徐家力、徐美君：《在立法中应确立律师刑事辩护豁免权》，载《中国律师》，2002(3)，65页。

从根本上解决《刑法》第306条的问题。世界各国的刑法一般都有律师刑事责任豁免的规定,例如卢森堡刑法典第452条第1款规定:"在法庭上的发言或向法庭提交的诉讼文书,只要与诉讼或诉讼当事人有关,就不能对它提出任何刑事诉讼。"《英格兰和威尔士出庭律师行为准则》规定:"在通常情况下,律师对他在法庭辩论中的言论享有豁免权。"这些规定使辩护律师在执业中获得了某种特权,以抵御可能来自控方的侵害,并且使辩护律师在义务冲突中得到解脱。我国律师更有理由获得这种豁免,因为我国刑事诉讼在构造上是控强辩弱,如果不使辩护律师彻底摆脱刑事追究的枷锁,无以提高我国刑事案件的辩护率,无以调动律师在刑事辩护中的积极性,无以解除刑事辩护律师的后顾之忧。而且,考虑到我国刑事诉讼与外国刑事诉讼的不同特点,我国律师刑事责任豁免的内容应当有所扩大。外国法律规定的刑事豁免的内容主要是在法庭上的言论,这一豁免制度的设立也主要是为解决辩护律师的义务冲突问题。而我国设立律师的刑事豁免,主要是为防止控方的侵害,因此豁免应当包括以下三项基本内容:(1)律师在刑事辩护中发表的言论,不受法律追究。(2)律师在刑事诉讼中向法庭提供或出示之文件、材料失实的,不受法律追究。(3)在刑事诉讼中,律师之人身自由、人身权利不受侵犯。[1] 在以上三项内容中,前两项是律师刑事豁免的内容,第三项则属于律师执业活动中的人身保障问题,严格来说并不属于律师刑事豁免的内容。当然,《刑法》第306条中毁灭、伪造证据,帮助当事人毁灭、伪造证据等行为由于是明显的妨害司法活动的客观行为,可按普通伪证罪或其他妨害司法罪追究行为人的刑事责任,而没有必要专门设立律师伪证罪。

(本文原载《法学》,2004(1))

---

[1] 参见王丽:《律师刑事责任比较研究》,112~113页,北京,法律出版社,2002。

刑法定罪思维模式的评析与司法解释创制方式的反思

——以窨井盖司法解释为视角

2020年3月16日最高人民法院、最高人民检察院、公安部颁布了《关于办理涉窨井盖相关刑事案件的指导意见》（以下简称《指导意见》）。就其内容而言，《指导意见》与其说是司法解释，不如说是一部创制的法律，可谓之曰《窨井盖法》。《指导意见》对涉及窨井盖的犯罪进行了全方位与全流程的规定，由此形成治理窨井盖犯罪的完整规范体系。《指导意见》在近年来出台的司法解释中具有典型意义，值得从法理上进行深入考察。

一、《指导意见》的制定背景

窨井盖初始含义是指城市公共道路上下水井的井盖。下水井的功能是收纳雨水或者污水。后来，随着城市建设的进一步发展，大量自来水、电信、电力、燃气、热力、消防、环卫等设施布置在地下，都需要加装井盖，因而窨井盖逐渐演变为通往地下设施的出入口顶部的封闭物。

窨井盖作为窨井的不可分割的组成部分，与城市生活息息相关。窨井具有一定的深度，窨井盖将窨井加以覆盖，对于井下设施和过往车辆、行人都具有安全

保障功能。如果没有井盖的覆盖，窨井就会成为陷阱，致人于死地。《指导意见》第12条将窨井解释为包括城市、城乡接合部和乡村等地的窨井盖以及其他井盖。从功能上看，上述井盖对于过往车辆和行人都具有安全保障功能，因而加以统一理解是完全正确的。

窨井一般放置于隐蔽处所，例如公共道路的绿化带等处，这些处所人迹罕至，即使窨井盖发生丢失现象，也不至于成为交通和行人安全的隐患。然而，现在城市建设发展速度迅疾，道路拓展和改道现象时有发生，某些原本处于道路边缘的窨井在不知不觉中就到了道路中央。而且，窨井盖由于质量问题，丢失现象层出不穷。如果窨井盖的质量太好，则可能成为盗窃对象，例如铸铁的窨井盖会被偷走当作废品出售。如果窨井盖的质量太差，则经过几次汽车碾压就会破碎，难以发挥窨井盖的功能。因此，由于窨井盖而引发的刑事案件时有发生。

【案例1】赵达文交通肇事案

被告人赵达文于2004年8月27日18时许，驾驶车牌号为京CU3586的桑塔纳2000型小客车由北向南行至本市海淀区圆明园西路主路骚子营路口南20米处时，因超速（该路段限速60公里/小时，赵达文的车辆当时的行驶速度高于77公里/小时）采取措施不及，其所驾车辆轧在散放于路面上的雨水井盖后失控，冲过隔离带进入辅路，与正常行驶的杨某所驾驶的富康车（车牌号为京EV0159）和骑自行车正常行驶的刘某（女，51岁）、相某（女，23岁）、张某（女，17岁）、薛某（女，41岁）相撞，造成刘某、相某当场死亡；张某经抢救无效于当日死亡；杨某、薛某受伤。事故发生后，被告人赵达文让他人代为报警，后于同年9月6日被公安机关传唤到案。经北京市公安局公安交通管理局海淀交通支队认定，被告人赵达文负此事故的全部责任。

本案就是由于窨井盖脱离窨井，散落在路面，被告人赵达文超速驾驶，压轧窨井盖而引发的交通事故，造成三人死亡、二人伤害的重大危害结果。本案虽然属于赵达文的交通肇事犯罪，并没有追究窨井盖散落路面的法律责任，但也还是说明窨井盖并不仅仅是一个井盖的问题，而是关系到公共安全。《指导意见》在引言中明确指出："近年来，因盗窃、破坏窨井盖等行为导致人员伤亡事故多发，

严重危害公共安全和人民群众生命财产安全,社会反映强烈。要充分认识此类行为的社会危害性、运用刑罚手段依法惩治的必要性,完善刑事责任追究机制,维护人民群众'脚底下的安全',推动窨井盖问题的综合治理"。因此,以治理窨井盖为主题的《指导意见》的出台不是偶然的,而是有其特定的社会背景。

二、《指导意见》的基本内容

《指导意见》对窨井盖所涉及的犯罪都作了全面系统的规定,它以窨井盖为中心,进而牵扯到刑法分则大多数章节的数种罪名。

(一)公共危险罪

1. 破坏交通设施罪

我国刑法第117、119条规定了破坏交通设施罪,是指破坏轨道、桥梁、隧道、公路、机场、航道、灯塔、标志或者其他破坏活动,足以使火车、汽车、电车、船只、航空器发生倾覆、毁坏危险的行为。其中,刑法第117条规定的是本罪的危险犯,是指尚未造成严重后果的行为。第119条规定的是实害犯,是指造成严重后果的行为。《指导意见》第1条规定:"盗窃、破坏正在使用中的社会机动车通行道路上的窨井盖,足以使汽车、电车发生倾覆、毁坏危险,尚未造成严重后果的,依照刑法第一百一十七条的规定,以破坏交通设施罪定罪处罚;造成严重后果的,依照刑法第一百一十九条第一款的规定处罚。过失造成严重后果的,依照刑法第一百一十九条第二款的规定,以过失损坏交通设施罪定罪处罚。"在此,《指导意见》将盗窃、破坏正在使用中的社会机动车通行道路上的窨井盖的行为,以破坏交通设施罪论处。其中,涉及三个问题:

(1)行为特征

《指导意见》规定了两种行为,就是盗窃和毁坏。刑法第117、119条对本罪规定的行为是破坏。破坏行为是我国刑法危害公共安全罪中所特有的一种行为,主要出现在刑法分则第二章中。破坏的含义近似于毁坏,是指对某种设施施加外部作用,致使其丧失功能。因此,破坏包括有形的毁坏和无形的毁坏。对此,立

法机关指出:"这里所说的'破坏',不仅包括使交通设施有形的损害,也包括对交通设施正常功能的损害,如发出无线电干扰信号,使正常行驶中的交通工具与指挥、导航系统不能联系,致使该交通工具处于极大风险之中的行为等。"[1]《指导意见》对窨井盖的破坏采用了盗窃和毁坏这两个词加以表述。毁坏当然属于破坏,这是没有问题的。更何况,刑法还有"进行其他破坏活动"的兜底规定。盗窃,从行为性质来说是一种财产犯罪的行为,将交通设施的某些部件秘密窃取,据为己有。然而,当这种盗窃行为会导致交通设施的功能丧失的时候,将它解释为破坏,也是没有语言障碍的。只不过,在这种情况下,存在破坏交通设施罪与盗窃罪的想象竞合。

(2) 行为客体

《指导意见》将正在使用中的社会机动车通行道路上的窨井盖规定为本罪的行为客体。根据刑法规定,破坏交通设施罪的行为客体是交通设施。这里的问题是:窨井盖是否属于交通设施?交通设施是专门为保障交通顺畅、安全而配置的装备和设施,例如刑法第117条所列举的轨道、桥梁、隧道、公路、机场、航道、灯塔、标志等设施。窨井盖虽然不应该但有可能分布在交通道路上,如果破坏窨井盖会产生交通肇事的严重后果,因而从结果论的观点来看,窨井盖显然应当归属于交通设施。例如张明楷教授指出:对于盗窃公路井盖的行为,即使危害公共安全,也宜认定为破坏交通设施罪。[2] 在窨井盖属于交通设施的情况下,盗窃、破坏窨井盖的行为,致使窨井盖丧失安全保障功能,当然可以认定为破坏交通设施罪。

(3) 犯罪类型

《指导意见》根据是否造成严重后果,分别规定了破坏交通设施罪危险犯和实害犯;此外,还规定了过失犯。破坏交通设施罪的危险犯意味着只要实施了将公共交通道路上的窨井盖盗窃或者破坏的行为,即使没有发生致人重伤、伤亡的

---

[1] 全国人大常委会法制工作委员会刑法室:《刑法条文说明、立法理由及相关规定》,161页,北京,北京大学出版社,2009。

[2] 张明楷:《刑法学》(第五版),695页,北京,法律出版社,2016。

后果,也应当以破坏交通设施罪的危险犯论处。如果是过失实施破坏交通设施罪的,则只有发生致人重伤、伤亡的后果才能构成过失破坏交通设施罪。

【案例2】武某某破坏交通设施案

2011年8月,被告人武某某伙同其女友郭某(另案处理),驾驶一辆遮挡号牌的面包车,在山西省晋中市董榆公路源涡路段盗取了7个公路中间的窨井盖,巡逻交警发现后要求其停车接受检查,武某某与郭某驾车逃离。途中,郭某欲趁机将井盖丢弃,被当场抓获,武某某逃走。后武某某向公安机关投案自首。武某某具有自首、立功等法定从轻处罚情节。2014年4月,武某某犯破坏交通设施罪,被判处有期徒刑二年。

在本案中,被告人武某某的行为方式是盗窃,对于盗窃罪我国刑法一般规定按照盗窃财物的数额定罪量刑,而7个窨井盖的财产价值较低,按照现在的盗窃罪数额标准,难以入罪。而按照破坏交通设施罪,则不需要考虑罪量要素,因而可以按照犯罪论处。在本案中,并没有发生致人重伤、伤亡的后果,因而构成破坏交通设施罪的危险犯。

2. 以危险方法危害公共安全罪

以危险方法危害公共安全罪是我国刑法第114、115条规定的一个罪名,这里的其他危险方法,是指放火、决水、爆炸以及投放毒害性、放射性、传染病病原体等物质以外的方法。在这个意义上说,本罪具有口袋罪的属性,起到了以危险方法危害公共安全犯罪的兜底作用。《指导意见》第2条规定:"盗窃、破坏人员密集往来的非机动车道、人行道以及车站、码头、公园、广场、学校、商业中心、厂区、社区、院落等生产生活、人员聚集场所的窨井盖,足以危害公共安全,尚未造成严重后果的,依照刑法第一百一十四条的规定,以以危险方法危害公共安全罪定罪处罚;致人重伤、死亡或者使公私财产遭受重大损失的,依照刑法第一百一十五条第一款的规定处罚。过失致人重伤、死亡或者使公私财产遭受重大损失的,依照刑法第一百一十五条第二款的规定,以过失以危险方法危害公共安全罪定罪处罚。"根据《指导意见》的上述规定,盗窃、破坏人员密集往来

的非机动车道、人行道以及车站、码头、公园、广场、学校、商业中心、厂区、社区、院落等生产生活、人员聚集场所的窨井盖的行为，应当以以危险方法危害公共安全罪论处，包括危险犯、实害犯和过失犯。

此种情形与前种情形的不同之处在于行为客体的差异：前种情形的窨井盖处在正在使用中的社会机动车通行道路上，因而被解释为交通设施。而此种情形的窨井盖处在上述社会机动车通行道路以外，但处在生产生活、人员聚集场所，因而不能解释为交通设施。因为盗窃、破坏这种场所的窨井盖会导致不特定人员的人身伤亡，《指导意见》第2条规定以以危险方法危害公共安全罪论处。也就是说，盗窃、破坏上述场所的窨井盖，即使没有发生致人重伤、伤亡的后果，也可能以以危险方法危害公共安全罪的危险犯论处。

此种行为能否认定为以危险方法危害公共安全罪，关键问题在于：如何理解这里的其他危险方法？刑法对其他危险方法并没有内容的具体描述，从法条理解，只能解释为是刑法所明文列举的放火、决水、爆炸以及投放毒害性、放射性、传染病病原体等物质以外的方法，这是一种排除式的规定。也就是说，如果是这些列举的方法，则应当按照所列举的行为定罪。只有这些列举的方法以外的方法，才是其他危险方法。这种排除式的解释当然是正确的，但它只是解决了"不是什么"的问题，并没有解决"是什么"的问题。所谓"是什么"是指其他危险方法的内容如何确定？对此，我国刑法学者都主张加以严格限制解释，采用同类解释原则。[①] 在司法实践中，常见的危险方法有：在繁华地段故意驾车任意冲撞；私设电网；破坏矿井通风设备；行为人醉酒后驾车，在发生第一次肇事后果后继续冲撞，造成重大伤亡；等等。[②] 然而，司法实践中的某些个案仍然存在扩张其他方法的情形，这里主要涉及的争议问题是：究竟是从行为本身还是从后果界定其他危险方法？本罪的方法是危险方法，因此，其他危险方法必须是与放火等方法相当，其行为本身就具有危害公共安全性质的方法，而不是只要能够造

---

① 参见陈兴良：《口袋罪的法教义学分析：以以危险方法危害公共安全罪为例》，载《政治与法律》2013（3）。

② 参见周光权：《刑法各论》，3版，163页，北京，中国人民大学出版社，2016。

成危害公共安全的后果，其行为都认定为危险方法。

【案例3】徐敏超以危险方法危害公共安全案

2007年4月1日16时许，被告人徐敏超受吉林市雾凇旅行社的委派，带领"夕阳红"旅游团一行40人经昆明、大理来到丽江古城四方街游玩，途中因不理解昆明导游（地陪）彭丽萍的工作方法而产生隔阂，加之在古城，被告人担忧所带游客走散，便与彭丽萍发生争执。彭边哭边打手机离开后，被告人徐敏超走进古城四方街东大街食品公司门市专营工艺品商店内，问是否有刀，当店主寸锡莲拿出一把长约22厘米的匕首时，被告人徐敏超即夺过匕首，将寸锡莲刺伤，后挥动匕首向四方街广场、新华街黄山下段奔跑300余米，并向沿途游客及路人乱刺，造成20人伤害。经法医鉴定：有重伤1人，轻伤3人，轻微伤15人，未达轻微伤1人。经法院委托，同年11月15日中国法医学会鉴定中心就徐敏超在作案时的精神状态及其责任能力，作出了"被鉴定人徐敏超在作案时患有旅行性精神病，评定为限制（部分）刑事责任能力"的结论。

综上所述，法院认为，被告人徐敏超在游人众多的旅游景点，持刀连续刺伤来自国内15个省市区及国外的无辜游客16人、本地行人4人的行为，已触犯刑律，构成以危险方法危害公共安全罪。被告人徐敏超犯以危险方法危害公共安全罪，判处有期徒刑15年。

笔者认为，在本案中，被告人徐敏超采用了在公共场所持刀随意刺杀的方法，造成不特定的多人人身伤害，其结果具有危害公共安全的性质。然而，其行为只是一般的持刀伤害，难以与放火等方法的危害性相提并论，行为本身不具有危害公共安全的性质，因而不能认定为以危险方法危害公共安全罪，而只能以故意伤害罪论处。

根据以上分析，笔者认为，盗窃、破坏公共场所的窨井盖，虽然会造成他人人身伤亡，但这一方法本身不具有危害公共安全的性质，因此对此种行为以以危险方法危害公共安全罪论处，并不妥当。

（二）侵犯人身罪

盗窃、破坏窨井盖的行为，除了会危害公共安全以外，还可能造成社会上不

特定的他人人身伤亡。就此而言，在危害公共安全罪与侵犯人身罪直接具有竞合关系。按照整体法优于部分法的原则，盗窃、破坏窨井盖的行为同时具有危害公共安全性质，并且侵犯人身性质的，应当以危害公共安全罪论处。如果盗窃、破坏窨井盖的行为并不危害公共安全，只是单纯具有侵犯人身性质的，应当以侵犯人身罪论处。因此，《指导意见》第3条规定："对于本意见第一条、第二条规定以外的其他场所的窨井盖，明知会造成人员伤亡后果而实施盗窃、破坏行为，致人受伤或者死亡的，依照刑法第二百三十四条、第二百三十二条的规定，分别以故意伤害罪、故意杀人罪定罪处罚。过失致人重伤或者死亡的，依照刑法第二百三十五条、第二百三十三条的规定，分别以过失致人重伤罪、过失致人死亡罪定罪处罚。"这里涉及侵犯人身的四个罪名，这就是故意伤害罪、故意杀人罪、过失致人重伤罪和过失致人死亡罪。值得注意的是，《指导意见》规定，只要发生了致人重伤、伤亡后果的，才能认定为故意伤害罪、故意杀人罪，并没有规定在这种情况下，未遂也要处罚。因此，如果没有发生致人重伤、伤亡后果的，只能按照财产犯罪定罪处罚。

《指导意见》是按照危害公共安全优先于侵犯人身的定罪原则，同样是盗窃、破坏窨井盖的行为，如果危害公共安全的，则优先以危害公共安全罪论处。只有那些不具有危害公共安全性质的行为，才能以其他犯罪论处。根据《指导意见》第1、2条的规定，盗窃、破坏正在使用中的社会机动车通行道路上的窨井盖和盗窃、破坏人员密集往来的非机动车道、人行道以及车站、码头、公园、广场、学校、商业中心、厂区、社区、院落等生产生活、人员聚集场所的窨井盖具有危害公共安全的性质，因此，分别以破坏交通设施罪和以危险方法危害公共安全罪论处。盗窃、破坏除此以外的窨井盖，造成他人重伤、伤亡的，应当分别以故意伤害罪、故意杀人罪，以及过失致人重伤罪、过失致人死亡罪论处。

此外，《指导意见》第10条还规定："对窨井盖负有管理职责的其他公司、企业、事业单位的工作人员，严重不负责任，导致人员坠井等事故，致人重伤或者死亡，符合刑法第二百三十五条、第二百三十三条规定的，分别以过失致人重伤罪、过失致人死亡罪定罪处罚。"适用本条的主体是所谓对窨井盖负有管理职

责的其他公司、企业、事业单位的工作人员，这一主体是相对于《指导意见》第9条规定的在依照法律、法规规定行使窨井盖行政管理职权的公司、企业、事业单位中从事公务的人员以及在受国家机关委托代表国家机关行使窨井盖行政管理职权的组织中从事公务的人员而言的，这些人员属于国家机关工作人员，其行为构成玩忽职守罪和滥用职权罪。而上述人员以外的其他公司、企业、事业单位的工作人员在窨井盖的管理过程中，虽然存在渎职行为，但不符合渎职罪的主体资格，因而只有在致人伤害、死亡的情况下，以过失致人重伤罪或者过失致人死亡罪论处。

（三）侵犯财产罪

在盗窃、破坏窨井盖行为中，其盗窃、破坏这两种方法都属于我国刑法规定的侵犯财产罪的手段行为，分别构成盗窃罪和故意毁坏财物罪。如果盗窃、破坏窨井盖的行为不仅不具有危害公共安全的性质，而且不具有侵犯人身的性质，但具有侵犯财产性质的，就应当以盗窃罪或者故意毁坏财物罪论处。

1. 盗窃罪

根据《指导意见》第4条规定："盗窃本意见第一条、第二条规定以外的其他场所的窨井盖，且不属于本意见第三条规定的情形，数额较大，或者多次盗窃的，依照刑法第二百六十四条的规定，以盗窃罪定罪处罚。"上述规定具有排除的属性，只有排除了危害公共安全罪和侵害人身罪，才能认定为盗窃罪。这里的盗窃，是指以非法占有为目的，将窨井盖据为己有，数额极大或者次数较多的行为。由此可见，盗窃窨井盖行为构成盗窃罪，应当具备数额极大或者次数较多的罪量要素。

2. 故意毁坏财物罪

《指导意见》第4条规定："故意毁坏本意见第一条、第二条规定以外的其他场所的窨井盖，且不属于本意见第三条规定的情形，数额较大或者有其他严重情节的，依照刑法第二百七十五条的规定，以故意毁坏财物罪定罪处罚。"毁坏窨井盖的行为当然属于毁坏财物的行为，而且是毁坏公共财物，其社会危害性十分明显。当然，窨井盖本身价值并不大，而故意毁坏财物罪的立案标准一般是五千

元，在一般情况下，毁坏窨井盖的数额达到五千元以上还是具有相当难度的。当然，故意毁坏财物罪的立案标准，除了数额以外，还包括其他严重情节。根据最高人民检察院、公安部的立案追诉标准，其他严重情节包括毁坏公私财物三次以上的；纠集三人以上公然毁坏公私财物的等。按照这个标准，对于那些三次以上或者纠集三人以上毁坏窨井盖的行为，可以按照故意毁坏财物罪论处。

（四）责任事故罪

在我国刑法中，责任事故罪属于危害公共安全罪。通常来说，责任事故罪是发生在生产、作业过程中的业务过失犯罪。《指导意见》对涉及窨井盖的责任事故犯罪作了规定，主要是以下两个罪名：

1. 重大责任事故罪

《指导意见》第5条规定："在生产、作业中违反有关安全管理的规定，擅自移动窨井盖或者未做好安全防护措施等，发生重大伤亡事故或者造成其他严重后果的，依照刑法第一百三十四条第一款的规定，以重大责任事故罪定罪处罚。"在生产、作业中涉及对窨井盖的管理，如果没有进行有效管理，就会发生窨井盖所导致的人身伤亡或者财产损失的重大事故。在现实生活中，此类事故时有发生。对此，对窨井盖的管理或者防护负有责任的相关工作人员应当以重大责任事故罪论处。

2. 工程重大安全事故罪

《指导意见》第5条规定："窨井盖建设、设计、施工、工程监理单位违反国家规定，降低工程质量标准，造成重大安全事故的，依照刑法第一百三十七条的规定，以工程重大安全事故罪定罪处罚。"工程重大安全事故罪是发生在建设领域的责任事故，其主体是建设单位、设计单位、施工单位、工程监理单位。根据上述规定，窨井盖的建设、设计、施工、工程监理单位，在窨井盖建设、安装过程中存在质量上的重大瑕疵，造成重大安全事故的，应当以工程重大安全事故罪论处。当然，窨井盖的建设、安装都相对简单，此类事故发生的概率较低。

（五）其他犯罪

1. 生产、销售不符合安全标准的产品罪

窨井盖作为一种工业产品，具有其自身的质量标准，对此国家相关部门都有

明文规定,这是窨井盖的国家标准。此外,窨井盖还有行业标准。无论是窨井盖的国家标准还是行业标准,在窨井盖的生产过程中都应当严格遵守。例如,关于铸铁窨井盖的国家标准对铸铁的质量、质量和型号都作了规定。如果违反窨井盖生产的国家标准或者行业标准,窨井盖的产品质量不合格,这种不合格窨井盖流入市场,就会造成安全隐患。为此,《指导意见》第6条规定:"生产不符合保障人身、财产安全的国家标准、行业标准的窨井盖,或者销售明知是不符合保障人身、财产安全的国家标准、行业标准的窨井盖,造成严重后果的,依照刑法第一百四十六条的规定,以生产、销售不符合安全标准的产品罪定罪处罚。"

2. 掩饰、隐瞒犯罪所得、犯罪所得收益罪

在现实生活中,盗窃窨井盖的现象较为常见,犯罪分子窃取窨井盖以后需要进行销赃,通常都是作为废物出售给废品收购网点。如果无人收购窨井盖,就会在流向上控制,减少盗窃窨井盖的犯罪行为。因此,《指导意见》第7条规定:"知道或者应当知道是盗窃所得的窨井盖及其产生的收益而予以窝藏、转移、收购、代为销售或者以其他方法掩饰、隐瞒的,依照刑法第三百一十二条和《最高人民法院关于审理掩饰、隐瞒犯罪所得、犯罪所得收益刑事案件适用法律若干问题的解释》的规定,以掩饰、隐瞒犯罪所得、犯罪所得收益罪定罪处罚。"

【案例4】顾某某以危险方法危害公共安全,陈某甲、陈某乙掩饰、隐瞒犯罪所得案

2013年9月,被告人顾某某驾驶面包车,携带丁字钩等工具盗窃广东省珠海市香洲区多条人行街道上的窨井盖57个(价值人民币23 646元),后以每斤0.6元的价格卖给广东省中山市坦洲镇经营废品收购站的陈某甲。被告人陈某甲将收购的井盖以每斤0.8元的价格卖给中山市某废旧物资回收公司的陈某乙。2013年12月,顾某某犯以危险方法危害公共安全罪,被判处有期徒刑四年,陈某甲、陈某乙犯掩饰、隐瞒犯罪所得罪,均被判处有期徒刑六个月,缓刑一年,罚金八千元。

3. 玩忽职守罪、滥用职权罪

《指导意见》还对与窨井盖相关的渎职犯罪作了规定,主要涉及国家机关工

作人员在窨井盖的使用环节和管理环节的玩忽职守罪和滥用职权罪。其中,《指导意见》第 8 条规定:"在窨井盖采购、施工、验收、使用、检查过程中负有决定、管理、监督等职责的国家机关工作人员玩忽职守或者滥用职权,致使公共财产、国家和人民利益遭受重大损失的,依照刑法第三百九十七条的规定,分别以玩忽职守罪、滥用职权罪定罪处罚。"这是对窨井盖的采购、施工、验收、使用、检查过程中的玩忽职守罪和滥用职权罪的规定。《指导意见》第 9 条还对国家机关工作人员在窨井盖管理过程中的玩忽职守罪和滥用职权罪作了规定:"在依照法律、法规规定行使窨井盖行政管理职权的公司、企业、事业单位中从事公务的人员以及在受国家机关委托代表国家机关行使窨井盖行政管理职权的组织中从事公务的人员,玩忽职守或者滥用职权,致使公共财产、国家和人民利益遭受重大损失的,依照刑法第三百九十七条和《全国人民代表大会常务委员会关于〈中华人民共和国刑法〉第九章渎职罪主体适用问题的解释》的规定,分别以玩忽职守罪、滥用职权罪定罪处罚。"

除此以外,《指导意见》第 11 条还对窨井盖所涉及的渎职罪和受贿罪的数罪并罚问题作了规定:"国家机关工作人员利用职务上的便利,收受他人财物,为他人谋取与窨井盖相关利益,同时构成受贿罪和刑法分则第九章规定的渎职犯罪的,除刑法另有规定外,以受贿罪和渎职犯罪数罪并罚。"

三、罪名之间逻辑关系的建构

《指导意见》是对与窨井盖相关犯罪的解释,涉及的行为主要可以分为两类:第一类是盗窃、破坏窨井盖行为,这是与窨井盖直接关联行为。第二类是窨井盖设计、生产、使用、管理等各个环节的犯罪行为,这是与窨井盖的间接关联行为。笔者在此讨论的主要是第一类行为的定罪问题,因为它涉及我国刑法罪名之间的逻辑关系,这是一个值得认真对待的重大理论问题。

罪名是刑法中的主要内容,尤其是刑法分则就是以罪名为中心建立的一个逻辑体系。我国刑法分则的基本框架是罪名的章节分类,因而这是讨论罪名之间逻

辑关系的起点。罪名的章节分类其实就是一个罪名的类型化问题。任何一部刑法典，都会存在数以百计，甚至数以千计的罪名。大多数国家刑法形式可以分为刑法典、单行刑法和附属刑法，因而罪名根据其属性，归属于不同的刑法载体。例如，自然犯通常规定在刑法典，法定犯通常规定在附属刑法，专属性（地域专属或者主体专属）犯罪通常规定在单行刑法。而我国采用统一刑法典的模式，刑法典之外没有犯罪，也没有刑罚，所有犯罪和刑罚都全部规定在刑法典。在这种情况下，罪名类型化尤其显得重要。罪名类型化的基础是犯罪的侵害法益或者保护法益，根据法益对犯罪进行分类，这是刑法分则罪名体系建构的基本原理。例如日本学者指出："犯罪在终极意义上讲是侵害国家利益的行为，但是，刑法所直接保护的利益，应当区分为个人利益（个人法益）、社会公共利益（社会法益）、国家自身的利益（国家法益）来进行认识。根据这种方法构筑刑法体系的立场是法益三分说。从这种观点来构建刑法各论体系的话，就是：第一，个人法益是应当通过刑法加以保护的各种利益的基础；第二，社会法益作为个人法益的集合体的公共利益，应当放在个人法益之后；第三，国家法益，在国家的存在、方式、职能都受制于全体国民的意愿，而且，个人只有受到国家的保护才能追求幸福的意义上，具有保护的价值，换句话说，它应当处在所有法益的顶点。"[1] 因此，德日刑法典都是按照法益三分说对罪名进行分类，并以此建构刑法分则体系。当然，在刑法典关于犯罪的分类，往往按照国家法益、社会法益、个人法益的顺序进行规定，但学者在安排刑法各论体系的时候，则按照个人法益、社会法益、国家法益进行编排。无论是刑法分则的罪名体系还是刑法各论的罪名体系，尽管存在顺序上的明显差异，但在罪名的构成要件规定上，却明显地反映出个人法益犯罪的构成要件优先于社会法益的犯罪，社会法益的犯罪优先于国家法益的犯罪。因此，在罪名的数量上，也同样呈现出一种递减的趋势：个人法益的罪名最多，社会法益的罪名次之，国家法益的罪名再次之。其中的缘由就在于：刑法分则首

---

[1] ［日］大谷实著，黎宏译：《刑法讲义各论》（新版第2版），2页，北京，中国人民大学出版社，2008。

先对各种侵害个人法益的犯罪作了规定，个人法益包括人身法益、财产法益，其内容广泛，因而罪名覆盖面宽泛，数量自然较多。侵害社会法益的犯罪和侵害国家法益的犯罪只能规定那些侵害个人法益的犯罪所未能涵盖的犯罪行为，因而具有拾遗补阙的性质。如果同一种行为既侵害个人法益，同时又侵害社会法益或者国家国家法益的，则优先适用侵害个人法益的犯罪，排斥适用侵害社会法益和侵害国家法益的犯罪。如果发生竞合的，则按照想象竞合犯的原理加以解决。例如，《日本刑法典》在侵害社会法益的犯罪中规定了公共危险罪，例如放火罪和失火罪。《日本刑法典》规定的放火罪和失火罪包括以下具体罪名：现住建造物等放火罪（地108条）、非现住建造物等放火罪（第109条、第115条）、建造物等以外放火罪（第110条、第115条）、延烧罪（第111条）、现住建造物等放火未遂罪（第112条）、放火预备罪（第113条）、消防妨碍罪（第114条）、失火罪（第116条）、业务上失火罪·重过失失火罪（第117条之2）。日本学者指出：放火及失火的犯罪，是通过火力烧损建造物及其他物件的犯罪，是公共危险罪的典型。这里的公共危险罪既包括抽象的危险犯，同时还包括具体的危险犯。①

我们可以将《日本刑法典》中的放火罪和失火罪与我国刑法中的放火罪和失火罪加以比较，从中发现罪名设置上的重大差别。我国刑法中的放火罪和失火罪归属于危害公共安全罪，这里可以将我国刑法中的危害公共安全罪与日本刑法中的公共危险罪加以对比。应该说，我国刑法中的危害公共安全罪与日本刑法中的公共危险罪都属于侵害社会法益的犯罪，这是没有争议的。然而，我国刑法中的危害公共安全罪主要是实害犯，在某些情况下包含危险犯。在有些罪名中，同时规定了实害犯和危险犯。例如放火罪，根据刑法第114条、第115条的规定，既包括实害犯，又包括危险犯，这里的危险犯是指具体危险犯。在放火罪的实害犯中，其实害结果是指致人重伤、伤亡或者致使公私财产遭受重大损失。由此可见，在实害结果中，同时包括侵害人身的内容和侵犯财产的内容。其中，致人重

---

① 参见［日］大塚仁著，冯军译：《刑法概说（各论）》（第三版），407～408页，北京，中国人民大学出版社，2003。

伤、伤亡，不仅是指过失致人重伤、伤亡，而且也包括故意伤害和故意杀人。仅就侵害人身的内容而言，放火罪就包含了故意伤害罪、故意杀人罪、过失致人重伤罪、过失致人死亡罪这四个罪名。当然，放火罪还会造成公私财产的重大损失，因而又包含了故意毁坏财物罪的内容。放火罪和上述侵害人身犯罪、侵害财产犯罪之间存在法条竞合关系，即整体法与部分法的法条竞合，按照整体法优于部分法的原则，在上述情况下，应当以放火罪论处。我国刑法对放火罪规定了死刑，因而放火罪的刑罚也足以容纳故意杀人罪和故意伤害罪的内容。与之不同，日本刑法中的公共危险罪属于危险犯，并不包含侵害人身犯罪的内容。在放火的时候，当然也可能造成他人的伤害或者死亡。在这种情况下，日本学者指出：以杀人或者伤害的故意放火、杀伤了人的，是放火罪与杀人罪或者伤害罪的观念竞合。① 在日本刑法中，上述情况之所以是观念竞合，也就是想象竞合而不是法条竞合，就在于：日本刑法的放火罪中并不包含杀人和伤害的内容，因而以放火手段杀人或者伤害的，属于一行为触犯数罪名，成立想象竞合犯。而我国刑法中的放火罪包含故意杀人和故意伤害的内容，所以当采用放火的手段杀人或者伤害时，属于一行为符合数法条所规定的构成要件，并且在构成要件之间存在包含与被包含关系的情形，这是法条竞合。当然，日本刑法中的放火罪，只要是既遂，就会包含毁坏财物的内容。对此，日本学者指出：放火及失火的犯罪同时一并具有财产罪的性质。不过，应该认为，财产性法益的保护毕竟是第二次予以考虑的。② 这里的第一次考虑是指优先考虑；而第二次考虑是指次要考虑。因此，日本刑法中的放火罪和毁坏财物罪之间具有特殊法和普通法之间的法条竞合关系，按照特殊法优于普通法的原则，应当优先适用第一次考虑的放火罪的法条规定。

根据以上对我国刑法中的危害公共安全罪和日本刑法中的公共危险罪的对比，可以看出，在日本刑法中，在通常情况下，侵害个人法益的犯罪是优先设置

---

① 参见［日］大塚仁著，冯军译：《刑法概说（各论）》（第三版），407～416页，北京，中国人民大学出版社，2003。
② 参见［日］大塚仁著，冯军译：《刑法概说（各论）》（第三版），407～408页，北京，中国人民大学出版社，2003。

的，在侵害个人法益的犯罪和侵害社会法益的犯罪或者侵害国家法益的犯罪发生竞合的情况下，应当优先适用侵害个人法益的犯罪。只有在没有侵犯个人法益犯罪可以适用的情况下，才适用侵犯社会法益的犯罪和侵犯国家法益的犯罪。因此，在立法的时候，就设置罪名而言，应当尽量避免罪名之间的重合与交叉。至于在司法实践中发生的罪名之间的不可避免的重合，则按照想象竞合的原则处理。但我国刑法并没有遵循以上原则，而是对同一行为根据侵害法益的不同，分别作出多重评价，导致定罪的复杂化。

我国刑法分则中的罪名分类原理，主要来自苏俄刑法学的客体理论。这里的客体，也称为犯罪客体，它是犯罪构成要件之一，是指犯罪行为所侵害的社会主义社会关系。而犯罪客体又可以分为一般客体、同类客体和直接客体。其中，同类客体是指一定范围内的相同或同类的社会关系。这些社会关系通常受到了统一的、密切联系在一起并相互补充的刑法规范的保护。[1] 同类客体的主要功能就是为刑法分则的犯罪分类提供客观基础，将侵害同类客体的犯罪归为一类，以此建立刑法分则体系。我国传统刑法理论中的四要件犯罪论体系，就是根据苏俄刑法学，并结合我国刑法规定形成的，其中犯罪客体理论具有重要意义。在我国刑法分则体系的建构中，犯罪客体是基本根据之一。例如我国学者在论及1979年刑法分则体系时，指出："我国现行刑法分则按照犯罪行为所侵犯的同类客体共分为八章。应当承认，作为我国第一部社会主义刑法典，这个刑法分则体系较充分地反映了当时历史条件下犯罪的概貌，并且具有分类统一体系的特点。"[2] 此后，1997年刑法基本上保留了1979年刑法分则的架构，只不过对罪名较多的刑法分则第三章和第六章，采取章下分节的方式，以便容纳更多的罪名。在我国目前的刑法分则体系中，基本上是按照侵害国家法益的犯罪、侵害社会法益的犯罪和侵害个人法益的犯罪这样一个顺序编排的。当然，侵害社会法益的犯罪中间插入了侵害个人法益的犯罪，由此形成目前的刑法分则体系。

---

[1] 参见［苏］H. A. 别利亚耶夫、M. 科瓦廖夫著，马改秀、张广贤译：《苏维埃刑法总论》，95页，北京，群众出版社，1987。
[2] 赵国强：《刑事立法导论》，173页，北京，中国政法大学出版社，1993。

根据我国刑法分则体系，侵害国家法益的犯罪和侵害社会法益的犯罪被置于优先的地位。尤其是在罪名设立的时候，侵害社会法益的犯罪包含侵害个人法益犯罪的内容，由此形成较为复杂的罪名之间逻辑关系，表现为存在大量重合型的法条竞合关系。在我国刑法中，危害公共安全罪与侵害个人法益的犯罪完全不重合的罪名，可谓凤毛麟角。[①] 我们还是以放火罪为例进行分析，我国刑法中的放火罪属于危害公共安全罪，放火罪的构成要件中包含故意杀人罪、故意伤害罪、过失致人死亡罪、过失致人重伤罪，以及故意毁坏财物罪等侵害个人法益的犯罪内容，由此形成整体法和部分法之间的法条竞合关系。在对放火行为定罪的时候，就需要先做是否危害公共安全的判断，以便确定是否构成放火罪。只有排除放火罪以后，才进一步考虑是否构成故意杀人罪或者其他侵害个人法益的犯罪。在这种情况下，罪名之间的逻辑关系就变得十分复杂，定罪活动也相应地变得繁琐。由此带来的后果之一，就是决定犯罪性质的时候，犯罪客体的作用置于行为类型之上，严重影响了或者淡化了行为类型在定罪中的决定意义。例如，在我国1979年刑法第101条甚至规定了反革命杀人、伤人罪，由此而与普通杀人罪、伤害罪形成特别法与普通法之间的法条竞合关系。此外，故意杀人罪和故意伤害罪还被放火罪等危害公共安全罪所包含，因而刑法中最为重要的罪名被肢解，也增添了司法机关定罪的难度。

《指导意见》可以说十分直观地表现了这种倾向，并且发挥到了淋漓尽致的程度。例如，根据《指导意见》对盗窃、破坏窨井盖的行为的定罪，其逻辑径路如下所示：

1. 根据盗窃、破坏窨井盖行为是否足以使汽车、电车发生倾覆、毁坏危险，首先考虑认定为破坏交通设施罪。

2. 在排除破坏交通设施罪的基础上，根据盗窃、破坏窨井盖行为是否足以危害公共安全，考虑认定为以危险方法危害公共安全罪。

[①] 在我国刑法分则第二章，只有恐怖主义犯罪，以及枪支犯罪中的某些罪名，是纯正的危害公共安全罪，其他犯罪都与侵害个人法益的犯罪存在法条竞合。例如，在危害公共安全罪中占据重要地位的责任事故犯罪，虽然是过失犯，但都包含过失致人重伤、过失致人死亡的内容。

3. 在排除破坏交通设施罪和以危险方法危害公共安全罪的基础上，根据是否明知会造成人员伤亡后果而实施盗窃、破坏窨井盖行为，致人受伤或者死亡，考虑认定为故意伤害罪、故意杀人罪。

4. 在排除破坏交通设施罪、以危险方法危害公共安全罪、故意伤害罪、故意杀人罪的基础上，根据在实施盗窃、破坏窨井盖行为的时候，主观上对人员伤亡是否具有过失，考虑认定为过失致人重伤罪、过失致人死亡罪。

5. 在排除所有上述罪名的情况下，考虑将盗窃、破坏窨井盖的行为认定为盗窃罪和故意毁坏财物罪。

应该说，窨井盖是一种具有财产价值的物品，属于我国刑法中的财物，因而盗窃、破坏窨井盖的行为可以归于财产犯罪，在符合罪量要素的情况下，应当分别认定为盗窃罪和故意毁坏财物罪。然而，由于加入了犯罪客体的考量，将盗窃、破坏窨井盖导致的危害公共安全以及侵害人身的结果，包括致人重伤、伤亡等要素引入对盗窃、破坏窨井盖行为的刑法评价中，因而就出现了首先应当认定为破坏交通设施罪、以危险方法危害公共安全罪、故意杀人罪、故意伤害罪、过失致人死亡罪、过失致人重伤罪等罪名，最后才能考虑认定为盗窃罪、故意毁坏财物罪。如此操作的根据，就是结果定罪而不是行为定罪。并且，这种操作的结果导致司法实践中定罪的混乱。

值得注意的是，最近正在讨论的《刑法修正案（十一）》（讨论稿）规定的高空抛物罪，并没有采用上述定罪思路，而是直接将高空抛物行为设立为独立罪名，而且该罪属于公共危险犯，只要具有危及公共安全的性质就构成该罪。如果发生致人重伤、伤亡或者其他严重后果，则依照处罚较重的犯罪定罪处罚。在这种情况下，高空抛物行为属于公共危险罪，但并不包含实害结果。此种立法方式，在刑法理论上称为转化犯。转化犯是相对应包容犯而言的，将其他犯罪的内容包含在本罪的构成要件之中的立法方式，属于包容犯。而以基本行为为内容，当发生涉及其他犯罪的严重结果时，按照严重结果的犯罪论处，这就是转化犯。笔者认为，转化犯的立法方式可以尽量减少罪名之间的重合，坚持行为本位的犯罪观，因而值得提倡。而包容犯的立法方式，将其他更为严重的犯罪包含在基本

罪的构成要件之中，为保持罪刑均衡，势必对该罪设置较重的法定刑，人为地提升了法定刑，并且使得定罪操作变得更为复杂，因而并不可取。

当然，高空抛物行为和盗窃、破坏窨井盖行为在性质上还是有所不同的：前者是直接危害公共安全的行为，因为高空抛物会直接造成他人重伤、伤亡结果。即使没有发生这种实害结果，只要在行人过往的地方实施高空抛物行为，就具有造成他人重伤、伤亡结果的可能性。而盗窃、破坏窨井盖则是具有造成他人重伤、伤亡的间接危险，它只是为这种重伤、伤亡结果创造了一定条件。只要和其他条件结合在一起，才能发生重伤、伤亡的结果。因此，高空抛物行为属于危害公共安全罪的类型化行为，有必要在刑法中明文规定为犯罪。而当前、破坏窨井盖行为本身就是财产犯罪行为，当发生危害公共安全或者侵害人身结果的时候，完全可以按照想象竞合犯的方式加以解决，而没有必要在刑法中单独设立罪名。对于盗窃、破坏窨井盖行为来说，在没有发生危害公共安全和侵害人身的实害结果的情况下，如果符合罪量要素的，应当以盗窃罪或者故意毁坏财物罪论处；否则，只能作为违反治安管理行为进行处罚。在发生危害公共安全和侵害人身的实害结果的情况下，如果盗窃、破坏窨井盖行为对于结果发生具有因果关系的，可以按照想象竞合的原则，从一重罪处罚。

《指导意见》对盗窃、破坏窨井盖行为定罪的规定，充分暴露了包容犯的立法方式的缺陷。不仅如此，而且它已经成为我国刑法的一种定罪操作方法，甚至可以上升到定罪思维层面，这就是侵害客体决定犯罪性质，以此取代行为类型决定犯罪性质的原则。通过对《指导意见》关于盗窃、破坏窨井盖行为定罪的考察，可以发现我国刑法的立法方式存在的问题，也可以对定罪思维进行深入检讨。

四、司法解释创制方式的反思

《指导意见》是以窨井盖为中心而展开的一个司法解释，在某种意义上可以称之为《窨井盖法》，其内容之完整、细密，在其他司法解释中是很少见到的。在这个意义上说，《指导意见》的出台对于治理窨井盖相关犯罪具有重要指导意

义。然而，《指导意见》的制定方式也是值得商榷的。问题在于：这种建构性的司法解释制定方式，会在一定程度上肢解刑法，并使司法机关形成对定罪量刑的依赖，这将对司法机关的刑事司法的自主性造成冲击。

司法解释在我国司法活动中发挥着十分重要的作用，并且是法源之一。在刑法采用宜粗不宜细的原则性立法的背景之下，司法解释具有实施细则的性质，对于刑法适用起到了不可或缺的作用，这是不可否认的。然而，司法解释毕竟不是立法，它应当是以刑法规范为对象所作的一种解释，因而具有其边界。近些年来，我国司法解释大多采用集约化的方式，某个司法解释几乎囊括某类罪名的所有问题，从定罪到量刑，甚至包括刑罚适用，可以说是应有尽有。这种集约化的司法解释可以分为两类：

第一类是以刑法中的犯罪为中心的司法解释。例如关于刑法中的洗钱犯罪，2009年11月4日最高人民法院、最高人民检察院颁布了《关于审理洗钱等刑事案件具体应用法律若干问题的解释》。我国刑法第191条规定了洗钱罪，洗钱的对象限于毒品犯罪等若干特定犯罪，其行为表现为明知是毒品犯罪等特定犯罪的所得及其产生的收益，掩饰、隐瞒其来源和性质。除此以外，我国刑法第312条规定了掩饰、隐瞒犯罪所得、犯罪所得收益罪，第349条规定了包庇毒品犯罪分子罪，窝藏、转移、隐瞒毒品、毒赃罪。这三个犯罪虽然规定在刑法分则不同章节，并且罪名不同。但它们都是洗钱罪，上述司法解释厘清了三个洗钱犯罪刑法条文之间的关系和处罚原则，规定："明知是犯罪所得及其产生的收益而予以掩饰、隐瞒，构成刑法第三百一十二条规定的犯罪，同时又构成刑法第一百九十一条或者第三百四十九条规定的犯罪的，依照处罚较重的规定定罪处罚。"上述洗钱罪司法解释将散落在刑法不同章节的同类罪名集中起来加以解释，形成一个独立的规范体系。此外，集资犯罪的司法解释也属于此类情形。

第二类是以现实问题为中心的司法解释。此类司法解释的目的在于回应现实社会存在的问题，采用司法解释的方式弥补刑法的不足，为惩治犯罪通过规范根据。例如2012年1月9日最高人民法院、最高人民检察院、公安部颁布了《严惩"地沟油"犯罪的通知》。我国食品餐饮行业在一个时期出现了地沟油现象，

地沟油对于人民群众的食品安全具有极大的危害性,因而引起民愤。为此,最高人民法院、最高人民检察院和公安部以"通知"的形式对涉及地沟油犯罪的法律适用问题作了具体规定,明确了对于利用"地沟油"生产"食用油"的,依照刑法第144条生产有毒、有害食品罪的规定追究刑事责任。同时,还对地沟油犯罪相关的问题作了规定。

以上两类司法解释各有其功用,尤其是后一种司法解释对于惩治某个时期突出的犯罪具有重要指导意义。就窨井盖司法解释而言,明显属于上述第二类司法解释,是专门针对人民群众反应强烈的窨井盖丢失导致人员伤亡现象的回应,因而具有其现实意义。

然而,上述这种集约化的司法解释也存在一些不足之处,主要表现为对刑法规定的一定程度的肢解与割裂,并且在功能上取代刑法。对刑法类罪进行系统解释,为司法适用提供规范根据,这是值得肯定的。但这也培养了司法机关对司法解释的依赖,影响了司法的自主性。尤其是以现实问题为中心的司法解释,就其内容而言,具有救急的性质,因而就事论事式的规定,并不完全妥当。

集约化的司法解释是相对应个案式的司法解释而言的,所谓个案式的司法解释是指针对个别事项或者案例所作的司法解释。这种个案式的司法解释是以解决司法实践中出现的法律适用个别问题所进行的具有针对性的解释,因而更具有实用性。在我国的司法解释中,这种个案式的司法解释虽然存在,但数量并不是太多,其效用确实值得肯定的。例如,2000年7月13日最高人民法院《关于对为索取法律不予保护的债务非法拘禁他人行为如何定罪问题的解释》,该解释明确规定:"行为人为索取高利贷、赌债等法律不予保护的债务,非法扣押、拘禁他人的,依照刑法第二百三十八条的规定定罪处罚。"这里的刑法第238条是对非法拘禁罪的规定。这是一个典型的个案式的司法解释,针对的就是索取非法债务而拘禁他人行为的定罪问题。我国刑法除了第238条规定了非法拘禁罪以外,刑法第239条还规定了绑架罪,其行为包括为勒索财物而绑架他人的情形,即所谓绑架勒赎。索取非法债务而拘禁他人行为在外在形态上与绑架勒赎行为是相似的,因而在司法实践中容易混同于绑架罪。上述司法解释对该问题作了明文规

定,从而解决了这个在司法实践中此罪与彼罪相区分的疑难问题。这种个案式的司法解释具有适用性与简洁性,值得广泛采用。

值得注意的是,我国学者提出了判例解释的概念,其核心内容是司法解释判例化。例如,我国学者指出:"在现有法律框架内,将判例解释纳入我国司法解释的体系中,并以司法解释判例化的方式建构中国特色司法解释新模式,无疑具有可行性。"[1]这里的判例化司法实践是相对于抽象化司法解释而言的,抽象化司法解释采用建构性和创制性的方式,对法律文本进行解释,相对于二级立法,其司法解释文本同样具有抽象性。对于解决疑难案件而言,直接、具体的解释结论是更为实用的。当然,这里存在一个问题,这就是如何协调司法解释与判例制度的关系。司法解释的判例化是将司法解释与判例制度合二为一,将司法解释作为判例的载体,使判例具有司法解释的效力。这个路径设计当然具有其合理性,其实际结果还是取消了目前我国以抽象条文为内容的司法解释。当然,从我国现状来看,还是一种司法解释和指导案例并存的制度设计。案例指导制度实际上就是具有中国特色的判例制度,此外司法解释还是具有其存在的必要性。笔者倾向于这种司法解释和案例指导二元并存的制度。当然,对于司法解释来说,应当尽量避免抽象化的、集约化的解释方式,应当采用个案式的解释方法,在能够通过指导案例加以明确法律适用界限的情形,更多地采用颁布指导案例的做法而没有必要采用司法解释。例如,2003年1月23日最高人民法院曾经颁布了《关于行为人不明知是不满十四周岁的幼女,双方自愿发生性关系是否构成强奸罪问题的批复》(以下简称《批复》),明确规定:"行为人确实不知对方是不满十四周岁的幼女,双方自愿发生性关系,未造成严重后果,情节显著轻微的,不认为是犯罪。"这是一个典型的个案式司法解释,针对的是发生在辽宁省鞍山市是一个奸淫幼女案,该幼女隐瞒年龄多次与多人发生性关系。该案在鞍山市某基层人民法院审理时,院审判委员会讨论该案过程中,出现了意见分歧:一种意见认为被告人成立强奸罪,另一种意见认为,被害人谎称自己19岁,其体貌特征也貌似成年人,且在发生关系时无反抗行为,被告人在不知其真实年龄的情况下与其发生

---

[1] 董皋主编:《中国判例解释建构之路》,88页,北京,中国政法大学出版社,2009。

关系，不应认定为强奸罪。为此，院审判委员会将疑问呈送到鞍山市中级人民法院，又经辽宁省高级人民法院请示到最高人民法院。2003年1月17日，最高法院公布了《批复》。在《批复》颁布以后，根据司法解释的精神，对该案继续进行审理，以此结案。如果该案不是采取司法解释的方式，而是在最高人民法院提审以后，采用指导案例的方式公布裁判要点，不仅节省司法资源，而且更有利于指导司法实践。因此，在能够采用指导案例的情况下，尽量不要采用司法解释的方式，由此进一步限缩司法解释的创制，应当是我国司法制度发展的一个方向。

集约式司法解释还存在一个较为明显的缺陷，这就是大量虚置条款夹杂其中，冲淡了司法解释的效果。司法解释的内容具有规范效力，应当是十分简约并且有效的。然而，在集约式的司法解释中，为了体现对某个主题的全面规定，就会出现一些在司法实践中几乎没有实际效用的虚置条款。这种虚置条款属于提示性规定，它不是对刑法条文的细则化规定，而只是将分散在刑法不同章节中的规范集中规定在一起，起到一种提示的作用，因而在司法实践中这些条款适用程度之低，处于无人问津的境地。这是对司法资源的浪费，而且也损害司法解释的严肃性，这是应当避免的。例如，在《指导意见》中，除了窨井盖犯罪的直接关联行为的规定，对于司法实践具有指导意义。而那些窨井盖犯罪的间接关联行为的规定，都属于提示性规定，并没有实用价值。例如《指导意见》第9条规定，在依照法律、法规规定行使窨井盖行政管理职权的公司、企业、事业单位中从事公务的人员以及在受国家机关委托代表国家机关行使窨井盖行政管理职权的组织中从事公务的人员，玩忽职守或者滥用职权，致使公共财产、国家和人民利益遭受重大损失的，依照刑法第397条和《全国人民代表大会常务委员会关于〈中华人民共和国刑法〉第九章渎职罪主体适用问题的解释》的规定，分别以玩忽职守罪、滥用职权罪定罪处罚。这个条款完全是虚置的，对窨井盖具有管理职责的都是基层单位，国家机关或者具有行政管理职权单位的工作人员从事对窨井盖管理的可能性极低，这种条款基本上是无用的，根本就没有必要规定。由此可见，司法解释应当对存在争议、确实疑难的问题进行规定，而不能设立虚置的提示性条款。

（本文原载《法学》，2020（10））

图书在版编目（CIP）数据

刑法研究.第一卷，刑法绪论.Ⅰ/陈兴良著.--北京：中国人民大学出版社，2021.3
（陈兴良刑法学）
ISBN 978-7-300-29098-0

Ⅰ.①刑… Ⅱ.①陈… Ⅲ.①刑法-中国-文集 Ⅳ.①D924.04-53

中国版本图书馆CIP数据核字（2021）第081955号

国家出版基金项目
陈兴良刑法学
刑法研究（第一卷）
刑法绪论Ⅰ
陈兴良　著
Xingfa Yanjiu

出版发行	中国人民大学出版社			
社　　址	北京中关村大街31号	邮政编码	100080	
电　　话	010-62511242（总编室）	010-62511770（质管部）		
	010-82501766（邮购部）	010-62514148（门市部）		
	010-62515195（发行公司）	010-62515275（盗版举报）		
网　　址	http://www.crup.com.cn			
经　　销	新华书店			
印　　刷	涿州市星河印刷有限公司			
规　　格	170 mm×228 mm　16开本	版　　次	2021年3月第1版	
印　　张	40　插页4	印　　次	2021年3月第1次印刷	
字　　数	598 000	定　　价	2 980.00元（全十三册）	

版权所有　　侵权必究　　印装差错　　负责调换